会计学科
百篇文献导读

张俊瑞　汪方军　董南雁 ◎ 主编

北京大学出版社
PEKING UNIVERSITY PRESS

图书在版编目(CIP)数据

会计学科百篇文献导读/张俊瑞,汪方军,董南雁主编.—北京:北京大学出版社,2023.3
ISBN 978-7-301-33518-5

Ⅰ.①会⋯ Ⅱ.①张⋯ ②汪⋯ ③董⋯ Ⅲ.①会计学—文献—研究生—教材 Ⅳ.①F230

中国版本图书馆 CIP 数据核字(2022)第 194841 号

书　　名	会计学科百篇文献导读 KUAIJI XUEKE BAIPIAN WENXIAN DAODU
著作责任者	张俊瑞　汪方军　董南雁　主编
责任编辑	黄炜婷
标准书号	ISBN 978-7-301-33518-5
出版发行	北京大学出版社
地　　址	北京市海淀区成府路 205 号　100871
网　　址	http://www.pup.cn
微信公众号	北京大学经管书苑(pupembook)
电子邮箱	编辑部 em@pup.cn　　总编室 zpup@pup.cn
电　　话	邮购部 010-62752015　发行部 010-62750672　编辑部 010-62752926
印　刷　者	北京飞达印刷有限责任公司
经　销　者	新华书店
	787 毫米×1092 毫米　16 开本　29.25 印张　700 千字 2023 年 3 月第 1 版　2024 年 1 月第 2 次印刷
定　　价	88.00 元

未经许可,不得以任何方式复制或抄袭本书之部分或全部内容。
版权所有,侵权必究
举报电话:010-62752024　电子邮箱:fd@pup.cn
图书如有印装质量问题,请与出版部联系,电话:010-62756370

序 一

2018年，是著名会计学家、实证会计研究的奠基人Ball和Brown著名的An Empirical Evaluation of Accounting Income Numbers一文发表50周年，欣闻西安交通大学张俊瑞教授团队启动《会计学科百篇文献导读》的编撰。历时四年多，这本著作现今将要面市，我很高兴有机会为此书作序。张俊瑞教授是西安交通大学会计学资深教授，财政部会计名家，数十年来在会计学领域辛勤耕耘，十分重视会计教育与人才培养，成果丰硕。

众所周知，西方国家的会计学术研究在1968年之前是以规范研究为主的。20世纪60年代末，受实证经济学兴起的影响，以Ball、Brown、Beaver、Watts和Zimmerman等为代表的实证会计学派应运而生，他们开创性的研究引领了全球会计学术研究的快速转型。至今的五十余年来，实证会计成为国际会计学术研究的主流研究范式。

作为一名会计学教授，我也十分重视引导和指导研究生阅读经典会计文献，并于2009年与姜国华教授等合作出版了《财务会计与资本市场实证研究：重点文献导读》一书，收录了40篇财务会计与资本市场领域的经典文献，深受读者重视。张俊瑞教授团队的《会计学科百篇文献导读》收录了自Ball和Brown(1968)实证会计研究开山之作以来的100篇会计、财务管理、审计、公司治理与交叉研究相关经典文献，收录范围与篇幅更加宽泛。但从会计实证研究五十余年的发展来看，平均每年仅能收录两篇左右，在浩如烟海的有影响力的学术文献中甄选出经典文献实属不易，工作之艰辛可想而知。为准确呈现经典文献的核心观点与学术贡献，张俊瑞教授带领编写团队字斟句酌、历时四年多、数易其稿，颇费心血，令我由衷钦佩。

本书内容全面，涵盖财务会计、管理会计、审计、财务管理和公司治理等会计学科主要研究领域。编写团队为每篇经典文献精心配置了简要的导读并通过"交流区"进行小结，提供了词汇索引、被引备考、文献作者任职机构索引、文献发表期刊统计，以便读者查阅。读者阅读本书收录的经典文献，能够在短时间内提高文献阅读效率、熟悉文献发展脉络、探寻研究机会、学习研究设计，为会计学术研究奠定扎实基础。需要说明的是，经典文献的习读特别讲究"瞻前顾后"。希望读者还能关注经典文献中出现的重要参考文献，并积极跟进近年来出现的继续引用经典文献的高质量研究。

在此，衷心祝愿本书顺利出版，并给会计学专业研究生等年轻学者带来助益。同时祝愿张俊瑞教授团队在学术研究和人才培养等诸方面再创佳绩！

是为序。

北京大学光华管理学院
陆正飞 教授于燕园
2022年5月25日

序 二

文献阅读是研究的基础，高水平的文献阅读与文献研究则是从事高水平研究的必修课。从古至今，那些经典之作多是基于丰富的文献研究修成的正果，那些闪烁着学术光环的佳作亦离不开文献的理论支撑。从我当学生到开始做研究，一直至今，阅读学术文献一直是我不敢懈怠的日常工作。在研究生培养过程中，围绕文献的查找、阅读、讨论、报告和点评等工作通常会占据大量时间，是一项艰苦却无法取巧的学术训练，其能帮助学生熟悉本学科的经典成果、后续研究和理论前沿。对于中国学生而言，由于存在语言和制度背景的差异，经典文献的阅读显得更加重要。

应西安交通大学张俊瑞教授邀请，很荣幸能为其新作《会计学科百篇文献导读》撰序。张俊瑞教授团队编撰的《会计学科百篇文献导读》将 1968 年以来国际顶级期刊发表的数千篇会计学科文献进行了系统的筛选，并从中精选出 100 篇进行梳理、分类、编译和点评，这是一项极其费时费力的工作。本书不是简单的翻译，而是在熟读文献的基础上将其凝炼成数千字的短文。张俊瑞教授团队多年来面向研究生讲授"会计理论""公司财务会计研究"等学术类课程，对会计理论有着非常全面深入的见解，赋予本书很高的理论意义与学术价值。

本书可为读者提供至少三方面的帮助：一是学术科普，对于初步接触学术研究的学生而言，外文文献通常篇幅较长，涉及许多生僻的概念和复杂的模型，经过作者的精心摘选，读者能够更快速地了解会计研究的重要对象、基本范式和文献的核心思想；二是开阔视野，经典文献导读可帮助中国学生更好地理解会计在国际资本市场中的重要地位，提高文献阅读能力，提高对国际会计主流研究认知的高度、广度和深度；三是知识体系搭建，本书对不同主题文献进行了梳理归纳，展现了会计规范研究及实证研究的基本发展脉络，尤其能够为英文水平欠佳、文献积累基础较为薄弱的学生搭建会计文献基本框架、启发学术思考。

我建议读者在阅读经典文献时，能花一些时间思考这些研究被称作经典的原因。所谓的经典文献，首先必然是因为提出了经典的研究问题，然后才是因为构造了科学的研究设计，最后才是因为发现了有意义的研究结果。必须承认，文献阅读常常费时费力，反复苦读至少在初期是必经的重要过程，并没有太多技巧可言。如果能在反复苦读的过程中逐渐发现文献中的不足或问题，就说明你开始到达文献习读的新境界了。当然，这并非建议你不加选择地通读所有经典文献。任何时候，结合兴趣读自己喜欢的文献、做自己喜欢的研究都是最好的技巧。经过专业团队的筛选,本书能够提供会计研究领域的全局视角,读者在时间、精力和能力有限的前提下,能够快速定位自己感兴趣领域的经典文献。此外,在学科交叉越来越广泛的今天,本书也可以为跨领域的研究者提供会计及资本市场研究的概览。

学术研究的道路上有挑战也有乐趣,衷心祝愿莘莘学子 have a good trip。

谨作此序,并再次感谢张俊瑞教授团队为中国会计理论研究和人才培养做出的重要努力和成绩!祝贺《会计学科百篇文献导读》顺利付梓!

广州大学校长
魏明海 教授
2022 年 5 月 30 日

序 三

在我二十余年的研究和教学生涯中,经常会有年轻学者和朋友问:"会计学到底是研究什么的?究竟什么样的会计论文才算好文章?"

对于有志献身会计研究的年轻学者来说,这些是至关重要的问题。如果一名学者在博士学习期间能对上述问题具有比较全面和清醒的认知,他在以后的学术生涯中就会少走很多不必要的弯路。这样的学者写出的文章也会言之有物,体现出厚重的学术底蕴。

但是,上述问题其实是很难回答的。虽然多数学者在一些基本的原理上能统一认识,但涉及具体文章或课题时,不同学者就会很自然地有不同的看法。一名学者对某项学术研究的评价不可避免地会受到自身学历、研究方向甚至学派之争的影响。为了对学生负责,许多导师宁可让学生自己在浩如烟海的文献中去摸索。

与其让年轻学者费时费力地在黑暗中摸索,不如筛选出一些经过时间沉淀被公认为好的文章推荐给大家。西安交大张俊瑞教授、汪方军教授和董南雁副教授的新作《会计学科百篇文献导读》填补了这项空白。本书内容翔实,分析透彻,条理清晰。作者投入了大量的时间和精力以确保文献的质量、代表性和影响力。我相信本书的出版会进一步推动中国会计学研究的蓬勃发展。

加州大学伯克利分校
张晓军教授
Professor, Michael Chetkovich Chair in Accounting
Editor-in-chief, *Journal of Accounting, Auditing, and Finance*
2022 年 5 月 22 日

前　言

好文共欣赏，经典永流传

会计学术研究的简要历程

1968 年，芝加哥大学的 Ray Ball 和 Philip Brown 在 JAR（*Journal of Accounting Research*）上发表了《会计收益数字的经验评价》（An Empirical Evaluation of Accounting Income Numbers）一文。同年，芝加哥大学的 William H. Beaver 也在 JAR 上发表了《年度盈余公告的信息含量》（The Information Content of Annual Earnings Announcements）一文。一石激起千层浪，两篇文章尤如投入会计学术界的两颗炸弹，引爆了美国会计学术研究的范式革命，进而如电波一般传至全球，一发而不可收。

自此，美国的会计学术研究迅速进入实证主义时代。10 年后的 1978 年，来自罗切斯特大学的 Ross L. Watts 和 Jerold L. Zimmerman 发表了《会计准则决定因素的实证理论》（Towards a Positive Theory of the Determination of Accounting Standards）；1979 年，两人再次发表《会计理论的供给与需求：市场解释》（The Demand for and Supply of Accounting Theories: The Market for Excuses）；到 1986 年，两人更是公开出版了人类历史上第一部实证会计著作《实证会计理论》（*Positive Accounting Theory*），实证会计学派正式成为会计学术研究的领军学派。

在此之前的美国乃至全球的会计学研究，长期以来由规范研究独霸天下。Watts、Zimmerman 和 Kothari 等都把会计学研究划分为三个阶段：第一阶段是 19 世纪后期至 20 世纪早期的描述性会计学研究阶段，以 W. A. Paton 和 A. C. Littleton 于 1940 年出版的《公司会计准则导论》（*Introduction to Corporate Accounting Standards*）为代表；第二阶段是 20 世纪 30 年代至 60 年代的规范性会计学研究阶段，以 1965 年 Eldon Hendrikson 出版的《会计理论》（*Accounting Theory*）为代表；第三阶段是 20 世纪 60 年代至今方兴未艾的实证性会计学研究阶段，代表性人物和代表性成果即为前述的 Ball、Brown、Beaver、Watts 和 Zimmerman 等人及其著作。

实证主义的兴起

实证主义（positivism）首先是一种哲学思想，产生于 19 世纪。实证主义将哲学的任务归结为现象研究，认为通过对现象的归纳可以得到科学规律。实证主义的创始人法国哲学家奥古斯特·孔德（Auguste Comte），其在《实证哲学》（*Philosophie Positive*）一书中指出人类进化分成三阶段:一是神学阶段;二是玄学阶段;三是实证阶段,也就是科学阶段,通过观察、分类、分析,探求事物之间的关系,由此获得的研究结论才是可靠的。孔德的实证主义被称为"狭义实证主义",此后,哲学家路德维希·维特根斯坦(Ludwig Wittgenstein)结合实证主义中经验学说和符号逻辑学说,形成了逻辑实证主义。

实证主义源于哲学,对社会学、法学、教育学、经济学等诸多学科均产生了重要影响。在经济学领域,不同于规范经济学考虑"应该怎样"(what ought to be)的问题,实证经济学则围绕经济事实和行为展开分析,讨论"实际怎样"(the way things are)的问题。换言之,实证经济学以描述、解释、预测经济行为为己任,其亦被称为"描述性经济学"。会计学理论研究,长期以来受到经济学研究的影响,无论是规范研究还是实证研究概莫能外。

英国著名经济学家约翰·内维尔·凯恩斯(John Neville Keynes)之父老凯恩斯于1891年根据是否以价值判断为标志最早将经济学划分为实证经济学和规范经济学,但直到20世纪40年代才被学术界重视。提出"萨伊定律"的法国经济学家让·巴蒂斯特·萨伊(Jean Baptiste Say,1767—1832)和主张"节欲论"的英国经济学家纳索·威廉·西尼耳(Nassau William Senior,1790—1864)也是实证经济学突出的代表人物。米尔顿·弗里德曼(Milton Friedmann)1953年发表《实证经济学方法论》(The Methodology of Positive Economics)一文,成为实证经济学的标志性成果。

与20世纪60年代的经济学研究以规范研究为主的特征相似,1968年以前的会计学研究完全是规范研究的天下。国外著名会计学家 Charles Ezra Sprague 的《账户代数学》(*Algebra of Accounts*,1880)和《账户的哲学》(*Philosophy of Accounts*,1907),William Andrew Paton 的《会计理论》(*Accounting Theory*,1922),Henry Rand Hatfield 的《会计学原理与问题》(*Accounting:Its Principle and Problem*,1927),John Bennet Canning 的《会计中的经济学》(*The Economics of Accounting*,1929),Henry Whitcomb Sweeney 的《稳定币值会计》(*Stabilized Accounting*,1936),Underhill Moore 的《论会计原则》(*A Statements of Accounting Principles*,1938),Kenneth Macneal 的《会计的真实性》(*Truth in Accounting*,1939),William Andrew Paton 和 Ananias Charles Littleton 的《公司会计准则导论》(*Introduction to Corporate Accounting Standards*,1940),Ananias Charles Littleton 的《会计理论结构》(*Structure of Accounting Theory*,1953),Maurice Moonitz 的《会计的基本假设》(*The Basic Postulates of Accounting*,1961),Edgar O. Edwards 和 Philip W. Bell 的《企业收益的理论和计量》(*The Theory and Measurement of Business Income*,1961),Eldon Hendriksen 的《会计理论》(*Accounting Theory*,1965),美国会计学会的《会计基本理论说明书》(*A Statement of Basic Accounting Theory*,1966),无一不是规范研究。我国老一辈著名会计学家杨纪琬、阎达五的《开展我国会计理论研究的几点意见——兼论会计学的科学属性》(1980),娄尔行、石成岳的《建立我国会计理论体系的设想》(1980),杨时展的《从管理会计学看近三十年西方国家会计科学的演变》(1980),葛家澍的《论会计理论的继承性》(1981),余绪缨的《关于建立适应我国社会主义现代化建设需要的会计学科体系问题——兼论与此有关的几个会计理论问题》(1982),李宝震的《建立具有中国特色的会计学科体系》(1987)等文章以及郭道扬的巨著《中国会计史稿》(1982,1988),以及中生代会计学家在20世纪90年代中期以前发表的主要学术论著,都是规范研究。

Ball、Brown 和 Beaver 的研究，开启了会计学研究的实证主义时代。Watts 和 Zimmerman 指出："（实证）会计理论的目标是解释和预测会计实务……解释是为观察到的现象提供理由……预测是指会计理论应当能预测未观察到的会计现象。未观察到的现象未必就是未来才会发生的现象，也包括那些已经发生但与其有关的系统性的、尚未从数据中发现的现象。"Watts 和 Zimmerman 在 1990 年再次联袂发表了《实证会计理论：10 年回顾》（Positive Accounting Theory: A Ten Year Perspective）一文，对自 1978 年两人合作出版实证会计理论著作以来的实证会计学研究进行了回顾与反思。

多年来，我们先后为学术型硕士和博士研究生讲授"公司财务会计学研究""会计理论""会计实证研究"等课程，向学生推荐的参考书目既包括埃尔登·亨德里克森（Eldon Hendrickson）的《会计理论》，亨利·I. 沃尔克（Harry I. Wolk）、詹姆斯·L. 多德（James L. Dodd）和米歇尔·G. 迪尔尼（Michael G. Tearney）的《会计理论》，艾哈迈德·贝克奥伊（Ahmed Belkaoui）的《会计理论》等规范性著作；也包括罗斯·L. 沃茨（Ross L. Watts）和杰罗德·L. 齐默曼（Jerold L. Zimmerman）的《实证会计理论》、威廉·斯科特（William Scott）的《财务会计理论》等实证性著作及数百篇实证研究经典论文，以便学生既能掌握规范研究下会计思想的要义，又能学习并掌握实证研究下经验主义的精髓。

会计学科文献的丛林

在我国已出版的会计文献类著作中，敢为人先，为本书的撰写提供了诸多借鉴和启发的著作有：

西澳大利亚州学者菲利普·布朗（Philip Brown）著、杨松令等译的《资本市场会计研究导论》（2004）是较早引入中国并出版的外国会计学文献著作。全书共分 3 篇，分别是第 1 篇"起源"，包括导论、财务学基础理论、报酬—盈余关系的早期研究、盈余反应系数、资本市场的其他研究方法等；第 2 篇"延伸"，包括盈余预测、信息传递、与会计数据相关的异常现象、股票价格的信息含量等；第 3 篇"应用"，包括物价水平会计、现金流量、国际比较财务会计、期权和衍生金融工具等。

北京大学光华管理学院陆正飞、姜国华、张然主编的《财务会计与资本市场实证研究：重点文献导读》（2009），收录了 40 篇文献，内容涉及会计盈余的信息含量研究、会计盈余的时间序列特性研究、基本面分析研究、证券分析师盈余预测研究、基于会计信息的价值评估模型研究、盈余管理、管理层信息披露和信息披露质量、财务会计与资本市场相关国际研究等。

陆正飞、岳衡、祝继高主编的《公司财务实证研究：重点文献导读》（2011）容纳了资本结构、投资理论、融资理论、股利政策、公司治理、管理层薪酬激励、公司多元化与内部市场、公司并购、公司重组、国际公司财务、公司财务研究方法等 11 个专题。

厦门大学管理学院杜兴强主编的《经验会计研究文献回顾》（2011），收录的文献，主要集中于市场效率、财务报告与分析师预测，会计盈余，财务报告模式与价值相关性，公司治理、绩效计量与管理当局激励等主题。

中央财经大学会计学院刘俊勇主编的《管理会计研究重点文献导读》(2019),收录的文献涵盖了预算管理、管理控制创新、绩效评价、平衡计分卡、信息系统与管理会计、战略管理与管理会计、战略成本管理、内部控制与风险管理、管理会计与职业道德等9个专题。

我们在使用上述文献导读著作时,发现每本书文献选择、文献介绍、文献述评虽各有侧重、各有特色,但涉及的文献都是知名度高、影响力大、引领性强的前沿文献,对学生尽快掌握实证会计理论、奠定会计学术研究的理论基础具有很强的启发性、渗透性和驱动性。

浩瀚文海精选佳作

2018年,恰好是Ball、Brown和Beaver等学者首次发表实证会计学研究文章50周年。这是会计学术史上一个重要的时刻,由此为始端,开启了21世纪的会计学研究,甚至催生了多个诺贝尔经济学奖级别的会计理论、审计理论和财务经济学理论。为了纪念这个时刻并总结半个多世纪以来以实证主义为核心的会计学术研究成果,我们开始筹划编写本书。

诚然,半个多世纪的会计学术研究文献可以用浩如烟海来形容,选择的复杂性和难度较大,为了保证文献的质量、代表性、影响力,我们遵循以下遴选原则:

(1) 全书选录100篇英文文献,平均每篇撰写导读资料3 000—4 000字。

(2) 文献发表时间介于1968—2018年,共50年。

(3) 文献选择标准如下:

◆ 他引总频次和年均他引频次:①发表时间超过10年的论文,他引总频次1 000次以上,即年均100次以上;②发表时间不超过10年的论文,原则上要超过5年,且连续5年他引100次以上,即他引总频次500次以上。

◆ ESI标准:根据ESI数据库的界定,高被引指近十年来被引频次排在前1%。

(4) 文献研究领域划分为五个部分:

一是财务会计,二是管理会计,三是审计,四是财务管理,五是公司治理与交叉研究。经筛选,财务会计部分选出39篇文章,管理会计部分选出12篇文章,审计部分选出17篇文章,财务管理部分选出21篇文章,公司治理与交叉研究部分选出11篇文章。

(5) 文献导读结构如下:

◆ 文章中文、英文标题,以及作者、发表期刊、发表时间、作者任职机构。

◆ 文章总被引频次、年均被引频次。

◆ 研究概述(摘要)、核心概念(关键词)。

◆ 导读内容包括但不限于:①文献背景,②理论基础与研究思路,③制度背景,④样本选择,⑤研究方法,⑥研究假设提出,⑦研究设计,⑧实证分析,⑨研究结论、学术贡献与局限性等。交流区为文献概述者所做的点评。

◆ 每章一个主题,章后做简要的主题结语。

◆ 每章均补充给出推荐阅读书单。

需要说明的是:

◆ 文章所引用的文献未予列示,有需要的读者可参阅原文献。

◆ 词汇索引、被引备考、文献作者任职机构索引和文献发表期刊统计等 4 份参考资料汇集为数字资源,读者可扫描相应的二维码下载引用。

与前述国内已出版的文献导读类著作相比,本书的独特性表现在:

(1) 收录时间范围更大,涵盖 1968—2018 年共 50 年的文献。

(2) 收录文献数量更多,从最初数千篇论文中经过多次筛选,最终选出 100 篇经典文献。

(3) 选择标准更客观科学,为了排除个人主观偏好等人为因素的影响,本书主要采用被引频次为文献筛选标准。

(4) 文献导读结构一方面忠于原文的结构,另一方面便于国内读者的理解,也便于按图索骥以提高阅读效率。

(5) 本书还以数字化形式提供词汇索引、被引备考、文献作者任职机构索引、文献发表期刊统计等,以方便读者使用。

(6) 本书还提供延伸阅读书目"推荐阅读",方便读者拓展所引用经典文献的相关研究,开拓研究视野,有助于提高研究的深度和广度。

| 汇聚才俊精耕细作 |

本书由张俊瑞教授总策划,张俊瑞教授、汪方军教授、董南雁副教授担纲主编。

参与本书编撰工作的团队成员包括:马晨(西北大学)、陈怡欣(西北大学)、苏坤(西北工业大学)、刘慧(西北工业大学)、薛晓琳(西安交通大学)、王鹏(西安外国语大学)、杨蓓(西安外国语大学)、余思佳(西安外国语大学)、孙俊勤(兰州大学)、郭慧婷(长安大学)、刘彬[哈尔滨工业大学(深圳)]、白雪莲(首都经济贸易大学)、徐露莹(西安交通大学)、许硕磊(西安交通大学)、王良辉(西安交通大学)、危雁麟(西安交通大学)、白萌(西安交通大学)、刘婷婷(西安交通大学)、苏洋(西安交通大学)、宋晓悦(西安交通大学)、张志超(西安交通大学)、陈子昂(西安交通大学)、张龙(西安交通大学)、李宏宇(西安交通大学)、马莉珠(西安交通大学)、李继元(西安交通大学)、张欣越(西安交通大学)、向迎春(西安交通大学)、景兴涛(西安交通大学)、周雨茗(西安交通大学)、牛芝尹(香港城市大学)等教授、副教授、博士和硕士研究生。

四年多来,本书沿着选择文献→翻译文献→结构化文献→修改润色→审稿→调整→再审稿→统稿的流程持续努力,几易其稿,全体成员对本书的顺利完稿做出了应有的贡献,虽然无比艰辛,但我们坚信:宝剑锋从磨砺出,梅花香自苦寒来。在此,对所有成员四年多来的辛勤劳动表示衷心的感谢!尤其感谢陈子昂在本书编撰过程中反复编制工作底稿、协调数十名作者、协助统稿等方面长期付出的艰辛劳动。

| 致 谢 |

在本书编撰过程和出版过程中,感谢长江学者特聘教授、北京大学陆正飞教授,CJAR 主编、广州大学校长魏明海教授,加州大学伯克利分校张晓军教授为本书作序;感谢论文入选作者上海交通大学夏立军教授、复旦大学原红旗教授、香港中文大学吴东辉教授在百忙

中为自己入选的文献审稿、校阅、斧正并为本书撰写评价;感谢论文入选作者哥伦比亚大学乔治-梅会计学教授史蒂芬·佩曼(Stephen Penman)、美国南加州大学黄德尊(T.J.Wong)教授、新加坡管理大学会计学院院长程强(Qiang Cheng)教授、新加坡管理大学及上海立信会计金融学院李真(Oliver Zhen Li)教授、加拿大卡尔加里大学 Mark Anderson 教授为本书撰写书评与推荐语。有了各位学界翘楚、鸿儒的鼎力支持,本书方能质量上乘、熠熠生辉。

  本书适用于经济管理类的学术型硕士研究生、博士生,专业学位研究生,高年级本科生,大专院校教师,以及所有有志于从事学术研究的人。本书适用的课程包括"会计学研究方法""会计理论""财务会计学研究""管理会计学研究""审计学研究""财务管理学研究""公司治理研究""会计文献导读""会计文献与写作"等。

  尽管本书的编撰工作已历经四个仙交樱花季、四个中秋月又圆、无数个潮起潮落和斗转星移,尽管我们殚精竭虑,尽管我们精益求精,尽管我们笃行不怠,但鉴于我们的水平有限、精力有限、时间有限,本书难免存在错漏甚至谬误之处,敬请读者不吝指教! 我们后续定当不断修葺,使其日臻完善。

张俊瑞
于千年古都西安
首撰于 2022 年春节
再修于 2023 年春节

目 录

第1篇 财务会计

开卷寄语 / 1

第1章 盈余信息含量 / 5

文献 1 会计收益数字的经验评价 / 5

文献 2 年度盈余公告的信息含量 / 9

文献 3 应计项目与盈余的质量：应计估计偏误的影响 / 11

文献 4 应计质量的市场定价 / 14

文献 5 管理层持股、会计选择和盈余的信息含量 / 21

文献 6 以会计盈余和现金流量作为公司绩效的衡量指标：会计应计项目的作用 / 24

文献 7 东亚地区公司股权结构与会计盈余信息含量 / 29

【主题结语】 / 32

【推荐阅读】 / 33

第2章 盈余管理 / 35

文献 8 进口救济调查期间的盈余管理 / 35

文献 9 债务合同违约和应计操纵 / 38

文献 10 检测盈余管理 / 42

文献 11 盈余操纵的因与果：基于被 SEC 采取强制措施公司的分析 / 46

文献 12 避免盈余下降和亏损的盈余管理 / 49

文献 13 达到或超过预期盈余的回馈 / 53

文献 14 盈余管理与投资者保护：一个国际比较 / 58

文献 15 盈余管理与资本资源配置：来自中国配股审核中会计指标运用的证据 / 62

文献 16 基于业绩匹配的操控性应计 / 68

文献 17 通过真实活动操纵进行盈余管理 / 72

文献 18 CEO 激励与盈余管理 / 77

文献 19 《萨班斯-奥克斯利法案》颁布前后的真实和应计盈余管理 / 80

文献 20 理解盈余质量：度量指标、影响因素与经济后果综述 / 84

文献 21　股票增发期间的应计与真实盈余管理活动　／87

文献 22　真实活动操纵与应计盈余管理的权衡　／91

【主题结语】／95

【推荐阅读】／96

第 3 章　会计稳健性　／99

文献 23　稳健性原则与盈余的非对称及时性　／99

文献 24　国际制度因素对会计盈余性质的影响　／102

文献 25　盈余、现金流和应计项目不断变化的时间序列属性：财务报告是否变得更稳健　／105

文献 26　会计稳健性、盈余质量与股票收益　／113

【主题结语】／116

【推荐阅读】／116

第 4 章　财务报告　／118

文献 27　财务报告的边界与拓展　／118

文献 28　财务报告是否已失去相关性　／122

文献 29　财务报告质量与投资效率的关系　／125

文献 30　企业财务报告的经济启示　／129

文献 31　信息和财务报告在公司治理与债务合同中的作用　／132

【主题结语】／135

【推荐阅读】／136

第 5 章　会计准则　／137

文献 32　研发支出的资本化、摊销和价值相关性　／137

文献 33　动机还是准则：东亚四地会计盈余的特征　／140

文献 34　国际会计准则与会计质量　／143

文献 35　国际财务报告准则在全球的强制性引入：经济后果的早期证据　／148

【主题结语】／154

【推荐阅读】／154

第 6 章　会计延展性研究　／156

文献 36　过去四十年中盈余和账面价值的价值相关性变化　／156

文献 37　异常应计的错误定价　／159

文献 38　什么决定公司透明度　／163

文献 39　资本市场的会计研究　／167

【主题结语】／174

【推荐阅读】／175

第2篇 管理会计

开卷寄语 / 177

第7章 激励 / 179

    文献40 奖金计划对会计决策的影响 / 179

    文献41 管理层避免负向未预期盈余的动机 / 182

    文献42 股权激励与盈余管理 / 187

    文献43 CEO股票期权奖励与自愿性信息披露择时 / 191

    文献44 绩效衡量方法的创新:趋势和研究意义 / 196

    文献45 非财务指标是否财务业绩的领先指标?对客户满意度的分析 / 199

    【主题结语】 / 203

    【推荐阅读】 / 204

第8章 成本与避税 / 206

    文献46 销售管理费用是否存在黏性 / 206

    文献47 企业长期税收规避 / 210

    文献48 企业避税与股价崩盘风险:公司层面的分析 / 213

    文献49 企业避税与高效激励 / 218

    文献50 家族企业的税收激进程度更高吗 / 222

    文献51 权益风险激励与公司税收激进 / 227

    【主题结语】 / 231

    【推荐阅读】 / 232

第3篇 审 计

开卷寄语 / 235

第9章 审计质量 / 237

    文献52 会计师事务所规模与审计质量 / 237

    文献53 审计质量感知与盈余反应系数 / 241

    文献54 审计质量对盈余管理的影响 / 244

    文献55 审计师合伙人任期与审计质量 / 248

    文献56 客户重要性、制度改善与审计质量:来自中国会计师事务所分所及审计师个人层面的分析 / 251

    【主题结语】 / 255

    【推荐阅读】 / 256

第10章 审计收费 / 258

文献 57 审计服务的定价:理论与证据 / 258

文献 58 审计师独立性、低价竞争和披露监管 / 261

文献 59 审计师的非审计服务收费与盈余管理 / 264

文献 60 非审计服务收费会损害审计师独立性吗?来自持续经营审计意见的证据 / 268

【主题结语】/ 272

【推荐阅读】/ 273

第11章 审计师独立性 / 274

文献 61 审计师的品牌声誉与行业专长 / 274

文献 62 审计师变更与操控性应计 / 278

文献 63 "六大"会计师事务所在报告应计项目可靠中的作用 / 281

文献 64 非审计服务是否损害审计师独立性:进一步的证据 / 284

文献 65 审计师—客户关系与盈余质量的探索:为审计师强制轮换提供参考 / 287

文献 66 审计委员会特征与财务报表重述 / 292

文献 67 新兴市场上外部审计师是否发挥公司治理作用?来自东亚的证据 / 296

文献 68 产权性质、制度环境与审计师选择:来自中国的经验证据 / 300

【主题结语】/ 303

【推荐阅读】/ 303

第4篇 财务管理

开卷寄语 / 305

第12章 筹资与资本结构 / 307

文献 69 信息披露水平和权益资本成本 / 307

文献 70 公司信息披露质量与债务资本成本 / 311

文献 71 信息披露水平和预期权益资本成本的再检验 / 315

文献 72 权益资本成本与盈余属性 / 318

文献 73 会计信息、披露与资本成本 / 321

文献 74 非财务信息的自愿披露与权益资本成本:基于企业社会责任报告的首次发布 / 324

【主题结语】/ 332

【推荐阅读】/ 333

第 13 章　投资与运营　／335

文献 75　自由现金流的代理成本、公司财务和收购　／335
文献 76　市场有效性、长期收益与行为金融　／339
文献 77　企业现金持有的决定因素与启示　／342
文献 78　盈余意外、增长预期和股票收益，不要让"盈余鱼雷"击沉你的投资组合　／348
文献 79　现金的现金流敏感性　／351
文献 80　CEO 过度自信与企业投资　／353
文献 81　作为价值决定因素的预期每股收益和每股收益增长　／357
文献 82　谁做出并购决策？CEO 过度自信及其市场反应　／361
文献 83　为什么美国企业会比过去持有更多的现金　／366
【主题结语】／369
【推荐阅读】／369

第 14 章　盈余与估值　／371

文献 84　股价未能充分反映当期盈余对未来盈余的影响的相关证据　／371
文献 85　股权估值中的盈余、账面价值与股利　／376
文献 86　操控性应计的定价　／381
文献 87　股价是否完全反映应计项目和现金流中关于未来盈余的信息　／384
【主题结语】／386
【推荐阅读】／386

第 15 章　预测与其他　／388

文献 88　财务比率、判别分析与企业破产预测　／388
文献 89　公司信息披露政策与分析师行为　／391
【主题结语】／395
【推荐阅读】／395

第 5 篇　公司治理与交叉研究

开卷寄语　／397

第 16 章　公司治理　／399

文献 90　公司治理与现金持有价值　／399
文献 91　董事会规模较小公司的市场价值较高　／403
文献 92　董事会构成与财务报表舞弊间关系的实证分析　／406
文献 93　机构投资者对短视研发投资行为的影响　／411
文献 94　审计委员会、董事会特征与盈余管理　／415

文献 95　财务报告内部控制缺陷的决定因素　　／ 419

文献 96　应计质量与财务报告内部控制　　／ 423

【主题结语】／ 426

【推荐阅读】／ 427

第 17 章　交叉研究　／ 429

文献 97　公司为什么自愿披露坏消息　　／ 429

文献 98　分析师对企业信息披露评级的横截面决定因素　　／ 432

文献 99　信息披露持续加强下的股价表现及中介变化　　／ 439

文献 100　财务会计信息与公司治理　　／ 443

【主题结语】／ 447

【推荐阅读】／ 447

数字资源　／ 449

词汇索引

被引备考

文献作者任职机构索引

文献发表期刊统计

第 1 篇

财务会计

开卷寄语

现代会计系统最重要的产出是**会计盈余**(也称"会计收益"或"会计利润",英文为 accounting earnings、income 或 profits),其内在逻辑的"自洽之美"在于对收入和成本在空间、时间和因果关系上的专业匹配,能核算特定会计主体在特定会计期间基于何种经营活动产生了多少收入、成本及其盈余。净现金流和经济利润或经济增加值等是会计盈余的重要补充,但因缺乏匹配而无法动摇会计盈余的主导地位。不过在学术研究层面,会计盈余的有用性还需要通过实证方法加以验证。

本书的财务会计篇包含6章,其中第1章以 Ball 和 Brown(1968)和 Beaver(1968)为代表的经典会计实证研究致力于检验会计盈余在股票市场上的信息含量。后续研究进一步考察了会计盈余中应计项目和现金流的信息含量(Dechow,1994)以及影响盈余信息含量的公司运营特征(Dechow,1994)与股权治理特征(Warfield 等,1995;Fan 和 Wong,2002),发现应计项目中的估计偏误或操纵会降低盈余质量(Dechow 和 Dichev,2002)并导致资本成本上升(Francis 等,2005)。有关会计盈余信息含量的实证研究回应了学术界对会计盈余有用性的关注,并对后期盈余管理、股票市场异象、会计估值等研究方向的发展产生了重要影响。

既然会计盈余有用,管理层就有动机对会计盈余进行管理甚至操纵。第2章介绍了财务会计经典文献中非常丰富的与盈余管理相关的实证研究。管理层可利用会计准则中的自由裁量空间或真实运营活动的特殊安排进行盈余管理,相关会计文献构建并完善了各种应计盈余管理模型(如 Healy,1985;DeAngelo,1986;Jones,1991;Dechow 等,1995,1996;Kothari 等,2005)和真实盈余管理模型(Roychowdhury,2006),并发现两种盈余管理方式有存在替代关系(Cohen 等,2008;Zang,2012)。在此基础上,一些文献发现达成业绩目标(Burgstahler 和 Dichev,1997;Bartov 等,2002)、融资目标(DeFond 和 Jiambalvo,1994;Cohen 和

Zarowin,2010)、薪酬目标(Bergstresser 和 Philippon,2006)、监管目标(Chen 和 Yuan,2004;Cohen 等,2008)、投资者保护目标(Leuz 等,2003)等是影响公司盈余管理的重要动机或因素。Dechow 等(2010)综述了与盈余质量相关的 300 多篇研究文献,可帮助读者更好地理解盈余管理及盈余质量的定义、理论、测度以及影响因素和经济后果。需要说明的是,尽管存在向下或非误导性盈余管理,但盈余管理相关研究更关注向上盈余管理及其如何误导会计信息使用者。

会计盈余明显受到会计稳健性或谨慎性的影响。第 3 章提到的会计稳健性被认为是影响会计职业最深刻的会计原则(Sterling,1967),可追溯至中世纪的会计理论。Basu(1997)将股票收益率与会计盈余关系的传统模型反转过来,发现会计盈余对股市中"坏(好)消息"的确认速度更快(更慢)。著名的 Basu(1997)模型首次通过实证方法测度了会计盈余的条件稳健性,确立了会计稳健性在主流实证会计研究中的地位。之后,相关文献进一步研究了会计稳健性的时间序列特征(Givoly 和 Hayn,2000)、影响因素(Bushman 和 Piotroski,2006;Chen 等,2008;Ball 等,2000)和经济后果(Penman 和 Zhang,2002)等。

财务报告是高度逻辑自洽的精密系统,在会计盈余之外,它还能提供整套详细的财务会计信息以满足不同信息使用者的需求。第 4 章聚焦的财务报告是投资者参与公司治理、协调委托代理冲突和利益相关者关系的核心机制(Armstrong 等,2010)。但是,一些学者发现财务报告主要项目的有用性和价值相关性在持续下降(Lev 和 Zarowin,1999;Francis 和 Schipper,1999),并将这种下降归因于公司创新和无形资产的增长(Lev 和 Zarowin,1999)。不过在实践中,财务报告仍然备受重视:为呈报更平稳的盈余数字,调查显示高达 78% 的公司高管不惜牺牲公司实际经济价值(Graham 等,2005)。有意思的是,财务报告质量的重要性不只限于外部资本市场,Biddle 等(2009)发现低质量财务报告还会损害公司自身(内部)的投资效率。

会计信息的公共产品属性使其必须接受会计准则的规范和指导。第 5 章主要讨论会计准则与财务报告质量之间的关系。Lev 和 Sougiannis(1996)的实证检验支持了研发投入的价值相关性,发现市场低估了研发投入的价值相关性,建议修订会计准则,允许将研发支出资本化以提高财务报告质量。Ball 等(2003)以中国香港地区,以及马来西亚、新加坡和泰国为例,指出虽然财务报告质量会受会计准则所属法律体系(普通法系或成文法系)的影响,但更应关注经理人动机、审计师动机及其交互作用。对于国际会计准则,Barth 等(2008)和 Daske 等(2008)基于全球多国公司样本的研究发现,国际会计准则的采纳与实施提升了财务报告质量,且其效果在自愿采用国际会计准则样本中或较好制度环境下更加显著(Daske 等,2008)。

必须承认的是,主题式文献导读通常难以覆盖交叉性研究或较小主题的研究文献,第 6 章尝试补充一些文献。从内容来看,Collins 等(1997)的研究发现虽然盈余的价值相关性有所下降,但账面净资产的价值相关性在增强,因而盈余和账面净资产的综合价值相关性并未下降。这可以被视为对 Lev 和 Zarowin(1999)以及 Francis 和 Schipper(1999)的有趣回应。Bushman 等(2004)引领有关公司透明度的实证研究,发现不同国家的公司治理透明度主要与法律法规制度有关,而财务透明度主要与政治制度有关。他们同时考察了公司财务信息与非财务信息的透明度,可以被视为对第 5 章有关财务报告质量研究的拓展。此外,一些会计学者在研究市场回报或收益与会计盈余的"错误"关系时,"勇敢地"质疑 Fama(1965)的有效市场假说,而不是检视会计盈余有何问题。例如,Bernard 和 Thomas(1990)研究了盈余公告后漂移现象,发现漂移的产生是由于股票市场未能充分反映当前季度盈余对未来盈余的影响;基于 Subramanyam(1996)和 Sloan(1996)对应计异象的研究,Xie(2001)构造对冲组合检验模型,发现股票市场会高估异常应计的持续性。此类文献与华尔街基金投资直接相关,数量丰富且影响深远,但由于更偏向资本市场效率而非"正统的"财务会计研究,这里仅做有限介绍。最后,读者可借助 Kothari(2001)的文献综述类文章,概览有关资本市场财务会计研究之全貌,寻找感兴趣的研究领域。

本书财务会计篇向读者展现了财务会计研究中的继承发展和对立统一,虽竭力收录经典文献但仍必有遗珠,会计系统内在逻辑的"自洽之美"、会计信息与资本市场之间的"量子纠缠"、盈余管理与会计稳健之间的"自由裁量"、会计监管与盈余管理之间的"猫鼠游戏",以及财务信息与非财务信息之间的"相爱相杀"等接连上演,精彩纷呈,魅力十足。

第1章

盈余信息含量

文献1 会计收益数字的经验评价

经典文献：Ray Ball, Philip Brown. An Empirical Evaluation of Accounting Income Numbers. *Journal of Accounting Research*, 1968, 6(2): 159-178.

机构：University of Chicago

被引：总计 11 317 次，年均 209.57 次

文献概述：王良辉　张龙

研究概述：会计理论学家通常通过分析**会计实务**（accounting practices）与某一特定分析模型的符合程度来评估会计实务的有用性。这些分析模型要么仅仅包含一些断言，要么是一种经过严格推理的假设。无论是哪一种情况，评估会计实务有用性的方法一般是将现行的实务与由模型推导出的"理想"实务或者由模型推导出的某些实务应该具备的标准进行比较。使用这种方法忽略了一个重大问题，那就是理论分析模型能够在多大程度上反映**观测到的行为**（observed behavior）。

仅仅因为某一**分析探究**（analytical inquiry）的假设均能被经验数据验证而为该分析探究做辩护是远远不够的。除此以外，如何得知一个（用于该分析探究的）理论包含所有相关的支持性假设？如何解释基于一些无法通过经验数据验证的假设（如效用最大化假设）所得出结论的预测能力？如何解释基于不同角度产生的结论之间的差异？

核心概念：会计收益　实证评估　市场反应

| 文献背景 |

完全使用理论方法分析会计问题是有局限性的，"**收益数字**（income numbers）[①]无法进行实质性定义"的论点可以说明这一局限性。收益数字无法进行实质性定义是因为它们缺乏"意义"，导致其作用被人质疑。随着会计实务的发展，会计从业者需要处理租赁、并购、

[①] 本书统一将"income"译为"收益"，将"earnings"译为"盈余"，二者本质上的含义基本一致。本篇文献中的"income report, net income"被译为"收益报告和净收益"。——编者注

研发、价格波动等复杂的业务,由于缺少一个统一的理论框架,各项业务之间存在很大的差异,导致**净收益**(net income)只不过是这些异质性业务的加总。因此,净收益被认为是一个"毫无意义"的数字,就像27张桌子和8把椅子的区别一样。在这种观点下,净收益只能被定义为对一系列事件$\{Y_1, Y_2, \cdots\}$进行一系列处理$\{X_1, X_2, \cdots\}$而得到的结果,没有什么实质性内涵。

Canning(1929)认为净收益只是会计从业者在完成一系列会计行为后的产物,没有任何现实意义。

分析模型能够提高衡量方式的解释能力的价值这一观点是没有争议的,有争议的是这些分析模型没有办法评估会计实务与理论分析之间差异的重要性。缺乏现实意义就意味着缺乏有用性,因此在没有进一步实证检验的情况下进行推断是很危险的。

关于会计收益数字的实证评估需要就**真实世界产出**(real-world outcome)的**有用性测试**(test of usefulness)达成一致。投资者对净收益数字非常感兴趣,因为它会反映在证券价格中,研究者以投资决策作为预测标准。本文同时评估年度净收益数字的**内容**(content)和**及时性**(timing),因为缺少二者当中的任何一个都可能削弱评估的有用性。

理论基础与研究思路

资本市场理论的最新发展为将证券价格表现用于有用性测试提供了依据。现有理论普遍主张资本市场是有效、无偏的,因为如果信息有助于形成资本市场上资产的价格,市场就会迅速调整资产价格以适应这些信息,而不会留下任何让投资者获取股票超常收益的机会。如果恰如证据表明的那样,证券价格能够迅速反映可获得的信息,那么证券价格的变化将反映流入资本市场的信息。因此,与会计收益报告公告相关的股票价格修正表明了会计收益所反映的信息是有用的。本文将会计收益与股票价格联系起来的方法就建立在这一推论的基础上,重点关注特定公司所发布的特有信息。

本文构建了两个关于市场预期的可选择模型来探究当预期不准确时市场是如何反应的。

预期收益变动和未预期收益变动

以往研究发现,**每股收益**(earnings per share, EPS)的平均变动水平中大约有一半与宏观经济的影响有关。根据这些证据,收益的年度变化至少有一部分是可以预测的。假如A公司的收益在过去与其他公司的收益具有某种特定的关联,那么通过分析这种过去的相关关系以及当年其他公司的收益信息,就可以得到当年A公司收益的条件预期。因此,当年收益数字所传递的新信息含量可用实际收益变动和条件预期之间的差异来估计。

但是,并非所有的差异都是新信息。收益的一部分变化源自公司财务或其他管理政策的改变。本文假设,这些变化已经反映在收益随时间的平均变化当中。

宏观经济与政策变动的影响是同时的,需要进行联合估计。本文采用的估计流程是:用**普通最小二乘**(ordinary least squares, OLS)法对到上一年为止的数据进行估计,得出公司j的年收益变动($\Delta I_{j,t-\tau}$)相对于市场上公司j之外其他公司的平均收益变动($\Delta M_{j,t-\tau}$)的线性回归系数和截距项($a_{1,jt}, a_{2,jt}$):

$$\Delta I_{j,t-\tau} = \widehat{a}_{1,jt} + \widehat{a}_{2,jt} \Delta M_{j,t-\tau} + \widehat{\mu}_{j,t-\tau} \tag{1}$$

则公司 j 第 t 年的预期收益变动为：

$$\Delta \widehat{I}_{j,t} = \widehat{a}_{1,jt} + \widehat{a}_{2,jt} \Delta M_{j,t} \tag{2}$$

式（2）为预期收益变动，那么本文假定的当期收益所传递的新信息为：

$$\widehat{\mu}_{j,t} = \Delta I_{j,t} - \Delta \widehat{I}_{j,t} \tag{3}$$

市场反应

股票价格的变动具有一致性。**市场范畴信息**（market-wide information）对公司 j 月收益率的影响可以用公司 j 股票月收益率（$PR_{jm} - 1$）关于市场月收益率（$L_m - 1$）的线性回归模型来估计：

$$(PR_{jm} - 1) = \widehat{b}_{1,j} + \widehat{b}_{2,j}(L_m - 1) + \widehat{v}_{j,m} \tag{4}$$

当收益预测误差为负值（即实际收益变动比条件预期变动小）时，本文将其定义为坏消息并预测：如果会计收益数字与股票价格存在某种关联，那么公告收益将导致公司股票收益率低于预期。

样本选择

本文主要关注三方面的数据：会计收益数字、收益报告日期、报告日期前后的股票价格变动情况。1946—1966 年的会计收益数据从 Compustat 数据库获得。《华尔街日报》（*The Wall Street Journal*）上发布三种年度报告类型：年度收益预测（例如公司高管在年末后不久做出的预测）、年报预报、年度报告。年度收益预测通常不准确，而年报预报通常是年度报告的简要概览。由于年报预报通常会包含与最终年度报告给出的净收益和每股收益相同的数字，因此公告日期（或者年度会计收益数字可供查询的日期）被假定为年报预报出现在《华尔街日报》上的日期。股票价格数据来自 CRSP（Center for Research of Security Prices，证券价格研究中心）数据库，使用的是纽约证券交易所的月度收盘价，根据 1946 年 1 月至 1966 年 6 月间的股利和资本变动加以调整。样本公司符合以下标准：（1）1946—1966 年的年会计收益数据均可从 Compustat 数据库中查询；（2）财政年度截止于 12 月 31 日；（3）CRSP 数据库中的可用股票价格数据至少有 100 个月；（4）公告日期可在《华尔街日报》上查询。本文使用的数据截至 1966 年 6 月，原因在于 CRSP 数据库中股票价格数据停留于 1966 年 6 月。

研究结论与创新

本文使用**异常业绩指数**（abnormal performance index，API）衡量股票收益率：

$$API_M = \frac{1}{N} \sum_{n}^{N} \prod_{m=-11}^{M} (1 + v_{nm}) \tag{5}$$

其中，v_{nm} 是个股 n 在第 m 月的非预期收益变动；N 是属于好消息组或者坏消息组的股票数量；API 表示持有好消息组或坏消息组股票组合能获得的平均收益率。

图 1 说明了本文的主要研究发现。图 1 的纵坐标为异常业绩指数；横坐标为距离收益

报告日的月份数,收益报告日所在月份被设置为0,收益报告日所在月份的前一个月被设置为-1,以此类推。变量1使用净收益变动计算非预期收益变动对应的API曲线;变量2使用EPS变动计算非预期收益变动对应的API曲线;变量3直接使用EPS作为非预期收益变动对应的API曲线。

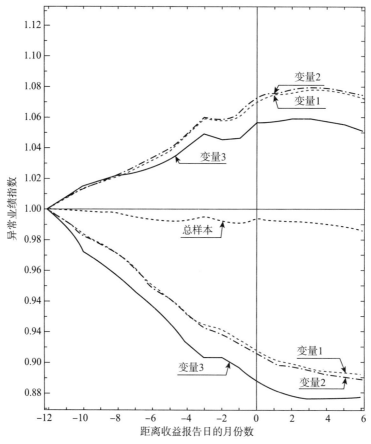

图1 异常业绩指数(API)曲线

本文的主要结论有:

(1)个股的超常收益和公告信息正相关,说明会计收益数字与股票收益率是关联的。

(2)在公告日前后,API并没有出现显著的变化,说明个股的绝大部分未预期收益在事件发生前就产生了。在公告日之后,好消息组的API继续缓慢上升,坏消息组的API继续缓慢下降。也就是说,会计收益报告在发布之前就可以被市场预测,至少在报告发布的前12个月就开始影响股票超常收益,直到报告发布后一个月该影响才普遍消失。

| 局限性与展望 |

在本文可获得的个体公司的所有信息中,年度收益数据占据一半以上。然而,年度收益或利润报告并不是一个及时的媒介,因为其大部分内容(85%—90%)可以从更及时的信息来源获得,而资本市场的效率取决于信息来源的及时性。

本文提出了几个值得进一步研究的问题。例如,市场如何预测净收益的变化？中期报告和股利公告的作用是什么？对于会计师而言,还存在编制年度收益或利润报告或编制其他更及时的收益报告的成本问题,以及未预期收益变动幅度与相关股票价格调整之间的关系。这为衡量会计收益数字的信息价值提供了一种新的思路。

本文的主要贡献是,为使用实证方法处理**外部报告**(external reporting)中的特定问题提供了一种仍具争议性的选择。

交流区

作为研究会计收益数字有用性的实证研究之开山之作,本文为后续文献提供了崭新的研究视角,主要体现为以下两个方面：

（1）展示了盈余公告后漂移现象,后续研究持续关注了这一现象并进行了实证探讨与理论解释（如 Bernard 和 Thomas,1989；Bhushan,1994 等）。

（2）仅关注了会计异常收益或利润的符号与股票超常收益的符号之间的关系（即仅关注变化方向）,后续研究进一步探索了会计收益报告的其他信息内容（Beaver,1968；Basu,1978；Hayn,1995 等）。

文献2　年度盈余公告的信息含量

经典文献：William H. Beaver. The Information Content of Annual Earnings Announcements. *Journal of Accounting Research*, 1968(6): 67-92.

机构：University of Chicago

被引：总计 4 757 次,年均 88.09 次

文献概述：苏洋

研究概述：会计信息含量一直是会计计量中的重要问题,本文通过实证研究分析了普通股票投资者对盈余的感知。由于存在计量错误、资本市场中其他信息来源等的影响,对于会计信息是否具有信息含量,学术界尚未达成广泛共识。基于估值理论,本文关注投资者对盈余公告的市场反应,即盈余公告日附近的股票价格与股票交易量的变化。研究发现,相比于非盈余公告期间,盈余公告期间的股票价格与股票交易量会发生显著的变化。这表明会计盈余可以改变投资者的预期,具有信息含量。

核心概念：盈余　股票收益（或股票回报）　信息含量

文献背景

基于估值理论,长期以来会计盈余与股票价格具有假定的关系。会计盈余作为估值中的重要变量,有助于投资者对股票进行估值（Miller 和 Modigliant,1966；Graham 等,1962）,

这些研究也构成会计盈余具有信息含量这一推论的重要基础。然而,由于会计盈余包含一定的计量错误,资本市场上的理性投资者也会通过其他信息渠道获取与估值相关且更及时的信息。当会计盈余公告后,一部分信息早已被投资者感知并反映在股票价格中,由此会计盈余的信息含量被削弱。会计盈余是否具有信息含量是关乎会计活动效用与会计专业性的重要议题。为验证这一议题,已有研究多采用规范研究方法,即设定预期模型来分析投资者如何将披露盈余与股票价格相联系。比如,Benston(1967)沿用这一思路,发现股票价格对会计盈余并不敏感,但该研究并不能区分这一现象究竟是模型设定偏误所致还是盈余与股价关系较弱所致,结论的说服力较弱。为避免这一问题,本文采用实证研究方法而非规范研究方法验证投资者对会计盈余的市场反应。

研究假设

信息可使事件结果的预期发生改变(Theil,1967)。一方面,如果财务报表中的盈余可以改变投资者对企业未来现金流及其概率分布的预期,进而引起股票价格的变动,那么会计盈余便具有信息含量。有鉴于此,股票价格在盈余公告时会变动得更为剧烈。另一方面,会计信息不仅会改变投资者对企业未来现金流及其概率分布的预期,还会在一定程度上对投资者的行为产生影响,而会计信息的价值就体现在能改变投资者的最优投资组合,进而引起股票交易量发生变化。有鉴于此,股票交易量在盈余公告时会变动得更为剧烈。值得注意的是,股票价格代表了市场整体的预期,而股票交易量则代表了投资者个人的预期。当会计信息可以改变投资者个人预期但尚不足以改变市场预期时,会计信息的披露并不会引起股票价格的变化,但可以引起股票交易量的变化,即盈余公告的交易量反应比价格反应更为敏感。由此,本文提出以下两个假设:

假设1 盈余公告期间股票价格会有明显的变化。

假设2 盈余公告期间股票交易量会有明显的变化。

样本选择

本文选取1961—1965年共143家披露盈余公告的公司为样本,详细筛选条件如下:(1)数据在Compustat数据库可获取;(2)纽约证券交易所(简称"纽交所",NYSE)上市公司;(3)剔除12月31日为财务年度结束日的样本;(4)披露盈余公告当周内没有分红公告;(5)盈余公告前后共17周内不进行股票分割;(6)每年在《华尔街日报》上发布的信息公告少于20则。

实证方法与模型构造

交易量分析——未调整市场影响

$$V_{i,t} = \frac{\text{公司}\,i\,\text{第}\,t\,\text{周的股票交易量}}{\text{公司}\,i\,\text{第}\,t\,\text{周流通在外的股票数量}} \times \frac{1}{\text{第}\,t\,\text{周的交易天数}} \tag{1}$$

其中，$V_{i,t}$是个股周平均股票交易比例。本文以盈余公告前后 8 周（共 17 周）为公告期间，分析盈余公告对股票交易量的影响。

交易量分析——调整市场影响

$$V_{M,t} = \frac{纽交所第\ t\ 周的股票交易量}{纽交所第\ t\ 周流通在外的股票数量} \times \frac{1}{第\ t\ 周的交易天数} \quad (2)$$

$$V_{i,t} = a_i + b_i V_{M,t} + \varepsilon_{i,t} \quad (3)$$

其中，$V_{M,t}$是市场周平均股票交易比例。为剔除市场影响，本文利用回归所得残差构建剔除市场影响的交易量代理变量。

价格分析——调整市场影响

$$R_{i,t} = a_i + b_i R_{M,t} + \varepsilon_{i,t} \quad (4)$$

其中，$R_{i,t}$是个股本期收盘价与上期收盘价之比的自然对数，$R_{M,t}$是市场本期收盘价与上期收盘价之比的自然对数。为剔除市场影响，本文利用回归所得残差的平方构建股票收益代理变量。

研究结论与创新

研究发现，在盈余公告期间，股票价格与股票交易量会发生明显的变化；在剔除市场影响后，结论依旧稳健。以上结果意味着投资者十分关注企业报告的盈余信息，盈余信息具有显著的信息含量。相比于已有研究，本文运用实证研究方法，有效规避了估值模型（投资者预期模型）的设定偏误，研究结论更具说服力。

交流区

本文运用实证研究方法验证了会计盈余的信息含量，具有一定的学术引领影响，为实证会计研究的发展打下了坚实基础，奠定了美国在国际会计学术研究中的重要地位。借鉴本文的方法，学者可以继续深入讨论除年度盈余公告以外的其他盈余信息（如中期报告）是否具有显著的信息含量。

文献 3　应计项目与盈余的质量：应计估计偏误的影响

经典文献：Patricia M. Dechow, Ilia D. Dichev. The Quality of Accruals and Earnings: The Role of Accrual Estimation Errors. *The Accounting Review*, 2002(Supplement): 35-59.

机构：University of Michigan Business School

被引：总计 6 973 次，年均 348.65 次

文献概述：苏洋

研究概述：本文提出一个新的有关营运资本应计项目与盈余的质量度量指标。应计项目是对一段时间内确认的现金流的转换和调整，以使得调整后盈余能更好地反映企业业绩。然而，应计项目包含对未来现金流的假设与估计。本文认为，应计项目与盈余的质量随着应计项目估计偏误程度的增加而降低。本文利用公司层面应计项目对过去、现在和未来现金流回归的残差，构建应计质量的实证度量指标。本文还分析了其他可能影响应计项目质量的可观测公司特征（如应计项目波动性与盈余波动性）。

核心概念：应计质量　盈余质量　估计偏误　盈余持续性

文献背景

与本文相关的研究主要基于两方面：一方面，会计应计项目是对企业现金流的修正，能够使会计盈余更好地度量公司业绩（FASB，1978；Dechow，1994）；另一方面，应计项目多基于假设和估计，有误的估计会在未来的应计项目和盈余中得到更正，这些当期估计偏误和未来修正会对应计项目产生噪声（Palepu 等，2000）。基于机会主义动机，管理者也会操纵盈余以实现特定目标（Healy 和 Wahlen，1999）。以上因素会对应计项目和盈余的质量产生影响，有鉴于此，本文基于应计项目中的估计偏误构建度量指标。

理论基础和研究思路

本文假设与盈余相关的应计项目的现金流在一年内实现，通过模型推导得出：会计当期盈余与过去、现在和未来现金流相关，当期应计项目与过去、现在和未来现金流相关。

$$CF_t = CF_t^{t-1} + CF_t^t + CF_t^{t+1} \tag{1}$$

$$E_t = CF_t + Accrual_t \tag{2}$$

$$E_t = (CF_t^{t-1} + CF_t^t + CF_t^{t+1}) + (CF_{t+1}^t + \varepsilon_{t+1}^t - CF_t^{t-1} - \varepsilon_t^{t-1} - CF_t^{t+1} + CF_{t-1}^t) \tag{3}$$

$$E_t = CF_{t-1}^t + CF_t^t + CF_{t+1}^t + \varepsilon_{t+1}^t - \varepsilon_t^{t-1} \tag{4}$$

$$Accrual_t = b_0 + b_1 \times CFO_{t-1} + b_2 \times CFO_t + b_3 \times CFO_{t+1} + \varepsilon_t \tag{5}$$

其中，CF_t^{t-1} 指第 $t-1$ 期确认、第 t 期实现的项目，CF_t 指当期发生的现金流，E_t 指当期盈余，$Accrual_t$ 指当期应计项目，ε 指会计计量中的估计偏误及其更正且与盈余质量有关，CFO 指经营性现金流量。

研究假设

出于研究、实践和教学的目的，本文在构建了应计项目度量指标的基础上，建立了应计质量和公司特征之间的关系。

（1）应计质量越高，盈余持续性越低。

（2）应计质量与经营周期负相关。经营周期较长意味着更大的不确定性，因而更多的会计估计及其偏误会降低应计质量。

（3）应计质量与公司规模负相关。较大规模公司的经营更稳定、可预测性更高、经营活动更多元化，因而会计估计及其偏误更小。

(4）应计质量与销售波动负相关。销售波动意味着不稳定的经营环境和更高程度的会计估计，因而发生会计估计及其偏误的可能性更大。

(5）应计质量与现金流波动负相关。现金流波动程度更高意味着企业经营环境面临更高的不确定性，因而会计估计及其偏误更大。

(6）应计质量与应计波动负相关。由于应计质量的度量指标源于应计的回归残差，因此应计项目波动程度与应计质量相关。

(7）应计质量与负盈余频率负相关。盈余为负意味着企业面临不利的经营环境，这些外生冲击会对实质的估计偏误产生影响。

(8）应计质量与应计项目比例负相关。应计项目比例更大可能意味着更大程度的会计估计及更大的估计偏误，因而应计项目质量更低。

| 样本选择 |

本文数据主要来自 1987—1999 年的 Compustat 年度工业研究数据库，剔除 ±1% 的极端值、缺失值以及少于 8 年数据的公司样本。

| 实证方法与模型构建 |

$$\text{Accrual}_t = b_0 + b_1 \times \text{CFO}_{t-1} + b_2 \times \text{CFO}_t + b_3 \times \text{CFO}_{t+1} + \varepsilon_t \tag{6}$$

本文将回归模型（公司层面回归与行业层面回归）所得残差的标准差作为应计质量与盈余质量的度量指标，标准差越大表示指标质量越低。在获得盈余质量度量指标的基础上，将其作为被解释变量与公司特征（公司规模、经营周期）、销售波动、应计波动、现金流波动、负盈余频率和应计项目比例等进行回归，分析其对盈余质量的影响。

$$E_t = b_0 + b_1 \times E_{t-1} + \varepsilon_t \tag{7}$$

此外，本文分析盈余质量与盈余持续性之间的关系。基于上述回归模型，本文以回归系数与回归 R^2 作为盈余持续性的度量指标。本文以盈余质量（回归残差的标准差）为基础，对样本进行排序分组，比较各组度量指标的持续性及其变化趋势，揭示盈余质量与盈余持续性之间的关系。

考虑到 Sloan(1996) 的研究，应计项目比例会对盈余持续性产生影响。为使结论更为准确，本文通过以下两种方式排除应计项目比例的干扰：(1)将样本按照应计项目比例进行排序分组，将各组的持续性指标与按盈余质量排序分组下的持续性指标进行对比；(2)按照应计项目比例进行排序分组，并在每组中继续按盈余质量进行排序分组，将每一个应计项目比例分组中的盈余质量细分组汇总为盈余质量组，以此类推，从而控制应计项目比例的干扰。

| 研究结论与创新 |

基于应计项目对现金流的修正可以使会计盈余更好地反映企业业绩，本文构建了应计质量与盈余质量的度量指标；并探究其中的影响因素及其对盈余持续性的影响。本文假设，准确的会计估计使得当期应计项目与过去、现在和未来的现金流良好配比，不准确的会计估计会降低会计应计项目的质量，且较高的估计偏误代表较低的盈余质量。本文以应计

项目与企业过去、现在和未来现金流回归所得残差的标准差作为应计质量与盈余质量的度量指标;在此基础上,本文分析了盈余质量与公司特征的关系以及两者关系的影响因素,研究发现盈余质量与经营周期、公司规模、销售波动、现金流波动、应计波动、负盈余频率、应计项目比例负相关;从经济后果视角来看,盈余质量与盈余持续性负相关。

交流区

本文的主要贡献体现在以下两方面:

一方面,本文构建了盈余质量的度量指标,并且由于公司特征对盈余质量具有较强的作用,盈余波动与应计波动可以作为盈余质量的替代;另一方面,本文结合了Sloan(1996)的研究,分析了盈余质量与盈余持续性的关系,梳理了Dechow(1994)与Sloan(1996)两项研究之间的关系。

本文认为,应计项目改善了会计盈余对企业业绩的反映效力,有助于提升盈余质量;但由于会计估计的存在,现金流的持续性较强,较大比例的应计项目会降低会计盈余的持续性,进而降低盈余质量。

文献4 应计质量的市场定价

经典文献:Jennifer Francis,[1] Ryan LaFond,[2] Per Olsson,[1] Katherine Schipper.[3] The Market Pricing of Accruals Quality. *Journal of Accounting and Economics*,2005,39(2):295-327.

机构:[1]Duke University;[2]University of Wisconsin;[3]Financial Accounting Standards Board

被引:总计3 924次,年均230.82次

文献概述:危雁麟

研究概述:**应计质量**(accruals quality,AQ)反映了与盈余信息有关的信息风险,本文检验了投资者是否会参考应计质量进行股票定价。本文对现金流与流动性应计项目进行回归,得到残差的标准差以度量应计质量,并采用其他应计质量度量方法进一步检验这一问题,发现较差的应计质量会带来更高的债务和权益资本成本。本文还区分了由经济基本面(固有性应计质量)和管理层选择(操控性应计质量)所导致的应计质量,发现两种要素都具有显著的资本成本效应,但是固有性应计质量的影响显著大于操控性应计质量。

核心概念:资本成本 应计质量 信息风险

文献背景

以往诸多理论研究(如Easley和O'Hara,2004)发现**信息风险**(information risk)是一种不可分散的风险要素。这里的信息风险,是指与投资者定价决策相关的公司出现较差信息质量的可能性。本文假设现金流量是投资者定价的**初始要素**(primitive element),也是将应

计质量定义为与关键会计数字（即盈余）相关的信息风险度量指标的初始要素。也就是说，投资者通过应计质量能够获知会计盈余与现金流的关系；而较差的应计质量对这种关系的解释能力较差，从而会提高信息风险。

以往的一些研究认为，财务报告质量对资本市场存在影响。当盈余质量低到足以引起监管机构或司法部门的注意时，会给资本市场带来不利后果（以股东损失的形式），例如招致美国证券交易委员会（SEC）的执法行动（Dechow 等，1996）、发生股东诉讼（Francis 等，1994）和财务报表重述（Palmrose 等，2004）。虽然存在财务欺诈的财务报告为（可能）与低应计质量相关的股东灾难性损失提供了证据，但本文仅仅对低应计质量的公司进行研究，无法建立起财务报告质量与资本市场经济后果的一般性联系。

也有一系列研究发现，应计质量的资本市场效应会表现为一种不同的、明显反常的形式。反常效应是指**资本资产定价模型**（capital asset pricing model，CAPM）（Fama 和 French，1996）无法解释的平均收益的系统性模式。Fama 和 French（1996）认为，相对低（高）规模的**原始应计项目**（signed accruals）或**原始异常应计项目**（signed abnormal accruals）会导致正向（负向）风险调整收益。在以往的研究中，持反常效应观点的研究通常将样本企业的超额收益归因于投资者对信息的反应缓慢或有偏见，因而基于操控性应计项目变量，能够预测负应计利润最大的公司将获得正收益而正应计利润最大的公司将获得负收益。与之相反的是，本文认为虽然将应计质量纳入控制（风险）因子后基于应计项目的交易策略的盈利能力将稍微下降，但是超额收益将保持为正。因此，本文的研究逻辑明显区别于应计项目反常效应的相关研究。

还有一类文献研究了资本成本与向投资者传递的信息数量或信息的质量/数量混合属性的衡量指标之间的关系。例如，有文献发现了分析师跟踪水平较低和披露评分相对较低公司的**权益资本成本**（cost of equity）较高的证据，其中的披露评分反映的是信息数量。相关研究还关注了权益资本成本和**债务资本成本**（cost of debt）与分析师基于综合披露的评估结果之间的关系，其中的评估考虑了年度和季度报告、委托书、其他已发布的信息以及与分析师的直接沟通。

在评判盈余信息的信息风险与定价效应之间的关系时，相对于应计质量，一些文献还关注了其他盈余属性与资本成本之间的关系。例如，Francis 等（2004）修正了应计项目的质量、持久性、可预测性、平滑性、价值相关性、及时性和保守性的定价效应；Bhattacharya 等（2003）检验了平均股票资本成本在国家层面的指标与盈余不透明性之间的关系，其中的不透明性使用国家层面的盈余激进度、损失避免和盈余平滑的组合来度量。

本文有关应计质量与资本成本之间关系的分析还包括**内在应计质量**（innate accruals quality）或**操控性应计质量**（discretionary accruals quality）是否有可能影响资本成本。在这方面，Cohen（2003）的研究探讨了外生变量能否解释报告质量及其经济后果。他首先估计了特定公司报告质量高于行业中位数的概率，然后检验报告质量的二元指标和经济后果代理变量之间的关联，最终发现报告质量与买卖价差和分析师预测价差有关，但与其他对股票资本成本的隐含估计无关。

理论基础、研究思路与研究假设

信息风险的定价效应

本文的研究主题为:信息的提供如何影响资本成本。

Easley 和 O'Hara(2004)建立了多资产理性预期模型,研究了公开信息和私有信息占比对预期价值及资本成本的影响。研究结果表明,由于拥有私有信息的知情交易者利用这些新信息能更好地调整自身的持股组合配比,因此相对更多的私有信息将导致非知情交易者的持股风险上升。此时,非知情交易者面临系统性(如不可分散)的信息风险,并要求更高的报酬(表现为索要更高的资本成本)作为补偿。预期收益率同时受到私有信息数量(私有信息越多,预期收益率越高)以及公开信息和私有信息精确度(二者任一的精确度越高,越能降低预期收益率)的影响。因此,会计信息精确度通过降低非知情交易者持股的信息风险,起到降低资本成本的作用。

关于信息风险的产生及其对资本成本的影响,以往研究还提出另一种衡量方式。Leuz 和 Verrecchia(2004)认为,业绩报告(如盈余信息)对联盟企业和资本投资者起到了一定的作用,较差的报告质量减少了公司之间的合作,也减弱了资本投资者对公司的投资意愿,由此产生了信息风险。由于预料到这一点,投资者将要求更高的风险溢价,例如索要更高的资本成本。Leuz 和 Verrecchia(2004)认为,即使在一个有许多公司以及有诸多索要高风险溢价的系统性要素的经济环境中,信息风险中的一部分也是不可分散的。

总的来说,许多文献认为更大的信息风险将带来更高的资本成本。在上述模型里,信息风险是指投资者为证券定价而使用或期望的信息不确定性或不精确性。本文假设投资者基于对股票未来现金流的评估进行估值。因此,本文将寻找能够捕捉现金流的信息不确定性的指标。在具体研究中,本文关注与盈余中应计要素相关的指标的原因有以下两点:第一,现金流信息是由盈余提供的,例如现金流量等于盈余减去应计项目。以往研究认为当期盈余通常是未来现金流的一个理想的度量指标。然而,因为应计项目是其他时期现金流事件的评价、估计、分配的产物,而现金流要素是已实现的收入,所以盈余的应计要素相比现金流要素更大程度地受制于不确定性。第二,应计质量是一个比其他盈余属性更加原始的关于现金流信息风险的度量指标。

本文使用应计质量作为信息风险的替代指标,预测资本成本随信息风险而上升。由此,本文的第一个假设为:

假设 1 应计质量好的公司和应计质量差的公司的资本成本有差异。

在实证检验中,本文用来检验假设 1 的思路为:应计质量差的公司比应计质量好的公司有更高的资本成本。

区分内在应计质量和操控性应计质量的资本成本效应

以往的研究模型并不能预测由企业业务模式、经营环境等固有特征导致的应计质量较差与操控性(例如会计选择、执行决定和管理失误)应计质量较差这两种情况下所带来的资本成本效应之间的差别。然而,盈余管理的相关观点则认为,应计质量的内在要素和操控性要素的定价效应存在潜在差异。Guay 等(1996)关于管理层应计项目操控实践的观点认为,应计质量的操控性要素包含三类不同的子要素:第一类子要素反映管理层尝试强化盈利能力从而在可靠且适时的方式下反映业绩;第二类子要素和第三类子要素分别反映机会主义和纯噪声,预期这两类要素将会提高信息风险,尽管并不确定它们是否会带来与内在应计质量相同规模的影响。

虽然 Guay 等(1996)认为相比于噪声,业绩子要素和机会主义子要素占据主导地位,例如应计项目的操控性要素大多不是噪声,但其研究结果并未明确指出**业绩效应**(performance effect)和**机会主义效应**(opportunistic effect)中哪个效应的影响更强。不过,Guay 等(1996)和 Healy(1996)的发现也提供了与本文研究目的相关的见解。具体来说,Guay 等(1996)提出:管理层操控应计项目已经存在了几个世纪,其前提是操控性应计盈余的总体净效应是强化盈余作为绩效指标的作用。由此可见,应计项目中的操控性要素能够降低信息风险,从而抵消了由较低内在应计质量导致的资本成本增加。

需要说明的是,Guay 等(1996)和 Healy(1996)都提出长时间跨度的大量样本会同时包含符合业绩假设的应计项目和由管理层机会主义导致的应计项目。特别地,Healy(1996)提出在众多公司截面上,一家公司的管理层可以机会主义地报告而另一家公司的管理层可以不带偏见地报告(这两种行为都有可能发生),其结果是对于给定的样本,观测到的总体效应将是各效应的加权平均值。以往研究提出,在谨慎选择的、非随机的样本中,机会主义行为的动机非常强,此时机会主义效应将占据主导地位;而当管理层没有动机实施机会主义行为时,业绩效应预期将占据主导地位。本文选择的样本是为了增强研究结果的普适性,它可能包含与这两种效应相关的观测结果。本文不试图分离这些效应,因为对影响操控性应计质量的机会主义行为的测试需要使用选定的有针对性、特殊的样本,以增强特定激励措施对机会主义行为的影响。

综上所述,本文提出如下观点:第一,虽然信息风险相关理论并没提出内在应计质量和操控性应计质量在资本成本效应方面的差别,但是盈余管理和操控性应计盈余的相关研究表明存在这种差别的可能性。第二,管理层尝试通过操控性应计项目来提高盈余作为业绩指标的作用,由此会降低能导致信息风险的信息不对称,并降低投资者索要的信息风险溢价。然而,覆盖长时间跨度的大量样本也包含这样一些观测值——其管理层操控是用来获得机会主义收益,这种行为预期将会加大信息不确定性并由此提高投资者索要的信息风险溢价。这个理由说明了操控性应计质量预期会存在综合资本成本效应,同时反映了业绩提高(这种情况抵消了与内在应计质量要素有关的资本成本上升)以及机会主义和噪声(加剧了上述因素的影响)的叠加作用。在一定程度上,操控性应计质量反映了信息风险增加效应和信息风险减少效应的混合效应,本文预期总体资本成本效应小于内在应计质量效应。本文预测了应计质量的内在要素和操控性要素之间的资本成本效应差异,进而在不同信息风险成因下的投资者具备一致性的基础上提出了假设 2,认为投资者对单位操控性应计质量的估值低于对单位内在应计质量的估值。

假设 2 应计质量的操控性要素和内在要素的资本成本效应有差异。

样本选择

本文选取了1970—2001年的公司样本,用于计算相关的应计质量变量,总共得到91 820个公司—年度观测值。

实证方法与模型构建

本文采用OLS法进行实证分析,主要变量包括应计质量、内在应计质量要素和操控性应计质量要素、资本成本等。

主要变量

(1) 应计质量。本文认为,应计项目不确定性的最有效度量为Dechow和Dichev(2002)建立的应计质量指标(简称"DD模型")。在DD模型中,应计质量是通过营运资本应计项目所反映的经营现金流实现水平的程度来衡量的。DD模型的内在逻辑为:无论管理层的意图如何,应计质量都受到应计项目测量误差的影响。有意的估计偏误来自盈余管理动机,而无意的估计偏误来自管理失误和环境不确定性;然而,DD模型中误差的具体来源是无关紧要的。DD模型将当期、上期和下期营运资本应计项目对经营现金流回归,营运资本应计项目变动中的未说明部分被视为应计质量的反向衡量指标(未说明部分越大,应计质量越差)。

在实际应用中,DD模型仅限于估计流动性应计质量。当将DD模型用于估计总应计质量时,理论上可以获得一个从不确定性角度度量**应计质量的指标**(accruals quality metric),但非流动性应计项目与现金流实现之间**较长的时间差**(long lags)会影响这一指标的有效性。为了消除这个局限性,本文还考虑了基于异常应计项目的应计质量绝对值的替代变量,异常应计项目来自Dechow等(1995)的修正Jones模型(Jones, 1991)。将修正Jones模型用于本文的设定,用收入变动和固定资产净值对应计项目总额进行回归而得到拟合值,此时应计质量与应计项目在多大程度上被拟合值所捕捉是相关的。异常应计项目同时考虑了流动性应计项目和非流动性应计项目,并不受DD模型局限性的影响。然而修正Jones模型对异常应计项目的定义受到诸多批评(如Guay等,1996)。此外,修正Jones模型将异常应计项目界定为未能被有限基本面要素(收入变动和固定资产净值)解释的应计项目,虽然本文相信异常应计项目包含充分的不确定性,但其与信息风险的直接关系仍然弱于DD模型。综上所述,本文采用DD模型度量应计质量。

(2) 内在应计质量要素和操控性应计质量要素。本文使用两种方法区分应计质量中的内在要素和操控性要素。两种方法均采用能捕捉业务模式和经营环境对应计质量影响的综合指标,本文将这些影响视为"内在因子"。考虑到管理层可能会改变业务模式(例如提高应收账款周转率)或者转换经营环境(例如退出某一行业或某一地区),这种描述并不准确,内在因子相比于影响操控性应计质量的因子(例如管理层的会计制度决策)变化得更慢。本文使用DD模型提出的影响(内在)应计质量的因子包括公司规模、经营现金流量标准差、销售收入标准差、营运周期长度和负收益实现率。

方法 1 运用前文测算应计质量的模型的年度回归估计值作为应计质量的内在要素 InnateAQ，估计偏误为操控性要素 DiscAQ，将总 AQ 拆分为 InnateAQ 和 DiscAQ。方法 2 将"内在因子"作为资本成本效应中的解释变量以控制应计质量的内在要素。

（3）资本成本。债务资本成本（CostDebt）用利息支出度量，权益资本成本（IndEP）用市盈率（EP）度量。

模型设计

模型一为：
$$CostDebt_{j,t} = \theta_0 + \theta_1 Leverage_{j,t} + \theta_2 Size_{j,t} + \theta_3 ROA_{j,t} + \theta_4 IntCov_{j,t} + \theta_5 \sigma(NIBE)_{j,t} + \theta_6 AQ_{j,t} + \varepsilon_{j,t} \quad (1)$$

模型二为：
$$IndEP_{j,t} = \vartheta_0 + \vartheta_1 Growth_{j,t} + \vartheta_2 Leverage_{j,t} + \vartheta_3 Beta_{j,t} + \vartheta_4 Size_{j,t} + \vartheta_5 AQ_{j,t} + \varepsilon_{j,t} \quad (2)$$

模型三为：
$$R_{j,m} - R_{F,m} = \alpha_j + \beta_j(R_{M,m} - R_{F,m}) + \lambda_j AQfactor_m + \varepsilon_{j,m} \quad (3)$$

模型四（Fama-French 三因子模型）为：
$$R_{j,m} - R_{F,m} = a_j + b_j(R_{M,m} - R_{F,m}) + s_j SMB_m + h_j HML_m + e_j AQfactor_m + \varepsilon_{j,m} \quad (4)$$

其中，AQ 为应计质量；AQfactor 为应计质量要素；Leverage 为利息支出对应负债与资产的比值；Size 为总资产的自然对数；ROA 为净利润与资产的比值；IntCov 为营业收入与利息支出的比值；$\sigma(NIBE)$ 为非经常性项目前的净收入与总资产的比值的标准差；Growth 为过去 5 年股票账面价值增长率加 1 的自然对数；Beta 为使用过去 5 年的数据，从公司层面的 CAPM 模型估计获得的 5 年滚动预估贝塔值；$R_{M,m}$ 为第 m 月的市场收益率；$R_{F,m}$ 为第 m 月的公司股票收益率；SMB_m 为第 m 月的市值因子；HML_m 为第 m 月的账面市值比因子。在检验过程中，本文还将相应模型中的 $AQ_{j,t}$ 或 $AQfactor_m$ 替换为 InnateAQ 或 DiscAQ，以进行假设 2 的相关检验。

稳健性检验

敏感性测试

对于计算程序，本文使用时间序列回归和横截面回归分别重复了相关检验。在这些测试中，本文采用 Newey 和 West（1987）的标准差评估统计推断方法控制异方差和自相关。

对于变量规范，本文将 AQ 的十分位秩值替换为对应变量的原始值并重复相关测试。

对于偏态，本文测试排除应计质量最差五分之一的公司后结果是否稳健。

对于其他替代指标，本文使用其他四种应计质量的替代变量并重复相关测试。

应计质量变化和资本成本变化

为了细化总应计质量的横截面检验，本文进一步分析应计质量变化是否与资本成本变化正相关。

与 Sloan(1996)的对比

本文关于总应计质量定价效应的研究还探讨了本文结论与 Sloan(1996)关于异常应计项目结论之间的关系。

研究结论与创新

本文发现,投资者对股票的定价反映了其对应计质量的关注。较低的应计质量与较高的债务资本成本、较低的市盈率和较大的股票风险贝塔值有关。此外,本文不认为内在应计质量和操控性应计质量具有难以区分的资本成本效应。区分两种应计质量,平均来说,应计质量的操控性要素相比内在要素具有较低的定价效应。综上所述,本文认为应计质量的资本成本效应归属于一个具备理论基础的资本成本决定因素:信息风险。

本文的创新和贡献在于:第一,与以往证实信息风险对资产定价影响的理论相符。本文认为相比于较好应计质量公司,较差应计质量公司的资本成本更高,这一结果与信息风险(以应计质量为替代变量)是风险定价因子的观点相符。第二,本文试图厘清应计质量中的不同组成部分——反映经济基本面的应计质量(内在要素)和代表管理层选择的应计质量(操控性要素)是否具有不同的资本成本效应。虽然现有理论并未区分信息风险的不同来源,但以往关于操控性应计质量的研究(Guay 等,1996)提供了一个框架,其认为操控性应计质量和内在应计质量对资本成本的影响不同。简要来说,操控性应计质量选择既反映了机会主义(会加剧信息风险),也反映了业绩度量(会降低信息风险);这些相互矛盾的影响将使操控性应计质量对资本成本影响的净效应为正,但这种对资本成本的正向净效应低于内在应计质量对资本成本的影响。与这个观点相符,本文发现内在应计质量对资本成本的影响大于操控性应计质量对资本成本的影响。

交流区

本文将企业的会计盈余与资本市场收益联系在一起,是研究企业应计质量的市场反应、评估资本市场应计异象的经典之作。本文为后续研究带来了两方面的启示:

其一,通过验证应计质量对权益资本(股票)成本的影响,本文为将以应计质量(AQ)为反映指标的信息风险因子纳入资产定价模型提供了证据。此后,更多的研究开始关注将信息风险因子用于资产定价的合理性,为提高资本市场定价效率指出新的方向(王亮亮,2013;Nallareddy 和 Ogneva,2017)。

其二,本文创新性地区分了内在应计质量和操控性应计质量,更加深入地剖析了应计质量对资本成本作用的可能机制所导致的综合效果,为探究企业应计质量对资本市场的影响提供了更细致的新思路(如王鸿和朱宏泉,2010)。

文献 5　管理层持股、会计选择和盈余的信息含量

经典文献：Terry D. Warfield,[1] John J. Wild,[2] Kenneth L. Wild.[2] Managerial Ownership, Accounting Choices, and Informativeness of Earnings. *Journal of Accounting and Economics*, 1995, 20(1): 61-91.

机构：[1]University of Wisconsin；[2]University of London

被引：总计 2 388 次，年均 88.44 次

文献概述：刘婷婷

研究概述：本文假设管理层持股水平既影响盈余的信息含量，又影响操控性应计项目的调整幅度。这一假设以公司相关理论为基础：(1) 所有权与经济决策控制权的分离；(2) 以会计为基础的契约约束程度和结果；(3) 管理层选择和应用会计技术的动机。研究结果表明，管理层持股水平与盈余对股票收益的解释能力呈正相关关系，并且与会计应计项目调整幅度呈负相关关系。此外，管理层持股水平对受监管公司来说不那么重要，这表明规章制度有利于监督经理层的会计选择。

核心概念：资本市场　代理理论　会计选择　管理层持股

文献背景

由于违约成本和监督成本高昂，因此并非管理层的所有机会主义行为都能被消除，并且其选择和应用会计技术的自由裁量权也完全存在。实际上，资本提供者并不希望消除所有的**会计自由裁量权**（accounting discretion），因为管理层在选择一套有效的会计方法时拥有比较优势（Ball，1989）。由此，市场期望管理层在报告会计数字时充分利用合同和公认会计程序所允许的自由裁量权，并且管理层薪酬也包含这种预期行为（Zimmerman，1979；Fama，1980；Fama 和 Jensen，1983）。

考虑到管理层在应用公认会计程序方面的自由度，理性行为论建议管理层在选择会计方法时要考虑契约约束，而不一定要考虑交易背后的经济学原理。合同可以限制管理层的会计选择，由此产生一个问题：究竟是契约约束还是管理层决定的会计数字更能反映经济绩效？另一个关键点是管理层所有权与会计计量之间的内生性问题，也就是**管理层持股**（managerial ownership）的增加是否由会计计量自由裁量权的增大所导致。于是，本文提出第一个假设：

假设 1　作为股票收益的解释变量，会计盈余的信息含量与管理层持股水平呈系统性相关关系。

所有权结构和信息环境之间还存在另一种潜在的相互作用。一些股权结构较分散公司的股东缺乏资源、动机或获取相关信息的途径来监督经理人的行为。因此，较为分散的所有权会产生更大的**信息不对称**（information asymmetry）或市场参与者之间的不确定性，而盈余有助于消除这种不对称或不确定性，即盈余的信息含量与管理层持股呈负向关系。金融分析师和其他信息中介机构可能会缓解这种信息不对称。

所有权和控制权的分离以及由此产生的经营者—所有者激励问题与契约约束的程度有关。关于契约约束在会计数字中的地位,预期与管理层持股反向相关,从而会激发管理层的会计计量方法选择的动机:一方面需要满足契约约束的限制条件,另一方面要符合管理层的最大利益。于是,本文提出第二个假设:

假设 2 管理层会计选择的调整幅度与管理层持股水平呈系统性相关关系。

还有一些其他因素会影响管理层在会计计量方法选择和报告上的动机。**契约理论**(contracting theory)假设管理层会为了自身利益而利用契约和可接受范围内的会计程序进行调整,有关政治过程的经济理论为管理层的会计选择提供了预测基础。由于所有权结构对经济体的形成是内生性的,因此在实证分析中需要考虑额外因素(Coase,1937;Alchian 和 Demsetz,1972;Williamson,1981;Cheung,1983)。为了提高所有权结构实证分析推断的可靠性,本文引入 7 个额外因素:监管环境、公司规模、**系统性风险**(systematic risk)、杠杆率、增长机会、盈余波动性和**盈余持续性**(earning persistence)。

由于规章和管制会限制管理层的行为,这可能会让管理者更加难以采取机会主义行为和其他的非价值最大化行为,因此需要进一步讨论企业的监管环境。例如,银行报告须接受政府的特别审查。在某种程度上,规章和管制弱化了管理层的非价值最大化行为,管理层充分利用会计技术允许范围内的自由裁量权的动机会减弱,相应的机会主义行为也会减少。对于受管制公司来说,更集中的管理层持股水平是影响和决定会计数字信息含量的重要因素

公司规模和风险在会计选择决策中的作用是政治过程理论驱动的结果(Watts 和 Zimmerman,1978;Zimmerman,1983)。相关理论表明,政治敏感的大型公司的管理层更有可能利用会计决策上的自由裁量权来降低政治成本,而且由于政治成本会随着风险的变化而变化,高风险公司有更大的动机利用这一自由裁量权(Zmijewski 和 Hagerman,1981)。其余因素主要来自公司估值方面,包括增长率、盈余波动性和盈余持续性(Pincus,1983;Kormendi 和 Lipe,1987;Easton 和 Zmijewski,1989;Lipe,1990)。

| 样本选择与数据 |

所有权数据从 Disclosure 公司(1990 年 1 月)发布的信息披露数据库手动收集而来。该数据库报告了公司所有者的数量及其所拥有流通股的数量和比例。假设 1 的检验用到的盈余和股票收益数据来自 1988—1990 年。样本公司满足以下条件:(1)每年的每股收益和股利是可得的;(2)计算股票收益(包括股利)所需的数据是可得的。按以上标准进行筛选,最终样本为 4 778 个公司—年度观测值。假设 2 的检验不需要股票收益数据,而使用 1990 年标准普尔公司 Compustat 数据库的数据估计操控性应计项目,最终样本量为 3 871 个公司—年度观测值。

| 实证方法与模型构建 |

本文假设 1 预测盈余的信息含量与管理层持股水平存在系统性相关关系。为了检验所有权条件下盈余的差异性信息量即**盈余反应系数**(earnings response coefficient),本文建立的混合横截面回归模型为:

$$R_{i,t} = \gamma_0 + \gamma_1 \frac{E_{i,t}}{P_{i,t-1}} + \gamma_2 \frac{E_{i,t} \times OWN_i}{P_{i,t-1}} + \varepsilon_{i,t} \tag{1}$$

其中,$R_{i,t}$是公司i第t年的股票收益率,$E_{i,t}$是每股收益,$P_{i,t-1}$是第$t-1$年年末的股票价格,OWN_i是公司i的管理层持股比例。γ_2衡量所有权与盈余信息含量的关系,反映所有权水平对盈余信息含量的影响程度,若γ_2显著大于(小于)0则说明E/P对R的影响为正向(负向)的。

除管理层持股外,本文又加入7个额外因素做进一步探讨,分别为监管环境、公司规模、系统性风险、杠杆率、增长机会、盈余波动性和盈余持续性,并构建以下模型:

$$\begin{aligned}R_0 = &\gamma_0 + \gamma_1 \frac{E_{i,t}}{P_{i,t-1}} + \gamma_2 \frac{E_{i,t} \times OWN_i}{P_{i,t-1}} + \gamma_3 \frac{E_{i,t} \times OWN_i \times REG_i}{P_{i,t-1}} + \gamma_4 \frac{E_{i,t} \times SIZE_i}{P_{i,t-1}} + \\ &\gamma_5 \frac{E_{i,t} \times RISK_i}{P_{i,t-1}} + \gamma_6 \frac{E_{i,t} \times DEBT_i}{P_{i,t-1}} + \gamma_7 \frac{E_{i,t} \times GROWTH_i}{P_{i,t-1}} + \gamma_8 \frac{E_{i,t} \times VAR_i}{P_{i,t-1}} + \\ &\gamma_9 \frac{E_{i,t} \times PERS_i}{P_{i,t-1}} + \varepsilon_{i,t}\end{aligned} \tag{2}$$

其中,当企业处于被监管行业时,REG取值为1,否则取值为0;SIZE为企业市场价值的自然对数;RISK为企业的系统性风险;DEBT为企业的总负债与总资产的比值;GROWTH为企业市场价值与账面价值的比率;VAR为1987—1990年16个季度盈余的波动率;PERS衡量盈余持续性,为1987—1990年16个季度盈余的一阶相关性。

为检验假设2,本文构建以下模型:

$$|AAC_{i,t}| = \delta_0 + \delta_1 OWN_i + \delta_2 OWN_i \times REG_i + \delta_3 SIZE_i + \delta_4 RISK_i + \delta_5 DEBT_i + \\ \delta_6 GROWTH_i + \delta_7 VAR_i + \delta_8 PERS_i + \varepsilon_{i,t} \tag{3}$$

其中,异常应计项目$AAC_{i,t}$为当期应计项目AC减去预期的正常应计$E(AC)$,然后用年初股票价格P进行标准化;其余变量的定义与假设1检验模型所用变量相同。

稳健性检验

在上述回归分析中,所有权的度量方法为对公司运营有重大影响的个体所有者所持股份的百分比;在稳健性检验中,本文又考虑了两个不同的度量指标:(1)所有权的对数;(2)每个所有者的平均所有权百分比。第一个指标调整了所有权水平的倾斜分布,第二个指标捕捉了所有权的集中度。

为评估所有权—盈余关系在各个样本公司—年度观测值中的稳定性,本文分别对1988年、1989年和1990年重新做回归分析。

研究结论

假设1预测了会计盈余对股票收益的解释力与管理层持股水平系统性相关。结果显示,管理层持股水平越高,企业的盈余反应系数显著越高,其增长幅度超过400%。管理层持股水平越高的公司获得越多盈余信息含量的证据与公司治理理论是一致的。结果表明,会计程序的选择和应用与管理层持股是被共同决定的,并且这种关系对以公司业绩来度量的信息含量会产生可预测的影响。因此,本文的证据将已知的所有权结构的经济影响扩展到对会计数字的报告。

假设2预测管理层的会计选择(表现为操控性应计项目)与管理层持股水平系统性相关。结果表明,操控性应计项目与管理层持股水平成反比。具体来说,管理层拥有35%以上股权的企业的操控性应计项目的绝对值比管理层拥有少于5%股权的企业的相关值高两倍以上。

交流区

本文基于公司治理理论,证实了盈余信息含量与管理层持股水平呈正相关关系,是迈向管理层会计选择与盈余信息含量研究方向的第一步。未来可以进一步从现有假设角度探讨在选择和应用关于会计数字的价格信息含量的会计技术方面的管理层激励。在其他条件相同的情况下,政治敏感的公司或面临劳动合同或其他合同谈判的公司所报告的会计数字,其信息含量可能更少。公司治理过程(如收购、并购、董事会专门委员会)可能会影响管理层持股、激励和绩效指标之间的关系(Aboody和Matsumoto,2002;Cheng和Warfield,2005)。为了更好地构建公司治理结构模型,有必要进一步理解管理层持股及其与会计数字间的关系。

文献6 以会计盈余和现金流量作为公司绩效的衡量指标:会计应计项目的作用

经典文献：Patricia M. Dechow. Accounting Earnings and Cash Flows as Measures of Firm Performance: The Role of Accounting Accruals. *Journal of Accounting and Economics*, 1994, 18(1): 3-42.

机构：University of Pennsylvania

被引：总计4 391次,年均156.80次

文献概述：向迎春

研究概述：本文研究了在何种情况下,应计项目能够提高盈余(通过股票收益反映)衡量公司绩效的能力。假设在以下情况下,应计项目的重要性增大:(1)绩效度量间隔时间更短;(2)公司的营运资本要求及投融资活动的波动性更大;(3)公司的营运周期更长。在上述每一种情况下,现金流量都将受到更严重的时序和匹配问题的影响,并且其反映公司绩效的能力会降低。实证检验结果与本文预测是一致的。

核心概念：会计盈余 应计项目 经营现金流量 营运周期

文献背景

盈余是权责发生制下产生的衡量公司绩效的综合性指标。盈余因被广泛地用作衡量公司绩效的综合性指标而尤显重要,例如盈余可作为绩效标准体现在高管薪酬计划、债务

契约、拟上市公司的招股说明书中,或者被投资者和债权人用作绩效衡量指标。本文探讨应计项目如何提高盈余反映公司绩效的能力,以及在何种情况下其作用更大。

本文所采用的观点是,权责发生制的主要作用是克服公司在持续经营时公司绩效的测量问题。在有限期间内报告公司内部产生的绩效是为了解决管理层和其他契约方之间的信息不对称问题。一家公司取得成功的关键在于现金流入大于现金流出的能力,由此可利用的绩效指标为净现金流量(已实现的现金流量)。然而,在有限的时间间隔内,已实现的现金流量存在时序和匹配问题,导致它们成为衡量公司绩效的"噪声"指标。为了缓解这些问题,公认会计准则已经发展到使用权责发生制来改变现金流量的盈余确认时点以优化绩效的衡量方式。

指导盈余计算的两项重要会计原则是收入确认原则和匹配原则。收入确认原则要求:当一家公司提供了全部或大部分服务且现金收入能合理确定时,必须确认收入。匹配原则要求:公司应在确认收入当期,确认与收入直接相关的现金支出。在这两项原则下,如果权责发生制能缓解现金流中固有的时序和匹配问题,盈余就更能反映公司绩效。

FASB(美国财务会计准则委员会)认为,权责发生制将提高盈余衡量公司绩效的能力。例如,《财务会计概念公告》(Statement of Financial Accounting Concepts, SFAC)第1号规定:权责发生制下的公司盈余及其组成部分所提供的会计信息,通常比关于当前现金收入和现金支出的信息更能反映公司绩效。

管理者对于应计项目的确定有一定的自由裁量权,而且由于管理层的行为并不总能被侦测到,契约方希望有一个可靠(可通过审计加以验证)的绩效度量指标。因此,权责发生制是在相关性和可靠性之间权衡的结果(Ball,1989;Watts和Zimmerman,1986;《财务会计概念公告》第2号)。在较短的时间间隔内,盈余也会受到时序和匹配问题的影响,但这种影响在一定程度上低于已实现的现金流量。

现有研究一般侧重于确定盈余或现金流量中的意外部分能否增量解释股票超常收益(Bowen等,1987;Livnat和Zarowin,1990)。然而,这些测试并未直接确定哪一种指标是相对优越的衡量公司绩效的综合性指标。Rayburn(1986)、Wilson(1986,1987)、Bernard和Stober(1989)检验了在以股票超常收益作为被解释变量的回归模型中,意外现金流量和应计项目的影响是否显著。这些研究的重点是检验信息含量,并不直接评估报告盈余相对于已实现的现金流量是否为更好的综合性指标。

本文以股票价格表现为基准,比较已实现的现金流量和盈余两个指标,并检验已实现的现金流量中存在的时序和匹配问题能否通过权责发生制下的盈余指标加以解决。本文的研究目的是探讨为什么盈余是衡量公司绩效最常用的综合性指标。

研究假设与模型构建

关于测量时间间隔的预测

假设1 在较短的测量时间间隔内,股票收益与盈余的关联性相较于已实现的现金流量更强。

本文比较了盈余相对于净现金流量和经营现金流量反映公司绩效的能力。净现金流量随着与公司的投资活动、融资活动及经营活动有关的现金流入和现金流出而波动。净现金流量不存在应计项目调整问题，故假设其会受到时序和匹配问题的严重影响。经营现金流量反映了公司经营活动所产生的净现金流量，包含了具有"长期"性质的应计项目（即在一年内不逆转），并缓解了与公司投资活动和融资活动相关的时序和匹配问题。然而，经营现金流量不包括与公司营运资本需求变化有关的应计项目，而盈余所包含的应计项目能缓解与公司经营活动、投融资活动相关的现金流量的时序和匹配问题。平均而言，盈余衡量公司绩效的效果预计好于上述任意一种现金流量。

假设 2 相较于与盈余的同期关联性，随着度量时间间隔的加长，股票收益与已实现的现金流量的同期关联性会有所改善。

随着测量时间间隔的加长，现金流量受时序和匹配问题的影响会减小，应计项目的重要性会减弱，因而盈余和已实现的现金流量对公司绩效的衡量作用会趋同。

截面预测

假设 3 相较于与盈余的同期关联性，累计应计项目的绝对值越大，股票收益与已实现的现金流量的同期关联性越弱。

考虑一个简化的例子，即公司只有应收账款一个应计项目。

令：C_t = 会计期间 t 的现金流入；S_t = 会计期间 t 的销售收入；φ = 会计期间 $t-1$ 产生的销售收入中将在下一会计期间 t 收到现金的比例，即信用销售比例或赊销比例；假定 φ 在每个会计期间为常数，所有现金收入将在期间 t 内完成。

则有：
$$C_t = (1 - \varphi)S_t + \varphi S_{t-1} \tag{1}$$

考虑一家公司在期间 $t-1$ 与经营稳定的公司有相同的销售额，但在期间 t 销售收入增加（或减少），在此情况下，$S_t \neq S_{t-1}$，则有：

$$S_t - C_t = \varphi \Delta S_t$$

其中，
$$\Delta S_t = S_t - S_{t-1} \tag{2}$$

受 φ 和 ΔS_t 的影响，盈余和现金流量之间的差额将受应收账款余额 $\varphi \Delta S_t$ 在整个期间绝对值变动的影响而增加。将其推广到所有应计项目，从而得到假设 4。

假设 4 公司的营运周期越长，公司对营运资本需求的变化就越大，股票收益与已实现的现金流量的同期关联性也就越弱。

根据方程（2），应计项目规模越大，销售收入变动 ΔS_t 越大，信用销售比例 φ 越大。φ 可以代表营运周期的长短。假设营运周期较长的公司在一定的经营活动中需要更多的营运资本，那么营运周期较长公司的经营活动水平的特定变化将转化为所需营运资本水平的较大变化。经营活动现金流量不包括与公司经营活动有关的应计项目，因此随着营运周期的延长，经营活动现金流量衡量公司绩效的能力预计会下降。

最后，本文对应计项目的构成进行了研究。尽管平均而言，应计项目将提高盈余反映公司绩效的能力，但其中某些项目的作用可能不显著。第一个检验将短期应计营运资本与长期应计项目进行了比较，第二个检验分析了特殊项目。

样本选择

样本包括在纽约证券交易所或其他美国证券交易所上市的公司,考虑三种度量时间间隔:季度、年度和 4 年期。样本公司应能提供 1990 年版的 Compustat 合并扩展年度行业数据库、Compustat 合并研究年度工业数据库或 Compustat 季度行业数据库中的可得会计数据。剔除无法计算每股收益、每股经营现金流量或每股净现金流量等指标的公司或含极端值的公司,最终得到 19 733 个季度观测值、27 308 个年度观测值和 5 175 个 4 年期观测值。

实证分析

假设 1 通过三组混合回归进行检验:(1)盈余与股票收益;(2)经营现金流量与股票收益;(3)净现金流量与股票收益。本文对比各类测量方式与股票收益之间的关联性,从中判断关联性最大、解释能力最强的公司绩效测量指标。

假设 2 提出,相对于股票收益与盈余的同期关联性,随着度量时间间隔的加长,股票收益与已实现的现金流量的同期关联性会有所改善。因此,假设 2 可以通过检测以下两个比率进行分析:

比率 1: R_{CFO}^2 / R_E^2

比率 2: R_{NCF}^2 / R_E^2

其中,CFO(cash from operations per share)表示每股经营现金流量,NCF(net cash flows per share)表示每股净现金流量,E(earnings per share)表示每股收益,R^2 表示统计量拟合优度。

假设 3 的检验思路为:测试当累计应计项目的绝对值增加时,净现金流量对公司绩效的解释能力是否下降。

假设 4 提出,公司的营运周期越长,公司所需营运资本的变化越大,股票收益与已实现的现金流量的同期关联性也就越弱。

为了对假设 4 进行检验,需要计算营运周期的代理变量:

$$\text{Operating cycle} = \frac{(AR_t + AR_{t-1})/2}{\text{Sales}/360} + \frac{(Inv_t + Inv_{t-1})/2}{\text{Cost of goods sold}/360} \times \text{Trading cycle}$$

$$= \frac{(AR_t + AR_{t-1})/2}{\text{Sales}/360} + \frac{(Inv_t + Inv_{t-1})/2}{\text{Cost of goods sold}/360} - \frac{(AP_t + AP_{t-1})/2}{\text{Purchase}/360}$$

$$\text{营运周期} = \frac{(\text{第 } t \text{ 期应收账款} + \text{第 } t-1 \text{ 期应收账款})/2}{\text{销售收入}/360} +$$

$$\frac{(\text{第 } t \text{ 期存货} + \text{第 } t-1 \text{ 期存货})/2}{\text{销售成本}/360} \times \text{交易周期}$$

$$= \frac{(\text{第 } t \text{ 期应收账款} + \text{第 } t-1 \text{ 期应收账款})/2}{\text{销售收入}/360} +$$

$$\frac{(\text{第 } t \text{ 期存货} + \text{第 } t-1 \text{ 期存货})/2}{\text{销售成本}/360} -$$

$$\frac{(\text{第 } t \text{ 期应付账款} + \text{第 } t-1 \text{ 期应付账款})/2}{\text{采购额}/360}$$

其中，AR（accounts receivable）表示应收账款，Inv（inventory）表示存货，AP（accounts payable）表示应付账款，t 为会计期间。

研究结论与创新

本文假设权责发生制的作用之一是提供一种比已实现的现金流量更能反映预期现金流量的短期绩效衡量指标，研究结果与预期一致。第一，在较短的时间间隔内，盈余与股票收益的关联性比已实现的现金流量更强。但随着时间间隔的加长，已实现的现金流量衡量公司绩效的能力相对于盈余有所提高。第二，营运资本需求、投资和融资活动变动较大公司的盈余与股票收益的关联性高于已实现的现金流量与股票收益的关联性。本文还预测，虽然应计项目提高了盈余与股票收益的关联性，但某些应计项目不太可能缓解已实现的现金流量的时序和匹配问题。这也得到了经验证据的支持。

本文的贡献是验证了权责发生制会计的优点；特别有助于解释为什么相较于经营现金流量或净现金流量，盈余更多地被报告给投资者，并且在与公司绩效相关合同（如高管薪酬合同）的具体条款中使用得更频繁。研究结果表明，在孤立的条件下，盈余和已实现的现金流量将会产生最大的差异，为权责发生制会计的有用性提供了更有力的检验。

研究展望

本文还针对现有研究的两个分支提出新见解。其一，最近的研究证明了行业间已实现的现金流量与股票收益之间的关联性变化（Biddle 和 Seow，1992），本文确定了这种变化的潜在决定因素；其二，本文对 Easton 等（1992）的长期窗口分析加以扩充，研究结果表明盈余和股票收益之间的关联性随着度量时间间隔的加长而得到增强，而且在这方面已实现的现金流量受到的影响更大，而应计项目有助于缓解现金流受影响的程度。

本文为今后的研究指出了一些方向。研究结果表明，现金流和应计项目具有很强的负相关性；应计项目还具有很强的负自相关性。因此，未来有关盈余管理的研究可以将这些发现纳入应计项目的非操控性部分以构建模型，还可以更详细地探讨盈余指标优于现金流指标的原因。

交流区

本文重新唤起了学术界对权责发生制会计实际作用规律的兴趣，是继 Ball 和 Brown（1968）关于盈余的研究后，有关资本市场的又一重要研究文献。本文发现，在收付实现制下用现金流量衡量公司绩效存在时序和不匹配问题，而权责发生制下的应计项目正好可以缓解该问题，从而使盈余成为衡量公司绩效的一种优越的综合性指标。基于以上重要发现，本文为盈余与现金流量、应计项目与现金流量、应计项目与股票收益间关系的研究提供了理论基础和模型参考（Dechow，1998；Chi 等，2013；Allen 等，2013），也为关于高管行为的研究（如管理层对应计项目的操控）提供了证据。

文献 7 东亚地区公司股权结构与会计盈余信息含量

经典文献:Joseph P. H. Fan, T. J. Wong. Corporate Ownership Structure and the Informativeness of Accounting Earnings in East Asia. *Journal of Accounting and Economics*,2002,33(3):401-425.

机构:The Hong Kong University of Science and Technology

被引:总计 3 037 次,年均 151.85 次

文献概述:余思佳

研究概述:本文探讨了东亚地区 7 个经济体中 977 家公司的股权结构与会计盈余信息含量的关系,研究结果符合互相补充的两种解释。第一,集中的股权结构和与之相关的金字塔股权结构及交叉持股造成了公司内部控制人与外部投资者之间的利益冲突。因此,公司内部控制人被认为会出于自利目的而报告会计信息,导致所报告的会计信息对外部投资者而言失去可信度。第二,集中的股权结构与较低的盈余信息含量相关,因为集中的股权可以防止关于公司寻租活动的专有信息泄露。

核心概念:股权集中度 信息透明度 盈余信息含量 新兴市场

文献背景

东亚地区上市公司的会计信息一直以来被认为透明度较低、信息质量较差。一些专家认为,采用国际信息披露规则或者国际会计准则可以提高东亚地区公司的信息透明度。然而现实中在采用了更加严格的会计准则后,上市公司的信息透明度仍然持续下降,投资者对于会计信息的可信程度仍然有所保留。在这种背景下,探究导致东亚地区公司低质量会计信息的因素尤为重要。

有关**产权**(property rights)的大量文献为分析东亚地区上市公司的股权结构提供了理论基础。公司的股权结构是股东为了保护自身产权所进行的一种安排。产权的保护既可以依靠国家也可以依靠个人。在国家产权保护机制不健全的情况下,产权的保护更依靠个人。因此,在制度不健全的国家中,个人通过股权结构安排来保证自身产权就显得尤为重要。Shleifer 和 Vishny(1997)认为,东亚地区公司之所以广泛采用相对集中的股权结构,是因为这样的结构有利于股东处置产权。La Porta 等(1999)采用全球各个国家或地区的数据,验证了制度环境与公司股权集中度之间的关系,即在制度环境不健全的国家或地区中更容易出现集中的股权结构。在这些发现的基础上,本文对东亚地区公司的股权结构与会计盈余信息含量之间的关系进行了分析。

理论基础与研究思路

不同的公司股权结构会导致不同的代理问题。在英美等国家,公司股权结构分散,代理问题主要来自公司管理层与外部股东之间的利益冲突。而在东亚地区,公司股权相对集

中,主要的代理问题变为公司控股股东与少数股东之间的利益冲突。本文以股权集中度对股东动机及行为的影响为分析基础。集中的股权对股东动机及行为的影响可以从两个方面来分析:其一,**堑壕效应**(entrenchment effect),即控股股东通过对公司的控制侵占小股东的利益,这与 Morck 等(1988)提出的**管理层堑壕效应**(managerial entrenchment effect)类似;其二,**捆绑效应**(alignment effect),即大股东对公司的大量持股使得自身利益与公司利益更加趋于一致。当大股东的持股水平超过控制公司所需的最低限度时,其增加的持股比例不会加剧堑壕效应,但会增强捆绑效应。

然而在东亚地区公司中,股东通过金字塔股权结构或交叉持股的形式来实现对公司的控制,实际控制人所拥有控制权超过其现金流权。这种两权分离的状况使得大股东与小股东的利益无法趋于一致。在不存在两权分离的情况下,一旦公司股东实现了对公司的有效控制,控股股东所拥有投票权的进一步增加就会增强捆绑效应而减弱堑壕效应。但如果存在两权分离的情况,现金流权就无法发挥遏制堑壕效应的作用。

东亚地区公司的股权结构可能通过两种方式对会计盈余的信息含量产生影响。

其一,与堑壕效应有关。公司大股东在对公司实施了有效控制且在其持有的投票权与现金流权有所分离的情况下,为侵占少数股东的利益,他们有极强的机会主义动机向少数股东隐瞒信息,这将会降低公司会计信息的可信度,从而降低会计盈余的信息含量。

其二,与专有信息及专用性人力资本有关,即**信息效应**(information effect)。由于股权集中,决策权可能会被赋予拥有某些专有信息和专有知识的个人。这种决策权配置的好处在于可以防止专有信息的泄露以及减少专有知识的传递成本。这一优点对处在政治寻租活动较为普遍的东亚地区公司来说特别重要。集中的股权结构降低了信息泄露风险,从而避免外来的竞争以及公众的惩罚。因此,信息效应也会导致集中的股权结构与较低的会计信息透明度相关,进而影响会计盈余的信息含量。

综上所述,股权集中度与会计盈余信息含量的关系同时受到堑壕效应、捆绑效应、信息效应等的影响。为区分这些效应所产生的影响,本文根据东亚地区公司的特征引入公司控制权与现金流权的分离程度这一概念,并提出以下假设:

假设 公司控制权与现金流权的分离程度的增大会降低会计盈余的信息含量。

实证方法与实证结果

首先,本文收集了东亚地区公司股权结构的相关数据。一般来说,考察公司股权结构需要分析个人或机构对公司的**直接持股**(immediate ownership);而东亚地区的情况有所不同,大多数公司存在复杂的**间接持股**(indirect ownership)状况。本文与已有研究保持一致,追溯到公司的**终极持股**(ultimate ownership)情况。本文采用 Claessens 等(2000)收集的数据,包含东亚9个国家与地区的2 980家公司1996年的股权结构,包括终极控制人、公司股东的现金流权与投票权(反映控制权)。所谓终极控制人,是指该股东对公司拥有决定性的投票权且不被其他人控制。本文按20%的持股比例认定终极控制人,如果一家公司存在多个终极控制人,那么本文关注持股比例最高的终极控制人。当一家公司最大股东持有的投票权低于20%时,本文认定该公司不存在终极控制人,将其从样本中剔除。本文将投票权与现金流权的最大值设定为50%,当其超过50%时,不再向上追溯实际数值。

本文从这2 980家公司中剔除日本公司,因为其股权结构与其他东亚地区公司有本质区别。另外,因无法获取菲律宾公司的股票收益及财务数据,最终本文选择来自中国香港、台湾,以及印度尼西亚、马来西亚、新加坡、韩国和泰国7个东亚经济体的公司作为研究样本。研究者从PACAP数据库中收集1991—1995年这些公司的股票收益及财务数据以估计会计盈余信息含量。本文假设在1991—1995年期间,这些公司的股权结构没有发生太大的改变。最后,将1991—1995年股票收益和财务数据与1996年公司股权结构数据合并,得到本文的研究样本,共计997家公司的3 572个公司—年度观测值。

通过对样本数据的简单分析,可以看到东亚地区公司终极控制人持有的平均投票权为30.44%、现金流权为25.84%,这表明东亚地区公司表现出相对集中的股权结构特征。为了验证假设,本文构建了现金流权与投票权的比值(CV = cash flow rights/voting rights)这一变量,衡量现金流权与投票权的分离程度。CV值越接近于0,现金流权与投票权的分离程度越大。

本文采用回归分析法探讨现金流权与投票权的分离程度对会计盈余信息含量的影响。第一步,构建衡量会计盈余信息含量的模型,回归方程右侧为公司的会计盈余(净利润/公司市值),方程左侧为公司的股票收益(公司12个月的累计股票超常收益率)。回归结果显示会计盈余的系数显著为正,这表明会计盈余具有信息含量。第二步,在主回归的基础上,增加本文想要研究的解释变量及其他控制变量,包括这些变量与会计盈余的交乘项。回归结果显示投票权与会计盈余交乘项的系数显著为负,这表明当股东对公司实施有效控制后,投票权的上升并不会因捆绑效应而提高会计盈余的信息含量,反而会降低会计盈余的信息含量。CV与会计盈余交乘项的系数显著为正,这表明现金流权与投票权的分离程度越大,会计盈余的信息含量越低。

本文进行了三类稳健性检验:第一,从上文中可以看出,本文将投票权与现金流权超过50%的情况处理为50%。为避免这一处理对实证结果的影响,本文剔除投票权等于或大于50%的观测值,重新进行回归分析,仍然得到与主回归一致的结果。第二,在回归模型中,利用不同的时间窗口和方法计算公司的股票收益率,同样得到与主回归一致的结果;而且,将会计盈余指标变更为盈余的变化也没有影响本文的主要结果。第三,为了防止实证结果是由某一年或某一经济体引发的,本文进行了单年度、单个经济体的回归分析,发现实证结果在1991—1995年显著存在,且在4个样本经济体中显著存在。这些稳健性检验提高了本文结论的可靠性。

| 研究结论、贡献与局限性 |

本文通过实证研究发现东亚地区上市公司普遍存在较为集中的股权结构,现金流权与投票权分离的情况会降低会计盈余的可信度,从而导致较低的会计盈余信息含量。本文的重要贡献在于发现了区别于针对英美等国家和地区公司的研究发现。东亚地区公司具有自身独有的特征,分析时不能简单套用以往的研究推论。从全球范围来看,这种集中的股权结构具有一定的代表性。

本文的重要意义在于它告诉我们：单凭会计准则是无法提高会计信息质量的，政策制定者还要考虑一个国家或地区的整体制度环境。比如，东亚地区公司的股权结构特征导致公司会计信息的可信度较低。不考虑特定的制度环境，盲目对不同国家或地区采用同一套会计准则和信息披露规则，并不能有效提高会计信息质量。同时，本文也推动了关于新兴市场公司股权结构以及与之相关的代理问题的研究热潮。

本文基于堑壕效应与信息效应，研究公司控制权和现金流权的分离程度与会计盈余信息含量的关系。本文从不同角度分析这两种效应，都得出公司控制权与现金流权的分离会带来较低的会计盈余信息含量的结论。本文的实证结果无法区分是哪种效应发挥了作用，这是本文结论的局限性之一。本文所使用的样本数据也具有一定的局限性。在此基础上扩大样本范围及样本期间，可以使东亚地区公司股权结构的分析结果更详尽且更可靠。

交流区

本文立足于新兴市场公司的股权结构特征，将产权理论引入会计研究，探讨股权结构对会计信息质量的重要影响。本文的结论为解释新兴市场上的公司信息披露行为及信息透明度提供了重要启示。随着后续研究的不断丰富，股权结构成为影响会计信息质量的公认因素。虽然本文所使用的实证方法较为简单，但其理论分析及研究思路为后续研究奠定了重要的基础，是研究新兴市场上公司行为的经典文献之一。

【主题结语】

本章收录的七篇经典文献都与会计盈余信息含量相关，体现出较为明显的研究继承与发展。其中当首推 Ball 和 Brown(1968) 与 Beaver(1968) 这两篇文献，它们皆致力于回答会计研究中最基本的实证问题：会计盈余的有用性，特别是会计盈余或收益数字在股票定价中的有用性。Ball 和 Brown(1968) 发现，在年度盈余公告前 1 年至后半年的 18 个月内，具有正向未预期盈余和负向未预期盈余的两组公司在股票超常收益方面存在系统性变动趋势的差异。Beaver(1968) 则发现，年度盈余公告周的股票价格和股票交易量的变动显著高于非公告周的变动，这说明会计盈余在股票市场上具有信息含量。Dechow(1994) 进一步将盈余分解为应计项目和现金流，发现应计项目比现金流更能解释股票收益；且当度量时间间隔较短、经营波动性更大和营运周期更长时，应计项目的解释能力更强。Warfield 等 (1995)、Fan 和 Wong(2002) 则将会计盈余信息含量与公司股权治理中的代理问题联系起来。前者发现管理层持股减少了盈余中的应计调整并增加了盈余信息含量，后者发现东亚地区公司的集中股权结构与较低的盈余信息含量相关。Dechow 和 Dichev(2002)、Francis 等(2005) 则聚焦于会计盈余中应计项目可能包含的估计偏误或人为操纵，构建盈余质量和应计质量的测度指标，并发现较低的应计质量会降低盈余的持续性(Dechow 和 Dichev，2002)且带来较高的债务资本成本和股权资本成本(Francis 等，2005)。这些经典实证研究不仅推动了会计盈余有用性的研究,还启迪了有关盈余管理、股市异象、会计估值等重要领域的实证研究。

【推荐阅读】

1. Aboody D, Kasznik R. CEO Stock Option Awards and the Timing of Corporate Voluntary Disclosures[J]. *Journal of Accounting and Economics*, 2000, 29(1): 72-100.

2. Allen E, Larson C, Sloan R G. Accrual Reversals, Earnings and Stock Returns[J]. *Journal of Accounting and Economics*, 2013, 56(1): 113-129.

3. Basu S. The Effect of Earnings Yield on Assessments of the Association between Annual Accounting Income Numbers and Security Prices[J]. *The Accounting Review*, 1978, 53(3): 599-625.

4. Bernard V L, Thomas J K. Post-earnings Announcement Drift: Delayed Price Response or Risk Premium[J]. *Journal of Accounting research*, 1989, 27: 1-36.

5. Bhattacharya U, Daouk H, Welker M. The World Price of Earnings Opacity[J]. *The Accounting Review*, 2003, 78(3): 641-678.

6. Bhushan R. An Informational Efficiency Perspective on the Post-earnings Announcement Drift[J]. *Journal of Accounting and Economics*, 1994, 18(1): 45-65.

7. Chi W, Dan D, Li Z O, et al. Voluntary Reporting Incentives and Reporting Quality: Evidence from a Reporting Regime Change for Private Firms in Taiwan[J]. *Contemporary Accounting Research*, 2013, 30(4): 1462-1489.

8. Dechow P M, Dichev I D. The Quality of Accruals and Earnings: The Role of Accrual Estimation Errors[J]. *The Accounting Review*, 2002, 77: 35-59.

9. Dechow P M, Kothari S P, Watts R L. The Relation between Earnings and Cash Flows[J]. *Journal of Accounting and Economics*, 1998, 25(2): 133-168.

10. Dechow P M, Sloan R G, Sweeney A P. Causes and Consequences of Earnings Manipulation: An Analysis of Firms Subject to Enforcement Actions by the SEC[J]. *Contemporary Accounting Research*, 1996, 13(1): 1-36.

11. Drawn M. Management's Incentives to Avoid Negative Earnings Surprises[J]. *The Accounting Review*, 2002, 77(3): 483-514.

12. Easley D, O'hara M. Information and the Cost of Capital[J]. *The Journal of Finance*, 2004, 59(4): 1553-1583.

13. Fama E F. Efficient Capital Markets: A Review of Theory and Empirical Work[J]. *The Journal of Finance*, 1970, 25(2): 383-417.

14. Fama E F, French K R. Multifactor Explanations of Asset Pricing Anomalies[J]. *The Journal of Finance*, 1996, 51(1): 55-84.

15. Francis J, Philbrick D, Schipper K. Shareholder Litigation and Corporate Disclosures[J]. *Journal of Accounting Research*, 1994, 32(2): 137-164.

16. Guay W R, Kothari S P, Watts R L. A Market-Based Evaluation of Discretionary Accrual Models[J]. *Journal of Accounting Research*, 1996, 34(3): 83-105.

17. Hanlon M, Yeung K, Zuo L. Behavioral Economics of Accounting: A Review of Archival Research on Individual Decision Makers[J]. *Contemporary Accounting Research*, 2022, SSRN.

18. Hayn C. The Information Content of Losses[J]. *Journal of Accounting and Economics*, 1995, 20(2): 125-153.
19. Healy P. Discussion of a Market-Based Evaluation of Discretionary Accrual Models[J]. *Journal of Accounting Research*, 1996, 34: 107-115.
20. Landsman W R, Maydew E L. Has the Information Content of Quarterly Earnings Announcements Declined in the Past Three Decades[J]. *Journal of Accounting Research*, 2002, 40(3): 797-808.
21. Nallareddy S, Ogneva M. Accrual Quality, Skill, and the Cross-Section of Mutual Fund Returns[J]. *Review of Accounting Studies*, 2017, 22(2): 503-542.
22. Palmrose Z, Richardson V J, Scholz S. Determinants of Market Reactions to Restatement Announcements[J]. *Journal of Accounting and Economics*, 2004, 37(1): 59-89.
23. 姜付秀,石贝贝,马云飙.董秘财务经历与盈余信息含量[J].《管理世界》,2016(9):161-173.
24. 陆瑶,沈小力.股票价格的信息含量与盈余管理——基于中国股市的实证分析[J].《金融研究》,2011(12):131-146.
25. 王化成,佟岩.控股股东与盈余质量——基于盈余反应系数的考察[J].《会计研究》,2006(2):66-74+97.
26. 余海宗,丁璐,谢璇,等.内部控制信息披露、市场评价与盈余信息含量[J].《审计研究》,2013(5):87-95.
27. 赵宇龙.会计盈余披露的信息含量——来自上海股市的经验证据[J].《经济研究》,1998(7):42-50.

第 2 章

盈余管理

文献 8　进口救济调查期间的盈余管理

经典文献：Jennifer J. Jones. Earnings Management During Import Relief Investigations. *Journal of Accounting Research*, 1991, 29(2): 193-228.

机构：University of Chicago

被引：总计 11 812 次，年均 381.03 次

文献概述：薛晓琳

研究概述：本文考察了 1980—1985 年进口救济调查中企业是否进行了向下盈余管理，以提高获取进口救济的可能性和数额。本文构建了一个**总应计项目**（total accruals）对公司经营状况变化的回归模型——总应计项目的期望模型，并用当年实际总应计项目与估计的预期总应计项目——**非操控性应计项目**（nondiscretionary accruals）——的差额表示**操控性应计项目**（discretionary accruals, DA）。针对操控性应计项目的 Z 检验和 Wilcoxon 符号秩和检验均支持盈余管理假说，即管理层会在进口救济调查期间进行向下应计盈余管理。本文的贡献在于建立了一个用于估算"正常"总应计项目的期望模型。该模型的进步在于：在估计非操控性应计项目时考虑了公司经营状况带来的影响，为后续模型的改进奠定了基础。

核心概念：盈余管理　总应计项目的期望模型　操控性应计项目　Jones 模型

研究背景

本文研究了在美国国际贸易委员会（International Trade Commission, ITC）开展进口救济调查期间，从进口救济中可能获益的美国公司是否会通过向下盈余管理来提高获取进口救济的可能性和数额。进口救济调查从两个方面为管理层盈余管理研究提供了独特的契机。一方面，ITC 在进行进口救济决策过程中会明确使用会计数据。因此，企业通过盈余管理的手段有机会提高获取进口救济的可能性和数额。另一方面，不同于以往盈余管理研究中缔约方有动机为了避免盈余操纵影响契约结果而对会计数据进行监管或调整，进口救济调查所使用的会计数据缺乏监管和调整。进口救济是一种财富转移，将财富从一群分散的"输家"（消费者）手中转移到一群集中的"赢家"（获得进口救济的国内生产者）手中。每

个消费者因进口救济而蒙受的损失较少,加之对会计数据进行监管所获得的收益较分散,消费者无法像其他契约情景下缔约方中的"输家"一样对盈余管理进行监管。此外,对ITC官员的访谈表明,ITC官员不会对公司的财务数据进行会计程序或应计操纵方面的调整,因为他们从这些调整中获得的最终报酬不如其他情景下的监管者那样直接。

在建立假设之前,本文介绍了与进口救济决策相关的制度背景,包括与进口救济相关的美国国际贸易法案中涉及会计数据的条款、ITC官员在进行进口救济决策过程中对会计数据的使用情况以及这些会计数据的来源。本文发现,进口救济调查中有关损害认定的大量规定明确涉及会计数据;所有被访谈的ITC官员均认同行业的财务状况在损害认定中发挥着关键作用。ITC从经审计的财务报告、年度财务报告和公司对ITC调查问卷的回复中获取财务信息,并汇总公司层面的数据进而得到行业层面的数据以辅助决策。

相关文献和假设建立

假设 由于ITC在做进口救济决策中使用会计盈余数据,因此管理层有动机在进口救济调查期间通过向下盈余管理来影响进口救济决策,以提高获取进口救济的可能性和数额。

本文分析了激励冲突、"搭便车"问题和调查类型对假设的影响。激励冲突是指管理层会受到其他激励(如债务契约和薪酬契约)而进行向上盈余管理。然而,公司获得进口救济后的业绩将高于未获得进口救济时的业绩,这最终将有利于债务偿还和提高管理层薪酬。由于进口救济有利于所有契约相关方(除了消费者),因此管理层在进口救济调查期间进行向上盈余管理的动机较小。进口救济的授予会使整个行业获益的特性导致"搭便车"问题,管理层认为公司业绩不会因对整个行业业绩产生影响而影响进口救济决策,由此放弃进行盈余管理。为了解决这一问题,本文在补充检验中将样本限定在提出进口救济请愿的公司。请愿公司承担了巨大的举证成本,相比于其他公司有更大的动机来提高获取进口救济的可能性,因此更可能进行向下盈余管理。

本文还分析了进口救济调查类型对进口救济调查期间管理层进行盈余管理的动机的影响,并认为由于反倾销和反补贴调查需要更严格的举证,管理层在一般例外条款调查中有更强的动机进行向下盈余管理。

实证方法

本文关注1980—1985年的进口救济调查,选取汽车、碳钢、不锈钢、铜和鞋类五个要求ITC进行损害认定的行业为研究样本,剔除不符合要求的样本后,得到23个公司作为最终样本。本文将进口救济调查完成当年设定为$year_0$。ITC对一般例外条款项目的调查要求提供请愿日前五年的会计数据,而对反倾销和反补贴调查则要求提供请愿日前三年的数据。但是,由于公司管理层不可能在$year_{-1}$年以前就预计到公司会请愿要求进口救济,也不可能在$year_{-1}$之前就进行盈余管理,因此本文仅以$year_{-1}$和$year_0$作为事件期。虽然ITC没有要求公司提供$year_0$的会计数据,但是在实际操作过程中$year_0$的会计数据对ITC的进口救济决策有着重要影响。

本文使用总应计项目中的操控性应计项目衡量盈余管理。不使用单个应计项目是因为 ITC 只对税前盈余感兴趣，管理层会使用多种应计项目来减少报告盈余，总应计项目比单个应计项目更适合这样的情形。本文建立一个时间序列期望模型——总应计项目期望模型来估计非操控性应计项目，以揭示总应计项目与公司经营状况变化之间的关系。

$$\frac{\text{TA}_{i,t}}{A_{i,t-1}} = \alpha_i \frac{1}{A_{i,t-1}} + \beta_{1i} \frac{\Delta \text{REV}_{i,t}}{A_{i,t-1}} + \beta_{2i} \frac{\text{PPE}_{i,t}}{A_{i,t-1}} + \epsilon_{i,t} \tag{1}$$

其中：$\text{TA}_{i,t}$ 指公司 i 第 t 年的总应计项目；$\Delta \text{REV}_{i,t}$ 指公司 i 第 t 年与第 $t-1$ 年收入的差额；$\text{PPE}_{i,t}$ 指公司 i 第 t 年的固定资产账面价值；$A_{i,t-1}$ 指公司 i 第 $t-1$ 年的总资产账面价值；$\epsilon_{i,t}$ 指公司 i 第 t 年的残差项；i 指公司 $1, \cdots, N(N=23)$；t 指包含在公司 i 估计期间内的 $1, \cdots, T$ 年，T 范围为 14—32。

本文首先以 year_{-2} 为估计期，利用历史数据使用普通最小二乘(OLS)法得到系数 α_i、β_{1i} 和 β_{2i} 的估计值 a_i、b_{1i} 和 b_{2i}；然后用系数的估计值和当年的解释变量计算得到当年期望总应计项目，即非操控性应计项目。当年实际总应计项目与期望总应计项目（非操控性应计项目）的差额即为操控性应计项目（DA）。

实证结果与分析

检验结果表明，标准化 DA 的 Z 检验和非标准化 DA 的 Wilcoxon 符号秩和检验均支持盈余管理假说。标准化 DA 在 year_{-1} 和 year_0 的 Z 值分别为 -0.372（单尾显著性水平为 0.356）和 -3.459（单尾显著性水平为 0.0003），这说明尽管 year_{-1} 的结果未能支持盈余管理假说，但 year_0 的结果支持盈余管理假说。Wilcoxon 符号秩和检验表明，year_0 的 DA 在 0.001 的统计水平上显著小于 0。

本文的补充检验包括：模型设定偏误检验、敏感性分析、替代假说检验以及组合检验。本文计算了 1980—1985 年没有接受进口救济调查的 459 个公司的操控性应计项目，证明了总应计项目期望模型对营业收入极端下降的公司不存在设定偏误问题。在敏感性分析中，本文证实了在剔除特定公司和行业后，操控性应计项目的 Z 统计检验依然显著。在替代假说检验中，本文分别仅对请愿公司和一般例外条款被调查公司的标准化操控性应计项目进行检验，结果发现相比于总样本，请愿公司有更多的减少盈余的操控性应计项目；但对一般例外条款被调查公司的检验未发现这一结果。为了排除截面相关性对 Z 统计值的干扰，本文使用操控性应计项目的行业均值进行组合检验，证实在排除截面相关性的干扰后，year_0 的向下操控性应计项目依然显著。

研究贡献

本文的实证证据支持盈余管理假说，即管理层会在进口救济调查期间进行向下应计盈余管理，在 ITC 完成调查的当年，操控性应计项目更多地表现为减少盈余。本文的研究结果对 ITC 监管者如何利用会计数据具有指导意义。除了上述结论，本文最大的贡献在于建立了一个用于估算"正常"总应计项目的期望模型。与之前的应计项目分离模型相比，期望模型的进步在于允许非操控性应计项目随公司经营状况的改变而变化。本文构建的分离应计项目的 Jones 模型以及之后对 Jones 模型的变形,被认为优于其他的应计项目分离模型(Dechow 等,1995)。

局限性与展望

后续文献对 Jones 模型的批评、担心或发展均集中于操控性应计项目估计的可靠性方面。其一,关于模型设定基础理论方面的考虑,即模型为何仅包含 $A_{i,t-1}$、$\Delta REV_{i,t}$ 和 $PPE_{i,t}$,这一考虑促使 Dechow 等(1995)提出修正 Jones 模型。其二,Jones 模型对操控性应计的估计偏误很大,尤其是对于业绩极端的公司。为了调整业绩的影响,Kothari 等(2005)提出一个经业绩调整的 Jones 模型。

交流区

虽然 Jones 模型受到较多的批评,但也由此得到不断发展,并持续发挥重要作用。Jones 模型以及在其基础上发展而形成的修正 Jones 模型和经业绩调整的 Jones 模型,作为应计盈余管理、盈余质量和财务报告透明度的基本测度模型,被后续研究采纳并得到广泛应用。

文献 9 债务合同违约和应计操纵

经典文献:Mark L. DeFond,[1] James Jiambalvo.[2] Debt Covenant Violation and Manipulation of Accruals. *Journal of Accounting and Economics*, 1994, 17: 145-176.

机构:[1]University of Southern California;[2]University of Washington

被引:总计 4 484 次,年均 160.14 次

文献概述:郭慧婷

研究概述:本文考察了年度报告中**债务合同违约**(debt covenant violations)的 94 家样本公司的异常应计利润。本文预测债务契约限制条件将影响公司违约前一年和违约当年的会计选择。时间序列模型和横截面模型被用于估计"正常"应计利润。违约前一年,这两个模型表明异常的总应计利润和营运资本应计额均显著为正。违约当年,在控制**管理层变更**(management changes)和**审计师出具持续经营资格**(auditor going concern qualifications)审计意见后,有证据表明异常营运资本应计额仍为正。

核心概念:债务合同违约 异常应计利润 管理层变更 审计师出具持续经营资格审计意见

| 文献背景 |

传统实证会计理论预测,企业在临近债务合同到期时会做出增加收入的会计选择,以放松债务契约限制条件(Watts 和 Zimmerman,1986)。本文的发现支持了传统观点,即债务合同使得管理层有动机操纵收入。虽然与债务相关的会计选择解释在已有文献中很突出,但尚未得到实证结果的支持。由于获取实际债务合同信息的成本很高,先前的相关研究通常使用债务/股权比率(debt/equity ratio)(即杠杆代理变量)衡量**会计契约的存在性和严格性**(existence and tightness of accounting-based covenants)。这种指标虽然常见,但其含义与债务契约限制的存在性和严格性仍有一定出入。此外,已有研究对违约接近程度和在某一时点使用的会计方法之间的横截面关系进行了检验,但很可能出现低效率现象。而对应计利润的横截面分析不太可能出现这种问题,因为操纵应计利润的成本相对较低,这就为本文的研究提供了契机:不需要变更契约的代理变量,而是通过检查已知债务合同违约公司的异常应计利润,并重点分析违约前一年和违约当年的利润操纵状况,就可以为理论的预测能力提供有力的验证;同时,关注异常应计利润这一盈余管理的衡量变量,有可能揭示与收入和费用确认相关的操纵策略。

| 理论基础与研究思路 |

债务契约旨在限制管理者参与降低债权人价值的投融资决策活动。由于契约限制条件通常以会计数字表示,且违背契约的成本很高,因此债务合同即将到期公司的管理者很可能做出会计选择以减小违约的可能性。即便通过操纵会计信息也无法避免违约,管理者仍可能做出增加收入的会计选择,以期在重新谈判时提高自己的议价地位(DeFond 和 Jiambalvo,1993)。

本文假设,当公司临近债务合同到期时,管理者会选择将报告收益从未来转移到当前期间,表现为契约限制(如留存盈余、营运资本等指标)促使管理者正向操纵应计利润。这种操纵的影响预计将在违约前一年和违约当年表现出来,本文的分析重点正是这些时期。

相较于违约前一年异常应计都显著为正的结果,违约当年异常应计并非都为正的结果可能更难得到解释。这源于样本选择偏差——本文的样本是债务合同违约公司,而剔除那些通过操纵"成功"避免违约的公司。因此,违约公司在违约年度报告正的异常应计利润的可能性较小,因为没有"合理"的操纵量使其能够避免违约。

实际上,债务合同违约公司预计将受到审计师的严密监控,特别是在公司收到持续经营资格审计意见之时,财务状况不佳公司的审计师面临更大的诉讼风险。因此,出具持续经营资格审计意见的审计师可能会增强对管理层会计选择的监督,并坚持保守的会计实践原则。其结果是,具有持续经营资格公司的应计利润将"异常"低。此外,许多违约公司可能经历了管理层变更。众所周知,管理层变更后公司会对盈余"**洗大澡**"(take an earnings bath),这也可能会使应计利润进一步减少。因此,在控制了审计师出具持续经营资格审计意见和管理层变更这两项使正向操纵产生偏差的影响因素之后,本文预计能在违约当年发现与应计利润正向操纵一致的证据。

样本选择

本文的样本由 NAARS 数据库中的 94 家公司组成,这些公司在 1985—1988 年的财政年度披露了债务合同违约行为。本文样本仅限于在 Compustat 数据库中拥有违约前三年至违约后一年的年度财务报表数据的公司。为确保应计利润数据的时间序列最小样本符合描述性统计目的,必须提供违约前三年的资料;收集违约后一年的数据是为了剔除债务合同违约后一年内从 Compustat 数据库中退出的公司。当公司被收购、私有化或清算时,其将从 Compustat 数据库中退出。这些公司在自身最后一年的经营环境下会创建管理激励机制,可能会掩盖债务契约所产生的激励机制。同时,本文根据对违约年度报告与债务有关的脚注披露内容的解读,按违约成本对企业进行分类。其中,94 家公司中的 34 家(36%)在与债务有关的脚注中披露有重大的违约成本,其余 60 家(64%)没有披露与违约相关的成本。

实证方法

主要实证检验

首先,本文列示了违约公司在违约前五年、违约当年和违约后一年的应计利润总额变动、盈余变动、现金流变动和收入变动情况,其比例变动量计算方法为差值(x_t-x_{t-1})与第 $t-1$ 年总资产的比值。结果表明,在违约前一年,应计利润变化显著为正;而在违约当年,应计利润变化显著为负。这可能是由各种因素造成的,包括负序列相关性的作用、违约当年的管理层变更、审计师监督力度的增强、经济因素的变化以及样本选择偏差等。

其次,本文分别针对总应计利润和营运资本应计额进行了两项应计利润操纵检验:时间序列检验和横截面检验。在时间序列分析估计中,应计利润总额是收入变动与资产、厂房和设备(即固定资产)总值变动的函数;而在估算正常营运资本应计额的时间序列模型中,除了不包括资产、厂房和设备,其他与前者基本相同。T 检验和 Wilcoxon 秩和检验结果表明,违约前一年,无论是总应计利润还是营运资本应计额,其标准化预测误差和非标准化预测误差均显著为正,这支持了违约前一年存在增加收入的应计利润操纵的假设。但违约当年,总应计利润的预测误差显著为负,其余应计项目的预测误差与 0 没有显著差异,这并不支持预期的假设。

再次,横截面模型基于按年份和行业匹配的公司数据进行估算,每个违约公司按年份和行业匹配的公司集合(称为匹配组合)由 Compustat 数据库的公司组成。对于每个违约公司,本文使用来自匹配组合中相应公司的数据估计四个横截面模型,其基本结构与时间序列模型基本一致。检验结果仍表明,违约前一年,增加收入的应计利润操纵的假设得到支持,而违约当年的结果与公司正向操纵的假设不一致。

最后,为验证违约当年的假设,本文剔除被出具持续经营资格审计意见和管理层变更的公司,试图控制可能使正向应计利润操纵行为产生偏差的因素。结果发现,对总应计利润和营运资本应计额而言,非标准化预测误差和标准化预测误差的均值和中位数均为正,但只有营运资本应计额的结果是显著的。由此可以说,在控制了以上两个因素后,本文发现了违约当年的营运资本应计额被正向操纵的证据。

进一步研究

其一,违约当年的检验结果表明,被出具持续经营资格审计意见或出现管理层变更的违约公司往往会有负的异常应计利润。为了进一步探讨这一结果,本文分别考察 Compustat 数据库中列示的**特殊项目**(special items)以及**非经常项目和终止经营**(extraordinary items and discontinued operations),并将之合并为**异常项目**(unusual items)。通过分析违约公司在违约年度报告的异常项目,本文发现相对于其他公司,在有管理层变更或被出具持续经营资格审计意见的公司中,63%的公司存在负的异常项目,且其按总资产比例计算的异常项目的均值和中位数均显著为负。该结果与前文一致,即审计师会加强对公司持续经营的监控,而新任管理层则会对盈余"洗大澡"。

其二,本文仅从违约当年的营运资本项目中发现了正向操纵的证据。在总应计项目中没有发现正向操纵的一个可能原因是:许多违约公司为了避免违约或证明违约是"轻微"的,需要进行规模异常大的操纵行为。为了证明这一推论的可信度,本文研究违约公司与债务有关的脚注,发现部分公司规定了一个或多个的契约临界水平。本文使用满足契约条件所需的总资产比例计算操纵额以计算违约的严重程度,结果表明违约公司会发现操纵到足以避免违约的程度非常困难,或者说这些公司几乎无法满足契约限制条件。因此,本文没有发现违约当年总应计项目被正向操纵的证据。

研究结论与创新

当公司临近债务合同违约时,管理层会做出增加收入的会计选择。这一假设在已有会计文献中得到了很好的证实。然而,支持这一假设的研究通常依赖以杠杆率为会计契约的存在性和严格性的代理变量。本文研究了债务合同违约公司的异常应计利润,分析中采用了估算正常应计利润的时间序列模型和横截面模型。违约前一年,这两个模型表明违约公司的异常总应计利润和营运资本应计额均显著为正。有大量证据表明,公司在违约前一年存在正向操纵,并且用于估算正常应计利润的方法是可靠的。

时间序列模型和横截面模型表明,违约当年的异常总应计利润和营运资本应计额均为负。这可能是因为公司被出具持续经营资格审计意见和管理层变更对违约当年的检验结果有很大影响。当这些公司被剔除后,使用时间序列模型和横截面模型估计的异常总应计利润为正但与0没有显著差异,然而异常营运资本应计额显著为正。在违约当年,有证据表明在控制审计师出具持续经营资格审计意见和管理层变更后样本公司有正向的操纵行为。这些结果从实证的角度检验了债务合同违约与违约前后年份应计利润操纵的关系,有效地补充了前人关于债务契约限制条件与会计选择之间关系的研究内容。

局限性与展望

一方面,虽然预计管理层更倾向于在违约当年选择增加收入的会计方法,但只有当审计师不太可能严密监控会计选择及坚持保守的会计实践做法时,管理层才可能对收入进行正向操纵;还可能存在管理层变更与违约一起发生的可能性。

另一方面,在解释本文结果时应注意样本选择偏差。也就是说,本文选择的是那些不能成功避免债务合同违约的公司。有可能的是,无论审计师采取明显或潜在的行动,许多非常临近合同到期的公司仍会采取正向的操纵行为并成功避免违约,但这些公司不会包含在本文的研究样本中。这种限制不会对违约前一年的结果产生严重影响,但无形中使发现违约当年的正向操纵行为变得更加困难。尽管存在这种限制,还是有证据表明违约当年存在正向操纵行为。

交流区

在 Watts 和 Zimmerman(1986)实证研究的基础上,本文较为细致地考察了债务合同违约前一年和当年的管理层操纵行为。在控制被出具持续经营资格审计意见和管理层变更后,检验结果发现在违约当年,样本公司有正向的操纵行为。本文从实证研究的角度检验了债务合同违约与应计利润操纵的关系,为之后有关债务契约限制与会计选择之间关系的研究奠定了基础。

文献10 检测盈余管理

经典文献: Patricia M. Dechow,[1] Richard G. Sloan,[1] Amy P. Sweeney.[2] Detecting Earnings Management. *The Accounting Review*, 1995, 70(2): 193-225.

机构: [1]University of Pennsylvania; [2]Harvard University

被引: 总计 12 794 次,年均 456.93 次

文献概述: 张欣越

研究概述: 本文评价了现有的五种检测盈余管理的应计模型,包括模型中**操控性应计**(discretionary accrual)衡量指标常用的统计量的可靠性和检验效力。本文提出以下见解:第一,当将模型应用于一个由公司—年度组成的随机样本时,所有模型的设定较好;第二,所有模型在检验有经济意义量级(比如,占总资产的1%—5%)的盈余管理时,检验效力较低;第三,当将模型应用于有极端财务绩效的公司时,所有模型均拒绝了不存在盈余管理比率超过设定的测试水平的零假设,这一结果体现了在检验与财务绩效有关的盈余管理动机时控制财务绩效的重要性。通过分析,本文认为 Jones(1991)提出的修正 Jones 模型对盈余管理的检验效力最高。

核心概念: 盈余管理　操控性应计　模型选择

文献背景

关于盈余管理的分析通常聚焦于管理层对操控性应计的使用上,这类研究需要一个能够估计报告盈余中操控性部分的模型。从简单到复杂,现有的模型包括使用总应计衡量操

控性应计的模型以及将总应计区分为操控性应计和非操控性应计两部分的模型。然而,现有的研究缺乏有关这些模型在检验盈余管理时相对表现的系统性证据。在此基础上,本文对比模型设定和检验统计量的概率,对这些竞争性模型的相对表现进行评价。本文运用检验模型产生第一类错误的概率,评价检验统计量的设定。由于之前的研究表明了盈余管理动机与财务绩效相关,本文聚焦于有极端财务绩效的样本公司,阐明了之前发现的动机并不会导致盈余管理,而是与公司绩效相关的检验统计量的设定影响了结果。

衡量操控性应计的起点通常是总应计。一个特定的模型被假定为能够产生总应计的非操控性部分,使总应计被分解为操控性和非操控性两部分。大部分模型要求至少估计一个参数,通过使用一个估计期来实现,在此期间不存在系统性盈余管理预测。本文考虑了五个模型(Healy 模型、DeAngelo 模型、Jones 模型、修正 Jones 模型和行业模型)产生**非操控性应计**(nondiscretionary accrual)的过程,代表了之前盈余管理文献常用的模型。

相关文献和假设建立

本文在同一框架下对比所有模型,而非尝试复制这些模型在之前文献中的设定。Healy(1985)比较了均值总应计(总应计额除以滞后的总资产)和盈余管理的细分变量。Healy(1985)的研究与其他盈余管理研究不同,预测了每一期出现的系统性盈余管理,并将样本细分为三个组,预测其中一个组的盈余被向上管理,预测其他两个组的盈余被向下管理。DeAngelo(1986)通过计算总应计的一阶差分检验了盈余管理,并假设在无盈余管理的零假设下,一阶差分的预期值为 0。DeAngelo 模型使用最后一期的总应计衡量非操控性应计。Jones(1991)放宽了非操控性应计不变的假定并提出了修正 Jones 模型,尝试控制公司所处经济环境变化对非操控性应计的影响。修正 Jones 模型消除了 Jones 模型衡量操控性应计时产生估计偏误的趋势。行业模型(Dechow 和 Sloan,1991)与修正 Jones 模型类似,除了尝试直接模拟非操控性应计的决定因素,还假设非操控性应计决定因素的变化在同行业公司中是相同的。

实证方法

本文的实证分析使用四个不同样本检验盈余管理:

(1) 随机选择 1 000 个公司一年度样本。样本(1)是为了检验当操控性应计(μ)与盈余管理分组变量(PART)无关时模型要求的检验统计量的设定。因为盈余管理分组变量是随机选择的,与任何遗漏变量无关,仅仅是测试回归是否满足高斯-马尔科夫假定。不相关遗漏变量的存在降低了检验效力,但是并没有使第一类错误产生系统性偏误。

(2) 从发生极端财务绩效的公司一年度总样本中随机选择 1 000 个公司一年度样本。样本(2)是为了检验当盈余管理分组变量与财务绩效相关时每个模型的设定。现有研究发现,盈余管理动机与公司财务绩效相关。

(3) 从已知数量的操控性应计公司一年度样本中随机选择 1 000 个公司一年度样本。样本(3)是为了评价上述五个模型的非操控性应计产生第二类错误的相对概率。Brown 和

Warner(1980,1985)检验了在一个随机选定的公司—年度样本中,当人为引入固定且数量已知的非正常股票收益时,用来衡量证券价格收益的五个模型所产生的第二类错误。

(4)在56个公司—年度样本中选择因高估年度盈余而被美国证券交易委员会(SEC)强制采取措施的32个公司。样本(4)由遭受SEC会计监管强制措施的公司—年度样本组成。SEC会针对违背证券法律规定的财务报告要求的公司和个人采取强制措施。

盈余管理检验存在潜在的错误设定并会对盈余管理的推断产生影响,本文的分析建立在McNichols和Wilson(1988)的基础上。据此,本文提出基于应计的盈余管理线性模型:

$$DA_t = \alpha + \beta \times PART_t + \sum_{k=1}^{k} \gamma_k X_{kt} + \varepsilon_t \tag{1}$$

其中,DA为非操控性应计(应计额除以滞后的总资产);PART为虚拟变量,根据盈余管理预期是否被识别而将样本分为两组;$X_k(k=1,\cdots,K)$为其他影响操控性应计的相关变量;ε为独立同分布的误差项。

在大多数研究中,当系统性盈余管理被假设为对可识别的刺激做出反应的公司—年度(即事件期)样本时,PART取值为1;当系统性盈余管理被假设为没有对可识别的刺激做出反应的公司—年度(即估计期)样本时,PART取值为0。如果PART的估计系数β的符号与预期一致且统计显著,那么盈余管理没有对可识别的刺激做出反应这一零假设会被拒绝。

然而,本文不能识别其他相关变量(X_k),并由此将这些变量从模型中剔除。类似地,本文并未观察到DA,只能使用代理变量DAP衡量DA,存在的误差为ν:

$$DAP_t = DA_t + \nu_t \tag{2}$$

因此,正确设定的模型能够用操控性应计的代理变量(DAP)来解释。

$$DAP_t = \alpha + \beta \times PART_t + \sum_{k=1}^{k} \gamma_k X_{kt} + \nu_t + \varepsilon_t \tag{3}$$

模型(3)可改写为:

$$DAP_t = \alpha + \beta \times PART_t + \mu_t + \varepsilon_t \tag{4}$$

μ_t代表遗漏相关变量对操控性应计的影响和操控性应计代理变量误差的总影响。考虑到高斯-马尔科夫假定,对β进行OLS估计,$\hat{\beta}$来自DAP对PART的多元回归,μ是β的最佳无偏估计量。同时,$(\hat{\beta}-\beta)$及其标准误$SE(\hat{\beta})$的比例服从t分布,能够用于检测盈余管理。当μ在回归中被遗漏时,这一框架可以为估计提供一个基准。

盈余管理的估计模型为:

$$DAP_t = \hat{a} + \hat{b} \times PART_t + e_t \tag{5}$$

模型因相关变量μ的遗漏而产生错误设定,因而μ能够代表DAP的衡量误差和影响DA相关变量的遗漏。模型(5)使用OLS估计会产生两个不好的结果:

(1)$\hat{b}$是β的有偏估计量,偏误方向和PART与μ之间的相关性方向一致。

(2)$SE(\hat{b})$是$SE(\hat{\beta})$的有偏估计量。若PART和μ不相关,则$SE(\hat{b})$会带来$SE(\hat{\beta})$的向上偏误。

基于上述研究框架,本文将实证检验分别应用于不同样本,每个样本的公司一年度代表用来检测盈余管理的事件年度。在此基础上,将样本中的公司一年度与 Compustat 数据库中未发生事件的公司一年度进行匹配。

$$TA_t = (\Delta CA_t - \Delta CL_t - \Delta Cash_t + \Delta STD_t - Dep_t)/A_t \tag{6}$$

其中,TA 为总应计额,ΔCA 为流动资产的变动,ΔCL 为流动负债的变动,$\Delta Cash$ 为现金及现金等价物的变动,ΔSTD 为流动负债中债务的变化,Dep 为折旧和摊销支出,A 为总资产。

| 实证结果与分析 |

本文评价了五个应计模型对盈余管理的检验效力,结果表明所有模型在被应用于随机事件的年度样本时会产生设定较好的检验结果;然而,对于具有经济意义量级的盈余管理,所有模型的检验效力均较低。当模型被应用于有极端财务绩效的公司一年度样本时,所有模型的检验均有误。在这方面,本研究结果凸显了错误设定检验统计量可能要求的条件。然而,相关学者也在加快确定现有研究的错误设定达到何种程度就需要进行详细的重新检验,比如 Holthausen 等(1995)对 Healy(1985)的研究进行了重新检验。最后,本文发现 Jones(1991)的修正 Jones 模型对盈余管理的检验效力是最高的。

| 局限性与展望 |

本文开展了三项有关盈余管理的研究。

第一,不考虑用来检验盈余管理的模型对盈余管理的经济意义可信量级的检验效力较低。一些盈余管理案例不易察觉,可能仅 1% 的总资产就需要几百个公司组成的样本以供检验。本文的分析主要聚焦于证明现有模型的特性,进一步的研究方向在于拓展能够产生更好设定和更有检验效力的模型,进而提高其对盈余管理的检验效力。

第二,如果盈余管理分组变量与公司财务绩效相关,那么所有针对盈余管理的检验模型都可能存在错误设定。对公司财务绩效的度量包括盈余绩效和经营活动现金流,对此本文有两个建议:其一,研究者应该评估错误设定的本质并对其如何影响统计推断进行量化估计。比如,与绩效有关偏误的本质可能是研究者假设了一个正向的系数而盈余管理分组变量的系数却是负的。因此,如果研究者发现一个显著为正的系数,那么这可能意味着假设得到了支持。其二,研究者可以尝试直接控制与财务绩效有关的错误设定,可行的方法是使用对照样本,如 Healy(1985);在盈余管理回归中包括公司绩效,如 DeAngelo 等(1994);或者进行其他一些控制公司绩效变化的分析,如 Holthausen 等(1995)。

第三,考虑假设的盈余管理环境和所使用的非操控性应计模型之间的关系很重要,因为非操控性应计模型可能无意中剔除了操控性应计部分。比如,如果修正 Jones 模型被应用于收入操纵的环境中,那么总应计的操控性部分很可能被排除;相似地,如果行业模型被应用于行业间操控性应计的环境中,那么总应计的操控性部分也很可能被排除。

交流区

盈余管理一直是学者关注的重点,大量研究使用应计模型分析管理层的盈余管理行为。进行这类研究,只有选择合理的模型估计报告盈余中的操控性部分才能得到可靠的结果。本文系统性地评价现有应计模型对盈余管理的检验效力,同时证明修正Jones模型提高了Jones模型的检验效力从而更好地反映收入操纵(Dechow等,2010)。本文一方面对已有的涉及应计模型的文献进行了梳理,在评价各个模型的检验效力的同时解释了不同模型出现不同检验效力的症结所在;另一方面给未来的研究在运用应计模型上提供了启示,使未来的研究者能够从不同方面评价应计模型。

文献 11 盈余操纵的因与果:基于被 SEC 采取强制措施公司的分析

经典文献:Patricia M. Dechow,[1] Richard G. Sloan,[1] Amy P. Sweeney.[2] Causes and Consequences of Earnings Manipulation: An Analysis of Firms Subject to Enforcement Actions by the SEC. *Contemporary Accounting Research*, 1996, 13(1): 1-36.

机构:[1]University of Pennsylvania; [2]Harvard University

被引:总计 6 071 次,年均 233.50 次

文献概述:马莉珠

研究概述:本文以涉嫌违反公认会计准则(General Accepted Accounting Principle, GAAP)而被美国证券交易委员会(SEC)采取会计强制措施的公司为研究对象,探究以下问题:(1)**盈余操纵**(earnings manipulation)能被现有**盈余管理**(earnings management)假设解释的程度;(2)盈余操纵和内部治理结构缺陷之间的关系;(3)盈余操纵被公之于众时公司的资本市场反应。本文发现,盈余操纵的一个重要动机在于以较低的成本吸引外部资金;在控制契约动机的情形下,这种动机仍然存在。本文还发现,盈余操纵公司的董事会更可能由管理层主导,更可能出现CEO和董事长兼任的情况,更可能出现CEO和公司创始人为同一人的情况,设立审计委员会的概率更小,拥有外部大股东的概率更小。最后,本文发现当盈余操纵被发现后,盈余操纵公司的资本成本会显著上升。

核心概念:盈余操纵 盈余管理 资本成本 资本市场反应

文献背景

已有大量研究探讨了盈余管理的动机,虽然目前学术界对盈余管理的定义尚未统一,但盈余管理通常被限定为在GAAP范围以内的报告实践,而本文探讨的盈余操纵还考虑了GAAP范围以外的情况。以往的研究聚焦于盈余操纵的契约理论,其中**薪酬契约**(compensation contract)假设和**债务契约**(debt contract)假设获得了大多数人的支持(Watts 和 Zimmerman,1990)。例如,Christie(1990)发现与管理层薪酬契约、债务契约相关的变量在解释会计程序选择上的显著性最高。因此,本文也利用 SEC 的样本探讨了薪酬契约假设、债务契约假设对盈余操纵的解释能力。但在实务中,实践人员更强调会计信息在由股东做出的投资决策和由债权人做出的借贷决策中发挥的作用。例如,Kellogg(1991)提出了财务舞弊和财务报表操纵的两个原因:一是吸引投资者购买公司股票或吸引债权人购买公司债券;二是增加公司现有股东的股票价值。因此,本文也将外部融资和内部股票销售作为盈余操纵的额外动机。

内部治理在保持财务报告的可信度和防范盈余操纵行为的过程中能起到一定作用。Jensen(1993)认为当董事会规模过大、董事会的控制权较小、CEO 同时兼任董事长时,董事会是无效的监督者。此外,公司创始人兼任 CEO 可能对公司有更大的影响,但对董事会承担的责任很少。一系列的研究表明,董事会成员的组成决定了董事会的有效性,成员大部分为外部董事的董事会比只拥有很少外部董事的董事会的有效性更高(James 和 James,1987;Weisbach,1988;Rosenstein 和 Wyatt,1990)。Jensen(1993)以及 Holthausen 和 Larcker(1993)的研究表明,董事会的外部大股东承担着重要的公司治理角色。为了支持这个论点,DeFond 和 Jiambalvo(1991)发现有外部大股东公司的会计差错更少,以及有会计差错的公司更不可能设立审计委员会。会计实务工作人员也认为审计委员会在监督财务报告的过程中起着重要的作用:在公司治理的过程中,审计委员会对财务报告的编制过程起监督作用,他们学习并询问影响财务报告的重要事项——会计准则、会计估计、信息系统、内部控制、风险和不确定性。DeAngelo(1981)发现审计师独立性和公司规模有关,而 Palmrose(1988)认为"八大"会计师事务所因提供更高质量的审计而更不容易被起诉。因此,本文假设"六大"会计师事务所的聘用会减小公司盈余操纵程度。

一旦盈余操纵被发现,公司的资本成本就会增加,因为投资者会向下调整对公司价值的估计,并更正对公司财务报告体系可信度和管理层声誉的看法。当盈余操纵行为被公之于众时,投资者会预测公司价值被高估的程度,从而导致股票价格下降。此外,由于操纵程度不太能被估计,在投资者看来公司价值就存在更大的不确定性。知情交易者有机会以牺牲做市商的利益为代价从交易中获利;反过来,做市商为了补偿知情交易者带来的损失风险会增大买卖价差,而买卖价差的增大又会导致资本成本的增加(Amihud 和 Mendelson,1986)。

本文研究了盈余操纵被公之于众后,投资者对公司价值的看法是否产生更大的不确定性和分散度,即是否会出现更多的短期收益和更高的分析师盈余预测偏离度。卖空投资者更有可能是知情交易者,更容易牺牲做市商的利益而从市场中获利(Asquith 和 Meulbroek,1993),而分析师对公司未来价值的看法不太一致,即具有较高的预测偏离度。

综上,本文认为外部融资需求、**内部人交易**(insider trading)活动、管理层薪酬、债务动机以及公司治理结构促成了盈余操纵动机。

| 样本选择 |

为了识别盈余操纵公司,本文将样本限定为违反 SEC 1934 年法案规定的公司。该法案要求只要在 SEC 注册过的证券公司都要披露财务报告(包括季报和年报),并且公布的

财务报告要符合《萨班斯－奥克斯利法案》（Sarbanes-Oxley Act，SOX）的规定，即必须符合GAAP的规定。本文收集了1982年4月到1992年12月间的违反SEC规定的436家上市公司，剔除违反审计准则规定而非GAAP规定的165个样本、被指控进行特定盈余操纵的70个样本、无法从Compustat数据库中获得数据的76个样本、即将上市的29个样本、不在违反SEC法案名单中的4个样本，最后得到92个样本，构成实验组。研究者按照行业相同和资产相近的原则为每个样本选取一家控制公司，构成控制组。实验组与控制组的差异可以反映其盈余操纵动机的重要性。

实证方法与模型构建

本文首先对盈余操纵组（实验组）和非盈余操纵组（控制组）的各变量进行均值与中位数差异检验。结果显示：外部融资需求的三个代理变量在两组间的差异显著，这表明外部融资需求是管理层进行盈余操纵的重要动机；而有关内部人交易的变量在两组间没有显著差异，可能的解释是内部人在向SEC提交出售股份的文件或出售股份时行事谨慎（例如通过第三方出售），或者内部人并没有盈余操纵动机而只是想出售其持有的股份；基于盈余的薪酬计划变量在两组间也不显著，说明内部人交易动机、薪酬动机在盈余操纵中所起的作用不大；但董事会人数、董事会中的内部人士、是否设立审计委员会、CEO和创始人是否为同一人在两组间的差异显著，这表明公司治理结构在有关盈余操纵的决策中发挥了作用，即治理水平越差的公司越可能操纵盈余。

研究结论

本文探讨了受美国证券交易委员会（SEC）特别关注的公司进行盈余操纵的动机和后果，结果表明盈余操纵的主要动机是以低成本筹集外部资金并避免债务契约的限制，研究还发现基于盈余的薪酬对盈余操纵没有影响，而公司治理结构的缺陷以及对管理层监督不力是盈余操纵发生的重要导因。此外，一旦公司披露了盈余操纵信息，其资本成本就会显著提高。

本文发现外部融资需求是盈余操纵的动机之一，这在以前的学术研究中较少受到关注，这一研究结果对企业的信息披露政策研究具有重要意义。现有研究认为，在提供可靠和及时的信息披露方面树立声誉具有长期的价值（Lev，1992；Healy和Palepu，1993；Lang和Lundholm，1993；Botosan，1997；Frankel等，1995；Healy等，1995）。然而本研究发现，公司会选择冒险以获得短期收益，但最终会失去长期收益。未来研究可以从以下几方面展开：哪些因素会影响企业长期声誉的建立和短期收益操纵间的信息披露政策？企业的信息披露政策被批评后，是否会采取行动（如解雇管理层）以改善或挽救其声誉？这些行为能否有效降低企业的资本成本？通过更透彻地了解信息披露政策的影响因素，投资者、分析师和其他评估企业会计信息的相关方能够更好地预测盈余操纵。

| 局限性与展望 |

并非所有筹集外部资金的公司都会像 SEC 样本中的公司那样进行盈余管理,因此未来研究的一个潜在方向是了解管理者在筹集外部资金时是否以及在多大程度上进行盈余管理,分析管理者在做出盈余管理决策时应考虑相关因素。此外,本文还将公司治理结构作为盈余操纵的重要影响因素。

| 交流区 |

本文较为全面地探讨了盈余操纵的影响因素和经济后果,首次发现了外部融资需求是盈余操纵的重要动机,而且一旦盈余操纵被发现,公司的资本成本就会上升。此外,公司治理结构缺陷也是影响盈余操纵的重要因素。本文的发现对理论研究和会计实践都具有一定的启发意义。此后,大量的研究以本文为基础,考察了管理层薪酬(Beneish,1999;Johnson 等,2009;Erickson 等,2006;Armstrong 等,2010)、资本市场动机(Beneish,1999)、公司治理结构(Beasley,1996;Farber,2005)等因素如何影响被 SEC 采取强制措施的公司操纵盈余,丰富了盈余管理影响因素的研究。

文献 12 避免盈余下降和亏损的盈余管理

经典文献:David Burgstahler,[1] Ilia Dichev.[2] Earnings Management to Avoid Earnings Decreases and Losses. *Journal of Accounting and Economics*, 1997, 24(1): 99–126.

机构:[1] University of Washington;[2] University of Michigan

被引:总计 5 662 次,年均 226.48 次

文献概述:薛晓琳

研究概述:本文为公司管理报告盈余以避免盈余下降和亏损提供了证据。具体而言,本文用公司盈余和盈余变动频率对样本进行截面分布分析发现,有小幅盈余下降和微亏公司的频率异常低,有小幅盈余上升和微盈公司的频率异常高。本文还发现,经营活动现金流和营运资本的变动会被当作增加盈余的手段。本文基于利益相关者交易成本理论[即**信息处理启发式分界点**(information-processing heuristics cut-offs)]和前景理论解释管理层避免盈余下降和亏损的动机。

核心概念:零盈余阈值点 避免盈余下降的盈余管理 避免亏损的盈余管理 盈余分布直方图 盈余平滑检验

| 文献背景 |

　　一系列事实性证据表明，管理层有强烈的动机使报告盈余保持持续增长的态势。例如，管理层经常在年报中的"管理层分析与讨论"部分的开篇强调盈余增长的重要性。Barth 等（1995）发现，盈余保持持续增长态势的上市公司有更高的市盈率，且保持增长态势的时间越长溢价越高；一旦增长态势中断，溢价就会被消除或大幅下降。DeAngelo 等（1996）也发现，在盈余增长态势中断当年，上市公司股票平均遭受 14% 的负超常收益。此外，大量事实性证据表明，管理层有保持正向盈余的动机。Hayn(1995) 在报告中指出，上市公司盈余分布在"零盈余点"存在一个间断：上市公司多集中分布在盈余恰好大于零的区域，分布在盈余恰好小于零的区域的上市公司数量少于预期，且这样的异常分布统计显著。本文将对公司是否会、如何做、为什么会避免盈余下降和亏损提供广泛而系统的证据。

| 避免盈余下降和亏损的盈余管理的存在性与普遍性 |

　　本文样本为 1976—1994 年能够从 Compustat 数据库中获得数据的所有非金融和公共事业类上市公司，分别用净利润和**特殊项目前盈余**（earnings before extraordinary items）作为盈余的代理变量；在报告实证结果时，将盈余变量（即本年盈余）除以本年年初普通股市值，将盈余变动变量（即本年盈余减去上年盈余的差值）除以上年年初普通股市值。

　　本文预测避免盈余下降的盈余管理会反映在盈余变动的分布中，表现为异常少的小幅盈余下降样本和异常多的小幅盈余上升样本；类似地，避免亏损的盈余管理在盈余分布中表现为异常少的微亏样本和异常多的微盈样本。对于上述预测，本文用两种方法给出经验证据：其一，用柱状图呈现盈余变动和盈余的分布情况，给出图形证据；其二，用常规的统计方法检验两个假设。

　　假设 1　盈余会被操纵以避免盈余下降。
　　假设 2　盈余会被操纵以避免亏损。

　　本文假定：在没有盈余管理的**零假设**（null hypothesis）下，盈余变动分布和盈余水平分布是相对平滑的。这里的平滑被定义为：盈余变动（盈余水平）分布上任意区间的期望观测值数量等于与其相邻两区间观测值数量的平均值。用来检验平滑性的统计量为：给定区间的实际观测值数量与期望观测值数量之差，除以两者差值①的估计标准差。在零假设下，这一标准化的差值近似服从 $(0,1)$ 正态分布。

　　图 1 是区间宽度为 0.0025 的去规模化盈余变动分布直方图，从中可以发现盈余变动在零点处的分布不规则：零点左侧的样本量少于盈余平滑假设下的期望值，零点右侧的样本量多于盈余平滑假设下的期望值。分布直方图证实了避免盈余下降的盈余管理的存在性。统计检验发现了零点左侧（右侧）区域平滑性检验结果为 $-8.00(5.88)$，推翻了盈余平滑分

---

① 两者差值的方差用 $Np_i(1-p_i) + \frac{1}{4}N(p_{i-1}+p_{i+1})(1-p_{i-1}-p_{i+1})$ 计算。其中，N 表示观测值的总量，p_i 表示某一观测值落入区间 i 的概率。

布的零假设,说明盈余变动分布在零点处的不平滑性统计显著,证实了避免盈余下降的盈余管理的存在性。

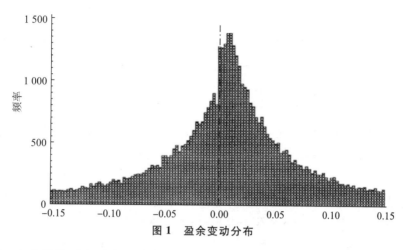

图 1　盈余变动分布

接下来,本文检验避免盈余下降的盈余管理的普遍性,为此需要计算盈余变动分布在给定区间内实际样本量与期望样本量的差值。由于前一部分已经证明零点处的样本分布不符合平滑性假设,本文将假定修改为:当不存在盈余管理时,盈余变动是以 0.01 为中心的近似对称分布;分布中心点右侧的样本不会进行盈余管理。因此,本文能够以中心点右侧区域的样本量作为左侧对应区域的期望样本量,并与实际样本量进行对比。分析结果发现,公司之间普遍存在避免盈余下降的盈余管理。

针对避免亏损的盈余管理的存在性和普遍性的检验方法与针对避免盈余下降的盈余管理的检验方法相似。图 2 列示了区间宽度为 0.005 的去规模化盈余分布直方图,从中依然能够观察到零点处分布的不规则性,统计检验也在 0.01 的显著性水平上推翻盈余平滑分布的零假设(零点左侧和右侧的统计量分别为 −13.16 和 8.92),说明存在避免亏损的盈余管理。使用与前文相似的盈余管理普遍性的检验方法(此处以 0.07 为中心点),本文发现避免亏损的盈余管理比避免盈余下降的盈余管理更加普遍。

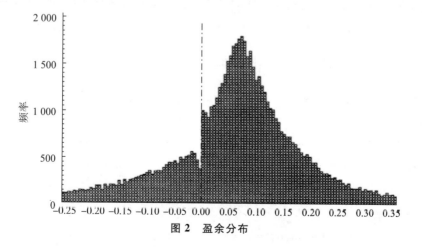

图 2　盈余分布

避免亏损的盈余管理方法

不同于以往研究基于具体的盈余管理动机(如高管奖励计划)研究具体的盈余管理方法(如应计项目盈余管理),本文用来检验盈余管理存在性的横截面分布法能够识别更多的潜在盈余操纵样本。因为上文已经证明避免亏损的盈余管理比避免盈余下降的盈余管理更加普遍,所以本文在此仅关注避免亏损的盈余管理方法,而避免盈余下降的盈余管理方法应该与之类似。

本文从盈余管理事前和事后两方面给出经验证据。事前证据是从**盈余管理事前成本**(ex ante costs of earnings management)入手,即在盈余管理收益一定的情况下,事前成本越低的公司越可能进行盈余管理,本文预计微亏公司比微盈公司面临更高的事前成本。① 本文用年初流动资产和年初流动负债作为事前成本的代理变量,分别计算两个变量的三个四分位数(1/4 分位数、中位数和 3/4 分位数),将样本按盈余由低到高排序,以零盈余为阈值点,将零点向左或向右的每 1 000 个样本分为一组,分别计算每组样本年初流动资产和年初流动负债的三个四分位数。以每组样本盈余中位数为横坐标,分别列示了每个盈余中位数对应的样本组合的年初流动资产和年初流动负债的四分位数值。符合盈余条件的年初流动资产和年初流动负债的分布显示,零点左侧小范围内的年初流动资产和年初流动负债有清晰的下移趋势,零点右侧小范围内的年初流动资产和年初流动负债有清晰的上移趋势;而且,这种现象在两个变量的 3/4 分位数值上更加明显。这说明有较高年初流动资产和年初流动负债的上市公司更可能通过盈余管理使盈余由负转正,证实营运资本变动被当作避免亏损的一种盈余管理手段。

事后证据是从**盈余管理事后结果**(ex post results of earnings management)入手,分析盈余管理后的盈余组成部分。本文预计微盈公司比微亏公司的盈余中有更多的被操纵部分。为此,本文将盈余分解为三个穷尽且互斥的部分:经营现金流、营运资本变动、其他应计项目。与之前的方法类似,本文列示了这三个变量的三个四分位数的盈余条件分布,结果发现微盈公司的经营现金流和营运资本变动比微亏公司有更明显的上移趋势,表明这两项盈余被操纵。研究结果证明,经营现金流和营运资本变动被当作避免亏损的盈余管理手段。

避免盈余下降和亏损的盈余管理动机

为了解释避免盈余下降和亏损的盈余管理动机,本文给出了两个理论:利益相关者交易成本理论和前景理论。交易成本理论依赖两个假设:(1)交易条款对盈余更高的公司通常更有利;(2)由于收集和处理信息的成本很高,至少有一部分利益相关者会选择盈余零点或盈余变动零点作为拟定交易条款的**启发式分界点**(heuristic cut-offs)。因此,公司由盈余上升(或盈利)变为盈余下降(或亏损)所承担的交易成本会大幅上升。前景理论主张决策

---

① 这里的"微盈""微亏"是指已经进行盈余管理之后的结果,由此可以推测"微亏"公司是因盈余管理成本较高而未进行盈余管理。

制定者判断收益和损失并不是依据绝对财富水平,而是基于一个参照点,即参照点附近的价值函数最陡峭。盈余零点和盈余变动零点就是自然的参照点。因此,对于给定的盈余增长,当公司由亏损变为盈利时,其对应的价值增量最大。

| 研究贡献 |

本文提供了避免盈余下降和亏损的经验证据,发现经营现金流和营运资本变动被公司用作盈余管理手段,并利用利益相关者交易成本理论和前景理论解释公司进行避免盈余下降和亏损的盈余管理动机。

| 局限性与展望 |

后续研究对本文的质疑主要集中在微盈是否可以作为盈余管理的指示变量。研究者发现微盈公司和微亏公司的操控性应计项目没有显著差异(Dechow 等,2003),零盈余阈值点可以用税收不对称以及统计方法和样本选择偏差来解释(Beaver 等,2007;Durtschi 和 Easton,2005 和 2009)。研究方法上,盈余分布检验中区间宽度选择的主观性以及结果对区间宽度选择的敏感性也受到后续研究的质疑(Durtschi 和 Easton,2005 和 2009)。

交流区

尽管遭到了后续一些研究的质疑,但本文在研究思想和研究方法上的创新性为盈余管理研究做出了重要贡献,对之后的盈余管理研究产生了重大影响。本文提供的检测盈余管理的方法,包括盈余分布直方图和盈余平滑性检验方法,被广泛应用于其他盈余阈值处(如中国再融资制度中的业绩规定)盈余管理存在性的检验,零盈余阈值点处的微盈和微亏也被之后的研究普遍视为盈余管理的指示变量。

文献 13 达到或超过预期盈余的回馈

经典文献:Eli Bartov[1], Dan Givoly[2], Carla Hayn[3]. The Rewards to Meeting or Beating Earnings Expectations. *Journal of Accounting and Economics*, 2002, 33(2): 173-204.

机构:[1]New York University;[2]University of California at Irvine;[3]University of California at Los Angeles

被引:总计 2 080 次,年均 104.00 次

文献概述:马莉珠

研究概述:本文发现,**达到或超过(分析师)预期盈余**(meet or beat earnings expectations,MBE)的公司获得的季度收益高于有相似的季度盈余预测偏误但尚未达到分析师预期的公司。此外,MBE 溢价虽然略小,但很可能通过盈余管理或**期望管理**(expectation management)

而得以实现。本文还表明,MBE 溢价可以反映未来业绩,但这种溢价及其预测业绩的能力受 MBE 是否真实发生或者是否有盈余管理/期望管理的影响较小。

核心概念：预期盈余　分析师预测　盈余管理　期望管理

文献背景

公司达到或超过分析师预期盈余的现象引起了学者的关注。研究发现,近年来只有少量企业的每股收益略高于**分析师预测**（analysts' forecasts）,而每股实际收益完全等于分析师预测目标的情况日益增加,这种现象说明管理层已将分析师预期盈余视为衡量其业绩的三大阈值之一。其他研究也表明,为了实现这一目标,管理层会采用盈余管理、期望管理等方式操纵盈余。只有将 MBE 作为公司未来业绩的预测指标,其优势才会有所显现。具体而言,只有在投资者无法获知管理层的盈余目标时,企业才可能利用盈余管理实现 MBE 目标。

通过操纵**预期盈余**（earnings expectations）所获得的 MBE 收益存在一定的问题。具体而言,如果公司在盈余公告前抑制预期盈余以产生正盈余意外（实际盈余-预期盈余>0）,那么将导致负面的价格效应,进而抵消公告带来的正收益,使公告期间总收益不变。实际上,已有研究（参见 Kasznik 和 Lev,1995;Soffer 等,2000）发现,当公司提醒投资者即将发布不利的信息时（从而降低投资者的预期盈余）,股票价格会显著下降。Kasznik 和 McNichols（2002）采用估值模型来检验 MBE 是否会导致更高的公司估值和预期收益,考察分析师的盈余预测在多大程度上包含 MBE 中的信息,发现 MBE 估值溢价与未来盈余相关,而分析师对未来盈余预测的修正并未完全体现未来盈余。Lopez 和 Rees（2002）发现,达到分析师预期盈余公司的**盈余反应系数**（earnings response coefficient, ERC）比未达到的公司要高得多。

本文在控制盈余预测偏误的基础上,检验季度盈余公告前达到或超过预期盈余能否带来市场溢价,这一过程是否存在盈余管理和期望管理行为;同时考察在应计盈余和预期盈余能够被操纵的条件下,MBE 溢价是否仍然存在;并探讨 MBE 能够带来市场溢价的原因。

理论基础与研究假设

"期望路径"与 MBE 的关系

根据定义,MBE 指**盈余意外**（earnings surprise,即实际盈余-预期盈余）大于或等于 0 的情况。本文研究了 MBE 溢价,并分析了通过期望管理或盈余管理实现 MBE 的程度。一旦管理层故意降低分析师的盈余预测,以便在发布盈余期间产生正盈余意外（或避免负盈余意外）,就会出现期望管理。为了将 MBE 现象与期望管理联系起来,本文研究了样本期间内盈余预测的变化"路径"。根据分析师在此期间的预测调整方向（向上、向下和不变）以及盈余公告后盈余意外符号（正、负和零）的盈余序列信息,确定不同的"期望路径"。例如,一个完整的期望路径包括本季度分析师向上调整盈余预测和随后的正盈余意外。

与期望管理有关的假设

如果"期望路径"对公司的未来业绩没有信息效应且投资者是理性的,它就不会产生当季度的超常收益。也就是说,市场对 MBE 策略不会给予任何正向的回馈。由此,本文提出以下假设:

假设 1 在控制预测偏误后,MBE 会带来溢价。

为了更好地理解溢价的性质(如果存在),本文进一步检验其他两个假设。在控制预测偏误后,这两个假设的替代形式可表述为:

假设 2 达到预期盈余的溢价不同于超过分析师预期盈余的溢价。

假设 3 超过分析师预期盈余的溢价与未达到预期盈余的负面效应不同。

关于 MBE 溢价影响因素的假设

(1) 公司的财务状况。当处于财务困境公司的盈余超过预期盈余时,会向市场传递有关其生存能力的信息。换言之,除了影响未来的分析师盈余预测,达到或超过预期盈余还可能会改变投资者对公司未来发展状况的评估。公司存活与否的概率变化对处于困境的公司来说将更有价值,由此本文预计这类公司的 MBE 溢价会更高。在控制此期间的预测偏误后,本文提出以下假设:

假设 4 财务困境公司的 MBE 溢价大于财务稳健公司的 MBE 溢价。

(2) MBE 重复出现。投资者对 MBE 重复出现的反应取决于他们如何看待这些结果。一方面,如果将 MBE 视为未来业绩的信号,那么 MBE 的重复出现体现了企业的盈利势头,并产生了比 MBE 非经常出现情形下更高的溢价;另一方面,如果投资者将 MBE 重复出现视为管理干预的产物,那么重复出现的 MBE 溢价更低。由此,本文检验以下假设:

假设 5 重复出现的 MBE 溢价与非经常出现的 MBE 溢价不同。

样本选择

样本包括 1983 年 1 月至 1997 年 12 月的 Thomas/First Call(IBES)分析师预测数据库的公司一季度层面数据,经数据筛选后共保留 64 872 个观测值。公司一季度数量从样本期间前五年平均财政季度的 400 个增加到最近五年每个财政季度的 1 500 个,实际盈余数据来自 IBES 数据库,其他财务数据来自 Compustat 数据库,股票收益数据来自 CRSP 数据库。

实证方法与模型构建

$$\text{CAR}_{i,Q} = \beta_0 + \beta_1 \text{ERROR}_{i,Q} + \beta_2 \text{SURP}_{i,Q} + \beta_3 \text{DMBE}_{i,Q} + \beta_4 \text{DBEAT}_{i,Q} + \beta_5 \text{DMBE}_{i,Q} \times \text{SURP}_{i,Q} + \varepsilon_{i,Q} \tag{1}$$

其中,$\text{CAR}_{i,Q}$ 指公司 i 在发布季报前两天到发布季报后一天的窗口期内的累计超常收益;$\text{ERROR}_{i,Q}$ 指公司 i 在 Q 季度的盈余预测偏误;$\text{SURP}_{i,Q}$ 指公司 i 在 Q 季度的盈余意外;$\text{DMBE}_{i,Q}$ 和 $\text{DBEAT}_{i,Q}$ 为虚拟变量,当盈余意外大于或等于 0(即达到或超过预期盈余

MBE)时,两个变量取值为 1,其余情况取值为 0。交乘项系数 β_5 代表达到预期盈余和未达到预期盈余两种情形下的回馈(如正向或负向的市场反应)的差异。用方程(1)检验假设 1 至假设 3。

检验结果表明:β_2 显著为正,说明在控制预测偏误的情况下,盈余意外具有正向的市场反应,即 MBE 产生了溢价;β_5 显著为正,验证了假设 3,即超过预期盈余的溢价与未达到预期盈余的负面效应显著不同。

$$\begin{aligned}CAR_{i,Q} = &\delta_0 + \delta_1 ERROR_{i,Q} + \delta_2 SURP_{i,Q} + \delta_3 DMBE_{i,Q} + \delta_4 DMBE_{i,Q}^{subset} + \\ &\delta_5 DMBE_{i,Q} \times SURP_{i,Q} + \delta_6 DMBE_{i,Q}^{subset} \times SURP_{i,Q} + \varepsilon_{i,Q}\end{aligned} \quad (2)$$

其中,$CAR_{i,Q}$ 指公司 i 在发布季报前两天到发布季报后一天的窗口期内的累计超常收益;$ERROR_{i,Q}$ 指公司 i 在 Q 季度的盈余预测偏误;$SURP_{i,Q}$ 指公司 i 在 Q 季度的盈余意外;$DMBE_{i,Q}$ 和 $DBEAT_{i,Q}$ 为虚拟变量,当盈余意外大于或等于 0(即达到或超过预期盈余 MBE)时,两个变量取值为 1,其余情况取值为 0;$DMBE_{i,Q}^{subset}$ 为虚拟变量,当公司属于财务困境或重复出现 MBE 溢价的子样本公司且其盈余意外大于或等于 0 时,变量取值为 1,否则取值为 0。

用方程(2)检验假设 4 和假设 5。检验结果表明:δ_4 和 δ_6 显著为正,说明财务困境公司的 MBE 溢价大于财务稳健公司的 MBE 溢价,且重复出现的 MBE 溢价大于非经常出现的 MBE 溢价,证明假设 4 和假设 5 成立。

| 进一步分析 |

期望管理和 MBE

(1)假设。MBE 溢价的存在性表明,管理者有动机操纵 MBE 的盈余或期望。为了验证期望管理的存在,本文进行了两次检验。首先,假设分析师没有临时修正盈余预测,将实际盈余意外分布与假设的盈余意外分布进行对比。理论上,如果没有临时修正盈余预测,那么盈余意外的分布(实际盈余-当期最近一次预期盈余)将与预测偏误的分布(实际盈余-当期最早一次预期盈余)相同。如果存在期望管理,预期盈余就会减小,导致分析师向下修正盈余预测,本文预计负盈余意外的频率将低于负预测偏误的频率;相反,如果临时修正盈余预测仅代表新信息而非期望管理,那么负盈余意外的频率和负预测偏误的频率应没有差异。由此,本文提出以下假设:

假设 6 负盈余意外的相对频率小于负预测偏误的相对频率。

其次,本文将观测到的盈余意外与未临时修正盈余预测情形下的盈余意外进行比较,探讨临时修正盈余预测如何影响季度盈余意外的符号。在未临时修正盈余预测情形下,盈余意外的符号应与季度预测偏误的符号相同。那么,由于负预测偏误而不断向下修正盈余预测导致的正盈余意外将符合期望管理动机。同样,由于零或正的预测偏误而向上修正盈余预测带来的负盈余意外与期望管理的动机不同。当不受期望管理的干预时,临时修正盈余预测抵消盈余意外符号的比例在负预测偏误和正预测偏误的情况下应该相同。由此,本文根据这些比例之间的差异提出以下假设(以替代形式陈述):

假设 7 由负预测偏误到 0 或正盈余意外的比例(即"期望路径"表现为"向下→0"或"向下→正")大于相应由正或零预测偏误到最终负盈余意外的比例(即"期望路径"为"向上→负")。

(2)期望管理测试。针对假设 6,研究发现整体样本中负盈余意外的比例为 39.50%,显著小于负预测偏误的 48.65%。这一结果与期望管理的假设一致,即分析师盈余预测会受到抑制(即降低预期盈余),从而增加季度盈余公告前报告盈余大于等于预期盈余的可能性。将样本按期间划分为 1983—1993 年和 1994—1997 年两个子样本也得到类似的结果,且上述期望管理的行为愈演愈烈。假设 7 的检验结果进一步加强了期望管理存在的论断。34.80%的公司—季度观测值的"期望路径"为从负盈余偏误到正盈余意外;相比之下,只有 15.12%的公司—季度观测值的"期望路径"为从正或零预测偏误到负盈余意外。此外,这种差异随着时间的推移而急剧增大,同样说明期望管理行为日益普遍。

MBE 溢价、期望管理和盈余管理之间的关联

MBE 现象的产生可能源于公司业绩确实好于预期,也可能源于期望或盈余管理。如果投资者认为 MBE 受到操纵,他们就可能不会在股票市场上做出应有的溢价回馈。由此,本文提出以下假设(以替代形式陈述):

假设 8 对更有可能进行期望管理或盈余管理的公司而言,MBE 溢价更小。

研究结果显示,在 MBE 更可能受期望管理驱动的情况下,MBE 溢价显著降低。但总体而言,此情况下的 MBE 溢价仅略低于其他情况下的溢价。这一发现表明投资者可能无法分辨期望管理或不深究 MBE 是如何产生的,认为 MBE 是反映公司未来业绩的信号。类似地,本文发现通过操纵应计盈余获得的 MBE 溢价远低于其他情况下的溢价。这一发现表明投资者能够分辨盈余管理对盈余意外的影响并做出理性反应,只是从经济意义上看这种反应仍然较小。这一结果可能受本文检验方法的影响,也可能反映出投资者未在规定期间内完成对盈余管理行为的评判。

MBE 溢价的解释

(1)投资者过度反应。现有研究提出,达到或超过分析师预期盈余的超常收益也可能是投资者过度反应的一种表现形式。如果这种解释成立,那么当市场纠正过度反应时,随后应出现超常收益的反转。

本文检验了下一季度以及盈余公告后一年、两年和三年的较长期间内每个"期望路径"下**等偏误投资组合**(equal-error portfolios)的超常收益。分析结果显示在盈余公告后期间,MBE 溢价没有明显反转,因此"过度反应"的说法并不成立。

(2)MBE 对未来业绩的预测能力。如果投资者是理性的,MBE 能够产生溢价就说明公司成功达到或超过预期盈余是未来良好业绩的体现。为了验证这一解释,本文检验了随后期间 MBE 的出现与企业业绩之间的关系。结果显示,某一季度达到或超过分析师预期盈余的公司未来两年的业绩明显好于未达到分析师预期盈余的公司,这说明 MBE 对未来业绩的确具有预测能力。

MBE 对未来业绩的预测能力与盈余、期望管理程度

如果 MBE 能够预测未来业绩,同时 MBE 可能来自期望管理或盈余管理,那么一个自然的推演是:MBE 的预测能力可能受到盈余管理或期望管理的影响。分析结果表明,通过期望管理或盈余管理实现 MBE 的公司后一年通常比有"真正"MBE 的公司的表现更差,但依然显著好于未达到 MBE 的公司。整体来看,MBE 可以反映未来业绩,且其预测能力受盈余管理/期望管理的影响较小。

| 研究结论与创新 |

本文探讨了公司和投资者均关注的报告盈余达到或超过分析师预期盈余(MBE)的现象。研究表明,公司在达到或超过预期盈余后会获得市场溢价,且可能通过期望管理或盈余管理得以实现。与此同时,投资者会对这种期望管理和盈余管理做出反应以减少 MBE 溢价,但总体来说作用较小。MBE 溢价的产生虽然明晰了公司操纵 MBE 的动机,但也引发了对投资者理性的质疑。鉴于 MBE 具有对未来业绩的预测能力,从经济意义角度看,MBE 溢价是合理的。类似地,MBE 对公司未来业绩的预测能力仅在较小程度上取决于 MBE 是否真实产生。

本文的研究还存在一些尚待解决的问题。例如,当盈余预测出现持续的系统性下调时,为什么分析师不能及时纠正其预测?考察经常达到或超过预期盈余公司的特征可能会对这个问题的解决有所帮助。另一个值得进一步研究的问题是,为什么 MBE 会对公司未来业绩具有预测能力?

交流区

本文以资本市场反应为切入点,探讨 MBE 的经济后果。以往的研究表明,达到业绩目标是企业进行盈余管理的重要动机之一;然而,本文的研究发现 MBE 会带来市场溢价,说明市场认为期望管理是有效契约的结果,而不是盈余管理下的无效信息。之后的文献针对本文的研究结论做了一系列的探讨,包括 MBE 与企业价值(Bhojraj 等,2009;Kasznik 和 McNichols,2002)、企业税费(Gleason 和 Mills,2008)、分析师行为(Abarbanell 和 Lehavy,2003;Burgstahler 和 Eames,2003)间的关系,讨论 MBE 是否及为何给企业带来正面影响以及分析师在其中的作用等话题。

文献 14 盈余管理与投资者保护:一个国际比较

经典文献:Christian Leuz,[1] Dhananjay Nanda,[2] Peter D. Wysocki.[3] Earnings Management and Investor Protection: An International Comparison. *Journal of Financial Economics*,2003,69(3):505-527.

机构: [1]University of Pennsylvania; [2]Duke University; [3]Massachusetts Institute of Technology

被引: 总计 6 546 次,年均 327.30 次

文献概述: 张欣越

研究概述: 本文检验了 31 个国家盈余管理的系统性差异,并基于内部人为保证自身的**控制权私利**(private control benefits)而使用盈余管理向外部人隐瞒公司真实绩效这一观点解释了差异的产生。本文认为,较强的**投资者保护**(investor protection)会限制内部人获取控制权私利的能力,削弱内部人隐瞒公司绩效的动机,即投资者保护会降低盈余管理程度。本文同时发现,公司治理和报告盈余质量之间存在内生性关联。

核心概念: 公司治理　盈余管理　投资者保护　控制权私利

文献背景

本文提供了 31 个国家公司盈余管理的比较性证据。在描述性统计中,本文发现几个盈余管理衡量指标之间存在较大的国际差异,包括损失规避和**盈余平滑**(earnings smoothing)。本文提供的证据表明:在拥有发达的证券市场、**分散的股权结构**(dispersed ownership structure)、较强的投资者保护和法律监管的国家,盈余管理程度较低。本文深入探究并从激励角度解释了这些模式。

之前的研究发现投资者保护是影响公司政策选择的关键制度因素(Shleifer 和 Vishny,1997;La Porta 等,2000),本文则将投资者保护视为世界范围内盈余管理活动的重要决定因素。本文认为,较强的外部人权利会限制内部人攫取控制权私利,从而减弱内部人管理会计盈余的动机,原因在于减少了内部人的优势信息。这一思路表明,盈余管理的普遍性随着控制权私利的增加而提高,随着外部投资者保护力度的增强而降低。本文的实证结果与推断一致,即投资者保护在影响公司盈余管理的国家差异方面扮演着重要角色。借鉴 Healy 和 Wahlen(1999)的研究,本文将盈余管理定义为:内部人为了误导利益相关者或影响契约结果而对公司的报告绩效进行粉饰。本文认为通过盈余管理来错报公司绩效的动机来自公司内部人和外部人之间的利益冲突,控股股东或管理层之类的内部人能够以牺牲其他利益相关者的利益为代价获取个人私利。内部人攫取私利的范围包括特权消费和转移公司资产,也就是公司的一些排他性价值被内部人享有,而非控股的外部人无法共享。

相关文献和假设建立

内部人有动机对外部人隐藏其控制权私利,一旦这些私利被发现,外部人就很可能会采取处罚行动(Zingales,1994;Shleifer 和 Vishny,1997)。据此,本文认为管理层和控股股东有动机为隐瞒公司真实绩效和从外部人身上攫取控制权私利而进行报告盈余管理。比如,内部人能够使用财务报告的自由裁量权来夸大盈余并隐瞒不理想的收入实现(比如损失);同时,内部人能够使用会计自由裁量权来低估绩效较好年度的盈余,从而为未来期间储备资金,使得报告盈余比实际绩效的变化更小。本质上,内部人隐藏其控制权私利并通过报告盈余管理的水平和变动来降低外部干预的可能性。

实证方法

本文基于 1990—1999 年 31 个国家的 8 000 多个公司的财务数据进行分析。数据来自 Worldscope 数据库,剔除银行和金融机构的样本。样本中的每个国家必须有至少 300 个公司一年度观测值,每个公司应该有至少连续三年的利润表和资产负债表数据。阿根廷、巴西和墨西哥在样本期间经历了恶性通货膨胀,本文将其从样本中剔除,因为高通货膨胀会严重影响盈余管理的衡量指标。最终的样本由 70 955 个公司一年度观测值构成。

盈余管理的衡量方式

基于现有的盈余管理文献(Healy 和 Wahlen,1999;Dechow 和 Skinner,2000),本文提出了四种不同的国家层面盈余管理指标,能够体现内部人利用自由裁量权管理报告盈余的多种维度。

经营现金流通过盈余减去应计部分来间接计算,因为在许多国家,与公司现金流有关的信息无法直接获得。借鉴 Dechow 等(1995),计算盈余应计部分的模型为:

$$Accruals_{it} = (\Delta CA_{it} - \Delta Cash_{it}) - (\Delta CL_{it} - \Delta STD_{it} - \Delta TP_{it}) - \Delta Dep_{it}$$

其中,ΔCA_{it} 为总流动资产的变化,$\Delta Cash_{it}$ 为现金或现金等价物的变化,ΔCL_{it} 为流动负债的变化,ΔSTD_{it} 为流动负债中短期债务的变化,ΔTP_{it} 为应交所得税的变化,Dep_{it} 为公司 i 在第 t 年的折旧或摊销成本。从应计中扣除短期债务的变化是因为短期债务与融资活动有关,而与经营活动无关。如果一个公司不报告关于应交所得税或短期债务的信息,那么这两个变量的变化被设定为 0。

使用多元回归方法检验盈余管理和投资者保护的关系

投资者保护的概念是非常关键的,其在近期关于资本市场发展(Beck 等,2003)、世界范围的公司政策选择(La Porta 等,2000)、在美国的交叉上市(Doidge 等,2003;Lang 等,2003)等研究中得到了深化。本文借鉴现有与投资者保护有关的文献,将低盈余管理、大型证券市场和分散股权结构视为强投资者保护的补充及共同结果。

之前的研究表明,人均 GDP 能够解释各国融资、所有权和股利政策的差异。本文使用同期人均 GDP 作为额外的解释变量,重新进行主回归估计。结果显示,投资者保护和盈余管理之间的负向关系依然稳健。

一个潜在的问题是当前得到的结果可能由国家间的经济异质性所驱动。尽管本文控制了国家间的经济差异,但不同国家的行业构成和公司规模差异依然可能会潜在影响回归结果。本文使用剔除了制造业公司(SIC 代码为 2000—3999)和每个国家中等规模公司的两个子样本,缓解了公司规模和行业构成的国际差异的潜在影响问题,回归结果与之前一致。

实证结果与分析

本文证实了 31 个国家间盈余管理的系统性差异,使用描述性聚类分析识别了有相似制度特征的国家分组,并提出了盈余管理随着制度聚类而系统性地变化。分析表明,股权结构分散、投资者保护力度较强、股票市场较大规模的外部经济体与股权集中、投资者保护力度较弱、股市较落后的国家相比,呈现较低的盈余管理水平。

之前的研究表明,投资者保护是驱动融资和股利政策等决策选择的关键因素。本文研究了投资者保护和公司盈余管理之间的关系,相关分析基于这样一种观点:内部人有获得控制权私利的动机,但是内部人为私利转移资源的能力会受到外部投资者权益保护法律体系的制约。如果外部人发现内部人存在攫取私利的行为,他们就会对内部人采取惩罚措施。因此,本文预期法律保护会降低盈余管理水平,因为在投资者保护较强的情形下,内部人获得较少的控制权私利,隐瞒公司真实绩效的动机将会减弱。

与这一假设一致,本文的回归结果表明盈余管理分别与少数股东权益保护质量和法律效力负相关。本文的发现凸显了投资者保护和报告会计盈余质量之间的重要联系,补充了将公司报告质量视为外生变量的金融研究,证明了股票收益与会计数字间关系的系统性模式的会计观点。

| 研究贡献 |

本文基于资本市场法律保护所扮演的角色、所有权结构和控制权私利方面的公司治理文献(Shleifer 和 Vishny,1997;La Porta 等,2000),提供了关于外部投资者内生性地决定财务信息质量的扩展证据这一方面的文献,深化了法律保护如何影响外部投资者和控股股东之间**代理冲突**(agency conflicts)的理解——较弱的法律保护可能会使财务报告质量变差,进而损害资本市场的发展。

本文同时对公司财务报告的国际差异的相关文献做出了贡献。之前的文献分析了世界范围的股价和盈余管理的关系,暗示了制度因素会造成国际差异(Alford 等,1993;Joos 和 Lang,1994;Land 和 Lang,2002)。本文研究表明,国家的法律和制度环境差异影响了报告盈余的特征。在这方面,Ali 和 Hwang(2000)、Ball 等(2000)、Fan 和 Wong(2001)及 Hung(2001)认为制度因素能解释国家间的盈余—价格关系,本文补充了这方面的研究。

| 局限性与展望 |

本文的实证结果有以下几点需要注意。首先,盈余管理以不同的形式体现,很难加以衡量。本文计算了盈余管理的几个代理变量,并获得了所有衡量方式的一致性结果。然而,本文的发现基于这些衡量方式具备能合理、一致地捕捉到世界范围盈余管理行为的能力。其次,本文认为与投资者保护相关的其他制度因素可能会影响内部人的盈余管理激励。因为制度因素通常是互补性的,所以很难完全控制其他因素的潜在影响并将这些影响从投资者保护的直接影响中分离出来。此外,互补性因素的存在引起了对内生性问题的担忧。本文尝试使用两阶段最小二乘法解决这一问题。然而,由于制度因素之间的关系很难模型化,本文认为其他内生性因素的相互作用依然存在。最后,本文注意到,在保持控制权私利不变的情况下,较强的投资者保护潜在地鼓励了盈余管理,因为面对更严厉的惩罚,投资者有更强的动机隐藏控制权私利。本文承认惩罚效应的存在性,而经验证据表明这

种效应由控制权私利的国际差异所导致,由此投资者保护与盈余管理之间的负向关系普遍存在。

交流区

本文使用国家层面的数据,为研究制度因素影响盈余管理提供了条件。通过比较不同国家公司盈余管理的系统性差异,阐明了法律保护如何影响外部投资者和内部人之间的代理冲突,证明了公司所处的法律和制度环境会影响报告收益的属性,即投资者保护会影响管理层的盈余管理行为。本文在衡量国家层面的盈余管理方面具有重要的影响力(Dechow 等,2010),为后续针对国家层面盈余管理以及投资者保护和盈余管理之间关系的研究提供了理论基础。

文献 15 盈余管理与资本资源配置:来自中国配股审核中会计指标运用的证据

经典文献:Kevin Chen,[1] Hongqi Yuan.[2] Earnings Management and Capital Resource Allocation: Evidence from China's Accounting-based Regulation of Rights Issues. *The Accounting Review*, 2004, 79(3): 645-665.

机构:[1]Hong Kong University of Science and Technology;[2]Shanghai University of Finance and Economics

被引:总计 884 次,年均 49.11 次

文献概述:陈子昂

研究概述:1996—1998 年,中国上市公司在申请增发股票时,前三年中每年必须达到至少 10%的**权益收益率**(return on equity,ROE)。在这一政策的约束下,A 股上市公司的权益收益率严重集中于刚刚达到 10%的区域。本文的研究表明,中国的监管机构似乎对使用**超额非经常性损益**(excess nonoperating income)使 ROE 达到 10%门槛的公司进行了审核。此外,监管机构的审核能力似乎不断提升,这使得它们能够更好地识别后来表现更好的公司。然而,许多公司仍然能够通过超额非经常性损益获得增发股票的批准。本文发现,通过盈余管理获得配股资格的公司之后的业绩不如未进行盈余管理公司的业绩,这表明中国监管机构引导资本流向绩优公司的目标部分地受到盈余管理的影响。

核心概念:权益收益率 配股 盈余管理 非经常性损益

文献背景

20 世纪 90 年代初期,作为混合市场经济与计划经济实验品的中国证券交易所(上海证券交易所和深圳证券交易所)诞生了。此后,国家能够通过确定全国年度 IPO 配额在一

定程度上控制市场规模的增长,且配额被分配给各省份相关行业的职能部门,各部门再将配额分配到自己辖区内的企业。很多公司竞争这些有限的配额,结果就是分配到每个公司的配额难以满足其资本需求。为了增加资本,公司可以向现有股东增发股票,这一权利被称为**配股权**(rights issue)。据统计,1993年上海证券交易所101家上市公司中的50家公司行使了配股权。

为了限制上市公司对配股的过度需求,中国证监会(CSRC)于1993年11月之后发布了一系列指引以限制配股权,而且限制措施逐渐被强化:1993年的指引只要求上市公司配股前两年盈利;1994年的指引中加入配股前三年平均ROE不低于10%的限制,但1994年的指引后来被证明难以发挥作用;1995年增发股票筹集的资本超过当年IPO筹集的资本,作为回应,1996年的指引要求配股前三年每年净资产收益率不低于10%。新的指引显著减少了向证监会申请配股的公司数量,在1996年和1997年均成功地减少了通过配股筹资的公司数量。

然而,1996年的指引也创造了一种明显的盈余管理模式。实证会计研究表明,当契约基于财务报表数字时,上市公司管理层有动机运用会计方法或者其他方式来操纵报表数字,以服务于公司利益或盈余管理活动。具体来看,1997年,中国28.8%的上市公司报告的ROE介于10%和11%之间。根据本文的统计,1995—1997年19.3%的上市公司的ROE都在10%—11%的范围内,相比1992—1994年的7.3%差异巨大。

| 假设的推导 |

在讨论引发盈余管理的条件时,Schipper(1989)将通过盈余管理获取监管者认同的情况视为特殊例子,指出这一问题的研究者通常假设监管者能力有限或者识别盈余管理的处理成本太高。Scott(1997)描述盈余管理的研究通常假设合同条款是稳定的,一旦签署便难以更改。这一假设通常是难以验证的,因为详细的决策过程信息通常是查不到的;然而,在中国配股条款是可以查阅的,这对于验证监管者是否将盈余管理纳入配股审批过程提供了可能性。

对于中国证监会是否有动机审查公司在申请配股时的盈余管理行为,可以从两方面加以考虑:一方面,CSRC指引中没有强制要求审查公司盈余管理行为,这与Schipper(1989,1997)发现的"条款越复杂,监管代理人的时间成本和能力要求越高"的发现一致。受制于有限的信息处理能力,CSRC不太可能对所有盈余管理迹象进行监管。另一方面,有理由相信中国的监管者会关注公司盈余管理行为。首先,CSRC有责任落实《证券法》,而《证券法》第一条就明确法律颁布的目的是规范证券发行和交易,保护投资者合法权益;其次,CSRC受上级行政机关、投资者和媒体监督,同时近年来发生的几起上市公司、券商以及投资者对证监会的诉讼事件足够引起CSRC的警觉;最后,近年来财经媒体频繁报道上市公司在获得配股权后的半年报爆出巨大亏损的新闻。因此,出于职业担忧和监管机构公信力的考虑,监管者很可能筛查那些明显通过超额非经常性损益进行盈余管理的上市公司,而CSRC的监管者对盈余管理的审查程度可以通过上市公司盈余管理程度与配股审批之间的负向关系来加以验证。基于此,本文提出以下假设:

假设 1 中国证监会的审批决定与盈余管理指标负相关。

之前的研究已经指出盈余管理在资源分配上的矛盾证据。例如，Rangan(1998)和Teoh 等(1998)发现了围绕**股权再融资**(seasoned equity offerings)的盈余管理行为，而且投资者未能识别这种行为，这导致增发前异常应计项目和股权再融资后股票超常收益率的负向关系。然而，Shivakumar(2000)发现投资者能够识别公司的盈余管理行为并且增发公告能够消除其影响，这就难以明晰盈余管理是否会导致股票的错误定价和增发资本的错误配置。中国与美国最大的不同在于，中国的监管者提供了一种审核职能从而为投资者提供保护，而美国的股权再融资是公司与投资者之间直接发生关系。基于此，本文提出以下假设：

假设 2 在申请配股之后，中国证监会批准配股公司的业绩要比那些被拒绝配股公司的业绩更好。

假设 2 的检验结果可能随着监管者盈余管理审核经验的提升而变化。因此，本文在两个时期同时检验假设 2 与假设 1。

假设 3 是在假设 2 的基础上，进一步考虑通过盈余管理获得配股资格公司和未进行盈余管理获得配股资格公司的后续业绩的差异。

假设 3 在获批配股的公司中，通过盈余管理获得配股权公司的后续业绩比行业中位数和未进行盈余管理获得配股权公司的业绩更差。

| 样本描述和盈余管理计量 |

本文着重研究 1996—1998 年的增发配股申请，因为这三年的配股资格是同质的。1997 年和 1998 年申请配股的公司样本是从中国证监会获得的，1996 年申请配股的公司样本是从《深圳证券报》(涵盖上海证券交易所和深圳证券交易所的新闻)上发布的 1996 年上市公司年鉴中确定的。剔除 7 家银行和金融公司，最终的样本由 1996—1998 年的 440 个申请样本共 339 家不同的公司构成，包括 248 家一次申请和 91 家多次申请的公司。91 家重复申请者中，70 家连续两年申请、11 家非连续申请、10 家连续三年申请。证监会的配股批准名单从证监会月度公报中获取，时间跨度从 1996 年 1 月到 1999 年 5 月，获批样本再与 440 个申请样本匹配，不在获批样本中的公司被视为增发配股申请被否决。证监会月度公报中没有提及获批公司的申请年份，本文采取若干步骤减少样本的错配问题。第一，1 月和 2 月获批的公司被视为在上年申请增发配股；6 月到 12 月获批的公司被视为在当年申请增发配股。第二，人工检查 3 月到 5 月获批的 42 个样本，其中 26 个公司只在当年申请，可以直接匹配；而另外 16 个公司在当年和上年都申请配股，也可被视为当年申请，因为根据证监会指引，上市公司不能在 12 个月内两次申请增发配股。

表 1 详细记录了 1996—1998 年证监会对申请配股公司的审批通过与否决的情况，其中 1996 年共 68 家公司申请，1997 年共 172 家公司申请，1998 年共 200 家公司申请。1996—1998 年，上证综合指数从 767.5 涨至 1 257.3，因此在此期间观测到 1997 年和 1998 年比 1996 年有更多的配股申请数并不奇怪。

表 1　申请配股公司的数量与获批数量

项目	1996 年	1997 年	1998 年	总计
否决（家）	17	43	56	116
（占比,%）	(25.0)	(25.0)	(28.0)	(26.4)
批准（家）	51	129	144	324
（占比,%）	(75.0)	(75.0)	(72.0)	(73.6)
申请公司数（家）	68	172	200	440
申请数/年初上市公司数（%）	21	32	27	
平均月度上证指数	767.5	1 182.6	1 257.3	

针对美国市场的研究通常用异常应计项目作为盈余管理的衡量变量（Healy 和 Wahlen,1999）。之前有关中国上市公司的研究也发现 ROE 介于 10% 和 11% 的上市公司相比其他公司有更高的异常应计项目,这表明异常应计项目是中国公司操纵盈余的一种可能方式。然而,在未被报告的检验中,本文发现盈余管理的应计项目衡量与中国监管者审批决策之间没有显著关系,这可能是源于异常应计项目存在较大的**测量误差**（measurement error）（Herrmann 等,2003）,或者监管者能力不足以及识别盈余管理的成本过高（Schipper,1989）。

本文聚焦于盈余管理的另一个衡量变量:**超额非经营性损益**（ENOI），用税后非经常性损益除以权益并按行业中位数调整后的数值进行衡量。之前的研究表明,公司的 ROE 在 10% 和 11% 之间时有更高的非经常性损益（Haw 等,2003）。本文也发现,在申请配股前,那些经营性 ROE 低于 10% 公司的非经常性损益比行业中位数高,经营性 ROE 高于 10% 公司的非经常性损益比行业中位数低,而经营性 ROE 较低的公司更有可能为配股而进行盈余管理。

至于非经常性损益的组成部分,本文发现**边缘组公司**（marginal firms,根据公司当年税后经营性 ROE 低于 10% 来划分）的非经常性损益多数来自**投资收益**（investment income）,包括出售投资性资产（如证券和有形资产）的收益、股利收入和股权收入。由于公司对出售投资性资产的时点具有自由裁量权,因此部分投资收益的确认时点是操控性的。本文发现,边缘组公司的投资收益除以非经常性损益的比率中位数是 93.7%,而常规组公司是 66.5%;70.4% 的边缘组公司有更高的正向超额投资收益（以投资收益除以公司股权再减去行业中位数计算）,而常规组公司的这一指标只有 35.3%。

有更低经营性 ROE 的公司更可能操纵更多的非经营活动以创造现金,为了控制这一可能性,参照前人的研究方法（Bartov,1993;Herrmann 等,2003）,本文采用如下回归模型:

$$\text{ENOI}_{i,t} = a_0 + a_1 \text{Marginal1}_{i,t} + a_2 \text{CFCL}_{i,t} + a_3 \text{CR}_{i,t} + a_4 \text{TLTA}_{i,t} + a_5 \text{lag}(\text{ENOI})_{i,t} + a_6 \text{Marginal2}_{i,t} \times \text{lag}(\text{ENOI})_{i,t} + e_t \quad (1)$$

其中,$\text{Marginal1}_{i,t}$ 为哑变量,若公司 i 第 t 年的经营性 ROE 小于 10% 取值为 1,否则取值为 0;CFCL 表示经营现金流/流动负债;CR 表示流动资产/流动负债;TLTA 表示总负债/总资产;lag(·)表示观测变量一年前的值;Marginal2$_{i,t}$为哑变量,若公司i第t年和第$t-1$年的经营性ROE都小于10%取值为1,否则取值为0。变量CFCL、CR和TLTA展示公司获得现金的需要,因为它们代表短期流动性或长期偿债能力,而滞后变量是为了控制被解释变量的经常性部分。公式(1)中,如果公司i连续两年都属于边缘组公司(Marginal1 = 1),此时Marginal2取值为1,那么其超额非经常性损益就应该更多地来自经常性项目,因此预期a_6为正。

假设检验

为了检验假设1,需要考虑哪些因素影响监管者批准配股申请的概率:

$$\text{Prob}(\text{APPROVE}_{i,t} = 1) = 1 - F[-(\beta_0 + \beta_1 \text{EM}_{i,t-1} + \beta_2 \text{QO}_{i,t-1} + \beta_3 \text{MIND}_{i,t-1} + \beta_4 \text{SIZE}_{i,t-1} + \beta_5 \text{CR}_{i,t-1} + \beta_6 \text{TLTA}_{i,t-1})] \quad (2)$$

其中,APPROVE$_{i,t}$为哑变量,若公司i第t年的配股申请被批准取值为1,否则取值为0。F[·]表示配股Logistic分布假定下的累积分布函数,包含的变量有:EM$_{i,t-1}$,是用第$t-1$年或之前的会计数据衡量的盈余管理变量;QO$_{i,t-1}$、MIND$_{i,t-1}$、SIZE$_{i,t-1}$、CR$_{i,t-1}$和TLTA$_{i,t-1}$是一系列第$t-1$年或之前的控制变量,代表可能影响证监会审批决定的因素。本文基于超额非经常性损益构建了两个盈余管理(EM$_{i,t-1}$)指标:(1)EMNOI,若非经常性损益调整前的ROE小于10%取值为1,否则取值为0;(2)MGNOI,若(ROE-ENOI)<10%,MGNOI = 10%-(ROE-EMNOT),否则取值为0。Logistic回归中EMNOI的显著性表明,监管者在审批过程中考虑了盈余管理的重要性。Logistic回归中MGNOI的显著性表明,监管者在审批过程中不仅考虑了是否存在盈余管理,还考虑了盈余管理的重要程度。

控制变量包含:(1)QO表示非标审计意见,当存在非标审计意见时取值为1;(2)MIND等于1表示公司处于政府扶持行业(比如能源、原材料、基建设施等);(3)SIZE为公司总资产的自然对数;(4)CR表示流动比率;(5)TLTA表示总负债除以总资产;(6)ROE,定义如前文。非标审计意见是监管者审查时会关注的红灯信号,而政府扶持行业的企业申请配股时能够以较低的ROE门槛(9%而不是10%)通过审核。另外,证监会审核时还会考虑公司规模、流动比率和资产负债率,将ROE置于控制变量中是观察证监会是否会因较低的ROE而拒绝公司的配股申请。

股票收益率的衡量存在较大的困难,主要在于配股通常是在大量折价的条件下进行的(通常是现行股价折价40%甚至更大幅度),这使比较获准增发公司的股价以区分公司的业绩表现变得很难。

假设2和假设3通过模型(3)来检验:

$$\text{IAOROE}_{post,i} = b_0 + b_1 \text{YR98} + b_2 \text{APPROVE}_i \times \text{YR9697} + b_3 \text{APPROVE}_i \times \text{YR98} + b_4 \text{APPROVE}_i \times \text{EMNOI}_i + e_i \quad (3)$$

其中,IAOROE$_{post,i}$表示申请后三年内经营性ROE(operating ROE,以税后经营收入除以权益计算)的中位数;APPROVE$_i$为虚拟变量,若申请被证监会批准取值为1,否则取值为0;YR9697和YR98为年份虚拟变量,若申请年份为1996—1997年YR9697取值为1,申请年份为 1998 年 YR98 取值为 1,否则取值为 0;EMNOI 的定义和模型(2)相同。

为了控制申请前上市公司的业绩表现并作为比较,需要扩展模型(3),本文提出以下模型:

$$\text{IAOROE}_{post,i} = b_0 + b_1 \text{YR98} + b_2 \text{APPROVE}_i \times \text{YR9697} + b_3 \text{APPROVE}_i \times \text{YR98} + b_4 \text{APPROVE}_i \times \text{EMNOI}_i + b_5 \text{IAOROE}_{pre,i} + e_i \qquad (4)$$

回归结果显示,交乘项 $\text{APPROVE}_i \times \text{YR98}$ 的系数显著为正,而交乘项 $\text{APPROVE} \times \text{YR9697}$ 的系数不显著,这表明假设 2 在 1998 年不成立,但在 1996—1997 年期间成立。这表明证监会在拥有审核经验及教训后对公司未来业绩表现有了更高的识别能力,能够更好地审查有超额非经常性损益的公司。这一结果表明假设 3 不成立。

研究结论

本文讨论了一系列以盈余管理为中心的连续性(时序)现象。本文从基于会计的监管开始,讨论了公司的盈余管理行为,接着分析了监管机构筛选实施盈余管理公司的有限能力或意愿,得到了通过盈余管理获得配股资格公司的后续业绩较弱的证据。本文的研究表明,在审批配股申请时,中国监管机构似乎逐渐加大了对利用超额非经常性损益进行盈余管理的审核,以至于这一审核过程随着研究时期的推移对识别有更好业绩表现的申请有更好的效果。

本文强调了在监管新兴资本市场过程中的两难困境。一方面,由于定价机制不成熟,不能引导资本的有效配置,监管机构通常认为政府干预是可取的甚至是必要的。另一方面,本文的研究表明在中国,盈余管理使得业绩较差公司达到会计监管要求的门槛,从而会损害政府将股权资本引导到表现更好市场的意图。

局限性

本文的第一个局限是仅限于已申请增发配股公司的内部比较,没有获得增发资格或符合资格但未申请的公司不予考虑。

本文的第二个局限是将非经常性损益作为构建监管者决策过程中盈余管理指标的唯一变量。但很明显,公司还采用很多其他方式进行盈余管理,非常明显的一个替代变量就是非正常应计利润。然而在本文未列示的结果中,以应计项目衡量的盈余管理在解释中国监管者的审批过程上并不显著。这可能是由于异常应计估计中过高的测量误差,或者监管机构使用异常应计识别盈余管理的能力有限或处理成本过高。

本文假设资本向表现较好的行业部门流动是资本市场监管的重要目标,监管机构(尤其是像中国这样的转型经济体的监管机构)可能还有其他目标。例如,为了避免大规模失业,监管机构可能会优先考虑将资本引向劳动密集型行业或流动性存在问题的公司。这些考虑将使后续业绩在配股审批过程中变得不那么重要。因此,审批后的盈利状况可能并不完全表明监管的成功。

> **交流区**
>
> 作为最早在国际顶级期刊探讨中国问题的研究之一,本文揭示了 A 股上市公司通过盈余管理达到配股门槛的现象。受本文的启发,后续大量研究开始关注中国上市公司这一特殊的情境,比如国有企业产权性质差异、审计差异、关联交易等。本文为研究中国问题提供了研究视角,所用的特定年份和是否通过配股审批这两个虚拟变量的交乘项是国内相关研究最早的双重差分法应用,之后双重差分模型成为财务会计研究中最常用的模型。

文献16 基于业绩匹配的操控性应计

经典文献:Sagar P. Kothari,[1] Andrew J. Leone,[2] Charles E. Wasley.[2] Performance Matched Discretionary Accrual Measures. *Journal of Accounting and Economics*,2005,39(1):163-197.

机构:[1]Massachusetts Institute of Technology;[2]University of Rochester

被引:总计 8 227 次,年均 483.94 次

文献概述:马莉珠

研究概述:本文检验了基于业绩匹配的**操控性应计**(discretionary accrual)的有效性,并与传统的操控性应计模型(Jones 模型和修正 Jones 模型)进行了比较。用总资产收益率作为业绩匹配的变量,以控制业绩对操控性应计的影响。研究结果表明,当盈余管理不随业绩变化或预期对照组公司不进行盈余管理时,基于业绩匹配的操控性应计的衡量方式能增强盈余管理研究推论的可靠性。

核心概念:操控性应计 盈余管理 业绩匹配

文献背景

有关盈余管理和市场效率的研究广泛使用操控性应计这一指标(如 Defond 和 Jiambalvo,1994;Rees 等,1996);盈余管理领域的研究探讨管理层行为是否建立在相信财务报告使用者会被误导,且被误导的使用者会将报告的会计盈余等同于企业盈利能力的基础上(Fields 等,2001)。不仅学术界对盈余管理研究感兴趣,从业者和监管者也十分关注该领域的研究。

从与盈余管理动机相关的假说中可以得出,研究的关键在于是否可以准确地估计操控性应计。然而,现有的模型无法准确地估计操控性应计。Fields 等(2001)指出,依赖现有的操控性应计模型解决多方法选择问题(即使用应计制进行盈余管理)可能会导致严重的统计推断问题。

以往的研究考察了不同操控性应计模型(如 Dechow 等,1995)的规范性和有效性,但还

没有研究探讨基于业绩匹配的操控性应计模型。Dechow 等(1995)指出,对于那些业绩极差的样本公司,所有模型都拒绝了原假设:没有发生超过指定测试水平的盈余管理。在这种假设下,操控性应计模型实际上可能正确地反映了操控行为(Guay 等,1996)。另一种情况是,当将操控性应计模型应用于业绩极差的公司样本时,可能会发生误用模型的问题,因为业绩与估计的操控性应计之间可能仅仅是一种代数意义上的机械关系。传统盈余管理模型存在的问题主要是模型的错误估计。由于盈余管理研究通常考察的是非随机样本,要想减小对两者关系错误推断的可能性,盈余管理研究必须采用新方法。本研究使用控制样本来校准盈余管理,因此本文所定义的盈余管理被称为异常盈余管理。将模型根据业绩调整后,本文定义的盈余管理公司实际上指进行了比控制组公司更高程度的盈余管理的公司。

理论基础与研究假设

本文在操控性应计模型中控制业绩是基于 Dechow 等(1998)提出的盈余、现金流和应计利润的简单模型。该模型表明,企业增加营运资本有利于销售额的增加,并进一步促进营运资本应计项目的增加。因此,如果企业业绩表现出盈余持续或均值修正的性质(如业绩偏离随机游走的趋势),那么预期的应计利润将不为 0。当企业有好消息时,其会计稳健性将表现出盈余持续性;当企业有坏消息时,其会计稳健性会表现出均值修正的特点(Basu,1997)。还有研究表明,均值修正部分取决于较差的业绩表现(Brooks 和 Buckmaster,1976)。因此,预期业绩异常公司的应计利润不为 0。在盈余管理的测试中,业绩与应计利润之间的相关性结果是存在问题的,因为在将操控性应计模型(如 Jones 模型和修正 Jones 模型)应用于业绩极差的样本时,模型估计不再具有有效性(见 Dechow 等,1995)。

现有的关于权责发生制、盈余和现金流的模型以及经验证据都表明,应计与公司同期和过去的业绩相关(例如,Guay 等,1996;Healy,1996;Dechow 等,1998,1995;Barth 等,2001)。虽然 Jones 模型和修正 Jones 模型对企业的同期业绩进行了控制,但实证结果表明操控性应计的估计值受公司同期和过去业绩的影响显著(Dechow 等,1995)。因此,本文在考虑企业业绩与应计间关系的基础上提出基于业绩匹配的操控性应计模型。

样本选择

本文选取的样本来自 Compustat 数据库的所有公司,时间区间为 1962—1999 年。与以往的研究一致,首先剔除无法计算操控性应计的样本,并且保证每家公司至少有 10 个观测值,总计得到 210 000 个观测值。由于样本是基于业绩(例如账市比、市值、盈余/股价、销售增长率和经营现金流)进行匹配的,因此在剔除无法进行业绩匹配的样本和数据缺失的样本后,最终得到 123 000 个观测值。

实证方法与模型构建

本文的分析从 Jones 模型和修正 Jones 模型开始,所估计的**基于业绩匹配的 Jones 模型**(performance-matched Jones model)的操控性应计是指 **Jones 模型的操控性应计**(Jones model discretionary accrual)与基于业绩匹配的同类公司的操控性应计之差。类似地,本文同样估计了**基于业绩匹配的修正 Jones 模型**(performance-matched modified Jones model)的操控性应计(即匹配法)。本文还通过在 Jones 模型和修正 Jones 模型中加入总资产收益率(ROA)进行回归的方式估计了另外一种计算操控性应计的方法(即回归法),以比较基于**业绩匹配方法**(performance matching approach)与**基于回归方法**(regression based approach)的有效性。无论是基于回归还是基于业绩匹配的方法,本文都将当年或上年的 ROA 作为企业业绩的衡量指标。

基于业绩匹配的操控性应计(回归法)

为了估计操控性应计,本文将总应计(TA)定义为非现金流动资产的变化量减去不包括长期债务流动部分的流动负债的变化量,再减去折旧和摊销,最后将差值除以滞后一期的总资产。在 Compustat 数据库中,TA = (ΔData4 - ΔData1 - ΔData5 + ΔData34 - Data14) / lagged Data6。Jones 模型中的操控性应计使用相同 SIC 两位数代码里所有的公司一年度观测值进行横截面估计。

$$TA_{i,t} = \beta_0 + \beta_1\left(\frac{1}{ASSETS_{i,t-1}}\right) + \beta_2\Delta SALES_{i,t} + \beta_3 PPE_{i,t} + \varepsilon_{i,t} \tag{1}$$

其中,$TA_{i,t}$ 为公司 i 第 t 年的总应计,$ASSETS_{i,t-1}$ 为公司 i 第 $t-1$ 年的总资产,$\Delta SALES_{i,t}$ 为公司 i 第 t 年的销售收入的变化量除以第 $t-1$ 年的资产总额,$PPE_{i,t}$ 为公司 i 第 t 年的固定资产净额除以第 $t-1$ 年的资产总额。

虽然先前的研究在上述模型中通常不含有常数项,但考虑到以下几个原因,本文的估计包含常数项。首先,常数项能消除用资产作为平减指数所不能消除的异方差问题;其次,常数项可以减轻因忽略企业规模而产生的问题(Brown 等,1999);最后,不包含常数项的操控性应计模型是非对称的,从而使得测试结果的有效性不那么明确。因此,包含常数项的模型估计能更好地解决本文分析的核心问题——测试结果的有效性。本文将讨论包含常数项模型与不包含常数项模型的测试结果间的差异。

本文使用模型(1)分年度、分行业回归后,将模型的残差值作为 Jones 模型的操控性应计值。为了得到修正 Jones 模型的操控性应计,遵循先前的研究,本文对修正 Jones 模型进行横截面估计,并在模型(1)的基础上用 $\Delta SALES_{i,t}$ 减去应收账款的变化量(ΔAR_{it})(DeFond 和 Park,1997;Subramanyam,1996;Guidry 等,1999)。

在 Jones 模型和修正 Jones 模型的基础上加入企业业绩($ROA_{i,t}$ 和 $ROA_{i,t-1}$),模型如下:

$$TA_{i,t} = \delta_0 + \delta_1\left(\frac{1}{ASSETS_{i,t-1}}\right) + \delta_2\Delta SALES_{i,t} + \delta_3 PPE_{i,t} + \delta_4 ROA_{i,t(i,t-1)} + \mu_{i,t} \tag{2}$$

其中,$TA_{i,t}$ 为公司 i 第 t 年的总应计,$ASSETS_{i,t-1}$ 为公司 i 第 $t-1$ 年的总资产,$\Delta SALES_{i,t}$ 为公司 i 第 t 年的销售收入的变化量除以第 $t-1$ 年的资产总额,$PPE_{i,t}$ 为公司 i 第 t 年的固定资产净额除以第 $t-1$ 年的资产总额,$ROA_{i,t(i,t-1)}$ 为公司 i 第 $t(t-1)$ 年的总资产收益率(净利润/资产总额)。

基于业绩匹配的操控性应计(匹配法)

为每家公司每年的观测值匹配同行业中当年业绩($ROA_{i,t}$)最接近的公司,同时匹配同行业中上年业绩（$ROA_{i,t-1}$）最接近的公司。本文将公司 i 第 t 年基于业绩匹配的 Jones 模型的操控性应计定义为公司第 t 年基于 Jones 模型的操控性应计与第 t 年基于业绩匹配的同类公司的操控性应计之差；基于业绩匹配的修正 Jones 模型的操控性应计也进行类似定义。

| 稳健性检验 |

在接下来的研究中，本文还通过在回归模型中加入常数项、将匹配变量 ROA 替换为 ROE、更换样本数量、替换操控性应计的其他衡量指标等方式，进行模型的稳健性检验，具体如下：

（1）未经修正的结果表明，未包含常数项会增大 Jones 模型和修正 Jones 模型被错误设定的概率。基于此，本文在传统应计模型中加入常数项。

（2）用 ROE 代替 ROA 作为匹配变量，在此基础上，本文发现匹配法比回归法更优，原因在于 ROA 与应计利润之间存在非线性关系。

（3）选取全样本中的 200—300 家公司进行操控性应计的估计，发现全样本下的测算结果更有效，即模型的有效性会随样本量的增加而迅速提高。

（4）本文还使用操控性应计的其他衡量方式，包括应计总额减去同行业应计总额的中位数、应计总额减去匹配公司的应计总额、Jones（修正 Jones）模型操控性应计减去使用 Jones（修正 Jones）模型计算出的操控性应计行业中位数，结果表明基于业绩匹配的操控性应计模型计算出的操控性应计仍然是最优的。

| 研究结论与创新 |

本文的研究表明，在大多数情况下，基于业绩匹配的操控性应计模型具有较高的有效性。虽然在某些情况下使用基于业绩匹配的操控性应计模型可能存在错误，但就第一类错误而言，总体上此类测度是最可靠的。本文并不认为基于业绩匹配的操控性应计模型是所有情况下的最佳衡量方式，只认为在将变量定义为与业绩相关的变量时，基于业绩匹配的操控性应计模型在减少第一类错误方面是有用的。本文的研究结果还表明，在估计 Jones 模型和修正 Jones 模型时应该加入常数项，以进一步缓解模型的错误识别问题。但本文提出的方法可能会增大犯第二类错误的概率，因此在不同的情况下，要注意到底应该使用拟合值（在控制业绩之后）还是残差值作为变量的衡量方式。

| 局限性与展望 |

本文的不足体现在三方面。首先，本文忽略了使用资产负债表方法估计应计利润总额而导致的估计偏误（由此也忽略了操控性应计利润）的影响。Collins 和 Hribar（2002）认为，资产负债表法估计应计的偏误与企业特征有关，由此这一误差不仅降低了操控性应计模型衡量盈余管理程度的能力，还有可能产生关于盈余管理的错误推论。本义的一个有趣的扩展是，使用 Collins 和 Hribar（2002）提倡的现金流量表法衡量应计利润总额。其次，本文虽然模拟了几个事件，但研究结果可能无法推广到其他情境。此外，本文还做了其他的研究

设计，比如基于行业对 Jones 模型和修正 Jones 模型进行横截面估计以及分年度对模型进行重新估计，但这可能不符合一般的会计研究设计。最后，尽管本文发现即使在近似随机的样本中，基于业绩匹配的操控性应计模型也无法拒绝操控性应计为 0（即不存在盈余管理）的假设，但仍然不意味着该模型总是有效的。

交流区

本文在经典的 Jones 模型和修正 Jones 模型的基础上，提出一个新的基于业绩匹配的盈余管理衡量模型。本文清晰地指出了模型的适用条件及其与 Jones 模型、修正 Jones 模型相比的优势，为之后涉及应计盈余管理的研究提供了新的衡量方式选择（Cohen 等，2008；Cohen 和 Zarowin，2010；Doyle 等，2007；Kim 等，2012）。

文献 17 通过真实活动操纵进行盈余管理

经典文献：Sugata Roychowdhury. Earnings Management through Real Activities Manipulation. *Journal of Accounting and Economics*，2006，42：335-370.

机构：Massachusetts Institute of Technology

被引：总计 6 215 次，年均 388.44 次

文献概述：郭慧婷

研究概述：本文的发现验证了管理层会操纵真实活动以避免年报亏损。具体来说，本文的证据表明，价格折扣可以暂时增加销量，过度生产可以降低销售成本，减少**操控性支出**（discretionary expenditures）可以提高报告报告的利润率（margin）。横截面分析显示，如果存在有经验的投资者，这些操纵活动就不是很普遍。影响**真实活动操纵**（real activities manipulation）的其他因素包括同行业企业、存货和应收账款，以及达到**零盈余阈值点**（zero earnings threshold）的动机。还有一些证据表明，管理层会为满足分析师的年度预测而操纵真实活动。

核心概念：真实活动操纵　异常经营现金流量　异常生产成本　异常操控性支出

文献背景

有大量证据表明，高管参与了盈余管理。盈余管理的方法之一是对应计利润进行操纵而不直接影响现金流结果，管理层也有动机为达到特定盈余目标而对年度内的真实活动进行操纵。真实活动操纵会影响现金流，并在某些情况下影响应计利润。当前有关盈余管理的研究大多集中于观测异常应计利润，而有关真实活动操纵盈余管理的研究也主要集中于投资活动，如减少研发支出。本文首先完善了观测真实活动操纵的经验方法，分析了有关经营现金流量、生产成本和操控性支出的变量，以更好地反映企业实际经营

成果;其次,观测零盈余阈值点附近的真实活动操纵,发现企业通过价格折扣以增加销量、过度生产以降低销售成本,以及大幅削减操控性支出以提高利润率等;再次,本文还分析了同行业其他企业、存货和应收账款、成长机会和债务等影响真实活动操纵变化的其他因素,并进行横截面数据分析;最后,本文还发现一些证据表明,企业存在为迎合分析师的年度预测而进行真实活动操纵的行为。

理论基础、研究思路和研究假设

本文将真实活动操纵定义为管理层的欲望动机导致公司经营偏离正常的经营活动从而误导一些利益相关者,使其相信管理层在正常经营中实现了既定的财务报告目标,包括管理者为实现或超过既定盈余目标而进行比正常经济条件下更广泛的操纵活动。本文认为,尽管真实活动操纵的成本很高,但高管们不太可能仅依靠应计利润操纵进行盈余管理,因为至少在短期内管理层操纵应计利润会承担更高的私人成本。大多数关于真实活动操纵的研究证据集中在减少研发支出以减少费用的相关活动上,然而除了减少研发活动,几乎没有关于真实活动操纵的系统性证据。本文观测真实活动操纵行为,考察与正常水平有偏差的异常经营现金流量、异常操控性支出,以及那些接近零盈余阈值点公司的异常生产成本。本文主要关注销售操纵(即通过提高价格折扣或提供更宽松的信用条件以缩短销售时间或产生额外的不可持续销售,减少操控性支出,过度生产以降低销售成本这三种操纵方法)及其对三者异常水平的影响。在控制销售水平后,本文对嫌疑样本公司提出8个假设,前2个是主要假设。

假设 1 进行真实活动操纵公司的经营现金流量和操控性支出异常低。

假设 2 进行真实活动操纵的公司具有较高的生产成本。

本文同样讨论真实活动操纵中横截面数据变化的四个来源:(1)行业特征;(2)零盈余阈值点处存在的三个动机,包括当前债务、成长机会和短期债权人压力;(3)盈余管理的灵活性;(4)机构投资者持股。过度生产和价格折扣都会产生异常高的生产成本,相比于非制造业公司,盈余管理策略中的过度生产只适用于制造业公司,由此提出第3个假设:

假设 3 制造业嫌疑样本公司的异常生产成本高于非嫌疑样本公司。

有债务契约的企业更有动力参与真实活动操纵,为衡量债务契约,本文选择更直接的代理变量,由此提出第4个假设:

假设 4 有未偿还债务嫌疑样本公司的真实活动操纵程度高于非嫌疑样本公司,即异常生产成本更高同时异常操控性支出更低。

以市账比衡量的成长型企业如果没有达到**盈余阈值**(earning thresholds),股票市场对其的惩罚力度更大,由此提出第5个假设:

假设 5 高市账比嫌疑样本公司的异常生产成本更高,而其异常操控性支出更低。

短期供应商作为利益相关者,当公司的盈利表现低于特定阈值(如0)时会考虑收紧信用条件和其他条款,由此提出第6个假设:

假设 6 有更多短期负债(短期负债占总资产的比例)嫌疑样本公司的异常生产成本更高,而其异常操控性支出更低。

考虑到盈余管理活动与管理层从事过度生产或填塞销售渠道等活动的灵活性有关，由此提出第 7 个假设：

假设 7　有更多存货和应收账款（其占总资产的比例）嫌疑样本公司的异常生产成本更高。

此外，有经验的机构投资者分析当前管理活动所带来的长期影响的能力更强，从而抑制管理层从事真实活动操纵。有研究发现在机构投资者持股比例较低的公司中，为避免利润下降而削减研发支出的情况更为严重，机构投资者的存在会降低真实活动操纵程度，尤其是当此类活动有损企业价值时，由此提出第 8 个假设：

假设 8　机构投资者持股比例更高嫌疑样本公司的异常生产成本更低，其异常操控性支出更高。

样本选择

本文对 Compustat 数据库中 1987—2001 年的所有公司进行了抽样调查，剔除了受管控行业的公司（SIC 代码为 4400—5000）以及银行和金融机构（SIC 代码为 6000—6500），收集到 21 758 个有效样本，包括 36 个行业和 4 252 个样本以检验假设 1 和假设 2；从 Thomson Financial 数据库获取机构所有权的样本，共计 3 672 个公司的 17 338 个样本以检验横截面假设 3—8。本文借鉴 Dechow 等（1998）的 DKW 模型，用于估计正常与异常的经营活动现金流量、操控性支出和生产成本。根据净利润与年初总资产规模的比值计算利润率并绘制频率直方图，从原始数据中筛选出嫌疑样本，将处于零盈余阈值点［0，0.005］范围内的 450 个公司的 503 个样本筛选为嫌疑样本。

本文将嫌疑样本与整体样本进行描述性统计，嫌疑样本的市账比显著低于整体样本（1.60：2.75），同时嫌疑样本的平均经营活动现金流量与总资产的比值低于整体样本水平，平均操控性支出显著低于整体样本水平，平均生产成本没有显著差异但平均存货周转率较低，这些均与本文的假设一致。此外，嫌疑样本的机构投资者持股水平显著低于整体样本的平均水平。

实证方法

模型构建

首先，本文确定真实活动操纵相关变量的估计模型，并选取嫌疑样本。

本文扩展了 Dechow 等（1998）的模型（DKW 模型），并认为正常经营活动产生的现金流量（CFO_t）是营业收入和收入变化值的线性函数，建立式（1）并分行业、分年度进行回归得到估计系数。

$$\frac{CFO_t}{A_{t-1}} = \alpha_0 + \alpha_1 \frac{1}{A_{t-1}} + \beta_1 \frac{S_t}{A_{t-1}} + \beta_2 \frac{\Delta S_t}{A_{t-1}} + \varepsilon_t \tag{1}$$

对每个公司年数据，异常经营现金流量就是实际经营现金流量减去式（1）估计的"正常"现金流量。

其次,本文定义生产成本(PROD$_t$),并建立"正常"成本的估计模型。

$$\frac{\mathrm{PROD}_t}{A_{t-1}} = \alpha_0 + \alpha_1 \frac{1}{A_{t-1}} + \beta_1 \frac{S_t}{A_{t-1}} + \beta_2 \frac{\Delta S_t}{A_{t-1}} + \beta_3 \frac{\Delta S_{t-1}}{A_{t-1}} + \varepsilon_t \quad (2)$$

最后,本文基于修正DKW模型对操控性支出(DISEXP$_t$)进行估计,认为其应该是滞后一期营业收入的函数,并给出"正常"操控性支出的估计模型。

$$\frac{\mathrm{DISEXP}_t}{A_{t-1}} = \alpha_0 + \alpha_1 \frac{1}{A_{t-1}} + \beta_1 \frac{S_{t-1}}{A_{t-1}} + \varepsilon_t \quad (3)$$

在式(1)—(3)中,A_{t-1}是第$t-1$期期末总资产,S_t是第t期营业收入,ΔS_t是第t期营业收入减去第$t-1$期营业收入。对以上模型均分行业、分年度进行回归得到估计系数(即估计的"正常"值),然后用实际值减去"正常"值,从而得出相应三个指标代表的经营活动操纵程度。

实证检验

本文通过嫌疑样本与非嫌疑样本的比较、嫌疑区间与其他收益区间在零盈余阈值点附近的比较、真实活动操纵引起的横截面数据变化的来源,进行对比和实证研究。

在嫌疑样本与非嫌疑样本的比较分析中,以异常经营现金流量、异常生产成本和异常操控性支出分别作为被解释变量构建模型,是否为嫌疑样本以0—1虚拟变量为解释变量,同时以市净率、单样本公司规模、净利润为控制变量进行回归以验证假设1和假设2。当被解释变量为异常经营现金流量时,嫌疑样本的回归系数为-0.0200且在5%的统计水平上显著,即平均比其他样本低2%;当被解释变量为异常操控性支出时,嫌疑样本的回归系数为-0.0591且在5%的统计水平上显著,即平均比其他样本低5.91%;当被解释变量为异常生产成本时,嫌疑样本的回归系数为0.0497且在5%的统计水平上显著,即平均比其他样本高4.97%。

在嫌疑区间与其他收益区间在零盈余阈值点附近的比较分析中,本文为检验在异常生产成本、异常经营现金流量和异常操控性支出中观察到的结果是应对经济环境变化的理性反应还是为经营目标而进行的盈余管理,将特定样本的三个异常值定义为特殊的横截面模型。本文针对三个异常值绘制的收益区间频率分布直方图证明,与其他所有时间间隔相比,嫌疑样本的异常生产成本残差均值要高得多,同时异常经营现金流量残差均值和异常操控性支出残差均值的分布规律相似,比其他区间都要低得多,所得回归结果支持假设1和假设2。

在分析引起横截面数据变化的四个来源时,将四个来源的七种代理变量作为调节变量加入模型以测试假设3—8。所有回归结果有力地证明,企业为避免损失而操纵真实活动的证据更多地集中于制造业企业;当企业有未偿债务和市账比较高时,其会进行真实活动操纵以更积极地避免损失;真实活动操纵与存货和应收账款正相关,与机构投资者持股水平负相关。所得统计结果均验证了假设3—8。

稳健性检验

本文使用Kothari等（2005）的绩效匹配技术（简称"KLW"），将样本进行同行业匹配以验证所得实证结果是否稳健，同时考虑盈余频率分布在零盈余阈值点附近的不连续性是否受到分析师预测和收益变动的影响。每个嫌疑样本以同行业中相应的异常值最接近的样本为匹配对象，绩效匹配值是该样本的异常值超出匹配样本异常值的差值，将匹配结果（包括绩效匹配的经营现金流量、操控性支出和生产成本）进行回归后发现，嫌疑样本匹配后的经营现金流量和操控性支出显著为负、生产成本显著为正。实证结果验证并支持假设1和假设2。同时，绩效匹配统计结果与实证研究中横截面数据变化结果一致，这说明假设3—8在绩效匹配下也具有显著的稳健性。本文还发现，嫌疑样本为迎合分析师年度预测也会进行真实活动操纵，达到分析师预测的迎合样本与匹配后的经营现金流以及匹配后的操控性支出显著负相关，而与匹配后的生产成本显著正相关。实证结果验证并支持假设1和假设2。

研究结论与创新

本文从四个方面对已有的盈余管理文献进行了补充。第一，本文发展了实证方法，用大样本检验真实活动操纵。以前关于真实活动操纵的文献着重关注减少操控性支出。第二，本文记录了与普遍讨论的围绕盈余阈值的真实活动操纵相一致的证据，特别是零盈余阈值。第三，本文提供了影响真实活动操纵的性质和程度的因素。例如，本文发现了机构投资者持股水平与真实活动操纵负相关性，即有经验的投资者会限制真实活动操纵。如果管理层采取避免亏损的异常真实活动是应对经济环境的最优选择，那么有经验的投资者就不会限制此类活动。还有证据表明债务、存货和应收账款的存量、成长机会与真实活动操纵正相关。第四，本文发现的一些证据表明，为了避免负面的年度预测错误，企业也会进行真实活动操纵。许多研究利用样本的频率分布证明，高管的操纵行为以提高盈余是为了避免报告亏损和迎合市场预期。本文提供的额外证据表明，仅从应计角度对盈余管理进行推断可能是不恰当的，未来可以对盈余管理的横截面变化进行更深入的分析。

局限性与展望

本文指出了今后研究应关注的几个问题。一个重要的问题是，当管理者可以灵活地同时进行真实活动操纵和应计盈余操纵时，他们如何在两者之间做出选择。另一个需要进一步研究的问题是真实活动操纵时点。虽然操纵必须在年内进行，但随着管理者对操纵前盈余形成了更可靠的预期，他们会有更强的动机在年底实施操纵。此外，真实活动操纵公司是否会习惯性地从事这类行为也是值得关注的研究问题。例如，那些在不景气年份通过价格折扣加快销售的公司是否有动机在下一年也这样做？一个相关的问题是，股市是否理解真实活动操纵对企业当前状况和未来发展的影响。针对这些问题的研究应能使我们更全面地了解实现盈余目标的重要性、通过真实活动进行盈余管理的程度，以及真实活动操纵的长期影响。

交流区

本文是真实盈余管理研究的经典之作,Roychowdhury(2006)提出的衡量真实活动操纵的方法,在国内外相关研究中得到普遍的应用。Cohen 等(2008)依据该方法证实,在《萨班斯-奥克斯利法案》颁布后,公司从应计盈余管理转向真实盈余管理。Cohen 和 Zarowin(2010)在研究真实盈余管理时,沿用 Roychowdhury(2006)的方法估计异常现金流水平、操控性费用或支出、异常生产成本,并且将这三个计量结果加总以衡量真实盈余管理。

同时,Roychowdhury(2006)的方法也得到中国研究者的普遍认可和广泛引用。如方红星等(2011)借鉴 Roychowdhury(2006)、Cohen 和 Zarowin(2010)的做法,分别计算操控性经营现金流量、操控性生产成本和操控性支出,以度量公司的销售操纵、生产操纵和成本操纵,进而得出真实活动操纵总额。李增福等(2011)借鉴 Roychowdhury(2006)的方法,从三个方面衡量真实活动操纵。张俊瑞等(2008)在 Roychowdhury(2006)的基础上,验证了微盈样本公司通过真实活动操纵实现保盈动机。这些经典的国内文献也都得到成百上千次的引用,由此足见 Roychowdhury(2006)对后续关于真实盈余管理研究的影响之深远。

文献 18　CEO 激励与盈余管理

经典文献:Daniel Bergstresser,[1] Thomas Philippon.[2] CEO Incentives and Earnings Management. *Journal of Financial Economics*, 2006, 80(3): 511-529.

机构:[1]Harvard Business School;[2]NYC Stern School of Business

被引:总计 3 052 次,年均 190.75 次

文献概述:徐露莹

研究概述:本文发现,当 CEO 薪酬与所持公司股权和期权价值密切相关时,其更可能利用操控性应计进行盈余管理。此外,在高额应计利润期间,CEO 不仅会大量行权,还会与其他内部高管成员共同出售大额股份。

核心概念:盈余管理　股票期权　CEO 薪酬

文献背景

过去近二十年,越来越多的企业实施了股权激励计划,旨在促使高管与股东利益一致以降低委托代理成本。但现实效果并不尽如人意,近期的一些报道指出管理者所持有的大量期权会激发其操纵盈余的动机,其中利用应计项目暂时调高或降低报告盈余是实施盈余管理的重要手段之一。例如,施乐(Xerox)公司由于在 1997—2001 年通过包括不恰当的收

入分配等多种途径虚增利润 21 亿美元,被美国证券交易委员会(SEC)勒令进行财务报表重述,而此期间 CEO 期权行权的价值超过 2 000 万美元,是以往五年价值的 3 倍。无独有偶,废弃物管理(Waste Management)公司、泰科(Tyco)国际有限公司及安然(Enron)公司同样面临相似的高额应计利润与高管大量行权、出售股份的现象。在此背景下,本文试图通过截面数据检验 20 世纪 90 年代以来应计利润的快速增长是否与 CEO 总薪酬中增加的股权激励存在关联。

相关文献与假设建立

由于现代公司制中所有权与经营权是分离的,公司治理文献关注的核心问题正是如何处理股权分散的所有者与执行投资、分红等重大决策的管理者之间的利益冲突。早期的研究发现,由于 CEO 薪酬与股东财富的关联性较低,其很少有动机实现股东价值最大化。但与此同时,也有一些证据表明,基于股权激励的薪酬设计有助于价值创造和公司业绩的提升。为解决 CEO 激励不足的问题,自 20 世纪 90 年代起,CEO 总薪酬中股权激励部分的占比有了明显的上升,减弱了 CEO 出于私人利益进行"帝国建造"的动机。但本文的研究表明,股权激励可能是诱发盈余管理的重要动因。

企业之所以能够进行盈余操纵,部分原因是会计盈余由现金流量以及不反映在现金流量变化中的应计利润共同构成,而后者因不易测量而往往具有较强的操控性,比如可通过调整折旧率、费用资本化或赊销等方式增加或减少本期盈余。以往研究盈余管理的文献主要关注高管是否会为了追寻与**奖金挂钩的业绩目标**(bonus-linked targets)而操纵盈余,以避免收益为负、持续性降低或不能达到分析师预测盈余的状况。后续研究进一步发现,高管不仅会基于奖金动机进行盈余管理,还会利用应计项目操纵资本市场上的企业估值,并在异常应计利润消失之前减持股份以获取收益。还有一些证据表明,高管或其公司向资本市场出售股票期间,时常存在盈余管理行为(Beneish 和 Vargus,2002);CEO 拥有的期权越多,企业的财务报表重述越频繁(Burns 和 Kedia,2004)。综上所述,本文检验了股权激励计划与基于应计项目衡量的盈余管理之间的关系,进一步深化了现有研究的认知。

样本选择与变量定义

本文利用 20 世纪 90 年代的数据构建了盈余管理、CEO 激励、CEO 期权行权与股份出售三个核心变量(由于数据库和研究设计不同,样本期间有所差异)。其中,盈余管理及其他财务数据来自 Compustat 数据库,CEO 激励与 CEO 期权行权数据来自 ExecuComp 数据库,高管的股票交易数据来自 Thomson Financial 数据库。本文采用多种方式衡量盈余管理,包括:(1)Dechow 等(1995)提出的总应计 TA 及其绝对值 |TA|;(2)Jones(1991)提出的操控性应计 DA;(3)基于修正 Jones 模型得到的操控性应计 M_DA;(4)Hribar 和 Collins(2002)提出的基于现金流量计算的盈余管理 TA^{CF};(5)Phillips 等(2003)利用递延税费推断的盈余管理。CEO 激励的衡量方式包括:(1)公司股价上涨 1% 所带来的 CEO 股权和期权持有价值的变化幅度在 CEO 总薪酬中的占比;(2)基于 Core-Guay 方法计算的股权激励

比例。CEO 期权行权与股份出售的衡量方式包括:(1)CEO 行权价值在公司价值中的占比;(2)利用内部交易数据,构建 CEO 出售股票总数占流通股数量的比例;(3)CEO 出售股票净股数占流通股数量的比例;(4)内部高管成员(包括 CEO、COO、CFO、总裁和主席)出售股票总数占流通股数量的比例;(5)内部高管成员出售股票净股数占流通股数量的比例。

实证结果与分析

本文的实证检验分为两部分:第一部分主要关注盈余管理行为是否与股权激励程度相关;第二部分旨在考察在应计利润较高的年份,CEO 和其他内部高管成员是否更可能行权、出售股份。在第一部分,考虑到不同规模公司的差异性,本文将样本按资产规模是否大于 10 亿美元分为大公司和小公司两组,研究发现在任一组别中,当 CEO 股权激励比例从 25%分位数移动到 75%分位数时,公司应计利润在总资产中的占比上升约 200 个基点,这说明股权激励与盈余管理正相关。以往研究指出,公司成长机会与薪酬业绩敏感性高度相关,为排除这一可能,本文进一步控制市账比以缓解成长机会可能带来的影响,并从财务报表重述的角度衡量盈余管理,得到一致的结论。基于其他盈余管理的衡量方式均得到稳健的结果。在第二部分,本文通过公司应计利润总额是否排在当年所有公司前 10%的虚拟变量衡量公司是否处于高额应计利润期间,研究发现在高额应计利润期间,CEO 行权价值比例比其他期间高 2.2 个基点。类似地,基于股份出售的结果也表明,CEO 及公司内部高管成员会在高额应计利润期间出售大量股权。为确保结论的稳健性,本文利用 5%和 1%的分界点重新定义高额应计利润期间,并利用线性模型进行一系列的敏感性测试,结果基本一致。

研究结论与贡献

随着现代公司规模的逐渐扩张,所有权与经营权分离所产生的委托代理冲突日益普遍。股权分散的所有者需要委托职业经理人经营公司,执行有关公司投资、分红等重大决策,但由于经理人较少持有公司股份,个人收益不受公司价值影响,这种状况往往诱发其出于一己私利而做出损害股东利益的行为,成为公司治理诸多问题的根源。为促进管理层与股东的利益趋同,自 20 世纪 90 年代以来,高管总薪酬中股权和期权的占比呈现显著的增长态势,但本文的研究结果表明,股权激励计划在缓解委托代理冲突的过程中会滋生新的问题——加剧企业的盈余操纵行为。

本文研究发现当股权激励计划使 CEO 薪酬对公司股价变得更敏感时,公司的盈余管理程度更高,且在高额应计利润期间,CEO 及公司内部高管成员的期权行权和股份出售行为会更加频繁。尽管如此,本文的研究发现并不意味着股权激励会损害公司价值,而是倡导应该综合考量其潜在的正面作用和负面作用,从而更加有效地利用激励措施。例如,在实行股权激励计划的过程中,公司应该高度重视高管通过虚增业绩实现个人收益的机会主义行为。本文基于应计项目衡量盈余管理行为,检验其与股权激励的关系,有效地补充了前人基于财务报表重述的衡量方式(Burns 和 Kedia,2003)。此外,本文综合采用了多种方式衡量内部高管成员的期权行权和出售股份的行为,拓展了早期 Beneish 和 Vargus(2002)的研究发现。

交流区

本文基于对现实世界的观察,梳理了前人的研究脉络,提出并实证检验了股权激励滋生盈余管理行为的假设。同期,Cheng 和 Warfield(2005)也就此问题进行了探讨并得出了相似的结论;Peng 和 Röell(2008)从诉讼风险(即高管期权激励奖酬越多,盈余管理程度越高,由此高管遭到股东起诉的可能性也越大)的角度也给予了印证。尽管如此,关于股权激励与财务报表错报的相关研究仍未得出完全一致的结论。Armstrong 等(2013)对前人研究进行了总结并进一步拓展了这支研究脉络。

文献 19 《萨班斯-奥克斯利法案》颁布前后的真实和应计盈余管理

经典文献:Daniel A. Cohen,[1] Aiyesha Dey,[2] Thomas Z. Lys.[3] Real and Accrual-based Earnings Management in the Pre- and Post-Sarbanes-Oxley Periods. *The Accounting Review*, 2008, 83(3): 757-787.

机构:[1]New York University;[2]University of Chicago;[3]Northwestern University

被引:总计 3 623 次,年均 258.79 次

文献概述:白雪莲

研究概述:自 1987 年起,公司应计盈余管理现象持续增多,直至 2002 年《萨班斯-奥克斯利法案》(SOX)颁布后这一现象才显著减少。与此相反,公司**真实盈余管理**(real earnings management)水平在 SOX 颁布之前下降而在 SOX 颁布之后明显上升,这表明在 SOX 颁布之后公司从应计盈余管理转向真实盈余管理。本文还发现,在临近 SOX 颁布期间,应计盈余管理活动异常活跃。与 SOX 颁布之前的同类公司相比,那些刚刚达到盈余基准水平的公司在 SOX 颁布之后会较少地采用应计项目盈余管理而更多地进行真实活动盈余管理。有证据表明,SOX 颁布以前应计盈余管理活动与**股权薪酬**(equity-based compensation)同步增加,这意味着**股票期权**(stock-option)是应计盈余管理的一种特殊诱因。虽然现阶段新增期权与应计盈余管理水平负相关,但未行使期权与应计盈余管理水平正相关。

核心概念:《萨班斯-奥克斯利法案》 真实盈余管理 应计盈余管理 股票期权

文献背景

2001—2002 年,一系列财务丑闻严重打击了投资者的信心,与**会计信息**(accounting information)相关的质量问题成了市场关注的焦点(Jain 等,2003;Jain 和 Rezaee,2006;Rezaee,

2004)。这些失败的教训最终促成了 2002 年 7 月 30 日 SOX 的颁布。有评论认为,SOX 是美国商业领域最深远的一次革命,给公司治理领域带来了前所未有的改变(Bumiller,2002;Melancon,2002)。然而,在 SOX 颁布之前,财务丑闻所暴露的信息失真问题究竟是普遍存在抑或只是个例?这一问题的答案尚不明晰。如果是前者,那么 SOX 又将如何影响财务报告质量?Ribstein(2002)指出,在经历了七十多年不断加强的证券监管,财务欺诈行为依然发生,这可能意味着更严格的监管也不会起作用。以往研究发现,管理层为了避免盈余为负而进行盈余操纵的现象越来越普遍(Brown,2001;Bartov 等,2002;Lopez 和 Rees,2001;Matsumoto,2002;Brown 和 Caylor,2005)。此外,除了采用应计项目进行盈余管理,公司还会利用真实活动来调整盈余结果(Healy 和 Wahlen,1999;Dechow 和 Skinner,2000)。因此,本文通过检验 SOX 颁布之前的盈余管理程度以及 SOX 对盈余管理的影响来回答上述问题。

理论基础与研究思路

Lobo 和 Zhou(2006)研究发现,SOX 提出的"公司首席执行官(CEO)和首席财务官(CFO)要对财务报告的真实性做出声明"这一要求会增强财务报告的稳健性。本文的研究目的是检验 SOX 颁布之前公司盈余管理程度以及 SOX 颁布之后盈余管理的变化,并进一步检验造成这种影响的原因。管理者在进行会计选择时,会考虑这种选择能够给他们的薪酬带来哪些影响。管理者如果持有大量股票期权,就会更加关注股票价格的短期增长,从而当市场难以揭示盈余管理行为时,他们会选择在职权范围内进行盈余操纵(Fields 等,2001)。先前的研究发现,**期权薪酬**(option-based compensation)给管理者带来的激励作用与其进行应计盈余管理的可能性存在正相关关系(Cheng 和 Warfield,2005;Bergstresser 和 Philippon,2006)。然而在过去十多年里,股票期权显著增长,这种变化可能与 SOX 颁布前后盈余管理程度的变化相关。本文预期,**薪酬激励**(incentive compensation)诱发的管理者机会主义行为可能带来两种经济后果:其一,披露的盈余会受到管理层薪酬及其动机变化的影响;其二,即使控制了管理层动机变化的影响,当高管和公司被指控存在可疑行为甚至是财务欺诈行为时,SOX 对管理层的严厉制裁或者给高管和公司造成的严重负面影响以及高昂的诉讼成本,都会导致 SOX 颁布之后盈余管理水平的下降。

研究假设

基于上述分析,本文预期,SOX 颁布之后应计盈余管理行为会引起审计师及证券监管者更多的关注,从而更容易败露;相比之下,真实盈余管理更加隐蔽,很难被市场发现。因此,即使真实盈余管理的成本更高,SOX 颁布之后公司也会更多地采用真实盈余管理替代应计盈余管理。

样本选择

本文从 Compustat 数据库中收集了 1987—2005 年的公司一年度样本,剔除了所有金融类公司以及公司所在行业年内观测值少于 8 个的样本,剔除了操控性应计指标或真实盈余管理指标存在缺失的公司—年度样本,共得到 8 157 个公司的 87 217 个年度观测样本。此外,本文从 ExecuComp 数据库中收集了高管薪酬数据,可获得数据的最早日期为 1992 年,由此检验薪酬假设的样本区间为 1992—2005 年,包含 2 018 个公司的 31 668 个年度观测值。

实证方法与模型构建

本文将研究区间划分为两个主要的阶段,分别是 SOX 颁布之前(1987—2001 年)及 SOX 颁布之后(2002—2005 年),并将 SOX 颁布之前的区间进一步划分为重大财务丑闻爆发前期(SCA 前期,1987—1999 年)和爆发期(SCA 期间,2000—2001 年)两个阶段。

对于应计盈余管理的测量,本文主要采用 Dechow 等(1995)在 Jones(1991)基础上提出的修正 Jones 模型,基于 SIC 两位数行业代码的年度观测值,构建模型(1)进行回归估计:

$$\frac{TA_{i,t}}{Assets_{i,t-1}} = k_{1t}\frac{1}{Assets_{i,t-1}} + k_2\frac{\Delta REV_{i,t}}{Assets_{i,t-1}} + k_3\frac{PPE_{i,t}}{Assets_{i,t-1}} + \varepsilon_{i,t}, \quad (1)$$

其中,$TA_{i,t}$ 表示公司 i 第 t 年的总应计,$TA_{i,t} = EBXI_{i,t} - CFO_{i,t}$,EBXI 为剔除异常项目前的盈余,CFO 为经营活动现金流量;$Assets_{i,t-1}$ 表示公司 i 第 $t-1$ 年的总资产;$\Delta REV_{i,t}$ 表示公司 i 第 t 年相比上年的净收入变动额;$\Delta PPE_{i,t}$ 表示公司 i 第 t 年固定资产总额。上述回归得到的残差即为操控性应计 DA。

本文还采用 Kothari 等(2005)提出的回归模型重新估计操控性应计,结果具有稳健性,模型如下:

$$\frac{TA_{i,t}}{Assets_{i,t-1}} = k_{1t}\frac{1}{Assets_{i,t-1}} + k_2\frac{(\Delta REV_{i,t} - \Delta AR_{i,t})}{Assets_{i,t-1}} + k_3\frac{PPE_{i,t}}{Assets_{i,t-1}} + \varepsilon_{i,t} \quad (2)$$

其中,$\Delta AR_{i,t}$ 为公司 i 第 t 年相比上年的应收账款变动额。

在以往研究的基础上,本文关注以下三类真实活动盈余操纵方式:

(1)通过提高销售折扣或者提供更加宽松的信用条件来扩大销量,从而提高当期盈余,但会降低现金流入量。

(2)利用规模效应,非正常地扩大产品产量,从而降低单位产品生产成本以增加当期盈余,但不会增加经营现金流量。

(3)通过削减广告费用、研发费用、销售和管理费用等当期操控性费用来提高盈余,会增加当期现金流量。

因此,本文借鉴 Roychowdhury(2006)对 Dechow 等(1998)模型的应用,先分别估计经营活动现金流量 CFO[模型(3)]、生产成本 Prod 的正常水平[模型(4)]以及操控性费用 DiscExp[模型(5)],随后基于真实值与估算的正常值之间的差额计算异常值,衡量公司真实盈余管理程度。

$$\frac{CFO_{i,t}}{Assets_{i,t-1}} = k_1\frac{1}{Assets_{i,t-1}} + k_2\frac{Sales_{i,t}}{Assets_{i,t-1}} + k_3\frac{\Delta Sales_{i,t}}{Assets_{i,t-1}} + \varepsilon_{i,t} \quad (3)$$

$$\frac{Prod_{i,t}}{Assets_{i,t-1}} = k_1\frac{1}{Assets_{i,t-1}} + k_2\frac{Sales_{i,t}}{Assets_{i,t-1}} + k_3\frac{\Delta Sales_{i,t}}{Assets_{i,t-1}} + k_4\frac{\Delta Sales_{i,t-1}}{Assets_{i,t-1}} + \varepsilon_{i,t} \quad (4)$$

$$\frac{\text{DiscExp}_{i,t}}{\text{Assets}_{i,t-1}} = k_1 \frac{1}{\text{Assets}_{i,t-1}} + k_2 \frac{\text{Sales}_{i,t}}{\text{Assets}_{i,t-1}} + \varepsilon_{i,t} \tag{5}$$

本文将上述衡量指标作为被解释变量,选取样本分布的区间变量(SCA、SOX)、管理层薪酬变量(BONUS、OPTION等)作为解释变量,并引入区间变量与管理层薪酬变量的交乘项进行多元回归分析,检验SOX颁布以及股权激励对盈余管理活动的影响。

| 稳健性检验 |

本文的分析存在一个问题,那就是代理变量能否捕捉到公司的盈余管理活动,或者观测到的这些趋势是否代表其他一些现象。为了保证代理变量的有效性,本文利用"嫌疑公司"(SUSPECT)做进一步测试。本文研究了三类存在盈余管理动机的公司,即避免报告亏损的公司、达到或超过上年盈余的公司、刚好达到或超过分析师一致盈余预测的公司。基于这些"嫌疑公司"的检验结果与全样本的检验结果一致。

| 研究结论与创新 |

本文的实证结果表明,在样本研究区间内盈余管理稳步增加,并且达到或超过上年盈余指标、达到或超过分析师一致盈余预测以及避免报告亏损依然是管理层进行盈余管理的重要动机。本文的证据表明,SOX颁布之后,盈余管理水平回到SOX颁布之前的变化趋势。本文还发现,虽然SOX颁布之后应计盈余管理水平下降,但真实盈余管理水平显著上升。本文的实证结果还表明,SOX颁布之前应计盈余管理的增加与基于股权激励高管薪酬的变化同时发生。

本文的研究为SOX颁布之前关于盈余管理普遍性的争论以及SOX的颁布对此是否产生影响提供了证据。SOX颁布之前应计盈余管理水平上升,而SOX颁布之后公司会转向采用更隐蔽的真实盈余管理,这一发现对于评判SOX实施的利弊提供了深刻的启示。

交流区

2002年美国《萨班斯-奥克斯利法案》的颁布是美国商业领域最为深远的一次革命。本文较为全面地分析和检验了SOX颁布前后公司盈余管理行为的变化,提供了SOX颁布之后公司会选择更隐蔽的真实盈余管理替代应计盈余管理的证据。本文的研究成果不仅为评判SOX实施对盈余质量的影响提供了证据(Dechow等,2010;Leuz和Wysocki,2010),也为后续开展真实盈余管理及应计盈余管理的选择等相关研究打开了思路(Cohen和Zarowin,2010;Zang,2012)。

文献 20 理解盈余质量:度量指标、影响因素与经济后果综述

经典文献: Patricia Dechow,[1] Weili Ge,[2] Catherine Schrand.[3] Understanding Earnings Quality: A Review of the Proxies, Their Determinants and Their Consequences. *Journal of Accounting and Economics*, 2010, 50(2-3): 344-401.

机构: [1]University of California at Berkeley; [2]University of Washington; [3]University of Pennsylvania

被引: 总计 4 740 次,年均 395.00 次

文献概述: 苏洋

研究概述: 本文使用了多个盈余质量的度量指标,包括持续性、应计项目、平滑性、及时性、亏损规避、投资者反应,还包括一些外部指标,比如报表重述、SEC 强制性公告。对于每个度量指标,本文讨论其变化原因与经济后果。由于盈余质量应视决策内容而定,本文并未就盈余质量是什么这一问题得出单一结论。本文还认为会计盈余质量是有关企业基本面业绩的函数,由此企业基本面业绩对盈余质量的影响也是未来的研究方向之一。

核心概念: 盈余质量　盈余管理　盈余反应系数　盈余持续性

文献背景:研究领域与研究动态

根据 FASB 公布的《企业财务报告的目标》(SFAC No.1),财务报告应该提供一定期间内有关企业财务业绩的信息。本文认为高质量的盈余应该提供更多与决策者做出特定决策有关的企业财务业绩信息。详细而言,盈余质量应包含三项特征:(1)盈余质量取决于信息的决策相关性,不结合特定决策模型环境的盈余质量是没有意义的;(2)盈余报告质量取决于其是否提供了关于企业业绩的相关信息;(3)盈余质量是由潜在财务业绩对决策的相关性和会计计量系统对业绩的度量能力共同决定的。与这一广泛的定义相一致,本文回顾了 300 余篇相关文献,从两个可观察的角度对盈余质量指标进行剖析。一方面,尽管会计盈余质量取决于公司业绩与会计计量系统,但有关基本面信息如何影响盈余质量的证据较少;另一方面,并没有哪一种盈余质量指标对所有决策模型都是适用的。

$$Reported\ Earnings = f(Firm\ Performance)$$

报告盈余 = f(公司业绩)　　　　　　　　　(1)

盈余质量的度量指标

本文将盈余质量的替代指标分为三类:会计盈余属性、投资者(对盈余的)反应和外部的盈余错报指标。具体而言,(1)会计盈余属性,包括盈余的持续性、应计项目、平滑性、非对称的及时性、目的性操纵;(2)投资者反应,包括盈余反应系数和盈余—收益率模型回归的 R^2;(3)外部的盈余错报指标,包括会计审计强制性公告、报表重述和内部控制缺陷报

告。由于会计盈余质量取决于多元决策模型、公司业绩的变化以及会计系统的应用,不同的盈余质量度量指标的优劣不同,详见表1。

表 1 盈余质量度量指标

指标	理论	优劣
盈余持续性		
盈余回归的 β 系数	有较高持续性盈余的企业更有助于企业估值	优:契合 Graham 和 Dodd(1934)基于预期现金流量对企业进行估值的观点
		劣:持续性取决于企业基本面业绩与会计计量系统,这两个方面难以区分且会受到管理层盈余操纵的影响
应计项目比率		
应计项目=盈余-现金流量	由于持续性较低,极端应计项目的质量较低	优:通过比较应计实现会计系统与现金实现会计系统来直接获得指标度量值
应计项目=非现金盈余资本的变化		劣:指标度量值会受到企业基本面业绩和会计计量系统两方面的影响
应计项目=净经营性资产的变化		
特定的应计项目		
应计项目回归模型的残差		
回归的残差	回归残差代表管理层操纵与估计偏误,进而降低盈余质量	优:尝试将管理层操纵和错误应计项目相分离
		劣:遗漏与企业业绩相关的变量
盈余平滑性		
盈余标准差与现金流标准差的比值	对暂时性现金流进行平滑修正有助于提升盈余持续性	优:符合会计实务的要求
		劣:难以将企业基本面业绩、会计规则与盈余操纵相区分
及时性:及时损失确认(TLR)		
下期盈余与当期股票收益及其正负交乘项的回归系数	对损失及时确认代表着较高的盈余质量	优:假定收益能恰当地反映企业基本面,有效解决了度量过程中的问题
		劣:TLR 导致好消息期间的盈余持续性较高、坏消息期间的盈余持续性较低,对盈余质量的净影响尚不明晰
盈余基准		
盈余分布的扭曲	非正常的盈余分布暗示针对某一目标的盈余操纵	优:便于计量,概念直接且易接受,有助于盈余管理的识别
盈余分布的改变		
预测错误分布的扭曲		劣:会受非会计问题的影响
一系列正盈余的增长		

（续表）

指标	理论	优劣
盈余反应系数		
盈余反应系数越大,盈余信息含量越高	盈余反应系数越大代表着会计盈余越好,反映了企业基本面业绩	优:符合投资者估值决策需求 劣:受市场有效程度的影响
外部的盈余错报指标		
会计审计强制性公告 报表重述 内部控制缺陷报告	企业发生错报,代表着盈余质量较低	优:第一类错误较少 劣:第二类错误较多

跨国研究

跨国研究的独特优势体现在,不同国家的会计准则、法律体系、资本市场动机都会对会计盈余质量产生一定的影响,相关文献主要集中在两个方面。一些文献关注投资者对盈余的反应,发现不同国家的特定组织机构影响投资者对盈余的反应。另有一些文献关注国家层面的盈余管理水平,并且主要集中于以下四个指标:(1)机会主义平滑(残差标准差);(2)机会主义平滑(应计项目变化和现金流变化的相关性);(3)应计项目的绝对比例;(4)亏损规避。

盈余质量的影响因素

本文从五个方面对盈余质量的影响因素进行分析。一是企业特征对盈余质量的影响,包括公司业绩、债务、企业成长机会和投资、公司规模和会计政策选择;二是财务报告实务,包括会计方法、财务报表分类和中期财务报告、会计实务原则导向或规则导向等;三是公司治理,包括内部控制程序、内部控制机制、管理层薪酬等;四是审计,包括诉讼风险、声誉成本、审计师独立性等;五是资本市场动机,包括筹集资本动机、盈余目标动机、资本监管需求、法规等外部因素。

盈余质量的经济后果

本文从九个方面归纳盈余质量的经济后果,包括诉讼倾向、审计意见、市场估值、相关真实活动、管理层薪酬、人力资源市场结果、公司权益资本成本、公司债务资本成本、分析师预测,相关经济后果主要体现在原告、审计师、资本市场参与者、公司管理人员和分析师等的决策中。

> **交流区**
>
> 本文意图就广泛的决策有用性,依据对不同决策者的决策有用性来界定盈余质量。由于本文分析的盈余质量度量指标都与盈余相关,而盈余又取决于企业基本面业绩与会计计量系统,因此本文为未来研究区分二者的效应提供了理论基础。此外,会计的目标是为决策者的决策提供输入值,这些决策不局限于股票投资者的估值,还包括债务、诉讼等其他方面的决策,这表明会计盈余是为满足多重会计目标而生成的盈余数字。

文献 21　股票增发期间的应计与真实盈余管理活动

经典文献:Daniel A. Cohen, Paul Zarowin. Accrual-Based and Real Earnings Management Activities Around Seasoned Equity Offerings. *Journal of Accounting and Economics*, 2010, 50(1):2-19.

机构:New York University

被引:总计 2 914 次,年均 242.83 次

文献概述:薛晓琳

研究概述:本文发现**股票增发公司**(seasoned equity offering firms, SEO firms)会进行真实盈余操纵,且由真实盈余管理活动引起的增发后业绩下降比应计盈余管理更为严重。这一证据非常重要,它表明增发后经营业绩的下滑不仅由应计项目的反转所致,还是利用经营决策操纵盈余所造成的现实后果。本文进一步阐明了公司在增发期间对应计与真实盈余管理方式的选择如何受到应计盈余管理能力和成本的影响。

核心概念:真实盈余管理活动　股票增发　应计盈余管理和真实盈余管理的权衡　增发后经营业绩

文献背景

以往的研究表明,公司在股票增发期间会进行应计盈余管理,并由此导致增发后经营业绩下滑。随后的研究进一步指出,除操纵应计项目外,公司还可通过改变真实活动进行盈余管理。真实盈余管理和应计盈余管理存在显著的不同,主要表现在前者会直接作用于现金流,对经营活动产生一定影响。但通常来说,相比于应计盈余管理,真实盈余管理因较少受到审计师和监管者的审查、更不易被察觉而受到管理层的青睐。《萨班斯-奥克斯利法案》(SOX)颁布后,监管环境的加强使应计盈余管理被发现的风险提高,进一步促使管理层将应计盈余管理转换为真实盈余管理。尽管真实盈余管理的重要性和市场对其的兴趣与日俱增,但尚未有文献探讨增发中是否存在真实盈余管理,以及管理层如何对真实盈余管理和应计盈余管理进行权衡。本文的研究填补了这一空白。

相关文献与假设建立

增发后股票收益和公司经营业绩均下降的经验证据使研究者怀疑盈余在有增发预期时被人为上调,并在随后发生反转。上述研究均聚焦于应计项目操纵,忽略了潜在的真实活动操纵。至少有两方面的原因使管理层更加偏好真实盈余管理:一是真实盈余管理不易被审计师和监管者审查;二是仅依靠在财务报告期结束之后的应计项目操纵存在风险——真实活动无法在财务报告期结束之时及之后被调整,此时仅依靠应计项目调整无法达到目标盈余,管理层将无计可施。

真实活动操纵(real activities manipulations)是指偏离正常经营活动的管理行为,这些行为旨在误导特定利益相关者相信公司从事正常经营活动即可达到目标盈余,其主要手段包括经营现金流操纵、生产成本操纵和费用操纵。Zang(2006)分析了公司对应计盈余管理和真实盈余管理的权衡,发现实施真实盈余管理的决策早于应计盈余管理,且应计盈余管理的成本越高越可能进行真实盈余管理,由此可见二者是相互替代的关系。Gunny(2005)关于真实盈余管理后果的研究发现,真实盈余管理对公司未来经营业绩具有显著的负面影响,且这一负面影响能够被大部分市场参与者识破。

综上所述,强有力的证据表明真实盈余管理是存在的,且利用真实盈余管理能够达到特定盈余目标。基于此,本文检验了真实活动操纵是否被当作增发期间的盈余管理手段,并提出第一个假设:

假设1 股票增发公司存在真实活动操纵。

本文还检验了真实盈余管理和应计盈余管理之间是否存在替代或互补关系。具体来说,本文探讨了公司在增发期间选择不同盈余管理方式的决定因素,构建了包含应计盈余管理成本和应计盈余管理能力的盈余管理方式选择函数。应计盈余管理成本包括审计师和监管者的审查以及潜在的诉讼处罚;应计盈余管理能力取决于公司应计项目操纵的灵活性。基于此,本文提出第二个假设:

假设2 股票增发公司选择真实盈余管理和应计盈余管理的决策与审计师特征、被诉概率以及应计项目操纵的灵活性有关。

本文还检验了每种盈余管理方式对未来经营业绩的影响,对比应计盈余管理和真实盈余管理的经济后果,并提出第三个假设:

假设3 股票增发后的未来经营业绩与基于应计项目和真实活动的盈余管理程度有关。

实证方法

本文使用美国1987—2006年完成股票增发的1 511个样本进行研究。

应计盈余管理的衡量

本文基于模型(1)估计操控性应计项目并按总资产进行标准化:

$$\frac{\text{TA}_{i,t}}{\text{Assets}_{i,t-1}} = k_1 \frac{1}{\text{Assets}_{i,t-1}} + k_2 \frac{\Delta \text{SALES}_{i,t}}{\text{Assets}_{i,t-1}} + k_3 \frac{\text{PPE}_{i,t}}{\text{Assets}_{i,t-1}} + \varepsilon_{i,t} \quad (1)$$

其中,对于财务年度 t 和公司 i 来说,TA 表示总应计项目,$\text{TA}_{i,t} = \text{EBXI}_{i,t} - \text{CFO}_{i,t}$,EBXI 是**非经常性项目和非持续经营前利润/盈余**(earnings before extraordinary items and discontinued operations),CFO 是经营现金流量;Assets 表示总资产;ΔSALES 表示销售收入变动;PPE 表示固定资产。将模型(1)对每个行业一年度样本回归后得到的系数代入模型(2),计算**非操控性应计项目**(normal accruals,$\text{NA}_{i,t}$)。

$$\text{NA}_{i,t} = \hat{k}_1 \frac{1}{\text{Assets}_{i,t-1}} + \hat{k}_2 \frac{\Delta \text{SALES}_{i,t}}{\text{Assets}_{i,t-1}} + \hat{k}_3 \frac{\text{PPE}_{i,t}}{\text{Assets}_{i,t-1}} \quad (2)$$

总应计项目与非操控性应计项目之差即为操控性应计项目 $\text{DA}_{i,t}$,$\text{DA}_{i,t} = (\text{TA}_{i,t}/\text{Assets}_{i,t-1}) - \text{NA}_{i,t}$。

真实盈余管理的衡量

本文用操控性现金流量、操控性费用及操控性生产成本衡量真实盈余管理,并均按总资产进行标准化。这三个盈余管理变量分别来自三种操纵活动:(1)通过提高销售折扣和提供宽松信用条件来加快收入确认;(2)通过提高产量来降低生产成本;(3)减少操控性费用,包括广告、研发和销售费用。本文构建模型计算非操控性(经营)现金流量(CFO)、非操控性生产成本(PROD)及非操控性费用(DISX)。

$$\frac{\text{CFO}_{i,t}}{\text{Assets}_{i,t-1}} = k_1 \frac{1}{\text{Assets}_{i,t-1}} + k_2 \frac{\text{SALES}_{i,t}}{\text{Assets}_{i,t-1}} + k_3 \frac{\Delta \text{SALES}_{i,t}}{\text{Assets}_{i,t-1}} + \varepsilon_{i,t} \quad (3)$$

操控性现金流量为实际现金流量与由模型(3)估计系数计算出的非操控性现金流量的差值,操控性生产成本和操控性费用的计算方法类似。

生产成本由销售成本(COGS)和年度存货变动额(ΔINV)相加得到,后两项分别用模型(4)和模型(5)估算,并用模型(6)估算非操控性生产成本。

$$\frac{\text{COGS}_{i,t}}{\text{Assets}_{i,t-1}} = k_1 \frac{1}{\text{Assets}_{i,t-1}} + k_2 \frac{\text{SALES}_{i,t}}{\text{Assets}_{i,t-1}} + \varepsilon_{i,t} \quad (4)$$

$$\frac{\Delta \text{INV}_{i,t}}{\text{Assets}_{i,t-1}} = k_1 \frac{1}{\text{Assets}_{i,t-1}} + k_2 \frac{\Delta \text{SALES}_{i,t}}{\text{Assets}_{i,t-1}} + k_3 \frac{\Delta \text{SALES}_{i,t-1}}{\text{Assets}_{i,t-1}} + \varepsilon_{i,t} \quad (5)$$

$$\frac{\text{PROD}_{i,t}}{\text{Assets}_{i,t-1}} = k_1 \frac{1}{\text{Assets}_{i,t-1}} + k_2 \frac{\text{SALES}_{i,t}}{\text{Assets}_{i,t-1}} + k_3 \frac{\Delta \text{SALES}_{i,t}}{\text{Assets}_{i,t-1}} + k_4 \frac{\Delta \text{SALES}_{i,t-1}}{\text{Assets}_{i,t-1}} + \varepsilon_{i,t} \quad (6)$$

非操控性费用由模型(7)估算得到。

$$\frac{\text{DISX}_{i,t}}{\text{Assets}_{i,t-1}} = k_1 \frac{1}{\text{Assets}_{i,t-1}} + k_2 \frac{\text{SALES}_{i,t-1}}{\text{Assets}_{i,t-1}} + \varepsilon_{i,t} \quad (7)$$

上述模型中的 SALES 表示收入,其他变量在上文中均定义过。

异常低的经营现金流、操控性费用和异常高的生产成本表明公司存在向上真实盈余管理。

实证结果与分析

为了检验盈余管理是否存在,本文列示了增发前后三年各盈余管理变量的中位数。与已有研究一致,本文发现增发当年公司有显著正向的操控性应计项目。更重要的是,本文发现了显著的正向异常生产成本、负向异常操控性费用和负向异常经营现金流量,首次证明了增发过程中真实盈余管理的存在,并分别展示了增发前后三年基于总样本和分组样本(基于盈余管理各变量极端分位数分组)的资产收益率(ROA)和资产收益率变动(ΔROA)的中位数。无论是在总样本、操控性应计极端分组还是真实盈余管理极端分组中,增发当年的 ROA 和 ΔROA 均显著为正,增发之后的 ROA 和 ΔROA 均显著为负。这说明应计盈余管理和真实盈余管理引发了增发当年显著为正的经营业绩,并导致了之后几年的业绩反转。

本文还检验了公司决定是否进行盈余管理以及选择使用何种盈余管理手段的影响因素。本文估计了一个两阶段模型,并用 Heckman(1979)的方法控制了公司在盈余管理决策中的自选择问题。第一阶段构建了一个是否进行盈余管理的决策模型。模型的被解释变量为是否进行盈余管理的指示变量(Total_EM):若公司的真实盈余管理或应计盈余管理大于行业年度中位数,则 Total_EM 取值为 1,否则取值为 0。模型的解释变量是以往研究发现的盈余管理影响因素。本文用年度截面最大似然估计该模型,并将得到的**逆米尔斯比率**(inverse Mills ratio)代入第二阶段模型作为控制变量。

第二阶段构建了一个是否进行真实盈余管理的决策模型。模型被解释变量为真实盈余管理的指示变量(计算方法与前文类似),解释变量包括公司运用应计盈余管理的能力和成本。其中,能力用公司净营运资产(NOA)来衡量;成本包括资本市场的审查、被发现的潜在处罚、达到设定目标盈余的难度,分别用审计师是否为"八大"(BIG8)、审计年限(AUDIT_TENURE)和公司是否处于高诉讼风险行业(LITIGATION)来衡量。第二阶段的模型如下:

$$\text{Real Earnings Management} = \beta_0 + \beta_1 \text{BIG8} + \beta_2 \text{AUDIT\_TENURE} + \beta_3 \text{LITIGATION} + \beta_4 \text{NOA} + \beta_5 \text{INVS\_MILLS} + \varepsilon \tag{8}$$

其中,被解释变量 Real Earnings Management 为真实盈余管理指示变量,INVS_MILLS 为第一阶段计算得到的逆米尔斯比率,其余变量同前文定义。

实证检验表明,模型中的四个解释变量均对真实盈余管理有显著的正向影响,且解释力度较高,说明模型(8)可以用于检验公司如何在应计盈余管理和真实盈余管理之间进行权衡。

最后,本文检验应计盈余管理和真实盈余管理对增发后经营业绩的影响,对比两种盈余管理方法的经济后果。具体来说,本文构建了增发后 1—3 年 ΔROA 对增发当年各盈余管理代理变量的回归模型,通过分析盈余管理变量回归系数的统计显著性发现,在增发的背景下,真实盈余管理比应计盈余管理对公司未来经营业绩的负向影响更大。

研究贡献

本文是首篇将增发过程中的盈余管理问题和真实盈余管理相结合的研究,主要有三方面的研究贡献。首先,本文证明了增发公司在使用应计盈余管理的同时也会使用真实盈余管理;其次,本文发现了公司对盈余管理方法的选择受到其使用应计盈余管理的能力和成本的影响,并基于此建立了真实盈余管理决策模型,迈出了检验公司如何在应计盈余管理和真实盈余管理之间权衡的第一步;最后,也是最重要的,本文利用增发这一具体事件,证实了真实盈余管理比应计盈余管理给公司未来经营业绩带来的负向影响更大。

> **交流区**
>
> 本文提出了三种具体的真实盈余管理手段——操控性现金流量、操控性费用及操控性生产成本,并构建了相应的估算模型。本文提出的真实盈余管理估算方法被后续研究广泛采纳并运用。

文献22 真实活动操纵与应计盈余管理的权衡

经典文献:Amy Y. Zang. Evidence on the Trade-Off between Real Activities Manipulation and Accrual-Based Earnings Management. *The Accounting Review*, 2012, 87(2): 675-703.

机构:The Hong Kong University of Science and Technology

被引:总计2 750次,年均275.00次

文献概述:陈怡欣

研究概述:盈余管理是会计研究的核心议题,本文考察了管理层在盈余管理中是否会将真实盈余管理和应计盈余管理替代使用,发现管理层会根据相对成本来权衡两种盈余管理方式,并通过已实现的真实活动操纵水平调整应计盈余管理程度。本文使用将两种盈余管理成本合并的实证模型,基于大样本证实管理层将真实活动操纵与应计项目操纵作为互为替代的手段进行盈余管理。本文是盈余管理领域的基础性研究,后续研究在本文的启发下,开始关注两类盈余管理方式的关系。

核心概念:盈余管理 应计盈余管理 真实活动操纵 相对成本 权衡 替代

| 文献背景 |

目前学术界针对盈余管理的大量研究集中于应计利润下的盈余管理(Schipper,1989;Healy和Wahlen,1999;Fields等,2001),仅有少量文献关注管理层的真实活动操纵行为是否会扭曲盈余水平。一部分文献研究管理层通过投资活动操纵盈余(Baber等,1991;Dechow和Sloan,1991;Bushee,1998;Cheng,2004);另一部分研究管理层通过各种真实活动操纵盈余,包含削减广告支出(Cohen等,2010)、股票回购(Hribar等,2006)、出售盈利资产(Herrmann等,2003;Bartov,1993)、下调销售价格(Jackson和Wilcox,2000)、衍生品套期保值(Barton,2001;Pincus和Rajgopal,2002)、债转股交易(Hand,1989)以及证券化(Dechow和Shakespeare,2009)等。

然而，人们仍然没有透彻理解通过真实活动操纵企业盈余的方式。Graham 等（2005）对美国 400 多名高管人员进行调查后发现，有充足的证据显示管理层有动机操纵真实商业活动进行盈余管理。80%的 CFO 承认为达到当期平滑盈余的目的，他们会以牺牲公司长远价值为代价操纵真实活动，例如减少企业在研发、广告和维护方面的开支，其中约一半的高管会通过延缓新项目的实施来实现盈余目标，即使这种延期可能会降低公司价值。近些年的研究主要集中于真实盈余管理的经济后果。Gunny（2010）验证了相较于不采用真实盈余管理的企业，采用真实活动操纵进行盈余管理的企业未来三年内的经营业绩要高出很多。此外，之前的盈余管理文献大多认为企业在盈余操纵活动中只采用一种盈余管理工具。但实际上，为了实现盈余管理的目标，企业管理层可能同时使用多种盈余管理手段。Barton（2001）以及 Pincus 和 Rajgopal（2002）研究发现，公司会同时使用衍生金融工具与应计操纵来降低盈余波动性。然而上述研究有两个局限性。第一，由于操纵应计利润要受到会计自由裁量权的限制，在现实中真实活动操控成为一种成本相对较低的盈余管理手段，之前的研究未考虑企业在决策时会根据不同盈余管理使用成本的高低进行权衡；第二，之前的研究假设所有决策都是在同一时间做出的，但如果实际决策不在同一时间做出，那么这些假设将导致方程设计错误。最近两项研究考察了应计利润的盈余管理成本对盈余管理策略选择的影响。Cohen 等（2008）指出，SOX 颁布之后，总的来说应计盈余管理下降而真实活动操纵上升。但他们只关注应计盈余管理的一种成本，即 SOX 对会计实务的严格审查及其成本对真实和应计盈余管理水平的影响。Cohen 和 Zarowin（2010）研究了 SEO 公司在进行应计盈余管理时产生的一系列成本，并发现它们与 SEO 公司使用真实活动操纵的倾向呈正相关关系。然而，这两项研究都没有考察真实活动操纵的成本，也没有考察两种盈余管理策略的使用顺序，更没有将权衡决策视为两种策略相对成本的考量或者在财政年度结束之后互为替代方案。总体而言，现有盈余管理的研究未探讨两种盈余管理方式的关系以及管理层如何进行权衡。

理论基础与研究思路

与其他多重盈余管理策略的研究一致，管理层会为了达到预期盈余目标而实施真实活动操纵和应计盈余管理。然而，与之前研究不同的是，本文研究了真实活动操纵和应计盈余管理之间的成本与时间差异，以及它们对管理层权衡决策的影响。企业外部和内部的环境不同，在给定盈余目标的前提下，管理层会因两种盈余管理使用成本的不同做出权衡。应计项目操纵要受到会计自由裁量权的限制，这使得在现实中真实活动操纵成为成本相对较低的盈余管理手段。由此，本文提出以下假设：

假设 1 在其他条件相同的情况下，使用应计盈余管理和真实活动操纵的相对次数取决于各自的相对成本。

进一步地，本文根据两种盈余管理方式的使用成本，将假设 1 分解为以下 6 个假设：

假设 1a：在其他条件相同的情况下，审计师和监管机构审查更加严格的公司使用真实活动操纵的盈余管理程度更高。

假设 1b：在其他条件相同的情况下，会计灵活性越低企业的真实活动操纵程度越高。

假设 1c：在其他条件相同的情况下，缺失市场领导者地位企业的应计盈余管理程度更高。

假设 1d：在其他条件相同的情况下，财务状况不佳企业的应计盈余管理程度更高。

假设 1e：在其他条件相同的情况下，企业的机构所有权水平越高，应计盈余管理程度越高。

假设 1f：在其他条件相同的情况下，边际税率越高企业的应计盈余管理程度越高。

另一个影响管理层权衡决策结果的因素是两种盈余管理战略时机不同。两种盈余管理方式共同使用并不意味着同时实施。因为真实活动操纵会改变业务交易的时间或结构，所以业务决策和盈余管理活动必须在一个财政年度内进行。在财政年度结束之后，真实活动操纵的数量可能高于或低于预期数量。一方面，管理层在进行真实活动操纵时会面临一定程度的不确定性。另一方面，与执行交易来扭曲盈余的真实活动操纵不同，应计盈余管理会以更直接且特定的方式影响报告盈余。因此，当管理层观察到真实活动操纵对财政年度盈余有影响时，他们可以使用更少（更多）的应计盈余管理来抵消高（低）意料不到的影响。本文以管理层将两种盈余管理方式相互替代为前提，提出以下假设：

假设 2 管理层在真实活动操纵盈余实现之后会调整应计盈余管理数额，且应计盈余管理程度与意料之外的真实活动操纵程度呈负相关关系。

样本选择

本文的样本期间为 1987—2008 年，考察管理层如何权衡真实活动操纵和应计项目操纵进行盈余管理，并选取 1987—2008 年在 CRSP/Compustat 合并数据库中所有可用来计算应计项目的现金流量表作为样本，剔除金融机构（SIC 代码为 6000—6999）和受（政府）管制行业（SIC 代码为 4400—5000），每个估值模型中每个行业至少有 15 个观测值。

实证方法与模型构建

（1）真实活动操纵。根据 Roychowdhury（2006）的实证研究，本文将通过以下实际活动估算真实盈余管理水平：通过过度生产降低单位产品的固定成本来增加盈余，以及削减可自由支配支出（如研发、广告、销售、一般和行政支出）。前者由异常生产成本来衡量，后者则由操控性支出的异常水平来衡量。Cohen 等（2008）及 Cohen 和 Zarowin（2010）的研究提供的证据表明，这些指标可以反映真实活动操纵行为。因此，本文采用 Roychowdhury（2006）的模型估计生产成本的正常水平：

$$\frac{\text{PROD}_t}{A_{t-1}} = \alpha_0 + \alpha_1 \frac{1}{A_{t-1}} + \alpha_2 \frac{S_t}{A_{t-1}} + \alpha_3 \frac{\Delta S_t}{A_{t-1}} + \alpha_4 \frac{\Delta S_{t-1}}{A_{t-1}} + \varepsilon_t \tag{1}$$

其中，PROD_t 是第 t 年的营业成本与存货变动额之和；A_{t-1} 是第 $t-1$ 年的总资产之和；S_t 是第 t 年的净销售额；ΔS 是第 $t-1$ 年到第 t 年的净销售额变动值。以模型（1）的残差作为异常生产成本（RM_{PROD}），该值越大，表明企业操纵异常生产成本进行盈余管理的程度越高。

（2）异常操控性费用使用模型（2）进行估算：

$$\frac{\text{DISX}_t}{A_{t-1}} = \alpha_0 + \alpha_1 \frac{1}{A_{t-1}} + \alpha_2 \frac{S_{t-1}}{A_{t-1}} + \varepsilon_t \tag{2}$$

其中，$DISX_t$ 是第 t 年的操控性费用，为研发支出、销售和管理费用之和。计算模型（2）的残差并乘以-1即为异常操控性费用（RM_{DISX}）。最终，以 RM_{PROD} 和 RM_{DISX} 之和表示企业真实盈余管理水平。

此外，应计盈余管理水平的计算采用 Jones（1991）的模型，此处不再赘述。

研究结论与创新

本文基于盈余管理的使用成本及时间假说，探讨了管理层如何权衡两种盈余管理方式，对盈余管理相关研究做出了贡献。首先，本文的实证结果与之前文献中管理层根据相对成本来权衡盈余管理方式的结论是一致的。本文发现，当应计盈余管理受到更严格会计审查、会计灵活性更受限以及经营周期更短时，公司使用真实活动操纵（应计盈余管理）的程度更高（低）。本文的实证结果还表明，当企业的行业竞争力较弱、财务状况不佳、受到机构投资者更严格的监督以及当期产生更多税务支出时，企业更倾向于选择应计盈余管理而非真实盈余管理。其次，本文的实证结果表明，真实活动操纵与应计盈余管理之间存在直接的替代关系，应计盈余管理水平与财政年度末未实现的真实活动操纵数量呈负相关关系。这表明在财政年度结束之后，管理层根据真实活动操纵结果对应计项目进行微调。Hausman 检验也验证了结果与序列决策是一致的。本文发现，管理层将真实活动操纵和应计盈余管理互为替代，对研究人员和监管者都有一定程度的影响。对于研究人员而言，这种替代关系表明专注于应计项目操纵并不能完全解释盈余管理。对于监管者而言，这意味着对会计自由裁量权加强审查或限制并不能完全消除盈余管理，反而会改变管理层对不同盈余管理策略的偏好。

局限性与展望

本文主要针对两种盈余管理方式的关系进行了理论分析和实证研究，但对两种盈余管理方式对企业经营的影响并未做进一步分析。例如，相较于应计盈余管理，真实盈余管理是否会对企业未来的生产经营活动产生负面影响？投资者能否捕捉这类负面影响并及时、充分地将这种影响反映在股价中？关于这些问题的思考对未来研究具有启发意义。

交流区

本文对两种盈余管理方式的选择进行了研究，最大的贡献在于揭示了两种盈余管理方式之间存在替代关系，在盈余管理相关研究中占有重要地位。后续研究在本文的基础上，进一步探讨了影响盈余管理方式的主要因素（Ali 和 Zhang，2015；Fang 等，2016；Ham 等，2017）。本文并未对两种盈余管理行为对企业经营活动与价值增长的影响做进一步的探讨，这为未来研究提供了新的思考与研究方向。近期研究开始关注真实盈余管理的负面影响。例如，Bereskin 等（2018）发现真实盈余管理会损害企业创新，朱红军等（2016）也得出类似的研究结论。

【主题结语】

  盈余管理是指管理层在形成财务报告过程中运用判断或构造交易来改变报告结果,以误导利益相关者对公司潜在经营活动的理解,或者影响基于财务报告数字的契约结果。这一定义将盈余管理方式分为两种:应计盈余管理和真实盈余管理。

  本章主要回顾了应计盈余管理和真实盈余管理中的经典文献。应计盈余管理是指在实际交易和业务活动发生后,利用一般公认会计准则(GAAP)给予的自由裁量权来调节盈余。真实盈余管理则主要围绕实际交易和业务活动进行操纵。关于应计盈余管理的研究主要包括两类:一是识别盈余管理是否发生或发生的动机;二是度量管理层进行盈余管理的程度或幅度。

  对于盈余管理动机问题,已有文献主要研究应计盈余管理的动机和存在性。例如,DeFond 和 Jiambalvo(1994)发现债务合同违约前一年"异常"总应计利润和营运资本应计额均显著为正;Burgstahler 和 Dichev(1997)为公司管理报告盈余以避免盈余下降和亏损提供了证据;Bartov 等(2002)发现达到或超过当前分析师预测盈余的公司获得的季度收益高于有相似的季度盈余预测偏误但尚未达到分析师预测盈余的公司;Bergstresser 和 Philippon(2006)发现当 CEO 薪酬与所持公司股权和期权价值密切相关时,其更可能利用操控性应计进行盈余管理;Chen 和 Yuan(2004)较早地研究中国公司的盈余管理,发现上市公司增发股票前为使业绩达标而进行盈余管理。

  对于盈余管理的程度问题,本章从 Jones(1991)开始回顾应计盈余管理的度量模型——Jones 模型,即用于估算"正常"总应计项目的期望模型。更早期的用总应计额衡量操控性应计项目的是 Healy(1985)模型,以及本书并未收录的 DeAngelo(1986)模型。接着,Dechow 等(1995)评价了五个模型检测盈余管理的能力,发现修正 Jones 模型对盈余管理的检验效力最高。此后,Kothari 等(2004)提出基于业绩匹配的操控性应计模型(简称"业绩匹配模型"或"KLW 模型")具有较高的有效性。

  关于真实盈余管理的研究,本章从 Roychowdhury(2006)的经典之作开始回顾。Roychowdhury(2006)依次构建了异常现金流量、操控性费用、生产成本估计模型,基于大样本检验了真实活动操纵,发现了围绕盈余阈值的真实活动操纵以及真实活动操纵的性质和程度的影响因素。之后,Cohen 等(2008)依据 Roychowdhury(2006)的方法,证实《萨班斯-奥克斯利法案》颁布之后,公司从应计盈余管理转向真实盈余管理;Cohen 和 Zarowin(2010)证明了股票增发公司在使用应计盈余管理的同时也会使用真实盈余管理,且真实盈余管理更有损公司未来经营业绩;Zang(2012)证实了管理层将真实活动操纵与应计项目操纵作为互为替代的手段进行盈余管理。这些经典文献在此后都得到国内外学者的广泛学习和引用。

  Dechow 等(2010)综述了盈余质量相关领域 300 多篇研究文献,对盈余质量的定义、基本理论、代理变量以及盈余质量的决定因素和经济后果进行了非常全面的总结。这一巨作为国内外学者展示了一幅盈余质量研究路线图。

【推荐阅读】

1. Abarbanell J, Lehavy R. Can Stock Recommendations Predict Earnings Management and Analysts' Earnings Forecast Errors[J]. *Journal of Accounting Research*, 2003, 41(1): 1-31.
2. Ali A, Zhang W. CEO Tenure and Earnings Management[J]. *Journal of Accounting and Economics*, 2015, 59(1): 60-79.
3. Amihud Y, Mendelson H. Asset Pricing and the Bid-Ask Spread[J]. *Journal of Financial Economics*, 1986, 17(2): 223-249.
4. Armstrong C S, Jagolinzer A D, Larcker D F. Chief Executive Officer Equity Incentives and Accounting Irregularities[J]. *Journal of Accounting Research*, 2010, 48(2): 225-271.
5. Armstrong C S, Larcker D F, Ormazabal G, et al. The Relation between Equity Incentives and Misreporting: The Role of Risk-taking Incentives[J]. *Journal of Financial Economics*, 2013, 109(2): 327-350.
6. Barth M E, Cram D P, Nelson K K. Accruals and the Prediction of Future Cash Flows[J]. *The Accounting Review*, 2001, 76(1): 27-58.
7. Beasley M S. An Empirical Analysis of the Relation between the Board of Director Composition and Financial Statement Fraud[J]. The *Accounting Review*, 1996, 71(4): 443-465.
8. Beaver W H, McNichols M F, Nelson K K. An Alternative Interpretation of the Discontinuity in Earnings Distributions[J]. *Review of Accounting Studies*, 2007, 12(4): 525-556.
9. Beneish M D. Incentives and Penalties Related to Earnings Overstatements that Violate GAAP[J]. *The Accounting Review*, 1999, 74(4): 425-457.
10. Bereskin F L, Hsu P H, Rotenberg W. The Real Effects of Real Earnings Management: Evidence from Innovation[J]. *Contemporary Accounting Research*, 2018, 35(1): 525-557.
11. Bhojraj S, Hribar P, Picconi M, et al. Making Sense of Cents: An Examination of Firms that Marginally Miss or Beat Analyst Forecasts[J]. *The Journal of Finance*, 2009, 64(5): 2361-2388.
12. Botosan C. The Impact of Annual Report Disclosure Level on Investor Base and the Cost of Capital[J]. *The Accounting Review*, 1997, 72(3): 323-349.
13. Brooks L D, Dale A B. Further Evidence of the Time Series Properties of Accounting Income[J]. *The Journal of Finance*, 1976, 31(5): 1359-1373.
14. Brown S, Lo K, Lys T. Use of R^2 in Accounting Research: Measuring Changes in Value Relevance over the Last Four Decades[J]. *Journal of Accounting and Economics*, 1999, 28(2): 83-115.
15. Burgstahler D C, Eames M J. Earnings Management to Avoid Losses and Earnings Decreases: Are Analysts Fooled[J]. *Contemporary Accounting Research*, 2003, 20(2): 253-294.
16. Chen H, Chen J Z, Lobo G J, et al. Effects of Audit Quality on Earnings Management and Cost of Equity Capital: Evidence from China[J]. *Contemporary Accounting Research*, 2011, 28(3): 892-925.
17. Chen K C W, Yuan H. Earnings Management and Capital Resource Allocation: Evidence from China's Accounting-based Regulation of Rights Issues[J]. *The Accounting Review*, 2004, 79(3): 645-665.
18. Chen X, Cheng Q, Hao Y, et al. GDP Growth Incentives and Earnings Management, Evidence from China[J]. *Review of Accounting Studies*, 2020, 25(3): 1002-1039.
19. Christie A A. Aggregation of Test Statistics: An Evaluation of the Evidence on Contracting and Size Hypotheses[J]. *Journal of Accounting and Economics*, 1990, 12(1-3): 15-36.

20. Cohen D A, Dey A, Lys T Z. Real and Accrual-based Earnings Management in the Pre and Post Sarbanes-Oxley Periods[J]. *The Accounting Review*, 2008, 83(3): 757-787.

21. Dechow P, Ge W, Schrand C. Understanding Earnings Quality: A Review of the Proxies, Their Determinants and Their Consequences[J]. *Journal of Accounting and Economics*, 2010, 50(2-3): 344-401.

22. Dechow P M, Richardson S A, Tuna I. Why Are Earnings Kinky? An Examination of the Earnings Management Explanation[J]. *Review of Accounting Studies*, 2003, 8(2): 355-384.

23. DeFond M L, Jiambalvo J. Incidence and Circumstances of Accounting Errors[J]. *The Accounting Review*, 1991, 66(3): 643-655.

24. DeFond M L, Park C W. Smoothing Income in Anticipation of Future Earnings[J]. *Journal of Accounting and Economics*, 1997, 23(2): 115-139.

25. Durtschi C, Easton P. Earnings Management? Erroneous Inferences Based on Earnings Frequency Distributions[J]. *Journal of Accounting Research*, 2009, 47(5): 1249-1281.

26. Durtschi C, Easton P. Earnings Management? The Shapes of The Frequency Distributions of Earnings Metrics Are Not Evidence Ipso Factor[J]. *Journal of Accounting Research*, 2005, 43(4): 557-592.

27. Erickson M, Hanlon M, Maydew E L. Is There a Link between Executive Equity Incentives and Accounting Fraud[J]. *Journal of Accounting Research*, 2006, 44(1): 113-143.

28. Fang V W, Huang A H, Karpoff J M. Short Selling and Earnings Management: A Controlled Experiment[J]. *The Journal of Finance*, 2016, 71(3): 1251-1294.

29. Farber D B. Restoring Trust after Fraud: Does Corporate Governance Matter[J]. *The Accounting Review*, 2005, 80(2): 539-561.

30. Fields T D, Lys T Z, Vincent L. Empirical Research on Accounting Choice[J]. *Journal of Accounting and Economics*, 2001, 31(1-3): 255-307.

31. Frankel R, McNichols M, Wilson G P. Discretionary Disclosure and External Financing[J]. *The Accounting Review*, 1995, 70(1): 135-150.

32. Gilliam T A, Heflin F, Paterson J S. Evidence that the Zero-Earnings Discontinuity Has Disappeared[J]. *Journal of Accounting and Economics*, 2015, 60(1): 117-132.

33. Gleason C A, Mills L F. Evidence of Differing Market Responses to Beating Analysts' Targets Through Tax Expense Decreases[J]. *Review of Accounting Studies*, 2008, 13(2-3): 295-318.

34. Guidry F, Leone A J, Rock S. Earnings-Based Bonus Plans and Earnings Management by Business-Unit Managers[J]. *Journal of Accounting and Economics*, 1999, 26(1-3): 113-142.

35. Ham C, Lang M, Seybert N, et al. CFO Narcissism and Financial Reporting Quality[J]. *Journal of Accounting Research*, 2017, 55(5): 1089-1135.

36. Haw I, Qi D, Wu D, et al. Market Consequences of Earnings Management in Response to Security Regulations in China[J]. *Contemporary Accounting Research*, 2005, 22(1): 95-140.

37. Hribar P, Collins D W. Errors in Estimating Accruals: Implications for Empirical Research[J]. *Journal of Accounting Research*, 2002, 40(1): 105-134.

38. Hutton A P, Marcus A J, Tehranian H. Opaque Financial Reports, R^2, and Crash Risk[J]. *Journal of Financial Economics*, 2009, 94(1): 67-86.

39. Jensen M C. The Modern Industrial Revolution, Exit, and the Failure of Internal Control Systems[J]. *The Journal of Finance*, 1993, 48(3): 831-880.

40. Jian M, Wong T J. Propping Through Related Party Transactions[J]. *Review of Accounting Studies*, 2010,

15(1):70-105.

41. Kasznik R, Lev B. To Warn or Not to Warn: Management Disclosures in the Face of an Earnings Surprise[J]. *The Accounting Review*, 1995, 70(1):113-134.

42. Kasznik R, McNichols M F. Does Meeting Earnings Expectations Matter? Evidence from Analyst Forecast Revisions and Share Prices[J]. *Journal of Accounting Research*, 2002, 40(3):727-759.

43. Kim Y, Park M S, Wier B. Is Earnings Quality Associated with Corporate Social Responsibility[J]. *The Accounting Review*, 2012, 87(3):761-796.

44. Lang M, Lundholm R. Cross-Sectional Determinants of Analyst Ratings of Corporate Disclosures[J]. *Journal of Accounting Research*, 1993, 31(2):246-271.

45. Leuz C, Wysocki P D. The Economics of Disclosure and Financial Reporting Regulation: Evidence and Suggestions for Future Research[J]. *Journal of Accounting Research*, 2016, 54(2):525-622.

46. Lyu C, Wang K, Zhang F, et al. GDP Management to Meet or Beat Growth Targets[J]. *Journal of Accounting and Economics*, 2018, 24:318-338.

47. McInnis J, Collins D W. The Effect of Cash Flow Forecasts on Accrual Quality and Benchmark Beating[J]. *Journal of Accounting and Economics*, 2011, 51(3):219-239.

48. Palmrose Z. Competitive Manuscript Co-winner: An Analysis of Auditor Litigation and Audit Service Quality[J]. *The Accounting Review*, 1988, 63(1):55-73.

49. Piotroski J D, Wong T J, Zhang T. Political Incentives to Suppress Negative Information: Evidence from Chinese Listed Firms[J]. *Journal of Accounting Research*, 2015, 53(2):405-459.

50. Rees L, Gill S, Gore R. An Investigation of Asset Write-Downs and Concurrent Abnormal Accruals[J]. *Journal of Accounting Research*, 1996, 34:157-169.

51. Rosenstein S, Wyatt J G. Outside Directors, Board Independence, and Shareholder Wealth[J]. *Journal of Financial Economics*, 1990, 26(2):175-191.

52. Weisbach M S. Outside Directors and CEO Turnover[J]. *Journal of Financial Economics*, 1988, 20:431-460.

53. 薄仙慧,吴联生.国有控股与机构投资者的治理效应:盈余管理视角[J].《经济研究》,2009(2):81-91+160.

54. 方红星,金玉娜.高质量内部控制能抑制盈余管理吗?基于自愿性内部控制鉴证报告的经验研究[J].《会计研究》,2011(8):53-60+96.

55. 李增福,董志强,连玉君.应计项目盈余管理还是真实活动盈余管理?基于我国2007年所得税改革的研究[J].《管理世界》,2011(1):121-134.

56. 陆建桥.中国亏损上市公司盈余管理实证研究[J].《会计研究》,1999(9):25-35.

57. 陆正飞,魏涛.配股后业绩下降:盈余管理后果与真实业绩滑坡[J].《会计研究》,2006(8):52-59+97.

58. 苏冬蔚,林大庞.股权激励、盈余管理与公司治理[J].《经济研究》,2010(11):88-100.

59. 王克敏,王志超.高管控制权、报酬与盈余管理——基于中国上市公司的实证研究[J].《管理世界》,2007(7):111-119.

60. 魏明海.盈余管理基本理论及其研究述评[J].《会计研究》,2000(9):37-42.

61. 魏涛,陆正飞,单宏伟.非经常性损益盈余管理的动机、手段和作用研究——来自中国上市公司的经验证据[J].《管理世界》,2007(1):113-121+172.

62. 朱红军,王迪,李挺.真实盈余管理动机下的研发投资决策后果——基于创新和税收的分析视角[J].《南开管理评论》,2016(4):36-48.

第 3 章

会计稳健性

文献 23　稳健性原则与盈余的非对称及时性

经典文献：Sudipta Basu. The Conservatism Principle and the Asymmetric Timeliness of Earnings. *Journal of Accounting and Economics*, 1997, 24(1): 3-37.

机构：Baruch College

被引：总计 6 250 次，年均 250.00 次

文献概述：王鹏

研究概述：本文将稳健性解释为"坏消息"会比"好消息"更快地在盈余信息中得到反映。这一解释表明坏消息和好消息在盈余的及时性与持续性方面存在系统性差异。本文使用公司股票收益率测度信息的好坏，发现同期盈余对负未预期收益的敏感程度是正未预期收益的 2—6 倍。本文同样预测并发现盈余负向变化相比盈余正向变化的持续性更弱，但盈余正向变化的盈余反应系数比盈余负向变化的盈余反应系数更高，这与盈余持续性的非对称性是一致的。

核心概念：会计稳健性　盈余—收益关系　持续性　非对称及时性　资本市场

文献背景

正确定义稳健性是相关研究的基础与核心。许多学者及会计准则制定者从不同视角给出稳健性的定义。理论上的界定始于 Bliss(1924)，其将稳健性界定为"预期所有可能的损失，而不预期可能的利润"。这一定义表明，相比于将坏消息确认为损失，会计人员倾向于需要更高程度的验证以将好消息确认为收益。会计准则制定者在准则中通过会计政策选择及会计估计方法确定来践行稳健性，如存货的成本与市价孰低法等。然而，也有学者认为稳健性实际上就是会计人员对导致降低股东权益报告价值的会计方法的选择偏好。但在实务中，人们发现许多美国公司使用直线折旧法而非加速折旧法，这种做法似乎与稳健性原则相背离。鉴于学者和会计准则制定者关于稳健性的立场与出发点的差异，本文选择对盈余稳健性而非资产负债表价值的稳健性进行检验。

稳健性的重要性不言而喻，其影响了会计理论与会计实务数个世纪。关于稳健性的产

生根源,学者提出契约订立成本是稳健性产生的关键因素。当未来盈余不确定时,管理层会利用关于企业经营和资产价值的私有信息与知识来确保自身利益的实现,此时会计稳健性在各利益相关者订立契约时扮演重要的角色。除了契约因素,税收、诉讼、政治程序和监管同样会影响会计稳健性程度。准则制定者在制定会计准则时,通过规定会计政策(如资产减值等)来提高稳健性。

| 理论基础与研究思路 |

基于传统的盈余—收益(即回报)关系理论与模型,本文分析了会计稳健性如何影响盈余特别是应计利润的及时性。会计人员会考虑未来的损失给企业带来的影响,因此稳健性使得企业盈余能更及时地反映"坏消息"。当期盈余由现金流和应计利润共同构成,由于现金流更为客观,其记录与发生是同步进行的,因此在面临不确定性时,坏消息比好消息更可能体现在应计利润中。未实现的损失会降低当期盈余,但不会影响当期现金流。由此可见,应计利润对坏消息的反应更为敏感。本文还检验了会计稳健性对盈余持续性即盈余反应系数(ERC)的影响。在稳健性原则的影响下,好消息和坏消息的盈余及时性和持续性均存在差异,盈余信息含量也会受到影响,即稳健性会影响资本市场对"盈余消息"的反应。

| 研究假设 |

为了检验好消息与坏消息对稳健性的非对称影响,本文提出四个主要假设:

假设1 在年度未预期收益影响年度盈余的回归模型中,负未预期收益的回归系数和R^2比正未预期收益的更高。

假设2 相对于正未预期收益,负未预期收益下盈余相对于现金流的及时性提高得更多。

假设3 与盈余正向变化相比,盈余负向变化在下一期间反转的趋势更强。

假设4 在盈余变化对公告期间超常收益的回归模型中,盈余正向变化的回归系数值比盈余负向变化的回归系数值更大。

| 样本选择 |

本文选取1963—1990年所有在美国CRSP月度数据库中有纽约证券交易所(NYSE)和美国证券交易所(AMEX)股票收益率数据且在Compustat年度行业与研究数据库中有相应会计数据的所有公司—年度观测值作为研究样本。

| 实证方法与模型构建 |

为了检验会计稳健性原则,本文构建了盈余—收益关系的回归模型。自Ball和Brown(1968)创建实证研究模型以来,学者主要沿用盈余—收益模型,本文则借鉴Beaver等(1980)的反转回归分析法,构建测度稳健性的反转回归模型——以盈余作为被解释变量、

股票收益率作为解释变量,与此同时根据股票收益率设置虚拟变量 DR 以测度"坏消息"。本文构建的模型如下:

$$\frac{X_{i,t}}{P_{i,t-1}} = \alpha_0 + \alpha_1 \mathrm{DR}_{i,t} + \beta_0 R_{i,t} + \beta_1 \mathrm{DR}_{i,t} \times R_{i,t} \tag{1}$$

其中,$X_{i,t}$ 为公司 i 第 t 年每股盈余;$P_{i,t-1}$ 为年初每股股价;$R_{i,t}$ 为第 t 年 4 月至第 $t-1$ 年 3 月公司 i 的年度股票收益率;$\mathrm{DR}_{i,t}$ 为虚拟变量,当 $R_{i,t}$ 小于 0 时,DR 取值为 1。

为了进一步检验"消息"对盈余持续性的影响,本文将以前年度经股价调整的收益率作为解释变量构建模型:

$$\frac{\Delta X_{i,t}}{P_{i,t-1}} = \alpha_0 + \alpha_1 D + \beta_0 \frac{\Delta X_{i,t-1}}{P_{i,t-2}} + \beta_1 D \times \frac{\Delta X_{i,t-2}}{P_{i,t-3}} \tag{2}$$

其中,$\Delta X_{i,t}$ 为公司 i 第 $t-1$ 年至 t 年的盈余变化;$P_{i,t-1}$ 为年初每股股价;$R_{i,t}$ 为第 t 年 4 月至第 $t-1$ 年 3 月公司 i 的年度股票收益率;D 为虚拟变量,不同情况下取值有所不同,分别受 $\frac{\Delta X_{i,t-1}}{P_{i,t-2}}$、$\frac{X_{i,t-1}}{P_{i,t-2}}$ 和 $R_{i,t}$ 的影响,若这些指标值小于 0,则 D 取值为 1。

资本市场参与者如何对盈余信息做出反应也是本文关注的重点问题,构建以下模型探讨这一关系:

$$u = \alpha_0 + \alpha_1 \mathrm{DX}_{i,t} + \beta_0 \frac{\Delta X_{i,t}}{P_{i,t-1}} + \beta_1 \mathrm{DX}_{i,t} \times \frac{\Delta X_{i,t}}{P_{i,t-1}} \tag{3}$$

模型(3)中被解释变量 u 为未预期收益的变化。

| 进一步分析 |

为了确保研究结论的可靠性,本文分两步做进一步分析:(1)延长好消息和坏消息以及盈余信息的测度区间,从原检验中的 1 年加长到 4 年,以检验坏消息是否比好消息能够更及时地反映到盈余信息中;(2)检验审计师法律风险变化能否解释会计稳健性的变化。研究结果证实,审计师面临的法律风险变化与会计稳健性的变化存在一定的相关性,明智的审计师希望能够更及时地确认"坏消息"。

| 研究结论与创新 |

本文表明盈余能够更及时地反映"坏消息",这意味着盈余对负未预期收益比对正未预期收益的敏感性更强,前者大概是后者的 2—6 倍。由此可知,相对于未来现金流的"好消息",盈余会更及时地反映未来现金流的"坏消息";同时,相对于现金流,盈余及时性更强的原因在于"坏消息"被及时地确认在应计项目中,但应计项目并未提升"好消息"在盈余确认中的及时性。盈余正向变化的持续性更强,因为盈余负向变化在下一年会反转,这一结果证实了前人的研究。上述研究结果表明,过去三十多年会计稳健性水平持续提升。

本文的主要贡献在于:重新梳理了会计稳健性的定义,从股票收益的视角分析好消息和坏消息反映在盈余信息中的及时性差异,构建了测度会计稳健性的盈余—收益反转回归模型(Basu 模型),为后续有关稳健性的研究提供了可供参考的测度方法。

交流区

Basu 2009 年在 *China Journal of Accounting Research* 上发表的《稳健性研究：历史发展与未来展望》中评价本文时指出"文章的影响力令人吃惊"，主要的原因在于：(1) 本文通俗易懂地界定了会计稳健性，并为这一基本的会计原则构建了测度模型；(2) 本文肯定了基本的会计原则，而非一味地批评或者否定稳健性原则。由此可见，本文开创了会计稳健性实证研究的先例，随后会计稳健性研究迅猛发展，本文的测度方法被广泛引用，受到研究会计稳健性学者的一致认可。当然，本文的测度方法依然基于盈余—收益关系，在一定层面上仍是 Ball 和 Brown(1968) 的进一步拓展，将会计稳健性的测度局限于盈余—收益关系上。而 Khan 和 Watts(2009) 从会计稳健性的测度层面拓展了 Basu(1997) 模型，构建了基于公司年度盈余的稳健性测度方法。会计稳健性测度模型的不断改进与完善，推动了会计稳健性实证研究的发展。

文献 24 国际制度因素对会计盈余性质的影响

经典文献：Ray Ball,[1] S. P. Kothari,[2] Ashok Robin.[3] The Effect of International Institutional Factors on Properties of Accounting Earnings. *Journal of Accounting and Economics*, 2000, 29(1): 1-51.

机构：[1] University of Chicago; [2] Massachusetts Institute of Technology; [3] Rochester Institute of Technology

被引：总计 4 769 次，年均 261.78 次

文献概述：刘婷婷

研究概述：不同国家对会计盈余确认要求的差异会影响会计盈余随时间计入经济收益（市场价值变化）的方式。本文将**普通法系**（common law）国家和**法典法系**（code law）国家的"股东"和"利益相关者"公司治理模式分别描述为通过公开披露与私下沟通来解决信息不对称问题。此外，法典法系直接将会计盈余与当期支出（付给员工、经理人、股东和政府的费用）挂钩。因此，法典法系下会计盈余确认的及时性较差，特别是在其计入经济损失方面。规章制度、税收、诉讼是引发普通法系国家间产生差异的缘由。这一结果对证券分析师、准则制定者、监管机构和公司治理都有一定的启示。

核心概念：国际会计准则制定　规章制度　会计稳健性

文献背景

普通法起源于私营部门中的个人行为，强调遵循法律程序而非规则（David 和 Brierley，1985；Posner，1996）。普通法（包括会计准则）是通过在实践中得到普遍接受而发展起来

的,它的执行是一项涉及民事诉讼的私人事务。普通法起源于英国,现在普遍为英国和许多前英国殖民地国家或地区所采用。普通法的历史演变是为了满足契约在市场中的要求。在普通法系国家,"股东"模式(即只有股东才有权选举公司董事会的公司治理模式)占主导地位。Alchian 和 Demsetz(1972)认为这是有效的,因为剩余财产请求人(即股东)的额外激励有助于更有效地监督管理层。

由于"股东"模式在普通法系国家中占主导地位,因此与法典法治理模式相比,普通法治理模式下董事会成员持有大量股份的可能性更小,外部债权人和股票市场(包括证券分析师)对经理人的监督更多,董事会中的债权人和雇员代表更少。由于与公司签约的各利益相关者更加关注长期利益,因此普通法系国家中的信息不对称问题更有可能通过及时的公开披露得到解决。法典法系国家在会计盈余确认的时间上给予管理者更多的自由裁量权。在企业收入良好的年份,会计盈余可以通过**资产减值**(asset impairment)(例如过度计提坏账)和转入留存收益等方式来减少。在不景气的年份,会计盈余可以通过以上调整的冲回来增加。由此,本文提出以下假设:

假设 1 与普通法系国家相比,法典法系国家的会计盈余更加"平滑",并且在计入当期**市场价值**(market value)方面也不那么及时。

法典法系下,一是管理层和代理人(如银行、工会)之间更为紧密的契约关系降低了信息不对称程度;二是银行和其他金融机构往往同时提供债权和股权资本,以至于它们的损失函数更加对称;三是减少了对管理层外部监督的依赖。与对经济损失及时计入的较低需求相一致,预期未能及时计入的**诉讼成本**(litigation costs)也较低(Lintner,1956)。由此,本文提出以下假设:

假设 2 与法典法系国家相比,普通法系国家的会计盈余确认呈现不对称的稳健性。

本文将英国归类为监管、诉讼成本较低且私人债务占主导的国家,其管理层和私人债权人之间的信息不对称程度较管理层和公共债权人之间的更低,由此减少了对经济损失及时计入的要求。由此,本文提出以下假设:

假设 3 与其他普通法系国家相比,英国会计盈余确认的**稳健性**(conservatism)较弱,但强于法典法系国家会计盈余确认的稳健性。

在法典法系国家,为尽可能减少企业所得税,报告应税收入超出所需股利和奖酬的部分会被慎重考虑,也就是会计盈余受短期股利政策的影响。由此,本文提出以下假设:

假设 4 就股利而言,法典法系国家会计盈余确认的及时性低于普通法系国家。

在普通法系国家,针对分配股利的征税有相当大的差异。备受关注的是**归责制**(dividend imputation),它对报告应税收入超过分配股利的公司进行处罚。由此,公司会产生动机去利用会计准则使应税收入遵守股利政策,这会影响会计盈余的确认,因为会计盈余与应税收入息息相关。澳大利亚、加拿大和英国实行归责制(Coopers 和 Lybrand,1995),而美国不实行。由此,本文提出以下假设:

假设 5 在美国,会计盈余确认相对于股利确认的及时性差异比实施"归责制"的普通法系国家(澳大利亚、加拿大、英国)更强。

由于现金流反映了当期的**价值相关性**(value relevant)信息,因此在各个国家其都比会计盈余的噪声更大(Dechow,1994)。如果没有更多关于管理层当前融资和投资决策的新信息,那么权责发生制在会计盈余计入经济收益上比现金流更加及时,并且这个逻辑适用于所有采用权责发生制的国家。会计盈余(相对于现金流)的**及时性增量**(incremental timeliness)衡量在特定国家会计准则下,应计项目在多大程度上能够及时计入经济收益。由此,本文提出以下假设:

假设6 普通法系下,会计盈余的确认比经营现金流更加及时。

样本选择

首先,剔除各个变量(NI、ΔNII、DIV、OCF 和 R)的两个极端百分位数;其次,剔除在公司一年度层面存在缺失值的任一变量,使本文的各个变量和模型都有相同的观测样本集;最后,剔除在13年中少于1 000个公司一年度观测值的国家。最终的样本量来自1985—1995年这11年间七个国家的共40 359个公司一年度观测值,这七个国家分别为澳大利亚、加拿大、英国和美国(普通法系国家),以及法国、德国和日本(法典法系国家)。

实证方法与模型构建

本文首先构建以下模型:

$$\text{NI}_{it} = \beta_{0j} + \beta_{1j}\text{RD}_{it} + \beta_{2j}R_{it} + \beta_{3j}R_{it} \times \text{RD}_{it} + \varepsilon_{it} \tag{1}$$

其中,NI 衡量的是会计盈余,具体为特殊项目之前年度的每股收益;R 为会计年度中包含股利的股票收益率;虚拟变量 RD 取决于股票收益率而非会计盈余,若股票收益率 R_t 为负则 RD 取值为1,否则取值为0。β_{2j} 和 ($\beta_{2j}+\beta_{3j}$) 分别反映了国家 j 当年计入会计盈余的正向和负向的经济收益。用各年度 t 所有在这个国家会计准则下的公司 i 估计每个国家 j 的个体—国家层面的关系。无论是正向还是负向的经济收益,其会计盈余确认及时性的国际差异都反映在个体—国家回归的 R^2 中。假设1—6的检验模型均基于模型(1)加以变形。

稳健性检验

本文做了五项检验,结果表明会计盈余和股票收益率之间的关系仍然稳健。

(1)当经济收益为解释变量时,一个可能的误差来自预期股票收益率的变化(不同时间、不同国家和不同企业)。为控制市场范围预期股票收益率的影响,将解释变量重新定义为相对于企业所在国家/年度的平均收益,或者将被解释变量—会计盈余(NI)除以国家一年度长期利率。

(2)在一些国家,母公司不需要将其应占联营公司收益的权益入账,它们的会计盈余会遗漏股东的一部分收益。剔除这部分公司,保留"完全合并"公司,即包含母公司在关联公司收益中所占份额的公司,重新进行回归。

(3)将被解释变量会计盈余 NI_t 替换为 $\text{NI}_{it}+\text{NI}_{it+1}$,使得下一年的会计盈余也计入经济收益,以延长会计盈余的滞后期。

(4)以10个常见的 SIC 两位数代码虚拟变量交乘的形式控制行业效应。

(5)将样本分成两个子期间,即1985—1990年和1991—1995年重新进行回归。

研究结论与创新

本文表明,普通法系下会计盈余的确认比法典法系下会计盈余的确认表现出更强的及时性,这完全是源于会计盈余对经济损失(盈余稳健性)更大的敏感性。这一结果对公司治理具有重要意义。不同于随着时间的推移而逐步确认会计盈余,在早期将会计盈余计入经济收益会增强管理层迅速采取行动阻止经济损失的动机,这将给证券分析师带来更大的压力,使杠杆率和股利限制更具约束力,并影响到经理人和员工的当期奖金。因此,稳健的会计制度有利于对管理层执行监督,是普通法系公司治理的一个重要特征。

交流区

本文的研究设计受到以下限制:第一,股票收益率作为经济收益指标的有效性,尤其是在法典法系国家,因为这些国家的流动性和公开披露标准均较低。作为衡量市场价值变化的指标,年度股票收益率中的"噪声"可能是一个相关的遗漏变量。第二,财务报告制度的决定性因素会随着时间而改变。例如,日本的股东诉讼案呈现上升趋势,这可能标志着公司治理或财务报表编制者激励机制的改变。虽然本文已将1985—1995年的样本期间划分为大致相等的两个子期间,从而发现稳健性的系统性增长,但根据财务报告制度决定性因素的变化划分样本,可能会得到更干净的结果。

与Roe(1994)相比,本文总结出普通法披露标准的加强降低了监督经理人的代理成本,从而抵消了法典法系国家中股东与经理人关系更加紧密带来的优势。作为跨国研究的经典之作,本文为后续的会计研究提供了新的思路,例如Kanagaretnam等(2016)发现制度因素增强了盈余的信息效应并且限制了机会主义行为。

文献25 盈余、现金流和应计项目不断变化的时间序列属性:财务报告是否变得更稳健

经典文献:Dan Givoly,[1] Carla Hayn.[2] The Changing Time-Series Properties of Earnings, Cash Flows and Accruals: Has Financial Reporting Become More Conservative. *Journal of Accounting and Economics*, 2000, 29(3): 287-320.

机构:[1] University of California at Irvine; [2] University of California at Los Angeles

被引:总计2 201次,年均100.05次

文献概述:张龙

研究概述:本文记录了过去四十多年盈余、现金流和应计项目的变化。关于稳健性尚没有一个被普遍接受的定义,本文采用若干指标衡量稳健性。这些衡量方法依赖于非经营性应计项目的累积、盈余反映坏消息和好消息的及时性,以及盈余的特征和市账比。本文

的研究结果对会计准则修订、财务信息监管和财务报表分析有一定的启示意义。

核心概念： 盈余　损失　现金流　利息收益　稳健性　市账比　收益波动性　偏态

研究背景

在一个持续时间较长的稳定状态下，基于会计信息来衡量的公司业绩预计会在相当长的一段时间内收敛于以经营现金流衡量的"真实"经济业绩，会计业绩偏离经营现金流业绩往往是暂时的。

本文分析盈余与现金流之间的关系以识别会计报告体系中的结构性变化。许多证据表明，近年来财务报告变得更加稳健。例如，美国财务会计准则委员会（FASB）的许多声明要求较早确认支出和损失以及推迟确认收入；越来越多的管理层采取更稳健的报告立场；审计师在选择客户时也更加谨慎。

美国的会计实务是否变得更加稳健？这对投资者、研究人员和监管机构来说是一个很重要的问题。如果盈余、现金流和应计项目之间的结构性关系发生了变化，财务报表分析就应确认这一点。例如，当财务报告的稳健性程度随时间而增加时，如果不对稳健性水平进行调整，对财务报表进行时间序列分析就没有意义。也就是说，如果美国公司的财务报告确实更为稳健，直接对财务指标进行时间序列比较就可能会产生误导。

Stober（1996）使用市净率作为稳健性程度的代理变量，发现会计账面价值相对于市场价值存在稳健性偏差。Leftwich（1995）发现 FASB 的声明和议程显示出一种稳健的倾向，即 FASB 担忧管理层更有可能利用自由裁量权和披露选择在一定范围内报告更高的盈余和净资产。

Basu（1997）设计了几个稳健性的实证指标，其中一个是坏消息时期股价波动和盈余之间的关联。他的研究结果支持财务报告稳健性的相关研究，也与稳健性程度随着审计师法律责任敞口的变化而变化的结论相一致。Holthausen 和 Watts（2000）采用 Basu（1997）的方法，发现即使在会计准则修订前的时期，会计实务也存在稳健性迹象，在 FASB 会计准则颁布后，稳健性程度进一步提高。

相关文献与假设建立

稳健性是财务报告的一项重要惯例，它意味着在对收入和资产进行确认、计量时要谨慎行事。然而，尽管稳健性在会计理论和会计实务中发挥着核心作用，但其权威的定义仍未形成。

稳健性的一种描述性定义为：它是会计准则之间的选择，通过较慢的收入确认、较快的费用确认、较低的资产估值和较高的负债估值，使得累计报告盈余最小化。这一定义恰当地认识到会计选择的多时期维度，并提出一些可用于衡量会计稳健性程度的实证指标。具体来说，在稳健性要求下，"坏消息"比"好消息"更迅速地反映在盈余中，预期盈余与股票价格走势的相关性在以坏消息为特征的时期更强。因此，稳健性的衡量标准是：股价走势与"坏消息"时期盈利信号的关联超过其与"好消息"时期盈利信号的关联程度。

样本选择

本文的研究样本包括1999年Compustat数据库中所有公司的公司公告、新闻报道和分析文件,样本时间跨度为1950—1998年的49年。由于本文考察的是会计数字与现金流之间随时间变化的关系模式,受监管公司被排除在样本之外。随着新公司进入Compustat数据库,整个样本规模从1950年的593家增至90年代末的约9 000家。为了确保结果的可比性,大多数分析是针对1968—1998年期间的896家公司(固定样本)进行的。

实证方法与模型构建

根据Basu(1997)的方法,本文通过股票收益率的符号识别坏消息和好消息的时期:

$$\frac{\mathrm{EPS}_{it}}{P_{i,t-1}} = \alpha_0 + \alpha_1 \mathrm{DR}_{it} + \beta_0 R_{it} + \beta_1 R_{it} \times \mathrm{DR}_{it} + \varepsilon_{it} \qquad (1)$$

其中,EPS_{it}表示盈余,为t年度公司i的每股收益;$P_{i,t-1}$表示公司i在年初的每股价格;R_{it}表示公司i在t财政年度结束前9个月开始的12个月内的股票收益率;DR_{it}为哑变量,若R_{it}为负值取值为1,否则取值为0。

本文使用四种方法估计美国过去四十多年财务报告稳健性的程度和变化:
(1) 负的非经营性应计利润的累积;
(2) 由回归模型(1)得出的好消息和坏消息时期的盈余—收益率关系;
(3) 盈余和现金流的时间序列特征;
(4) 市账比。

稳健性没有一个被普遍接受的定义,很难通过一个甚至几个单一指标来衡量稳健性程度。因此,本文关于上述各项指标的证据应被视为报告稳健性趋势的指示性证据。

研究思路与研究结论

负的非经营性应计利润的累积

本文分全样本和固定样本进行研究。过去四十多年报告亏损的公司在全样本中所占比例显著增大,亏损比例的增大反映了多年来报告盈利能力的下降。对于全样本和固定样本,盈利能力(ROA)多年来持续下降。表1列出了固定样本的其他四个盈利能力指标的描述性统计结果。第一,持续经营收入与资产之比(A栏)的描述性结果表明,盈利能力随时间而下降,特别是20世纪70年代中期以后。第二,息税前利润(EBIT)与资产之比(B栏)抵消了杠杆率上升对盈利能力的影响,即在考虑利息费用之后,盈利能力下降依旧存在。第三,净利润与销售额之比(C栏)显示盈利能力大幅下降,与ROA反映的现象相一致。第四,净利润与所有者权益账面价值之比(D栏)反映了杠杆率上升对股东收益的影响;然而,由于账面价值为负的公司越来越多,与这一指标有关的结果并不明确。

表 1　盈利能力的变化

期间	持续经营收入与资产之比（A）		EBIT 与资产之比（B）		净利润与销售额之比（C）		净利润与所有者权益账面价值之比（D）	
	均值	中位数	均值	中位数	均值	中位数	均值	中位数
1950—1955 年	0.082	0.077	0.177	0.165	0.067	0.059	0.075	0.072
1956—1960 年	0.075	0.069	0.154	0.141	0.063	0.055	0.081	0.076
1961—1965 年	0.070	0.066	0.141	0.127	0.062	0.052	0.130	0.122
1966—1970 年	0.066	0.062	0.138	0.125	0.057	0.050	0.116	0.121
1971—1975 年	0.057	0.055	0.126	0.118	0.049	0.043	0.099	0.113
1976—1980 年	0.066	0.067	0.143	0.140	0.055	0.049	0.125	0.142
1981—1985 年	0.049	0.054	0.114	0.118	0.039	0.042	0.072	0.121
1986—1990 年	0.038	0.047	0.097	0.102	0.033	0.040	0.060	0.117
1991—1998 年	0.032	0.043	0.082	0.091	0.023	0.037	0.067	0.110

本文经过分析发现,盈利能力的下降以及亏损比例的上升在不同规模、不同行业的公司中普遍存在。值得思考的是,亏损比例的增大和盈利能力的恶化反映了企业经济业绩的实际下降,而且是会计处理的结果。因此,采用不受权责发生制影响的衡量公司业绩的指标(即经营活动现金流),可能是解决上述问题的一个途径。分析样本期内现金流与资产负债率的变化发现,随着时间的推移,负现金流的发生率没有增加,资产负债率也没有下降。这些结果有力地表明,盈利能力的下降并不是潜在现金流分配变化的结果,而是由现金流与盈余之间关系的变化(即应计项目的变化)导致的。

本文还排除了重组、并购、养老金和退休福利成本增加、经济增长以及通货膨胀等可能导致盈利能力下降和累计盈余为负的解释,有力支持了盈利能力下降和累计盈余为负是会计稳健性提高的结果。

盈余—收益率关系

表 2 列示了基于模型(1)回归得到的 5 年期盈余—收益率关系的四种衡量方式的年均值。结果表明,财务报告总体上是稳健的,因为它延缓了对好消息的识别,加速了对坏消息的识别。更重要的是,随着时间的推移,这些指标所体现的稳健性程度显著提升。第一个衡量指标 β_1 是坏消息相对于好消息的增量反应,其在 1950—1998 年各子样本期间内显著为正;随着时间的推移,β_1 显著增大。这些结果表明,与会计稳健性相一致,收益率(即股价变化)反映坏消息的速度比反映好消息更快,并且随着稳健性程度的提高,近年来人们对坏消息和好消息反应时间的差别越来越明显。第二个衡量指标 $(\beta_0+\beta_1)/\beta_0$ 显示了类似的结果,这一比率始终大于 1,表明该指标更倾向于及时识别坏消息。此外,对坏消息的"过度反应"在样本后段时期更为明显。同样,在样本期内,基于模型(1)得到的第三个指标在坏消息时期的模型解释力度比在好消息时期的模型解释力度的增长幅度更大。表 2 最后

一列显示了"盈余总偏差"指标,它表示对坏消息的过度反应和对好消息的反应不足而对盈余产生的影响,这一偏差随着时间的推移而增大。综上所述,基于模型(1)回归的盈余—收益率关系的四个衡量指标都表明,随着时间的推移,财务报表的稳健性有所增强。

表 2 好消息时期和坏消息时期盈余—收益率关系的差异

期间	N	α_0	α_1	β_0	β_1	Adj. R^2	$\dfrac{\beta_0+\beta_1}{\beta_0}$	$\dfrac{R^2_{坏消息}}{R^2_{好消息}}$	盈余总偏差
整个期间	23 612	0.077	0.002	0.048	0.133	7.54	3.77	3.92	0.011
		(58.51)	(1.01)	(17.77)	(15.05)				
1950—1955 年	544	0.095	0.005	0.026	0.019	7.56	1.73	0.71	0.002
		(25.13)	(0.60)	(4.88)	(1.85)				
1956—1960 年	612	0.065	0.012	0.034	0.057	8.01	2.68	1.61	0.010
		(23.87)	(2.14)	(6.45)	(2.24)				
1961—1965 年	1 080	0.080	0.006	0.023	0.074	13.63	4.22	1.95	0.011
		(38.93)	(1.78)	(5.18)	(3.65)				
1966—1970 年	1 978	0.063	0.005	0.025	0.085	12.58	4.28	2.22	0.013
		(30.70)	(1.86)	(8.73)	(5.86)				
1971—1975 年	2 930	0.092	0.006	0.052	0.199	10.83	4.83	2.89	0.012
		(20.20)	(1.85)	(9.43)	(6.28)				
1976—1980 年	3 616	0.142	0.005	0.043	0.292	10.95	7.79	2.73	0.025
		(43.08)	(1.81)	(6.63)	(8.90)				
1981—1985 年	3 658	0.082	0.015	0.020	0.346	9.64	18.30	8.10	0.023
		(22.84)	(2.14)	(3.75)	(7.19)				
1986—1990 年	3 705	0.068	0.005	0.025	0.449	12.09	18.96	18.25	0.026
		(19.36)	(1.79)	(2.83)	(12.02)				
1991—1998 年	5 481	0.047	0.005	0.021	0.521	9.41	25.81	22.17	0.031
		(16.73)	(1.96)	(3.82)	(12.87)				

盈余和现金流的时间序列特征

如前所述,稳健性会计制度的一个基本特征是财务报表中对不利事件的及时、充分确认和对有利事件的延迟、逐步确认。如果存在这种倾向,那么盈余分布将出现负向倾斜。图 1 描述了 ROA 分布随时间的偏态变化。上述各分析中的偏态被定义为 $E(x-\mu)^3/\sigma^3$,其中 x 为 ROA,μ 和 σ 分别为 ROA 的均值和标准差。结果表明,在大多数时期,盈余分布确实存在负向倾斜;更重要的是,随着时间的推移,负向倾斜程度越来越大。而现金流时间序列没有呈现这种趋势。盈余分布的负偏态与稳健性的表现一致,负偏态的增加与稳健性的增加一致。

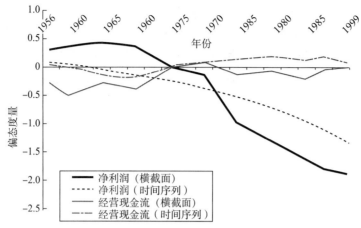

图 1　盈余(以净利润表征)和现金流的时间序列与横截面偏态

表 3 列示了盈余分布波动性的结果。在全样本和固定样本中,ROA 的标准差有所增大。研究结果还表明,盈余分布离散程度的增大在不同规模、不同行业的企业中普遍存在。表 3 的最后一栏显示,现金流(CFO)的标准差保持相对稳定,与随时间而增大的盈余离散程度相反。

表 3　ROA 与 CFO 的波动性

期间	ROA 的标准差		CFO 的标准差
	全样本	固定样本	固定样本
1951—1955 年	0.043	0.039	0.084
1956—1960 年	0.052	0.044	0.073
1961—1965 年	0.060	0.051	0.085
1966—1970 年	0.081	0.058	0.088
1971—1975 年	0.119	0.065	0.084
1976—1980 年	0.165	0.090	0.083
1981—1985 年	0.337	0.145	0.092
1986—1990 年	0.437	0.198	0.093
1991—1998 年	0.517	0.287	0.086

为了确定盈余分布波动性增大的原因,并将其与会计应计项目更紧密地联系起来,本文将年度 ROA 的方差(Var)分解为:

$$\mathrm{Var}(\mathrm{ROA}) = \mathrm{Var}\left(\frac{\mathrm{CFO}}{\mathrm{Assets}}\right) + \mathrm{Var}\left(\frac{\mathrm{Accruals}}{\mathrm{Assets}}\right) + 2\mathrm{COV}\left(\frac{\mathrm{CFO}}{\mathrm{Assets}}, \frac{\mathrm{Accruals}}{\mathrm{Assets}}\right) \qquad (2)$$

分解结果如图 2 所示,会计应计项目从两个方面加剧了盈余波动性。其一,ROA 权责发生制(Accruals)部分的方差大幅增加。其二,现金流(CFO)与权责发生制之间的协方差(COV 线)大幅下降。近年来,盈余指标的方差超过了现金流指标的方差。对这些成分随时间变化的研究表明,非经营性应计的方差是近几十年来盈余波动性增大的主要影响因素。

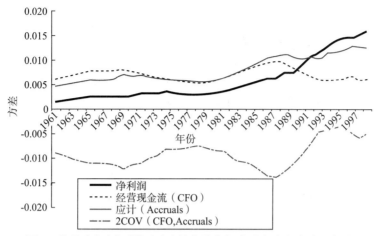

图 2　将盈余(以净利润表征)的方差分解为现金流和应计两部分

市账比

本文对财务报告稳健性程度的衡量依赖于所有者权益的市场价值和账面价值之间的关系。如果投资者对股票的估值基于未来现金流的现值,那么当会计计量更为稳健时,市净率和市盈率往往会更高。图 3 中的实线显示了固定样本公司的总市场价值与总账面价值之比(市账比)随时间变化的形态。虚线显示了经非经营性应计项目调整之后的市账比,20 世纪 70 年代中期至 1998 年期间市账比水平变化相对较小;然而,所观察到的市账比随时间的变化形态可能反映了市场增长预期的变化,而不是稳健性程度的变化。

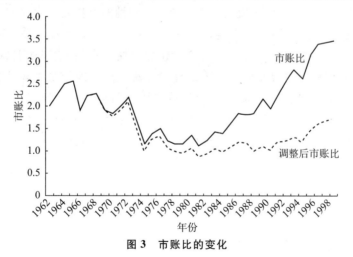

图 3　市账比的变化

为了控制增长预期,本文按照预期增长率将所有公司分为五组,并测算 1968—1980 年和 1981—1998 年两组子样本时期内每个投资组合的市账比中位数。本文使用两个代理变量来衡量预期增长,一个是公司在接下来五年($t+1$ 到 $t+5$)销售额的年度几何增长率,另一个是前五年($t-5$ 到 t)销售额的实际年度几何增长率。表 4 表明,第二个子样本期间的市账比较高,而每个子样本期间的市账比随预期增长而增大。表 4 最后两列的结果显示,在控制增长之后,第一个子样本期间调整后市账比的中位数与第二个子样本期间并无明显差异。因此,近年来所观察到的较高的市账比,可能是由账面价值下降造成的。

表 4　市账比

增长组合	预期增长率中位数（%）		市账比中位数		调整后市账比中位数	
	1968—1980年	1981—1998年	1968—1980年	1981—1998年	1968—1980年	1981—1998年
所有组合（n = 21 320）	13.5	6.9	1.30	1.67	1.24	1.26
增长率分组组合						
1：最低增长	0.4	-1.3	0.92	1.29*	0.98	1.05
2	5.6	5.2	1.09	1.59*	1.10	1.24
3	9.5	9.2	1.26	1.68*	1.23	1.37
4	13.3	12.3	1.48	1.78*	1.42	1.59**
5：最高增长	21.2	20.2	1.84	1.95	1.73	1.71

局限性与展望

尽管本文的每一项检验都存在局限性，但整体上看，研究结果表明过去四十多年的财务报告更趋稳健。会计准则本身具有稳健性已得到广泛承认，但是会计稳健性的变化趋势很少受到研究人员的关注。由于缺乏一个对会计稳健性的可接受的定义，也欠缺经过验证的稳健性水平的衡量方式，因此很难得出更明确的结论。尽管如此，更为稳健的会计准则（处理）表明，当前股市的高市账比以及普遍存在的亏损，并不一定表明股票定价过高。现有研究普遍认为，市账比的增大是由于传统会计方法未能正确衡量主要的价值驱动因素，如研发投入、人力资源和信息技术等。然而，这些资产负债表外无形资产对市账比的影响与本文所测量的稳健性截然不同。虽然无形资产投资的直接费用化反映了稳健性，但它不会产生任何应计利润。因此，不论是无形资产本身还是近年来这类资产的显著增加，都不能解释负向应计利润的累积。

交流区

会计盈余一直是财务信息使用者关注的焦点，稳健性是会计信息确认和计量的重要原则。在本文发表之前，虽然稳健性已经受到广泛关注，但并没有人注意到稳健性程度的跨时间变化，本文的发现扩展了这一研究领域。本文发现，过去四十多年（1950—1998年），财务报告稳健性不断提高，同时稳健性本质上是一个收入和支出相对于相应现金流的时间和顺序的问题。本文所采用的会计稳健性衡量方法——应计模型，获得其他学者的广泛认可并被应用到大量的研究中。

文献 26　会计稳健性、盈余质量与股票收益

经典文献：Stephen H. Penman,[1] Xiaojun Zhang.[2] Accounting Conservatism, the Quality of Earnings, and Stock Returns. *The Accounting Review*, 2002, 77(2): 237-264.

机构：[1]Columbia University；[2]University of California at Berkeley

被引：总计 1 875 次，年均 93.75 次

文献概述：王鹏

研究概述：当企业采用稳健的会计政策时，投资规模的变化会影响其盈余质量。增加投资将降低当期盈余并形成未来储备盈余，降低投资将释放这些储备盈余并增加当期盈余。如果投资额的变动是短暂的，那么当期盈余也会短暂增加或减少，从而无法有效预测未来盈余。本文构建了投资与会计稳健性的联合测度指标，发现该测度方法体现了净经营性资产未来收益率与当期收益率之间的差异。这些测度方法也预测了股票收益率，显示投资者并未充分认识到稳健性和投资额的变动会如何影响盈余质量。

核心概念：会计稳健性　盈余质量　股票收益率　会计政策　投资规模

文献背景

有关盈余质量的文献已极为丰富，然而现有研究较少关注在不改变会计政策和会计估计的前提下如何实现对盈余质量的评价。因为会计政策或会计估计一旦确定就会保持较长时间，影响企业短期盈余的主要因素是企业的(**真实**)**投资活动**(real investment)。盈余管理或盈余操纵问题可能并非管理层有意为之，或者即使是有意为之，管理层也需要充分掌握及知晓真实活动与会计政策对企业盈余的影响。因此，在特定会计政策下，真实投资活动与企业利润或盈余之间关系的特征会发生变化。会计稳健性是影响企业资产负债表及利润表的重要因素。已有的稳健性研究主要从会计政策、盈余质量和投资行为三个方面着手：Zhang(1998)和 Penman(2000)主要基于会计政策选择，如先进先出法、加速折旧法等界定、测度、分析其对盈余质量的影响；Basu(1997)从盈余信息视角，分析会计稳健性的影响因素；Feltham 和 Ohlson(1995)则从企业估值角度，将会计稳健性定义为净资产账面价值与企业长期估值的差异。此后，针对会计稳健性的测度、影响因素及经济后果的相关文献层出不穷，是会计研究领域的重要方向之一。

研究思路

基于稳健的会计政策选择，本文分析与解释会计稳健性、投资决策与会计盈余之间的关系。以存货计价的后进先出法为例，当存货价格持续上升时，相比于先进先出法，后进先出法计价原则下资产负债表存货的账面价值更低。因此当存货价格上升时，后进先出法计价更为谨慎，企业利润或盈余也会更低。在稳健的会计政策下，后进先出法可为企业未来储备(隐藏)盈余扩展空间。会计稳健性同样也会影响会计收益率：当资产不变时，稳健会

计政策下净资产收益率提升,因为稳健的会计政策将降低净资产的账面价值。资产增加将导致净资产收益率的降低,却会提升企业未来的预期利润或盈余及剩余收益。因此,投资增长率将提升净资产收益率。在上述逻辑下,本文检验了会计收益率的短期变化以及股票市场定价是否与投资者对盈余质量的偏好相一致。

研究假设

从根源上看,会计稳健性会影响资产负债表的质量,进而影响资产负债项目的账面价值。但是,资产负债项目的账面价值也会对盈余的计量产生影响。在此逻辑下,盈余变化和会计稳健性就产生了关联。伴随着投资的增长,企业盈余会随之降低,但是相对降低的盈余实质上是为企业未来**储备盈余**(reserve earnings)。企业通过减少投资或降低投资增长率,可以增加当期盈余、减少未来储备盈余。因此,短期投资额的变动会导致盈余的短期变化。

假设1 盈余的短期变化与稳健的会计政策相关。

传统研究认为稳健性使得账面利润或盈余更低、盈余质量更高。本文则认为稳健性会导致盈余质量降低,资本市场不会对较低的盈余质量做出反应。以分析师为代表的股票市场参与者认为,利润表中经常性项目引起的盈余具有较高的持续性,由此会做出积极的反应并给出较高的定价。而稳健的会计政策会导致盈余短期变化,进而盈余持续性降低,而股票市场视短期盈余变化为低质量的盈余,不会对此做出反应。

假设2 短期盈余无法持续,股票市场并不会对此做出反应。

样本选择

本文选取1975—1997年纽约证券交易所(NYSE)和美国证券交易所(AMEX)的非金融类上市公司为样本,数据主要来自Compustat年度行业研究数据库;月度股票收益率统计至1997年12月,数据来自CRSP数据库。

研究模型

为实证检验会计稳健性、盈余质量与股票收益的关系,本文构建了会计稳健性(C-Score, C_{it})和盈余质量(Q-Score, Q_{it})的测度模型。

首先,会计稳健性的测度模型为:

$$C_{it} = \frac{ER_{it}}{NOA_{it}} = \frac{INV_{it}^{res} + RD_{it}^{res} + ADV_{it}^{res}}{NOA_{it}} \quad (1)$$

该指标由资产负债表经营性项目引起的储备盈余计算得出,包括存货 INV_{it}^{res}、研发支出 RD_{it}^{res} 和广告费用 ADV_{it}^{res};NOA_{it} 为非经营性资产,等于经营性资产账面价值减去经营性负债账面价值。上述项目在特定的会计政策和方法下会引起盈余差异,可以测度会计稳健性。

其次，构建盈余质量指标：

$$Q_{it} = 0.5 \times Q_{it}^A + 0.5 \times Q_{it}^B \tag{2}$$

其中，Q_{it}^A 为会计稳健性指标 C_{it} 的当期变化：

$$Q_{it}^A = \frac{\text{ER}_{it}}{\text{NOA}_{it}} - \frac{\text{ER}_{it-1}}{\text{NOA}_{it-1}} \tag{3}$$

ER 是储备盈余的估计值；若 Q^A 得分较高则意味着企业储备盈余的速度快于净经营性资产增长率，若 Q^A 得分较低则意味着储备盈余减少。Q_{it}^B 是企业的储备盈余与行业均值的比较：

$$Q_{it}^B = \frac{\text{ER}_{it}}{\text{NOA}_{it}} - \left(\frac{\text{ER}_{it}}{\text{NOA}_{it}}\right)_{行业均值} \tag{4}$$

Q_{it}^B 项目绝对值得分较高意味着储备盈余是短期和暂时的。

本文主要进行分组比较，将盈余质量区分为高低两组，比较计算 Q-Score 前后五年的变化。

| 研究结论与创新 |

在稳健的会计政策下，投资增长抑制了企业利润或盈余和会计收益率，但可为企业创造未来的留存利润（储备盈余）。随着投资放缓，留存利润将逐步回归至企业财务报表，带来更高的利润或盈余及收益率。如果企业投资规模发生短期变化，投资对利润或盈余和股票收益率的影响也是短暂的，这就是所谓的盈余持续性问题。本文构建了稳健性指标体系和盈余质量指标体系，识别了稳健会计政策下因投资额变动而导致的低盈余质量，同时发现盈余质量得分也能够有效预测股票收益率，因此股票收益率可以作为发现低质量盈余的分析工具。对于实施稳健会计政策的企业，本文的研究结论意味着股票市场并未有效识别其盈余质量。

交流区

会计稳健性作为影响会计信息编制与披露质量的重要因素，对投资者等市场参与者的决策具有重要影响。区别于 Ball 和 Brown(1968) 及 Basu(1997) 基于盈余—收益率关系测度会计稳健性，Penman 和 Zhang(2002) 从企业选择稳健的会计政策（如存货计价方法、研发支出费用化、广告支出费用化等）角度构建非条件下的会计稳健性测度方法，用于分析稳健性对企业盈余质量的影响，提出稳健的会计政策选择创造储备盈余，以便为盈余持续性作铺垫。本文提出的非条件稳健性与 Ball 和 Shivakumar (2005) 提出的条件稳健性为后续会计稳健性的全面研究奠定了基础。

【主题结语】

稳健性原则由来已久,最早可追溯至中世纪的会计理论。作为对会计估值影响最久远、最深刻的会计原则(Sterling,1967),会计稳健性在会计发展史中的重要地位不言而喻。各国会计准则制定机构都将稳健性作为重要的会计原则体现在会计准则之中。然而,对于会计稳健性的定义、驱动因素及测度尚未达成共识,特别是如何有效测度会计稳健性是识别会计稳健性在会计程序、财务报告质量、估值等过程中发挥重要作用的基础。Ball(1972)以及Watts和Zimmerman(1986)都涉足对会计稳健性的测度,但真正被认可的会计稳健性经验研究的测度方法则始于Basu(1997),其借助盈余—收益率关系模型发现"坏消息"会比"好消息"更快地反映在盈余信息之中。此后几十年间,引用Basu(1997)经验证据的文献层出不穷,将会计稳健性的实证研究推上高潮。这些研究主要关注会计稳健性的变化趋势(Givoly和Hayn,2000)、国家制度差异引起的会计稳健性差异(Ball等,2000)、会计稳健性的影响因素(Bushman和Piotroski,2006;Chen等,2008)及其对盈余质量及股票收益的影响(Penmman和Zhang,2002),等等。当然,关于会计稳健性的研究仍在继续,如何更有效地加强会计稳健性在会计理论与会计实务中的作用,特别是基于不同制度、不同文化背景下会计稳健性的发展、演进及测度将是学术界和实务界持续关注与亟待解决的核心问题。

【推荐阅读】

1. Ahmed A S, Billings B K, Morton R M, et al. The Role of Accounting Conservatism in Mitigating Bondholder-Shareholder Conflicts Over Dividend Policy and in Reducing Debt Costs[J]. *The Accounting Review*, 2002, 77(4):867-890.

2. Ahmed A S, Duellman S. Accounting Conservatism and Board of Director Characteristics:An Empirical Analysis[J]. *Journal of Accounting and Economics*, 2007, 43(2-3):411-437.

3. Ball R, Kothari S P, Nikolaev V. Econometrics of the Basu Asymmetric Timeliness Coefficient and Accounting Conservatism[J]. *Journal of Accounting Research*, 2013, 51(5):1071-1097.

4. Bushman R M, Piotroski J D. Financial Reporting Incentives for Conservative Accounting:The Influence of Legal and Political Institutions[J]. *Journal of Accounting and Economics*, 2006, 42(1-2):107-148.

5. Chen Q, Hemmer T, Zhang Y. On the Relation Between Conservatism in Accounting Standards and Incentives for Earnings Management[J]. *Journal of Accounting Research*, 2008, 45(3):541-565.

6. Givoly D, Hayn C K. The Changing Time-Series Properties of Earnings, Cash Flows and Accruals:Has Financial Reporting Become More Conservative[J]. *Journal of Accounting and Economics*, 2000, 29(3):287-320.

7. Goh B W, Li D. Internal Controls and Conditional Conservatism[J]. *The Accounting Review*, 2011, 86(3):975-1005.

8. Khan M, Watts R L. Estimation and Empirical Properties of a Firm-Year Measure of Accounting Conservatism[J]. *Journal of Accounting and Economics*, 2009, 28:132-150.

9. Kwon Y K. Accounting Conservatism and Managerial Incentives[J]. *Management Science*, 2005, 51(11):1626-1632.

10. LaFond R, Roychowdhury S. Managerial Ownership and Accounting Conservatism[J]. *Journal of Accounting Research*, 2008, 46(1): 101-135.
11. LaFond R, Watts R L. The Information Role of Conservatism[J]. *The Accounting Review*, 2008, 83(2): 447-478.
12. Lara J M G, Osma B G, Penalva F. Accounting Conservatism and Corporate Governance[J]. *Review of Accounting Studies*, 2009, 14(1): 161-201.
13. Nikolaev V V. Debt Covenants and Accounting Conservatism[J]. *Journal of Accounting Research*, 2010, 48(1): 51-89.
14. Qiang X. The Effects of Contracting, Litigation, Regulation, and Tax Costs on Conditional and Unconditional Conservatism: Cross-Sectional Evidence at the Firm Level[J]. *The Accounting Review*, 2007, 82(3): 759-796.
15. Roychowdhury S, Watts R L. Asymmetric Timeliness of Earnings, Market-to-Book and Conservatism in Financial Reporting[J]. *Journal of Accounting and Economics*, 2007, 44(1): 2-31.
16. Ruch G W., Taylor G. Accounting Conservatism: A Review of the Literature[J]. *Journal of Accounting Literature*, 2015, 34(C): 17-38.
17. Watts R L. Conservatism in Accounting Part I: Explanations and Implications[J]. *Accounting Horizons*, 2003a, 17(3): 207-221.
18. Watts R L. Conservatism in Accounting Part II: Evidence and Research Opportunities[J]. *Accounting Horizons*, 2003b, 17(4): 287-301.
19. 杜兴强,雷宇,郭剑花. 政治联系、政治联系方式与民营上市公司的会计稳健性[J].《中国工业经济》,2009(7):87-97.
20. 李争光,赵西卜,曹丰,等. 机构投资者异质性与会计稳健性——来自中国上市公司的经验证据[J].《南开管理评论》,2015(3):111-121.
21. 刘峰,周福源.国际四大意味着高审计质量吗——基于会计稳健性角度的检验[J].《会计研究》,2007(3):79-87+94.
22. 毛新述,戴德明.会计制度变迁与盈余稳健性:一项理论分析[J].《会计研究》,2008(9):26-32+95.
23. 饶品贵,姜国华.货币政策波动、银行信贷与会计稳健性[J].《金融研究》,2011(3):51-71.

第4章

财务报告

文献27　财务报告的边界与拓展

经典文献：Baruch Lev, Paul Zarowin. The Boundaries of Financial Reporting and How to Extend them. *Journal of Accounting Research*, 1999, 37(2): 353-385.

机构：New York University

被引：总计3 116次，年均141.64次

文献概述：景兴涛

研究概述：相较于市场中的全部信息，本文研究了会计信息对投资者的有用性。结果表明，过去二十多年，财务报告中的盈余（即利润）、现金流和账面（权益）价值的有用性持续下降。本文发现，在投资者对相关信息需求不断增加的情形下，监管机构为提高会计信息的质量和及时性而不懈努力，这种信息有用性的下降趋势正在发生变化。无论是为创新、竞争还是放松管制所驱动，这种变化对企业运营和经济状况的影响都无法在当期报告系统中得到充分反映。本文通过两步验证了推测，即经济环境变化是导致会计信息含量减少的重要因素。其一，本文提供了过去二十多年美国商业企业经历经济环境变化的比率正逐年增大的证据；其二，本文将这一逐年增长的比率与会计信息有用性的下降联系在一起。

本文考虑了企业创新活动——这一发达经济体改革主要驱动力的核算，拓展了研究范畴。创新活动，主要体现为对无形资产（如研发、信息技术、品牌和人力资源）的投资，正在不断改变着企业的产品、运营、经济状况和市场价值。本文认为当前对无形资产的会计核算系统中最难以反映的是企业价值和绩效，主要原因是成本与利润不匹配。通过记录经济环境变化与研发支出变化之间的正相关性，以及盈余信息含量下降与研发支出变化之间的相关性，本文证明了无形资产会计处理的不利信息后果。

基于无形资产投资对商业环境变化的影响，本文将无形资产投资日益增长的重要性与会计信息有用性的下降联系起来，从而解决了如何规避这种下降趋势的规范性问题。本文提出了两项建议：无形资产投资的全面资本化和财务报告的系统性重述。第一个建议将当前特定情境下的做法推广至日常业务（如软件开发成本的处理）；第二项建议对当前会计实务而言是一项根本性的商业变革。

核心概念：财务报告　价值相关性　有用性　商业变革

文献背景

本文共包含四方面内容：财务信息有用性下降，业务量变化与财务报表有用性下降，无形资产、创新和业务量变化，财务信息有用性上升。

在对财务信息有用性下降的研究方面，Lev(1989)发现利润与股票收益之间的关联很弱。在一年的回报期内，利润或盈余仅能解释股票收益变化的5%—10%。Lang(1991)发现，经营历史较长公司的利润更具信息含量。Francis 和 Schipper(1999)、Ely 和 Waymire (1996)、Ramesh 和 Thiagarajan(1995)、Chang(1998)及 Brown 等(1998)研究了资本市场变量与财务数据之间的时间关联。虽然这些研究使用 R^2 衡量方法均发现股票收益与利润之间渐弱的关联关系，但水平回归(基于利润+净资产账面价值的股价)的结果却是混杂的。Collinsdeng 等(1997)、Francis 和 Schipper(1999)得出 1951—1993 年的利润和净资产账面价值的股价关联关系是稳定的；相反，Chang(1998)使用各种替代方法得出，过去四十多年利润和净资产账面价值的股价相关性有所下降。Brown 等(1998)也发现了股价与"利润+账面价值"之间关联性的下降，这一现象可以由规模差异加以解释。

在业务量变化与财务报表有用性下降的研究方面，Hayn(1995)发现损失能够解释部分股票收益与盈余关系的下降，而 Collins 等(1997)将利润和净资产账面价值的股价相关性的转移归因于一次性项目重要性的不断提升以及亏损频率的不断增加。

在无形资产、创新和业务量变化的研究方面，Collin 等(1997)、Francis 和 Schipper (1999)探讨无形资产研发强度和研发收益相对于利润，或股价相对于"利润+净资产账面价值"R^2间的关系，发现与无形资产研发投入较少的公司相比，无形资产研发投入较大公司的股价(或收益)与财务数据之间的关联性更弱。

在财务信息有用性上升的研究方面，Lev 和 Sougiannis(1996)发现在控制了报告的净资产账面价值后，研发投入的资本化数额与股价显著相关。类似地，Aboody 和 Lev(1998)发现在控制了报告的账面价值和利润后，报告的软件开发支出资本化数额与股价显著正相关。Abrahams 和 Sidhu(1998)发现澳大利亚公司资产负债表上的研发支出或费用与股价显著相关；Barth 和 Clinch(1998)发现澳大利亚公司对无形资产价值的重估与股价相关，也与无形资产资本化可以改善市场价值的说法相吻合。此外，Finger 等(1996)认为考虑到财务信息的背景，对过去的财务报告进行重述是很有必要的。

研究思路

本文第一部分通过判断会计数据和资本市场数据(例如，股价和股票收益率)间的统计关系来评估财务信息对投资者的有用性。这一统计关系影响着投资者的行为，而其他对有用性的度量方法(例如，问卷调查和访谈)则反映出投资者的意见与观点。此外，市场数据和财务信息间的实证关系有助于评估会计数据相较于其他信息(例如，管理层自愿性信息披露和分析师推荐)的增量信息的决策有用性。

本文第二部分认为企业不断加快的业务量变化以及会计系统对业务量变化的延迟确认是财务信息有用性下降的主要原因，并提供了相关经验证据。本文首先记录影响企业的业务增长的变化速度,然后探讨业务量变化对会计信息有用性的意义。

本文第三部分为了检验随研发支出的增加,企业在 GAAP 下的研发支出与报告利润信息含量下降有关的假设,将 1976—1995 年的样本期间划分为三个子期间,并计算每个公司最近一个子期间(1989—1995 年)相对于最早一个子期间(1976—1983 年)的平均研发强度,然后重新估算四类公司股票年收益率相对于利润(水平及变化)的截面回归。

本文第四部分就增强财务信息有用性提出两点建议。一是将无形资产的资本化从现在的有限使用拓展为一种管理手段;二是对于财务报告的系统性重述(即对现有财务报告实务)进行实质性改革。

样本选择与实证模型

第一部分

首先,本文研究了盈余—收益率关系,检验了盈余或利润、现金流及账面价值随业务量变化的情况。第一个分析通过截面回归估计股票年收益率和利润的大小及变化,模型为:

$$R_{it} = \alpha_0 + \alpha_1 E_{it} + \alpha_2 \Delta E_{it} + \varepsilon_{it}, \quad t = 1977\text{—}1996 \quad (1)$$

其中,R_{it} 为公司 i 第 t 年的股票收益率,E_{it} 为公司 i 第 t 年特殊事项前的利润(Compustat 数据库#58 项),ΔE_{it} 为利润的年变化值。相关数据选自 Compustat 数据库和 CRSP 数据库。

判断利润信息含量的另一视角为综合**盈余反应系数**(earnings response coefficient, ERC),即利润水平和利润变化的斜率之和,反映了随着每一美元利润的变化而导致的股价平均变动。为了判断减弱的盈余—收益率关系是否由于数据库中新公司的加入所引起的,本文重做一次回归分析,使用相同期间的 1 300 个"不变样本"公司。

其次,本文研究了现金流—收益率关系。与利润相比,现金流因其不易被操纵以及受会计准则限制较小的特点,往往被认为更具信息含量。为验证这一说法,本文对 1977—1996 年进行逐年的截面回归:

$$R_{it} = \beta_0 + \beta_1 CF_{it} + \beta_2 \Delta CF_{it} + \beta_3 ACC_{it} + \beta_4 \Delta ACC_{it} + \varepsilon_{it}, \quad t = 1977\text{—}1996 \quad (2)$$

其中,R_{it} 为公司 i 第 t 年的股票收益率,CF_{it} 为公司 i 第 t 年的经营现金流量,ACC_{it} 为公司 i 第 t 年报告的应计利润,ΔCF_{it} 和 ΔACC_{it} 分别为相关变量的年度变化值。

最后,本文研究了股票收益率和股价的关系。借鉴 Ohlson(1995)的做法,本文对股价和"利润+每股净资产账面价值"进行回归,检验财务数据的相关性:

$$P_{it} = \alpha_0 + \alpha_1 E_{it} + \alpha_2 BV_{it} + \varepsilon_{it}, \quad t = 1977\text{—}1996 \quad (3)$$

其中,P_{it} 为公司 i 第 t 年年末的股价,E_{it} 为公司 i 第 t 年的每股收益,BV_{it} 为公司 i 第 t 年年末的每股净资产账面价值。

第二部分

首先,本文对业务量变化进行了计量。本文就期末权益账面价值及期末权益市场价值两个指标进行排序以记录样本公司的业务量变化,然后将每年的样本公司及其价值指标划分为 10 个规模相同的组合。本文通过投资组合转换的频率和幅度来衡量业务量变化的速度。换言之,就是随着时间的推移,公司从一个价值投资组合转移到另一个价值投资组合。

具体来说,本文通过从第 $t-1$ 年至第 t 年之间的投资组合变化来衡量公司的"绝对排名变化"。

其次,本文研究了业务量变化及盈余的价值相关性。为了将业务量变化的计量与盈余信息含量的下降相联系,本文先计算了样本公司跨期间的绝对排名变化,以反映公司在 1977—1996 年转换账面价值投资组合的次数。为了使公司特定的度量指标标准化,本文根据样本中公司存在的年限对其进行缩放。接下来,本文对稳定情况和变化情况下的公司分别进行了年度横截面盈余—收益率关系的回归。

最后,鉴于近期研究关注已报告的损失(Losses),本文在估计业务量变化与盈余信息含量下降间的关联性时检验这些损失的作用,尤其是增加对每年负每股收益公司的时间(Time_t)回归:

$$\text{估计} R_t^2 (\text{或 ERC}_t) = a + b\, \text{Time}_t + c\, \text{Losses} + \varepsilon_t, \quad t = 1978\text{—}1996 \quad (4)$$

研究结论与创新

本文发现过去二十多年财务信息对投资者的有用性系统性地下降,表现为资本的市场价值与关键财务变量——利润、现金流及账面价值之间关联性的减弱。本文确定了有用性下降的主要原因是业务量变化速度、变化的影响以及公司对业务量变化及其后果的会计处理不充分。伴随这种变化,财务数据信息含量的减损在实证上越发明显。在各种驱动变化的因素中,本文关注了无形资产投资,从而验证了这种关联性:无形资产→业务量变化→财务信息价值相关性减损。考虑到上述与报告缺陷有关的问题,本文提出两个可能会增强财务信息有用性的建议,即扩大无形资产投入资本化和对过去财务报告进行系统的重述。

局限性与展望

财务信息有用性下降的社会后果尚待研究。如果投资者能够从其他来源获取财务报告中越来越多的已丢失信息且无须增加成本,那么会计效用下降的社会后果可能不会很严重(但对会计师除外)。但是,初步证据表明,很难找到一种无成本的替代方式。

交流区

作为对研发支出会计准则经济后果的研究,本文基于财务报告披露前后股票价格的相关关系估计盈余公告的信息内容,发现盈余或利润、净资产账面价值和经营现金流信息在投资者决策中作用的有用性和稳定性持续下降,而且有着大量研发支出公司的信息恶化程度更大。后续,Aboody 和 Lev(2000)研究了所有 1985—1999 年向 SEC 报告的公司管理层进行的内部交易,结果表明研发支出密集公司的内部人获得的利得是其他公司内部人获得的利得的 4 倍以上。他们认为造成这一结果的原因在于有着较高研发支出水平的公司存在严重的信息不对称,并指出这种信息不对称可能会影响资本市场的公允性,因而导致严重的社会成本。

文献 28　财务报告是否已失去相关性

经典文献：Jennifer Francis,[1] Katherine Schipper.[2] Have Financial Statements Lost their Relevance? *Journal of Accounting Research*, 1999, 37(2): 319-352.

机构：[1] University of Chicago；[2] Duke University

被引：总计 3 072 次，年均 133.57 次

文献概述：牛芝尹

研究概述：本文发现财务报告对投资者的价值相关性有所下降。这一发现对会计师、会计准则制定者、教育工作者和审计师的影响引发了一系列的研究热潮与政策举措，其共同目标是改变当前的财务报告模式以提高财务报告的价值相关性。本文主要讨论并测试"财务报告随着时间的推移而失去相关性"这一主张的实证含义。本文提出实证方法以校准当前财务报告体系下财务报告数字的价值相关性，为实践中的财务报告功能论证提供实证证据，并为未来的财务报告体系变更是否会改变价值相关性提供一个评估的经验基础。

核心概念：价值相关性　会计信息解释能力　盈余关系　资产负债表关系　账面价值—盈余关系

文献背景

关于财务报告价值相关性下降的担忧和改变财务报告模式的建议主要来自学术界与执业会计师，这些关注主要集中于财务报告的内容，包括对当前财务报告内容相关性下降的原因和解决办法的研究，以及关于修订财务报告内容方面的建议。另外一些关注点和建议可以分为至少在原则上相互独立的三个类别：其一，可以选择改变报告内容而不改变报告频率来解决内容问题；其二，及时性问题可以通过更频繁地报告当前所需的信息来单独解决；其三，可以在不改变报告内容和报告频率的基础上要求不断重述财务报告或预测财务状况来改变报告信息的视角。

关于价值相关性，本文考虑四种可能解释：解释一为**财务报表信息**(financial statement information)[①]通过捕获股票价格漂移指向的内在股票价值来引导股票价格。这样，价值相关性将通过实施基于会计交易规则所产生的利润加以衡量。解释二为如果财务信息包含估值模型所使用的变量或有助于预测这些变量，财务信息就具有价值相关性。解释三和解释四基于财务信息与股票价格或股票收益之间的统计关联所表明的价值相关性。解释三的价值相关性用财务报表信息改变市场信息总体组合的能力来衡量，这种利用"新闻"来衡量的方式意味着价值相关信息会促使投资者修正其预期而改变股票价格，但在实证层面

[①] 文献中同时存在"财务报表"(financial statements)和"财务报告"(financial reports)提法，为准确表达文献的内在含义，"财务报表信息"(financial statement information)作为专有名词保留原文，而其他泛指的 financial statements 和 financial reports 均译为"财务报告"。——编者注

上应用时需要考虑到及时性和预期来形成的相关概念。解释四则考虑长窗口下财务信息与市场价值或股票收益之间的统计关联,价值相关性通过财务报表捕获或汇总影响股票价格的信息的能力加以衡量,不论影响股票价格的信息来源如何。本文的研究将基于解释四。

理论基础与样本选择

基于解释四,本文运用**长窗口**(15个月)**组合测试**(long-window portfolio tests),并以长窗口回归中的**可解释变异**(explained variation,R^2)作为统计关联指标。这些指标将价值相关性视作可从财务报表信息中获得的总收益的一部分,并通过可用财务报表信息解释的收益或市场价值的截面变化百分比来衡量。

首先,本文使用 OLS **与秩回归**(OLS and rank regressions)测试整个样本期的财务信息价值相关性的总体下降情况;其次,已有观点表示财务信息价值相关性下降的一个关键原因是会计模式适应创新的方式,因而本文对高科技企业和低技术企业的子样本进行价值相关性下降的测试;最后,为了解决样本组成随时间变化可能影响结果这一担忧,本文仅对纽约证券交易所上市公司、纳斯达克上市公司和所有年份数据均可用的公司进行相关性测试。

本文测试采用价值相关性指标对时间回归中斜率系数的符号而非大小的形式;在秩回归的基础上,本文还提供 OLS 结果以及关于时间和价值相关性指标之间特定非线性关系的回归结果。相比解释能力测试,本文更倾向于**投资组合测试**(the portfolio tests),因为后者可以控制**收益可变性的变化**(the changes in the variability of returns)。

全样本包括从 CRSP 数据库和 Compustat 数据库中获取的所有公司的年度观测值;SIGN_ΔEARN 对冲投资组合的股票数量从 1952 年的 393 只到 1994 年的 4 831 只不等;RATIO1 对冲投资组合在 1974—1994 年期间每年包含 1 460—1 888 只股票,而 RATIO2 对冲投资组合在 1953—1994 年期间则包含 274—3 624 只股票。

研究思路

投资组合度量

第一个相关性指标是投资组合度量(portfolio measures),侧重于 1952—1994 年基于对会计信息的预知而获得的市场调整收益率。为了增强结果与 Alford 等(1993)的可比性,本文计算基于会计信息形成的五个对冲投资组合的 15 个月(从公司财年的第 1 个月开始)市场调整收益率。

(1) SIGN_ΔEARN$_t$ 是指根据第 t 年非经常性项目前盈余变化的符号而形成的对冲投资组合。当 SIGN_ΔEARN 为正时,持有股票的多头头寸;当 SIGN_ΔEARN 为负时,持有股票的空头头寸。

(2) ΔEARN$_t$ 是指基于 ΔEARN$_{j,t}$ 的符号和大小而形成的对冲投资组合。先根据盈余变化对公司进行排名(基于年初市场价值进行平减),并形成一个等权重的对冲投资组合,然

后对组合中 $\Delta EARN_t$ 最高 40% 的股票持有多头头寸,对 $\Delta EARN_t$ 最低 40% 的股票持有空头头寸。

(3) $\Delta CASH_t$ 是指基于现金流百分比变化(占年初市场价值的百分比)而形成的对冲投资组合。

(4) RATIO1$_t$ 是指基于 Lev 和 Thiagarajan(1993)财务比率模型得出的基本价值而形成的对冲投资组合。具体而言,对于有可用数据的样本中的每一年,估计以下回归:

$$R_{j,t} = \alpha_{0,t} + \sum_{k=1}^{10} \alpha_{k,t} F_{j,k}^k + \varepsilon_{j,t} \tag{1}$$

其中,$F_{j,k}^k$ 是公司 j 在第 t 年的财务信号 k 的值。本文考察了 Lev 和 Thiagarajan(1993)简化模型包含的 10 个信号。

(5) RATIO2$_t$ 是指根据账面价值—收益和盈余的回归模型预测而形成的对冲投资组合。

$$R_{j,t} = \gamma_{0,t} + \gamma_{1,t} \Delta EARN_{j,t} + \gamma_{2,t} EARN_{j,t} + \gamma_{3,t} BV_{j,t} + \xi_{j,t} \tag{2}$$

其中,$R_{j,t}$ 是截至财年结束后 3 个月的 15 个月累计市场调整股票收益率;$\Delta EARN_{j,t}$ 是公司 j 第 t 年的非经常性损益项目前盈余减去第 $t-1$ 年盈余,按第 $t-1$ 财年年末的权益市值平减;$EARN_{j,t}$ 是第 t 年非经常性损益项目前盈余,按第 $t-1$ 财年年末的权益市值平减;$BV_{j,t}$ 是第 t 财年结束时公司 j 的每股账面价值。使用年度系数估计值时,根据被解释变量的预测值对观测值进行年度排序得到 $R'_{j,t}$,并对排名前 40% 公司的股票持有多头头寸,对排名后 40% 公司的股票持有空头头寸。

另外,对于每个基于会计信息的对冲投资组合及年份,将市场调整收益率(用 RET_t^H 表示)计算为基于**完全预期收益的对冲投资组合**(a perfect foresight returns-based hedge portfolio)收益率,之后用 RET_t^H 对第 t 年基于会计信息的对冲投资组合收益率进行平减,以控制市场调整收益率变化的时间序列差异。

会计信息对市场价值衡量方式的解释能力

本文衡量相关性的第二种方法考察了市场价值衡量方式和会计信息之间的三种同期关系。第一个关系考察了盈余对市场调整收益率的解释能力,即**盈余关系**(earnings relation);第二个关系考察了资产和负债解释权益的市场价值的能力,即**资产负债表关系**(balance sheet relation);第三个关系考察了账面价值和盈余解释权益的市场价值的能力,即**账面价值—盈余关系**(book value & earnings relation)。

(1) 盈余关系为:

$$R_{j,t} = \rho_{0,t} + \rho_{1,t} \Delta EARN_{j,t} + \rho_{2,t} EARN_{j,t} + \nu_{j,t} \tag{3}$$

本文参照 Easton 和 Harris(1991)的方法,用市场调整股票收益率对盈余变化和盈余水平(均为非经常性损益项目之前)进行回归。

(2) 资产负债表关系为:

$$MV_{j,t} = \pi_{0,t} + \pi_{1,t} ASSETS_{j,t} + \pi_{2,t} LIABS_{j,t} + \xi_{j,t} \tag{4}$$

其中,$MV_{j,t}$ 为第 t 财年年末公司 j 的每股市场价值,$ASSETS_{j,t}$ 为第 t 财年年末公司 j 总资产的每股账面价值，$\text{LIABS}_{j,t}$ 为第 t 财年年末公司 j 总负债的每股账面价值。

（3）账面价值—盈余关系为：

$$\text{MV}_{j,t} = \delta_{0,t} + \delta_{1,t} \text{BV}_{j,t} + \delta_{2,t} \text{EARN}_{j,t} + \xi_{j,t} \tag{5}$$

| 研究结论与创新 |

本文考察了一种流行的说法，即随着时间的推移，特别是 1952—1994 年期间，财务信息变得越来越不具价值相关性。研究表明，基于盈余的符号和幅度、收益—账面价值关系的水平和变化以及各种基本信号的完全预知交易策略的收益率均在样本期内有所下降；然而，基于现金流和（仅）盈余符号的收益率并未随时间发生显著变化。随着时间的推移，盈余水平和盈余变化的解释能力显著降低。相比之下，资产和负债账面价值（单独或与盈余相结合）对权益的市场价值的解释能力进行的测试没有提供任何证据表明资产负债表关系或账面价值—盈余关系的可解释变异有所下降。实际上，本文发现了相反的结果。总之，本文提供了关于 1952—1994 年期间财务报告是否失去价值相关性的混合证据，并验证了高科技企业相比低技术企业没有经历过更大的价值相关性下降的冲击。

| 局限性与展望 |

本文并未对价值相关性的任何变化来源进行评论，但未来的研究可通过考察已记录变化的可能解释对财务报告价值相关性变化展开更有力的测试。本文对价值相关性的其他分析还将增进大众对财务报告于投资者而言的决策有用性的理解。

交流区

作为对主流观点的实证检验，本文选取了一个足够长的区间样本来考察财务报告和价值相关性之间的关联，并着重突出了企业技术水平对财务报告价值相关性的影响程度，给后续研究提供了实用的范式。

文献 29　财务报告质量与投资效率的关系

经典文献：Gary C. Biddle[1], Gilles Hilary[2], Rodrigo S. Verdi[3]. How Does Financial Reporting Quality Relate to Investment Efficiency? *Journal of Accounting and Economics*, 2009, 48(2-3): 112-131.

机构：[1]The University of Hong Kong；[2]HEC Paris；[3]Massachusetts Institute of Technology

被引：总计 2 777 次，年均 198.36 次

文献概述：张欣越

研究概述：以前的证据表明更高质量的财务报告能够改善**资本投资效率**（capital investment efficiency),但高质量的财务报告能否降低**过度投资**(over-investment)或缓解**投资不足**(under-investment)问题尚未有定论。本文证明财务报告质量和公司过度投资(投资不足)之间存在有条件的负向(正向)关系。财务报告质量越高,公司偏离预期投资水平的程度越小,且对宏观经济环境的敏感性越小。这些结果表明财务报告质量和投资效率之间的关系机制可能在于,高财务报告质量能够降低阻碍有效投资的经济摩擦,如**道德风险**(moral hazard)和**逆向选择**(adverse selection)。

核心概念: 财务报告质量　资本投资　投资有效性或投资效率

文献背景

之前的研究表明更高质量的财务报告能够提高投资效率(Bushman 和 Smith,2001;Healy 和 Palepu,2001;Lambert 等,2007)。与上述研究一致,Biddle 和 Hilary(2006)发现当用较低的投资现金流敏感度代表较高的投资效率时,财务报告质量与投资效率正相关。然而,投资现金流敏感度也能够反映财务约束或现金过量(Kaplan 和 Zingales,1997,2000;Fazzari 等,2000)。这些结果提出了进一步的问题:更高质量的财务报告能否减弱过度投资或投资不足? 本文为这两方面的研究提供了证据。

本文提出财务报告质量和投资效率的关系与公司和外部资本提供者之间的**信息不对称**(information asymmetry)的减少有关。比如,在有资金约束的公司中,较高的财务报告质量使投资者更容易接触到这类公司正净现值的投资项目,同时减少这类公司在证券发行中的逆向选择,最终实现吸引资本的目的。更高的财务报告质量会抑制管理层的价值损害行为,比如会抑制管理层在资本充足公司中的**帝国建造**(empire building)行为。如果更高的财务报告质量有利于达成更好的契约,而这些好的契约能够阻止低效率投资或者提高投资者监督管理层投资决策的能力,就能证实上述的高质量的财务报告会抑制管理层的价值损害行为这一说法。

基于以上推理,本文假设较高质量的财务报告与较低的过度投资或投资不足相关,或者同时与二者相关。本文运用三种方法检验这些假设。第一,本文检验了财务报告质量与过度投资公司中出现的较低投资水平是否相关或者与投资不足公司中出现的较高投资水平是否相关。本文根据公司固有的特征——现金流和杠杆——对样本公司进行分组,这些特征被证明与过度投资和投资不足行为有关(Myers,1977;Jensen,1986)。第二,本文基于公司的投资机会模拟预期投资水平,检验财务报告质量和偏离预期投资水平之间的关系。第三,本文利用经济体和行业的综合投资水平作为分类依据,识别公司更有可能缘于外生因素进行过度投资或者投资不足的设定。

相关文献与假设建立

(1)资本投资效率的决定因素。在新古典框架下,**边际 Q 比率**(marginal Q ratio)是资本投资策略的唯一驱动因素(Yoshikawa,1980;Hayashi,1982;Abel,1983)。相关文献也表明,公司会偏离最优投资水平而产生过度投资或投资不足行为,导致低投资效率的两个主要原因在于道德风险和逆向选择。

管理层会倾向于不考虑股东的最大利益而进行投资以最大化自身利益((Berle 和 Means,1932;Jensen 和 Meckling,1976)。道德风险模型表明,当委托代理激励存在分歧时,管理层会投资净现值为负的项目。

(2) 财务报告质量和次优的投资水平。之前的研究表明,高质量的财务报告能够缓解会导致道德风险和逆向选择等经济摩擦的信息不对称,从而提高投资效率(Leuz 和 Verrecchia,2000;Bushman 和 Smith,2001;Verrecchia,2001)。公司和外部投资者之间的信息不对称使得资本提供者将公司的筹资活动视为不好的信号,并且会折让股票价格(Myers 和 Majluf,1984),而财务报告质量能够缓解这一问题。

基于以上分析,本文提出以下假设:

假设 1a　财务报告质量与过度投资负相关。

假设 1b　财务报告质量与投资不足负相关。

实证方法

本文的主样本由 1993—2005 年的 34 791 个公司一年度观测值构成。选择 1993 年作为起始年份是由于 FOG 指数(FOG Index,语言学中度量文档可读性的指标)只能在 1993 年后获得。财务报告数据来自 Compustat 数据库,价格和收益数据来自 CRSP 数据库,分析师预测数据来自 IBES 数据库,所有权数据来自 Thomson Fiancial,公司治理数据来自 Gompers 等(2003)。与之前的研究一致,由于金融类公司与一般公司的投资本质不同,本文剔除金融类公司。为了消除极端值的影响,对所有连续变量在 1% 和 99% 的水平上进行缩尾处理。

本文用三种方法检验假设。第一,本文基于公司是否更可能进行过度投资或投资不足,检验财务报告质量和资本投资水平之间的关系。本文利用公司维度的特征(来自已有文献)对更有可能过度投资或者投资不足的公司进行分类。第二,本文基于公司的投资机会模拟公司的预期资本投资水平,并检验公司财务报告质量与偏离预期投资水平之间的关系。第三,本文同时基于经济体和行业的综合投资水平作为过度投资和投资不足的代理变量进行稳健性检验,因为这一层次的投资水平基本上不会受到公司维度财务报告质量的影响。

财务报告质量和投资效率之间的关系

第一,本文检验更高的财务报告质量是否与投资效率存在负向或正向的关联。本文运用普通最小二乘(OLS)法检验了模型(1),并利用公司和年度的聚类来调整异质性标准误、时间序列与横截面的相关性。这种方法由 Petersen(2009)提出,在使用面板数据时,是解决公司财务应用中估计标准误问题的较好的方法。

$$\text{Investment}_{i,t+1} = \alpha + \beta_1 \text{FRQ}_{i,t} + \beta_2 \text{FRQ}_{i,t} \times \text{OverI}_{i,t+1} + \beta_3 \text{OverI}_{i,t+1} + \beta_4 \text{Gov}_{i,t} + \beta_5 \text{Gov}_{i,t} \times \text{OverI}_{i,t+1} + \sum \gamma_j \text{Control}_{j,i,t} + \varepsilon_{i,t+1} \quad (1)$$

其中,FRQ(financial reporting quality,财务报告质量)代表衡量财务报告质量的三个指标之一;OverI 代表一个定序变量,用来区分更有可能过度投资或投资不足;Gov 代表一系列的公司治理代理变量;Control 代表一系列的控制变量。

第二,使用 Fama 和 French(1997)提出的 48 个行业分类的行业固定效应来控制行业维度对投资的冲击。

偏离预期的投资水平

本文检验更高的财务报告质量是否会降低公司偏离预期投资水平的可能性。换言之,当公司更容易出现过度投资或投资不足时,财务报告的高质量是否会降低实际投资和预期投资之间的差异。为此,本文直接构建了检验更高质量财务报告是否与更低的过度投资或投资不足相关的模型。

$$\text{Investment}_{i,t+1} = \beta_0 + \beta_1 \text{Sales Growth}_{i,t} + \varepsilon_{i,t+1} \quad (2)$$

其中,$\text{Investment}_{i,t+1}$ 代表总投资;$\text{Sales Growth}_{i,t}$ 是销售额从第 $t-1$ 年至第 t 年的变化百分比。模型(2)基于 Fama 和 French(1997)的 48 个行业分类,针对每个行业一年度观测值进行估计,所有行业的每一个给定年份至少有 20 个观测值。

研究结论与创新

之前的研究表明更高质量的财务报告能够改善投资效率,原因在于高质量的财务报告能够降低会引起摩擦的信息不对称,比如降低道德风险和减少逆向选择。本文证实了财务报告质量是影响投资效率的路径,从而扩展了该领域的研究。本文检验了更高的财务报告质量与更低的过度投资或者投资不足有关的假设,结果表明财务报告质量与过度投资和投资不足行为有关。

本文对财务报告质量和投资效率之间关系的研究做出了贡献。关于财务报告质量和投资效率之间关系的论证,不仅具有宏观经济层面的意义,而且具有公司层面的意义。本文将投资效率纳入综合衡量指标,利用了财务报告质量的多重代理变量,证明了财务报告质量和经济低效的两个来源(过度投资和投资不足)之间的关系,扩展了现有的研究成果——之前的研究并未考虑财务报告质量和过度投资及投资不足之间的关系。

局限性与展望

未来的研究方向包括:首先,研究者可以探索财务报告质量与投资效率之间的因果关系;其次,研究者可以探究财务报告质量和过度投资或投资不足之间的关系,比如可以探讨公司股权和债务融资能力是否影响财务报告质量与投资不足之间的负向关系;最后,研究者可以探索投资的其他维度,比如投资活动的风险性(Loktionov,2009)。

> **交流区**
>
> 投资作为企业的一项重要活动,是影响企业价值增加的重要因素。财务报告质量与公司投资效率的关系一直以来都是研究者关注的重点。本文证明了更高质量的财务报告能够减少过度投资或投资不足行为,阐明了财务报告质量影响投资效率的机制,为后续针对财务报告质量和投资效率间关系的研究打下了重要的理论基础。

文献30　企业财务报告的经济启示

经典文献:John Graham[1], Campbell Harvey[1], Shiva Rajgopal[2]. The Economic Implications of Corporate Financial Reporting. *Journal of Accounting and Economics*, 2005, 40(1-3): 3-73.

机构:[1]Duke University;[2]University of Washington

被引:总计8 425次,年均495.59次

文献概述:王良辉

研究概述:本文调查并采访了400多名高管以确定报告盈余和自愿性披露的推动因素,发现公司更愿意牺牲经济价值以满足短期的盈余目标。令人惊讶的是,78%的被调查高管表示会牺牲经济价值以换取平稳的盈余。管理层还努力保持关于盈余和盈余可预测性的财务披露。本文还发现管理层会通过自愿性披露来减少与股票相关的信息风险以提升股票价格,但同时又会尽量避免进行难以持续的自愿性披露。

核心概念:财务报告　问卷调查　自愿性披露

文献背景

本文与其他几篇调查问卷文献相关。例如,Nelson等(2002,2003)调查了一家审计公司,了解到企业会试图干预审计师给出的盈余数字。Hodge(2003)试图评估小投资者对盈余质量的认知。这些文献涉及几个广泛的主题。一是高管付出了很多时间和精力去关注股票价格、个人和公司声誉以及盈余可预测性;二是机构关注的问题,如内部和外部的就业前景,引导高管们关注个人声誉以保持公司盈余和运营的稳定;三是股市估值,尤其是与盈余可预测性相关的估值,会导致高管关注公司在提供可靠盈余方面的声誉。他们认为盈余是不可预测或不稳定的或者公司的盈余基准不足,就会导致股票回报率低;而且,提供透明和可靠的声誉不佳信息可能会增加公司的信息风险,也会损害股价表现。高管们认为,市场有时会对盈余和披露公告产生误解或反应过度,因此有必要努力工作以满足市场预期,打消投资者对公司潜在优势的怀疑。

理论基础与研究思路

本文进行了一项全面调查,要求首席财务官描述其会计选择与报告会计数字和自愿性

披露的关系。本文的研究目的是解决以下问题:高管是否关心盈余基准或盈余趋势？如果是,那么其认为哪些基准是重要的？什么因素促使企业行使自由裁量权,甚至牺牲经济价值来管理报告收益？各种理论如何解释盈余管理和自愿性披露？本文对这些问题进行了三个维度的测量与分析。本文采用了问卷调查和访谈相结合的方式,这些方法可以解决基于大型档案数据源进行实证研究所存在的问题。问卷调查和访谈的结合能够:(1)让财务人员评价关于财务报告政策的相关理论的重要性;(2)发现新行为模式和对已知行为模式的新解释;(3)突出相对难以记录问题的典型事实档案数据,如盈余基准、盈余指引和边际投资。总的来说,本文的证据提供了一个参考,即学术研究和现实财务报告政策存在异同。本文重点关注公司财务报告,并将问卷分为两部分:一部分是对企业业绩表现的测量,包括企业的盈余与现金流,以及盈余基准和盈余趋势,重点讨论高管为何关注盈余基准,或者为何牺牲企业的长期价值以达到盈余基准;另一部分涉及企业的自愿性披露,重点关注披露与否的原因及自愿披露的时机。

样本选择

本文利用两条途径发放调查问卷并采集数据。其一,本文将调查问卷以电子邮件形式寄往一家拥有 3 174 名财务高管的组织,这些高管的职务名称包括首席财务执行官、首席会计、出纳、助理财务、柜员、助理柜员、副主席、高级副主席、执行财务副主席等。问卷的回应者众多,本文将其统称为 CFO。其二,通过伊利诺伊大学和华盛顿大学的 CFO 论坛联系被调查者,共有 267 名 CFO 回应了网络调查问卷,回应率为 8.4%。此外,研究者 2003 年 11 月 17 日和 18 日在纽约举行的一场 CFO 会议上发放纸质调查问卷,共有 134 位会议参与者填写了问卷。

研究方法与设计

本文采用问卷调查和一对一访谈的方式采集数据。在问卷调查的过程中,本文采用网络问卷和实体问卷同时发放的方式,实际回应率达 10.4%,与已有问卷调查研究的回应率基本一致。例如,在 Trahan 和 Gitman(2005)的研究中,700 名 CFO 接受了问卷调查,实际回应率为 12%;Graham 和 Harvey(2001)在 4 400 份调查问卷中收获了 12% 的回应率。在一对一面谈中,研究者与 20 名 CFO 或财务人员进行了访谈(为了保证访谈对象的异质性,根据不同行业、分析师跟踪和市场规模挑选了访谈对象),其中 6 名对象采用面谈方式,其余 14 名对象则采用电话访谈。本文根据 Sudman 和 Bradburn(1983)描述的科学实践范式进行访谈。在每次访谈开始时,访者要求主管描述自身与自愿性披露相关的政策,**盈余基准**(earnings benchmarks)的重要性以及达到盈余基准的方法。在开始调查和访谈之前,研究者需要对盈余管理做出定义。Dechow 和 Skinner(2000)指出:(1)学术和实务文献中的盈余管理概念并不一致;(2)盈余管理可以在 GAAP 框架下纳入欺诈或积极的会计选择。本文在调查和访谈中明确排除了欺诈交易,重点放在 GAAP 范围内允许的行动上。与 Sudman 和 Bradburn(1983)的研究一致,**风险更高**(risker)的问题将在后面的访谈中提出。研究者尝试进行面谈,避免提出引导性问题或影响答案。研究者还试图通过预先设定的议程来避免影响访谈的初始方向,让高管陈述其公司中自愿性披露和报告盈余的重要性,然后研究者跟进澄清问题。许多需澄清的问题与调查中出现的问题类似。在可能的情况下,研究者对访谈进行数字编码(Flanagan,1954),这有助于将两种信息来源(访谈与问卷调查)联系起来。访谈时间长短不一,持续时间为40—90分钟。在接受访谈时,高管们的态度都非常坦率。本文将访谈与调查结果相结合,有利于**调查回应**(survey response)得到更深入、更明确的解释。

研究结论与创新

本文反映了财务高管对盈余管理和自愿性信息披露的态度与看法。问卷和访谈相结合的研究方式主要提供了四方面的研究结果。首先,本文报告了关于财务报告问题的典型事实;其次,高管对于自愿性披露和盈余管理相关的理论进行了评价;再次,问卷和访谈结果显示,有一些现象并未得到足够的学术关注;最后,本文研究并总结了高管财务报告决策流程的一些启示。就程序化事实而言,本文发现财务人员将盈余而非现金流视为向外部报告的最重要指标。管理层关注盈余基准,特别是季节性滞后的季度盈利和分析师的一致预测。本文发现管理层希望达到或超过盈余基准,以便:(1)建立自身在资本市场上的声誉;(2)维持或提高股票价格;(3)提高管理团队的外部声誉;(4)反映企业的长期发展趋势。让人惊讶的是,企业通常采用真实盈余管理而非应计盈余管理的方式操纵盈余。总的来说,本文发现首席财务官在《萨班斯-奥克斯利法案》颁布之后的环境中表现得像以前一样热衷于达到或超过盈余基准,尤其是分析师一致预测,因为他们担心股市的报复。这些高管对盈余平滑性特别关心,因为投资者认为平滑的盈余是公司低风险的反映。本文还发现自愿性披露是 CFO 策略库中的重要工具。公司自愿披露信息有三个主要原因:(1)提高财务报告透明度的声誉;(2)降低可能给公司股票带来的信息风险;(3)弥补强制性报告的不足。自愿披露信息的最大障碍是高管害怕难以持续维持相应的自愿性披露,以及担心泄露对竞争者而言有利的专有信息。高管表示他们发布坏消息的速度超过发布好消息,以提高报告透明度和公司声誉并避免潜在的诉讼;尽管坏消息有时被推迟发布,但后续往往会被解读和整合为更重大的消息。此外,业绩表现不佳的公司也会推迟发布坏消息。

局限性与展望

高管们经常采用简单的决策规则来应对外部市场和利益相关者对信息披露的反应。这些"游戏规则"决定了许多盈余管理和信息披露决策的竞争环境,包括以下内容:(1)股票市场价值对盈余的可预测性,因为市场参与者厌恶企业未能达到盈余基准或盈余不够平稳所带来的不确定性;(2)人们普遍认为每家公司都会管理盈余以达到目标,一家公司如果不这么做就会遭受损害;(3)因为每家公司都管理盈余,如果公司未达到盈余基准就可能揭示公司以前曾隐瞒问题,这会恶化投资者对公司未来增长前景的估计;(4)管理层试图最大限度地提高盈余的平稳性,因为波动的盈余会带来更高的风险和/或更低的增长前景;(5)公司应自愿披露信息,因为这样做会降低信息风险。未来的研究可以更深入地探索为什么选择和如何选择"游戏规则",以及这些规则对财务报告政策的影响。本文的研究结果令人不安,因为大多数首席财务官承认会牺牲长期经济价值以达到目标或平滑短期盈余,此类行为表明公司治理实践存在缺陷。例如,董事会会批准管理层推崇的大型投资项目,但通常不会看到这些项目具有实质性的正净现值,而管理层拒绝剔除这些项目。此外,许多公司的奖励制度强调短期结果,对于这些让人不安的财务行为,本文并没有讨论应有的防范措施。

交流区

本文使用问卷调查和访谈的研究方法,探讨管理层进行财务信息披露的内在动机。有别于传统的实证研究,问卷调查的方式能够将财务会计理论与社会实践紧密联系,通过问卷题项的设置和问卷结果的解析可以得出从回归模型中不易获得的、与实际会计操作紧密关联的研究结论。本文使用问卷调查和访谈方式同时研究了会计领域的其他相关问题(Graham 和 Harvey,2001;Dichev 等,2013;Graham 等,2013)。

文献31 信息和财务报告在公司治理与债务合同中的作用

经典文献:Christopher S. Armstrong[1], Wayne R.Guay[1], Joseph P.Weber[2]. The Role of Information and Financial Reporting in Corporate Governance and Debt Contracting. *Journal of Accounting and Economics*, 2010, 50(2-3): 179-234.

机构:[1]University of Wisconsin;[2]University of London

被引:总计 1 554 次,年均 129.50 次

文献概述:刘婷婷

研究概述:本文回顾了关于财务报告透明度在减少管理层、董事和股东之间与公司治理相关的代理冲突以及减少股东和债权人之间代理冲突方面作用的文献,并为学者们提供了一些未来研究方向的建议,关键主题包括债务合同的内生性质、缔约方之间信息不对称的治理机制、缔约方信息需求的异质性,以及由此产生的公司治理和债务合同的异质性。本文还强调了对财务报告透明度的承诺在促进管理层、董事、股东和债权人之间的非正式多期契约方面的作用。

核心概念:财务会计　公司治理　董事会结构　高管薪酬　债务契约

研究背景

金融资本是一个关键的生产要素,它使得所有者、管理层和债权人之间产生一系列复杂的契约关系。在构建这些契约安排时,管理层、董事、股权投资者和贷款人(即债权人)之间的不同利益关系产生了对监管与担保机制的需求,以缓解各种代理冲突(Jensen 和

Meckling，1976）。信息环境在确定冲突程度和设计减轻冲突的机制方面扮演着核心角色。具体来说，合同双方的某一方因其在交易形成前或交易期间的不同时间拥有更多的公司特有信息而造成或加剧了代理冲突。此外，即使所有缔约方都得到的信息同样，在当前和未来商业环境的不确定性降低时也可以签订更有效的合同。本文还回顾了关于财务报告在解决公司管理层、董事和股东之间的代理冲突中作用的文献。

契约对财务报告依赖性的简要讨论

契约在解决管理层、董事和股东之间代理冲突的作用

公司治理包含一些使管理层利益与股东利益保持一致的机制（Jensen，1993；Mehran，1995；Shleifer 和 Vishny，1997；Core 等，2003；Holderness，2003）。公司治理研究通常聚焦于两类代理问题中的一个。第一类代理问题产生于管理层利益没有与股东利益保持一致。现有研究集中于检验管理层的**薪酬计划**（compensation plans）、激励结构和其他监督机制如何保证管理层采取对股东有利的行为（Ahmed 和 Duellman，2007；Carcel 和 Neal，2003；Francis 和 Martin，2010；Lafondand 和 Roychowdhury，2008；Adutetal，2003）。当董事利益和管理层利益相关联但未与股东利益相关联时，第二类代理问题就产生了。对此，相关研究主要集中于**董事会独立性**（board independence）、加强股东权益和股东影响，以及推翻董事会决议的行动（如股东代表大会、集体诉讼、薪酬提案等）（Klein，2002；Zhao 和 Chen，2008；Duchin 等，2008）。Gillan 等（2009）指出，许多 CEO 没有正式的雇佣合同，当 CEO 和董事对持续工作关系的不确定性较大时，CEO 更可能要求签订一份正式的雇佣合同。另外，即使 CEO 拥有正式的雇佣合同，其内容也仅仅包含关于 CEO 职责的一般性描述，如运营、投资和融资活动、整体的薪酬与激励水平、雇佣期限、业绩预期和终止合同条件等。

契约在解决股东和债权人之间代理冲突中的作用

已有大量研究关注契约在解决管理层/股东和债权人之间代理冲突中的作用（Roberts 和 Sufi，2009）。代理冲突通常表现为债权人对所有者/管理层行为的担忧，这些行为增加了债权人无法获得所期望投资回报的风险。例如，管理层以分红或**股票回购**（share repurchases）方式支出现金提高公司的财务杠杆，或者通过各种各样的投资决策增加公司资产的风险（Jensen 和 Meckling，1976；Myers，1977）。债权人会理性地预期这种行为，要么利用价格保护，将风险计入潜在的损失和监控成本，要么选择不放贷。因为股东承担了代理冲突成本，所以他们事前有动机利用契约机制来约束管理层损害债权人利益的行为。这种契约可降低代理成本并提高契约执行效率。

财务会计信息和报告的契约作用

财务会计信息在公司治理和契约约束中的作用可能取决于契约设计是正式的还是非正式的。一方面，对于正式契约来说，文献中经常强调契约应明确包含经审计的财务报告数字（例如高管薪酬合同中使用的会计数字）（Beatty 等，2008）；另一方面，非正式契约更普遍地依赖于对信息内容和质量的承诺，而非单纯依赖于财务报告中的具体数字（Bushman，

2004）。此外，正式契约通常存在有限的期限，因此一份正式契约与下一份契约的过渡也是非正式战略关系的一部分。本文强调财务会计信息作为管理层、董事、股东和债权人用来降低代理成本的一种机制，产生于公司正式契约与非正式契约的关系。

会计信息与所有权结构

本文还讨论了**控股股东**（controlling shareholders）（拥有足够股权可以影响或控制公司决策的股东）和**少数权益股东**（minority-interest shareholders）之间的代理冲突。与所有权分散公司的股东相比，控股股东通常被认为与管理层和董事会之间的代理冲突较少，因为在所有权和控制权几乎没有分离的情形下，所在公司的董事和高管人选都是由控股股东挑选出来的，对高管的直接监督也更为严格。因此，拥有控股股东的公司为监督管理层而对公开信息披露和财务报告提出很高的要求似乎没有所有权分散公司那么急切，所有权分散公司较多地依赖于外部董事来监督管理层（LaFond 和 Watts，2008）。然而，虽然拥有控股股东公司中的管理层与股东的冲突较小，但在控股股东和少数权益股东之间存在重要的代理冲突，因为控股股东有能力和动机从中获取私人利益，例如在职消费和自利性的投资（Shleifer 和 Vishny，1997）。

上述讨论引发了这样一个问题：对高质量、透明的财务报告的承诺能否降低小股东的监督成本，从而缓解人们对控股股东可能从控制权中获取私利的担忧？Fan 和 Wong（2005）探讨了这个问题，他们认为在产权薄弱的新兴市场，控股股东可能会提高价值，因为这些所有者更有能力与外部相关组织谈判和执行契约。Wang（2006）、Ali 等（2007）在家族企业（例如公司创始人或者他们的后代是大股东或把持最高管理职位）的背景下也提出了类似的观点。与控股股东一样，家族企业在意识到与外部/少数权益投资者存在潜在代理冲突的情况下，可能会承诺提供高质量的财务报告以减少此类冲突。Ali 等（2007）证明，家族企业更及时地报告坏消息以及有更高的盈余质量、更多的分析师跟踪和更小的买卖价差。

也有一些文献做出相反预测，认为拥有控股股东的公司会向外界隐瞒信息，以便更大程度地获取私人利益。例如，Francis 等（2005）发现拥有双重股权结构的公司（例如在美国，两类股票的现金流权相同但投票权不同的公司）的盈余信息含量更低。Fan 和 Huang（2002）研究大量的东亚公司，并给出控制性股权与盈余信息量负相关的证据。

财务会计在债务契约中的作用

许多关于债务的研究是根据 Jensen 和 Meckling（1976）、Fama 和 Miller（1972）及 Myers（1977）的委托代理观发展而来。这一观点延伸出三个核心思想：第一，所有者/管理层存在事后做出特定行为以促进自身利益、损害外部资本提供者利益的动机；第二，外部资本提供者会针对这种行为进行价格保护；第三，所有者/管理层预期到价格保护并愿意提前承担监管和担保成本，以限制自身做出此类行为的能力。

Smith 和 Warner（1979）以及 Watts 和 Zimmerman（1978，1986，1990）认为会计信息在降低债务契约约束过程所产生的代理成本方面发挥着重要作用，他们强调基于会计信息，债务契约通常包含一些条款以限制股利支付或额外的债券发行。贷款人利用安全协议(或借款基础限制)来防止借款人转移风险以保护公司资产;或者是,放贷机构可以实行资本支出限制、资产出售限制或清算等措施,要求资产出售所得用于偿还公司债务。与股利支付限制一样,这些规定通常基于会计信息,将直接和间接地防止资产被替换。

与少数权益股东情况不同的是,债务契约是明确的(尽管债务契约关系经常有许多非正式的组成部分),而且通常会基于会计系统的报告形成一些条款。因此,债务契约还可能影响管理层的会计选择。

研究结论与未来展望

通过上述讨论,本文建议研究人员未来应该更多地关注为什么特定的会计属性在特定契约环境中是有价值的。例如,稳健性、盈余及时性、操控性应计项目等在债务契约的实施中似乎很重要。然而,除了近期一些关于稳健性的研究,关于这些特定会计计量方式为什么重要的研究非常少,关于贷款人为什么重视这些会计属性的实证研究也非常少。此外,更好地了解会计属性对解决缔约方之间的信息不对称问题是有益的。例如从理论角度看,提高盈余及时性有助于降低企业内部人员和外部人员之间的信息不对称程度。然而,即使管理层尽其所能地传递私有信息,在不确定的商业环境中,受公司经济环境和会计规则固有的约束,一个高速增长的公司仍然可能保持较低的盈余及时性水平。在一个不确定的商业环境中经历高速增长的公司,预期可能会出现其他机制来降低信息不对称程度,因此低盈余及时性并不一定意味着内部与外部、控股股东与少数权益股东、债权人与股权人之间存在高度的信息不对称。本文认为,更好地理解会计属性的价值、公司治理机制之间的相互作用和缔约方的信息需求将增进人们对会计系统在降低代理成本方面作用的理解。

交流区

本文是一篇综述性文献,但未涉及有关解决内生性问题方法的详细探讨。在后续的研究中,学者们多利用外部冲击进行研究设计并结合统计学和计量经济学的方法(Heckman,2000;Imbens 和 Wooldridge,2009),以促进信息/财务报告与公司治理/债务契约关系中的因果推断。例如,Kim 等(2011)发现有外部审计的私人公司支付的债务利率明显低于没有外部审计的私人公司;Bradley 和 Chen(2011)证明为董事提供有限责任和赔偿的公司享有更高的信用评级和更低的利差,并且债务成本的降低可以抵消为董事提供法律保护的成本。

【主题结语】

现代公司治理机制下,所有权与经营权的分离引致股东与管理层间的委托代理冲突,代理成本问题随之产生。其根源在于两权分离情况下利益相关者掌握的企业信息不同,信息优势方利用信息优势实现自利目的。财务报告作为缓解信息不对称的重要机制,其编制与披露质量至关重要。因此,学术界关注财务报告质量,主要包括财务报告的范围与发展(Lev 和 Zarowin,1999)、财务报告的价值相关性(Francis 和 Schipper,1999)、财务报告的信息含量与作用(Armstrong 等,2010)及其与价值的关系,例如投资效率(Biddle 等,2009)、盈余与股价的关系(Graham 等,2005)等。当然,与财务报告主题相关的研究并不局限于此,财务报告质量特征、影响因素等也是关于财务报告的热点问题。财务报告质量关乎资本市场的资源配置效率,关乎企业的治理与业绩。因此,财务报告信息的编制和披露质量维系着外部利益相关者与管理层的利益关系,是影响代理成本和缓解代理冲突的重要因素。会计准则通过不断明晰和拓展财务报告的内容来进一步提高财务报告的价值相关性,为投资者和其他利益相关者的决策提供更有用的信息(Francis 和 Schipper,1999)。与此同时,监管机构也应关注制度设计(如独立董事制度、注册会计师审计等),助推财务报告质量及其可信度的提升,以实现财务报告的决策有用性。企业也应加强治理结构的完善,发挥财务报告在债务契约、薪酬契约等合同订立、执行、评价过程中的作用(Armstrong 等,2010),以服务利益相关者的决策。

【推荐阅读】

1. Aboody D, Lev B. Information Asymmetry, R&D, and Insider Gains[J]. *The Journal of Finance*, 2000, 55(6): 2747-2766.
2. Aboody D, Lev B. The Value Relevance of Intangibles: The Case of Software Capitalization[J]. *Journal of Accounting Research*, 1998, 36: 161-191.
3. Balachandran S, Mohanram P. Is the Decline in the Value Relevance of Accounting Driven by Increased Conservatism[J]. *Review of Accounting Studies*, 2011, 16(2): 272-301.
4. Beaver W H, McNichols M F, Rhie J W. Have Financial Statements Become Less Informative? Evidence from the Ability of Financial Ratios to Predict Bankruptcy[J]. *Review of Accounting studies*, 2005, 10(1): 93-122.
5. Hemmer T, Labro E. On the Optimal Relation between the Properties of Managerial and Financial Reporting Systems[J]. *Journal of Accounting Research*, 2008, 46(5): 1209-1240.
6. Holthausen R W, Watts R L. The Relevance of the Value-Relevance Literature for Financial Accounting Standard Setting[J]. *Journal of Accounting and Economics*, 2001, 31(1-3): 3-75.
7. Landsman W R, Maydew E L. Has the Information Content of Quarterly Earnings Announcements Declined in the Past Three Decades[J]. *Journal of Accounting Research*, 2002, 40(3): 797-808.
8. Lev B, Thiagarajan S R. Fundamental Information Analysis[J]. *Journal of Accounting Research*, 1993, 31(2): 190-215.
9. 葛家澍,陈守德.财务报告质量评估的探讨[J].《会计研究》,2001(11):9-18+65.
10. 李心合.内部控制:从财务报告导向到价值创造导向[J].《会计研究》,2007(4):54-60+95-96.
11. 谢德仁.财务报表的逻辑:瓦解与重构[J].《会计研究》,2001(10):30-37+65.
12. 袁敏.财务报表重述与财务报告内部控制评价——基于戴尔公司案例的分析[J].《会计研究》,2012(4):28-35+94.
13. 周春生,马光.中国上市公司的股权结构与财务报表更正[J].《金融研究》,2005(11):82-92.

第 5 章

会计准则

文献 32 研发支出的资本化、摊销和价值相关性

经典文献：Baruch Lev,[1] Theodore Sougiannis.[2] The Capitalization, Amortization, and Value-Relevance of R&D. *Journal of Accounting and Economics*, 1996, 21: 107-138.

机构：[1] University of California at Berkeley；[2] University of Illinois at Urbana-Champaign

被引：总计 3 138 次，年均 120.69 次

文献概述：陈怡欣

研究概述：出于对研发（R&D）支出资本化处理可靠性、客观性和价值相关性的担忧，公认会计准则（GAAP）要求在财务报表中将其完全费用化。为解决这些担忧，本文选取上市公司为样本，基于研发总支出估计研发资本化支出数额，发现研发支出资本化具有显著的经济意义。进一步地，本文使用研发资本化支出对盈余水平和账面价值进行调整，并发现此类调整可以给投资者提供有效信息。本文发现，公司研发资本与后续股票收益之间的跨期相关关系总是显著的，说明市场可能对研发强度较高的公司存在错误定价，或者对研发投入导致的风险上升存在价格补偿。

核心概念：研发支出 资本化 市场定价 错误定价

文献背景

在经济及其相关研究领域，随着经济的不断增长以及社会福利理论的不断创新，专家学者对研发的研究范围愈加广泛（如组织行为研究），但通过对会计研究领域的文献回顾发现仅有少量会计文献可以参考。在已有研究中，Dukes（1976）发现企业为了抵消研发支出全部费用化对盈余的负面影响而提前向上调整盈余水平。Ben-Zion（1978）发现公司市场价值与广告费用支出存在相关性。Hirschey 和 Weygandt（1985）指出托宾 Q 价值（市场价值与资产重置成本的比率）与研发强度正相关。Woolridge（1988）、Chan 等（1990）探讨研发费用的价值相关性，发现投资者对公司研发公告存在积极的市场反应。此外，一些研究评估了美国财务会计准则第 2 号（FAS No.2，研发支出会计处理准则）的经济后果，发现在 FAS No.2 颁布之后，一些小公司的研发强度有所下降（Horwitz 和 Kolodny，1981；Wasley 和 Linsmeier,1992);当然,部分研究未能观测到管理层研发决策的重大变化(Elliott 等,1984)。总体而言,虽然关于投资者对研发费用资本化的认识有相关研究,但关于创新活动(即研发投入)的会计研究很少。

理论基础与研究思路

较低的研发支出价值相关性是 FASB 在 1974 年要求所有在美国上市公司的财务报告必须披露研发支出的主要原因。20 世纪 70—80 年代,美国及其他发达经济体对研发投资的热情空前高涨,与此同时兴起许多新型科技产业,如软件、生物技术及通信科技等。尽管如此,基于"研究开发成本和具体未来收入之间的直接关系尚未得到证实"的断言还是促使美国准则制定者要求研发支出全部费用化处理。显而易见的是,美国会计准则制定者关心的是研发支出资本化处理所要求的预算的可靠性、客观性及相关审计风险,管理层盈余管理机会的增长也势必会加大监管机构的压力。本文的主要目的是阐述研发支出资本化的可靠性、客观性及价值相关性等问题。首先,本文选取大量的研发密集型企业的横截面数据来预测研发支出与后续股票收益之间的关系,计算公司特有的研发支出资本化数额及摊销率,以及定期摊销研发支出的计量;其次,调整样本公司研发支出资本化的报告盈余及账面价值以证明调整后价值与股票价格及收益显著相关,同时也深化了研发支出资本化过程与投资价值相关性的研究分析;最后,本文证明在跨期背景下研发资本与后续股票收益可以紧密联系在一起,造成这一结果可能是由于研发密集型公司股票的错误定价或研发资本代表着市场外部风险。总的来说,与 FAS No.2 所阐述的内容正好相反,本文结果验证了研发支出与后续股票收益之间的关联具有一定程度的统计和经济意义。在现有研究中,研究者会使用代理变量(如研发支出与销售额之比)来代替研发支出与投资额之比,本文使用公司特定研发资本和调整报告盈余替代研发支出全部费用化。本文还将探讨一个全新的问题:投资者是否完全适应研发支出费用化(市场效率)的环境?

样本选择

本文的研究数据来自三个数据库,分别为:(1)美国 CRSP 数据库;(2)美国 Compustat 数据库;(3)NBER 的 R&D 数据库。其中,数据库(3)作为数据库(2)的分库,从 1978 年开始建立。最终得到 2 600 个制造业企业样本。

实证方法与模型构建

本文将公司 i 第 t 期盈余定义为 E_{it},并将它视为有形资产 TA_{it} 和无形资产 IA_{it}(包含研发资本)的一组函数结果:

$$E_{it} = g(TA_{it}, IA_{it}) \tag{1}$$

在公式(1)中,企业盈余和有形资产价值已在财务报表中列报,但无形资产 IA 并没有在财务报表中列报。由于本文重点关注企业研发活动,因此将研发资本从无形资产 IA 中单独提取,并定义为过去未摊销的研发支出总和(RDC_{it}),这部分的研发支出预期将对当前盈余和未来盈余产生正向影响:

$$\text{RDC} = \sum_k \propto_{ik} \text{RD}_{i,t-k} \qquad (2)$$

在公式(2)中，$\propto$ 表示第 $t-k$ 期（$k=0,\cdots,N$）1 美元研发支出对下期盈余的贡献。将公式(2)代入公式(1)中可得：

$$E_{it} = g(\text{TA}_{it}, \sum_k \propto_{ik} \text{RD}_{i,t-k}, \text{OIA}_{it}) \qquad (3)$$

其中，OIA_{it} 表示除研发资本以外的无形资产。E_{it} 表示调整后的当期盈余，等于报告盈余+当前研发支出−研发资本摊销。值得注意的是，本文是从企业盈余角度考察研发资本价值，而另一种方法是根据公司的市场价值和账面（或重置成本）价值的差异估算研发资本价值（Cockburn 和 Griliches, 1988; Hall, 1993a）。本文倾向于基于盈余测算研发资本价值，而不是基于市场价值进行估计。

本文使用公式(4)检验公式(2)中研发支出对盈余水平的影响。在公式(4)中，由于用于产品推广与品牌开发的广告支出可能会为一些样本公司创造额外的无形资产，忽略这类无形资产会带来遗漏变量问题。本文在收集数据时发现，样本公司大部分没有报告年度广告支出数据，由此借鉴经济学家（Hall, 1993b）经常使用的替代方法，用广告强度（广告费用除以销售额）替代广告成本。已有实证结果表明（Bublitz 和 Ettredge, 1989; Hall, 1993b），与研发支出相比，广告支出对后续股票收益的影响是短暂的，通常只有一两年。为减少异方差，本文将方程各项目按比例除以销售额：

$$\left(\frac{\text{OI}}{S}\right)_{it} = \propto_0 + \propto_1 \left(\frac{\text{TA}}{S}\right)_{i,t-1} + \sum_k \propto_{2,k} \left(\frac{\text{RD}}{S}\right)_{i,t-k} + \propto_3 \left(\frac{\text{AD}}{S}\right)_{i,t-1} + e_{it} \qquad (4)$$

其中，OI 表示营业利润；S 表示年销售收入；TA 表示固定资产、存货和股权投资以及商誉的价值之和；RD 表示研发支出；AD 表示销售费用。通过 $\propto_2$ 系数的估计值，便可计算得到 RDC。之后，本文构建了 RDC 和未来股票收益的模型，发现两者间存在显著的正相关关系。

研究结论与创新

本文的研究结论为：其一，构建的研发支出资本化指标可靠地度量了研发资本的摊销率，而这些摊销率可用于计算公司的特定研发资本化支出；其二，研发资本化支出与未来股票收益显著正相关，说明研发资本能为投资者提供与价值相关的信息，而市场低估这种价值相关性，或许说明投资者认为研发风险高从而要求价格补偿。本文首次运用会计方法估计研发资本化支出，并且发现研发资本与股票收益显著正相关，在当时的会计研究中具有重要意义。

局限性与展望

本文为会计准则修订提供了理论支持，现行国际会计准则和中国会计准则要求企业将研究费用进行费用化处理，而将开发费用进行资本化处理，研究者可以从公司年报中直接得到相关数据，无须运用这一方法进行估计。未来研究可关注公司层面或高管层面特征对研发支出的费用化和资本化处理的影响，帮助政策制定者和市场投资者了解企业研发支出的会计处理逻辑，提高信息披露质量与市场定价效率。

> **交流区**
>
> 本文开启了有关企业创新活动与公司价值间关系的研究先河,在创新主题研究领域具有重要意义。后续围绕这一主题的研究沿着本文的逻辑线,分析了是投资者低估创新价值还是要求研发投入风险回报造成企业创新与公司价值的显著正相关,同时也分析了无形资产和股票市场定价的关系(Hirshleifer 等,2013;Chan 等,2001;Edmans,2011)。相关研究成果主要发表在会计学与财务学的国际期刊中,这一争论仍未形成最终结论,具有较大的研究潜力。

文献 33　动机还是准则:东亚四地会计盈余的特征

经典文献:Ray Ball,[1] Ashok Robin,[2] Joanna Shuang Wu.[3] Incentives versus Standards: Properties of Accounting Income in Four East Asian "Countries". *Journal of Accounting and Economics*, 2003, 36(1-3): 235-270.

机构:[1] University of Chicago; [2] Rochester Institute of Technology; [3] University of Rochester

被引:总计 3 077 次,年均 170.94 次

文献概述:景兴涛

研究概述:东亚四地(指中国香港地区、马来西亚、新加坡和泰国)为会计准则与经理人动机和审计师动机交互关系的研究提供了独特视角。东亚四地的会计准则来源于普通法系(英国、美国和国际会计准则),被普遍认为比成文法系下会计准则的效力更高。然而,经理人和审计师的动机暗示了相反的观点。本文发现东亚四地财务报告的质量并没有比成文法体系下更高,财务报告质量体现为对经济收益(尤其是损失)的及时确认。正如国际会计文献、透明度指数和国际会计准则(International Accounting Standards, IAS)倡议的共识,在忽略动机的前提下按会计准则对国家/经济体进行分类是一种误导。

核心概念:国际会计准则　信息不对称　财务报告质量　透明度

文献背景

在会计文献中,人们越发关注会计准则在不同国家或经济体之间的差异,以及政治和经济压力如何减小这种差异。本文认为这种关注实质上具有误导性,因为在给定的会计准则下编制财务报告,企业对于那些对报告负责的经理人和审计师的动机十分敏感,而经理人和审计师的动机受到其报告权限内市场和政治压力的相互影响。市场压力包括对高质量财务报告的需求程度,政治压力则包括政府参与制定和执行会计准则、税收制度和政策的动机程度。这两种压力深刻影响着财务报告的编制。

东亚四地为检验经理人和审计师动机的重要性提供了有利条件。四地的会计准则被

认为应有较高的质量,但其(香港可能除外)制度结构催生了低质量的财务报告。本文发现东亚四地的会计准则与经理人和审计师动机间的相互作用导致财务报告质量普遍较低,这与财务报告质量最终取决于影响经理人和审计师动机的潜在经济和政治因素而非会计准则的假设是一致的。

理论基础与研究思路

考虑到财务报告信息的广泛用途,"财务报告质量"并不是一个清晰的概念。本文利用这一概念,是基于将**经济收益**(economic income)确认为**会计盈余**(accounting income)的及时性。这里的经济收益随股票市值而变化,并根据股利和股东的资本交易进行调整。对于收益和损失及时性的会计确认,意味着及时调整资产负债表上股东净资产的账面价值和资产负债数额。

由于债务和管理契约更多地通过家庭或其他"内部"关系执行,本文假设东亚四地的企业通常会延迟确认损失,这一假设还受到政治因素对财务报告质量的影响。本文通过会计年度内净资产市场价值的变化衡量经济收益。鉴于学术界对这一指标的可信度持有不同意见,本文还进行不包含股票收益率的时间序列分析。这一研究设计能够识别会计盈余(已确认)中的暂时性成分,进而识别经济收益和损失。本文的研究结果与 Basu(1997)、Ball 和 Robin(1999)的一致。

样本选择

样本包括东亚四地1984—1996年的2 726份年度盈余公告。本文筛选了 Global Vantage 工商业目录里所有在亚洲上市股票的公司年度盈余数据,以及 Global Vantage 股票发行目录里证券的价格和流通股股数。盈余用净资产的初始市场价值衡量,先以每股价格为基础定义,再使用 Global Vantage 提供的调整因子对股票分拆或股利进行调整,最后除以每股期初价格。

实证方法与模型构建

盈余变量 $NI_t = X_t / N_t P_{t-1}$,其中 X 为特殊事项(IC data 32)前的净利润,N 为调整后的总股数,P 为股价。根据股票分拆情况调整后,盈余变化的变量 $\Delta NI_t = (X_t - X_{t-1}) / N_t P_{t-1}$。股票收益 R_t 包含股利,为股票持有期间的收益,代表经济收益(即市场价值的变化)。为了控制市场内其他外部因素(例如预期收益的改变)对 R_t 可能产生的影响,减去公司发布财务报告所在地区 j 在会计年度 t 内的样本平均收益。

开始,本文用净资产市场价值的年度变化值(根据当期股利和股票交易进行调整)代表经济收益。在**清洁盈余**(clean surplus)会计条件下,会计盈余等于调整后会计年度内净资产账面价值的变化。基于此,本文研究了以市场价值计量的经济收益到以账面价值计量的会计收益的转变。对于特定地区或地区集团 j,本文针对会计盈余就净资产市场价值的变化进行比例分段的线性回归估计:

$$NI_{it} = \beta_{0j} + \beta_{1j} RD_{it} + \beta_{2j} R_{it} + \beta_{3j} R_{it} \times RD_{it} + \varepsilon_{it} \tag{1}$$

其中，i 和 j 分别表示特定的公司和地区；RD_{it} 是一个虚拟变量，若收益 R_{it} 为负取值为 0，否则取值为 1。

为了解决横截面相关性对估计标准误和 t 值的影响，本文还对每个地区独立年度截面时间序列的平均斜率进行 Fama-MacBeth 检验。这一步骤与 Ball 等（2000）所使用的方法一致，即控制亚洲成文法系和普通法系企业的 SIC 代码，回归结果并未改变本文的结论。汇总（跨地区）回归结果，本文对不同地区（集团）间收益和损失确认间差异的统计显著性进行了检验（省略公司/年份下标，j 表示特定地区或地区集团）。虚拟变量 CD 用于区分亚洲和普通法系地区的观测结果，由此成文法系地区公司/年度的 CD 取值为 0。

$$NI = \beta_0 + \sum_j \beta_{0j} CD_j + \beta_1 RD + \sum_j \beta_{1j} RD \times CD_j + \beta_2 R + \sum_j \beta_{2j} R \times CD_j + \beta_3 R \times RD + \sum_j \beta_{3j} R \times RD \times CD_j \tag{2}$$

稳健性检验

对于上述研究设计的潜在批评为：本文使用股票市场收益代替经济收益。在进一步的分析中，本文使用年度收益数据，从而在很大程度上避免因市场流动性不足而导致的收益计量问题。此外，继 Basu（1997）、Ball 和 Robin（1999）之后，本文还分析了会计盈余变化的持续性——过去期间变化的标志。

尽管本文的方法避免了使用股票收益，但在计量及时性上存在短板。如果未实现的收益或损失没有被及时确认为单一、暂时的收益要素，那么本方法可以将其识别。但是，本方法无法确定会计盈余的暂时性减少是否一种滞后表现，甚至无法判断减少是否涉及管理层的操纵，因为该方法未将收益与即期股票收益相关联。因此，两种方法各有优缺点。

本文对特定地区或地区集团 j 进行汇总回归，当 $\Delta NI_{i,t-1} < 0$ 时，虚拟变量 $NID_{i,t-1} = 0$。

$$\Delta NI_t = \beta_{0j} + \beta_{1j} NID_{i,t-1} + \beta_{2j} \Delta NI_{i,t-1} + \beta_{3j} \Delta NI_{i,t-1} \times NID_{i,t-1} \tag{3}$$

时间序列分析确认了之前的结论，即东亚四地确认会计盈余通常不如普通法系国家确认损失那样及时，尽管其会计准则主要遵循着普通法系模式。

研究结论与创新

一方面，根据东亚四地的会计准则，本文预测在这些地区，会计盈余能够及时囊括经济收益，尤其是经济损失。另一方面，考虑到经理人和审计师发布财务报告的动机，本文有可能会预测到相反的结果。本文的证据与后一种观点一致，即在东亚四地，相较于会计准则，动机机制在财务报告编制上的作用占据主导地位。

尽管财务报告的编制存在"亚洲模式"，但本文的证据表明对于经济收益尤其是损失在财务报告中的及时确认并不包含在其中。然而，东亚四地之间存在差异。在（及时）确认经济收益和损失这一点上，中国香港地区表现出最高的时效性，这与其更好的市场声誉相吻合。泰国正好相反，反映了所得税制度和政府参与财务报告编制的强大影响。本文未研究跨公司或跨时间的国家或地区样本间的差异。

本文的第一个启示是：在未充分考虑经理人和审计师动机的制度性影响下，根据会计准则甚至准则制定机构对国家或地区进行分类是不恰当且有误导的。然而,在某些情形下,会计准则确实受到特别的关注。

本文的第二个启示是:对于追求更高财务报告质量的国家或经济体而言,改变经理人和审计师的动机比制定与施行国际会计准则更重要。以 2005 年欧盟委员会要求其成员执行 IAS(国际会计准则)为例,本文注意到唯一改变的是会计准则,而影响经理人和审计师动机的政治与经济因素都未曾改变,特别是在损失及时确认方面。

本文的第三个启示是:报告动机的国际差异对仅通过会计准则趋同实现会计信息国际可比性的程度产生限制。特别是,国际会计准则理事会(IASB)根据其章程有权颁布 IAS,但它没有全球范围的执行机制。基于 IAS 编报的财务报告的完全可比,需要国际范围内经理人和审计师的动机趋于一致,反过来又需要对全球范围内的经济、法律和政治系统进行整合。

局限性与展望

使用净资产市场价值的年度变化代表经济收益可能会引起争议。根据式(1)得出的斜率和 R^2 的差异可能源于各个国家或地区资本市场吸收信息方式的不同。东亚四地资本市场的信息披露和流动性水平通常低于普通法系国家或经济体,这使得股票收益这一代表经济收益的变量存在噪声。改进后的方法尽管避免了使用股票收益,但在确认损失的及时性上又有所不足,无法辨别收益暂时性变化的原因。

交流区

依据推广采用国际会计准则(IAS)的假定,会计准则总体上应当是技术性的,它与一个国家/经济体/地区的制度环境(如法律、税收、融资手段、政治制度安排等)无关,也与一个具体企业的激励机制、监督机制等无关。Ball 等(2000)先比较法制环境对会计信息质量的影响,发现英美法律体系下的会计质量比大陆法体系平均要高;随后,他们以中国香港以及新加坡、泰国、马来西亚四个经济体为例比较其会计信息质量(因为这四个经济体都曾经是英国殖民地,法律体系类同,都宣称采纳国际会计准则),结果发现它们的会计信息质量差别很大,可能的原因应当是微观层面的利益激励安排不同。

文献 34 国际会计准则与会计质量

经典文献:Mary E. Barth,[1] Wayne R. Landsman,[2] Mark H. Lang.[2] International Accounting Standards and Accounting Quality. *Journal of Accounting Research*, 2008, 46(3): 467-498.

机构:[1]Stanford University;[2]University of North Carolina

被引:总计 4 595 次,年均 328.21 次

文献概述:牛芝尹

研究概述:本文研究了国际会计准则(IAS)的采用是否与更高的会计质量相关。采用

国际会计准则反映了财务报告体系特征的综合影响,这些特征包括准则本身以及准则的解释、执行和诉讼。本文发现,与采用**非美国的国内准则**(non-U.S. domestic standards)样本公司相比,21个国家中采用国际会计准则的公司在**会计数值**(accounting amounts)上通常表现出更少的盈余管理、**更及时的损失确认**(timely loss recognition)和更强的**价值相关性**(value relevance)。在IAS公司采用IAS之前的一段时间内,两类公司之间会计质量的差异未能说明采用IAS后的差异。采用国际会计准则(IAS)的公司通常被证明实施IAS前比实施IAS后会计质量有所改善。虽然不能完全确定研究结果是因财务报告体系特征变化而非公司激励制度变化和经济环境变化所致,但本文通过特定的研究设计降低了后两类因素的影响。

核心概念:会计质量指标　正向收益管理　财务报告体系　匹配样本设计

文献背景

本文主要研究了采用国际会计准则是否比采用非美国的国内准则有着更高的会计质量,特别考察了采用国际会计准则的公司在会计数值上是否表现出更少的盈余管理、更及时的损失确认和更高的价值相关性。国际会计准则理事会(IASB)的目标之一是制定一套国际公认的高质量财务报告准则,除了制定**基于原则的准则**(principles-based standards),IASB还采取措施逐步取消可替代的会计方法,寻求更好的会计计量方式来反映公司的经营状况和绩效。

然而,有些原因可能导致本文假设无法被证实。其一,国际会计准则的质量可能低于国内会计准则。例如,限制与会计选择相关的管理裁量权可能会降低公司报告更能反映其经营状况和绩效的会计计量能力;基于原则的准则所固有的灵活性可以为公司盈余管理提供更大的机会,从而降低会计质量。其二,即使国际会计准则拥有较高的质量标准,除准则本身外的财务报告体系的特征也可能会抵消采用国际会计准则对提高会计质量的作用。Burgstahler等(2006)发现严格的法律体系与更少的盈余管理相关,并将这一发现归因于市场压力和制度因素造成的不同动机,而这些动机促使公司报告的盈余数字能够反映其经营表现。此外,与财务报告体系无关的其他因素(如公司激励和经济环境)也导致采用国际会计准则的公司在会计质量上存在差异。

已有文献针对单个国家的研究结果不尽相同。有几项研究比较了采用国际会计准则和采用德国会计准则的德国公司的会计数值及其经济影响,没有发现二者之间存在显著差异。例如,Van Tendeloo和Vanstraelen(2005)对盈余管理、Daske(2006)对资本成本、Hung和Subramanyam(2007)对会计数值的价值相关性的研究均未在上述两类公司中发现显著差异。相比之下,Bartov等(2005)提供的证据表明,基于国际会计准则的盈余比基于德国会计准则的盈余更具价值相关性。

理论基础与研究思路

本文假设拥有高质量盈余的公司表现出较少的盈余管理、更及时的损失确认、更高的盈余与权益账面价值的价值相关性。然而,有合理理由对上述几个指标做出相反的假设,因为在估计应计项目时,会计质量会受到管理层的机会主义自由裁量权和非机会主义偏差的影响,本文的指标也反映了这些影响。

本文探讨盈余管理的两种表现——盈余平滑度和正向盈余管理,所做假设如下:

假设 1　采用国际会计准则的公司比采用国内会计准则的公司表现出更少的盈余管理。在盈余平滑度方面,预测前者会比后者列报更多的可变收入;在正向盈余管理方面,预测前者比后者报告**小额正净收益**(small positive net income)的频率更低。

在损失确认及时性和价值相关性方面,本文所做假设如下:

假设 2　采用国际会计准则的公司报告巨额亏损的频率高于采用国内会计准则的公司。

假设 3　采用国际会计准则的公司比采用国内会计准则的公司在净收益和权益账面价值上表现出更高的价值相关性。

根据上述三项会计盈余质量要求,本文构建的模型如下:

盈余管理

本文使用四个盈余管理指标,其中三个针对**盈余平滑度**(earnings smoothing),一个针对目标(即正向)盈余管理。

第一个盈余平滑度指标是**经总资产调整的净收益变化(ΔNI)的变异性**(the variability of the change in net income scaled by total assets),但该指标易受非财务报告体系特征(如经济环境和采用国际会计准则的动机)的影响。

$$\Delta NI_{it} = \alpha_0 + \alpha_1 SIZE_{it} + \alpha_2 GROWTH_{it} + \alpha_3 EISSUE_{it} + \alpha_4 LEV_{it} + \alpha_5 DISSUE_{it} + \alpha_6 TURN_{it} + \alpha_7 CF_{it} + \alpha_8 AUD_{it} + \alpha_9 NUMEX_{it} + \alpha_{10} XLIST_{it} + \alpha_{11} CLOSE_{it} + \varepsilon_{it} \tag{1}$$

其中,SIZE 为权益年末市场价值的自然对数;GROWTH 为销售收入变化百分比;EISSUE 为普通股变化百分比;LEV 为年末总负债除以年末权益账面价值;DISSUE 为总负债变化百分比;TURN 为营业额除以年末总资产;CF 为年度经营现金流量除以年末总资产;AUD 为指示变量,若公司的审计机构是 PwC、KPMG、Arthur Andersen、E&Y 或 D&T 取值为 1,否则取值为 0;NUMEX 为公司股票上市的交易所数量;XLIST 为指示变量,若公司在任何美国证券交易所上市且 WorldScope 数据库表明美国交易所并非该公司的主要上市场所取值为 1,否则取值为 0;CLOSE 为 WorldScope 数据库统计的公司的持股比例。

第二个盈余平滑度指标是净收益变化(ΔNI)与经营现金流量变化(ΔCF)的平均比值。由于经营现金流量(CF)可能对财务报告体系外的各种因素都很敏感,因此将模型(2)中的被解释变量改为 ΔCF。

$$\Delta CF_{it} = \alpha_0 + \alpha_1 SIZE_{it} + \alpha_2 GROWTH_{it} + \alpha_3 EISSUE_{it} + \alpha_4 LEV_{it} + \alpha_5 DISSUE_{it} + \alpha_6 TURN_{it} + \alpha_7 CF_{it} + \alpha_8 AUD_{it} + \alpha_9 NUMEX_{it} + \alpha_{10} XLIST_{it} + \alpha_{11} CLOSE_{it} + \varepsilon_{it} \tag{2}$$

第三个盈余平滑度指标是应计项目(ACC)和现金流(CF)之间的 Spearman 相关系数(Spearman correlation between accruals and cash flows),量化分析方法是比较回归方程(3)和回归方程(4)中残差的相关性。

$$CF_{it} = \alpha_0 + \alpha_1 SIZE_{it} + \alpha_2 GROWTH_{it} + \alpha_3 EISSUE_{it} + \alpha_4 LEV_{it} + \alpha_5 DISSUE_{it} +$$
$$\alpha_6 TURN_{it} + \alpha_7 AUD_{it} + \alpha_8 NUMEX_{it} + \alpha_9 XLIST_{it} + \alpha_{10} CLOSE_{it} + \varepsilon_{it} \quad (3)$$

$$ACC_{it} = \alpha_0 + \alpha_1 SIZE_{it} + \alpha_2 GROWTH_{it} + \alpha_3 EISSUE_{it} + \alpha_4 LEV_{it} + \alpha_5 DISSUE_{it} +$$
$$\alpha_6 TURN_{it} + \alpha_7 AUD_{it} + \alpha_8 NUMEX_{it} + \alpha_9 XLIST_{it} + \alpha_{10} CLOSE_{it} + \varepsilon_{it} \quad (4)$$

第四个指标衡量正向盈余管理,是方程(5)和方程(6)给出的小额正净收益(SPOS)的系数。当比较 IAS 公司采用 IAS 前后的表现时,假定方程(6)汇集了所有样本的 IAS 公司的年度观测结果。POST(0,1)为指示变量,采用 IAS 后的观察期取值为1,否则取值为0。SPOS 的系数为负表明,IAS 公司在采用 IAS 前阶段比采用 IAS 后阶段更频繁地将盈余操纵至较小的正数。

$$IAS(0,1)_{it} = \alpha_0 + \alpha_1 SPOS_{it} + \alpha_2 SIZE_{it} + \alpha_3 GROWTH_{it} + \alpha_4 EISSUE_{it} + \alpha_5 LEV_{it} +$$
$$\alpha_6 DISSUE_{it} + \alpha_7 TURN_{it} + \alpha_8 CF_{it} + \alpha_9 AUD_{it} + \alpha_{10} NUMEX_{it} +$$
$$\alpha_{11} XLIST_{it} + \alpha_{12} CLOSE_{it} + \varepsilon_{it} \quad (5)$$

$$POST(0,1)_{it} = \alpha_0 + \alpha_1 SPOS_{it} + \alpha_2 SIZE_{it} + \alpha_3 GROWTH_{it} + \alpha_4 EISSUE_{it} +$$
$$\alpha_5 LEV_{it} + \alpha_6 DISSUE_{it} + \alpha_7 TURN_{it} + \alpha_8 CF_{it} + \alpha_9 AUD_{it} +$$
$$\alpha_{10} NUMEX_{it} + \alpha_{11} XLIST_{it} + \alpha_{12} CLOSE_{it} + \varepsilon_{it} \quad (6)$$

及时的损失确认

损失确认及时性由方程(7)和方程(8)(Lang 等,2003,2006)给出的大额负净收益(LNEG)的系数来衡量。

$$IAS(0,1)_{it} = \alpha_0 + \alpha_1 LNEG_{it} + \alpha_2 SIZE_{it} + \alpha_3 GROWTH_{it} + \alpha_4 EISSUE_{it} + \alpha_5 LEV_{it} +$$
$$\alpha_6 DISSUE_{it} + \alpha_7 TURN_{it} + \alpha_8 CF_{it} + \alpha_9 AUD_{it} + \alpha_{10} NUMEX_{it} +$$
$$\alpha_{11} XLIST_{it} + \alpha_{12} CLOSE_{it} + \varepsilon_{it} \quad (7)$$

LNEG 为指示变量,若年度净收益按总资产比例计算的数值小于-0.20 取值为1,否则取值为0。LNEG 的系数为正表明 IAS 公司比 NIAS 公司更频繁地确认巨额亏损。

$$POST(0,1)_{it} = \alpha_0 + \alpha_1 LNEG_{it} + \alpha_2 SIZE_{it} + \alpha_3 GROWTH_{it} + \alpha_4 EISSUE_{it} + \alpha_5 LEV_{it} +$$
$$\alpha_6 DISSUE_{it} + \alpha_7 TURN_{it} + \alpha_8 CF_{it} + \alpha_9 AUD_{it} + \alpha_{10} NUMEX_{it} +$$
$$\alpha_{11} XLIST_{it} + \alpha_{12} CLOSE_{it} + \varepsilon_{it} \quad (8)$$

LNEG 的系数为正表明 IAS 公司在采用 IAS 后阶段比采用 IAS 前阶段更频繁地确认重大损失。

价值相关性

第一个价值相关性指标是股票价格对净收益和净资产账面价值的回归分析解释能力。

$$P_{it}^* = \beta_0 + \beta_1 BVEPS_{i,t} + \beta_2 NIPS_{i,t} + \varepsilon_{it} \quad (9)$$

其中,BVEPS 为每股权益账面价值,NIPS 为每股净收益。

Ball 等(2000)预测,会计质量差异与"坏消息"的关系最为明显,因为当公司有"好消息"时,盈余管理的动机会减小。本文在基于净收益的符号划分公司类型的基础上,进一步估计两个以净收益为被解释变量的"反向"回归,分别是好消息公司和坏消息公司。以每股净收益与年初价格之比(NI/P)对国家和行业的固定效应进行回归,然后将所得残差$(NI/P)^*$对年度股票回报(RETURN)进行回归分析。按照 Lang 等(2006)的方法,本文以一个自然对数表示年度股票回报,这个对数是一个财年结束后三个月与该财年结束前九个月的经股利和股票分拆调整的股价之比。第二和第三个价值相关性指标是由方程(10)给出的好消息公司和坏消息公司各自回归估计的R^2值。

$$[NI/P]_{it}^* = \beta_0 + \beta_1 RETURN_{i,t} + \varepsilon_{it} \tag{10}$$

样本选择

本文选择 21 个国家中 1994—2003 年采用国际会计准则的公司为样本。为表述方便,将采用国际会计准则的公司命名为 IAS 公司,采用非国际会计准则(即采用国内会计准则)的公司命名为 NIAS 公司。为构建配对样本,首先确认每家 IAS 公司的所在国和起始年份。接着在任意样本年份确认所有不采用 IAS 的公司(即 NIAS 公司),但要保证其所在行业至少有一家 IAS 公司。然后从与 IAS 公司所在国对应的 NIAS 公司中,选择与 IAS 公司在采用 IAS 起始年份的权益的市场价值最接近的 NIAS 公司作为配对样本。一旦某家 NIAS 公司被选为某家 IAS 公司的配对样本,它就不再作为其他 IAS 公司的配对样本。少数情况下,潜在的可配对公司无法获得采用 IAS 起始年份的股票的市场价格数据,可考虑采用 IAS 起始年份前后两年的权益的市场价值。本文仅考虑所有 IAS 公司及与之配对的 NIAS 公司都有数据的年份。

研究结论与创新

本文研究结果表明,采用国际会计准则的公司的会计质量要高于采用非美国国内会计准则的公司。本文所比较的会计数值源自财务报告体系特征的综合影响,这些特征包括准则本身及准则的解释、执行和诉讼。总体而言,本文发现采用国际会计准则的公司表现出更小的盈余平滑度、更少的盈余目标管理、更及时的损失确认、会计数值与股价和股票回报之间更强的相关性。

本文的创新在于将样本扩展为 1994—2003 年采用国际会计准则的 21 个国家的公司,并比较相关会计质量指标,特别是基于会计质量指标将采用国际会计准则(IAS)的公司与未选择在前者采用 IAS 后时期内采用非美国的国内会计准则的配对样本公司进行比较,结果表明前者的会计质量更高,且在前者采用 IAS 前时期内两组公司间的差异并不对采用 IAS 后时期的差异具有解释能力。本文还单独比较了 IAS 公司采用国际会计准则前后的会计质量指标,并发现这些公司的会计质量在采用国际会计准则后普遍有所提高。

局限性与展望

尽管本文在研究设计上减弱了公司动机和经济环境的作用,但并不能完全排除这两类因素对研究结果的影响。

交流区

本文构建了较为完善的会计质量评价指标，运用了较为严谨的匹配样本设计方法，使得会计准则与会计质量关系方面的研究实现了重要突破，为后续研究提供了充分参照。不过，由于本文选取的样本公司存在自愿采用国际会计准则的选择动机干扰因素，缺乏对强制采用国际会计准则之后相关公司会计质量提高程度的进一步对比分析，所得结论存在一定的局限性，后续的研究对此展开了更加全面、细致的分析。

文献35 国际财务报告准则在全球的强制性引入：经济后果的早期证据

经典文献：Holger Daske,[1] Luzi Hail,[2] Christian Leuz,[3] Rodrigo S. Verdi.[4] Mandatory IFRS Reporting around the World: Early Evidence on the Economic Consequences. *Journal of Accounting Research*, 2008, 46(5): 1085-1142.

机构：[1]University of Mannheim；[2]University of Pennsylvania；[3]University of Chicago；[4]Massachusetts Institute of Technology

被引：总计3 008次，年均214.86次

文献概述：宋晓悦

研究概述：本文研究了国际财务报告准则（IFRS）强制性引入在世界范围内的经济后果。本文以26个国家的公司为样本，分析强制采用IFRS对市场流动性、资本成本和托宾Q值的影响，发现平均来看采用IFRS前后市场流动性得到增强；并且，当考虑到这些影响在IFRS正式通过之前就发生的可能性时，企业资本成本降低、股权价值增加。本文进一步对样本进行分组，发现了资本市场的积极后果只出现在那些鼓励公司报告透明化和执法力度强的国家，这突出了公司报告动机和国家执法力度于财务报告质量的重要性。比较强制采用者和自愿采用者可以发现，对于自愿转用IFRS的公司来说，无论是在自愿转变采用IFRS当年还是在被强制采用IFRS随后年度，其对资本市场的积极效应都是明显的。虽然前者的结果可能是源于自愿选择，但后者的结果表明强制采用的资本市场效应完全或主要归因于IFRS的强制规定。许多采用IFRS的国家同时努力改善执法和治理制度，这可能会在一定程度上形成本文的研究结果。为了更好地区分IFRS报告的影响，本文采用月度数据加以分析，估计出的流动性改善幅度较小，这与同时改善执法和治理制度的解释相一致。

核心概念：国际财务报告准则 经济后果 市场流动性 资本成本 托宾Q值

文献背景

国际财务报告准则（IFRS）为世界上许多国家的上市公司所引入，是会计史上最重大的监管变革之一。截至2008年，超过100个国家采用或决定在不久的将来采用国际财务

报告准则,美国证券交易委员会(SEC)也在考虑允许本国的企业财务报告与 IFRS 趋同。监管机构希望,采用 IFRS 可以提高财务报表的可比性,提高企业透明度,提高财务报告质量,从而令投资者受益。从经济角度来看,有理由对这些预期持怀疑态度,尤其是仅依靠强制执行 IFRS 使企业财务报告更具信息含量或可比性的预期。因此,强制执行 IFRS 的经济后果并不明确。

本文提供了关于全球 26 个国家强制性引入 IFRS 的资本市场效应的早期证据,以 3 100 多家强制采用 IFRS 的公司为处置样本,分析是否采用 IFRS 对股票市场流动性、资本成本和公司价值方面的影响。本文使用四个代表市场流动性的指标——零收益比例、交易对价格的影响、总交易成本和买卖价差,使用四种计算资本成本的方法,并使用托宾 Q 值代表公司价值。

本文分析的主要挑战是:从一个特定日期起对某一特定国家的所有上市公司强制执行 IFRS,这使得很难找到一个基准来评估可观测的资本市场效应。本文使用三组检验解决这个问题。首先,使用 2001—2005 年的公司—年度面板数据,比较市场流动性、资本成本和公司价值在引入 IFRS 国家的公司和其他未强制性引入 IFRS 国家的公司的差异。其次,检验估计的资本市场影响是否随着国家制度体系的不同而变化。本文预计,在法律制度和执法薄弱的国家或缺乏报告动机的国家,强制性引入 IFRS 的影响较小,甚至没有影响。最后,研究在不同时间点采用 IFRS 的公司样本。因为企业财政年度结束的时间不同,这决定了企业将在不同的时间点采用 IFRS,在这种情况下采用 IFRS 在很大程度上是外生的。

第一组分析使用双重差分模型,发现强制采用 IFRS 的公司样本相比于未采用 IFRS 的基准公司(随机样本),市场流动性显著增强,但托宾 Q 值变化不明显且资本成本甚至增加。另外,强制采用者的市场效应虽然显著,但一般小于自愿采用者的市场效应。第二组分析证明强制采用 IFRS 带来的影响在各个国家和公司之间存在差异,强制采用 IFRS 的资本市场效应只发生在执法较为严格的国家以及制度环境为公司报告透明化提供更强激励的国家。本文还发现,若某国的公认会计准则(GAAP)与 IFRS 的差异较小或之前已有向 IFRS 趋同的政策,强制实施 IFRS 的影响较小。第三组分析考察随着 IFRS 报告的普及,市场总体流动性的月度变化,发现更多的强制性 IFRS 报告减少了零收益比例、买卖价差和交易对价格的影响,这与年度分析的结果一致但幅度更小,证明市场流动性的改善不完全是由强制采用 IFRS 造成的。

理论基础与研究假设

有观点认为强制采用 IFRS 能给资本市场带来积极后果,从 IFRS 提高报告透明度和改善财务报告质量的效果来看,IFRS 产生积极后果的原因在于 IFRS 比大多数的 GAAP 更面向资本市场也更全面,在披露信息方面尤其如此。另一个解释是 IFRS 减少了财务报告的自由裁量权,会迫使财务报告质量低的公司提高质量。基于此,本文利用市场流动性、资本成本和公司价值等因素反映财务报告质量,评估强制采用 IFRS 的影响。也有观点认为 IFRS 报告降低了投资者比较不同市场和国家公司的成本,即使财务报告本身的质量没有提高,所提供的财务信息对投资者而言也有可能变得更有用。

然而有人认为,采用 IFRS 对资本市场的影响可能很小,甚至可以忽略不计。最近几项研究的证据表明,会计准则对提高财务报告质量方面的作用有限;相反,会计准则能突出公司报告动机的重要性(Ball 等,2000;Ball 等,2003;Leuz,2003;Ball 和 Shivakumar,2005;Burgstahler 等,2006)。会计准则的采用涉及大量的个人判断和私有信息的使用,即使这些标准本身强制要求更好的会计实践和更多的披露,也不清楚企业能否很好地执行这些标准;或者即使执行得好,只要会计准则提供一定的自由裁量权且企业有不同的报告动机,观测到的报告行为在不同企业之间也会有所不同。

报告动机观点预测,各国的制度结构及其变化在解释采用 IFRS 的资本市场效应方面发挥着重要作用。在其他条件相同的情况下,拥有更严格执法机制和提供更强报告动机的国家,更有可能在引入 IFRS 的过程中表现出明显的资本市场效应,因为这些国家的企业更会做出实质性的改变,而不是仅仅将 IFRS 当作一个标签。与这一观点类似,本文预计资本市场效应在自愿采用者和强制采用者之间会有所不同。后者本质上是被迫采用 IFRS,因此市场效应应当更小;前者更有可能对 IFRS 报告实践做出重大改变。在强制执行 IFRS 之前已经自愿改用 IFRS 的公司,在强制采用 IFRS 时不应该表现出显著的资本市场效应,除非强制性引入 IFRS 迫使其强化对报告透明化的承诺,或强制采用 IFRS 会产生积极的外部效应。

| 样本选择 |

本文样本的期间为 2001 年 1 月 1 日至 2005 年 12 月 31 日。从 2001 年开始是为了确保强制采用 IFRS 前的样本期足够长,可以观测到潜在的制度变革预期,截止到 2005 年是受限于数据的可得性。本文从所有要求采用 IFRS 国家的公司收集样本,同时增加不需要强制采用 IFRS 报告而采用 GAAP 国家的公司作为控制样本。

| 第一组分析:双重差分模型 |

第一组分析基于公司—年度样本而设计。将所有 IFRS 采用者分为首次强制采用者、较早自愿采用者和较晚自愿采用者,这三个类别是本文关注的关键变量。首次强制采用者(First-Time Mandatory)是二元变量,代表在强制采用 IFRS 之前不按照 IFRS 进行报告的公司,反映那些本质上被迫采用 IFRS 的公司。较早自愿采用者(Early Voluntary)和较晚自愿采用者(Late Voluntary)区分转用 IFRS 是在国家宣布强制性引入 IFRS 之前还是之后。本文使用模型(1)在公司—年度层面进行估计:

$$EconCon = \beta_0 + \beta_1 Early\ Voluntary + \beta_2 Late\ Voluntary + \beta_3 Early\ Voluntary \times Mandatory + \beta_4 Late\ Voluntary \times Mandatory + \beta_5 First\text{-}Time\ Mandatory + \sum \beta_j Controls_j + \varepsilon$$

(1)

双重差分模型

本文首先进行市场流动性、资本成本和公司价值的单变量比较,并围绕强制采用 IFRS 的报告,运用双重差分模型进行研究设计。具体来说,本文计算了采用 IFRS 公司与未采用 IFRS 公司之间的后果变量在强制 IFRS 报告开始启用前后一年的差异,结果发现:在采用

IFRS 国家,流动性一开始就高,但在强制转用 IFRS 当年,这一差异会扩大;在资本成本方面,IFRS 采用者的资本成本提高了 35 个基点,且这一差异具有统计学意义;强制性的 IFRS 采用者和基准公司的托宾 Q 值均略有上升,但二者的差异无统计学意义。可能的解释为:资本成本和股票估值更易受到预期效应的影响。

市场流动性分析

实证结果表明,在采用 IFRS 当年,样本公司经历了市场流动性的显著增长,但影响程度存在差异;强制采用 IFRS 公司的流动性增长幅度最小,自愿采用 IFRS 公司的流动性效应更大。

资本成本和公司价值分析

与双重差分的分析结果一致,本文发现被迫采用 IFRS 公司的资本成本显著增加,但本文对资本成本的估计可能会受预期效应的影响。解决这个问题的方法有:(1)排除强制采用 IFRS 之前的公司一年度观测值;(2)将强制采用 IFRS 的指标前移一年,即在正式采用 IFRS 日期之前的一年开始编码。与预期一致,研究发现强制采用 IFRS 的变量显著为负,强制采用者、较早自愿采用者和较晚自愿采用者都表现出类似的后果。

本文还检验了托宾 Q 值的结果。托宾 Q 值不仅反映了企业资本成本的变化,还反映了投资、成长性以及 IFRS 相关成本的真实影响。研究发现,与对照公司相比,在监管制度改革当年,强制采用者和较晚自愿采用者的公司价值显著下降,并且模型中的强制采用者和较早自愿采用者的系数显著为正。这一发现可能源于托宾 Q 值的计算受到采用 IFRS 前后会计规则变化的影响,这种过渡效应还可能因地区和公司而异,需要更加谨慎地解释托宾 Q 效应。

第二组分析:资本市场效应的异质性

第二组分析使用公司一年度的研究设计,分析 IFRS 报告的资本市场效应的横截面变化。

首先,本文使用国家层面的因素,按国家的制度严格强度划分样本,将条件变量记作 Conditional Variable,代表是否低于中位数的指示变量。实证模型如下:

$$\text{EconCon} = \alpha_0 + \alpha_1 \text{Voluntary} + \alpha_2 \text{Voluntary} \times \text{Conditional Variable} + \alpha_3 \text{Voluntary} \times \text{Mandatory} + \alpha_4 \text{Voluntary} \times \text{Mandatory} \times \text{Conditional Variable} + \alpha_5 \text{First-Time Mandatory} + \alpha_6 \text{First-Time Mandatory} \times \text{Conditional Variable} + \sum \alpha_j \text{Controls}_j + v \quad (2)$$

回归结果与预期一致:引入 IFRS 带来的市场流动性优势只出现在法制相对完善的国家。因为如果执法力度弱,IFRS 规定不太可能产生很大影响。

其次,本文根据公司的报告动机划分样本。其理念是:在提供很强报告动机的环境中经营的公司,很可能对 IFRS 的要求做出更积极的反应。本文使用公司的盈余透明度作为报告动机的代理变量,并发现采用 IFRS 对市场流动性的影响实际上只出现在盈余相对透明的国家。按所有权集中度划分样本也有相似的结果。

再次,本文研究 GAAP 和 IFRS 之间差异的作用。结果表明,当本国公认会计准则(GAAP)和国际财务报告准则(IFRS)或国际会计准则(IAS)之间的差异更大时,强制采用者和 IFRS 自愿采用者的市场流动性表现出更大的增长。为了进一步探讨这一问题,本文挑选出一组采用 IFRS 的国家,这些国家不仅 GAAP 与 IFRS 存在显著差异,而且执法力度或报告动机很强。结果显示,准则的改变起到一定的作用,但仅限于在适当的报告动机和执法力度之下。

最后,本文试图分析 IFRS 报告的潜在可比性和财务报告的全球趋同性,但并没有发现证据支持可比性效应。

第三组分析

第三组分析没有比较采用 IFRS 公司和未采用 IFRS 公司之间的公司一年度观测结果,而是利用这样一个现象,即各个公司的财政年度结束时间的不同使得 IFRS 采用时间点不同。也就是说,新的报告模式是在采用首年的不同时间点开始的,一旦一个国家设定了采用 IFRS 的初始日期,这种采用模式在很大程度上是外生的。如果国际财务报告准则对资本市场有明显的影响,那么本文预计市场流动性的变化将反映各国的采用模式,也就是随着越来越多的公司开始按照 IFRS 进行报告,市场流动性应该降低。

本文将市场流动性的总体变化与追踪各国按月度采用 IFRS 模式的变量联系起来,使用的模型如下:

$$\Delta EconCon_m = \delta_0 + \delta_1 \Delta IFRS\ Adoption\ Rate_{FYEorInterim,m} + \sum \delta_j Controls_j + \mu \quad (3)$$

其中,$\Delta IFRS\ Adoption\ Rate$ 代表首次被要求遵循 IFRS 的公司的累计比例的月度变化,$\Delta EconCon$ 代表市场流动性的三个测量指标。为了探求 IFRS 强制要求对被迫采用 IFRS 公司的影响,本文将自愿采用者排除在总体流动性指标之外。回归结果表明 $\Delta IFRS\ Adoption\ Rate$ 的系数均为负,这意味着零收益比例、交易对价格的影响和买卖价差均减少,但都不具统计显著性。

综合来看,国家—月度的分析结果证实了市场流动性随 IFRS 的采用而增大,但增长幅度较小。

稳健性检验

本文进行了一系列稳健性检验。首先,为了缓解本文结果仍然受到与 IFRS 报告无关的总体市场流动性影响的担忧,本文进行以下三项测试:(1)"安慰剂"分析(placebo analysis),将强制性 IFRS 报告提前两年,结果未发现任何资本市场效应;(2)删除 2006 年 3 月以后的样本,因为截止到 2005 年 12 月的所有财务年度报告都可能在下年 3 月前发布,仍然取得相似的结果;(3)只计算处置样本中尚未在特定月份采用 IFRS 公司的总体市场流动性,以确定这些公司是否也存在总体市场流动性增长的现象,未发现这些公司流动性提升的证据,表明结果主要源于 IFRS 的实施。

其次,本文使用两个月和三个月的流动性变化和 IFRS 采用率来解决正确识别何时发布新的 IFRS 财务信息的困难。较长的时间间隔减少了对报告月份进行错误分类的可能性,但也减少了观测值,本文发现在逐步实施 IFRS 期间,零收益比例和买卖价差显著下降,但交易对价格的影响结果仍然较弱。

最后,本文对实证分析的规范性进行了几项敏感性测试,比如将被解释变量取对数、引入额外的控制变量(如滞后的营业收入、公司规模和股价波动性的变化)并改变不同的测量方法。这些敏感性测试都表现出相似的结果。

研究结论与创新

2009 年以来 100 多个国家向 IFRS 的趋同是会计史上最重要的监管环境变化之一,也是重大的政策问题。关于这一变化的影响仍在讨论之中,本文提供了全球 26 个国家强制性引入 IFRS 的资本市场效应的早期证据,为相关讨论做出了贡献。

本文使用公司—年度层面的面板回归方法,分析股票市场流动性、股票资本成本和股票估值的影响,同时还进行了国家—月度层面的流动性分析。本文的主要结论为:在公司强制采用 IFRS 报告后,市场流动性显著提升,资本成本下降,托宾 Q 值增大。

局限性与展望

尽管各种分析结果具有一致性,但这里仍然提醒读者应谨慎解读本文的研究结论。第一,研究所发现的效应大小和统计意义有很大不同,这说明会计规则监管环境的变化同时影响一个经济体中所有公司,但对它的检验是困难的。第二,研究发现自愿采用者在强制转用 IFRS 当年的资本市场收益相比强制采用者更高。尽管本文提出可比公司数量增加带来积极的外部性这一解释,但是检验结果并不显著;其他的解释有法律制度的同步变化和报告动机的本质差异,本文结果可能反映了这些效应的共同作用。第三,研究发现执法力度和报告动机对经济后果具有重要作用。

总体来看,强制性引入 IFRS 的资本市场效应虽然统计意义不强但经济意义十分显著,然而仍然应该谨慎解读本研究。第一,有些国家为了支持 IFRS 的引入而大幅改革法律制度、审计制度和治理机制,本文结果可能反映这些努力的共同作用,未来的研究可以关注各国执法力度的作用;第二,虽然本文指出可比性效应是资本市场效应的潜在来源,但无法对这种解释提供统计支持,未来的研究可以详细探究可比公司数量增加带来积极外部性这一解释,探究 IFRS 是否真正改善国际财务报告可比性;第三,市场对于 IFRS 经济后果的预期以及首次采用 IFRS 的过渡效应可能影响本文的结果,值得做进一步的探讨;第四,本文的样本期间较短,所证明的经济后果能否长期持续有待进一步考察。

交流区

本文使用跨国数据,提供了强制性引入 IFRS 的经济后果的早期证据,为后续检验 IFRS 经济后果的文献奠定了基础,也提供了进一步研究的方向,比如引入 IFRS 对财务报告质量(Defond 等,2011;Yip 和 Young,2012;Wang,2014)、资本市场后果(Li,2010;Joos 和 Leung,2013)、公司决策(Chen 等,2013;Hail 等,2014)的影响等。

【主题结语】

国际会计准则的实施有助于提高财务报告的质量、提升会计信息的可比性。本章主要围绕国际会计准则展开,介绍国际会计准则实施效果的影响因素以及国际会计准则实施的经济后果。

本章涉及的一个问题是,哪些因素会影响国际会计准则的实施效果?Ball 等(2003)以中国香港地区以及马来西亚、新加坡和泰国为例,分析会计收益或盈余的质量,指出财务报告质量受会计准则来源的影响,但也不能忽视在市场压力和政治压力下,经理人动机和审计师动机机制在财务报告编制中的作用。

本章涉及的另一个问题是,国际会计准则实施的经济后果是什么?Barth 等(2008)分析了国际会计准则对会计质量的影响,发现实施国际会计准则公司的盈余管理程度更低、损失确认更及时、价值相关性更强。Daske 等(2008)对全球范围内实施 IFRS 的经济后果进行检验,发现强制采用 IFRS 公司的市场流动性显著提升;与强制采用者相比,自愿采用者的效果更为显著;强制性引入 IFRS 的资本市场效应只发生在执法较为严格的国家以及制度环境为报告透明化提供更强激励的国家。这些研究表明,IFRS 的实施可以在一定程度上提高财务报告质量,从而使投资者受益。Lev 和 Sougiannis(1996)以美国上市公司为例,检验了研发支出的价值相关性,指出研发资本化支出与投资额之比这一指标能为投资者提供价值相关信息,而市场会低估这种价值相关性,这为会计准则的修订提供一定的理论支持。

该领域的未来研究可以关注公司动机和经济环境的交互影响,分析如何在全球范围内整合经济、法律和政治系统,以促使经理人和审计师的动机趋于一致,从而提高财务报告的可比性。

【推荐阅读】

1. Ahmed A S, Neel M, Wang D. Does Mandatory Adoption of IFRS Improve Accounting Quality? Preliminary Evidence[J]. *Contemporary Accounting Research*, 2013, 30(4): 1344-1372.
2. Ball R, Kothari S P, Robin A. The Effect of International Institutional Factors on Properties of Accounting Earnings[J]. *Journal of Accounting and Economics*, 2000, 29(1): 1-51.
3. Chan L K, Lakonishok J, Sougiannis T. The Stock Market Valuation of Research and Development Expenditures[J]. *The Journal of Finance*, 2001, 56(6): 2431-2456.
4. Chen C, Young D, Zhuang Z. Externalities of Mandatory IFRS Adoption: Evidence from Cross-Border Spillover Effects of Financial Information on Investment Efficiency[J]. *The Accounting Review*, 2013, 88(3): 881-914.
5. DeFond M, Hu X, Hung M, et al. The Impact of Mandatory IFRS Adoption on Foreign Mutual Fund Ownership: The Role of Comparability[J]. *Journal of Accounting and Economics*, 2011, 51(3): 240-258.
6. Edmans A, Does the Stock Market Fully Value Intangibles? Employee Satisfaction and Equity Prices[J]. *Journal of Financial Economics*, 2011, 101(3): 621-640.

7. Hail L, Tahoun A, Wang C. Dividend Payouts and Information Shocks[J]. *Journal of Accounting Research*, 2014, 52(2): 403-456.
8. Hirshleifer D, Hsu P H, Li D. Innovative Efficiency and Stock Returns[J]. *Journal of Financial Economics*, 2013, 107(3): 632-654.
9. Joos P, Leung E. Investor Perceptions of Potential IFRS Adoption in the United States[J]. *The Accounting Review*, 2013, 88(2): 577-609.
10. Leuz C, Wysocki P D. The Economics of Disclosure and Financial Reporting Regulation: Evidence and Suggestions for Future Research[J]. *Journal of Accounting Research*, 2016, 54(2): 525-622.
11. Li S. Does Mandatory Adoption of International Financial Reporting Standards in the European Union Reduce the Cost of Equity Capital[J]. *The Accounting Review*, 2010, 85(2): 607-636.
12. Wang C. Accounting Standards Harmonization and Financial Statement Comparability: Evidence from Transnational Information Transfer[J]. *Journal of Accounting Research*, 2014, 52(4): 955-992.
13. Yip R W Y, Young D. Does Mandatory IFRS Adoption Improve Information Comparability[J]. *The Accounting Review*, 2012, 87(5): 1767-1789.
14. 葛家澍.创新与趋同相结合的一项准则——评我国新颁布的《企业会计准则——基本准则》[J].《会计研究》,2006(3):3-6+95.
15. 黄世忠.公允价值会计的顺周期效应及其应对策略[J].《会计研究》,2009(11):23-29+95.
16. 刘峰,吴风,钟瑞庆.会计准则能提高会计信息质量吗——来自中国股市的初步证据[J].《会计研究》,2004(5):8-19+97.
17. 曲晓辉,邱月华.强制性制度变迁与盈余稳健性——来自深沪证券市场的经验证据[J].《会计研究》,2007(7):20-28+95.
18. 王跃堂.会计政策选择的经济动机——基于沪深股市的实证研究[J].《会计研究》,2000(12):31-40.
19. 王跃堂,孙铮,陈世敏.会计改革与会计信息质量——来自中国证券市场的经验证据[J].《会计研究》,2001(7):16-26+65.
20. 叶建芳,周兰,李丹蒙,等.管理层动机、会计政策选择与盈余管理——基于新会计准则下上市公司金融资产分类的实证研究[J].《会计研究》,2009(3):25-30+94.

第6章

会计延展性研究

文献36 过去四十年中盈余和账面价值的价值相关性变化

经典文献：Daniel W. Collins,[1] Edward L. Maydew,[1] Ira S. Weiss.[2] Changes in the Value-Relevance of Earnings and Book Values over the Past Forty Years. *Journal of Accounting and Economics*, 1997, 24: 39-67.

机构：[1]University of Iowa；[2]University of Chicago

被引：总计2 848次，年均118.67次

文献概述：周雨茗

研究概述：本文研究了盈余的价值相关性与账面价值的价值相关性的系统性改变，主要有三个发现：其一，与已有研究相反，过去四十年中盈余和账面价值的综合价值相关性并没有下降，实际上甚至略有上升；其二，虽然盈余的价值相关性有所减弱，但已由账面价值的价值相关性的增强所弥补；其三，绝大部分价值相关性从盈余向账面价值的转移可以用非经常性盈余频率增加和幅度增大、亏损频率增加以及平均公司规模和无形资产随时间的变化来解释。

核心概念：资本市场　财务报告　盈余　账面价值　价值相关性

文献背景

人们似乎普遍认为，由于经济的不确定性，按历史成本编制的财务报表已经失去价值相关性，特别是在由传统经济向高科技、服务型经济转变的背景下，传统财务报表与股东价值的相关性不断减弱。这些主张体现在1994年AICPA财务报告特别委员会（Jenkins Committee 1994 AICPA）的报告和许多专业文献中，但其有效性尚未得到实证检验。

然而，导致**净盈余**（bottom line earnings）的价值相关性减弱的相同因素也可能导致账面价值的价值相关性增强。有研究表明，当盈余为负或包含非经常性项目时，账面价值相对于盈余变得越来越重要（Barth等，1997；Berger等，1996；Burgstahler和Dichev，1997；Collins等，1997；Jan和Ou，1995）。总体而言，本文表明，**盈余和账面价值的价值相关性**（value-relevance of earnings and book values）表现出相反的变化；并且，如果盈余的价值相关性随着时间推移而减弱，账面价值的价值相关性就应该增强。

| 理论基础与研究思路 |

从整体看,近期的研究表明,至少有四个因素可能导致盈余与账面价值的价值相关性随时间变化:(1)服务和技术导向型公司**的无形资产投资**(investment in intangibles)日益增加;(2)**非经常性项目**(nonrecurring items)发生的频率和幅度;(3)**亏损或负盈余**(negative earnings)发生概率;(4)Compustat 数据库中小公司数量的不断增长。

无形资产投资对盈余与账面价值的价值相关性的影响

Lev(1997)、Amir 和 Lev(1996)认为,尽管无形资产可能有助于增加企业的市场价值,但在现行会计准则下其仅仅被记录为无形资产,在评估拥有大量未入账无形资产企业的价值时,会计信息可能不是很有用。Amir 和 Lev(1996)在对蜂窝电话行业公司估值时发现,盈余、账面价值和现金流量基本上不相关。如果这些发现普遍适用于其他无形资产密集型行业,那么随着时间的推移,这类公司的占比不断增大,预计盈余、账面价值或两者的价值相关性会随时间而下降。然而,无形资产的会计处理方式将如何影响盈余和账面价值随时间的相对重要性是难以预测的。

非经常性项目对盈余与账面价值的价值相关性的影响

首先,非经常性项目中坏消息对价格的影响程度通常小于好消息(Elliott 和 Hanna,1996;Maydew,1997),这表明对非经常性项目而言,盈余的价值相关性减弱。其次,财务困难企业报告非经常性项目的频率要高于其他企业。如果清算价值在这类企业中更为凸显,那么清算价值与账面价值的价值相关性将增强,即非经常性项目中账面价值的价值相关性会增强。最后,与经常性项目相比,非经常性项目的盈余持续性降低,这会减弱盈余的价值相关性,增强账面价值的价值相关性(Ohlson,1995)。

亏损对盈余与账面价值的价值相关性的影响

Hayn(1995)的研究表明,报告亏损公司的盈余反应系数要小于正盈余公司。Basu(1997)的研究表明,在保守的会计系统中,较之好消息,公司更应当将坏消息纳入盈余,对好消息和坏消息的这种不对称处理使得盈余下降(或损失)比盈余增长要短暂得多,如果不考虑好消息和坏消息,就会降低盈余解释收益的能力。Basu(1997)还认为,近年来会计稳健程度有所提高,因此随着时间的流逝,亏损频率的增加可能会导致盈余的增量价值相关性下降。当盈余为负或公司面临财务困境时,只有账面价值才具有价值相关性(Barth 等,1997;Burgstahler 和 Dichev,1997;Collins 等,1997;Jan 和 Ou,1995)。当公司遭受亏损或陷入财务困境时,清算价值与账面价值的联系更紧密(Berger 等,1996;Burgstahler 和 Dichev,1997)。随着清算的可能性越来越大,账面价值相对于盈余的价值相关性的解释能力将越来越强。

公司规模对盈余与账面价值的价值相关性的影响

较小规模的公司更有可能是由未来盈余增长潜力(即异常盈余)而非当前盈余实现价

值驱动的初创公司。Hayn(1995)的研究表明,小企业比大企业更有可能报告亏损,因此小企业的盈余持续性较弱。基于此,在对小企业估值时,投资者可能更重视账面价值,以其作为清算价值的替代,由此账面价值的价值相关性更强。

样本选择

本文选取1953—1993年在纽约证券交易所、美国证券交易所和纳斯达克上市的119 389个公司—年度观测值作为初始样本。剔除存在缺失值的样本后,最终样本由115 154个观测值构成。公司年度盈余、账面价值和股票信息数据来自Compustat数据库,股票价格以及股票分拆、股利等数据来自CRSP数据库。

实证方法与模型构建

为了验证盈余与账面价值的价值相关性,本文构建了公司股权价值(P_{it})与盈余(E_{it})和账面价值(BV_{it})的回归模型(Ohlson's model):

$$P_{it} = \alpha_0 + \alpha_1 E_{it} + \alpha_2 BV_{it} + \varepsilon_{it}$$

其中,P_{it}是公司在财政年度t结束后三个月的股票平均价格,E_{it}是公司第t年的每股收益,BV_{it}是公司第t年期末的账面价值。为了比较盈余和账面价值对价格的解释能力,本文将盈余和账面价值的总解释能力分解为三个部分(Theil,1971;Easton,1985):一是盈余的增量解释能力;二是账面价值的增量解释能力;三是盈余和账面价值共有的解释能力。为探究上述因素在过去四十年中是否发生系统性变化,引入时间趋势变量TIME进行回归,利用R^2分析会计信息的价值相关性是否随时间变化。

$$R_t^2 = \phi_0 + \phi_1 TIME_t + \varepsilon_t$$

实证检验结果如下:

(1)盈余的价值相关性随时间显著减弱,而账面价值的价值相关性随时间显著增强,并且盈余和账面价值的综合解释能力实际上有所提高。

(2)非经常性项目、亏损、公司规模与盈余和账面价值的价值相关性的变化相关。具体为:当非经常性项目为0时,盈余和账面价值的价值相关性都非常弱;账面价值的价值相关性随着非经常性项目的增加而增强,而盈余的价值相关性随着一次性项目的增加而减弱;亏损公司的价值相关性几乎全部来自账面价值;账面价值(盈余)的解释能力随着公司规模的缩小(扩大)而下降(上升)。

(3)在过去四十年中,无形资产密集型企业占比、非经常性项目的平均数量、亏损频率和平均公司规模都经历了系统性变化。

(4)在控制无形资产、非经常性项目、亏损频率和公司规模的变化之前,盈余(账面价值)的价值相关性似乎随着时间的推移而减弱(增强);在控制这些因素之后,时间趋势变量不再显著。控制这些因素可以解释盈余和账面价值在时间上的价值相关性变化。此外,没有证据表明随着时间的推移,盈余和账面价值的综合价值相关性会减弱。

| 研究结论与未来研究 |

本文研究了盈余与账面价值的价值相关性的系统性变化,主要有以下三个发现:首先,与已有研究相反,过去四十年中,盈余和账面价值的综合价值相关性并没有减弱,实际上甚至略有增强;其次,虽然盈余的价值相关性有所减弱,但已由账面价值的价值相关性的增强所弥补;最后,绝大部分价值相关性从盈余向账面价值的转移可以用非经常性项目盈余频率增加和幅度增大、亏损频率增加以及平均公司规模和无形资产随时间的变化来解释。总之,经验证据表明,断言传统历史成本会计模型已经失去价值相关性还为时过早。

本文的分析提出了许多需要进一步研究的问题。首先,目前尚不清楚本文记录的价值相关性变化是由公认会计准则的变化还是由经济层面的"实际"变化所致。其次,本文尚未充分探讨跨行业的盈余和账面价值的价值相关性变化以及跨行业的行业构成变化的影响。如果不同行业的盈余和账面价值具有不同的价值相关性,那么每个行业中企业占比的变化将影响基于年度横截面回归的推论。最后,本文不能确定用于解释价值相关性跨期变化的变量是否与价值相关性变化存在因果关系,或者某些未知的潜在经济现象是否导致被解释变量和解释变量发生变化。

交流区

本文是较早对会计信息价值相关性变迁进行的系统性研究,主要有两项贡献。第一,与之前许多认为以历史成本为基础的财务报表已经失去价值相关性的研究文献不同,本文发现 1953—1993 年盈余和账面价值对价值相关性的联合解释能力是逐渐提高的,并指出原因。第二,自 Ohlson(1995)估值模型问世以来,大量文献积极借鉴并开展经验研究,随后两年有关价值相关性研究的解释变量都以超额盈余表示。但是,本文在研究中提及的 Maydew(1993)经验证据表明,与当期的超额盈余相比,当期盈余与股票价格的相关性更强,并在此基础上将模型的解释变量改为公司的当期盈余和账面价值。此后的大部分研究均认可本文的观点,即本文为之后的研究奠定了基础。

文献 37 异常应计的错误定价

经典文献:Hong Xie. The Mispricing of Abnormal Accruals. *The Accounting Review*, 2001, 76(3): 357-373.

机构:University of Illinois at Urbana-Champaign

被引:总计 1 748 次,年均 81.81 次

文献概述:王良辉

研究概述:本文考察基于 Jones 模型计算的异常应计(通常被称为操控性应计)的市场定价,检验股价是否理性反映异常应计对企业未来盈余的预测。利用 Mishkin(1983)和

Sloan(1996)的**对冲组合测试**(hedging combination test),本文发现市场高估了异常应计的持续性,由此对异常应计过度定价。这些发现证明了市场不仅会对异常应计定价,而且存在过度定价,拓展了 Subramanyam(1996)的研究。本文还表明,Sloan(1996)发现的对总应计的过度定价主要源于异常应计。这些结果在使用其他五种方式衡量异常应计时依然稳健,在估计异常应计时控制主要的非经常性且非操控性应计后也依然成立。本文最后的发现与"市场对管理层自由裁量部分的异常应计过度定价"的观点一致。

核心概念: 异常应计　操控性应计　错误定价

| 文献背景 |

Subramanyam(1996)发现市场会对 Jones(1991)估计的异常应计定价,并且异常应计与企业未来的盈利能力正相关。虽然 Subramanyam(1996)证明异常应计与未来盈利能力正相关,但是并不一定意味着市场对这些应计项目与未来盈利能力(如收益)的关系会给予合理定价。Sloan(1996)研究总应计的市场定价,发现市场未能充分认识到应计利润的不可持续性,会高估总应计的价值。Collins 和 Hribar(2000)使用季度数据,也发现市场会高估总应计。然而,Sloan(1996)、Collins 和 Hribar(2000)并没有检验定价过高是源于异常应计、正常应计还是两者兼而有之。Teoh 等(1998)和 Rangan(1998)证明管理层会选择正向的异常应计,以便在首次公开募股(IPO)或再融资之前机会性地增加收益,并且市场会高估异常应计。然而,已有文献尚未检验市场是否会在更一般的情形下(即管理层有可能或不可能投机性地操纵盈余)对异常应计错误定价。本文实证检验了这个问题。

| 理论基础与研究思路 |

根据 Sloan(1996),本文使用 Mishkin(1983)测试和对冲组合测试,检验市场是否对异常应计给予合理定价。Mishkin(1983)测试提供了对以下两项的统计比较:(1)异常应计市场定价的度量,即市场对异常应计的估值系数;(2)异常应计对一年后盈余的预测能力的度量,即异常应计的预测系数。如果市场对异常应计的估值系数显著大于异常应计对一年后盈余的预测系数,那么 Mishkin(1983)测试表明市场高估了异常应计;相反,如果估值系数显著小于预测系数,那么 Mishkin(1983)测试表明市场低估了异常应计。预测系数是一个衡量异常应计持续性的指标(Freeman 等,1992;Sloan,1996),本文将市场对异常应计的错误定价归因于市场无法正确评估异常应计的持续性。对冲组合测试用当期异常应计负向最低的十分位数构建了一个多头组合,用当期异常应计正向最高的十分位数构建了一个空头组合。如果对冲组合在随后几年始终产生一致的正向超常收益,就表明市场高估了投资组合形成当年的异常应计价值。

| 样本选择 |

本文从 1995 年 Compustat 年度行业研究报告文档和 1995 年 CRSP 月度股价文档中获取数据。因为经营活动现金流(Compustat 项目#110)在 1971 年之前未被收录,并且本文的

分析需要样本年度以后三年的股价数据,本文的初始样本跨越了 1971—1992 年的 22 年时间。在这个样本期间,本文剔除以下样本:(1)缺少年初总资产或样本数量不足以按定义计算应计项目的观测值;(2)1982 年以前的纳斯达克上市公司的观测值;(3)1995 年 CRSP 文档中缺少月度股票收益的观测值;(4)任何 SIC 两位数代码行业一年度观测值少于 6 个,或者 Jones 模型(如下所述)中任何变量数值与样本平均值相差超过 3 个标准差。最终样本包括 7 506 家公司和 1971—1992 年的 56 692 个公司—年度观测值。

实证方法与模型构建

本文用 Subramanyam(1996)的方法定义盈余、应计项目和经营活动现金流。盈余($EARN_t$)被定义为异常项目前收益或利润;经营活动现金流(CFO_t)指经营活动净现金流量。对于 1988 年以前不能直接从 Compustat 数据库中获得的样本,本文用以下模型估计 CFO_t:

$$CFO_t = FFO_t - \Delta CA_t + \Delta CASH_t + \Delta CL_t - \Delta STDEBT_t$$

其中,FFO_t 表示运营现金流,ΔCA_t 表示流动资产的变动,$\Delta CASH_t$ 表示现金和短期投资的变动,ΔCL_t 表示流动负债的变动,$\Delta STDEBT_t$ 表示短期债务的变动。总应计($ACCR_t$)被定义为盈余和经营活动现金流的差值,即 $ACCR_t = EARN_t - CFO_t$,所有三个变量都除以期初总资产。

本文用 Jones 模型估计正常应计和异常应计:

$$\frac{ACCR_{j,t}}{TA_{j,t-1}} = \alpha\left(\frac{1}{TA_{j,t-1}}\right) + \beta\left(\frac{\Delta REV_{j,t}}{TA_{j,t-1}}\right) + \gamma\left(\frac{PPE_{j,t}}{TA_{j,t-1}}\right) + e_{j,t} \quad (1)$$

其中,$\Delta REV_{j,t}$ 是第 t 年的营业收入变动,$PPE_{j,t}$ 是第 t 年的固定资产。根据 DeFond 和 Jiambalvo(1994)、Subramanyam(1996)的做法,本文基于行业 SIC 两位数代码和年份的 Jones 模型,分别对纽约证券交易所/美国证券交易所和纳斯达克的上市公司进行回归,Jones 模型的预测值表示正常应计(NAC_t),残差值表示异常应计($ABNAC_t$)。

本文用 1995 年 CRSP 月度股票收益衡量年度股票持有收益率($RETURN_t$),"年度"被定义为以公司财务年度结束后三个月为终点的 12 个月度期间。根据 Sloan(1996),本文用公司"年度持有收益率"与同年度市场与该公司"相同资产十分位投资组合的持有收益率"的差值计算资产调整的超常股票收益($SIZEAJR_t$)。本文按 CRSP 规模十分位数将每个公司划入规模分组,公司价值根据公司 12 个月度期初的权益市场价值确定。

Mishkin 测试

根据 Mishkin(1983)测试构建的回归模型如下:

$$EARN_{t+1} = \gamma_0 + \gamma_1 CFO_t + \gamma_2 NAC_t + \gamma_3 ABNAC_t + v_{t+1} \quad (2)$$

$$SIZEAJR_{t+1} = \alpha + \beta(EARN_{t+1} - \gamma_0 - \gamma_1^* CFO_t - \gamma_2^* NAC_t - \gamma_3^* ABNAC_t) + \varepsilon_{t+1} \quad (3)$$

式(2)是一个预测方程,用来估计异常应计和其他盈余项目对一年后盈余的预测系数(γ_s)。式(3)是一个估值方程,用来估计市场赋予异常应计和其他盈余项目的估值系数(γ_s^*)。按照 Mishkin(1983),本文使用迭代广义非线性最小二乘法同时估计方程(2)和方程(3),具体分为两个阶段进行。第一阶段,本文在未对 γ_s 和 γ_s^* 施加任何限制条件的基础上同时估计方程(2)和方程(3)。为了检验由第一阶段得到的估值系数(γ_s^*)是否与对应的预测系数(γ_s)显著不同,本文在第二阶段施加合理定价约束 $\gamma_q^* = \gamma_q (q = 1, 2$ 和/或 $3)$ 后,同时估计方程(2)和方程(3)。Mishkin(1983)指出,在市场能合理估值的零假设下,似然比统计量为渐进的 $\chi^2(q)$ 分布:

$$2N \times \text{Ln}(\text{SSR}^c/\text{SSR}^u)$$

其中,q 表示合理定价约束的个数,N 表示样本观测的个数,Ln 表示自然对数运算符,SSR^c 表示第二阶段约束下回归的残差平方和,SSR^u 表示第一阶段非约束下回归的残差平方和。若上述似然比统计量足够大,则拒绝一个或多个盈余项目合理定价的假设。

对冲组合测试

为了进一步支持从 Mishkin 测试中得到的证据,本文使用对冲组合测试加以验证。具体而言,本文按异常应计的排序将样本分成 10 组,并且对处于异常应计下十分位数的公司进行做多操作,同时对处于异常应计的上十分位数的公司进行做空操作。若这样的投资组合在后续年份产生正向超常收益,则进一步支持了 Mishkin(1983)的推断,即市场高估了投资组合形成当年的异常应计。

稳健性检验

异常应计替代模型

本文首先检验了主回归结果对五种异常应计替代模型的稳健性,替代模型包括:(1)横截面修正的 Jones 模型(Dechow 等,1995);(2)时间序列 Jones 模型;(3)时间序列修正的 Jones 模型(Dechow 等,1995);(4)Beneish(1997)模型,将滞后总应计和滞后股票收益作为两个额外的解释变量来扩展 Jones 模型;(5)Beneish(1998)模型,用"现金销售收入的变化"替代 Jones 模型中的"销售收入的变化"。

控制主要非经常性应计项目

Jones 模型估计的异常应计既包括管理层操控性应计,也包括偶发的非操控性应计(Healy,1996;Bernard 和 Skinner,1996),因此很难确定市场高估了哪种应计。根据 Bernard 和 Skinner(1996)、Collins 和 Hribar(2000),本文估计了在控制**主要非经常性应计项目**(major unusual accruals)和**非清晰事件**(non-articulation events)之后的异常应计。

研究结论与创新

本文考察了市场是否对 Jones 模型估计的异常应计进行合理定价。Mishkin 测试结果表明,市场高估了异常应计和正常应计的持续性,也由此高估了两者的价值,而且对异常应计的过高定价更为严重。对冲组合测试结果证实市场对异常应计的过高定价,但不支持对正常应计的过高定价。总而言之,研究结果表明,市场对异常应计过高定价,对正常应计过高定价的证据则是混杂且微弱的。

本文提供的直接证据表明,相对于异常应计与一年后盈余的关联性,市场高估了异常应计,从而扩展了 Subramanyam(1996) 有关市场对异常应计进行定价的发现。本文还拓展了 Sloan(1996) 的研究,证明了 Sloan 发现的总应计缺乏持续性和被高估的现象在很大程度上源于异常应计项目。最后,本文通过证明市场对异常应计的过高定价不仅局限于 IPO 和再融资,还存在于更为一般的情形,从而扩展了 Teoh 等(1998) 和 Rangan(1998) 的研究。

| 局限性与展望 |

本文存在一定的局限性。首先,本文使用 Jones 模型计量的异常应计反映管理层操控性应计,这会产生一定误差。尽管在稳健性检验中,本文使用了不同的应计衡量模型,并且控制了主要非经常性应计和非清晰事件,但这只是完善管理层操控性应计衡量指标的第一步,未来的研究可以探究更多的影响 Jones 模型的残差项,以反映操控性应计的影响因素,从而构建一个更好的实证分析模型。其次,本文考察了市场对异常应计一年期盈余预测的错误定价,这只是市场错误定价的一部分,未来的研究可以探究更多的市场错误定价。最后,虽然本文发现了对冲组合的超常收益在 22 个样本年份中均为正,但这不能完全否认可能有其他风险因素对研究结果产生影响。

交流区

本文验证了市场对异常应计过高定价的现象,检验过程是以下几项重要研究的延续:其一,异常应计的存在与计量的相关研究(Jones, 1991);其二,对冲组合构建的相关研究(Mishkin, 1983);其三,应计的市场定价相关研究(Subramanyam, 1996; Sloan, 1996)。本文在这些研究的基础上,发现市场不仅对应计进行定价,而且对异常应计的估价过高。

文献 38　什么决定公司透明度

经典文献: Robert M. Bushman,[1] Joseph D. Piotroski,[2] Abbie J. Smith.[2] What Determines Corporate Transparency. *Journal of Accounting Research*, 2004, 42(2): 207-252.

机构:[1]University of North Carolina;[2]University of Chicago

被引:总计 2 821 次,年均 156.72 次

文献概述:刘婷婷

研究概述:本文将公司透明度定义为上市公司以外的人获得公司特定信息的可能性,并将一个国家的公司透明度定义为由多方系统共同产生、收集、验证和传播信息的产出。本文通过对一系列能够反映国家特定信息环境的衡量方式进行分析,分离出两个不同的因素:第一个因素为财务透明度,它反映了财务披露的强度和及时性,以及分析师和媒体对财务信息的解释和传播;第二个因素为治理透明度,它反映了外部投资者用来追究高管和董

事责任的治理披露强度。本文检验了这些因素是否因国家的法律/司法制度和政治经济环境的不同而不同。结果表明,财务透明度主要与政治经济因素相关,治理透明度主要与一个国家的法律/司法制度有关。

核心概念: 财务透明度　治理透明度　信息环境　法律/司法制度　政治经济

研究背景

信息的可获得性是决定**资源分配**(resource allocation)决策效率和经济增长的关键因素。越来越多的经济学和金融学文献研究国内金融发展对经济增长和决策效率的影响,基本理论核心是经济体中金融部门在降低信息成本和交易成本方面起到的作用。尽管信息成本在这些理论中扮演着核心角色,却鲜有研究考虑信息系统本身如何且为何在世界各地会不同。

La Porta 等(1997)、Demirguc-Kunt 和 Maksimovic(1998)、Beck 等(2002)首先检验了各个国家法律因素对金融发展的影响。随后一些文献加以补充,探讨政治结构对金融发展的作用,并考虑法律视角相对于政治视角的重要性(Beck 等,2001;Rajan 和 Zingales,2003)。本文通过公司透明度性质的多面性扩展这一方面的文献,即治理透明度与法律结构的关系更密切,而财务透明度与政治经济因素的关系更密切。

另外一些关于财务报告和分析师行为影响因素的跨国研究主要从以下几方面展开讨论:盈余的价值相关性(Alford 等,1993;Ali 和 Hwang,2000;Francis 等,2003;Geunther 和 Young,2000;Land 和 Lang,2002)、盈余管理(Leuz 等,2003;Bhattacharya 等,2003)、盈余及时性(Ball 等,2000;Ball 等,2002)、披露制度和实施(Frost,1999)、披露强度(Jaggi 和 Low,2000)、审计质量(Francis 等,2003)和分析师行为(Chang 等,2000;Bushman 等,2003;Hope,2003)。以上大部分研究将财务报告或分析师行为从个体层面分离出来,而本文将公司透明度视为一个相互关联的信息机制系统的输出,从而能够利用因素分析法,制定一个全面的国家层面的公司透明度衡量方法。

理论基础与研究思路

首先,本文构建了一个概念框架,用于衡量信息系统对公司透明度的贡献。这里将公司透明度定义为上市公司以外的人获得公司特定信息的可能性,并将一个国家的公司透明度定义为由多方系统共同产生、收集、验证和传播信息的联合产出。该框架将国家层面的信息机制/措施分为三大类:(1)公司报告制度,包括财务披露的强度、计量原则、及时性、审计质量,以及治理披露的强度(例如高管和董事的身份、薪酬和持股情况以及其他主要股东的身份和持股情况);(2)私有信息的获取强度,包括分析师跟踪以及集中投资计划和**内部人交易**(insider trading)活动的程度;(3)信息的传播,包括一个经济体中媒体渗透程度的衡量。

其次,本文研究了世界各国透明度衡量方式的差异,并进行了因素分析,以探索衡量指标背后的结构。通过因素分析,分离出两个不同的因素:第一个因素为财务透明度,它反映了财务披露的强度和及时性,以及分析师和媒体对财务信息的解释与传播;第二个因素为治理透明度,它反映了外部投资者用来追究高管和董事责任的治理披露的强度与及时性。

最后,基于 Ball(2001)及其他学者的观点——各个国家的财务和信息披露机制将逐步成为其经济、法律与政治基础的组成部分,本文检验了在控制**人均财富**(per capita wealth)条件前后,财务透明度和治理透明度相关因素是否会随着国家的法律/司法制度和政治经济环境的不同而变化。

研究假设

以往的研究表明,世界各国对外部投资者权益的法律保护和执行力度各不相同(La Porta 等,1998)。随着对外部投资者权益保护的增强,市场对财务透明度和治理透明度的需求将会增加。此外,在投资者权益保护更为健全的制度环境下,政策制定者更有动机去强制要求和推动实施更高的公司透明度。

假设 1　治理透明度与法律/司法制度密切相关。
假设 2　财务透明度与政治经济因素密切相关。

样本选择与数据来源

本文所用数据大部分来自财务分析与国际会计与审计趋势研究中心(CIFAR)。CIFAR 收集了不同国家约 1 000 家工业企业的年度报告,本文选取公司的销售额和资产,所有变量的数据直接从年度报告中提取。另外,媒体数据来自 1993—1995 年《世界发展指标报告》的各国人均报纸和电视的平均排名。样本量在 40—50 个国家之间,因各模型变量的不同而有些许差异。

实证方法与模型构建

首先,本文采用最大似然估计方法进行**因子分析**(factor analysis),并得到两个因子。因子 1 被标记为财务透明度,即通过企业、财务分析师与媒体记者向企业外部利益相关者披露、解释和传播财务信息后,衡量外部利益相关者的信息可得性。因子 2 被标记为治理透明度,并将其解释为外部利益相关者用来追究高管和董事责任的治理披露的信息可获得性。

其次,本文用回归分析方法,检验在控制人均财富条件前后,财务透明度和治理透明度相关因素是否会随着国家的法律/司法制度和政治经济环境的不同而变化。在讨论法律/司法制度时,采用三个代理变量,分别为法律制度起源、司法制度效率和专利保护程度;政治经济环境则选取五种衡量方式,分别为政治权力集中程度(专制程度)、企业国有化程度、创业公司进入成本、银行国有化程度和国家接管风险。

为了检验在控制人均国民生产总值(即人均财富)前后,公司透明度因素与法律制度起源的关系,本文构建如下模型:

$$\text{FACTOR}_{1i}/\text{FACTOR}_{2i} = \alpha + \beta_1 \log(\text{GNP}_i) + \beta_2 \text{BRITISH}_i + \beta_3 \text{FRANCH}_i + \beta_4 \text{GERMAN}_i + \varepsilon_i \tag{1}$$

借鉴 La Porta 等(1998)的方法,本文将各个国家的法律制度起源分成四类:英国的法律制度起源、法国的法律制度起源、德国的法律制度起源、斯堪的纳维亚的法律制度起源。其中,log(GNP) 表示 1995 年人均国民生产总值、BRITISH 表示是否为英国的普通法,FRANCH 表示是否为法国民法、GERMAN 表示是否为德国民法。

最后,将财务透明度因素与治理透明度因素分别与法律/司法制度和政治经济因素做回归,以探求其中的关系:

$$\text{FACTOR}_1/\text{FACTOR}_2 = \alpha + \beta_1 \log(\text{GNP}) + \beta_2 \text{CIVILLAW} + \beta_3 \text{EFF\_JUD} + \beta_4 \text{AUTOCATCY} + \beta_5 \text{SOE} + \beta_6 \text{COST\_ENTRY} + \beta_7 \text{ST\_BANK} + \beta_8 \text{LRISK\_EX} + \varepsilon \tag{2}$$

其中,若该国使用的是民法(例如法国、德国或斯堪的纳维亚)则 CIVILLAW 取值为 1,否则取值为 0;COST_ENTRY 衡量的是该国的进入壁垒;ST_BANK 代表的是政府在该国前十大银行的资产占比。另外,以下变量均赋值为 0—10,分数越高表示程度越高:EFF_JUD 衡量的是司法制度效率,AUTOCATCY 衡量的是政治机构的封闭程度(即专制程度),SOE 为国有企业占比(即国有化程度),LRISK_EX 衡量的是风险程度。

稳健性检验

由于样本量过小,在稳健性检验中,本文从五个衡量政治经济环境的变量中剔除两个——专制程度和创业公司进入成本,并分别加入六个额外解释变量重新进行回归分析。六个新增变量分别为:(1)1995 年货币银行资产对股票市场资本的存款比例(BNK_MKT),衡量银行相对于股票市场融资的重要性;(2)制约董事权力的强度(RIGHTS);(3)各国十大非金融、非国有企业中前三大股东的平均持股比例;(4)二元变量,若一个国家的资本市场在 1994 年之前开放标记为 1,否则标记为 0;(5)1995 年各国直接对外投资额除以各国国内生产总值;(6)截止到 1996 年年底,各国最大 30 家企业平均市场资本化的对数。以上六项回归结果均支持主回归结论。

研究结论与创新

本文的主要结论为:治理透明度主要与法律/司法制度有关,财务透明度主要与政治经济因素有关。具体来说,本文的跨国回归证明,法律制度起源来自普通法系和司法制度效率较高国家的治理透明度更高;相反,国有企业占比越小、国有银行占比越小、企业财富被国家接管风险越低国家的财务透明度越高。

本文的创新之处在于:(1)列示相关矩阵和因子分析结果,提供了信息系统如何在世界范围内协同变化的新证据;(2)为各个国家的公司透明度为何不同提供了新的经验证据。

局限性与展望

本文的局限性体现在一些交叉上市公司存在数据干扰。本文所用数据来自 CIFAR,但该数据库只是简单地记录了公司在年度报告中披露的信息,因此某个国家的一些样本公司可能存在交叉上市的情况。例如,在投资者权益保护和信息披露标准较为薄弱的国家,一些企业可能选择在投资者权益保护和信息披露要求较严格的国家交叉上市,以增强对小股东的保护。如果相当一部分的样本国家存在上述情况,那么预计会发现投资者权益保护与公司透明度存在负相关关系。然而,本文证明治理透明度与投资者权益保护存在正向相关关系。

本文有以下两点展望:一是将本文的横截面分析扩展到跨时间分析,例如 Bushman 等(2004)检验了实施内部人交易限制是否会增加一个国家的分析师跟踪数量;二是将强制性公司报告和自愿性公司报告加以区分,并探讨它们在政治经济、法律/司法方面的差异。

交流区

本文主要的研究贡献是将公司透明度定义在国家层面,指出公司透明度的多面性,即与法律/司法制度密切相关的治理透明度和与政治经济环境更密切相关的财务透明度。随后,Francis 等(2009)同样基于跨国数据,发现在控制国家层面的经济和金融发展因素之后,配对国家的公司透明度水平更高,两者行业增长率的同期相关性更高。另外,在针对个体国家层面的研究中,学者们更加偏重企业财务信息透明的研究(Leuz 和 Oberholzer-Gee,2006;Balakrishnan 等,2019)。

文献 39 资本市场的会计研究

经典文献:S. P. Kothari. Capital Markets Research in Accounting. *Journal of Accounting and Economics*, 2001, 31(1-3): 105-231.

机构:Massachusetts Institute of Technology

被引:总计 4 076 次,年均 194.10 次

文献概述:刘婷婷

研究概述:本文回顾了资本市场与财务报表关系的实证研究。资本市场中会计研究主要用于**基本面分析**(fundamental analysis)和估值、市场效率测试,以及会计数字在契约和政治进程中的作用。当前学者们关于资本市场的会计研究主要集中于与会计信息相关的市场效率测试、基本面分析和财务报告的价值相关性。这些主题研究的经验证据将有助于资本市场中投资决策、会计准则和财务信息披露决策的制定。

核心概念:资本市场 财务报告 基本面分析 估值 市场效率

| 文献背景 |

自开创性的 Ball 和 Brown(1968)一文发表之后,三十多年来,有关会计与金融的文献不断增加,在重要学术期刊上发表的文献超过 1 000 篇。资本市场的会计研究包括以下几

个主题:盈余反应系数与分析师预测、基本面分析和估值、市场效率测试。本文并非仅仅针对每个主题进行总结,而是更进一步对目前资本市场感兴趣的会计研究领域进行评论,并对学者如何开展高影响力的研究做好准备提供思路。

本综述的一个重要目标是编写一份有教学价值的材料。为此,本文扩展了先前 Lev 和 Ohlson(1982)、Bernard(1989)对资本市场中会计研究的全面考察。它们提供了 20 世纪 70—80 年代会计研究的深度总结,本文则主要评述 20 世纪 80 年代末和 90 年代的实证研究。实证研究往往是以理论为基础的,没有理论的指导,实证分析的解释就难以成立。因此,本文以 Verrecchia(2001)的研究为基础,同时总结了实证分析中的潜在理论和替代性假设。除了对过去 10—15 年的研究提供详细的综述外,本文还讨论了文献中重要思想的起源并批判性地评价了其中的研究成果和研究设计。本文的主要目的是为既有的研究结论提供竞争性假设和解释,通过文献回顾指出未解决的研究问题和未来研究的方向,以期对研究生及其导师未来的研究事业提供帮助。

会计在资本市场研究中的作用

基本面分析与估值

股东、投资人和债权人对企业价值有着明显的兴趣。在有效市场上,企业价值被定义为以适当的风险折现率调整后,预期未来净现金流的现值。基本面分析的核心在于估值,以识别错误定价的证券。至少从 Graham 和 Dodd 1934 年出版《**证券分析**》(*Security Analysis*)一书以来,这种观点就一直很受欢迎。在目前(2001 年左右)投资于美国共同基金的近 5 万亿美元中,很大一部分是由基金经理管理的,而基本面分析是多数基金经理的投资指导立足点。基本面分析需要使用当期和以往年度的财务报表,并结合行业和宏观经济数据,进而得出企业的内在价值。当前市场价格和内在价值之间的差异是投资于证券的预期回报的指示。近年来,金融经济学文献有越来越多的证据表明有效市场假说是错误的。价格与价值的趋同是一个比先前证据显示的要慢得多的过程(Frankel 和 Lee,1998)。这一观念已经为主流学者所认可,并激发了对基本面分析的研究。基本面分析考察的是它能否成功地识别错误定价的证券。因此,基本面分析研究不能脱离资本市场对市场效率测试的研究。

本文首先回顾的关于基本面分析和估值的研究,包括估值模型,比如 Fama 和 Miller(1972)、Beaver 等(1980)、Christie(1987)、Kormendi 和 Lipe(1987)、Kothari 和 Zimmerman(1995)、Ohlson(1995)等;接下来梳理估值模型在近期实证研究中的应用,比如 Dechow 等(1999)及 Frankel 和 Lee(1998);最后讨论使用基本面分析去预测盈余和未来股票回报,比如检测市场效率(Ou 和 Penman,1989;Stober,1992;Lev 和 Thiagarajan,1993;Abarbanell 和 Bushee,1998;Piotroski,2000)等。

市场效率测试

Fama(1970,1991)将有效市场定义为"证券价格可以充分反映所有可得信息的市场"。由于证券价格决定了公司和个人之间的财富分配,因此证券市场是否具有信息效率是投资者、管理者、准则制定者和其他利益相关者非常关心的主题。会计文献主要通过两种方式得出关于市场效率的推论:一是短期窗口和长期窗口的事件研究,二是超常收益的**横截面测试**(cross-sectional test)。

事件研究的主要内容包括**盈余公告后漂移**(post-earnings-announcement drift)(Ball 和 Brown,1968;Foster 等,1984;Bernard 和 Thomas,1989;Ball 和 Bartov,1996;Kraft,1999)、市场效率(Ball,1972;Kraft,1999)、管理层和分析师的预测乐观性、IPO 股票和增发股票的长期回报率(Teoh 等,1998;Dechow 等,1999;Kothari 等,1999)。可预测盈余或异常盈余的横截面测试主要检验定期使用特定交易规则形成的投资组合收益是否与类似 CAPM 这样的资产定价模型所预测的收益一致(Basu,1977;Greig,1992;Lakonishok 等,1994;Sloan,1996;Collins 和 Hribar,2000)。

会计在契约和政治进程中的作用

实证会计理论预测了在薪酬契约、债务契约和政治进程中使用会计数字会影响公司的会计选择(Watts 和 Zimmerman,1986)。大量的会计文献要用到资本市场数据。例如,检验股价对新会计准则的反应,或者探讨这些反应的横截面变化是否与代表契约和/或政治成本的财务变量有关(Healy,1985;Jones,1991;Dechow 等,1995;Guay 等,1996)。为了对实证会计理论进行有力的检验,并改善相关**遗漏变量**(omitted variable)对检验结果的影响,研究者试图控制与实证会计理论无关的财务信息对证券价格的影响,由此产生对资本市场研究的需求,以帮助研究者设计更有力的基于股票价格的实证会计理论测试。

信息披露监管

在美国,受证券交易委员会(SEC)委托,财务会计准则委员会(FASB)负责发布规范上市公司财务信息披露的标准。资本市场研究可以帮助确定 FASB 所陈述的目标是否符合其发布的准则要求。例如,根据 FASB 准则编制的财务报表数字是否向资本市场传递了新信息?根据 FASB 准则编制的财务报表数字是否与同期的股票回报和价格更紧密相关?发布新的披露准则会有什么经济后果?会计准则的性质及范围也可能会受准则制定者对证券市场信息效率认知的影响,因此准则制定者对资本市场中市场效率测试的研究也很感兴趣。

近年来,资本市场、产品市场和劳动力市场的快速全球化对国际会计准则产生了强烈的需求。其中最受关注的问题是,会计准则需要一套统一的标准还是应具有多样性?如果标准是统一的,那么美国公认会计准则(GAAP)应该是标准吗?是否应该制定国际标准?各国的标准应该根据法律、政治和经济环境的不同而有所不同吗?其他国家的资本市场是否和美国一样有效,从而影响国际会计准则的性质?对这些相关问题的兴趣激发了学者们利用国际会计和资本市场数据开展一系列研究。

早期资本市场的会计研究

20世纪60年代早期的会计理论

在20世纪60年代中期之前,会计理论基本上是规范性的。会计理论家会基于一套既定的会计目标提出各自的会计政策建议(Hendriksen,1965)。理论的发展依赖于研究者所假设的目标,而理论的评判则基于逻辑和演绎推理。然而,由于每个人在会计目标上存在分歧,在最佳的会计政策上无法达成共识,导致人们对财务报表所报告的会计数字是否有用产生了怀疑。许多人质疑历史成本会计数字是否传达了有用的信息,或者其对公司财务健康状况的评估是否准确。

资本市场的会计研究的理论发展

与经济学同步发展的三大金融学理论激发了Ball和Brown(1968)及Beaver(1968)的开创性研究:(1)实证经济学理论;(2)有效市场假说和资本资产定价模型(CAPM);(3)事件研究法(Fama等,1969)。

Friedman(1953)是在实证研究方法而非规范研究方法中起到积极作用的学者中最突出的一个。他将实证科学描述为"一种'理论'或'假设'的发展,能够对尚未观测到的现象产生有效和有意义的预测"。自Ball和Brown(1968)及Beaver(1968)以来,大多数会计研究都是实证性的,会计理论的作用不再仅仅是规范性的。Watts和Zimmerman(1986)指出,会计理论的目标是解释和预测会计实践。Fama(1965)指出,在有效市场中平均而言,在理性的、追求利润最大化的参与者之间的竞争将导致新信息对内在价值的全部影响及时反映在实际价格中。与以往关于会计理论和最优会计政策的规范研究不同,关于资本市场的实证研究开始使用证券价格的变化作为一个客观的外部结果来推断财务报告信息对市场参与者是否有用。Sharpe(1964)和Lintner(1965)提出了资本资产定价模型(CAPM)。CAPM预测的证券预期收益率在现金流的协方差风险中是递增的。因此,证券收益的部分横截面变化是由证券的协方差风险差异造成的。因此,资本资产定价模型与有效市场假说一起,极大地促进了对公司层面预期收益成分的估计。单独使用公司层面的组成部分可以增强对财务报告中信息内容的检验(Brown和Warner,1985)。Fama等(1969)在金融经济学领域首创事件研究法。事件研究是对市场效率和预期收益率模型的联合测试,用于估计超常收益。Fama等人的研究设计创新是在事件发生时对样本公司进行排序,然后在经济事件发生前、发生中、发生后检验公司股票价格,相关的事件如股票分割(Fama等,1969)和**盈余公告**(earnings announcement)(Ball和Brown,1968;Beaver,1968)。

事件研究的早期证据

Ball和Brown(1968)及Beaver(1968)提供了令人信服的证据,证明会计盈余公告具有信息含量。Ball和Brown(1968)将盈余公告当月的股票超常收益迹象与公司前一年收益变化的迹象联系起来,发现二者存在显著的正相关关系。其前提假设是,盈余预期模型为非预期盈余提供了明确的衡量方法,也就是被归类为"好消息"公司所经历的盈余增长对市场来说是一个正向的预期,导致证券价格上涨。因此,盈余公告期超常收益与非预期盈余之间的关联强度是盈余信息含量和所采用的盈余预期模型质量的函数。Ball 和 Brown(1968)使用简单的**随机游走模型**(random walk model)和**市场收益模型**(market model in earnings),为两个盈余预期模型提供了证据。Beaver(1968)还通过比较盈余公告期和非公告期的交易量来检验信息的有用性。市场参与者对即将发布的盈余公告有不同的预期,即盈余公告可消除一定程度的不确定性,市场参与者的交易量由此而增加。

20世纪80年代和90年代的资本市场的会计研究

盈余反应系数研究

Kormendi 和 Lipe(1987)、Easton 和 Zmijewski(1989)以及 Collins 和 Kothari(1989)的早期研究确定了盈余反应系数的四个决定性经济因素,分别为持久性、成长性、增长性和**无风险利率**(risk-free rate)。Kormendi 和 Lipe(1987)、Easton 和 Zmijewski(1989)的研究表明,盈余创新对市场参与者未来预期盈余的影响越大,价格变化越大或盈余反应系数越大。Collins 和 Kothari(1989)将盈余反应系数与 ARIMA(整合移动平均自回归)模型下盈余的**时间序列**(time-series)特性联系起来,包括随机游走、移动平均和自回归。Easton 和 Zmijewski(1989)解释了为什么风险会对盈余反应系数产生负面影响。这里的风险指的是权益现金流波动的系统性(即非分散或协方差)组成部分,更大的风险意味着更大的折现率,这将减少未来预期盈余的现值。Collins 和 Kothari(1989)预测企业增长机会的边际效应对盈余反应系数为正。这里的增长是指现有项目或投资于新项目的预期收益率超过风险调整收益率(Fama 和 Miller,1972)。一家公司在当前或未来的投资中获得高于正常回报水平的能力,与资本市场是否有效并不矛盾。Collins 和 Kothari(1989)认为,价格反应将大于盈余的时间序列持续性所推断的经济后果,其原因是来自历史数据的持续性估计可能"无法准确反映当前的增长机会"。最后,Collins 和 Kothari(1989)预测盈余反应系数和无风险利率存在负相关关系。在任何时间点的折现率均为当时的无风险利率和风险溢价之和。在其他条件不变的情况下,当无风险利率上升时,未来预期盈余的现值将下降,导致利率水平和盈余反应系数负相关。

时间序列、管理层和分析师的盈余预测

管理层预告有很多种类,包括盈余预警、盈余公告和管理层业绩预告。盈余预警或预告先于盈余公告,并且传递的通常是坏消息。管理层业绩预告通常在盈余公告后不久发布,并不一定会向市场传递坏消息。Patell(1976)、Jaggi(1978)、Nichols 和 Tsay(1979)、Penman(1980)、Ajinkya 和 Gift(1984)以及 Waymire(1984)等是关于管理层业绩预告的早期研究,它们都证明管理层业绩预告具有信息含量。具体来说,管理层业绩预告的发布与证券收益的变动显著正相关(Patell,1976),并且预告日前后的管理层预测的未预期部分与证券收益之间存在正相关关系(Ajinkya 和 Gift,1984;Waymire,1984)。

Brown 和 Rozeff(1978)首先证明了分析师预测的准确性优于季度盈余的时间序列预测。但随后,Imhoff 和 Pare(1982)提出了一个问题,即分析师的优势是否源于时间优势,即

分析师能接触到更新的信息。Brown 等(1987)在比较分析师预测与季度盈余的时间序列预测质量时,对预测的准确性及其与证券收益的相关性进行了测试,结果表明即使控制了时间优势,分析师预测也比时间序列预测更准确,与股票收益的相关性也略高。然而,O'Brien(1988)展示了与 Brown 等(1987)相矛盾的证据,他认为自回归模型预测比 IBES(数据库)预测与证券收益的相关性更强。尽管存在相互矛盾的证据,但近年来人们普遍认为,分析师预测比时间序列预测更能反映市场预期。当前人们感兴趣的问题是:分析师预测是否存在偏见?这种偏见的决定因素有哪些?市场是否认识到分析师在证券定价方面存在明显的偏见?

操控性应计和非操控性应计模型

Decho 等(1995)评估了各种操控性应计模型,认为修正 Jones 模型在检测盈余管理方面显示出最高的能力。盈余管理研究大多检验经历了异常业绩的样本公司。Dechow 等(1995)指出,由于正常应计项目(例如非操控性应计项目或预期应计项目)的大小与公司过去和同期业绩相关,因此操控性应计模型存在严重偏差。这主要有两个原因:其一,正如前文所讨论的盈余的时间序列特性,以过去业绩为条件的企业业绩并不遵循随机游走规律;其二,应计盈余和经营现金流都表现出显著的均值回归特征,这意味着这些变量并不是连续不相关的。然而,以往文献中使用的各种操控性应计模型并没有明确地反映应计盈余的序列相关特性,因此操控性应计估计值是有偏差的。Guay 等(1996)使用基于市场的检验,Hansen(1999)研究未来盈余的行为,他们都认为非操控性应计项目在其估计的操控性应计项目中的占比很大。Thomas 和 Zhang(1999)推断,常用的模型几乎没有预测应计盈余的能力。

估值模型的实证应用与评估

最近的几项研究比较了估值模型对证券价格的横截面变化或时间变化的解释能力(Dechow 等,1999;Francis 等,1998;Penman,1998;Penman 和 Sougiannis,1998;Myers,1999),得出了两个主要结论:第一,即使**剩余收益**(residual income)估值模型被认为与股利折现模型相同,其从股利折现模型得出的价值估计值对市场价值变化的解释能力也弱于**盈余资本化模型**(earnings capitalization model)(Francis 等,1997;Penman 和 Sougiannis,1998);第二,通过资本化分析师盈余预测得到的基于股利折现模型的传统推断与基于**剩余收益估值模型**(residual income valuation model)的结果相同(Dechow 等,1999;Lee 等,1999;Liu 等,2000)。

另外,至少还有其他三项实证研究(Myers,1999;Hand 和 Landsman,1998,1999)尝试对 Ohlson(1995)的**线性信息波动估值模型**(linear information dynamics valuation model)进行检验。这三项研究以及 Dechow 等(1999)的发现均与线性信息波动估值模型的结果不一致。本文认为任何对某一样本公司未来现金流或盈余估计"一刀切"的描述都可能被推翻,因为没有经济理论表明所有公司的剩余收益将在其生命周期的所有阶段都遵循同一个自回归过程。一个更有成效的实证方法是将自回归过程的决定因素或偏差理解为公司、行业、宏观经济等的函数(Fama 和 French,2000)。

未来研究方向

近期的研究检验了 FASB 要求披露的新业绩衡量标准,例如 Dhaliwal 等(1999)提出的综合收益与每股收益的比较,Vincent(1999)和 Fields 等(1998)研究了房地产投资信托基金(REITs)使用的替代业绩衡量方式。这些证据表明,在不受监管的环境下自愿发展的业绩衡量标准(例如,房地产投资信托基金行业的业绩衡量标准)比那些由监管机构规定的标准(例如综合收益)更有可能提供增量信息。由此,未来研究仍有以下三个未解决的问题:

(1)以收益率为标准的相关性研究。评估企业业绩的研究经常使用各变量与证券收益率的相关程度作为判断最佳指标的标准。追溯到 Gonedes 和 Dopuch(1974),一个长期存在的问题是,所选取指标与股票收益率的相关性是否正确?Holthausen 和 Watts(2001)也对这个问题进行了深入的分析。评价企业业绩替代衡量方式的研究必须认识到,业绩衡量的目标应影响检验指标的选择。例如,假设业绩衡量和财务报表的目的是促进债务契约的实现。目前尚不清楚的是,试图衡量公司增长期权价值变化的业绩衡量方法(这将反映在公司市值的变化中)是不是公司债权人最为关注的重点。

(2)业绩衡量的非预期组成部分。Dechow(1994)认为,大多数管理层薪酬契约只使用一种会计业绩衡量方法,并且反对使用业绩衡量的非预期组成部分。他建议将业绩衡量水平与价格水平联系起来,使用期初价格作为被解释变量和解释变量的**平减指数**(deflator)有利于减少相关遗漏变量,**异方差**(heteroscedasticity)越小,序列相关性越低(Christie,1987)。然而,Ohlson(1991)、Ohlson 和 Shroff(1992)及 Kothari(1992)的研究表明,由于价格包含了对未来业绩的预期,它不但是计量经济收益的平减指数,而且实际上将收益与业绩衡量的非预期组成部分联系了起来。因此,如果衡量的目标是关注整体业绩而不仅仅是非预期部分,那么它应该与收益率或价格相关吗?与价格的相关性确实将整个业绩衡量与价格相关联,缺点是会产生异方差和相关遗漏变量,从而导致严重的计量经济学问题(参见 Gonedes 和 Dopuch,1974;Schwert,1981;Christil,1987;Holthausen,1994;Kothari 和 Zimmerman,1995;Barth 和 Kallapur,1996;Shevlin,1996;Holthausen 和 Watts,2001)。

(3)与未来现金流相关性的研究。财务会计准则的一个重要目标是财务信息对信息使用者在评估未来现金流的数量、时间和不确定性上是有用的(FASB,1978)。由于价格包含有效市场所预期的未来现金流信息,如果研究人员采用与未来现金流的相关性作为业绩表现的衡量标准,那么业绩表现与价格的相关性可作为一种互补检验。

| 研究小结 |

本文对有关资本市场与财务报表信息关系的研究进行了回顾。资本市场的会计研究主要用于基本面分析和估值、市场效率测试、会计数字在契约形成和政治博弈过程中的作用以及信息披露的监管。在总结过去研究的过程中,本文批判了现有的研究,并讨论了未解决的问题和未来的研究方向。此外,本文从历史的角度阐述了会计文献中重要思想的起源,这些思想对资本市场研究中未来的会计思想产生了重大影响。

有关市场效率低下和超常收益的实证研究,引发了市场效率研究的热潮。这类研究引起了学术界、投资者、金融市场监管机构和标准制定者的兴趣。然而,由于财务变量的**偏态分布**(skewed distribution)、数据的生成偏差以及难以估计证券的预期收益率,这些研究的方法论是复杂的。在未来的研究中,第一,学者必须认识到,有缺陷的研究设计选择可以造成市场无效的假象;第二,市场无效的倡导者应当提出稳健的假设和实证检验,将行为金融学理论与不依赖于投资者非理性的有效市场假设区分开。上述挑战强调了会计研究人员在前沿的经济学、金融学和计量经济学研究中开展学术训练的必要性。

交 流 区

资本市场的会计研究起源于20世纪60年代,现已成为现代会计理论研究体系的重要组成部分,推动实证研究方法在会计研究中的应用。本文全面回顾了20世纪60—90年代资本市场的会计研究,用深入浅出的方式将其发展脉络呈现了出来。本文涉及的参考文献达500余篇,并按时间顺序及研究内容分门别类,是学者们了解资本市场会计研究发展史的必读之作。后来,随着会计实证研究范围不断拓展,研究方法越来越精细,综述类文献不断涌现,涉及税务(Hanlon和Heitzman,2011)、盈余管理(Dechow等,2010)、准则制定(Kothari等,2010)等。

【主题结语】

会计信息的目的在于帮助投资者做出决策。高质量的会计信息有助于提高资本市场的资源配置效率。本章主要介绍了关于应计异象与盈余公告后漂移现象(PEAD)等资本市场会计异象、会计信息的价值相关性、公司透明度等的相关研究,以及资本市场会计研究的文献综述。

在有效的资本市场上,已有信息会被充分地反映在股价中,因此不会出现错误定价的问题(Fama,1965)。然而,学术研究发现的应计异象、盈余公告后漂移现象向有效市场假说(EMH)提出了挑战。例如,就应计异象而言,Subramanyam(1996)发现,市场会对异常应计进行定价。Sloan(1996)分析应计总额的市场定价,发现市场未能充分认识到总盈余中应计部分的低持续性,由此会高估总应计。Xie(2001)进一步利用对冲组合测试,发现市场高估异常应计的持续性。就盈余公告后漂移现象而言,Bernard和Thomas(1990)基于季度盈余数据,发现股票价格未能充分反映当期盈余对未来盈余影响的可能性。

Collins等(1997)分析了1953—1992年共40年时间里盈余与账面价值的价值相关性的系统性改变,发现盈余和账面价值的综合价值相关性并没有下降,实际上甚至略有上升。此外,虽然盈余的价值相关性有所下降,但已由账面价值的价值相关性的提升所弥补。

Bushman等(2004)考察不同国家的公司透明度问题,发现治理透明度与法律/司法制度有关,财务透明度与政治经济环境有关。

Kothari(2001)对资本市场的会计研究进行了文献回顾,在梳理了会计在资本市场研究中的作用、资本市场会计研究的发展历程的基础上,提出了未来研究方向,包括以股票收益率为标准的相关性研究,业绩衡量的非预期组成部分的研究,与未来现金流相关性的研究。未来研究还可以进一步分析制度背景、公司治理等因素对资本市场会计信息披露的影响,并结合信息披露方式,对强制性披露和自愿性披露分别进行分析。

【推荐阅读】

1. Albrecht W S, Lookabill L L, McKeown J C. The Time-Series Properties of Annual Earnings[J]. *Journal of Accounting Research*, 1977, 15(2): 226-244.
2. Balakrishnan K, Blouin J L, Guay W R. Tax Aggressiveness and Corporate Transparency[J]. *The Accounting Review*, 2019, 94(1): 45-69.
3. Brown L D, Rozeff M S. Univariate Time-Series Models of Quarterly Accounting Earnings Per Share: A Proposed Model[J]. *Journal of Accounting Research*, 1979, 17(1): 179-189.
4. Bushman R M, Piotroski J D, Smith A J. Insider Trading Restrictions and Analysts' Incentives to Follow Firms[J]. *The Journal of Finance*, 2005, 60(1): 35-66.
5. Easton P D, Zmijewski M E. Cross-Sectional Variation in the Stock Market Response to Accounting Earnings Announcements[J]. *Journal of Accounting and Economics*, 1989, 11(2-3): 117-141.
6. Fama E F, MacBeth J D. Risk, Return, and Equilibrium: Empirical Tests[J]. *Journal of Political Economy*, 1973, 81(3): 607-636.
7. Foster G. Quarterly Accounting Data: Time-Series Properties and Predictive-Ability Results[J]. *The Accounting Review*, 1977, 52(1): 1-21.
8. Francis J R, Khurana I K, Pereira R, et al. Does Corporate Transparency Contribute to Efficient Resource Allocation[J]. *Journal of Accounting Research*, 2009, 47(4): 943-989.
9. Leuza C, Oberholzer G F. Political Relationships, Global Financing, and Corporate Transparency: Evidence from Indonesia[J]. *Journal of Financial Economics*, 2006, 81(2): 411-439.
10. Ohlson J A. Earnings, Book Values, and Dividends in Equity Valuation[J]. *Contemporary Accounting Research*, 1995, 11(2): 661-688.
11. 崔学刚.公司治理机制对公司透明度的影响——来自中国上市公司的经验数据[J].《会计研究》,2004(8):72-80+97.
12. 方军雄.我国上市公司信息披露透明度与证券分析师预测[J].《金融研究》,2007(6):136-148.
13. 林斌,饶静.上市公司为什么自愿披露内部控制鉴证报告? 基于信号传递理论的实证研究[J].《会计研究》,2009(2):45-52+93-94.
14. 沈洪涛.公司特征与公司社会责任信息披露——来自我国上市公司的经验证据[J].《会计研究》,2007(3):9-16+93.
15. 汪炜蒋,高峰.信息披露、透明度与资本成本[J].《经济研究》,2004(7):107-114.
16. 王艳艳,陈汉文.审计质量与会计信息透明度——来自中国上市公司的经验数据[J].《会计研究》,2006(4):9-15.

第 2 篇 管理会计

开卷寄语

激励制度在管理会计中属于管理控制系统的内容,是解决委托代理问题的重要安排。在现代公司制度下,由于所有权和经营权分离,管理层与股东之间会产生委托代理问题。管理层可能会利用自身的信息优势,为了自身利益最大化而损害股东利益和企业价值。在企业实践中,为了解决管理层与股东目标不一致的问题,企业会基于会计盈余或股价变动的绩效衡量指标对管理层进行激励,如奖金计划或股票期权。会计盈余和股价变动指标成为重要的显性绩效衡量指标。那么,其能否缓解委托代理问题呢?尤其是,管理层可能利用自身的信息优势以及制度设计缺陷,操纵会计盈余或信息披露,进而实现自身利益最大化。另外,是否存在其他更优的绩效衡量指标呢?非财务指标能否更好地衡量企业绩效呢?

成本费用和税负成本是会计绩效指标的重要组成部分,探究成本费用计量有助于企业有针对性地改善经营状况,税负成本的研究则有助于出台和改进相关税收优惠政策。具体到我国的制度背景,国有企业作为中国特色社会主义市场经济的主体,为我国经济发展以及实现共同富裕做出了巨大贡献。已有研究表明,国有企业与非国有企业的管理层薪酬激励存在差异(Firth 等,2006),国有企业管理层具有多目标考核的特征(Du 等,2012);同时,国有企业出于社会责任及利润分配等现实要求,其避税程度更低(Bradshaw 等,2019)。

第 7 章

激 励

文献 40　奖金计划对会计决策的影响

经典文献：Paul M. Healy. The Effect of Bonus Schemes on Accounting Decisions. *Journal of Accounting and Economics*, 1985, 7(1-3): 100-107.

机构：Massachusetts Institute of Technology

被引：总计 7 050 次，年均 190.54 次

文献概述：张志超

研究概述：有关管理会计决策研究的假设为：当高管薪酬与会计收益[①]挂钩时，高管会选择增加薪酬的会计程序。这些研究的实证结果相互矛盾。本文分析了典型奖金合同的形式，给出了会计激励效应相较于以往研究更为完整的特性描述。测试结果表明：(1)管理层的应计项目政策与奖金合同的收入报告动机有关；(2)管理层变更会计程序的决策与采用或修改其奖金计划有关。

核心概念：奖金计划　会计决策　权责发生制政策　激励

| 文献背景 |

基于收益的奖金计划是奖励公司高管的一种流行方式。Fox(1980)报告说，1980 年，美国 1 000 家最大的制造业公司中有 90% 的公司使用基于会计收益的奖金计划来支付管理层的报酬。本文检验了管理层的应计项目与会计程序决策及其在奖金计划下报告收益激励之间的关系。以往的研究检验了这种关系，假设高管通过奖金计划获得奖励并选择增加收益的会计程序，以使其奖金薪酬最大化。然而，实证研究结果相互矛盾。而且这些检验存在几个问题。第一，它们忽视了奖金计划中收益的定义。收益的定义通常是为了确保某些会计决策不会影响奖金。例如，本文中超过一半的样本计划将奖金定义为税前收益的函数。Hagerman 和 Zmijewski(1979)发现，基于会计收益的奖酬计划的存在与公司计量投资税收抵免的方法之间没有显著的关联。这不足为奇。第二，先前的测试假设薪酬方案总

[①]　本篇文献中的"收益"即企业的会计盈余。——编者注

能促使管理层选择增加收益的会计程序。本文测试的方案也给了管理层选择降低收益程序的动机。例如,当收益超过预期目标时,通常允许留出资金用于薪酬奖励。如果收益太低,那么无论选择哪种会计程序,预期目标都无法实现,管理层就有动机通过推迟收入确认或加速冲销来进一步减少当期收益,这一策略被称为"洗大澡"。"洗大澡"策略不影响当前的奖金发放,并增大实现未来收益目标的可能性。过去的研究无法控制这种情况,由此会低估薪酬激励与会计程序决策之间的关联性。

本文考察了典型的奖金合同,提供了一个比以往研究更完整的会计激励效果分析。本文以94家公司为样本,采用实际参数对奖金合同的定义进行了检验,提出了两类测试:应计测试和会计程序变更测试。本文将应计项目定义为报告收益与经营活动现金流的差额。应计测试将特定公司和年份的实际应计项目与管理层奖金激励下的预测指标进行比较,结果与理论相符。本文还测试了公司的应计利润是否会因不同奖金计划形式而产生差异。应计差异为奖金计划下管理层应计项目决策与收益报告激励的关系提供了证据。会计程序变更的测试表明,管理层变更会计程序的决策与奖金计划激励措施无关。然而,额外的测试发现,会计程序变更与奖金计划的采用或修改有关。

理论基础与研究思路

Watts(1977)、Watts 和 Zimmerman(1978)的研究假设奖金计划鼓励管理层选择能增加奖金现值的会计程序和应计项目。本文针对奖金制度的会计激励效应提出了更完整的理论分析,假设公司由一名风险规避管理者和一名或多名股东组成。管理者奖金的计算式为:

$$B_t' = p\{\min\{U', \max[(E_t - L), 0]\}\} \tag{1}$$

其中,L 是收益(E_t)的下限;U' 是收益超过下限(即 $E_t - L$)的上限;p 是奖金合同中规定的支付百分比。如果收益超过下限且低于奖金计划上限,管理者就可收到奖金 $p(E - L)$。U 由总和(即 $U' + L$)给出。奖金固定指当收益超过上限时,奖金固定为 $p(U')$。

会计收益被分解为经营活动产生的现金流量(C_t)、非操控性应计项目(NA_t)和操控性应计项目(DA_t)。非操控性应计项目是会计准则制定机构(如美国证券交易委员会和财务会计准则委员会)允许的现金流量会计调整。例如,这些机构要求公司使用某种系统的方式对长期资产进行折旧,使用成本与市价孰低规则对存货进行估值,并且按租金现值法对融资租赁进行估值。操控性应计项目是管理者可以选择的现金流量调整,管理者可以从会计准则制定机构规定的会计程序中选择操控性应计项目。例如,管理者可以选择长期资产的折旧方法;他可以在财政年度结束时加速或延迟存货的交付;他可以在商品销售成本和库存成本之间分配固定的制造费用。应计项目改变了报告收益的时间,由此操控性应计使得管理者能够在不同期间转移收益。现假设管理者在公司的聘任期内可自由支配的应计项目总和为0,每年可自由支配的应计项目数量受限于现有的会计技术,最大值为 K、最小值为 $-K$。管理者观察每年年末经营活动产生的现金流和非应计项目,并选择能从奖金中获得最大化预期效用的操控性会计程序和应计项目。操控性应计项目的选择会影响管理者的奖金发放和公司现金流,本文假设这些现金流的变化能够由股票发行或股票回购所提供的资金予以弥补,因此选择操控性应计项目对现金流的作用并不会影响公司的生产或投资决策。

样本选择

本文选取 1980 年"财富指南"(Fortune Directory)上列出的 250 家美国最大型工业企业为研究对象。这些公司的股东批准实施了股东大会上公布的奖金计划,随后的计划续签被批准,通常每三年、五年或十年执行一次,每一次股东签署的委托书都包含奖金计划的摘要。从股东委托书中收集的各个公司奖金计划的初始资料复印件来自以下三个来源之一:Peat Marwick、Citicorp 图书馆和哈佛商学院的 Baker 图书馆。奖金计划信息会随时更新,一直到计划变更得到批准为止。本文剔除了 156 家公司。其中,123 家公司的高管获得了奖金,但是奖金合同未公开;6 家公司没有在样本期间的任何一年通过奖金计划去激励高管;27 家公司制定了将奖金额度限制在员工工资一定比例范围内的合同。一些公司没有公开的信息披露,无法估计这些公司的奖金上限;还有一些样本公司同时实施了基于收益的奖金计划与业绩计划。为了控制业绩计划对管理层会计决策所带来的影响,本文剔除了同时实施这两种奖金计划的样本公司,合计 239 个观测值。最终样本为 94 家公司,其中有 30 家公司对奖金计划的上限和下限做出了明确的规定。52.7% 的样本公司将奖金合同中的收益定义为税前收益,33.5% 的样本公司将奖金合同中的收益定义为息税前收益;42% 的样本公司将奖金合同的下限定义为净资产的函数,37.2% 的样本公司将奖金合同的下限定义为"净资产+长期负债"的函数,还有一些样本公司将奖金合同的下限定义为多个变量的函数。例如,美国家居用品公司(American Home Products Corporation)1975 年的奖金合同规定下限为以下数额中的较大者:(1)12% 的平均净资产;(2)每年公司普通股的平均股数乘以 1 美元。此外,样本公司通常将奖金合同的上限定义为现金股利的函数。

实证方法与模型构建

本文使用了两个代表操控性应计项目和会计程序的变量:应计项目总额和基于收益自愿变更会计程序的影响。应计项目总额($ACC_t = NA_t + DA_t$)包括非操控性应计(NA_t)和操控性应计(DA_t),并根据报告的会计收益和经营活动现金流量之间的差异进行估计。现金流量为:营运资本(在现金流量表中报告)减去存货和应收账款变动,再加上应付账款和应交所得税变动:

$$ACC_t = -DEP_t - XI_t \times D_1 + \Delta AR_t + \Delta INV_t - \Delta AP_t - (\Delta TP_t + D_t) \times D_2 \quad (2)$$

研究结论

奖金计划鼓励管理层选择会计程序及应计项目以使其奖金价值最大化。奖金计划似乎是影响应计项目管理和会计程序决策的有效手段。在奖金合同下,应计项目与管理层的收益报告动机有很强的关联性。当奖金计划的上限或下限受到约束时,管理层更愿意选择减少收益的应计项目;当上限或下限未被约束时,管理层更愿意选择增加收益的应计项目。本文进一步比较了设定奖金上限公司与未设定奖金上限公司之间的应计项目差异,结果发现在保持现金流不变的情形下,有约束性奖金上限公司的年度应计比无约束性奖金上限公司的年度应计更低。当奖金计划上限受到约束时,报告收益的时间差异就被冲销了。此外,本文的理论检验使用自愿变更会计程序作为操控性会计决策的代理变量,结果表明在奖金计划通过或修改后的几年内,有很高的概率会发生会计程序的自愿变更。不过,当奖金计划的上限或下限受到约束时,管理层不会自愿改变会计程序以减少收益。

交流区

作为奖金计划影响会计决策行为的早期实证研究之一,本文考察了典型的奖金合同,提供了一个比以往研究更为完整的会计激励效应分析,提出了两类测试——应计测试和会计程序变更测试,为后续奖金计划对会计决策行为影响的研究提供了理论基础(Lambert 和 Larcker,1987;Kothari 和 Wasley,2005)。

文献41　管理层避免负向未预期盈余的动机

经典文献:Dawn A. Matsumoto. Management's Incentives to Avoid Negative Earnings Surprises. *The Accounting Review*, 2002, 77(3): 483-514.

机构:University of Washington

被引:总计 2 139 次,年均 104.34 次

文献概述:白萌

研究概述:商业媒体的报道称,管理层会采取措施来避免**负向未预期盈余**(negative earnings surprises)。本文认为一些特定公司更有动机避免负向未预期盈余。本文的研究结果表明,短暂型机构投资者持股比例更高、利益相关者更依赖于隐性要求权和盈余价值相关性更高的公司,更可能达到或超过分析师预测。同时,本文检验了公司是否会通过向上盈余管理或引导分析师向下调整预测来避免负向未预期盈余。本文检验了公司特征与这两种盈余管理方式的关系,发现这两种机制在避免负向未预期盈余方面都发挥了作用。

核心概念:负向未预期盈余　财务报告动机　盈余管理　引导分析师预测

文献背景

如果公司的实际盈余未达到分析师预测盈余,就会给公司股价带来负面影响,因此管理层有很强的动机来避免这种负向未预期盈余(Brown 等,1987)。Skinner 和 Sloan(2001)发现,股票市场对未预期盈余的反应是不对称的,相比于正向未预期盈余,股票市场对负向未预期盈余的反应更为强烈。现有实证研究表明,管理层会采取措施来避免负向未预期盈余(Burgstahler 和 Eames,2001;Brown,2001;Richardson 等,1999)。

管理层避免负向未预期盈余的方式有两种:一是通过向上盈余管理达到分析师预测;二是引导分析师降低预测盈余。已有研究表明,管理层会采用盈余管理方式达到分析师预测(Burgstahler 和 Eames,2001;Payne 和 Robb,2000),但是还没有研究检验管理层避免负向

未预期盈余的动机的横截面差异,而且几乎没有文献研究管理层通过引导分析师降低预测盈余来避免负向未预期盈余方面的内容。Soffer 等(2000)及 Burgstahler 和 Eames(2001)发现,管理层会通过引导分析师降低预测盈余以达到分析师预测,但未探讨管理层引导分析师降低预测盈余的动机的横截面差异。

相关文献与假设建立

机构投资者持股(institutional ownership)

机构投资者更看重短期绩效(Porter,1992),对于机构投资者持股比例较高的公司来说,如果管理层未达到分析师预测,其付出的代价就会更大。Lang 和 McNichols(1997)发现,机构投资者会基于未预期盈余进行交易,而且商业报刊也更关注企业的未预期盈余而非对盈余的干预。已有研究表明,机构投资者持股比例越高,管理层越可能进行盈余管理和引导分析师预测。由此,本文提出以下假设:

假设 1 机构投资者持股比例越高的公司越容易采取行动来避免负向未预期盈余。

利益相关者对隐性要求权的依赖(reliance on implicit claims with stakeholders)

公司的其他利益相关者(如客户、员工、供应商等)也是公司财务报表的使用者。Bowen 等(1995)发现,利益相关者会根据财务信息对公司执行隐性约定的能力进行评估;越依赖隐性要求权的公司,越倾向于使用会计方法来增加盈余。出于能力限制或成本的考虑,利益相关者对盈余的反应大于对分析师初始预测的反应。此外,财经媒体更多地讨论盈余公告而不是初始预测,使得实际盈余与分析师预测的比较成为判断公司业绩更重要的信息。因此,通过盈余管理或引导分析师预测来避免负向未预期盈余,可能会让利益相关者获得更理想的交易条件。由此,本文提出以下假设:

假设 2 利益相关者越依赖隐性要求权的公司,越可能采取行动来避免负向未预期盈余。

盈余价值相关性(value-relevance of earnings)

公司的经济环境会影响管理层对避免负向未预期盈余带来好处的感知。比如,如果一个公司的盈余价值相关性较低,利益相关者对负向未预期盈余的反应就可能不那么强烈,因此这种类型公司的管理层会较少关注能否达到分析师预测。由此,本文提出以下假设:

假设 3 盈余价值相关性越低的公司,越不可能采取行动来避免负向未预期盈余。

长期成长前景(long-term growth prospects)

Collins 和 Kothari(1989)发现,市场对拥有长期成长前景公司的盈余的反应更强烈。另外,Skinner 和 Sloan(2001)发现,对于长期成长型公司来说,市场对正向未预期盈余和负向未预期盈余的反应的不对称程度更大。因此,拥有长期成长前景的公司有更强的动机来避免负向未预期盈余。分析师基于公司的长期发展来推荐股票,即使初始短期期望较低,分析师也会推荐"买入"股票(Bandyopadhyay 等,1995)。因此,对于长期成长型公司来说,保持低期望水平以避免负向未预期盈余的成本较低。由此,本文提出以下假设:

假设4 拥有长期成长前景的公司,更可能采取行动来避免负向未预期盈余。

诉讼风险(litigation risk)

股价的突然下跌可能会导致股东诉讼风险(Tucker,1991;Alexander,1991),因此具有较高股东诉讼风险的公司有更强的动机来避免负向未预期盈余。管理层过分乐观的披露或避免披露重大不利消息的行为会误导市场,使分析师预计盈余处于较低水平从而会降低诉讼风险。Skinner(1994,1997)同样认为,抢先且自愿披露不利消息的动机要强于披露好消息的动机。由此,本文提出以下假设:

假设5 公司事前诉讼风险越高,越可能采取行动来避免负向未预期盈余。

样本选择

Zack 未预期盈余文件(Zack Earnings Surprise File)显示,随着时间的推移,避免负向未预期盈余的趋势越来越明显,因此本文选取1993—1997年的数据。数据来自 Zack、Compustat、Spectrum 和 CRSP 数据库,并剔除金融行业、公用事业行业和准管制行业。

实证方法与模型构建

变量定义

本文的变量定义如下:

变量类型	对应假设	概念	变量	测试方法	与 MEET 预期的关系
被解释变量		实际盈余是否达到分析师预测	MEET	若公司的实际盈余达到或超过分析师预测则 MEET 取值为1,否则取值为0	
		引导分析师预测	DOWN	若分析师未预期盈余 UEF 小于0则 DOWN 取值为1,否则取值为0	
		盈余管理	POSAA	用修正 Jones 模型计算得到预期应计,将总应计减去预期应计得到异常应计。若异常应计大于0则 POSAA 取值为1,否则取值为0	
解释变量	假设1	机构投资者持股	%INST	机构投资者持股比例	正向
			%TRAN	短暂型机构投资者持股比例	正向
			%NONTRAN	非短暂型机构投资者持股比例	正向
	假设2	对隐性要求权的依赖	DUR	是否为耐用品行业,是为1,否为0	正向
			R&D	R&D/Assets,即研发支出/资产	正向
			LABOR	劳动力密度的测量指标,1−PPE/Gross-Assets=1−固定资产/总资产	正向
			ICLAIM	对变量 DUR、R&D、LABOR 进行因子分析后得到的因子得分	正向

(续表)

变量类型	对应假设	概念	变量	测试方法	与 MEET 预期的关系
解释变量	假设 3	盈余价值相关性	LOSS	最近四个季度公司是否亏损,若亏损则 LOSS 取值为 1,否则取值为 0	负向
			EARNRET	将累计超额收益对盈余季度变化回归得到的 R^2 按大小分为 10 组	正向
	假设 4	成长前景	LTG	年初对公司长期成长前景的一致预测	正向
	假设 5	诉讼风险	LIT	若处于高风险行业则 LIT 取值为 1,否则取值为 0	正向
控制变量		盈余变化	POSUE	与上年度同季度相比,若盈余变化为正则 POSUE 取值为 1,否则取值为 0	正向
		宏观经济增长	INDPROD	过去 12 个月工业产品的平均增长率	正向
		公司规模	LOGMV	公司市值的对数	正向
		预期的环境不确定性	|FE|	报告盈余与初始预期之差的绝对值与上年年末价格的比值	负向

模型构建

(1) 本文使用模型(1)分析具有哪些特征的公司能够达到或超过分析师预测。

$$\mathrm{Prob}(\mathrm{MEET}=1) = F(\beta_0 + \beta_1 \%\mathrm{INST}_i + \beta_2 \mathrm{ICLAIM}_i + \beta_3 \mathrm{LOSS}_i + \beta_4 \mathrm{EARNRET}_i + \beta_5 \mathrm{LTG}_i + \beta_6 \mathrm{LIT}_i + \beta_7 \mathrm{POSUE}_i + \beta_8 \mathrm{INDPROD}_i + \beta_9 \mathrm{LOGMV}_i + \beta_{10} |\mathrm{FE}_i| + \varepsilon_i) \tag{1}$$

(2) 本文使用模型(2)检验盈余管理和引导分析师预测两种方式对公司避免负向未预期盈余的影响。

$$\mathrm{Prob}(\mathrm{MEET}=1) = F(\beta_0 + \beta_1 \mathrm{POSAA}_i + \beta_2 \mathrm{DOWN}_i + \beta_3 \mathrm{POSUE}_i + \beta_4 \mathrm{INDPROD}_i + \beta_5 \mathrm{LOGMV}_i + \beta_6 |\mathrm{FE}_i| + \varepsilon_i) \tag{2}$$

引导分析师预测使用模型(3)和模型(4)来估计,用实际的分析师预测减去估计的分析师预测得到分析师未预期盈余(UEF),若未预期盈余为负则说明管理层引导分析师降低了预测盈余(DOWN=1)。

$$\frac{\Delta \mathrm{EPS}_{ijtq}}{P_{ijtq-4}} = \alpha_{jt} + \beta_{1jt}\left(\frac{\Delta \mathrm{EPS}_{ijtq-1}}{P_{ijtq-5}}\right) + \beta_{2jt}\mathrm{CRET}_{ijtq} + \varepsilon_{ijtq} \tag{3}$$

$$\mathrm{UEF}_{ijtq} = F_{ijtq} - \left[\mathrm{EPS}_{ijtq-4} + \left(\widehat{\alpha}_{jt-1} + \widehat{\beta}_{1jt-1}\frac{\Delta \mathrm{EPS}_{ijtq-1}}{P_{ijtq-5}} + \widehat{\beta}_{2jt-1}\mathrm{CRET}\right) \times P_{ijtq-4}\right] \tag{4}$$

其中,$\Delta \mathrm{EPS}_{ijtq}$ 表示行业 j 的公司 i 第 t 年 q 季度的每股收益(EPS)减去第 $t-1$ 年公司 i 同一季度的每股收益;P_{ijtq} 表示行业 j 的公司 i 第 t 年 q 季度末的股价;CRET_{ijtq} 为行业 j 的公司 i 第 $t-1$ 年 q 季度盈余公告后 3 天至第 t 年 q 季度盈余公告前 20 天的累计超额收益;F 为分析师实际预测。

（3）本文使用模型（5）和模型（6）检验采用盈余管理和引导分析师预测两种方式来避免负向未预期盈余的公司特征。

$$\text{Prob}(\text{POSAA} = 1) = F(\beta_0 + \beta_1 \%\text{INST}_i + \beta_2 \text{ICLAIM}_i + \beta_3 \text{LOSS}_i + \beta_4 \text{EARNRET}_i + \beta_5 \text{LTG}_i + \beta_6 \text{LIT}_i + \beta_7 \text{POSUE}_i + \beta_8 \text{INDPROD}_i + \beta_9 \text{LOGMV}_i + \beta_{10} |\text{FE}_i| + \varepsilon_i) \quad (5)$$

$$\text{Prob}(\text{DOWN} = 1) = F(\beta_0 + \beta_1 \%\text{INST}_i + \beta_2 \text{ICLAIM}_i + \beta_3 \text{LOSS}_i + \beta_4 \text{EARNRET}_i + \beta_5 \text{LTG}_i + \beta_6 \text{LIT}_i + \beta_7 \text{POSUE}_i + \beta_8 \text{INDPROD}_i + \beta_9 \text{LOGMV}_i + \beta_{10} |\text{FE}_i| + \varepsilon_i \quad (6)$$

研究结论

本文的研究结果显示：机构投资者持股比例越高、利益相关者越依赖隐性要求权、具有长期成长前景和诉讼风险越高的公司，越可能采取行动避免负向未预期盈余；而盈余价值相关性越低的公司，越不可能采取行动避免负向未预期盈余。在检验盈余管理和引导分析师预测这两种方式对避免负向未预期盈余的影响时，本文发现，当存在控制变量时，引导分析师预测对避免负向未预期盈余有正向影响，但对盈余管理没有显著影响；在剔除控制变量之后，盈余管理对避免负向未预期盈余有显著的正向影响。本文还发现，机构投资者比例越高、利益相关者越依赖隐性要求权、具有长期成长前景的公司，越可能采用这两种盈余管理方式；而盈余价值相关性越低的公司，越不可能采用这两种盈余管理方式。其中，短暂型机构投资者持股比例越高的公司越可能采用这两种盈余管理方式，而非短暂型机构投资者持股比例对此没有显著影响。

局限性与展望

受到数据的限制，本文使用的样本偏向大公司，因此研究结论或许不能推广到更大的样本公司。本文的研究结论在很大程度上取决于替代变量的选取，那么管理层引导分析师预测的替代变量和盈余管理的替代变量的选取是否合适？此外，本文没有控制影响公司进行盈余管理和引导分析师预测的公司特征变量。

第一，在采取措施避免负向未预期盈余之后，管理层或公司的状况有没有变得更好？第二，虽然本文证明公司会采取措施来避免负向未预期盈余，但尚没有研究检验这一转变的原因。

交流区

相较于以往文献，本文主要表现出两点创新。（1）本文系统研究了管理层避免负向未预期盈余的两种方式：一是通过向上盈余管理来达到分析师预测；二是引导分析师降低预测盈余。（2）早期关于分析师预测的文献表明，分析师预测倾向于乐观；然而，20世纪90年代末的证据显示，分析师的乐观情绪明显减弱（Healy 和 Palepu，2001）。本文还发现，分析师的悲观预测受到管理层的引导，即管理层为更好地达到分析师预测盈余，会主动引导分析师向下调整预测盈余。

文献 42　股权激励与盈余管理

经典文献：Qiang Cheng,[1] Terry Warfield.[2] Equity Incentives and Earnings Management. *The Accounting Review*, 2005, 80(2): 441-476.

机构：[1] University of British Columbia；[2] University of Wisconsin at Madison

被引：总计 1 945 次，年均 111.14 次

文献概述：白萌

研究概述：本文检验了管理层**股权激励**（equity incentives）与盈余管理的关系。本文假设，拥有高股权激励的管理层更可能在未来出售股票，这会促使管理层进行盈余管理以增加待售股票的价值。本文使用 1993—2000 年的股票薪酬和持股数据，发现具有高股权激励的管理层在未来会出售更多的股票，而且拥有高股权激励的管理层更可能报告刚好达到或超过分析师预测盈余。本文还发现，拥有持续高股权激励的管理层不太可能报告重大正向盈余意外。这是由于当管理层的财富对未来股票收益更敏感时，管理层会保留现有收益以避免未来收益出现下降。总的来说，本文的研究结果表明，股权激励会促使管理层进行盈余管理。

核心概念：股权激励　盈余管理　刚好达到或超过分析师预测　盈余意外　内部人交易

| 文献背景 |

监管机构和投资者担心特定的管理层激励会导致盈余管理，进而减少财务报告的信息含量，甚至使公司陷入丑闻（Levitt，1998）。尤其是，股权激励可能会促使管理层通过盈余管理来提高短期股价。已有研究发现管理层持股和股票激励薪酬与公司未来业绩相关（Lambert 和 Larcker，1987；Morck 等，1988；Hanlon 等，2003）。

管理层持股是使管理层利益和股东利益相一致的重要机制（Jensen 和 Meckling，1976；Morck 等，1988）。增加管理层持股的一种方式是股票薪酬。如果管理层被授予期权，一般需要三四年才可以行权。当可以行权时，管理层可以选择继续持有期权，或行使期权获得股票。管理层也会被授予限制性股票，但同样需要三四年才可以交易。另一个获得股权的方式是在股票市场上购买（Core 和 Larcker，2002）。在会计年度结束时，管理层一般会持有各种形式的股权——不可执行期权、可执行期权、股票，这使得管理层财富对公司股价极其敏感，由此管理层承担着公司的特殊风险。

| 理论基础与研究假设 |

在满足两个前提条件的情况下，未来打算出售股票的管理层有进行盈余管理的动机：（1）资本市场依赖于现有盈余信息形成对未来收益的认识，即盈余管理可以影响股票价格；（2）管理层可以从上升的股价中获利。对于第一个条件，Stein（1989）认为，股票市场利用盈余信息来合理地预测公司未来价值，当前更高的盈余意味着未来更高的盈余。现有研究

也表明盈余公告会引起股价波动(O'Brien,1988;Brown 和 Kim,1991)。因此,如果资本市场无法识别盈余管理,管理层就可以利用会计自由裁量权来影响盈余和股价。

如果股价随着盈余管理的增长而提高,进行盈余管理的管理层在未来出售股票时就可以获利更多。由此,第二个条件得到满足。已有研究也支持管理层可以从内部人交易中获利。比如,Seyhun(1998)、Lakonishok 和 Lee(2001)发现,内部人通常可获得更多的信息,从而得到超额收益。Penman (1982)、Sivakumar 和 Waymire(1994)、Noe(1999)发现,管理层在好消息公布之后会卖出更多的股票。Summers 和 Sweeney(1998)、Beneish(1999)发现,对于财务舞弊公司,管理层会在 SEC 处罚之前卖出股票。类似地,Beneish 和 Vargus(2002)发现,当市场参与者将增加盈余的应计项目定价过高时,管理层会卖出更多的股票。

已有研究支持内部人交易会导致盈余管理(图 1 的 link 3)。结合股权激励与**管理层未来交易**(future manager trading)的关系(图 1 的 link 2),本文认为拥有高股权激励的管理层更可能进行盈余管理(图 1 的 link 1)。这一预测与 Stein(1989)的结论一致:关心短期收益的管理层会通过盈余管理来提高短期股价,而且该行为会随着管理层对当前股价的敏感性而增加。

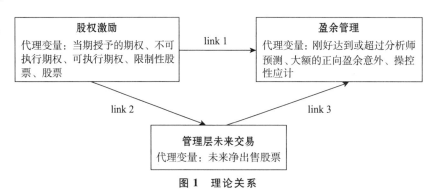

图 1　理论关系

此外,不论是对于不成熟的投资者还是对于相对成熟的投资者而言,管理层依旧存在盈余管理动机。Stein(1989)认为,成熟投资者会理性地预期管理层进行盈余管理,也就是如果市场对盈余管理行为有理性预期且无法完全消除个别公司的盈余管理,市场参与者就会在公司调整盈余后进行定价。鉴于投资者的定价行为,管理层发现进行盈余管理是最优的选择。

总的来看,拥有高股权激励的管理层可能会出售股票,这种交易活动会激励管理层关注短期股价并进行盈余管理。由此,本文提出以下假设:

假设　盈余管理活动与管理层股权激励正相关。

样本选择

本文的研究样本来自标准普尔 ExecuComp 数据库中 1993—2000 年的 CEO 股票薪酬和持股数据,并剔除金融行业和公用事业行业的公司,因为这些管制行业中的管理层或许具有不同的盈余管理动机(Burgstahler 和 Eames,2003)。

变量测量与模型构建

变量测量

（1）股权激励（equity incentives）。本文考察了股权激励的五个代理变量：当期授予的期权、不可执行期权（排除当期授予的期权）、可执行期权、限制性股票、股票。本文使用公司的总流通股对这些变量进行标准化处理。因为短期股价上涨带来的好处是由所有股东共享的，所以 CEO 享受到的好处与股权激励占总流通股的比例成正比。

（2）CEO 交易（CEOs' trading）。参考已有关于内部人交易的文献（如 Lakonishok 和 Lee，2001），本文关注三种主要的股票交易类型：公开市场购买、行使期权购买、公开市场出售（包括行使期权后的股票出售）。因为数据库对 CEO 有不同的称呼，参考 Ke 等（2003）的做法，将"Chairman of Board""CEO"和"President"的个体都视为 CEO。

本文主要检验 CEO 在财务年度 t 盈余公告之后的交易行为。CEO 交易使用净出售额进行测量：

$$\text{净出售额} = \text{公开市场出售} - (\text{公开市场购买} + \text{行使期权购买})$$

（3）盈余意外（earnings surprise）。盈余意外使用真实盈余和分析师预测盈余的差值进行测量，二者都以每股为基础计算。为了更好地捕捉市场预期，本文使用盈余公告前三个月最新的分析师一致预测。

模型构建

首先，本文使用模型（1）检验股权激励与未来交易的关系：

$$\text{NetSale}_{i,t+j} = \gamma_0 + \beta\, \text{Eq\_Incent}_{i,t} + \gamma_1\, \text{Size}_{i,t} + \gamma_2\, \text{Growth}_{i,t} + \gamma_3\, \text{Ret}_{i,t} + \gamma_4 \Delta \text{OCF}_{i,t} + \xi_{i,t+j} \tag{1}$$

其中，$j=1$ 或 2，表示盈余公告后的第 j 个半年期；NetSale 表示净出售额；Eq_Incent 表示股权激励；控制变量包括公司规模（Size）、成长性（Growth）、收益率（Ret）、经营现金流变动（ΔOCF）。

其次，本文使用模型（2）检验股权激励和盈余管理的关系：

$$\begin{aligned}\text{Prob}(\text{Surprise}_{i,t} \in \Phi_k) = \text{logit}(&\gamma_{0,k} + \beta_k\, \text{Eq\_Incent}_{i,t} + \gamma_{1,k}\, \text{Size}_{i,t} + \gamma_{2,k}\, \text{Growth}_{i,t-1} + \\ &\gamma_{3,k}\, \text{Sales\_Growth}_{i,t} + \gamma_{4,k}\, \text{NOA}_{i,t-1} + \gamma_{5,k}\, \text{Shares}_{i,t} + \\ &\gamma_{6,k}\, \text{Litigation}_{i,t} + \gamma_{7,k}\, \text{ImplicitClaim}_{i,t} + \gamma_{8,k}\, \text{Num\_Estimate}_{i,t} + \\ &\gamma_{9,k}\, \text{CV\_AF}_{i,t} + \gamma_{10,k}\, \text{Down\_Rev}_{i,t} + \xi_{i,t})\end{aligned} \tag{2}$$

其中，Surprise 表示每股盈余意外。Φ 表示以下两种盈余意外中的一种：（1）负向盈余意外；（2）盈余刚好达到分析师预测或高出 1.0 美分。股权激励（Eq_Incent）包括不可执行期权、可执行期权和股权。参考已有文献，模型中加入可能与盈余意外或股权激励相关的控制变量：公司规模（Size）、成长性（Growth、Sales_Growth）、期初净营运资产（NOA）、总流通股（Shares）、诉讼风险（Litigation）、隐性要求权（ImplicitClaim）、分析师数量（Num_Estimate）、分析师预测的离散程度（CV_AF）、分析师在盈余公告前三个月是否向下调整预测值（Down_Rev）。

最后,本文研究刚好达到或超过分析师预测分别对高股权激励和低股权激励的管理层净出售额的影响。根据股权激励和盈余意外将样本分为以下四组:

(1) H_MB 为具有高股权激励且刚好达到或超过分析师预测的公司;

(2) H_Miss 为具有高股权激励且没有达到分析师预测的公司;

(3) L_MB 为具有低股权激励且刚好达到或超过分析师预测的公司;

(4) L_Miss 为具有低股权激励且没有达到分析师预测的公司。

股权激励使用不可执行期权(使用套期比例进行加权)和股票的加总,按照样本中位数分为高或低股权激励,然后使用模型(3)进行检验:

$$NetSale_{i,t+j} = \beta_1 H\_MB_{i,t} + \beta_2 H\_Miss_{i,t} + \beta_3 L\_MB_{i,t} + \beta_4 L\_Miss_{i,t} + \gamma_1 Size_{i,t} + \gamma_2 Growth_{i,t} + \gamma_3 Ret_{i,t} + \gamma_4 \Delta OCF_{i,t} + \xi_{i,t+j} \quad (3)$$

虚拟变量的系数表示分组公司在未来出售的净股票数,$\beta_1-\beta_2(\beta_3-\beta_4)$ 表示高(低)股权激励的管理层在达到或超过分析师预测时是否会比没有达到分析师预测时卖出更多的股票。

进一步分析

股权激励和盈余平滑(earnings smoothing)

Stein(1989)认为,为了避免负向盈余意外,拥有较高股权激励的管理层更有可能进行盈余管理以达到或超过分析师预测。同时,在业绩好的年份,管理层有可能会向下调整盈余,为未来留存一定的收益。因此,拥有高股权激励的管理层可能会平滑盈余。平滑盈余的一种方式是避免大额的正向盈余意外。因此,大额的正向盈余和股权激励呈负相关关系,且这一负相关关系在持续进行股权激励的公司中更强。实证结果支持这一推论。

股权激励和操控性应计盈余管理(earnings management via abnormal accruals)

本文使用操控性应计作为盈余管理的代理变量,检验股权激励和操控性应计的关系,结果显示拥有高股权激励的 CEO 会通过操控性应计进行盈余管理。进一步检验操控性应计与 CEO 未来出售股票的关系,同样发现 CEO 会在操控性应计增加盈余后卖出更多的股票。

其他敏感性测试

本文还使用了三种测度方法衡量股权激励,结果保持一致。本文还分析了未来实现的股票收益与 CEO 交易的关系,结果显示当股价上升幅度更大时,管理层会卖出更多的股票。为了避免 20 世纪 90 年代繁荣市场的影响,本文把样本划分为两个子样本(1993—1996 年和 1997—2000 年)分别进行检验,结果基本上保持不变。

研究结论

本文利用 1993—2000 年的数据,发现拥有高股权激励的管理层更可能在盈余管理之后卖出股票;拥有高股权激励的管理层更可能刚好达到或超过分析师预测;拥有高股权激励的管理层,尤其是持续拥有高股权激励的管理层,报告大额正向盈余意外的可能性更小。总的来说,本文的研究结果显示股票薪酬和管理层持股会导致盈余管理。

> **交流区**
>
> 本文研究了股权激励对盈余管理的激励作用,丰富了盈余管理动机的文献。后续大量文献探讨了管理层股权激励与盈余质量的关系。例如,Bergstresser 和 Philippin(2006)研究了 CEO 股权激励对应计盈余的影响;McAnally 等(2008)研究了 CEO 股权激励对超过盈余目标的影响;Burns 和 Kedia(2006)研究了 CEO 股权激励对盈余重述的影响;Jiang 等(2010)研究了 CFO 和 CEO 的股权激励对盈余管理的影响,发现 CFO 的股权激励对盈余管理的影响更大。

文献 43 CEO 股票期权奖励与自愿性信息披露择时

经典文献:David Aboody,[1] Ron Kasznik.[2] CEO Stock Option Awards and the Timing of Corporate Voluntary Disclosures. *Journal of Accounting and Economics*, 2000, 29(1): 73-100.

机构:[1] University of California at Los Angeles; [2] Stanford University

被引:总计 1 680 次,年均 73.04 次

文献概述:白萌

研究概述:本文研究 CEO 是否会在获得**股票期权奖励**(stock option awards)前后操纵自愿性信息披露的时间。本文假设,CEO 通过**推迟发布好消息**(delaying good news)和**提前发布坏消息**(rushing forward bad news)来管理股票期权奖励前后的投资者预期。以 572 家有固定奖励计划的公司和 2 039 份 CEO 期权奖励计划为样本,本文证实股票期权奖励前后的股票价格变化及分析师盈余预期变化与假设一致。本文也基于期权奖励前管理层盈余预期的发布提供了更直接的证据,即 CEO 会做出**自愿性信息披露择时**(the timing of corporate voluntary disclosures)行为以最大化股票期权薪酬。

核心概念:股票期权奖励 自愿性信息披露择时 推迟发布好消息 提前发布坏消息

| 文献背景 |

目前几乎没有文献研究管理层在股票期权薪酬上的自利行为,与本文最相似的是 Yermack(1997)。他发现,在 CEO 期权奖励之前,公司股票一般会出现不显著的**负向超常收益**(negative abnormal returns);而在 CEO 期权奖励之后,公司股票会出现显著的**正向超常收益**(positive abnormal returns)。Yermack(1997)认为股票价格在期权奖励前后发生波动可以被解释为:管理层会影响薪酬委员会,使薪酬委员会在利好的盈余公告前授予管理层期权奖励。尽管本文与 Yermack(1997)很相似,但两者在研究假设和研究设计上完全不同。

Yermack(1997)的假设只适用于那些不按照固定时间授予期权的公司,不适用于按照固定时间授予期权的公司,而这正是本文的研究重点。

两个研究的另一个主要不同是检验的信息披露类型不同。Yermack(1997)关注的是盈余公告,并认为在正(负)向盈余意外公告之前(后)更可能授予期权,其潜在假设是公司的信息披露(主要指定期盈余公告)是外生的;相反,本文认为管理层会在"新闻媒体和分析师讨论"部分使用自愿性披露来决定信息发布时间,并研究 CEO 股票期权奖励是否会影响公司自愿性信息披露择时。

| 制度背景与研究思路 |

股票期权在薪酬委员会的建议下一般一年授予 CEO 一次。薪酬委员会可以决定期权奖励的规模和行权时间,这些参数在不同公司和不同时间存在很大差异。高管股票期权奖励的一个关键特征是:几乎所有期权都以授予日的股票价格作为固定行权价格。本文预测,CEO 会在授予日前后通过管理信息披露的时间来最大化股票期权薪酬。这一预测进一步为如下观点所推动:这种机会主义行为似乎没有让高管承担与其他形式的内部人交易相同的法律责任。尽管美国证券交易委员会(SEC)已经认定期权奖励代表"购买",应当遵守"披露或弃权"原则,但针对管理层以相对较低的价格购买股票的股东诉讼很少见,涉及高管期权奖励的诉讼更是几乎没有。

从 1992 年开始,SEC 要求公司在委托书中披露授予高管期权的期限和到期日,这使得本文能够推断出每份期权的授予日期。本文发现许多公司都在一个固定的时间授予 CEO 期权,由此将分析范围限制于 CEO,因为 CEO 可以控制公司的信息披露决策。此外,大多数公司的其他高管与 CEO 在同一天获得期权,由此可以认为其他高管的披露动机与 CEO 一致。

| 样本选择 |

本文从标准普尔 ExecuComp 数据库和递交给 SEC 的股东投票说明书中收集 1992—1996 年的 CEO 期权奖励数据。最初的样本包括 1 304 家公司的 5 248 份 CEO 期权。经过筛选,最终样本包括 1992—1996 年的 1 264 家公司授予 CEO 的 4 426 份股票期权,其中有固定奖励计划的样本为 572 家公司的 2 039 份期权。

| 实证方法与模型构建 |

假设 CEO 会在期权奖励授予日前后,通过推迟发布好消息和提前发布坏消息来最大化期权价值。

本文使用两个指标衡量授予日前后投资者预期的变化,一个基于分析师盈余预测,另一个基于股价。本文还考察授予日之前发布的管理层盈余预测,以更直接地检验这一假设。

期权授予日之前的分析师盈余预测(analyst earnings forecasts prior to scheduled awards)

之前的研究文献表明,分析师预测盈余相对于实际盈余过于乐观(Schipper,1991)。为了检验 CEO 是否会推迟发布好消息和提前发布坏消息,本文研究分析师盈余预测是否不像其他时期那么乐观。为此,本文衡量授予期权前 3 个月的月度**分析师季度一致盈余预测误差**(error in analysts' consensus quarterly earnings forecast,用变量 AF_ERROR 表示)。预测误差的计算式为:

$$\text{AF\_ERROR}_{i,k} = \frac{\text{AF}_{i,k} - \text{EPS}_i}{P_{i,k}} \tag{1}$$

其中,$\text{AF}_{i,k}$ 表示分析师对期权授予后的下一个季度盈余的一致预测;对于样本 i,k 表示预测月份相对于授予月份的区间,例如前 1 个月、前 2 个月或前 3 个月,3 个月的预测都针对同一季度,以便进行比较;EPS 表示本季度实现的每股收益或盈余;P 表示预测月初的股票价格。

为了评估分析师盈余预测是否在期权授予前异常低,本文进行了分布检验。对于 1992 年 1 月至 1996 年 12 月期间的每家公司,将 60 个月中的每个月定义为第 0 月,并对第 0 月之前 3 个月的每个月计算误差。当第 0 月是期权授予月时,它被归入 AWARD 组;除授予前 3 个月和授予后 3 个月外,其他所有月份均归入 NO-AWARD 组。分布检验结果与假设预期一致:对于同一家公司,分析师在 AWARD 前 3 个月发布的预测与在 NO-AWARD 前 3 个月发布的预测相比,存在更少的乐观性偏差。

接下来,用回归模型(2)检验假设:

$$\text{AF\_ERROR}_i = \sum_{F=1}^{N} \beta_{0F} \text{FIRM}_{Fi} + \beta_1 \text{AWARD\_MONTH}_i + \beta_2 \text{HORIZON}_i + \beta_3 \Delta \text{EPS}_i + \\ \beta_4 \text{SIZE}_i + \beta_5 \text{EARNVAR}_i + \beta_6 \text{SALESGR}_i + \varepsilon_{2i} \tag{2}$$

其中,若 AWARD_MONTH 在期权授予月份取值为 1,否则取值为 0;控制变量包括 FIRM(公司固定效应)、HORIZON(预测期间)、ΔEPS(盈余意外)、SIZE(公司规模)、EARNVAR(盈余变化)、SALESGR(销售增长)。本文分别对第 0 月之前 3 个月进行了估计,与假设预期一致,AWARD_MONTH 的系数均显著为负,说明分析师盈余预测在期权授予前存在异常低的现象。

固定期权授予日前后的股票价格变化(stock price changes around scheduled awards)

本文预测 CEO 会在固定期权授予日前后管理自愿性披露时间,这意味着在期权授予日之前(之后)公司股价更有可能下跌(上涨)。本文参考 2 039 份 CEO 期权奖励计划前后的股价变化来检验这一预测。具体来说,对于每一份期权,计算从授予日前 30 天开始至授予日后 30 天的每个交易日的累计超常收益。每家公司的日超常收益被定义为原始收益与纳斯达克(NASDAQ)或纽约证券交易所/美国证券交易所(NYSE/AMEX)的市值加权(包括股利)指数之间的差额。研究结果与假设一致,即 CEO 会推迟发布好消息,股票价格在固定期权授予日后立即开始上涨。

盈余公告前后的固定期权奖励(scheduled awards around earnings announcements)

管理者在盈余公告之前比之后拥有更多的私有信息,那些在盈余公告前收到期权的 CEO 可能比那些在盈余公告后才收到期权的 CEO 有更大的机会采用披露策略来提高期权价值。

基于期权奖励相对于盈余公告的时间,本文把固定日期的期权奖励分为两组。第一组为 AWARD_BEFORE,包括在盈余公告前两周内授予的 341 份期权;第二组为 AWARD_AFTER,包括在盈余公告后两周内授予的 421 份期权;盈余公告当天授予的期权不包括在这两组中。本文推测,AWARD_BEFORE 组的公司比 AWARD_AFTER 组的公司更倾向于快速发布坏消息而推迟发布好消息。本文使用股价变化和管理层盈余预测来检验这一预测。

(1)股价变化(stock price changes)。计算两个窗口的累计超常收益。第一个为"盈余公告前"窗口,从上季度盈余公告后的第一天开始,并于授予日或本季度盈余公告前一天较早的一个日期结束。第二个窗口为"盈余公告"窗口,从本季度盈余公告前一天到盈余公告后第二天结束。

描述性统计初步支持了研究假设。为了控制盈余公告前后的两组超常收益之间差异反映的是公司绩效系统性差异的可能性,本文进一步使用模型(3)进行检验:

$$RET_j = \gamma_0 + \gamma_1 BEFORE_j + \gamma_2 \Delta EPS_j + \varepsilon_{3j} \tag{3}$$

其中,RET 为在两个窗口内测得的累计超常收益,BEFORE 为样本在 AWARD_BEFORE (AWARD_AFTER)组中取 1(0),ΔEPS 为按季度调整的季度每股收益或盈余变化量再除以股价,j 表示样本观测值。与预期一致,在"盈余公告前"窗口期,BEFORE 的系数显著为负;在"盈余公告"窗口期,BEFORE 的系数显著为正。这说明在盈余公告前收到期权的 CEO 会更倾向于快速发布坏消息而推迟发布好消息

(2)管理层盈余预测(management earnings forecasts)。基于管理层盈余预测进行检验的优势在于,可以直接确定期权授予日前后的自愿性信息披露择时行为。本文确定了 70 个在期权授予前约三个月发布的管理层盈余预测。如果管理层盈余预测表明盈余状况将好于/差于/同于投资者先前预期,或者在没有投资者先前预期的情况下盈余状况将好于/差于/同于上年同期盈余,那么把这些预测分类为好/坏/中性消息。若存在疑问则把观测结果归为中性。

卡方检验结果显示,那些在盈余公告之前收到期权的 CEO 比那些在盈余公告之后才收到期权的 CEO 更有可能发布坏消息预测,而不太可能发布好消息预测。

| 其他检验 |

盈余公告前后的股价变动(stock price movements around earnings announcements)

许多期权奖励的授予时间几乎和实际盈余公告时间相同,本文进一步考察股价变动是否可以复制到期权奖励与盈余公告发布不同时的样本公司中。结果显示,股票价格围绕固

定的期权奖励不对称地波动(即股价上涨发生在期权奖励之后而非期权奖励之前),这与在盈余公告前后的股价波动模式明显不同。

经济显著性(economic significance)

为了评估上述机会主义披露策略的经济显著性,本文估计了样本公司 CEO 由于股票价格在期权授予日前后的变动而带来的回报或收益。按期权授予后 30 天窗口期计算的期权价值平均增加额约为 46 700 美元,按 90 天窗口期计算的期权价值平均增加额约为 173 500 美元(中位数分别为 18 500 美元和 52 500 美元)。

可能的交易规则(possible trading rules)

如果管理层推迟发布好消息并提前发布坏消息,在期权授予之后立即购买这些公司股票的投资者就可以获得期权奖励后的正向超常收益。为了证明基于推断的授予日期而进行的交易策略所导致的获利机会是否会因公司授予日期变得更容易估计而减少,本文分别针对 1992—1994 年和 1995—1996 年两个时间段进行了检验,结果发现两个时间段的期权授予日前后的股价变动没有显著差别,这说明基于推断的授予日期而进行的交易策略所导致的获利机会在后期并没有减少。

研究结论

由于股票期权通常以授予日股价作为固定行使价格,本文预测 CEO 通过推迟发布好消息和提前发布坏消息来管理投资者对授予日的预期,使用股价变动和分析师在期权授予日前后的盈余预测进行检验,结果支持本文假设。本文还提供了更直接的证据,使用期权授予日前发布的管理层盈余预测进行检验。由于样本是有固定期权授予时间的公司,因此本文的发现不能归因于期权奖励的机会主义择时。总而言之,本文的研究结果表明那些有固定期权授予日期公司的 CEO 会进行机会主义的自愿性信息披露择时,以最大化管理层的股票期权薪酬。

交流区

本文是自愿性信息披露择时的经典文献,为后续研究自愿性信息披露提供了新的视角。本文发现,CEO 通过推迟发布好消息和提前发布坏消息来最大化管理层股票期权薪酬。后续文献发现管理层会通过各种自愿性信息披露策略为自己谋利。例如,Cheng 和 Lo(2006)发现,当管理层计划购买股票时,他们会增加坏消息的披露以降低股价;Kothari 等(2009)发现,出于职业生涯发展、奖金或股票期权奖励等的考虑,管理层会倾向于推迟发布坏消息但快速发布好消息。

文献 44　绩效衡量方法的创新：趋势和研究意义

经典文献：Christopher D. Ittner, David F. Larcker. Innovations in Performance Measurement: Trends and Research Implications. *Journal of Management Accounting Research*, 1998, 10: 205-238.

机构：University of Pennsylvania

被引：总计 2 140 次，年均 89.17 次

文献概述：李继元

研究概述：本文通过对绩效衡量实践的充分描述和未来研究建议，旨在促进绩效衡量方法的创新。利用咨询公司和政府组织收集的调查数据，本文研究了三种衡量方式，即经济价值指标、非财务绩效指标和平衡计分卡以及政府机构的绩效衡量指标。本文对这些主题的现有研究进行了回顾，并着重指出了未来的研究机会。

核心概念：绩效衡量　经济价值　非财务绩效　平衡计分卡

| 文献背景 |

选择绩效衡量指标是组织面临的关键挑战之一。绩效评估系统在制订战略计划、评估组织目标实现和确定管理层薪酬方面发挥着关键作用。然而，许多管理人员认为传统的基于会计的衡量系统不再能够充分发挥这些功能。管理会计研究所（Institute of Management Accounting, IMA）1996 年的一项调查发现，只有 15% 受访者的评估系统能够很好地支持管理层的业务目标，而 43% 受访者的评估系统不够充分或者很差。因此，公司越来越多地采用新的绩效衡量系统以克服这些缺陷。传统基于会计的绩效衡量指标的缺陷促使绩效衡量不断创新，包括经济价值和**平衡计分卡**（balanced scorecard）等，但少有研究探讨新指标的经济相关性、实施问题和绩效后果。

| 绩效衡量的趋势 |

当前绩效衡量存在两大趋势：一是增加"新的"财务指标，以克服传统财务绩效指标的局限性；二是更加重视"前瞻性的"非财务指标，如客户满意度、员工满意度和缺陷率。

"经济价值"指标

咨询公司提出了各种"经济价值"指标，这些指标的基础是剩余收益和内部收益率概念。**经济增加值**（economic value added, EVA）这一概念由 Stern Stewart 公司提出，是第一大经济价值指标，等于调整后的营业收入减去资本支出，同时假定管理层仅在所得利润超过资本成本时增加经济价值。调整 EVA 常用的方法包括对递延所得税、后进先出法下的存货、研发和广告等无形资产以及商誉摊销的修正。第二大经济价值指标是**现金流投资回报或收益**（cash flow return on investment），主要指长期内部收益率，计算方法为通货膨胀调整

后的现金流量除以通货膨胀调整后的现金投资额。

迄今为止的大多数研究发现EVA比传统会计指标能更好地预测股票收益。Milunovich和Tseui(1996)关于计算机服务器行业的研究发现,1990—1995年的市场增加值与EVA的相关性高于每股收益、每股收益增长率、股权收益率、自由现金流量或自由现金流增长率。Lehn和Makhija(1997)也发现,10年期的股票收益率与平均EVA的相关性要高于平均资产收益率、销售收益率或净资产收益率。其他研究表明,EVA可以预测股票收益,但并不是与股票内在价值直接相关的绩效衡量指标,不能完全取代传统的会计指标。

从管理会计的角度看,关键问题是用于内部决策、绩效衡量和薪酬目的的经济价值衡量指标能否提高组织绩效。Wallace(1998)检验了采用基于剩余收益指标(如EVA)公司相对于未采用相应指标公司的绩效变化,发现这些指标改变了管理层行为,剩余收益公司减少了新投资,通过股票回购增加了对股东的支出,更密集地利用了资产,导致剩余收益发生了显著变化。

未来对经济价值指标的研究可以从三方面展开:第一,采用经济价值指标带来的长期绩效收益;第二,可选择的经济价值指标的相对价值相关性;第三,内部经济价值指标的采用和绩效后果的影响因素。

非财务绩效指标

一些公司采用非财务指标进行决策和绩效评估,特别是许多公司正在实施平衡计分卡,除财务指标外,该系统还关注其他三个方面——客户、内部业务流程、学习和成长(Kaplan和Norton,1992,1996)。

Fisher(1995)和Brancato(1995)的案例研究指出了公司采用非财务指标的三个主要原因:(1)传统会计指标的感知局限性。相对于关键的非财务指标,传统会计指标的局限性有:①过于历史化和"向后看";②缺乏解释未来绩效的预测能力;③奖励短期或不正确的行为;④不可行,没有提供有关问题根本原因或解决方案的信息;⑤没有及时抓住关键的业务变化;⑥过于汇总和概括而无法指导管理行为;⑦仅反映公司内部的职能,不具有跨职能的流程;⑧未充分考虑难以量化的无形资产。(2)竞争压力。竞争性质和强度的重大变化迫使企业确定、衡量在新竞争环境中取得成功的非财务"价值驱动因素"。(3)其他举措的产物。公司的改进举措,特别是采用**全面质量管理**(total quality management,TQM)计划,需要新的绩效指标。

目前的研究主要包括三类。第一类研究认为非财务指标是"领先"的指标,能够提供当前会计指标未包含的未来业绩信息。尽管绩效评估文献声称预测能力是非财务指标的主要优势之一,但研究表明企业在将这些指标与未来会计绩效或股票价格收益挂钩时困难重重。检验非财务指标与未来会计绩效之间联系的研究产生了不同的结果,且大多数研究检验了客户满意度指标与后续会计绩效或股票收益的关系,结果显示不同情境下的关系或正,或负,或不显著。

第二类研究强调非财务指标在采用TQM或其他先进制造实践的组织中的应用及其绩效后果。几乎所有研究都发现,强调TQM、**实时生产**(just in time,JIT)实践或制造灵活性与提供诸如故障率、准时交货和机器利用率等非财务指标之间存在正向关系。然而,关于这些指标所产生绩效或收益的实证证据少之又少。

第三类研究检验非财务指标在薪酬计划中的应用。令人惊讶的是,尽管实践中对平衡计分卡概念予以广泛关注,但关于平衡计分卡概念的实施情况或绩效后果的研究却很少。

使用非财务指标和平衡计分卡所产生的主要研究问题是其带来的净经济效益。如果非财务绩效指标并非在所有情形下都有助益,一个重要的研究主题就是识别出能够提高绩效的环境。未来的研究可以探究影响非财务指标和平衡计分卡的预测能力、应用和绩效后果的权变变量。另一个重要的研究主题是准确定义"平衡"是什么,以及"平衡"促进绩效的机制。

选择绩效指标的商业模式方法中仍有许多潜在的研究问题。未来的研究可以为"平衡"概念提供指导,基于当前的信度和预测效度(在未来可能不成立),在选择更细分类别组的度量方法时,哪种"平衡"概念能够更好地促进预期的业务成果。研究不同组织中商业模式的发展和运用可以帮助确定商业模式随着组织生命周期、竞争环境、公司战略和其他因素是如何变革的。财务指标和非财务指标的综合运用也会导致对绩效衡量系统中一系列指标的价值产生疑问。在使用多重指标时,各个指标权重的确定是采用客观的计算方式还是由决策制定者主观选择仍不明晰。另一个重要问题为是否应当采用用于制定战略优先事项和监测战略行动的相同指标或计分卡来评估管理层绩效。最后一个问题为如何权衡多种财务指标和非财务绩效指标。

政府绩效衡量措施

近期"重塑"政府的努力强调了绩效评估系统在提高政府运作效率和效果方面可以发挥重要作用。例如,美国的政府会计准则委员会(Governmental Accounting Standards Board, GASB)推动州和地方政府对**服务工作和成就**(service efforts and accomplishments, SEA)进行报告。SEA 报告的目标是提供有关政府实体绩效的更完整信息,而不仅仅是传统财务报表所能提供的信息。根据 GASB 第 2 号概念公告,SEA 信息应侧重于以结果为导向的服务成就(产出和结果)以及服务工作与服务成就之间关系(即效率)的指标,从而帮助用户评估服务的经济性、效率和效果。

在美国联邦政府层面,《政府绩效和结果法案》(Government Performance and Results Act, GPRA)要求联邦机构对计划成果负责,要求各机构澄清使命,确定计划目标并衡量实现这些目标的绩效。但调查结果显示,各政府组织采用这些绩效指标的程度差异很大,53.2%的被调查对象采用这些绩效指标,但只有 39.3%的被调查对象采用以结果为导向的指标。

政府绩效衡量实践中存在较大差异引发的第一个研究问题是,确定采用以结果为导向的绩效衡量指标的影响因素;引发的第二个研究问题是,新的绩效衡量系统能否真正改善政府绩效;也许最基本的问题是,私营部门的绩效衡量和问责概念是否适用于公共部门。

研究小结

本文的目的是通过对流行的绩效测量实践的充分描述以及为未来研究确定富有成效的途径,促进对绩效衡量方法创新的研究。本文并不是对绩效评估文献进行全面综述,而是有针对性地选择相关文献进行讨论。这些文献提供了与经济价值计量、非财务绩效指标和平衡计分卡、政府机构绩效评估系统相关的潜在研究机会的广泛概述。虽然本文仅限于上述三个主题,但许多与绩效评估相关的其他问题同样重要,包括衡量公司与供应商、客户之间的关系,对合资企业的评估,以及"全球性"组织对绩效衡量方法的选择。

> **交流区**
>
> 本文是最早梳理绩效衡量方法的综述类经典之作,从企业绩效评估存在的现有问题出发,先点明传统绩效衡量指标的缺陷,继而分别对经济价值指标、非财务指标、政府绩效衡量方法的现状进行分析,指出问题的同时为未来研究指明方向。本文对未来研究趋势的精准把控,为后续一系列有关绩效衡量方法创新研究的涌现奠定了基础。

文献 45 非财务指标是否财务业绩的领先指标?对客户满意度的分析

经典文献:Christopher D. Ittner, David F. Larcker. Are Nonfinancial Measures Leading Indicators of Financial Performance? An Analysis of Customer Satisfaction. *Journal of Accounting Research*, 1998, 36: 1-35.

机构:University of Pennsylvania

被引:总计 2 666 次,年均 111.08 次

文献概述:李继元

研究概述:本文探讨了有关**客户满意度**(customer satisfaction)指标的价值相关性的三个问题:(1)客户满意度是衡量会计业绩的领先指标吗?(2)客户满意度的**经济价值**(economic value)是否(完全)反映在同期会计**账面价值**(book values)中?(3)客户满意度的发布是否为股市提供了新信息或**增量信息**(incremental information)?本文使用客户、业务单元和公司层面的数据来检验客户满意度指标的价值相关性。客户层面的检验为基本假设提供了证据;业务单元的测试进行了扩展分析,检验了客户满意度对成本和利润的影响及其溢出效应;公司层面的评估测试和事件研究检验了客户满意度指标是否为股票市场提供了当前会计账面价值以外的信息。

研究发现,客户满意度指标与未来会计业绩之间的关系总体上是显著正向的。然而,许多关系是非线性的,一些证据表明业绩收益在高客户满意度水平下会减少。客户满意度指标似乎在经济上与股票市场相关,但仅部分反映在当前的会计账面价值中。研究还发现,这些指标的公开发布在统计上与 10 天公告期内股票的超额收益有关,证明客户满意度指标的披露为股票市场提供了有关预期未来现金流的信息。

核心概念:非财务指标 会计业绩或财务业绩① 客户满意度

---

① "会计业绩"和"财务业绩"在本篇文献中的含义一致,译文以保留原文为准。——编者注

文献背景

关于市场营销的文献认为,更高的客户满意度通过提升现有客户的忠诚度、降低价格弹性、利用正面的口碑广告降低营销成本、降低交易成本和提高企业声誉来提高财务业绩(例如,Anderson 等,1994;Fornell,1992;Reichheld 和 Sasser,1990)。这些优势会随着时间的推移而持续存在,这表明客户满意度方面投资带来的净收益可能不会完全反映在同期的会计业绩中(Anderson 等,1994)。然而,获得更高的客户满意度并非没有成本。经济学理论认为,客户满意度(即客户效用)是产品或服务属性的函数。提高客户效用需要更高水平的相关属性和额外的成本,特别是在更高的客户满意度水平的情形下(Lancaster,1979;Bowbrick,1992)。同样,传统的运营管理理论认为,提高产品或服务质量所需的投资在高质量水平上呈指数级增长态势(例如,Juran 和 Gryna,1980)。因此,客户满意度的提高可能会使其与客户行为和组织绩效之间的关系减弱,甚至导致负向关系。

尽管对客户满意度与财务业绩之间的具体关系缺乏一致意见,但大多数公司都会追踪某种形式的客户满意度指标(Ross 和 Georgoff,1991),为改进运营计划、战略决策和薪酬计划打下基础。然而,一项针对美国主要公司质量副总裁的调查发现,只有28%的受访者将客户满意度指标与会计业绩挂钩,只有27%的受访者将客户满意度指标与**股票收益**(stock returns)挂钩(Ittner 和 Larcker,1998)。

综上所述,以往的实证研究对客户满意度指标与财务业绩之间的关系提供了混杂的证据,没有证据表明客户满意度产生递减或负收益。更重要的是,之前的研究并没有支持客户满意度指标为股票市场提供公司未来财务前景增量信息的说法。

理论基础与研究思路

本文从客户层面、业务单元层面、公司层面对客户满意度与企业财务业绩的关系进行了分析。在客户层面,本文检验了个人客户当前的满意度水平是否与其未来购买行为和公司收入的变化有关。本文使用一家大型电信公司的数据,检验客户满意度对现有客户购买行为的影响。电信公司认为衡量客户满意度和确定其决定因素是服务质量和客户服务计划以及公司整体战略的关键输入。在业务单元层面,本文进一步分析了客户满意度水平与企业成本和收益的关系、客户满意度对新客户增长的影响以及组织层面的客户满意度指数水平,检验了业务单元客户满意度指标预测未来会计业绩和客户数量的效果。本文使用来自美国西部地区一家领先的金融服务提供商的73家零售分行的数据进行这些测试。该机构将客户满意度作为五大"必要条件"之一并纳入平衡计分卡绩效评估系统。在公司层面,本文利用**美国客户满意度指数**(American customer satisfaction index,ACSI),检验了股票市场是否将客户满意度视为前瞻性绩效指标。本文先验证了客户满意度指标的价值相关性,继而分行业进行了差异检验,最后探究了股票市场对 ACSI 发布的反应。

研究假设

（1）客户层面。客户满意度测量的一个基本假设是，更高的满意度水平通过增加来自现有客户的收入（源自更高的购买量和更低的价格弹性）和提高客户保留率来改善未来的财务业绩。

（2）业务单元层面。客户满意度水平更高的业务单元拥有更多的客户以及更多的人均收入，由此客户满意度水平更高的业务单元在会计业绩和客户增长方面会有更大的提升。

（3）公司层面。客户满意度为解释权益市场价值的差异提供了增量信息。在制造业和金融服务业，ACSI 与公司市场价值正相关；在零售业，ACSI 与公司市场价值负相关。**累计超额收益**（cumulative abnormal returns，CAR）与 ACSI 评分正相关。

样本选择

（1）客户层面。本文使用一家大型电信公司 1995—1996 年的数据，选取 1995 年公司的客户满意度、1996 年的客户保留率和收入，以及 1995—1996 年的收入变动百分比。

（2）业务单元层面。本文使用来自美国西部地区一家领先的金融服务提供商的 73 家零售分行的季度数据，样本期间为 1995 年第三季度至 1996 年第二季度，主要变量包括客户满意指数、收入、费用、利润、销售利润率、零售客户、商业和专业客户。

（3）公司层面。本文使用美国客户满意度指数（ACSI）数据，这是由密歇根大学国家质量研究中心和美国质量协会发布的一个全国性客户满意度经济指数，样本期间为 1994 年和 1995 年，主要变量包括企业权益市场价值、资产账面价值、负债账面价值和股票市场回报率等。

实证方法与模型构建

客户层面

在客户层面，首先使用普通最小二乘（OLS）法进行线性回归，分别检验客户满意度与客户保留率、收入水平及收入变动的关系。三个回归模型同时控制了客户规模和从业年限。其次，采用方差稳定的非参数回归方法进行非线性回归分析。最后，基于客户满意度指数对样本进行十等分，采用广义线性模型对各组均值进行比较。

业务单元层面

在业务单元层面，本文构建了以下三个基本模型：

$$\text{PERF}_{i,t+1} = \alpha + \beta_1 \text{CSI}_{i,t} + \beta_2 \text{PAST PERF}_{i,t} + \beta_3 \text{RETAIL}_{i,t+1} + \beta_4 \text{BP}_{i,t+1} + \varepsilon_{i,t+1} \quad (1)$$

$$\%\Delta\text{PERF}_{i,t+1} = \alpha + \beta_1 \text{CSI}_{i,t} + \beta_2 \%\Delta\text{PAST PERF}_{i,t} + \beta_3 \%\Delta\text{RETAIL}_{i,t+1} + \beta_4 \%\Delta\text{BP}_{i,t+1} + \varepsilon_{i,t+1} \quad (2)$$

$$\%\Delta\text{PERF}_{i,t+1} = \alpha + \beta_1 \%\Delta\text{CSI}_{i,t} + \beta_2 \%\Delta\text{PAST PERF}_{i,t} + \beta_3 \%\Delta\text{RETAIL}_{i,t+1} + \beta_4 \%\Delta\text{BP}_{i,t+1} + \varepsilon_{i,t+1} \quad (3)$$

其中，PERF 为六类业绩指标，包括收入、费用、利润、销售利润率、零售客户（RETAIL）、商业和专业客户（BP）；CSI 为分行业的客户满意度指数；PAST PERF 为上一期被解释变量的值；t 为 1995 年第三、四季度，$t+1$ 为 1996 年第一、二季度。季度均值用于水平变量，季度间百分比变动用于变动变量；变量名称前无百分比符号（%）为水平变量，有百分比符号（%）为百分比变动变量。当被解释变量为四个与客户无关的业绩指标时，模型额外控制 RETAIL 和 BP 变量。

本文首先使用普通最小二乘法进行线性回归分析，之后基于 CSI 水平或 CSI 百分比变动将样本四等分以检验潜在的非线性特征。

公司层面

（1）客户满意度指标的价值相关性。在控制了同期会计账面价值包含的信息后，本文使用横截面估值模型，考察了 ACSI 评分与权益市场价值的关联程度。模型如下：

$$\mathrm{MVE}_i = \beta_0 + \beta_1 \mathrm{ASSETS}_i + \beta_2 \mathrm{LIAB}_i + \beta_3 \mathrm{ACSI}_i + \varepsilon_i \qquad (4)$$

其中，MVE_i 是公司 i 权益的市场价值；ASSETS_i 是资产的账面价值；LIAB_i 是负债的账面价值；ACSI_i 是客户满意度评分；ε_i 是随机误差项。若 ACSI 具有增量价值相关性则意味着 $\beta_3>0$。

本文还使用剩余收益估值模型进行分析，认为权益市场价值是权益账面价值加上未来剩余收益折现值的函数。模型如下：

$$\mathrm{MVE}_i = \beta_0 + \beta_1 \mathrm{ASSETS}_i + \beta_2 \mathrm{LIAB}_i + \beta_3 \mathrm{FUTURE}_i + \varepsilon_i \qquad (5)$$

其中，MVE_i、ASSETS_i 和 LIAB_i 的定义如上文；FUTURE_i 是公司 i 未来盈余折现值扣除基于机会资本成本计算的资本支出。如果当前的客户满意度水平被纳入未来现金流的预测，ACSI 就应当与 FUTURE 正相关。

与前面分析类似，本文先用普通最小二乘法进行线性分析，之后按照公司的 ASCI 评分将样本四等分，测试客户满意度市场价值的潜在非线性特征。

（2）行业差异。本文利用剩余收益估值模型分别检验了五大行业（非耐用品制造业，耐用品制造业，交通运输业、公共事业和通信业，零售业，金融服务业）的客户满意度指数对企业价值的影响。

（3）ACSI 公布的股票市场反应。对 ACSI 评分公布后的股票市场累计超额收益进行横截面回归：

$$\mathrm{CARt}_i = \beta_0 + \beta_1 \mathrm{ACSI}_i + \varepsilon_i \qquad (6)$$

其中，CARt_i 是公司 i 在 ACSI 披露后 5 天或 10 天内的累计超额收益；ACSI_i 是发布在《财富》杂志上的客户满意度评分。如果公布的 ACSI 评分给市场提供了新的经济相关信息，β_1 就应该为正。

| 稳健性检验 |

如前所述，本文采用不同的实证模型进行分析。在主回归（普通最小二乘法）线性分析的基础上，采用非线性的分析方法，在对样本进行分组后，运用广义线性模型对组间均值进行比较。另外，在指标构建的过程中，本文既使用水平指标，又使用百分比变动指标进行

分析，提高了结果的稳健程度。在客户满意度的价值相关性研究中，本文使用不同的估值模型进行检验。

研究结论与创新

本文对会计研究的贡献在于：对非财务业绩指标的预测能力和价值相关性进行了检验。使用客户和业务单元数据，本文适度支持客户满意度是客户购买行为（客户保留率、收入和收入增长率）、客户数量增长和会计业绩（业务部门收入、利润率和销售利润率）的领先指标。本文发现的一些证据表明，公司层面的客户满意度衡量指标在经济上与股票市场价值相关，但并未完全反映在同期会计账面价值中。本文的结果为将客户满意度指标纳入内部绩效评估系统和薪酬计划的实践提供了合理的支持。

局限性与展望

本文的分析存在许多限制。第一，虽然客户满意度是公司选择的一个变量，但本文假设该指标是外生的，由此在评估财务业绩与客户满意度的关系时可能存在内生性问题；其次，在本文测试中，客户满意度的衡量具有一些任意的度量属性，难以确定将客户满意度与客户行为和组织绩效联系起来的函数；第三，客户满意度可能存在计量错误，例如 ACSI 仅调查个人消费者而不包括企业客户。

本文的分析也仅限于客户满意度指标，使用更广泛的非财务指标进行研究可能有助于了解客户满意度指标解释未来会计业绩和股票市场价值的能力，还可以进一步探讨各行业存在差异的原因。

交流区

本文是研究非财务指标价值相关性的经典文献。本文以客户满意度为切入点，使用客户层面、业务单元层面、公司层面的多维变量和数据，实证检验客户满意度与企业财务业绩的关系。本文将研究视野聚焦于非财务指标，将营销学与会计学内容进行了有机融合，拓宽了研究范畴，引起了学者对非财务信息的广泛关注，为后续非财务信息的研究提供了理论指导。

【主题结语】

企业绩效考核及激励制度设计受很多因素的影响，是管理控制系统研究的重要议题。在股票期权激励下，管理层为实现业绩目标会做出机会主义行为，如盈余管理（Healy，1985；Matsumoto，2002；Cheng 和 Warfield，2005）和择时披露（Aboody 和 Kasznik，2000）。相比较而言，经济价值指标、非财务指标或政府机构绩效衡量系统或许能够克服传统绩效衡量的缺陷。

未来可能的研究方向包括：第一，探究更有效的绩效衡量指标，如已有研究发现管理层较难操纵的客户满意度可能是更好的指标（Ittner 和 Larcker,1998）。第二，大多数西方企业的股权较为分散，股东与管理层之间的第一类代理问题较为突出；我国企业的股权相对集中，大股东与中小股东之间的第二类代理问题更为严重。因此，我国企业激励制度设计的相关研究应当考虑中西方企业的股权结构差异，促使中小股东和大股东利益相一致。

【推荐阅读】

1. Amir E, Lev B. Value-Relevance of Nonfinancial Information: The Wireless Communications Industry[J]. *Journal of Accounting and Economics*, 1996, 22(1-3): 3-30.
2. Anderson E W, Fornell C, Lehmann D R. Customer Satisfaction, Market Share, and Profitability: Findings from Sweden[J]. *Journal of Marketing*, 1994, 58(3): 53-66.
3. Anderson E W, Fornell C, Rust R T. Customer Satisfaction, Productivity, and Profitability: Differences Between Goods and Services[J]. *Marketing Science*, 1997, 16(2): 129-145.
4. Brockman P, Khurana I K, Martin X. Voluntary Disclosures around Share Repurchases[J]. *Journal of Financial Economics*, 2008, 89(1): 175-191.
5. Burns N, Kedia S. The Impact of Performance-Based Compensation on Misreporting[J]. *Journal of Financial Economics*, 2006, 79(1): 35-67.
6. Cheng Q, Lo K. Insider Trading and Voluntary Disclosures[J]. *Journal of Accounting Research*, 2006, 44(5): 815-848.
7. Cotter J, Tuna I, Wysocki P D. Expectations Management and Beatable Targets: How Do Analysts React to Explicit Earnings Guidance[J]. *Contemporary Accounting Research*, 2006, 23(3): 593-624.
8. Dhaliwal D S, Gleason C A, Mills L F. Last-Chance Earnings Management: Using the Tax Expense to Meet Analysts' Forecasts[J]. *Contemporary Accounting Research*, 2004, 21(2): 431-459.
9. Healy P M, Palepu K G. Information Asymmetry, Corporate Disclosure, and the Capital Markets: A Review of the Empirical Disclosure Literature[J]. *Journal of Accounting and Economics*, 2001, 31(1-3): 405-440.
10. Ittner C D, Larcker D F. Innovations in Performance Measurement: Trends and Research Implications[J]. *Journal of Management Accounting Research*, 1998, 10: 205-238.
11. Jiang J X, Petroni K R, Wang I Y. CFOs and CEOs: Who Have the Most Influence on Earnings Management[J]. *Journal of Financial Economics*, 2010, 96(3): 513-526.
12. Kaplan R S, Norton D P. The Balanced Scorecard: Measures that Drive Performance[J]. *Harvard Business Review*, 1992, 70(1): 71-79.
13. Kothari S P, Shu S, Wysocki P D. Do Managers Withhold Bad News[J]. *Journal of Accounting Research*, 2009, 47(1): 241-276.
14. Lambert R A, Larcker D F. An Analysis of the Use of Accounting and Market Measures of Performance in Executive Compensation Contracts[J]. *Journal of Accounting Research*, 1987, 25(3): 85-125.
15. McAnally M L, Srivastava A, Weaver C D. Executive Stock Options, Missed Earnings Targets and Earnings Management[J]. *The Accounting Review*, 2008, 83(1): 185-216.
16. Milunovich S, Tsuei A. EVA in the Computer Industry[J]. *Journal of Applied Corporate Finance*, 1996, 9(1): 104-116.

17. Richardson S, Teoh S H, Wysocki P D. The Walk-Down to Beatable Analyst Forecasts: The Role of Equity Issuance and Insider Trading Incentives[J]. *Contemporary Accounting Research*, 2004, 21(4): 885-924.
18. Wallace J S. Adopting Residual Income-Based Compensation Plans: Do You Get What You Pay For[J]. *Journal of Accounting and Economics*, 1997, 24(3): 275-300.
19. 陈冬华,陈信元,万华林.国有企业中的薪酬管制与在职消费[J].《经济研究》,2005(2):92-101.
20. 李增泉.激励机制与企业绩效——一项基于上市公司的实证研究[J].《会计研究》,2000(1):24-30.
21. 吕长江,郑慧莲,严明珠,等.上市公司股权激励制度设计:是激励还是福利[J].《管理世界》,2009(9):133-147+188.
22. 权小锋,吴世农,文芳.管理层权力、私有收益与薪酬操纵[J].《经济研究》,2010(11):73-87.
23. 田轩,孟清扬.股权激励计划能促进企业创新吗[J].《南开管理评论》,2018(3):176-190.
24. 魏刚.高级管理层激励与上市公司经营绩效[J].《经济研究》,2000(3):32-39+64-80.
25. 吴育辉,吴世农.高管薪酬:激励还是自利? 来自中国上市公司的证据[J].《会计研究》,2010(11):40-48+96-97.
26. 张俊瑞,赵进文,张建.高级管理层激励与上市公司经营绩效相关性的实证分析[J].《会计研究》,2003(9):29-34.
27. 周黎安.中国地方官员的晋升锦标赛模式研究[J].《经济研究》,2007(7):36-50.

第8章

成本与避税

文献46　销售管理费用是否存在黏性

经典文献：Mark Anderson, Rajiv Banker, Surya Janakiraman. Are Selling, General, and Administrative Costs "Sticky". *Journal of Accounting Research*, 2003, 41(1)：47-63.

机构：The University of Texas at Dallas

被引：总计1 648次，年均89.08次

文献概述：孙俊勤

研究概述：成本会计的基本假定是成本与业务量呈线性关系。本文探究成本是否存在黏性——业务量上升时成本的增加幅度大于业务量同比例下降时成本的减少幅度。本文利用美国7 629家上市公司20年的数据，实证发现销售管理费用黏性的存在。相较于传统的成本性态（成本随业务量线性变化），成本黏性主要是由管理层主动调整行为所导致的。同时，本文还检验了成本黏性相关性质及其随企业相关特征变化的规律。

核心概念：销售管理费用黏性　收入变化　成本性态

| 文献背景 |

成本行为是财务会计和管理会计的基本内容。在会计文献中，传统成本模型认为成本可分为固定成本和随业务量变化的变动成本。其中，变动成本与业务量成比例变化，即成本变动幅度取决于业务量变化的幅度，与业务量变化的方向无关。但已有研究表明，业务量上升时某些成本的增加幅度大于业务量同比例下降时的减少幅度（Cooper和Kaplan，1998；Noreen和Soderstrom，1997）。本文认为此类成本性态为"黏性"。具体来说，成本黏性表现为业务量上升时成本的增加幅度大于业务量同比例下降时成本的减少幅度。

本文主要使用销售管理费用变化与营业收入变化的相关实证模型检验成本黏性，加入营业收入下降哑变量的交乘项来区分营业收入的上升和下降。在美国上市公司1979—1998年样本区间内，营业收入每增加1%，销售管理费用增加0.55%；营业收入每减少1%，销售管理费用减少0.35%。成本黏性的存在证实了管理层会随着业务量变化而刻意调整资源。

未来的需求不确定、企业减少承诺资源就必然会引发成本调整,在明确未来需求下降前,管理层倾向于延迟减少承诺资源。这表明成本黏性在滞后一期及未来长时间段内会减弱。实证检验表明第 t 期呈现的成本黏性在第 $t+1$ 期内会减弱,以及多期衡量的成本黏性会减弱。

当业务量下降时,管理层必然会对保留或减少承诺资源做出选择。是选择承担闲置资源的运营成本,还是选择暂时削减资源而导致未来业务量上升所引发的调整成本?这也意味着在需求下降的可能性较小及调整成本较高时,成本黏性更强。

研究假设

传统的成本模型没有考虑管理层干预对资源调整过程的影响。由于成本存在差异,管理层对承诺资源做出的改变也有差异,也就是承诺资源不能有效或者快速地随需求的变化而同比例地增加或减少。当不对称的资源调整(资源向下调整的限制比向上调整的限制更大)发生时,成本黏性随之产生。

当发生减少承诺资源或恢复业务量的资源替代时,必然会引发企业调整成本。调整成本包括解雇员工的补偿费、雇用新员工的招聘费和培训费。除了显性成本,调整成本还包括留下的员工士气低落的组织成本及工作团队的人力资本成本。

当业务量上升时,管理层会增加承诺资源以满足增量销售的需要;当业务量下降时,一些承诺资源将被闲置。因为需求存在波动,管理层会评估需求下降只是暂时的可能性,进而决定是否向下调整资源。当管理层决定保留闲置资源,企业便产生**销售管理费用黏性**(SG&A stickiness)。

管理层保留闲置资源也有可能是由考虑个人利益的代理问题所造成的。代理成本是自利的管理层最大化个人效用而非最大化股东利益所产生的成本(Jensen 和 Meckling,1976),管理层会保留闲置资源以免个人利益受到损失,比如因裁减成熟员工而使得自身地位降低,最终导致企业成本黏性。基于此,本文提出以下假设:

假设 1 业务量上升时销售管理费用的增加幅度大于业务量下降时销售管理费用的减少幅度,体现为成本黏性。

成本黏性的性质

观测到的单期黏性反映的是在一个时期内,收入下降时保留闲置资源的成本。当延长观测窗口至多期时,能够捕捉到更完整的调整周期。在长时间的调整干预中,管理层能更好地把握需求变化的持久性,调整成本会小于保留闲置资源的成本,管理层将倾向于接受调整成本,由此在多个期间的成本黏性会更小。基于此,本文提出以下假设:

假设 2 成本黏性随着时间跨度的增大而下降。

成本黏性的影响因素

对成本黏性的分析表明,管理层会权衡收入下降时的闲置资源成本和预期需求回升所产生的调整成本。预期调整成本相比保留闲置资源成本越小,管理层越可能减少承诺资源,最终降低成本黏性。预期调整成本取决于管理层对需求变化不确定性的评估,以及对削减资源和调整资源成本的估计。预期调整成本会随着管理层预计收入下降持续性增强而减少,随着管理层预计收入上下波动幅度增大而增加。

基于以上推论,本文提出了关于销售管理费用黏性程度随不同公司及年度变化的两组假设。第一,成本黏性程度会随着对收入下降的不同预期而改变;第二,成本黏性程度会随着调整成本的高低情况而改变。

需求随着产品市场及全球经济形势而波动,其上升或者下降趋势会持续一段时间。管理层对需求下降持久性的评估会随着收入下降时间的加长而提高。收入持续下降可能性的增大会刺激管理层削减资源,最终降低成本黏性。基于此,本文提出以下假设:

假设3a 销售管理费用黏性在收入持续下降期间减弱。

管理层在评估产品市场上需求的持续性时会考虑宏观经济形势。相比于经济高涨时期,经济低迷时期更可能发生需求持续下降的状况。因而,管理层更不愿意在宏观经济高涨时期减少承诺资源,最终导致成本黏性增强。同样,在经济增长时期劳动力短缺,增加雇用员工替代成本也会强化成本黏性。基于此,本文提出以下假设:

假设3b 在经济高涨期间,销售管理费用黏性更大。

当销售管理费用更加依赖于资产和雇用员工(相比于外购材料及服务)时,其调整成本可能更高。除非存在长期合同,否则当需求下降时,减少外购资源更加容易。由于企业处置资产是有成本的,需要付出安装及调试等支出,因此当企业缩减规模时,资产重组涉及大量的资产减值。基于此,本文提出以下假设:

假设4a 销售管理费用黏性随着资产密集程度(总资产与销售收入之比)的提高而增大。

类似地,企业调整成本在雇用更多同等收入员工的情况下更大。员工遣散费的存在,使得解雇员工也是有成本的。收入下降时员工被解雇,收入上升时雇用新员工,此时雇主要付出相关的培训成本。同时,因员工解雇而导致的士气低落以及员工流动而导致的员工忠诚度受损,会使得企业经历生产率下降的损失。基于此,本文提出以下假设:

假设4b 销售管理费用黏性随着员工密集程度(员工人数与销售收入之比)的提高而增大。

模型构建与实证结果

实证模型能够反映在收入上升及收入下降期间,销售管理费用变化与收入变化之间的关系。在交乘项中,当第 t 期收入相比第 $t-1$ 期下降时,Decrease_Dummy 取值为1,否则取值为0。本文构建以下模型进行了检验:

$$\log\left(\frac{\text{SG\&A}_{i,t}}{\text{SG\&A}_{i,t-1}}\right) = \beta_0 + \beta_1 \log\left(\frac{\text{Revenue}_{i,t}}{\text{Revenue}_{i,t-1}}\right) + \beta_2 \text{Decrease\_Dummy}_{i,t} \times \log\left(\frac{\text{Revenue}_{i,t}}{\text{Revenue}_{i,t-1}}\right) + \varepsilon \quad (1)$$

其中,$\text{SG\&A}_{i,t}$ 表示公司 i 第 t 期支出的销售管理费用;$\text{Revenue}_{i,t}$ 表示公司 i 第 t 期获得的销售收入;$\text{Decrease\_Dummy}_{i,t}$ 是收入变化的哑变量,收入上升时取值为0,收入下降时取值为1;

β_1 表示收入每增加 1%,销售管理费用的增加幅度;$\beta_1+\beta_2$ 表示收入每下降 1%,销售管理费用的减少幅度。如果销售管理费用存在黏性,就会有 $\beta_1>0$ 同时 $\beta_2<0$。β_2 表示黏性的大小,其值越小则表明黏性越大。为了揭示黏性的影响因素,本文设计了以下模型:

$$\beta_2 = \gamma_0 + \gamma_1 \text{Success\_Decrease}_{i,t} + \gamma_2 \text{Growth}_{i,t} + \gamma_3 \log\left(\frac{\text{Asset}_{i,t}}{\text{Revenue}_{i,t}}\right) + \gamma_4 \log\left(\frac{\text{Employee}_{i,t}}{\text{Revenue}_{i,t}}\right)$$
(2)

其中,$\text{Success\_Decrease}_{i,t}$ 表示公司 i 第 t 期连续两年收入变化的哑变量,连续两年收入下降时取值为 1,否则取值为 0;$\text{Growth}_{i,t}$ 表示公司 i 第 t 期的宏观经济增长率,用年度 GDP 增长率衡量;$\text{Asset}_{i,t}/\text{Revenue}_{i,t}$ 用来衡量公司 i 的资本密集程度,$\text{Asset}_{i,t}$ 为公司 i 第 t 年的期末资产总额;$\text{Employee}_{i,t}/\text{Revenue}_{i,t}$ 用来衡量公司的劳动密集程度,$\text{Employee}_{i,t}$ 为公司 i 第 t 年的期末员工数量。

将模型(2)代入模型(1),得到模型(3):

$$\log\left(\frac{\text{SG\&A}_{i,t}}{\text{SG\&A}_{i,t-1}}\right) = \beta_0 + \beta_1 \log\left(\frac{\text{Revenue}_{i,t}}{\text{Revenue}_{i,t-1}}\right) + \left[\gamma_0 + \gamma_1 \text{Success\_Decrease}_{i,t} + \gamma_2 \text{Growth}_{i,t} + \gamma_3 \log\left(\frac{\text{Asset}_{i,t}}{\text{Revenue}_{i,t}}\right) + \gamma_4 \log\left(\frac{\text{Employee}_{i,t}}{\text{Revenue}_{i,t}}\right)\right] \times \text{Decrease\_Dummy}_{i,t} \times \log\left(\frac{\text{Revenue}_{i,t}}{\text{Revenue}_{i,t-1}}\right) + \varepsilon$$
(3)

实证结果表明,β_1 显著为正,β_2 显著为负,说明企业普遍存在销售管理费用黏性,假设 1 得到验证。同时用两年、三年及四年的集合期作为样本,发现销售管理费用黏性逐渐变小,假设 2 得到验证。费用(成本)黏性的影响因素研究表明当收入连续下降时,费用黏性降低;而宏观经济增长、资产密集程度及员工密集程度的增大会导致费用黏性提高,假设 3a、假设 3b、假设 4a 和假设 4b 得到验证。

| 研究结论与未来展望 |

本文证明了销售管理费用黏性的存在。相较于固定成本和变动成本,本文的发现揭示了成本行为的另一种模型,其中包含管理层在面对需求变化时对承诺资源的调整行为。本文的研究结论对会计及其他相关专业人士评估成本是否随收入变化而变化具有重要启示。

传统观点认为可利用回归方法计算单位业务量变化导致的单位成本变化。在未考虑成本黏性的情况下,这会低估收入上升阶段成本的增加幅度,也会高估收入下降阶段成本的减少幅度。

本文的研究表明,成本黏性能够被管理层识别及控制。管理层在进行合约性相关决策时,会提高成本变化随收入变化的敏感度,达到削减承诺资源以调整成本的目的。例如,管理层会通过雇用临时工或者外包业务来降低人力资本调整成本。

本文的研究结论对分析师和审计师具有重要启示。分析销售管理费用占收入比例在行业中的变化及其随时间的变化是很重要的。分析师通常将不对称的销售管理费用增加解读为一种负面信号,因为它可能代表管理层对销售的管理失控或非常规行为。上述观点的潜在假设是:无论收入上升或下降,销售管理费用会随着收入变化而同比例变化。同样,在执行测试程序时,审计师也认为成本与收入会同比例变化。

交流区

本文开创了成本黏性研究的先河,也搭建了管理会计与财务会计之间的桥梁。一方面,之后的研究关注成本黏性的影响因素,产生一系列的研究成果,如法律、文化及公司内部特征对成本黏性的影响(Banker 等,2013;Chen 等,2012;Kitching 等,2016);另一方面,2010 年之后开始出现对成本黏性经济后果的相关研究,如成本黏性对分析师预测、会计稳健性及宏观失业率的影响(Weiss,2010;Banker 等,2016;Rouxelin 等,2017)。未来可进一步探索成本黏性的企业价值效应(Anderson 等,2007;Banker 等,2019)。

文献 47　企业长期税收规避

经典文献:Scott D. Dyreng,[1] Michelle Hanlon,[2] Edward L. Maydrew.[1] Long-run Corporate Tax Avoidance. *The Accounting Review*,2008,83(1):61-82.

机构:[1]University of North Carolina at Chapel Hill;[2]University of Michigan

被引:总计 2 488 次,年均 177.71 次

文献概述:许硕磊

研究概述:本文开创性地提出一种全新的税收规避衡量方法。该衡量方法基于公司长期的现金税负水平,由此被称为**长期现金有效税率**(long-run cash effective tax rate)。本文利用长期现金有效税率检验:(1)一些公司在长达 10 年样本期内的避税程度;(2)年度税率对长期税收规避的预测程度。本文发现,2 077 家公司样本在避税方面存在显著的横截面差异。例如,相比于 30%的样本均值,大约四分之一的样本公司能够将长期现金有效税率保持在 20%以下。本文还发现,年度现金有效税率并不能很好地预测长期现金有效税率,因此并不能作为长期避税的准确代理变量。而对长期保持低现金有效税率的公司特征的初步研究表明,这些公司广泛分布在不同行业并存在一定的集群性。

核心概念:有效税率　税收持久性　现金税负　长期税收规避

| 文献背景 |

已有大量研究检验了年度有效税率的变化及其影响因素(Callihan,1994;Shackelford 和 Shevlin,2001)。例如,Zimmerman(1983)探究了企业规模(企业政治成本的代理变量)与有效税率的关系,指出了企业规模与有效税率呈正相关关系,验证了政治成本假说。其他研究也对企业规模与年度有效税率的关系进行了检验,但未得出一致的结论。一些研究发

现了负向关系(Siegfried,1974;Porcano,1986),另一些研究则与Zimmerman(1983)的研究结论一致(Rego,2003),还有研究并未发现二者间的相关关系(Stickney和McGee,1982;Shevlin和Porter,1992;Gupta和Newberry,1997)。

还有学者出于政治动机对企业有效税率进行研究。**税收正义联盟**(the Citizens for Tax Justice,CTJ)发布的一系列研究报告就是很好的范例。根据CTJ报告中关于有效税率的计算,CTJ声称美国一些大公司并没有缴纳其应承担的税负。CTJ的研究影响了被誉为美国历史上最深刻的企业税改革——《1986年税收改革法案》(Tax Reform Act of 1986)的制定。CTJ一般采用年度有效税率和三年平均有效税率,但其研究范围只限于美国境内,且每份研究只涉及大约250家公司。

上述研究均没有关注公司的长期有效税率,也未使用以现金支付的税负衡量避税,而是用利润表中的所得税费用进行计算。虽然公司存在短期避税的可能,但其长期避税能力并未得到充分研究。

理论基础与研究思路

本文从本质上讲是一篇描述性的研究,目的是检验新的避税衡量方法,评估公司长期税收规避能力,并调查已有研究常用的年度有效税率能否预测本文提出的长期税收规避衡量方法。本文并不检验有关公司避税的具体假设,而是将其留给未来的研究;相反,本文试图改进现有的公司避税衡量方法,关注公司能否在较长时期内实现税收规避。

要了解本文如何衡量长期避税,首先应考虑**年度GAAP有效税率**(annual GAAP effective tax rate)及其能衡量的税收规避和不能衡量的部分。一般公司应当在财务报表附注中披露年度有效税率——税收费用与税前收入之比。因此,公司i年度t的有效税率计算式为:

$$\text{GAAP ETR}_{it} = \frac{\text{Tax expense}_{it}}{\text{Pretax income}_{it}}$$

中文表达式为:

$$\text{有效税率}_{it} = \frac{\text{税收费用}_{it}}{\text{税前收入}_{it}} \tag{1}$$

年度有效税率作为企业避税衡量指标存在的第一个问题是,它只基于年度数据。但有效税率可能存在显著的年度变化,且分母项为负会导致无意义的有效税率,进而导致有关公司避税的推断不明晰。第二个问题是,根据美国财务会计准则(SFAS)有关所得税会计处理的规定,税收费用由当期税费和递延税费组成。递延税费是指暂时性会计—税收差异而导致的未来支付(或退还)的税款。出于税收管理的目的,大部分税收规避会选择加速扣除和推迟收入,从而会减少当期税费但会增加递延税费。由于年度有效税率包含上述两个方面,因此它无法反映相对的避税形式。

而使用当期税费(而不是税收费用)作为分子项也会给避税的衡量带来挑战。例如,在本文的研究样本期间,公司可以利用员工行使股票期权达到减免税收的目的。但根据当时的公认会计准则(GAAP),在授予日或行权日当期未确认发生费用——永久性差异,因扣除该项费用而产生的税收优惠会直接增加公司权益，而非减少当期税费。因此，相较于存在因股票期权而减免支付的实际税费，公司当期税费会被高估。另外，税收费用的账面应计科目（如备抵计价和税收准备金）也会导致税费估计出现问题。上述问题都会造成公司实际税收负担的衡量出现问题，进而导致公司避税衡量出现问题。

为了克服年度有效税率的局限性，本文进行了两项重要修正。第一项修正（也是最重要的）是使用长期（即10年期）有效税率。为此，本文用公司10年的现金税费总和除以同期的税前收入总和（不包括特殊项目），从而产生一个能够长期追踪公司税收成本的有效税率。这一衡量方式与取单一年度有效税率平均值的做法并不相同，平均法会受异常有效税率的严重影响。

第二项修正是用以现金形式支付的税费而非税收费用衡量有效税率。举例说明，现金有效税率会将员工股票期权等税收优惠考虑在内，而公认会计准则有效税率（即GAAP有效税率）未考虑这一影响。此外，与GAAP有效税率不同，现金有效税率不受备抵计价和税收准备金等应计项目的影响。现金税费可以在现金流量表的底部或财务报表附注中找到相关数据。

本文将衡量周期N从1年修改为10年，公司i在期间t内的现金有效税率为：

$$\text{CASH ETR}_i = \frac{\sum_{t=1}^{N} \text{Cash Tax Paid}_{it}}{\sum_{t=1}^{N} (\text{Pretax Income}_{it} - \text{Special Items}_{it})}$$

中文表达式为：

$$现金有效税率_i = \frac{\sum_{t=1}^{N} 现金税费_{it}}{\sum_{t=1}^{N} (税前收入_{it} - 特殊项_{it})} \tag{2}$$

| 样本选择 |

本文对样本选择设置最低限制，以最大限度地扩展研究范围。本文选取Compustat数据库中1995—2004年在美国注册成立且有连续10年现金税费、所得税费用和税前收入观测值的公司作为样本，最终符合上述要求的观测值有24 390个，对应有不间断的现金税费、所得税费用和税前收入数据的2 439家公司。

本文的大部分检验要求公司10年的税前收入总和为正，从而将样本公司减少到2 077家。本文分析这2 077家公司以提高有效税率的可比性，同时提高有效税率的解释程度（分母项为正的有效税率）。

| 研究结论与创新 |

尽管有关税收的研究已延续数十年，但人们对公司长期所得税规避能力知之甚少。本文的研究目的是为这个问题提供一些初步证据。本文发现很大一部分公司似乎能够在持

续的时间段内成功地规避大部分所得税。本文利用 10 年期的税收规避衡量方法,发现 546 家公司(占样本的 26.3%)能够维持 20% 或更低的现金有效税率;公司的 10 年现金有效税率均值为 29.6%,表明避税主要集中在一部分公司。在检验年度现金有效税率与长期现金有效税率之间的关系时,本文的研究结果与"年度现金有效税率是长期现金有效税率的良好预测指标"这一预期并不一致。因此,使用年度税率检验避税行为可能会导致对公司长期避税行为的错误推论。

公司税收规避在过去二十多年中得到了很多关注,但已有研究只关注对避税的年度衡量,由此人们不知道同一家公司是年复一年地避税,抑或避税只是特定情境下的短暂现象。本文构建的长期避税衡量方法使得检验公司能否在一个更长的时期内避税成为可能。

局限性与展望

关于长期避税仍然有很多问题尚未解决。第一,同行业公司的避税程度差异较大的原因是什么?第二,市场是否会重视长期避税?第三,长期避税是否会产生一些经济后果,如涉嫌逃税指控的增加?第四,如 Desai 和 Dharmapala(2007)所提到的,长期避税是否与公司治理缺陷(如财务欺诈)存在关联?期望未来研究能够解决这些问题。

交流区

本文基于公司支付的现金税费,提出了衡量公司避税的新指标——长期现金有效税率。这一衡量方式不但克服了年度有效税率波动性的影响(Hanlon 和 Heitzman,2010),而且降低了因年份数据缺失带来的数据偏差,由此后续大量研究采用这一衡量方式(Lisowsky,2010;Hope 等,2013;Lennox 等 2013;Edwards 等,2016)。但与其他有效税率类似,长期现金有效税率无法区分合理的税收筹划与激进的税收规避,并且较低的有效税率可能是盈余管理的后果(Hanlon 和 Heitzman,2010)。

文献 48 企业避税与股价崩盘风险:公司层面的分析

经典文献:Jeong-Bon Kim,[1] Yinghua Li,[2] Liandong Zhang.[1] Corporate Tax Avoidance and Stock Price Crash Risk: Firm-Level Analysis. *Journal of Financial Economics*, 2011, 100(3): 639-662.

机构:[1] City University of Hong Kong; [2] Purdue University

被引:总计 1 710 次,年均 142.50 次

文献概述:苏坤

研究概述:本文使用 1995—2008 年美国公司相关数据,研究发现企业避税和股价崩盘风险显著正相关。本文的研究结果表明,企业避税能够为管理层的机会主义行为提供工

具,进而便利管理层寻租和隐藏坏消息,当坏消息长时间累积到一个临界点时会突然在市场上爆发,从而引起股价崩盘。此外,当企业拥有较强的外部监管机制(如机构投资者高比例持股、较高的分析师跟踪及收购威胁)时,企业避税和股价崩盘风险之间的正相关关系会减弱。

核心概念:坏消息隐藏假说　股价崩盘风险　税收规避

文献背景

Hanlon 和 Heitzman(2010)将企业避税定义为显性税收减少,并认为高会计—税收差异和低有效税率能够反映企业的避税行为。相应地,自20世纪中期以来,美国上市公司会计—税收差异的逐渐增长和有效税率的降低促使学者开始研究企业避税行为的决定因素及后果(Desai 和 Dharmapala,2009;Graham,2003;Shackelford 和 Shevlin,2001)。

关于避税的实证研究一般有两种不同观点。第一种观点是管理层施行避税活动的目的是减轻纳税义务。因此,从投资者角度看,避税是一种价值提升,管理层应该因从事此类活动而得到激励和补偿。第二种观点包含管理层和投资者关系的更多维度。Desai 和 Dharmapala(2006)认为,复杂的避税交易可以为管理层机会主义行为提供工具和理由,如操纵盈余、关联交易和转移其他资源的机会。Desai(2005)采用案例分析,提供了避税如何引发这些机会主义行为的详细证据。这种机会主义避税观点引起学者越来越多的关注(Hanlon 和 Heitzman,2010)。

有文献从委托代理的视角探讨避税活动对股票市场的影响。Desai 和 Dharmapala(2009)发现避税和财务价值之间没有显著关系;Hanlon 和 Slemrod(2009)考察市场对企业避税的反应,发现市场对企业避税披露的反应是负面的,表明投资者担心避税可能与管理层业绩操纵相关。这些研究旨在扩展从代理问题的视角揭示避税的经济后果。

理论基础与研究思路

传统理论认为避税是一种价值最大化的活动——将财富从国家转移给公司股东。然而,这种观点忽略了现代企业的一个重要特征——所有权和经营权的分离(Chen 和 Chu,2005;Crocker 和 Slemrod,2005;Slemrod,2004)。在代理理论的框架下,近期的研究认为避税活动会促进管理层机会主义,如盈余管理和资源转移(Chen 等,2010;Desai 和 Dharmapala,2006,2009)。本文基于公司避税代理理论的观点以及近期学术界对资本市场收益的预测,探讨企业避税程度与未来股价崩盘风险的关系。

基于以上理论,本文推测企业避税行为能够促使管理层长时间进行寻租和隐藏坏消息,从而增大股价崩盘风险。为研究公司层面的避税行为与股价崩盘风险的关系,本文借鉴 Chen 等(2001)和 Hutton 等(2009)对股价崩盘风险的度量,用 CRASH(公司未来出现极端负收益的可能性)和 NCSKEW(负收益偏态系数)度量股价崩盘风险,用 SHELTER(参与避税的可能性)、LRETR(长期现金有效税率)和 BTDFACTOR(从三种不同的会计—税收差异衡量方式中提取的公因子)度量企业避税程度,使用 1995—2008 年美国上市公司数据进行回归分析;最后用分析师跟踪、机构投资者持股和公司反收购条款数目是否高于中位数度量外部监督机制,加入外部监督机制作为调节变量再次检验假设。

研究假设

本文借鉴 Desai(2005)、Desai 和 Dharmapala(2006)的做法,用安然案例(Enron incident case)说明如何借助复杂的税收筹划活动操纵财务报表。20 世纪 90 年代后期,安然公司为激励管理层,想方设法地增加财务报告盈余以促使股价上升,由于管理层隐匿表外融资、报道的公司形象与潜在现实经济状况不符,最终安然公司倒闭。

从 1995 年到倒闭,安然公司提供了一个程式化的例子,说明管理层如何参与复杂的避税活动来创造收益并隐藏财务报表信息的真实表现,从而造成股价泡沫,最终导致股价崩盘。除了便于隐藏坏消息,复杂的避税策略还能为直接资源转移提供机会,也可能会增大股价崩盘风险。基于此,本文提出以下两个假设:

假设 1 在其他条件相同的情况下,企业避税与股价崩盘风险正相关。

假设 2 在其他条件相同的情况下,当外部监督有效时,企业避税与股价崩盘风险的正相关关系会减弱。

样本选择

企业股价崩盘风险的数据来自 CRSP 数据库 1995—2008 年相关公司的数据。样本期间选择从 1995 年(税收数据从 1994 年)开始是因为 1993 年发生的两起规制事件可能会影响避税变量的衡量一致性。其一,所得税会计准则(FAS 109)的颁布改变了所得税的核算要求;其二,公司法定所得税税率从 34% 提高到 35%。本文排除账面价值和总资产小于 0、年终价格低于 1 美元/股以及少于 26 周股票收益率数据的观测值,最终样本量为 87 162 个;稳健性回归分析中根据避税变量和控制变量的可用性,样本量会有所变化。

实证方法与模型构建

股价崩盘风险的度量

为度量股价崩盘风险,首先要计算股票 i 第 t 周的特定收益率 W_{it},$W_{it} = \ln(1+\varepsilon_{it})$。其中,$\varepsilon_{it}$ 为式(1)的残差项:

$$r_{it} = \alpha_i + \beta_{1i}\gamma_{m,t-2} + \beta_{2,i}\gamma_{m,t-1} + \beta_{3i}\gamma_{mt} + \beta_{4i}\gamma_{m,t+1} + \beta_{5i}\gamma_{m,t+2} + \varepsilon_{it} \quad (1)$$

股价崩盘风险用 CRASH 和 NCSKEW 来度量。CRASH 为哑变量,当企业在一个财务年度内经历一周或一周以上的股价崩盘时取值为 1,否则取值为 0。借鉴 Chen 等(2001)的度量方法,用式(2)计算 NCSKEW:

$$NCSKEW_{it} = \frac{-n(n-1)^{\frac{3}{2}}\sum W_{it}^3}{(n-1)(n-2)\left(\sum W_{it}^2\right)^{\frac{3}{2}}} \quad (2)$$

企业避税的度量

企业避税用三个变量来度量。

第一个变量是借鉴 Wilson(2009)的 SHELTER,计算式为:

$$SHELTER = -4.86 + 5.20 \times BTD + 4.08 \times |DAP| - 1.41 \times LEV + 0.76 \times AT + 3.51 \times ROA +$$
$$1.72 \times FOREIGN\ INCOME + 2.43 \times R\&D \tag{3}$$

其中,BTD 为总会计—税收差异;|DAP|为由 Jones 模型得出的操控性应计利润的绝对值;LEV 为长期负债除以总资产;AT 为总资产的自然对数;ROA 为税前利润除以总资产;FOREIGN INCOME 为是否有境外收入的哑变量,有取值为 1,无取值为 0;R&D 为研发支出除以滞后总资产。

第二个变量是长期现金有效税率(LRETR),计算式为:

$$LRETR_{it} = \sum_{k=t-4}^{t} cash\_tax\_paid_{ik} \bigg/ \sum_{k=t-4}^{t} (pretax\_income_{ik} - special\_items_{ik})$$
$$= \sum_{k=t-4}^{t} 现金支付税收_{ik} \bigg/ \sum_{k=t-4}^{t} (税前利润_{ik} - 特殊项目_{ik}) \tag{4}$$

第三个变量是 BTDFACTOR,是从以下三种不同的会计—税收差异测量方法中提取的公因子:(1)会计—税收收入总差异,即税前会计收入减去估计应纳税收入;(2)出口退税差额,即总会计—税收差异减去暂时性会计—税收差异;(3)剩余会计—税收差异,用固定效应回归法下总会计—税收差异和现金流量表法下总应计项目回归的残差表示。

研究设计

用式(5)和式(6)用于检验假设 1,其中式(5)使用 Logic 回归进行分析,式(6)使用 OLS 进行回归分析。

$$CRASH_t = \alpha_0 + \alpha_1 TAXVAR_{t-1} + \sum_{q=2}^{m} \alpha_q (控制变量_{t-1}) + \varepsilon_t \tag{5}$$

$$NCSKEW_t = \alpha_0 + \alpha_1 TAXVAR_{t-1} + \sum_{q=2}^{m} \alpha_q (控制变量_{t-1}) + \varepsilon_t \tag{6}$$

本文在式(5)和式(6)的基础上加入相关的外部监督有效性变量,对式(7)和式(8)进行回归以检验假设 2。同样,式(7)使用 Logic 回归进行分析,式(8)使用 OLS 进行回归分析。

$$CRASH_t = \alpha_0 + \alpha_1 TAXVAR_{t-1} + \alpha_2 MON_{t-1} + \alpha_3 TAXVAR_{t-1} \times MON_{t-1} +$$
$$\sum_{q=4}^{m} \alpha_q (控制变量_{t-1}) + \varepsilon_t \tag{7}$$

$$NCSKEW_t = \alpha_0 + \alpha_1 TAXVAR_{t-1} + \alpha_2 MON_{t-1} + \alpha_3 TAXVAR_{t-1} \times MON_{t-1} +$$
$$\sum_{q=4}^{m} \alpha_q (控制变量_{t-1}) + \varepsilon_t \tag{8}$$

其中,外部监督有效性用 ANAL、INST 和 HIG 衡量。ANAL 为 log(1+分析师跟踪人数);INST 为机构投资者持股比例;HIG 为哑变量,若一个企业反收购条款数量高于中位数取值为 1,否则取值为 0。

稳健性检验

企业避税、盈余管理和股价崩盘风险

除了 ACCM（应计利润），本文还选择 DD_AQ（应计质量）和 F-SCORE 控制盈余管理对股价崩盘风险的影响。经实证分析发现，即使控制了盈余管理，企业避税也可以帮助管理层隐藏坏消息。

长期预测

为探讨企业避税可以在多大程度上预测股价崩盘风险，本文将股价崩盘风险指标 CRASH 和 NCSKEW 扩展至 2 年和 3 年进行实证检验，结果显示企业避税对未来 3 年股价崩盘风险具有预测能力。

风险模型预测

Jin 和 Myers(2006)指出，企业过去的股价崩盘经历可能会影响到将来的股价崩盘；Kim 和 Zhang(2010)认为，Cox 比例风险模型在检验股价崩盘风险的决定因素方面是合适的，因为它控制了企业过去的股价崩盘风险。为此，本文采用 Cox 比例风险模型检验结果的稳健性。经检验，除会计—税收差异不显著外，比例风险模型的回归结果与 Logic 回归结果一致。

固定效应回归

为减轻潜在的遗漏变量问题，本文利用条件 Logic 回归技术控制公司固定效应，实证结果和前文一致，表明主检验受遗漏变量的影响不大。

股价崩盘风险替代变量

借鉴 Chen 等(2001)对股价崩盘风险的度量，选择 DUVOL（收益波动率）作为股价崩盘风险的替代变量，实证结果和前文一致。

研究结论与创新

首先，本文的研究结果显示，企业避税与股价崩盘风险显著正相关；其次，当外部监督机制有效时，企业避税与股价崩盘风险的正相关关系会减弱；最后，本文研究结论和坏消息隐藏假说是一致的。

本文主要有以下创新：

首先，本文是首篇表明避税与未来崩盘风险显著正相关的研究，扩展了企业避税经济后果的研究范围；其次，本文没有局限于目前投资者对避税活动的观点，也不探索"平均定价"效应，而是探讨避税对未来极端回报（即高矩效应）的影响；最后，本文扩展了新兴的预测未来股价崩盘风险的文献，提供的几种避税措施在预测未来股价崩盘风险方面具有很强的相关性，超过先前研究提到的其他预测因素。

局限性与展望

本文存在的一个潜在实证挑战是所用避税指标可能受到盈余管理的影响。对此,本文使用多个避税衡量指标以减轻这种担忧,尤其是除会计—税收差异之外的其他两种衡量方式。此外,本文还控制了盈余管理,结果表明避税对股价崩盘风险的预测能力显著增强。

交流区

本文是关于股价崩盘风险的经典文献,从股价崩盘的视角丰富了企业避税行为经济后果的研究。本文的研究思路和研究结论为后续许多研究奠定了基础,研究设计值得借鉴,具有一定的引领作用,为今后相关研究的深入开展打下了坚实的基础(Kim等,2014,2016)。

文献 49 企业避税与高效激励

经典文献:Mihir A. Desai,[1,2] Dhammika Dharmapala.[3] Corporate Tax Avoidance and High-Powered Incentives. *Journal of Financial Economic*, 2006, 79(1): 145-179.

机构:[1] Harvard Business School; [2] National Bureau of Economic Research; [3] University of Connecticut

被引:总计 2 697 次,年均 168.56 次

文献概述:许硕磊

研究概述:本文分析了企业避税与管理层高效激励增强之间的关系。本文使用一个简单的模型,验证了避税与管理层寻租之间的反馈效应以及高效激励如何影响避税决策。本文采用一种新的企业税收规避衡量指标(不受会计应计项目影响的会计—税收差异),考察避税和薪酬激励之间的关系。研究发现,薪酬激励增强倾向于降低避税水平;进一步的研究发现,这种负向关系是通过寻租与避税之间的互补关系实现的。此外,这一负向作用主要是由不健全的公司治理机制推动的。上述研究结果有助于解释企业避税水平的横截面变化,即**避税不足之谜**(undersheltering puzzle),以及较大会计—税收差异与未来负向超额收益的关系。

核心概念:薪酬激励 公司治理 税收规避(避税) 股票期权

文献背景

什么原因促使企业和管理层参与以降低税负为目的的交易?换句话说,鉴于被发现的概率很小,为何不是所有公司都参与避税交易?股东如何受到名义税费节约的影响?先前

有关税收规避的研究主要关注个人(Slemrod 和 Yitzhaki,2002)而非公司的避税行为。Slemrod(2004)强调了个人与公司的税收遵从行为存在差异,并认为后者应当在委托代理框架下进行分析。

本文涉及薪酬激励效应、企业对税收激励的财务报表处理,以及税收与公司治理相互作用的研究。管理层股权激励的增长是近年来企业实践中最显著的发展之一,并涌现了一批关于股权激励影响因素和作用的文献。本文的研究拓展了关于薪酬激励如何影响管理层和公司行为,尤其是税收筹划。20 世纪 90 年代,薪酬激励的快速增长恰逢财务报告与纳税申报的脱节程度进一步加深。Lev 和 Nissim(2004)、Hanlon(2005)分析会计—税收差异与未来收益的关系,并进一步检验这一差异能否预示存在盈余管理行为,发现会计—税收差异能够预测未来的负向超额收益。本文用会计—税收差异衡量企业避税行为,并调查其决定因素。以往的研究认为企业避税与公司治理结构相关。特别地,Desai 等(2004)利用模型分析了避税与管理层寻租间的互动关系,认为两种行为之间存在强烈的反馈效应。

| 理论基础与研究思路 |

本研究的基本前提是企业避税决策是由管理层做出的,对于这些决策的分析可嵌入委托代理框架,即管理层可以享受经营权或控制权带来的私人利益(如寻租行为),而避税决策与寻租决策是同时进行且相互依存的。具体来说,一项决策可能会改变管理层参与另一项活动的成本。从管理层的角度看,进行税收规避的决策可能会使寻租成本更高或者更低。本文展示了两种行为间的关系是薪酬激励增强改变避税决策的决定因素。

通常情况下,更高效的激励措施会促使管理层减少寻租行为,并参与更多的避税活动。更强的激励有助于促使代理人与委托人的利益相一致,并使管理层更积极地通过避税来提高公司价值。然而,避税与寻租之间的相互作用可能会推翻这一观点。具体而言,当避税与寻租之间存在正向反馈效应(即互补性)时,在高激励水平下,管理层不再依赖避税活动获得寻租私利(即管理层寻租行为会随着避税活动的减少而减少),激进的避税意愿会由此被抵消。

虽然理论上关于高效激励影响避税的预测是模糊的,但它同时提供了一个关于高效激励与公司治理间相互作用的可检验假设。给定寻租与避税间的关系,相比于治理机制不完善的公司,寻租可减少的范围在治理机制完善的公司中更小,进而避税的抵消作用也更小。因此,在治理机制完善的公司中,由于抵消效应较弱,高效激励对避税的促进作用更为显著。本文的模型与高效激励和避税之间的模糊关系相一致,但对于公司治理对二者关系的调节作用是明确的。

| 实证方法与模型构建 |

本文整合了几种不同的数据来源,以实证分析企业避税行为并检验假设。本文以 Compustat 数据库中的公司作为研究样本,采用 Manzon 和 Plesko(2002)的方法估计会计—税收差异;然后,通过控制会计—税收差异中的盈余管理因素,构建一个避税的实证衡量指

标;接下来,利用标准普尔 ExecuComp 数据库构建管理层激励的衡量指标;最后,将上述数据与 Gompers 等(2003)开发的公司治理指数相结合。

企业避税的衡量

本质上看,避税行为是较难衡量的。为了构建避税的代理变量,本文从会计—税收差异($Y^S - Y^T$)开始,即公司向股东和美国证券交易委员会(SEC)报告的账面收入与向美国国家税务局(IRS)报告的应税收入之间的差异。公司的纳税申报表是不公开的,必须基于现有数据进行模拟以估算应税收入。这一方法是 Manzon 和 Plesko(2002)提出的,按照他们的做法,本文用当期联邦税费(CFTE)估计 Y^T。假设公司的税率为 τ,CFTE = τY^T,那么公司估算的应税收入为:

$$\widehat{Y^T} = \frac{\text{CFTE}}{\tau} \tag{1}$$

用账面收入(Y^S)减去式(1)估算的应税收入,即可得到会计—税收差异,用 BT 表示:

$$\text{BT} = Y^S - \widehat{Y^T} \tag{2}$$

在构建避税的衡量指标时,公司 i 在年度 t 的会计—税收差异要除以滞后一期的公司资产。

在推导本文的避税衡量指标时,本文先构建样本期内公司的总应计 $\text{TA}_{i,t}$。为控制会计—税收差异中的盈余管理行为,本文采取普通最小二乘法进行回归:

$$\text{BT}_{i,t} = \beta_1 \text{TA}_{i,t} + \mu_i + \varepsilon_{i,t} \tag{3}$$

其中,$\text{BT}_{i,t}$ 是公司 i 在年度 t 的会计—税收差异除以上一年度的资产;$\text{TA}_{i,t}$ 是公司 i 在年度 t 的总应计除以上一年度的资产;μ_i 表示公司 i 在样本期(1993—2001 年)的残差平均值;$\varepsilon_{i,t}$ 表示公司 i 在年度 t 偏离残差 μ_i 的程度。

上述回归的残差为 $\text{BT}_{i,t}$ 中不能被总应计变化(即盈余管理)解释的部分,可以作为避税的衡量指标,用 $\text{TS}_{i,t}$ 表示:

$$\text{TS}_{i,t} = \mu_i + \varepsilon_{i,t} \tag{4}$$

管理层激励的衡量

本文采用现有研究广泛使用的股票期权激励作为管理层激励的衡量指标。股票期权激励等于公司授予高管的股票期权价值占其总薪酬的比例,用 $\text{STKMIXGRANT}_{i,t}$ 表示。对于公司 i 在年度 t,$\text{BLKVAL}_{j,i,t}$ 表示利用 Black-Scholes 模型计算的当年公司 i 所有高管股票期权价值的总和;$\text{SALARY}_{j,i,t}$ 和 $\text{BONUS}_{j,i,t}$ 分别表示当年公司 i 所有高管薪酬与奖金的总和。

$$\text{STKMIXGRANT}_{i,t} = \frac{\sum_j \text{BLKVAL}_{j,i,t}}{\sum_j \text{BLKVAL}_{j,i,t} + \sum_j \text{SALARY}_{j,i,t} + \sum_j \text{BONUS}_{j,i,t}} \tag{5}$$

本文的基本回归模型为:

$$\text{TS}_{i,t} = \beta_0 + \beta_1 \text{IC}_{i,t} + \text{Firm} + \text{Year} + \text{Controls} + v_{i,t} \tag{6}$$

根据上文的讨论,如果避税与寻租之间的积极反馈效应很强,那么治理机制不完善的公司往往会在均衡状态下保持较高的避税水平,在其他条件不变的情况下,$TS_{i,t}$ 和 G_i(G_i 不随时间变动)[①] 应当是正相关的,因此无法利用固定效应模型进行检验。本文忽略公司固定效应并使用下列模型进行检验:

$$TS_{i,t} = \beta_0 + \beta_1 IC_{i,t} + \beta_2 G_i + \text{Industry} + \text{Year} + \text{Controls} + v_{i,t} \qquad (7)$$

其中,$IC_{i,t}$ 指管理层激励;G_i 指公司治理水平;Year、Industry、Firm 分别指年度、行业和公司固定效应;Controls 指其他控制变量。

稳健性检验

本文的研究结果会受到几个干扰因素的影响。首先,本文的样本期(1993—2001)涵盖了 20 世纪 90 年代以及随后几年的经济低潮期,许多公司正在经历盈余减少或亏损。因此,本文从样本中剔除应税收入为 0 和负数的公司—年度观测值。尽管如此,在这一时期的后半段,公司的避税动机可能仍旧很弱。为解决这个问题,本文仅以 1993—1999 年作为样本期,重新估计回归模型。

本文的主回归结果使用总应计作为盈余管理的代理变量。然而,应计利润可通过提供有关公司经济环境的信息,而不仅仅通过确认现金流来发挥作用。因此,即使没有盈余管理,部分应计利润也可能是正常的。会计文献经常将操控性应计作为盈余管理更精确的衡量指标。本文用操控性应计替代总应计,回归结果与主回归结果一致。

避税不足之谜的启示

Weisbach(2002)提出了避税不足的问题:既然避税会给公司带来收益,为何某些公司并未采取这种行为?本文的研究结论或许会给上述问题带来一些启示。本文发现避税与寻租之间存在反馈效应,当存在没有处罚风险的避税机会时,避税行为的增加会为管理层寻租创造更多的机会。如果管理层无法保证不会趁机寻租,股东就可能不支持避税。同时,避税可能会导致市场低估企业价值,进而给管理层带来消极影响。因此,从管理层的角度看,不利用避税机会将是更好的选择。事实上,道德风险和缺乏承诺的问题阻碍了对管理层和股东互利的政策实施。

本文的研究结论也有助于理解会计文献中有关会计—税收差异影响盈余持续性和盈余质量的研究。Hanlon(2005)、Lev 和 Nissim(2004)的研究表明,高会计—税收差异降低了盈余持续性,进而降低了未来收益。在会计文献中,这种现象被归因于盈余管理,会计—税收差异被解释为源于管理层采取的跨期盈余平滑手段。因此,较高的当期盈余扩大了会计—税收差异,导致投资者预期未来收益下降。这类管理后盈余的质量较低且不太可能在未来持续。本文提供了针对此现象的另一种解释:造成会计—税收差异的原因是公司进行

---

① 本文使用 Gompers 等(2003)提出的公司治理水平(G-INDEX)和机构投资者持股比例作为公司治理水平的衡量指标。——编者注

了避税而非盈余管理,会计—税收差异的增加可能会向投资者暗示管理层在进行寻租,进而导致其降低对未来收益的预期。本文关于公司治理特征对避税与薪酬激励关系的影响的实证结果也支持这种解释。

| 研究结论与创新 |

本文利用一个简单的理论模型,强调管理层薪酬激励与避税选择之间的关系,并特别关注公司治理在二者关系中的作用。本文用 1993—2001 年的大样本数据,通过控制会计应计影响的会计—税收差异来构建避税的衡量指标。

本文发现,薪酬激励似乎是避税的重要决定因素,特别是高效激励与企业较低的避税水平相关,二者间的效应与避税和寻租间的积极反馈效应一致;同时,薪酬激励与避税的关系受到公司治理机制的调节,表明这一关系并不适用于治理机制完善的公司。

本文的创新点在于:第一,为理解避税与公司治理之间的相互作用提供了一个简单的理论框架;第二,构建了关于企业避税这一复杂现象的新衡量指标;第三,发现了寻租与避税间的积极反馈效应。

交流区

本文延续了将税收行为与公司治理相结合的新研究范式,通过理论分析和实证检验,提出了避税与管理层寻租之间的反馈效应,以及公司治理机制对二者关系会产生调节作用。这为之后研究公司治理,特别是管理层激励与公司税收决策提供了理论基础(Dyreng 等,2010;Armstrong 等,2012)。同时,本文创新性地提出了公司避税的一种新的衡量方式——不受会计应计项目影响的会计—税收差异,其为后续研究所广泛采用(Frank 等,2009;Hoi 等,2013)。

文献 50　家族企业[①]的税收激进程度更高吗

经典文献:Shuping Chen,[1] Xia Chen,[2] Qiang Cheng,[2] Terry Shevlin.[3] Are Family Firms More Tax Aggressive than Non-family Firms? *Journal of Financial Economics*,2010,95(1):41-61.

机构:[1] University of Texas-Austin;[2] University of Wisconsin;[3] University of Washington

被引:总计 2 573 次,年均 197.92 次

文献概述:徐露莹

研究概述:对公司和股东而言,税费是一笔较大的成本,因而多数股东普遍倾向于通过税收激进活动(指激进的税收筹划活动)降低税收负担。但这一观点忽略了税收激进活动

---

① 本文的"家族企业"均指上市的家族企业,确切地说应为"家族上市公司"。——编者注

可能带来的**非税成本**(non-tax costs),尤其是由代理问题引起的非税成本。由创始人家族成员所有或共同经营的公司通常难以避免家族大股东与其他中小股东之间特有的代理冲突。本文用多种方式衡量"税收激进"和"家族企业",发现相较于非家族企业,家族企业的税收激进程度更低。这一结果说明中小股东出于对家族大股东通过避税活动隐匿寻租行为的担忧,可能会对股价进行**折价**(price discount),家族大股东在权衡避税收益与股价折价的非税成本后会放弃避税。这也意味着家族企业更关注税收征管部门的潜在处罚和声誉损失。此外,本文还利用实际存在**税收庇护**(tax shelter)行为的小样本进行分析,也得出一致的结论。

核心概念: 税收激进　家族企业　非税成本　代理问题

文献背景

公司在决定税收激进程度时,会权衡避税的边际收益与边际成本。税收激进虽然能够减少现金税负,但同时也伴随着诸多成本,如税收激进活动本身所耗费的时间、精力等执行成本,以及被税收征管部门发现后的处罚和由税收激进活动引发的代理成本。税收激进活动通常较复杂和隐蔽,多被用于掩盖决策制定者的盈余管理、关联交易以及其他在职消费等寻租行为,外部股东出于对自身利益的保护,可能会选择对股价进行折价。与非家族企业面临的所有权与经营权的代理冲突不同,家族企业的冲突主要存在于家族大股东与其他中小股东之间。由于家族股东的高比例持股,与非家族企业的职业经理人相比,股价折价会对前者产生更大的非税成本,这可被视为非家族股东对家族成员潜在寻租行为的一种事前威慑。此外,家族成员的高持股比例以及代际传承的长期投资持有期,使其更关注因避税而引发的监管处罚和声誉损失。由此可见,家族企业的决策制定者(家族成员)会面临更大的避税成本。但与此同时,高持股比例也决定了家族成员可享受更多的节税利得。因此,家族企业是否倾向于开展税收激进活动不得而知,需要实证证据给予支持。

由于代理冲突会影响企业的税收激进程度,越来越多的学者呼吁应在代理情境下考察避税问题,家族企业特有的代理问题为此提供了检验机会。同时,以往研究指出内部人控制和其他组织因素(如股权结构)是决定企业税收激进程度的重要因素,但仍未被充分证实。家族企业特殊的股权结构也有助于检验内部人控制对税收激进活动的影响。据统计,基于对家族企业不同的定义,32%—46%的标准普尔1500指数公司为家族企业。鉴于家族企业对经济发展的重要作用,分析这类企业的特性具有较强的现实意义。

相关文献与假设建立

缴纳税收意味着现金流的减少,因而公司和股东有动机通过税收激进活动避税。但避税活动并不必然会增加企业价值,这取决于避税行为带来的收益与成本。对决策制定者而言(家族企业中的家族成员和非家族企业的职业经理人),一方面,除了节省公司现金税负而提升个人收益,避税活动还因复杂性和隐蔽性而可能成为决策者实现盈余管理、在职消费、关联交易等寻租行为的手段;另一方面,不当避税行为一旦被发现,就将面临税收征管部门的处罚。此外,由于避税活动与寻租行为常常相伴相生,当投资者无法区分决策者是否利用避税掩盖其寻租动机时,通常选择对股价进行折价以保护自身利益,从而形成决策者的非税成本。

家族企业是否比非家族企业的税收激进程度更高?这取决于各自决策制定者的收益与成本权衡。与非家族企业的职业经理人相比,家族企业的家族成员持有更多的股份,具有更长的投资持有期并更关注声誉。此外,由于家族成员通常既拥有股份又经营公司,因此家族企业第一类代理问题(即股东与经理人之间的冲突)较少,但面临家族大股东与其他中小投资者之间的冲突(第二类代理问题)。这一特征决定了家族企业的避税收益与成本都会更高。从收益的角度看:(1)家族成员由于大额持股,可享受到比非家族企业职业经理人更多的节税利得;(2)60%以上的家族企业由家族成员经营,且超过98%的家族企业均有家族成员进驻董事会,这一模式也为寻租提供了更多的便利。从成本的角度看:(1)由于集中持股,一旦中小投资者进行股价折价或者税收征管部门对公司不当避税行为进行处罚,家族成员的潜在损失将更大;(2)与职业经理人相比,家族成员的投资持有期更长,由于从避税实施到被税收征管部门处罚的时间间隔较长,因此家族成员更难逃脱监管处罚;(3)出于代际传承的考虑,家族成员也更有动机维护家族声誉,避免因不当避税而引致监管机构的点名批评。从收益与成本的权衡来看,家族企业的税收激进程度是否较非家族企业更高是一个实证问题。因而,本文提出一个无方向性的假设:

假设 家族企业与非家族企业的税收激进程度存在显著差异。

样本选择

在剔除缺失值后,本文的样本由1996—2000年标准普尔1500指数中1 003家公司的3 865个公司—年度观测值构成。财务和税收激进数据来自Compustat数据库,管理层薪酬数据来自ExecuComp数据库,所有权及董事会数据来自IRRC数据库。遵循以往文献的惯例,本文中家族企业是指由创始人或其家族成员(基于血缘或姻缘形成的)在董事会或高管层任职或家族持股至少5%以上的公司。在操作层面,本文首先通过ExecuComp和IRRC数据库识别公司关键内部成员(即高管和董事会成员),并确定各自的持股比例;随后,对于每一个公司—年度观测值,通过Hoover公司信息数据库(Hoover's Company Records)、股东投票说明书或相关网站收集公司创始人及其家族成员是否任职高管或董事及其持股信息;最后,根据股东投票说明书确认除内部成员和创始人家族成员外的其他大股东持股比例。据统计,样本中约46%的公司为家族企业。其中,由家族成员担任CEO的比例约占64%,超过98%的家族企业至少有1名家族成员拥有董事会席位,70%的家族企业中家族持股5%以上,家族平均持股比例为18.2%。

实证结果与分析

本文使用四种不同的方式衡量税收激进程度:(1)有效税率ETR;(2)现金有效税率CETR;(3)总账面—应税差异BTD(即会计—税收差异);(4)Desai和Dharmapala(2006)改进的固定效应残差DD_BTD。本文采用三种方式衡量家族企业:(1)虚拟变量,若为家族企业取值为 1,否则取值为 0;(2)家族持股比例;(3)虚拟变量,仅当家族持股比例大于等于 5% 时取值为 1,否则取值为 0。回归结果显示,基于不同的衡量方式,绝大多数情况下家族企业均比非家族企业的税收激进程度更低。为进一步验证家族企业的避税行为是否由大股东与中小股东的代理冲突而产生的股价折价所引起,本文进行横截面分析并发现:(1)当外部监管有效(以长期机构投资者持股的虚拟变量衡量)时,由于其可约束家族成员的寻租行为,家族成员通过避税来掩盖寻租行为的可能性更低,中小股东更不可能对这类公司进行股价折价,预计到此结果,家族企业有可能提高避税程度;(2)当家族企业需要外部融资(以股权或债券融资的虚拟变量衡量)时,由于更在意股价折价造成的不良后果,企业将减少避税活动。此外,本文进行下列测试:(1)区分了家族企业 CEO 类型,比较了由家族成员与职业经理人担任 CEO 的差异,发现了无论是创始人还是职业经理人担任 CEO 的家族企业都较非家族企业的税收激进程度更低,但由继任者担任 CEO 的家族企业无此特征。(2)区分了家族成员、外部大股东与 CEO 持股的差异,结果显示尽管同为大股东,外部大股东对公司避税行为的影响远不及家族成员股东,而 CEO 持股的影响同样有限。(3)家族企业普遍比非家族企业更年轻,其避税程度低可能是因为缺乏相关的避税经验。为排除这一可能性,本文额外控制了公司年龄,得出与前文一致的结论。(4)在识别出的确存在税收庇护行为的公司后,本文利用这一小样本,发现家族企业更少进行税收庇护,这反映了其税收激进程度较低的特征。(5)考虑到相似的股权集中度和数据可得性,本文比较并发现了上市的家族银行、上市的非家族银行及私人银行(非上市公司)的避税程度呈现递增的次序。这一结果不仅与以往研究发现(即私营企业避税程度更高)相同,也与本文有关家族企业比非家族企业更少避税的假设一致,说明不同的代理问题和声誉考量会影响企业的税收激进行为。(6)在敏感性分析部分,首先,通过因子分析将四种不同的避税衡量方法提取出的公因子作为新的测算指标;其次,考虑到家族企业的划分依据和避税活动可能较为稳定,有可能产生统计上的序列相关问题,对 5 年样本期间各个变量取均值得到公司层面数据并重新进行检验;最后,将标准普尔 1500 指数公司分为大公司(S&P 500)和中小公司(S&P Mid Cap 400 和 S&P Small Cap 600)进行分组回归。上述结果均表现出稳健性。

研究结论与研究贡献

总结而言,本文通过多种方式定义并衡量家族企业和避税程度,发现出于潜在股价折价、监管处罚及声誉损失的考量,相较于非家族企业,家族企业的税收激进程度更低。这一结果凸显了非税成本的重要性,也与 Desai 和 Dharmapala(2006)关于税收激进与企业寻租相伴相生的观点不谋而合。正因为如此,为确保中小投资者不会因担心家族成员通过复杂、隐蔽的避税活动掩盖寻租行为而进行股价折价,造成家族财富缩水,家族企业在权衡利弊后会放弃避税。从这个意义上讲,本文的研究结论与以往研究一致,即美国家族企业中家族成员的**堑壕效应**(entrenchment effect)并不严重,但并不意味着堑壕问题不存在,可能只是家族企业针对中小股东潜在股价折价行为的应对之策,投资者应该谨慎解读。此外,本文强调了家族企业中代理问题的特殊性,即家族大股东与中小股东的代理冲突影响企业避税行为,并通过横截面分析进行佐证并发现:当外部监管有效/家族企业面临融资需求时,由于家族成员寻租的空间较小而降低中小投资者的折价预判/更在意寻租的不良后果,因此税收激进程度更高/更低。同时,利用实际避税的小样本,本文发现家族企业占比相对较少,无论是创始人还是职业经理人担任 CEO 的家族企业都较非家族企业的税收激进程度更低。本文的研究结论在控制外部大股东与 CEO 持股比例以及企业年龄后依然成立。

本文的研究贡献在于,以往研究主要探讨少数行业内上市公司(public firm)和私营企业[①](private firm)的避税差异,发现私营企业的税收激进程度普遍更高。一方面,本文基于上市公司的大样本、多行业检验结果更具普适性;另一方面,尽管私营企业与家族企业中的部分成员拥有类似的股权集中度,但样本中已上市的家族企业存在独有的代理冲突,形成不同程度的非税成本,家族企业的避税程度反而降低。二者均补充了有关股权与代理冲突影响企业避税行为的研究。此外,本文回应了 Desai 和 Dharmapala(2004,2006)的呼吁:在研究家族企业税收激进程度时应考虑避税活动与寻租行为的互补性关系以及家族大股东与中小股东这一特殊代理冲突的非税成本,从避税的角度拓展家族企业的相关研究。

交流区

继 Slemrod(2004)、Chen 和 Chu(2005)、Crocker 和 Slemrod (2005)、Desai 和 Dharmapala(2006)分别在代理理论视角下为税收激进研究奠定了理论基础并提供了实证证据后,越来越多的学者沿袭了这一视角,本文是这一研究分支的重要拓展。本文以已上市家族企业中家族大股东与中小股东的代理冲突为切入点,认为第二类代理问题所形成的股价折价威慑进一步加剧了管理层的收益—成本分析框架中的非税成本,促使家族企业更少进行避税。本文的研究视角精准、框架清晰,结论"出乎意料"却又在"情理之中"。后续的 Badertscher 等(2013)发现在美国私营企业(非上市公司)中,持股比例越高(即所有权与经营权高度集中)的管理层同样因更厌恶风险而减少避税行为,得出类似的结论。相比于西方经济体企业私有化、分散化的股权结构,我国企业的股权结构更为集中且国有企业占比较大。有学者发现,当政府为实际控制人时,国有企业管理层出于政治晋升的动机会减少避税,且在国有企业内部,地方国有企业比中央国有企业的避税程度更低(Bradshaw 等,2019)。由此可见,同在代理视角下,不同的所有制形式、股权结构、避税动机等都会影响企业的避税选择。

---

① 这里指"非上市公司"。出于制度区别及语言习惯的缘故,不同文献中的指代可能有所差异(如 private firm 有时被译为"民营企业",一般与"国有企业"同时出现,指"非国有企业";public firm 有时也被译为"公众公司",还存在特殊指代的现象。此外,"公司"和"企业"在法理意义上的范畴也不同,但这里不作区分),应具体辨别。——编者注

文献 51　权益风险激励与公司税收激进

经典文献：Sonja Olhoft Rego,[1] Ryan Wilson.[2] Equity Risk Incentives and Corporate Tax Aggressiveness. *Journal of Accounting Research*, 2012, 50(3): 775-810.

机构：[1]Indiana University；[2]University of Iowa

被引：总计 1 000 次，年均 100.00 次

文献概述：许硕磊

研究概述：本文检验了权益风险激励对公司税收激进的影响。已有研究发现，由于公司的风险行为会增加股票收益波动性和股票期权价值，因此权益风险激励会驱使管理层做出高风险的投资和融资决策。激进的税收策略蕴含着较高的不确定性，并且会给公司和管理层带来成本。如果期望激进的税收规避能为企业和股东带来收益，就必须对管理层进行适当的激励。本文预期权益风险激励会促进管理层采取激进的税收策略。与预期一致，本文发现权益风险激励越多，企业税收风险越高，且这一效应具有显著的经济意义。在采用四种方式衡量税收风险之后，本文的回归结果依旧稳健，而且未因不同类型的公司治理机制而发生变化。由此本文得出结论，权益风险激励是税收激进的重要影响因素。

核心概念：税收激进　操控性会计—税收差异　管理层寻租　未确认税收收益

文献背景

正如 Shevlin(2007)所指出的，现有研究对于一些公司为何会采取较为激进的税收策略的认识并不全面。以往会计领域的研究发现，公司的避税策略与某些公司特征相关，例如盈利能力、海外业务范围、无形资产、研发费用、财务杠杆和财务报告激进程度。Dyreng等(2010)研究发现，在控制公司其他特征后，个体管理层会影响公司避税水平。同时，以往研究也探究了所得税规避是否与管理层薪酬水平相关，但得出了不一致的结论。本文以权益风险激励作为研究对象。权益风险激励是指管理层股票期权价值随股票收益波动的变化程度，反映了管理层财富与股价间的凸性关系。简而言之，权益风险激励反映了股票收益波动性如何影响管理层财富。先前研究提供的经验证据表明，权益风险激励会促使管理层制定高风险且净现值为正的投融资决策。但是，这些研究并未检验权益风险激励与风险税收筹划（或风险避税、税收激进）之间的关系。

研究假设

本文认为管理层薪酬与公司避税之间存在一个潜在的缺失环节，即权益风险激励。已有研究描述了股票期权如何缓解管理层与股东间关于风险激励的问题。尤其是，股权激励能促进管理层选择高风险且净现值为正的项目，因为期权的价值随股价（斜率效应）和收

益波动性（风险激励效应）的上涨而增加。具体来讲，斜率效应会促使管理层选择净现值为正的项目；而风险激励效应会促使管理层选择风险性项目，进而增大股票收益波动性。假设保持斜率效应不变，权益风险激励水平越高，管理层越有动机采取增加公司风险的行为，因为期权价值会随股票收益波动性增大而增加。

本文考察了权益风险激励对管理层税收策略偏好的影响。与前人研究一致，本文假设企业利用权益风险激励使管理层与股东利益保持一致。基于 Guay（1999）的研究，本文认为高权益风险激励会促使管理层采取更为激进的税收策略以增大股票收益波动性。由于激进的税收策略会增大未来税收筹划结果的不确定性，进而提高投资者预期的离散程度，这不仅会增大公司股票收益波动性，还会转化为更高的股票期权价值，从而增加管理层财富。本文预计更高的权益风险激励水平会促使管理层采取风险水平更高的税收策略：

假设 CEO 和 CFO 的权益风险激励水平与高风险的避税策略呈正相关关系。

本文主要关注 CEO 和 CFO 的薪酬。由于 CEO 和 CFO 并不直接负责公司的税务部门，由此产生一个问题：为何不关注税务主管的薪酬结构而关注高级管理层？这是因为，有证据表明公司的税务部门在 20 世纪 90 年代到 21 世纪初的这一阶段被越来越多的公司视为利润中心。本文认为税务部门作为利润中心这一理念是由于管理层在实现盈余目标和维持股权价值方面的压力增加而产生。此外，高级管理层向税务部门施压以增加税后利润或盈余的观点与 Dyreng 等（2010）的研究结论一致，即 CEO 和 CFO 会影响公司的税收规避水平。

样本选择

本文手工收集了 2007—2009 年美国标准普尔 500 和标准普尔 400 公司年报中的**未确认税收优惠**（unrecognized tax benefits，UTB）。由于预期权益风险激励与避税之间的关系在亏损企业中较弱，本文要求样本公司 4 年累计税前利润为正，即剔除累计税前利润为负的公司，主要关注将税收筹划作为首要目标的公司。本文的初始样本包括 1992—2009 年的 18 240 个 CEO 年度观测值，同时对所有变量进行 1% 和 99% 的缩尾处理。

实证方法与模型构建

公司避税的衡量

由于没有任何单一指标能完美测度公司避税，本文采用四种方式衡量公司避税。首先，本文使用已有文献广泛使用的三种衡量方式，即永久性的操控性会计—税收差异（DTAX）、公司避税预测得分（SHELTER）和 5 年现金有效税率（CASH_ETR）。其次，本文使用的第四种衡量方式为公司披露的税收不确定状况，具体来说就是美国 FIN48 条款下的未确认税收优惠数量（UTB）。UTB 表示与企业所得税相关的税收不确定状况，可作为避税的衡量指标。

(1) DTAX:基于回归模型(1)的残差计算。

$$PERMDIFF_{it} = \alpha_0 + \alpha_1(1/AT_{it-1}) + \alpha_2 INTANG_{it} + \alpha_3 UNCON_{it} + \alpha_4 MI_{it} + \alpha_5 CSTE_{it} + \alpha_6 \Delta NOL_{it} + \alpha_7 LAGPERM_{it} + \varepsilon_{it} \quad (1)$$

其中,PERMDIFF 等于会计—税收差异总计与临时性差异之差除以当年期初资产总额;AT 为法定税率;INTANG 等于商誉及其他无形资产合计数额除以上年期末资产总额;UNCON 等于权益法下披露的利润(损失)除以上年期末资产总额;MI 等于归属于少数股东的利润(损失)除以当年期初资产总额;CSTE 等于当年税费除以当年期初资产总额;ΔNOL 等于净营业损失结转变动除以当年期初资产总额;LAGPERM 为上年 PERMDIFF。

(2) SHELTER:基于 Wilson(2009)模型计算避税倾向得分,若公司处于分布的上五分位取值为 1,否则取值为 0。

$$SHELTER = -4.30 + 6.63 \times BTD - 1.72 \times LEV + 0.66 \times SIZE + 2.26 \times ROA + 1.62 \times FOR\_INCOME + 1.56 \times R\&D \quad (2)$$

(3) CASH_ETR:5 年现金税费合计数除以 5 年税前利润与特殊项目之差的合计数。

(4) PRED_UTB:利用 2007—2009 年标准普尔 500 和标准普尔 400 公司的数据估计模型(3)的系数。

$$UTB_{it} = \alpha_0 + \alpha_1 PT\_ROA_t + \alpha_2 SIZE_t + \alpha_3 FOR\_SALE_t + \alpha_4 R\&D_t + \alpha_5 LEV_t + \alpha_6 DIS\_ACCR_t + \alpha_7 SG\&A_t + \alpha_8 MTB_t + \alpha_9 SALES\_GR_t + \varepsilon_{it} \quad (3)$$

其中,PT_ROA 为税前利润除以期初资产总额;SIZE 为资产总额的自然对数;FOR_SALE 为境外销售收入除以销售总收入;R&D 为研发支出;LEV 为长期负债与流动负债之和除以期初资产总额;DIS_ACCR 为修正 Jones 模型计算的操控性应计;SG&A 为销售和管理费用除以期初资产总额;MTB 为账面市值比,等于权益市场价值除以权益账面价值;SALES_GR 为 3 年平均销售收入变化。

公司避税与权益风险激励的模型

本文假设 CEO 和 CFO 的权益风险激励与避税正相关。与其他检验权益风险激励与管理层风险承担间关系的研究类似,本文认为权益风险激励与避税的关系存在内生性。具体来说,权益风险激励会促进管理层采取风险较高的税收策略,但同时公司税收策略与管理层权益风险激励相关。在未列示的 Hausman 检验中,本文的四个避税衡量指标与权益风险激励存在内生性。鉴于上述原因,本文利用两阶段最小二乘法(2SLS)进行估计:

$$TAX\_RISK = \alpha_1 RISK\_INCENT + \alpha_2 SLOPE + \alpha_3 PT\_ROA + \alpha_4 NOL + \alpha_5 Log(ASSETS) + \alpha_6 MNC + \alpha_7 LEV + \alpha_8 R\&D + \alpha_9 CAPX + \alpha_{10} DISCR\_ACCR + \alpha_{11}\sigma(ROA) + \alpha_{12} YEAR + \alpha_{13} INDUS + \varepsilon \quad (4)$$

$$RISK\_INCENT = \beta_1 TAX\_RISK + \beta_2 CASH\_COMP + \beta_3 AGE + \beta_4 BTM + \beta_5 Log(ASSETS) + \beta_6 INVESTMENT + \beta_7 \sigma(RET) + \beta_8 SLOPE + \beta_9 YEAR + \beta_{10} INDUS + \varphi \quad (5)$$

其中,避税(TAX_RISK)的四个代理变量为:DTAX、SHELTER、CASH_ETR 和 PRED_UTB。DTAX、SHELTER 和 PRED_UTB(CASH_ETR)对 RISK_INCENT 的回归系数 α_1 为正表明权

益风险激励会促进管理层采用激进的避税策略,进而增大股票收益波动性,增加股票期权价值和公司价值。

模型(4)以避税为解释变量、权益风险激励为被解释变量,同时控制薪酬的收益敏感性(SLOPE)、资产收益率(PT_ROA)、上年是否亏损(NOL)、总资产的自然对数[(Log(ASSETS)]、是否有境外分支机构(MNC)、财务杠杆(LEV)、研发支出(R&D)、资本支出(CAPX)、操控性应计(DISC_ACCR)以及 ROA 的标准差 σ(ROA)。由于在计算 SHELTER 和 PRED_UTB 这两个避税衡量变量时控制了一系列公司层面因素,包括公司规模、盈利能力、境外业务、财务杠杆及研发支出,因此以 SHELTER 和 PRED_UTB 为被解释变量的模型不包含上述变量。

模型(5)控制了总资产的自然对数[Log(ASSETS)]、账面市值比(BTM)、研发投入与净资本支出和并购之和(INVESTMENT)、股票收益波动性[σ(RET)]以及管理层风险厌恶的代理变量——高管年龄(AGE)、现金薪酬(CASH_COMP)和管理层薪酬对股价的敏感性(SLOPE)。

公司治理、避税与管理层寻租

本文基于 Desai 和 Dharmapala(2006)等相关研究,检验权益风险激励与避税间的正向关系是否会因公司治理的强弱而发生变化。

$$\begin{aligned}
\text{TAX\_RISK} = & \alpha_1 \text{WEAK\_GOV} + \alpha_2 \text{LAG\_RISK\_INCENT} + \alpha_3 \text{LAG\_RISK} \times \text{WEAK\_GOV} + \\
& \alpha_4 \text{LAG\_SLOPE} + \alpha_5 \text{LAG\_SLOPE} \times \text{WEAK\_GOV} + \alpha_6 \text{PT\_ROA} + \alpha_7 \text{NOL} + \\
& \alpha_8 \text{Log(ASSETS)} + \alpha_9 \text{MNC} + \alpha_{10} \text{LEV} + \alpha_{11} \text{R\&D} + \alpha_{12} \text{CAPX} + \\
& \alpha_{13} \text{DISCR\_ACCR} + \alpha_{14} \sigma(\text{ROA}) + \alpha_{15} \text{YEAR} + \alpha_{16} \text{INDUS} + \varepsilon
\end{aligned} \quad (6)$$

其中,WEAK_GOV 是基于 E-INDEX①、G-INDEX② 和 CEO_IS_CHAIR③ 的指示变量。具体来说,当 E-INDEX 大于 3、G-INDEX 大于 8 以及 CEO 兼任董事长时,WEAK_GOV 为 1,反之为 0。如果避税会促进治理较弱公司的管理层寻租,那么权益风险激励会使管理层与股东利益一致,进而减少管理层寻租活动。因此,本文预期 LAG_RISK×WEAK_GOV 的系数为负。

| 研究结论与创新 |

自 20 世纪 90 年代至 21 世纪初,学术界关于公司避税策略的研究有所增加,但有关 CEO 和 CFO 薪酬水平与税收激进之间关系的研究并未受到广泛关注。根据 Guay(1999)的研究,本文预期权益风险激励会促使管理层采取激进的避税策略,进而增大股票收益波

---

① E-INDEX 是 Bebchuck 等(2008)基于反映敌意收购防御的 6 项重要条款而构造的堑壕指数(entrenchment index),E-INDEX 越低表明公司治理水平越高。

② G-INDEX 是 Gompers 等(2003)把美国投资者责任研究中心提出的 24 项公司治理条款分类并赋值,然后将得分加总而形成的。与 E-INDEX 相似,G-INDEX 越低表明公司治理水平越高。

③ CEO_IS_CHAIR 为 CEO 是否兼任董事长的哑变量。

动性和增加管理层股票期权价值。本文利用三种常用的避税衡量指标检验权益风险激励与税收激进间的关系,包括操控性会计—税收差异、避税预测得分以及现金有效税率;同时,本文创新性地使用样本公司的未确认税收优惠数量作为避税的第四种衡量指标。本文的研究结果表明,权益风险激励与企业避税正相关,但激进的避税策略并不一定意味着高水平的权益风险激励。本文发现了公司治理能够抑制权益风险激励与税收激进间正向关系的微弱证据;但是,CEO 的权益风险激励与税收激进的正向关系相较于 CFO 更为稳健。

交流区

本文从 CEO 和 CFO 的权益风险激励角度出发,采用四种不同的税收激进衡量方法,尤其是手工收集公司未确认税收优惠,探究管理层激励对公司税收策略的影响。本文的研究结论得到后续研究的证实,即管理层激励(包含 CEO 激励和 CFO 激励)会提升公司的税收激进程度(Gaertner,2014;Armstrong 等,2015),但是本文对管理层薪酬激励的衡量忽视了与税负相关的公司绩效(Gaertner,2014)。同时,本文并未发现其他治理机制影响税收激进的证据(Armstrong 等,2015)。

【主题结语】

成本管理是企业管理永恒的主题。成本/费用黏性研究不仅打开了成本管理行为的"黑箱",还为研究管理会计与财务会计之间的相互作用搭建了一座桥梁。Anderson 等(2003)利用美国上市公司数据,首次实证检验了销售管理费用的黏性特征,提出了 ABJ 模型,开创了成本管理研究的新领域。税负成本是企业利润分配的重要内容,相关研究有助于政府部门出台和改进税收优惠政策,促进企业健康成长,如所得税降低会促进企业创新,最终达到削弱企业避税动机的目的。避税本质上是一种不道德行为,与依法治税的原则相悖。但同时,与其他成本调整行为相比,避税可能并不是企业的短期行为,而是一项长期的系统性操作(Dyreng 等,2008),进而会累积产生巨大的风险(Kim 等,2010),这也进一步解释了相比于非家族企业,为什么具有长期价值导向的家族企业更少避税(Chen 等,2010)。管理层动机是企业避税的重要影响因素,较高的权益风险激励会进一步提高税收激进程度(Desai 和 Dharmapala,2006;Rego 和 Wilson,2012)。

未来可能的研究方向有:第一,相比于成本管理的影响因素研究,企业成本变动的经济后果研究仍处于学术前沿,是未来重要的研究方向,比如成本黏性对股利分配的影响以及避税打击与企业创新的关系;第二,目前关于税前成本和税后成本之间相互联系的研究仍较少,比如成本黏性对企业避税的影响。

【推荐阅读】

1. Anderson M, Banker R, Huang R, et al. Cost Behavior and Fundamental Analysis of SG&A Costs[J]. *Journal of Accounting, Auditing & Finance*, 2007, 22(1): 1-28.

2. Armstrong C S, Blouin J L, Jagolinzer A D, et al. Corporate Governance, Incentives, and Tax Avoidance[J]. *Journal of Accounting and Economics*, 2015, 60(1): 1-17.

3. Armstrong C S, Blouin J L, Larcker D F. The Incentives for Tax Planning[J]. *Journal of Accounting and Economics*, 2012, 53(1-2): 391-411.

4. Badertscher B A, Katz S P, Rego S O. The Separation of Ownership and Control and Corporate Tax Avoidance[J]. *Journal of Accounting and Economics*, 2013, 56(2-3): 228-250.

5. Ball R. Market and Political/Regulatory Perspectives on the Recent Accounting Scandals[J]. *Journal of Accounting Research*, 2009, 47(2): 277-323.

6. Banker R D, Basu S, Byzalov D, et al. The Confounding Effect of Cost Stickiness on Conservatism Estimates[J]. *Journal of Accounting and Economics*, 2016, 61(1): 203-220.

7. Banker R D, Byzalov D, Chen L T. Employment Protection Legislation, Adjustment Costs and Cross-Country Differences in Cost Behavior[J]. *Journal of Accounting and Economics*, 2013, 55(1): 111-127.

8. Banker R D, Huang R, Natarajan R, et al. Market Valuation of Intangible Asset: Evidence on SG&A Expenditure[J]. *The Accounting Review*, 2019, 94(6): 61-90.

9. Bradshaw M, Liao G, Ma M S. Agency Costs and Tax Planning When the Government Is a Major Shareholder[J]. *Journal of Accounting and Economics*, 2019, 67(2-3): 255-277.

10. Chen C, Kim J, Yao L. Earnings Smoothing: Does It Exacerbate or Constrain Stock Price Crash Risk[J]. *Journal of Corporate Finance*, 2017, 42(1): 36-54.

11. Chen C X, Lu H, Sougiannis T. The Agency Problem, Corporate Governance, and the Asymmetrical Behavior of Selling, General, and Administrative Costs[J]. *Contemporary Accounting Research*, 2012, 29(1): 252-282.

12. Cheng Q. Family Firm Research: A Review[J]. *China Journal of Accounting Research*, 2014, 7(3): 149-163.

13. Chen J, Hong H, Stein J C. Forecasting Crashes:Trading Volume, Past Returns, and Conditional Skewness in Stock Prices[J]. *Journal of Financial Economics*, 2001, 61(3): 345-381.

14. Chen K P, Chu C Y C. Internal Control versus External Manipulation: A Model of Corporate Income Tax Evasion[J]. *The RAND Journal of Economics*, 2005, 36(1): 151-164.

15. Crocker K J, Slemrod J. Corporate Tax Evasion with Agency Costs[J]. *Journal of Public Economics*, 2005, 89(5-6): 1593-1610.

16. Desai M A, Dyck A, Zingales L. Theft and Taxes[J]. *Journal of Financial Economics*, 2007, 84(3): 591-623.

17. Dyreng S D, Hanlon M, Maydew E L. The Effects of Executives on Corporate Tax Avoidance[J]. *The Accounting Review*, 2010, 85(4): 1163-1189.

18. Edwards A, Schwab C, Shevlin T. Financial Constraints and Cash Tax Savings[J]. *The Accounting Review*, 2016, 91(3): 859-881.

19. Frank M M, Lynch L J, Rego S O. Tax Reporting Aggressiveness and Its Relation to Aggressive Financial Reporting[J]. *The Accounting Review*, 2009, 84(2): 467-496.

20. Gaertner F B. CEO After-Tax Compensation Incentives and Corporate Tax Avoidance[J]. *Contemporary Accounting Review*. 2014, 31(4): 1077-1102.

21. Gompers P, Ishii J, Metrick A. Corporate Governance and Equity Prices[J]. *The Quarterly Journal of Economics*, 2003, 118(1): 107-156.
22. Graham J R, Hanlon M, Shevlin T, et al. Incentives for Tax Planning and Avoidance: Evidence from the Field[J]. *The Accounting Review*, 2014, 89(3): 991-1023.
23. Graham J R. Taxes and Corporate Finance: A Review[J]. *Review of Financial Studies*, 2003, 16(4): 1074-1128.
24. Guay W R. The Sensitivity of CEO Wealth to Equity Risk: An Analysis of the Magnitude and Determinants[J]. *Journal of Financial Economics*, 1999, 53(1): 43-71.
25. Gupta S, Newberry K. Determinants of the Variability in Corporate Effective tax Rates: Evidence from Longitudinal Data[J]. *Journal of Accounting and Public Policy*, 1997, 16(1): 1-34.
26. Hanlon M, Heitzman S. A Review of Tax Research[J]. *Journal of Accounting and Economics*, 2010, 50(2-3): 127-178.
27. Hanlon M. The Persistence and Pricing of Earnings, Accruals, and Cash Flows when Firms Have Large Book-tax Differences[J]. *The Accounting Review*, 2005, 80(1): 137-166.
28. Hanlon M. What Can We Infer about a Firm's Taxable Income from Its Financial Statements[J]. *National Tax Journal*, 2003, 56(4): 831-863.
29. Hoi C K, Wu Q, Zhang H. Is Corporate Social Responsibility (CSR) Associated with Tax Avoidance? Evidence from Irresponsible CSR Activities[J]. *The Accounting Review*, 2013, 88(6): 2025-2059.
30. Hope O K, Ma M S, Thomas W B. Tax Avoidance and Geographic Earnings Disclosure[J]. *Journal of Accounting and Economics*, 2013, 56(2): 170-189.
31. Hutton A P, Marcus A J, Tehranian H. Opaque Financial Reports, R2, and Crash Risk[J]. *Journal of Financial Economics*, 2009, 94(1): 67-86.
32. Jin L, Myers S C. R2 around the World: New Theory and New Tests[J]. *Journal of Financial Economics*, 2006, 79(2): 257-292.
33. Kim J, Zhang L. Accounting Conservatism and Stock Price Crash Risk: Firm-Level Evidence[J]. *Contemporary Accounting Research*, 2016, 33(1): 412-441.
34. Kim J, Zhang L. Financial Reporting Opacity and Expected Crash Risk: Evidence from Implied Volatility Smirks[J]. *Contemporary Accounting Research*, 2014, 31(3): 851-875.
35. Lennox C, Lisowsky P, Pittman J. Tax Aggressiveness and Accounting Fraud[J]. *Journal of Accounting Research*, 2013, 51(4): 739-778.
36. Lisowsky P. Seeking Shelter: Empirically Modeling Tax Shelters Using Financial Statement Information[J]. *The Accounting Review*, 2010, 85(5): 1693-1720.
37. Lucian B, Alma C, Allen F. What Matters in Corporate Governance[J]. *The Review of Financial Studies*, 2009, 22(2): 783-827.
38. Rouxelin F, Wongsunwai W, Yehuda N. Aggregate Cost Stickiness in GAAP Financial Statements and Future Unemployment Rate[J]. *The Accounting Review*, 2017, 93(3): 299-325.
39. Shackelford D A, Shevlin T. Empirical Tax Research in Accounting[J]. *Journal of Accounting and Economics*, 2001, 31(1-3): 321-387.
40. Slemrod J. The Economics of Corporate Tax Selfishness[J]. *National Tax Journal*, 2004, 57(4): 877-899.
41. Weiss D. Cost Behavior and Analysts' Earnings Forecasts[J]. *The Accounting Review*, 2010, 85(4): 1441-1471.

42. Wilson R J. An Examination of Corporate Tax Shelter Participants[J]. *The Accounting Review*, 2009, 84(3): 969-999.
43. Zimmerman J L. Taxes and Firm Size[J]. *Journal of Accounting and Economics*, 1983(5): 119-149.
44. 蔡宏标,饶品贵.机构投资者、税收征管与企业避税[J].《会计研究》,2015(10):59-65+97.
45. 陈德球,陈运森,董志勇.政策不确定性、税收征管强度与企业税收规避[J].《管理世界》,2016(5):151-163.
46. 梁上坤.机构投资者持股会影响公司费用粘性吗[J].《管理世界》,2018,34(12):133-148.
47. 刘行,叶康涛.企业的避税活动会影响投资效率吗[J].《会计研究》,2013(6):47-53+96.
48. 权小锋,吴世农,尹洪英.企业社会责任与股价崩盘风险:"价值利器"或"自利工具"[J].《经济研究》,2015,50(11):49-64.
49. 孙铮,刘浩.中国上市公司费用"粘性"行为研究[J].《经济研究》,2004(12):26-34+84.

第 3 篇

审 计

开 卷 寄 语

　　外部审计在股份公司所有权和经营权相分离的驱动下产生并演化,即由独立会计师对公司财务报表进行审计,以保证财务报表真实、可靠,由此对审计相关理论的探索和学术研究一直是会计领域的研究热点。首先,在财务报表审计的委托代理关系中,最核心的问题是注册会计师必须独立于被审计对象及其他利益相关者。相关文献发现,事务所声誉机制是受到广泛认同的保持审计师独立性的动机;非审计服务收费是否会损害审计师独立性被广泛讨论,但没有形成一致的证据。审计质量、审计师选择、审计收费等学术问题的研究,都涉及审计师独立性这个核心议题。其次,审计质量作为审计研究中最核心的内容,早在20世纪80年代初期就为实务界、监管部门及广大学者所关注。从早期的理论分析提出审计质量影响因素后,后续的实证研究如雨后春笋般涌现。学者们关注的审计质量,不但有与财务报表本身有直接依附关系的审计质量(如盈余质量、盈余管理、审计意见类型等),而且有体现投资者感知的审计质量,即市场对审计质量认同的程度(如盈余反应系数等)。从审计质量影响因素来看,主要体现在会计师事务所规模、审计师任期、客户重要性以及制度环境等方面,这些因素基本上反映了审计师独立性或者审计师的专业能力。最后,自 Simunic(1980)在20世纪80年代初构建审计定价影响因素模型后,有关审计收费的实证研究如汗牛充栋般涌现。学者们不仅关注审计服务收费,还关注非审计服务收费。审计收费通常被看作审计师努力程度和审计工作量的体现,也被看作审计师要求的风险溢价。正因为如此,有关审计定价的研究一直经久不衰,很多学者发现了审计收费对审计质量的正向影响作用。较高的非审计服务收费通常被看作审计师独立性受损的一种体现,但是实证研究对于非审计服务收费和审计质量之间的关系仍存在争议。早期的审计问题研究主要基于美国等成熟资本市场,近些年越来越多的学者关注中国的审计问题,特别是利用中国审计报告签名制度以及规制环境这些比较特殊的制度背景,产生了一系列有代表性的成果。

第 9 章

审计质量

文献 52　会计师事务所规模与审计质量

经典文献：Linda Elizabeth DeAngelo. Auditor Size and Audit Quality. *The Accounting Review*, 1981, 3(3): 183-199.

机构：University of Pennsylvania

被引：总计 9 440 次，年均 230.24 次

文献概述：马晨

研究概述：监管部门以及小规模会计师事务所认为会计师事务所规模并不会影响审计质量，公司在选择会计师事务所时不应该把事务所规模作为考虑因素。与此观点相反，本文认为，即便是在所有会计师事务所拥有相同技术能力的情况下，审计质量也与会计师事务所规模有关。特别地，当现任会计师事务所能够获得客户层面的准租金时，拥有大量审计客户的事务所如果未能发现某个客户报表中的重大问题，就会遭受更大的损失。较大规模会计师事务所自带这种保证金属性，可以提升审计质量。这一发现为美国注册会计师协会（AICPA）在 20 世纪 80 年代针对中小规模会计师事务所制定相关政策提供了借鉴。

核心概念：会计师事务所规模　审计质量　低价揽客

文献背景

20 世纪 80 年代，审计实务界围绕会计师事务所规模与审计质量的关系展开了激烈的讨论，从业者与监管部门大多认为二者不存在明显的关联，一些学者也认为二者无关联（Arnett 和 Danos，1979）。此外，审计市场也存在对中小规模会计师事务所的歧视情况。18 家中小规模会计师事务所在 1978 年提起诉讼，使得 AICPA 分离出两派，各自持不同的观点。尽管诉讼后来被撤，但 AICPA 认为会计师事务所的规模问题足够重要，因此成立专门委员会（Derieux Committee）进行深入研究。Derieux 委员会认为会计师事务所规模不应当作为审计客户选择事务所时应当考虑的因素，原因在于会计师事务所规模不影响审计质量。

与 Derieux 委员会的观点不同，很多学者认为大规模会计师事务所能够提供更高质量

的审计业务,原因是审计技术与审计业务的启动成本有关,现任审计师能够获得客户的准租金。当审计质量被发现低于预期时,这些准租金就会减少,发挥一种类似保证金的作用以应对机会主义行为。本文从三个方面梳理了相关的研究。

审计业务质量

审计作为一项鉴证业务,要解决股东和经理人之间的利益冲突(Watts,1977;Watts 和 Zimmerman,1981;Benston,1980)。每个公司的代理成本是不同的,比如准备上市的公司会倾向于聘请"八大"会计师事务所(Carpenter 和 Strawser,1971);而不同的代理成本也会导致公司对审计业务的需求不同。

审计业务购买者在衡量审计师提供的审计质量时也是有成本的,比如评估审计师发现和报告财务问题的可能性。其一,审计业务购买者难以观测到所有的审计程序;其二,投资者对于审计师与客户签订的可能影响审计质量的合同信息的掌握是有限的。基于此,审计质量的评估成本很可能是高昂的。

会计师事务所规模与审计质量

由于审计技术与审计业务的启动成本有关,新任审计师要投入更多的人力、财力和物力,从而现任审计师比潜在竞争者拥有更大的成本优势。因而,现任审计师会将未来的审计收费定得较高,以赚取客户的准租金。此外,更换审计师存在交易成本,这也使得更换审计师的客户会遭受一定的损失。启动成本与交易成本的存在,使得客户与审计师之间的关系是一种双边垄断(DeAngelo,1981)。在这种情况下,会计师事务所与客户都有动机维持雇佣与被雇佣的关系,因为终结这种关系对双方而言都要付出代价。

以往的实证研究证实了更换审计师存在启动成本与交易成本(Burton 和 Roberts,1967;Bedingfield 和 Loeb,1974;Carpenter 和 Strawser,1971;Bolton 和 Crockett,1979;Hobgood 和 Sciarrino,1972;Financial Executives' Institute,1978;Coe 和 Palmon,1979)。这些研究还发现小规模会计师事务所更可能被更换,同时说明启动成本与交易成本(对应现任会计师事务所的准租金)是非常重大的。

预期未来的业务启动成本以及现任审计师的交易成本优势至少会产生两种效应。首先,期望首次开展审计业务的会计师事务所倾向于用低价揽客方式争取客户(DeAngelo,1981)。其次,因为准租金是客户层面的,因而会计师事务所有动机降低审计质量标准以期在未来留住客户。由此可以得知,事务所难以独立于客户。理性的投资者知道现任会计师事务所难以独立于审计客户,因此他们倾向于调低继续保留现任会计师事务所的公司的价值。也就是说,独立性受损会反映在审计客户公司市值的减少上。理性的审计客户会意识到这种情况,因而在面对会计师事务所时会选择市场认为更加独立的事务所。

当会计师事务所得到客户层面的准租金时,有较多客户的会计师事务所几乎没有动机为保留某个客户而违规审计。也就是说,某个单一客户的准租金可能会使得会计师事务所做出机会主义行为,然而所有其他客户的准租金会充当一种保证金来抑制这种机会主义行为。会计师事务所违规行为一旦被发现,其他客户不但会终结合同,与之对应的审计收入也会化为乌有。

对小规模会计师事务所的歧视

学者们普遍认为当公司想要上市时会倾向于聘请"八大"会计师事务所(Carpenter 和 Strawser,1971)。根据 Arnett 和 Danos(1979)的观点,这种情形之所以会出现,部分原因是承销商认为"八大"会计师事务所有利于公司证券卖出好价钱。Derieux 委员会称这种观点为"大所综合征",并认为在选择会计师事务所时,只要事务所成员数量足以胜任审计业务,规模才会显得重要。尽管有学者认为审计质量独立于会计师事务所规模,但本文认为二者并不相互独立。结合公司上市的例子来说,拟上市的审计客户成长前景良好,因此这些客户对小规模会计师事务所的影响重大,其准租金构成小规模会计师事务所准租金流的很大一部分。此外,根据代理成本的观点,公司上市后会受到更加严格的监管。如果最终上市公司聘请小规模、不知名的会计师事务所,那么银行及潜在投资者会要求更多的利息并调低股票市值。此外,小规模会计师事务所还要花费审计质量评估成本以告诉投资者其提供的审计质量与大规模会计师事务所一致,而大规模会计师事务所不需要花费这一评估成本。因而,小规模会计师事务所会要求监管部门针对承销商和银行选择会计师事务所做出限制,即不能只选择大规模会计师事务所。小规模会计师事务所转移这种成本的另一种方式就是向类似 AICPA 的专业机构游说。

| 理论基础与研究思路 |

公司如何获取不同质量的审计业务?为解决此问题,本文关注会计师事务所层面的投入和产出,而不考虑客户层面。审计产出可以看作对公司管理层编制的财务报表提供的独立鉴证业务,由审计意见构成。当审计质量评估成本较高时,利己主义者有动机运用其他安排以交换不同质量的审计业务。而投资者为了降低审计质量评估成本,会寻找简单的方式(如指标)代替审计质量,本文认为会计师事务所规模能够很好地作为这种指标。同时,审计师也有动机保持较为稳定的高审计质量,这样一来,他们才能够收取较高的审计费用。然而,具有不同代理成本的审计客户对审计质量的需求不同,他们会更换会计师事务所,以获取不同的审计质量。会计师事务所有的时候也可能会为保留审计客户而隐瞒发现的问题,但这种倾向可能会随着会计师事务所规模的扩大而降低。

为了讨论会计师事务所规模的保证金属性,本文不考虑大规模会计师事务所的其他优势和劣势。这里有三点需要强调:第一,正如 Watts 和 Zimmerman(1981)的观点,规模较大的会计师事务所在约束审计师个人行为方面具有比较优势;第二,如 Alchian 和 Demsetz(1972)指出的,会计师事务所合伙人数量越多,单个审计师个人就有动机懒惰,这种效应会弱化事务所规模与审计质量之间的关系;第三,事务所规模的保证金属性也能够被应用到审计师个人层面。

| 研究假设(预测) |

假设 拥有较多审计客户的会计师事务所不太有动机为保留某个客户而违规审计。

对于一家会计师事务所来说,当所有客户层面的准租金都相同时,拥有较多客户的会计师事务所能够提供高质量的审计服务,因为总保证金更高。因而,重大的启动成本/交易成本为大规模会计师事务所创造了利益。但需要注意某一个具体的审计客户为会计师事务所带来的准租金占全部客户准租金的比例。关于某一个客户在审计组合中的准租金占比很大带来的审计师独立性问题,以往研究尚未予以考虑。当客户准租金不同时,会计师事务所规模依然能够作为审计质量的衡量指标,因为大规模会计师事务所提供较高的保证金功能。然而,仅依靠会计师事务所规模难以告知投资者某个审计客户对这家事务所准租金的影响程度。这时,投资者除了关注会计师事务所规模,可能还会考虑其他指标,其中一个潜在的指标就是某个具体客户审计收费占总审计费用的比例。当投资者使用针对某个客户的审计收费占比作为审计质量的代理变量且审计收费占比较大时,市场会认为与这个客户相关的审计师独立性受损,进而会影响到审计师收取的审计费用。审计师独立性降低产生的成本使得会计师事务所有动机设计特定安排来降低与某个客户相关的审计收费占比,将事务所规模做大便是潜在的手段之一。

需要注意的是,扩大会计师事务所规模并非唯一的方式。事务所还可以通过增加对非特定客户的投资来提高审计师独立性,这些投资形成的保证不是客户层面的,而是事务所层面的,具体而言主要是提高事务所自身声誉。声誉提升与保留某个具体客户没有关系,其会提高事务所的整体保证,并会降低与某个客户相关的准租金。投资者也会认同以声誉作为审计质量的替代指标。除此之外,声誉通常被认为是事务所长期投资所带来的,包括事务所成立至今的成本,以及事务所在证券从业方面的专长和行业专长。

研究结论与创新

本文的观点是:当现任审计师能够获得客户的准租金时,审计质量与会计师事务所规模有关;当审计质量被发现低于预期时,这些准租金就会减少,发挥一种类似保证金的作用以应对机会主义行为。这意味着会计师事务所规模越大、单个审计客户占会计师事务所收入份额越低,审计质量对事务所准租金份额的影响越小。在这种情形下,会计师事务所较少有动机采取机会主义行为,从而能够提供高质量的审计结果。会计师事务所规模这一保证金属性为大规模会计师事务所提供了一种优势,有助于会计师事务所基于自身条件针对各类客户设置组合份额以确保单一客户的准租金占比不会过高。本文还讨论了降低准租金占比的另一种方式,提出作为审计服务市场的一种质量保证机制,即技术上的沉没成本可能会超过形成事务所品牌的支出。总而言之,本文认为审计质量与会计师事务所规模存在关系。

本文最大的贡献在于及时将审计实务中的现实问题纳入学术研究与讨论的范围,针对大规模会计师事务所和小规模会计师事务所在提供审计质量方面是否存在差异进行详细的理论阐述与精辟分析,利用经济学中的准租金概念作为突破口,强调大规模会计师事务所能够抵御审计师独立性威胁并且具有较好的声誉,因而能够提供更好的审计质量。

| 局限性与展望 |

尽管本文从理论上做了详细而深入的分析,但是并没有从数据方面提供经验证据。随后的研究可以利用上市公司大样本数据验证本文提出的观点和理论,同时还要关注究竟是会计师事务所规模本身影响审计质量还是伴随规模的声誉影响审计质量。

| 交 流 区 |

作为关注会计师事务所规模和审计质量之间关系的经典文献,本文研究主题的提出主要针对实务界围绕会计师事务所规模与审计质量之间关系展开的激烈讨论。在当时,无论是从业者还是监管部门基本上认为二者之间不存在明显的关系,而本文的观点和理论强调大规模会计师事务所的声誉观,特别是客户层面的准租金会发挥一种保证金的作用以抑制审计师的机会主义行为,为后续一系列的实证研究做了理论铺垫(Francis 等,1999;Lennox,2003;Sirois 等,2016)。

文献 53　审计质量感知与盈余反应系数

经典文献:Siew Hong Teoh,[1] T. J. Wong.[2] Perceived Auditor Quality and the Earnings Response Coefficient. *The Accounting Review*, 1993, 68(2): 346–366.

机构:[1]University of California at Los Angeles;[2]University of Maryland

被引:总计 1 979 次,年均 67.08 次

文献概述:白萌

研究概述:审计师声誉有助于增强其审计财务报告的可信度。一个尚未解决的问题是**会计师事务所规模**(auditor size)是否与**审计质量**(auditor quality)相关。其中,高质量审计是指财务报告经审计后会更为可信。根据基本直觉和**修正 Holthausen-Verrecchia 模型**(modified Holthausen-Verrecchia model,简称"修正 H-V 模型"),投资者对盈余意外的反应取决于其感知的财务报告可信度。本文基于"事务所规模是审计质量的代理变量"和修正 H-V 模型预估的"盈余反应系数强度与盈余信息精确度密切相关"这一联合假设,检验"八大"事务所(B8)与"非八大"事务所(NB8)的**盈余反应系数**(earnings response coefficient,ERC)是否存在差异。与联合假设一致,本文发现"八大"事务所客户的盈余反应系数(ERC)显著高于"非八大"事务所。

核心概念:审计质量　盈余反应系数　会计师事务所规模　盈余质量　信息精确度

| 文献背景 |

何种因素影响盈余意外与股票超常收益的相关性是资本市场领域的研究热点。盈余反应系数(ERC)通常使用股票超常收益对盈余意外的回归系数进行测量,是衡量新的盈余

信息在股票价格中的资本化程度指标。目前的研究表明,ERC 随着盈余可持续性、盈余可预测性、证券与市场收益率的协变关系、公司增长机会和同行业企业的变化而变化。

一些研究也开始关注股价对盈余意外的反应是否与报告的**盈余质量**(earnings quality)有关。Imhoff 和 Lobo(1992)发现,分析师盈余预测一致性较低的公司,其 ERC 往往较低。尽管公司潜在价值的不确定性也有可能增大预测的分散性,但上述现象更有可能代表会计测量中的噪声。Lang 和 McNichols(1990)用现金流和盈余的相关性作为盈余质量的代理变量,提出高质量的审计将有效确保财务报告遵守公认会计准则(GAAP),减少管理层对应计项目的自由裁量权,预期未来现金流与经高质量审计会计盈余之间的相关性将更强。

同样,本文预期如果盈余报告的数字能更准确地反映公司真实的经济价值,那么盈余报告对投资者的公司估值会产生更大的影响。这与简化 H-V 模型(Holthausen 和 Verrecchia,1988)的预测一致:股票价格响应大小随着信息精确度的增大而增加。

理论基础

由于投资者无法直接观测到公司的潜在真实盈余,不得不依赖报告的会计数字。为确保财务数据的可靠性,审计师必须履行鉴证义务,以使其符合公认会计准则。因此,如果投资者认为审计师的专业素质较高,就会对报告中的盈余意外做出强烈反应。同样,根据估值理论,只要投资者认为经特定审计师审计的盈余比其他审计师审计的盈余包含更多信息,不同审计师的 ERC 就会有所区别。本文将重点放在会计师事务所规模这一可观测特征上,以区分经哪类审计师审计的盈余更可信。

一些研究发现会计师事务所规模与审计质量相关。DeAngelo(1981)认为,由于针对特定客户的初次审计的启动成本较高,因而现任审计师具有先发优势,在后续审计过程中能获得经济租金。但如果审计师未能发现客户的重大遗漏和虚假错报,这些租金就会逐渐流失,因此规模较大的会计师事务所更看重被审财务报告的准确性。Dopuch 和 Simunic(1980,1982)认为,投资者考虑到较大型事务所的特征(如专业培训、获得一些有信誉机构的认可和同行评审)与质量相关,可能理性地认为"八大"事务所的审计质量更高。John(1991)基于一个关于会计师事务所最优规模和结构的决定因素模型,发现审计质量随事务所规模的增大而提高。

Carpenter 和 Strawser(1971)对管理层进行调查,发现多数上市公司会选择"八大"事务所(B8)以确保股票的最优价格。Palmrose(1988)以诉讼概率作为审计质量的衡量标准,发现"非八大"事务所(NB8)审计师经历的诉讼要多于"八大"事务所(B8)审计师。在考虑了财力雄厚的大型会计师事务所更有可能发生诉讼的条件下,这一结果依然成立。Beatty(1989)发现,对于首次公开募股的初始收益率而言,NB8 的客户公司高于 B8 的客户公司,这表明 B8 的客户发生抑价的现象更少。

相反,另一些研究没有发现会计师事务所规模与审计质量存在关联(Imhoff,1988)。审计师变更事件为二者关系的研究提供了很好的证据。Nichols 和 Smith(1983)发现,当公司宣布审计师由 NB8 变更为 B8 时,股票价格的反应要大于审计师由 B8 变更为 NB8 的反应,但二者的差别在统计上不显著。Titman 和 Trueman(1986)、Datar 等(1991)为公司价值和审计质量之间的关联提供了理论依据,但这些模型分析的是上市公司对会计师事务所的初次选择,不一定适用于审计师变更的情形。比如 Teoh(1992)发现,即便所有审计师都是同质的,审计师变更事件本身向投资者传递的关于公司价值的消息既可以是有利的,也可以是不利的。因此,在预测审计师变更是好是坏之前,需要一个更复杂的模型以综合考察审计师变更和审计质量的关系。

本文与以往研究不同,检验会计师事务所规模和财务报告可信度(用 ERC 衡量)的关系。事务所规模的重要经济后果大多与诉讼和信息披露相关,但本文认为大型会计师事务所审计的财务报告可信度是否更高也是一个重要议题。

盈余信号精确度与 ERC

本文借鉴 Holthausen 和 Verrecchia(1988)的**单期单信息信号模型**(single-period with a single information signal model),建立一个股票价格反应与盈余信号精确度的分析模型,并认为股票价格响应程度随着**信息精确度**(precision of information)的增大而提高,并拟通过实证数据予以证实。

样本选择

本文采用 Compustat 数据库中美国市场——包括纽约证券交易所(NYSE)、美国证券交易所(AMEX)和纳斯达克(NASDAQ)——的两组公司样本进行分析。为控制信息环境差异,第一组样本为经行业匹配的公司,将 NB8 客户公司与同行业中规模最接近的 B8 客户公司匹配而得;第二组样本为变更过会计师事务所的公司,变更之前的公司观测值形成相应的控制组。

实证方法与模型构建

为检验由 B8 和 NB8 审计的客户公司的 ERC 是否存在差异,本文使用虚拟变量代表审计师类别,将股票超常收益对盈余意外和其他控制变量进行多元回归,模型如下:

$$CAR_{it} = \lambda_0 + \lambda_1 D_{it} + \lambda_2 UE_{it} + \lambda_3 UE_{it} \times D_{it} + \lambda_4 UE_{it} \times MB_{it} + \lambda_5 UE_{it} \times MB_{it} \times D_{it} + \lambda_6 UE_{it} \times \beta_{it} + \lambda_7 UE_{it} \times \beta_{it} \times D_{it} + \lambda_8 UE_{it} \times LMV_{it} + \lambda_9 UE_{it} \times LMV_{it} \times D_{it} + \lambda_{10} UE_{it} \times \frac{1}{N_{it}} + \lambda_{11} UE_{it} \times \frac{1}{N_{it}} \times D_{it} + \varepsilon_{it}$$

其中,CAR 表示预测日与盈余公告日之间的累计超常收益;UE 表示公司的盈余意外,由实际盈余减去投资者预期盈余(用盈余公告前最近一次的分析师一致性预测衡量)再除以股价而得;D 为哑变量,对于匹配样本,"非八大"事务所取值为 1,否则取值为 0;对于事务所变更样本,$D=1$ 表示公司在第 t 年是"非八大"事务所客户;控制变量包括市场价值与账面价值之比(MB)、市场模型斜率系数(β)、市场价值的自然对数(LMV)、分析师一致预测中包含的分析师跟踪数量(N);以上变量分别用来控制增长和持久性、企业风险、公司规模和披露前环境噪声。由于存在非线性的可能性,本文将控制变量转换为虚拟变量,即 MB、β、LMV、$1/N$ 大于中位数时分别取值为 1,否则取值为 0。

对于匹配样本,系数 λ_2 表示"八大"事务所客户的 ERC,λ_3 表示"非八大"事务所客户和"八大"事务所客户相比的 ERC 之差,因此 ($\lambda_2 + \lambda_3$) 表示"非八大"事务所客户的 ERC。检验"非八大"事务所客户的 ERC 是否小于"八大"事务所客户,也就是系数 λ_3 是否小于 0。回归结果显示 λ_3 显著小于 0,与假设一致。

对于事务所变更样本,系数 λ_2 表示公司被"八大"事务所审计的 ERC,λ_3 表示被"非八大"事务所审计的 ERC 和被"八大"事务所审计的 ERC 之差。检验"非八大"事务所审计公司的 ERC 是否小于"八大"事务所审计公司的 ERC,也就是系数 λ_3 是否小于 0。回归结果与假设一致,说明"非八大"事务所审计公司的 ERC 显著小于"八大"事务所审计公司的 ERC。

研究结论与创新

本文探讨了会计师事务所之间的审计质量是否存在差异,表现在能否为投资者提供更加可信的盈余报告。通过修正 Holthausen-Verrecchia 模型,本文预计高信息质量的盈余报告将具有更高的盈余反应系数(ERC)。经实证数据分析,本文发现 B8 客户的 ERC 明显高于 NB8 客户,且该结果在经行业匹配的样本公司和变更会计师事务所的样本公司中均存在。因此,本文的发现支持了联合假设的推测,即规模更大的会计师事务所会提供更准确的盈余信息,且如 Holthausen-Verrecchia 模型所预测的,ERC 强度与盈余精确度密切相关。

本文将感知的审计质量差异与 ERC 相关联,为规模较大会计师事务所的可信度更高的观点提供了证据。这一结论对是否允许事务所兼并收购提供了一定的政策指导。本文也补充了资本市场相关研究,发现会计师事务所规模和分析师跟踪数量(控制变量)是 ERC 的额外决定因素。最后,本文对 Holthausen-Verrecchia 模型度量的盈余准确度与股价变动进行了首次实证检验。

交流区

会计师事务所规模与审计质量的关系是审计领域的重要研究主题,本文是较早研究二者关系的文献。通过将感知的审计质量与 ERC 相关联,本文发现规模更大的会计师事务所审计质量更高。本文使用配对样本和事务所变更样本对研究主题进行实证检验,但自选择问题仍然是该领域研究面临的主要挑战(DeFond 和 Zhang,2014)。为什么事务所规模越大,审计质量越高?这是值得进一步研究的重要议题。

文献 54 审计质量对盈余管理的影响

经典文献:Connie L. Becker,[1] Mark L. DeFond,[2] James Jiambalvo,[1] K. R. Subramanyam.[2] The Effect of Audit Quality on Earnings Management. *Contemporary Accounting Research*, 1998, 15(1): 1-24.

机构：^{1}University of Washington；^{2}University of Southern California

被引：总计 5 042 次，年均 210.08 次

文献概述：马莉珠

研究概述：本文探讨了审计质量和盈余管理的关系，其中审计质量为虚拟变量，且假设"**六大**"**会计师事务所**(big six auditors)的审计质量高于"非六大"会计师事务所，盈余管理采用 Jones 模型估计得出的操控性应计盈余来衡量。先前的文献认为，相比于减少盈余，审计师更可能反对管理层增加盈余的**会计选择**(accounting choice)，并且当审计师和盈余被高估的财务报告有关联时，他们更可能被起诉。本文假设相比于"六大"会计师事务所，被"非六大"会计师事务所审计的公司会报告更多的非操控性应计盈余。检验结果表明更低的审计质量和更高的**会计灵活性**(accounting flexibility)相关，假设得到了支持。

核心概念：审计质量　盈余管理　操控性应计盈余　会计灵活性

文献背景

审计可以为股东证实财务报告的有效性，降低管理层和公司利益相关者之间的信息不对称程度。审计的有效性和约束管理层操纵盈余的能力又因**审计质量**(audit quality)的不同而有所差异。与低质量审计相比，高质量审计更可能检查出有问题的账务，也更可能出具非标审计意见。因此，高质量审计也更能抑制盈余管理的发生，因为一旦企业财务报告错报被公开，管理层的声誉就会遭受损害，公司价值也会下降。与高质量审计相比，本文认为在低质量审计下，公司的盈余管理程度更强。

大量的研究发现"六大"会计师事务所比"非六大"会计师事务所的审计质量更高。DeAngelo(1981)为这种质量差异提供了理论支撑，他分析得出规模更大的会计师事务所有更强的动机揭露公司的财务错报行为。很多研究得出与 DeAngelo(1981)一致的结论，比如 Teoh 和 Wong(1993)发现"六大"会计师事务所比"非六大"会计师事务所的盈余反应系数更大。一些研究也指出"六大"会计师事务所存在审计费用溢价(Craswell 等，1995)。Pierre 和 Anderson(1984)发现"六大"会计师事务所发生诉讼的概率更低。DeFond 和 Jiambalvo(1991)将盈余管理看作一项错误和不合规的行为，且假设"六大"会计师事务所的客户更不容易进行盈余管理，研究发现仅当欺诈公司被排除在样本之外时实证结果才支持这一假设。DeFond 和 Jiambalvo(1993)发现审计师和客户间的分歧源于客户具有操纵盈余的动机，而当审计师来自"六大"会计师事务所时，审计师与客户间的分歧更可能发生。

理论基础与研究思路

本文聚焦于调增收入的盈余管理有以下两方面的原因：第一，管理层更可能高估而非低估盈余(DeFond 和 Jiambalvo，1991，1993；Kinney 和 Martin，1994)；第二，大量的证据表明审计师会因公司高估盈余而被起诉，但没有证据表明他们也会因公司低估盈余而被起诉。审计是一种减少公司债权人、股东间代理成本的有价值的监管行为(Jensen 和 Meckling，1976；Watts 和 Zimmerman，1983)。审计提高价值的部分原因在于审计可以减少会计信息

的错误报告。Hirst(1994)发现审计师对盈余管理很敏感,且倾向于关注管理层高估盈余的行为。虽然审计在控制管理层操纵盈余上是有价值的,但审计发挥的作用会因审计质量的不同而不同。DeAngelo(1981)利用 Watts 和 Zimmerman(1980)的结论,将审计质量定义为发现和报告财务报告错误的可能性,它依赖于审计师独立性。高质量的审计师更不倾向于接受有问题的会计估计方法,更可能发现并报告财务报告的错报和公司的异常行为。审计质量最常用的代理变量为审计师是否来自"六大"会计师事务所(Nichols 和 Smith,1983;Palmrose,1988;Francis 和 Wilson,1988;DeFond,1992)。DeFond 和 Jiambalvo(1991,1993)、Davidson 和 Neu(1993)使用此种衡量方式是因为"六大"是美国规模最大的会计师事务所。被审计公司的规模也可以作为审计质量的代理变量(DeAngelo,1981;Dopuch 和 Simunic,1982)。当会计师事务所拥有更多客户时,一旦名誉受损,其客户的流失也会更多。因此相比于客户基础较小的"非六大"会计师事务所,"六大"会计师事务所潜在的因名誉受损而遭受的损失使其有更高的独立性动机。

"六大"会计师事务所的高质量审计会倾向于减少公司向上盈余管理(即调增盈余)的发生。如果管理层更可能高估而非低估盈余,审计师就更可能聚焦于向上盈余管理(DeFond 和 Jiambalvo,1991,1993;Kinney 和 Martin,1994)。Pierre 和 Anderson(1984)认为,虽然审计师经常会因允许高估收入而被起诉,但很少会因允许低估收入而被起诉。因此,在调增收入的操控性应计选择方面,"六大"会计师事务所面临的品牌声誉损害风险更大。基于此,本文提出以下假设:

假设 在其他条件不变的情形下,相比于被"六大"会计师事务所审计的公司,被"非六大"会计师事务所审计的公司的操控性应计更高。

样本选择

本文使用 1993 年 Compustat 数据库的数据,选择 1989—1992 年的样本作为研究对象,比较"非六大"会计师事务所客户和"六大"会计师事务所客户的操控性应计。本文删除 SIC 代码为 6000—6999 的公司,因为使用这些公司数据计算出的操控性应计有问题;本文还删除 SIC 代码为 4000—4999 的公用事业公司,因为这些公司的盈余管理动机和其他行业的盈余管理动机不同。为了保持"六大"审计师和"非六大"审计师的样本独立性,每家公司的会计师事务所类型在样本区间内应保持一致(即一家公司的审计师类型不会由"六大"变更为"非六大",或者由"非六大"变更为"六大")。本文剔除了计算操控性应计的无效数据,还排除了"六大"会计师事务所在同一年度、同一行业、同一经营现金流十分位下没有"非六大"会计师事务所与之配对的样本,最终得到 10 397 个由"六大"会计师事务所审计的公司—年度观测值,以及 2 179 个由"非六大"会计师事务所审计的公司—年度观测值。

实证方法与模型构建

操控性应计的估计

本文采用 DeFond 和 Jiambalvo(1994)、DeFond 和 Subramanyam(1997)中引用的 Jones 模型(Jones,1991)衡量操控性应计,Subramanyam(1996)认为横截面 Jones 模型优于时间

序列模型。该模型将收入变化、固定资产作为正常盈余的估计值,这些变量控制了因公司经济状况改变而发生的应计盈余变化。将收入变化包含在其中是因为营运资本、总应计部分的变化均取决于收入的变化,固定资产用于控制与不可任意支配的折旧费用有关的总应计部分,正常运营活动无法解释的总应计部分即为操控性应计。

$$\frac{TA_{ijt}}{A_{ijt-1}} = \alpha_{jt}\frac{1}{A_{ijt-1}} + \beta_{1jt}\frac{\Delta REV_{ijt}}{A_{ijt-1}} + \beta_{2jt}\frac{PPE_{ijt}}{A_{ijt-1}} + e_{ijt} \quad (1)$$

其中,TA_{ijt}为行业j的公司i在第t年的总应计;A_{ijt-1}为行业j的公司i在第$t-1$年的资产总额;ΔREV_{ijt}为行业j的公司i在第t年的收入总额减去其在第$t-1$年的收入总额;PPE_{ijt}为行业j的公司i在第t年的固定资产总额;e_{ijt}为行业j的公司i在第t年的误差项。

总应计的数据来源于 Compustat 数据库,被定义为非经常性项目前的收入减去经营现金流;行业分类基于 SIC 两位数代码;使用最小二乘法估计系数,操控性应计被定义为上述回归方程的误差项。

检验方法

在一系列的单变量检验后,本文还构建了**多元线性回归模型**(multivariate regression model)来检验"六大"会计师事务所和"非六大"会计师事务所对操控性应计的影响。

$$DA_{i,t} = \beta_0 + \beta_1 NB6_{i,t} + \beta_2 OCF_{i,t} + \beta_3 ASSET_{i,t} + \beta_4 Hilev_{i,t} + \beta_5 AbsAccr_{i,t} + \beta_6 ShareDecr_{i,t} + \beta_7 ShareIncr_{i,t} + \beta_8 OldAud_{i,t} + \beta_9 NewAud_{i,t} + e_{i,t} \quad (2)$$

其中,$DA_{i,t}$为公司i第t年的操控性应计;$NB6_{i,t}$为虚拟变量,若审计师为"非六大"事务所取值为 1,否则取值为 0;$OCF_{i,t}$为公司i第t年的经营现金流量;$ASSET_{i,t}$为公司i第t年总资产的自然对数;$Hilev_{i,t}$为虚拟变量,按年度和行业划分,若公司i第t年的资产负债率处于最高十分位水平取值为 1,否则取值为 0;$AbsAccr_{i,t}$为公司i第t年总应计盈余的绝对值;$ShareDecr_{i,t}$为虚拟变量,若公司i第t年的总流通股股数减少超过 10% 取值为 1,否则取值为 0;$ShareIncr_{i,t}$为虚拟变量,若公司i第t年的总流通股股数增加超过 10% 取值为 1,否则取值为 0;$OldAud_{i,t}$为虚拟变量,若公司i在上年度后发生审计师变更取值为 1,否则取值为 0;$NewAud_{i,t}$为虚拟变量,若本年度为公司i发生审计师变更的第一年取值为 1,否则取值为 0;$e_{i,t}$为公司i第t年的误差项。

| 研究结论与创新 |

在单变量检验中,由"非六大"会计师事务所审计公司的操控性应计均值比由"六大"会计师事务所审计公司的操控性应计均值高 2.1 个百分点;而多元回归分析结果表明,由"非六大"会计师事务所审计公司的操控性应计比由"六大"会计师事务所审计公司的样本操控性应计平均高 1.5 个百分点。

虽然大量的研究关注管理层的盈余管理动机,但很少有研究分析抑制盈余管理的因素,本文聚焦其中的一个因素——外部审计质量。相比于低质量的审计师,高质量的审计师更有可能发现有问题的会计处理行为,并且拒绝为这类公司的年报出具标准意见。

本文丰富了有关审计质量的文献,先前的研究直接假设审计质量和盈余管理的关系,然后检验审计质量和其他与盈余管理相关的因素(如诉讼比例、审计服务定价、盈余反应系数等)间的关系。本文对操控性应计的文献也有一定的补充,研究还表明在控制审计质量的横截面差异下,模型的检验会更有说服力。

交流区

相较于先前文献中直接假设审计质量抑制企业盈余管理,本文首次运用实证检验方法为审计质量与盈余管理间的关系提供严谨、有效的证据,也引起学术界关于这一主题的后续讨论。例如,用审计委员会(Klein,2002)、审计师行业专长(Balsam等,2003)等作为审计质量的代理变量并探讨它们对盈余管理的影响,以及研究盈余管理如何影响审计报告的稳健性(Francis和Krishnan,1999)等。

文献 55 审计师合伙人任期与审计质量

经典文献:Peter Carey,[1] Roger Simnett.[2] Audit Partner Tenure and Audit Quality. *The Accounting Review*, 2006, 81(3): 653-676.

机构:[1]Monash University;[2]University of New South Wales

被引:总计 1 366 次,年均 88.13 次

文献概述:孙俊勤

研究概述:审计师合伙人轮换是世界各国旨在提高审计质量的重要政策之一。限制审计师合伙人任期主要是基于过长的审计任期会降低审计质量的观点。本文使用澳大利亚数据分析审计师合伙人与审计质量的关系,主要基于审计师合伙人数据可得性,以及一段时间内审计师合伙人的非强制轮换。本文使用审计报告中持续经营意见、异常应计及盈余基准操纵来衡量审计质量,研究发现审计师合伙人任期与发布持续经营审计意见负相关,与盈余基准操纵部分正相关。这一发现与审计质量随审计师合伙人任期延长而恶化的观点一致,然而并没有证据表明审计师合伙人任期与异常应计相关。

核心概念:审计师合伙人任期 审计质量 盈余管理

文献背景

特定客户的**审计师合伙人强制轮换**(mandatory rotation of audit partners)政策被认为是提高审计质量的一种方式,从而进一步提升财务报告质量。被广泛认可的强制政策的好处在于可以保持审计师合伙人的独立性,或者可以提供新的视角来认识以往被审计界忽略的问题。这些好处主要是基于审计师合伙人任期与审计质量负相关的观点。

在无强制轮换政策及审计师合伙人可辨识的情形下,**强制轮换政策**(mandatory rotation policy)的基本论点——审计师合伙人任期与审计质量负相关——可以被很好地验证。实

施强制轮换政策的前提是在推荐轮换年份时,审计质量达到顶峰;其也暗示在审计师长期任职后,审计师独立性会受到影响,从而减弱审计师公正判断的能力。澳大利亚从 1970 年开始,审计报告上必须同时提供会计师事务所和审计师合伙人的名字,2001 年以前一直没有法律或者职业规范要求审计师合伙人轮换。

本文用三种常见变量衡量审计质量:审计师发布**持续经营审计意见**(going-concern audit opinion)、**异常应计**(abnormal accrual)、**盈余基准**(earnings benchmarks)操纵。本文采用横截面分析来追溯审计合伙人的任期,选取的截止年份是 1995 年,在强制轮换政策实施(2001 年)以及在会计师事务所自愿实施审计师轮换(1997 年)之前。本文发现审计师合伙人任期越长,其发布持续经营审计意见的可能性越低;同时,未发现审计师合伙人任期与异常应计相关。本文还得到关于审计师合伙人任期和刚好达到盈余基准操纵正相关的证据。上述发现表明审计师合伙人任期较长会降低审计质量。

国际上关于审计师强制轮换期限的标准经历了相当多的变化。20 世纪 70 年代,美国注册会计师协会强制要求审计师合伙人 7 年任期后必须轮换。2002 年《萨班斯-奥克斯利法案》要求签字审计师必须每 5 年轮换一次。1992 年英国公司治理委员会支持审计师合伙人轮换,也采用美国的政策——7 年必须轮换审计师合伙人。2003 年英国贸易及工业部门要求主审计师必须每 5 年轮换一次。超过 80 个国家采用国际审计准则,2011 年国际会计师协会为防止同一审计师熟知公司情况,要求审计师合伙人任期不能超过 7 年。早在 1994 年,澳大利亚注册会计师协会就提出审计师合伙人轮换。1996 年,澳大利亚公共财富管理政府部门对审计师合伙人轮换发表评论,建议每 7 年强制轮换审计师合伙人。2001 年,澳大利亚审计师独立性准则与国际会计师协会的要求保持一致,规定审计师合伙人任期最长不能超过 7 年。

理论基础与研究假设

有大量研究关注会计师事务所的任期问题,然而少有研究涉及审计师合伙人任期和审计质量的问题。有关会计师事务所任期的研究表明,在任最初几年由于对客户特定知识和专业相关情况缺乏了解,审计质量较低。最早涉及该问题的 Chi 和 Huang(2005)检验了中国台湾地区的审计市场,发现在审计师合伙人任期最初几年公司盈余质量较低,未发现较长任期与盈余质量相关。

两个相关观点支持较长的审计师合伙人任期与审计质量负相关:一是审计师和客户之间个人关系的发展导致审计师独立性减弱;二是审计师公正判断的能力受损,即国际注册会计师协会所谓的**熟悉性威胁**(familiarity threat)。

(1)客户和审计师合伙人之间个人关系的发展有损审计师独立性。Mautz 和 Sharaf(1996)认为,审计师必须明白多方面压力会影响自身的态度,进而潜移默化地影响自身的公正无私。这些压力不仅发生在出具审计报告之时,还会潜在影响其在审计过程中的判断。因此,延伸的个人关系会影响审计师的独立性和客观性。一些观点认为,由于长时间任期导致的审计师合伙人独立性下降会增大审计师屈服于客户压力的可能性,某些情况下还会导致审计师与客户合谋。

(2)较长的审计师合伙人任期也被认为存在熟悉性威胁,会减少创造性的审计测试方法。一旦审计师熟悉了客户运营系统及内部控制状况,审计程序就可能变得固化和常规化。Shockley(1981)认为当审计师任期较长时,审计将会缺乏创新,导致审计师不执行严格审计程序以及过度自信。

学术界对此有反对意见,认为较长的审计师任期可以提高审计质量。这一观点主要强调,早年任期中的审计成本较高,随着任期的延长,审计师能够获得更多的客户及掌握更多的行业知识。逐渐流行的审计师强制轮换政策表明,监管者认为审计师任期较长的潜在成本大于潜在收益。因此,审计师轮换被认为是解决审计师任期较长问题的审计质量控制程序。

审计师合伙人在任期的最初几年,由于欠缺必要的知识和专长,以至于不能发现会计报表错报的风险上升。会计师事务所也将通过质量控制程序来保证新任审计师具备足够的知识及专长以降低该风险。最初的阶段过去之后,审计师合伙人能获得足够多的客户或行业相关知识和专长,由此审计质量将达到峰值。这个阶段的时长不可知,但从最近出台的政策可以推测这一阶段为5年或7年。这个阶段之后,审计质量将随着审计任期的延长而下降。基于此,本文提出假设:

假设 审计质量与较长的审计师任期负相关。

样本选择

本文选取1995年澳大利亚证券交易所的上市公司为样本。本文选取1995年是为了保证样本在会计师事务所、行业协会或者法律要求限制审计师任期之前已存在。此外,本文剔除外国企业及金融业公司,最终得到1 021个观测值。

实证方法与模型构建

本文用三种常见的审计质量衡量指标:审计师发布持续经营审计意见、异常应计、盈余基准操纵。本文将审计师任期划分为短期、中期及长期,并选取中期作为比较基准(审计质量在中期预计达到峰值)。本文建立以下模型探讨审计师任期与审计质量的关系:

$$Y = \beta_1 \text{TENURE} + \beta_2 \text{TENURE} + \text{Controls} + \varepsilon \quad (1)$$

被解释变量 Y 分别为:① OPINION,当公司被出具持续经营审计意见时取值为1,否则取值为0;② AWCA,异常应计;③a BEATS_BE,当公司资产收益率在(0,0.02)时取值为1,否则取值为0;③b MISSES_BE,当公司资产收益率在(-0.02,0)时取值为1,否则取值为0;③c BEATS_LYR,当公司资产收益增长率在(0,0.02)时取值为1,否则取值为0;③d MISSES_LYR,当公司资产收益增长率在(-0.02,0)时取值为1,否则取值为0。其中,③a—③d为盈余基准操纵代理变量。

解释变量为TENURE>7,当审计师合伙人为特定公司审计超过7年时取值为1,否则取值为0;控制变量为TENURE≤2,当审计师合伙人为特定公司审计且参与审计服务小于等于2年时取值为1,否则取值为0。

实证结果表明,TENURE>7变量与出具持续经营审计意见(OPINION)、MISSES_BE 显著负相关,但未发现 TENURE>7 与异常应计(AWCA)、BEATS_BE、BEATS_LYR、MISSES_LYR 存在相关性,部分支持了相比于 2—7 年审计任期,审计师合伙人任期越长,审计质量越差的观点。

| 研究结论与创新 |

强制轮换审计师合伙人主要是为了保证审计质量。本文实证发现审计师合伙人任期越长,越不可能出具持续经营审计意见,且刚好错失操纵盈余基准的可能性更低。本研究为强制轮换审计师合伙人政策提供了经验证据:审计师合伙人的较长任期与审计质量负相关。

| 局限性与展望 |

本文无法观测到审计师任期较长的审计质量是否与法定最长年限(5 年或者 7 年)一致。此外,本文的研究无法论证引发诸多争议的采用更短任期的审计师合伙人强制轮换(如 5 年强制轮换)政策的合理性。今后的研究可以关注引进强制轮换政策或者政策变化对审计质量的影响。

交流区

鉴于中国注册会计师个人详细数据的可得性,近年的相关研究发现当审计师个人与 CEO 或审计委员会存在社会关系(如校友关系)(Guan 等,2016;He 等,2017)时,审计质量下降。这一研究发现与本文的审计师合伙人与客户存在个人关系会损害审计质量的论点一致。未来可进一步研究在不同的审计师任期中,审计工作底稿记录或审计时长是否存在差异,据此检验熟悉性威胁(即审计师不严格执行审计程序)的影响。

文献 56　客户重要性、制度改善与审计质量:来自中国会计师事务所分所及审计师个人层面的分析

经典文献:Shimin Chen,[1] Sunny Y. J. Sun,[2] Donghui Wu.[2] Client Importance, Institutional Improvements, and Audit Quality in China: An Office and Individual Auditor Level Analysis. *The Accounting Review*, 2010, 85(1): 127-158.

机构:[1] China Europe International Business School; [2] The Hong Kong Polytechnic University

被引:总计 573 次,年均 44.08 次

文献概述:徐露莹

研究概述:本文检验了中国法律法规的变化如何影响客户重要性与审计质量的关系。研究发现,1995—2000 年出具非标审计意见(MAO)与审计师个人层面的客户重要性负相关。然而,当 2001—2004 年制度环境变得有利于投资者时,非标审计意见与客户重要性正

相关。上述结果与监管处罚的分析一致。尽管1995—2000年在不控制审计师个人层面客户重要性的条件下，出具非标审计意见与会计师事务所分所层面的客户重要性负相关，但这一结果的稳健性随模型设定和样本构成而有所差异。研究结果表明：(1)在权衡以牺牲审计质量为代价换取重要客户所带来的利得时，制度改善促使审计师优先考虑妥协成本；(2)客户重要性对审计决策的影响在审计师个人层面与会计师事务所分所层面有所不同。

核心概念：客户重要性　审计质量　诉讼　审计决策

文献背景

长久以来，学术界理论推断客户对审计师的经济利益重要程度可能损害审计师独立性，进而降低审计质量，但因缺乏一致的实证证据而难以达成共识。安然丑闻及安达信的倒闭进一步将审计师独立性这一话题推入研究视野。早期的相关研究多基于投资者保护程度较好的发达市场，并在**会计师事务所层面**(audit firm level)或其**分所层面**(office level)进行探索，认为之所以未发现客户重要性对审计质量构成负面影响是因为成熟市场上的审计师较重视潜在的诉讼和声誉损失。这为本文提供了契机：在投资者保护程度较弱的中国市场，更可能观测到客户重要性对审计质量的负面影响；样本期间中国经历了较大规模的制度改善，这一天然的实验场景有助于检验客户重要性对审计师决策的影响是否随制度环境的变化而有所不同；鉴于中国监管者要求披露签字注册会计师的个人信息，从**审计师个人层面**(individual auditor level)衡量客户重要性更利于准确理解审计师的行为。

相关文献与假设建立

由于针对某一特定客户的审计成本较高，现任会计师事务所相较于竞争对手具有成本优势，并能在后续审计过程中获得准租金。正因如此，一旦客户终止审计合约，现任会计师事务所将遭受实际的经济损失。可见，对客户的经济依赖将致使会计师事务所无法保持完全的独立性，有可能降低审计质量以挽留重要客户。然而，现有文献对此众说纷纭。一些研究发现当公司支付更多的非审计服务费用时，其盈余反应系数更低；更多的审计费用可能导致更高的权益资本成本。这些证据反映了投资者对于会计师事务所依赖重要客户的担忧。也有一些研究考察盈余管理、财务报表重述以及非标审计意见等指标，认为客户重要性与审计质量并无负向关系。还有研究利用美国数据发现，考虑到大客户的审计失败更可能招致诉讼风险，国际"五大"会计师事务所在审计其分所层面的重要客户时更为严谨。上述证据说明，不同的制度环境对投资者保护的重视程度有所差异，这一差异可能是目前未能识别出客户重要性负向影响审计质量的原因，而中国相对较弱的制度环境为检验该问题提供了机会。

2001年以前，不同于发达国家中国际"四大"会计师事务所在审计市场上的垄断地位，中国审计市场的竞争十分激烈，各会计师事务所的市场占有份额普遍较低；中国上市公司数量总体较少，平均每家会计师事务所的客户数量不足20。因而，买方市场致使客户拥有较强的议价能力，迫使会计师事务所互相竞争以抢夺客户资源。此外，这一时期上市公司对高质量审计服务的需求也较少,会计师事务所因出具非标审计意见而丢失客户的现象时有发生。中国相应的法治建设也不完善,导致会计师事务所面临的监管力度较小且诉讼风险很低,其违规行为所承受的惩戒仅限于行政处罚。这种制度背景给会计师事务所为保留重要客户而不惜牺牲审计质量提供了温床。尽管中国政府自 1996 年起采取诸如脱钩改制、完善会计和审计准则、颁布证券法等措施改善股票市场的制度环境,但直至 2001 年大量会计造假及审计失败事件曝光后制度建设才渐有起色,投资者采取起诉上市公司及其会计师事务所追索损失的方式才得到法律较为完善的保护。在此背景下,本文认为 2001 年之前,无论是从会计师事务所竞争还是从诉讼和处罚风险的角度来看,市场力量均不足以抵抗来自大客户的压力,因而客户重要性更可能对审计质量产生负面影响;但随着 2001 年之后制度环境的改善,会计师事务所面临的诉讼和处罚风险显著提升,审计失败带来的损失急剧增大,客户重要性对审计质量的负面影响得以减弱。以往研究指出,相较于会计师事务所及其分所层面,从审计师个人层面检验客户重要性更为准确,但目前多数国家和地区未能提供审计师的个人信息,难以进行这种检验。根据中国审计准则的要求,两位注册会计师均需在审计报告上签字以明确各自的职责;一旦审计失败,签字审计师及其所在会计师事务所都会受到相应的处罚。因此,本文聚焦于审计师个人层面的客户重要性在不同制度背景下对审计质量的影响,并与会计师事务所及其分所层面进行对比,弥补现有研究的不足。

| 样本选择 |

自 1995 年中国注册会计师协会明确审计师的职责并规范审计报告的内容和形式后,非标审计意见逐渐增多,因而本文选取 1995—2004 年中国 A 股上市的 9 247 个公司一年度观测值为初始样本。剔除缺失值后,最终样本由 1 368 家公司的 8 917 个观测值构成。财务报表和股票市场信息来自国泰安数据库;对会计师事务所的监管处罚信息采自中国证监会官网;有关审计意见、会计师事务所及其分所和签字审计师身份等信息从公司年报和中国证监会官网经手工整理而得。

| 实证结果与分析 |

本文从审计师出具非标审计意见的角度衡量审计质量。为考察各类审计意见造成的不同影响,对标准无保留意见、带有强调事项段的无保留意见、保留意见、无法表示或否定意见分别赋值 0、1、2、3,使用有序 Logistic 回归进行检验。审计费用的数据到 2001 年才公开披露,无法直接衡量这一期间的客户重要性,但因审计费用的主要驱动因素——客户总资产且取对数形式——考虑了审计费用与客户总资产的非线性关系,因而本文用某一客户总资产的自然对数在该分所或共同签字审计师所有客户总资产的自然对数之总和的占比作为相应层面客户重要性的替代变量。主回归结果显示,1995—2000 年期间,当分别考察分所层面及审计师层面的客户重要性对审计质量的影响时,客户重要性的系数均显著为负;但当将两个层面的解释变量同时纳入回归时,仅审计师层面的客户重要性的系数显著为负,说明分所层面相较于个人(即审计师)层面不具有增量价值。这也解释了为什么单

独考察分所层面的影响时仍产生负向结果：两个层面的客户重要性正相关，由于在分析分所层面时未控制审计师层面，致使个人层面的主要作用被映射在分所层面。以上结果表明，2001年之前，当上市公司是审计师个人的重要客户时，审计师更不可能出具非标审计意见。类似地，2001—2004年期间，当分别考察分所层面及审计师层面的客户重要性的影响时，审计师层面的客户重要性的系数显著为正而分所层面的客户重要性的系数不显著；将两个层面均纳入回归，依然仅审计师层面的客户重要性的系数显著为正。这说明在制度环境改变后，审计师出于诉讼、处罚以及职业发展的考虑而变得更稳健，更可能对大客户出具非标审计意见。

本文还进一步检验了两期解释变量系数的差异的显著性，发现审计师层面的客户重要性在2001年前后的变化显著不同，但分所层面无此结果；采用Fama-MacBeth方法和边际效应逐年考察客户重要性与审计质量的关系，其结果与主回归基本一致；进一步对会计师事务所层面客户重要性与审计质量的关系进行分析，其结果与分所层面较为接近。

在稳健性检验部分，本文重新测量了客户重要性：（1）在审计师个人层面，分别替换为某一客户总资产的自然对数在有更多客户或更有经验的签字审计师的所有客户总资产的自然对数之总和的占比；（2）剔除签字审计师只有单一上市公司客户的观测值；（3）将客户总资产替换为审计费用，检验2001年之后的主回归模型。

本文还重新测量了审计意见：（1）采用审计师是否出具非标审计意见的虚拟变量；（2）剔除"无法表示或否定意见"类审计意见以避免回归结果受极端意见的影响。进一步地，本文放松客户重要性与审计质量线性相关的假定，按年度五分位排序变量进行变换；考虑多重共线性问题，删除分所层面和审计师层面的客户重要性高度相关的观测值，发现在2001年之前的样本中，单独检验分所层面的客户重要性结果不显著；分别剔除极端值和2000年之后新上市公司的观测值。上述结果均与主回归结果一致。此外，本文基于审计失败被处罚的数据发现，2001年之前，审计师个人层面的客户越重要，其越容易因审计失败被处罚，这意味着重要客户的审计质量较差；但这一情况在2001年之后显著减少，且分所层面没有发现上述现象。

研究结论与贡献

总体而言，本文发现在投资者保护制度不完善的情况下，中国的审计师倾向于对有重要经济利益关系的客户在审计质量方面做出妥协。然而，制度的完善促使审计师在考虑经济诱因时顾及诉讼风险及行政处罚，从而抑制这种妥协行为。上述结果主要体现在审计师个人层面，在事务所层面及其分所层面未能发现这一现象。基于此，本文的贡献在于：（1）以往的研究指出，在分析客户重要性与审计质量的关系时，应考虑从最相关的审计师个人层面着手；本文用实证证据支持了这一论断。（2）制度环境影响审计实践的跨国研究往往存在诸如样本量小、内生性和遗漏变量等问题；本文利用单一国家时间序列上的制度改变对审计行为的影响，对相关跨国研究做了有益的补充。

在政策建议方面，尽管本文对关注审计客户重要性是否对审计质量构成潜在负面影响的市场具有启发意义，但与整体制度不太健全的转轨经济更为相关。因此，为避免重要客户对审计质量产生不良影响,转轨经济中的政策制定者应优先考虑改善与投资者保护及股东诉讼相关的制度,并从个人层面进一步推进审计师问责制。

值得注意的是,在解读本研究的发现时应考虑其外部有效性:由于澳大利亚等国家和地区同样提供审计师个人层面的信息,若能得到一致的实证结果则有助于推广本研究的结论。此外,鉴于大部分国家和地区的审计报告仅由会计师事务所或其分所签发,审计师个人并不承担直接责任,本研究结论对这些国家和地区未必具有普适性。

交流区

近年来,学者们依托中国特殊的制度背景和数据优势探讨了审计领域的一些重要的基本问题,其中的突出贡献之一是极大地推动了将分析单位细化至审计师个人层面的研究发展,而本文是首篇基于中国数据从审计师个人层面探讨审计质量的文献。本文基于投资者保护程度较弱的制度背景以及制度环境在样本期间所经历的制度改善,巧妙地检验了环境变化对客户重要性与审计决策关系的作用。整体而言,本文的研究问题关键、数据独特且具有较强的政策指导意义。但与此同时,读者应进一步思考,制度改善是通过提高针对审计师的诉讼风险还是加强注册会计师行业的监管力度而改变审计决策?本文的发现是否存在其他可能的解读?例如,Lennox和Wu(2022)指出,同期脱钩改制的完成以及会计师事务所的合并浪潮可能提高了审计师独立性,因而提高了审计质量。此外,审计师个人层面的客户重要性的衡量仍有待完善。一方面,由于审计师可能同时服务于上市公司和非上市公司,囿于数据可得性,相关研究通常以所有上市公司客户的规模为参照衡量具体客户的相对重要性程度,由此可能形成测量误差(Chi等,2012);另一方面,在考虑审计师经济动机时应注意会计师事务所的收入分配机制(Lennox和Wu,2018)。

【主题结语】

本章关注与审计质量相关的研究文献,选取了六篇经典的关于审计质量的文献,学者们从理论和经验证据上做出了重大的贡献。DeAngelo(1981)首次证实了审计质量与会计师事务所规模有关,较大规模的会计师事务所的审计质量较高,这一观点在审计质量研究领域至关重要;Teoh和Wong(1993)进一步证实了规模更大的会计师事务所会提供更准确的盈余信息,从而提升了审计质量。此外,Francis等(1999)也证实了"六大"会计师事务所会抑制报告应计的激进程度与潜在的机会主义行为。后续的很多研究直接将会计师事务所规模作为审计质量的代理变量,Becker等(1998)就用会计师事务所规模衡量审计质量,探讨审计质量和盈余管理之间的关系,发现高审计质量能够减少操控性应计。此外,审计师合伙人轮换是世界各国旨在提高审计质量的重要政策之一,Carey和Simnett(2006)发现审计师合伙人任期与发布持续经营意见负相关,与盈余基准操纵部分正相关,即审计师合伙人任期延长会降低审计质量。在中国的背景下，Chen 等（2010）检验了中国法律法规的变化如何影响客户重要性与审计质量的关系，提供了关于中国上市公司审计质量的相关证据。随着利益相关者范围的扩大，未来的研究可以在更大范围内探讨审计质量的经济后果。

【推荐阅读】

1. Balsam S, Krishnan J, Yang J S. Auditor Industry Specialization and Earnings Quality[J]. *Auditing: A Journal of Practice and Theory*, 2003, 22(2): 71-97.
2. Be'dard J, Chtourou S M, Courteau L. The Effect of Audit Committee Expertise, Independence, and Activity on Aggressive Earnings Management[J]. *Auditing: A Journal of Practice and Theory*, 2004, 23(2): 13-35.
3. Chi W, Douthett Jr E B, Lisic L L. Client Importance and Audit Partner Independence[J]. *Journal of Accounting and Public Policy*, 2012, 31(3): 320-336.
4. Davidson R A, Neu D. A Note on the Association between Audit Firm Size and Audit Quality[J]. *Contemporary Accounting Research*, 1993, 9(2): 479-488.
5. Defond M L, Jiambalvo J. Factors Related to Auditor-Client Disagreements over Income-Increasing Accounting Methods[J]. *Contemporary Accounting Research*, 1993, 9(2): 415-431.
6. DeFond M L, Jiambalvo J. Incidence and Circumstances of Accounting Errors[J]. *The Accounting Review*, 1991, 66(3): 643-655.
7. DeFond M L. The Association between Changes in Client Firm Agency Costs and Auditor Switching[J]. *Auditing: A Journal of Practice and Theory*, 1992, 11(1): 16-31.
8. Defond M L, Zhang F, Zhang J. Auditing Research Using Chinese Data: What's Next[J]. *Accounting and Business Research*, 2021, 51(6-7): 622-635.
9. DeFond M L, Zhang J. A Review of Archival Auditing Research[J]. *Journal of Accounting and Economics*, 2014, 58(2-3): 275-326.
10. DeFranco G, Gavious I, Jin J Y, et al. Do Private Company Targets that Hire Big 4 Auditors Receive Higher Proceeds[J]. *Contemporary Accounting Research*, 2011, 28(1): 215-262.
11. Fan J P, Wong T J. Do External Auditors Perform a Corporate Governance Role in Emerging Markets? Evidence from East Asia[J]. *Journal of Accounting Research*, 2005, 43(1): 35-72.
12. Francis J R, Krishnan J. Accounting Accruals and Auditor Reporting Conservatism[J]. *Contemporary Accounting Research*, 1999, 16(1): 135-165.
13. Francis J R, Maydew E L, Sparks H C. The Role of Big 6 Auditors in the Credible Reporting of Accruals[J]. *Auditing: A Journal of Practice and Theory*, 1999, 18(2): 17-34.
14. Francis J R, Wilson E R. Auditor Changes: A Joint Test of Theories Relating to Agency Costs and Auditor Differentiation[J]. *The Accounting Review*, 1988, 63(4): 663-682.
15. Guan Y, Su L N, Wu D, et al. Do School Ties Between Auditors and Client Executives Influence Audit Outcomes[J]. *Journal of Accounting and Economics*, 2016, 61(2-3): 506-525.
16. Gul F A, Wu D, Yang Z. Do Individual Auditors Affect Audit Quality? Evidence from Archival Data[J]. *The Accounting Review*, 2013, 88(6): 1993-2023.
17. He X, Pittman J A, Rui O M, et al. Do Social Ties between External Auditors and Audit Committee Members Affect Audit Quality[J]. *The Accounting Review*, 2017, 92(5): 61-87.

18. Hirst D E. Auditor Sensitivity to Earnings Management[J]. *Contemporary Accounting Research*, 1994, 11(1): 405-422.

19. Hossain S, Monroe G S, Wilson M, et al. The Effect of Networked Clients' Economic Importance on Audit Quality[J]. *Auditing: A Journal of Practice and Theory*, 2016, 35(4): 79-103.

20. Jensen M C, Meckling W H. Theory of the Firm: Managerial Behavior, Agency Costs and Ownership Structure[J]. *Journal of Financial Economics*, 1976, 3(4): 305-360.

21. Lennox C S. Audit Quality and Auditor Size: An Evaluation of Reputation and Deep Pockets Hypotheses[J]. *Journal of Business Finance & Accounting*, 1999, 26(7-8): 779-805.

22. Lennox C, Wang C, Wu X. Opening up the "Black Box" of Audit Firms: The Effects of Audit Partner Ownership on Audit Adjustments[J]. *Journal of Accounting Research*, 2020, 58(5): 1299-1341.

23. Lennox C, Wu X. A Review of the Archival Literature on Audit Partners[J]. *Accounting Horizons*, 2018, 32(2): 1-35.

24. Nichols D R, Smith D B. Auditor Credibility and Auditor Changes[J]. *Journal of Accounting Research*, 1983, 21(2): 534-544.

25. Palmrose Z V. Audit Fees and Auditor Size: Further Evidence[J]. *Journal of Accounting Research*, 1986, 24(1): 97-110.

26. St. Pierre K, Anderson J A. An Analysis of the Factors Associated with Lawsuits against Public Accountants[J]. *The Accounting Review*, 1984, 59(2): 242-263.

27. Watts R, Zimmerman J. Agency Problems, Auditing, and the Theory of the Firm: Some Evidence[J]. *The Journal of Law and Economics*, 1983, 26(3): 613-633.

28. 蔡春,鲜文铎.会计师事务所行业专长与审计质量相关性的检验——来自中国上市公司审计市场的经验证据[J].《会计研究》,2007(6):41-47+95.

29. 陈信元,夏立军.审计任期与审计质量:来自中国证券市场的经验证据[J].《会计研究》,2006(1):44-53+93-94.

30. 刘峰,许菲.风险导向型审计·法律风险·审计质量——兼论"五大"在我国审计市场的行为[J].《会计研究》,2002(2):21-27+65.

31. 刘峰,周福源.国际"四大"意味着高审计质量吗？基于会计稳健性角度的检验[J].《会计研究》,2007(3):79-87+94.

32. 漆江娜,陈慧霖,张阳.事务所规模·品牌·价格与审计质量——国际"四大"中国审计市场收费与质量研究[J].《审计研究》,2004(3):59-65.

33. 王艳艳,陈汉文.审计质量与会计信息透明度——来自中国上市公司的经验数据[J].《会计研究》,2006(4):9-15.

34. 杨德明,林斌,王彦超.内部控制、审计质量与大股东资金占用[J].《审计研究》,2009(5):74-81.

35. 原红旗,李海建.会计师事务所组织形式、规模与审计质量[J].《审计研究》,2003(2):32-37.

第 10 章

审计收费

文献 57　审计服务的定价:理论与证据

经典文献:Dan Simunic. The Pricing of Audit Services:Theory and Evidence. *Journal of Accounting Research*, 1980, 18(1):161-190.

机构:University of British Columbia

被引:总计 3 943 次,年均 93.88 次

文献概述:马晨

研究概述:本文关注审计师与被审计单位的关系模型,基于上市公司的数据实证检验审计费用①的价格形成,发现在不考虑"八大"会计师事务所市场份额时审计价格竞争普遍存在。本文提出设想——审计师和被审计单位对财务报告使用者的潜在法律义务驱动外部财务报告系统的设计,检验并提出价格竞争在审计"小"规模公司时占主导地位。本文构建的审计费用定价模型基于外部审计是被审计单位整体财务报告的子系统的假定条件,据此可以识别审计竞争的标杆。

核心概念:审计费用　审计费用定价模型　价格竞争

| 文献背景 |

审计行业竞争近年来是一个颇受欢迎的话题。"八大"会计师事务所被指责垄断了审计市场(美国参议院政府运营部门会计与管理专属委员会《员工研究报告》,1977),但这方面的经验证据很少,只有个别例子(Bernstein,1978)。有研究指出《员工研究报告》提供的数据分布存在统计聚集的特征,被批驳为"集中主义"的产物(Demsetz,1973)。据此,供应商集中度被视为供应商行为和表现的有效指示。本文提供的研究模型及经验证据考察上市公司审计费用的影响因素,而不考虑会计师事务所审计市场份额的影响。

---

① "审计费用"和"审计收费"的内涵基本一致,"审计费用"是从被审计单位角度的表述,"审计收费"则是从审计师角度的表述。——编者注

样本选择

本文对美国上市公司进行问卷调查,得到 397 个有关审计费用及其相关变量的观测值。调查问卷的基础样本来自 1976 年"谁审计美国"板块中上市公司名单以及对应的会计师事务所。根据业务量以及会计师事务所类型,1977 年该名单包含 8 077 家上市公司,本文使用分层方法对其中 1 207 家公司进行了问卷调查。

变量选取与模型构建

变量选取

控制变量方面。本文通过被审计单位规模、运营的复杂性、应收账款和存货以及所处行业衡量被审计单位债务损失的披露;通过被审计单位的总资产收益率、过去两年是否有亏损、是否被出具非标审计意见衡量被审计单位的财务困境;用审计任期衡量审计产出。

被解释变量:被审计单位的总审计成本。该变量由两部分构成,分别为外部审计费用和内部审计成本;后者主要通过内部审计人员薪酬来衡量。

解释变量:会计师事务所规模。若会计师事务所为"八大"则该变量取值为 1,否则取值为 0。

本文将被审计单位区分为大客户与小客户,同时将会计师事务所区分为"八大"会计师事务所与"非八大"会计师事务所。这样区分被审计单位的目的在于分割审计市场,其中被审计单位(即审计客户)可以并能够从大量审计业务供给者那里购买到审计服务,这种情况可以被看作竞争性审计市场。在竞争性审计市场中,若"八大"会计师事务所占据主导地位,则该情形被看作卡特尔(Cartel)。

模型构建

本文使用以下回归模型检验审计费用的影响因素:

$$\frac{\text{FEE}}{\text{ASSETS}} = b_0 + b_1\text{SUBS} + b_2\text{DIVERS} + b_3\text{FORGN} + b_4\text{RECV} + b_5\text{INV} + b_6\text{PROFIT} + b_7\text{LOSS} + b_8\text{SUBJ} + b_9\text{TIME} + b_{10}\text{AUDITOR} + u \quad (1)$$

其中,FEE/ASSETS 为审计费用除以公司总资产,SUBS 为被纳入合并报表的子公司数目,DIVERS 为行业哑变量,FORGN 为外币资产占比,RECV 为应收账款占比,INV 为存货占比,PROFIT 为净利润占总资产比例,LOSS 为过去三年是否发生亏损的哑变量,SUBJ 为被审计单位是否被出具非标审计意见的哑变量,TIME 为审计任期年数,AUDITOR 为会计师事务所规模的哑变量。

本文进一步关注总审计成本,并使用以下回归模型加以检验:

$$\frac{\text{FEE} + \text{ICOST}}{\text{ASSETS}} = b_0 + b_1\text{SUBS} + b_2\text{DIVERS} + b_3\text{FORGN} + b_4\text{RECV} + b_5\text{INV} + b_6\text{PROFIT} + b_7\text{LOSS} + b_8\text{SUBJ} + b_9\text{TIME} + b_{10}\text{AUDITOR-PW} + b_{11}\text{AUDITOR-7} + b_{12}\text{UTILITY} + u \quad (2)$$

其中，ICOST 为内部审计成本，AUDITOR-PW 为会计师事务所是否为普华永道的哑变量（原因在于普华永道会计师事务所规模较大），AUDITOR-7 为是否其他"七大"会计师事务所的哑变量，UTILITY 为公司是否属于公用事业行业的哑变量，其他变量的定义同模型（1）。

本文还关注内部审计成本的影响因素，并使用以下回归模型：

$$\frac{\text{ICOST}}{\text{ASSETS}} = b_0 + b_1\text{SUBS} + b_2\text{DIVERS} + b_3\text{FORGN} + b_4\text{RECV} + b_5\text{INV} + b_6\text{PROFIT} + b_7\text{LOSS} + b_8\text{SUBJ} + b_9\text{TIME} + b_{10}\text{AUDITOR-PW} + b_{11}\text{AUDITOR-7} + b_{12}\text{UTILITY} + u \quad (3)$$

从实证回归结果来看，公司总资产（ASSETS，即公司规模）、被纳入合并报表的子公司数目（SUBS）、外币资产占比（FORGN）、应收账款占比（RECV）以及存货占比（INV）正向影响审计费用；公司总资产（ASSETS）、被纳入合并报表的子公司数目（SUBS）正向影响内部审计成本，未发现外币资产占比（FORGN）、应收账款占比（RECV）以及存货占比（INV）会影响内部审计成本；同时，上述几个因素对总审计成本（审计费用+内部审计成本）的影响也显著为正。

研究结论与创新

会计师事务所、被审计单位与财务报表外部使用者之间的关系究竟如何？本文构建了审计费用定价模型，使人们能够更好地理解审计师与被审计单位的关系。本文通过问卷调查得到相关数据并进行实证分析，发现审计费用的影响因素如下：公司规模、被纳入合并报表的子公司数目、外币资产占比、应收账款占比以及存货占比正向影响审计费用，而过去两年发生过亏损、被出具非标审计意见也会正向影响审计费用，未发现净利润、审计任期对审计费用有显著影响。本文一定程度地揭示了审计师、被审计单位和财务报表使用者之间的关系，即审计服务在一定程度上为被审计单位提供鉴证从而产生经济效应。此外，本文还关注了内部审计成本的影响因素，并有如下发现：公司规模、被纳入合并报表的子公司数目正向影响内部审计成本，未发现外币资产占比、应收账款占比以及存货占比会影响内部审计成本。本文最后还提出，审计费用应当公开披露出来，这样才能避免潜在的外部性影响，而且审计费用在很大程度上能够衡量所购买审计服务的质量。

交流区

本文是研究审计费用影响因素的经典之作。研究者在和实务界沟通的过程中通过问卷调查取得了相关数据，构建了审计费用与内部审计成本的影响因素的回归模型，并发现了相关的影响因素。这些影响因素构成了有关审计费用实证研究的理论框架，其后大量的审计费用研究借鉴本文的模型和理论框架。此外，本文还提及审计费用能够在一定程度上衡量审计质量，这也为后续研究提供了理论指导和变量选择方面的借鉴与指导。

文献 58　审计师独立性、低价竞争和披露监管

经典文献：Linda Elizabeth DeAngelo. Auditor Independence, "Low Balling", and Disclosure Regulation. *Journal of Accounting and Economics*, 1981, 3(2): 113-127.

机构：University of Pennsylvania

被引：总计 3 042 次，年均 74.20 次

文献概述：董南雁

研究概述：美国证券交易委员会和审计师责任委员会认为初次审计的低价竞争损害了审计师独立性。与这些说法相反，本文证明了低价竞争没有损害审计师独立性，而是对现任审计师（比如因在职而产生的技术优势）获取未来准租金期望的竞争性回应。初期的低价竞争体现了审计师争夺技术优势的竞争过程，关键在于前期审计费用的减少在未来会成为沉没成本，由此不会影响审计师独立性。本文亦讨论了上述结论对审计师变更和审计费用等现行相关监管政策的含义。

核心概念：低价竞争　审计师独立性　审计费用　准租金　披露监管

文献背景

美国证券交易委员会和审计师责任委员会（Commission on Auditors' Responsibilities）认为，低价竞争的审计行为（即审计费用低于初次审计服务的总费用）会削弱审计师独立性。虽然两大机构均表达了对低价竞争的担忧，但都没有确定这种定价行为与审计师独立性受损之间的因果关系。本文的目的就是分析这一因果关系。本文认为，客户专属准租金的存在既降低了现任审计师独立性的最优水平，也导致了初次审计的低价竞争。重要的是，虽然这两种效应是相互关联的，但低价竞争本身并不会损害审计师独立性。

尽管存在职业与监管方面的担忧，但在初次审计工作中出现这种情况似乎很常见。此外，低价竞争不限于审计市场，在诸如特许经营和有线电视垄断的竞标等多种环境中也存在这一现象。制造商推出新产品之际会免费分发样品。显然，样品的价格（为 0）低于其当前制造成本，但监管机构并不重视这一情况。这种情况在审计领域有什么不同？"一般的低价竞争"和"审计师的低价竞争"的关键区别在于，审计师的低价竞争会对审计师独立性产生负面影响。

审计师独立性的经济利益

审计的价值取决于审计服务消费者对审计师以下能力的感知：(1) 审计师发现会计系统中的错误或被审计单位的违规行为；(2) 在发现被审计单位违规的情况下，审计师承受客户压力并选择进行披露。

为了专注于独立性（而不是审计师的技术能力），本文假设审计师发现违规的可能性为正值且固定不变。审计师独立性水平可定义为一种条件概率，即假定审计师已发现违规

并报告违规行为的概率。从客户的角度看,当真相是"坏消息"时,审计师必须有动机道出真相。一方面,审计师说出真相的动机越强,审计师意见的价值就越高;另一方面,审计师不太可能完全独立于客户。

特定时期的客户准租金等于收入超过可避免成本的部分,包括审计下一个最佳替代客户的机会成本。当代理商在当前时期投资并期望在未来时期获得回报时,准租金自然出现在多期世界中。由于存在净现值为正的初始投资,未来的收入必须超过未来的成本,以便项目得以实施。对未来准租金的预期并不意味着审计师将获得垄断租金,只有当投资的净现值为正时,未来的准租金流才构成垄断租金。当投资净现值为0时,准租金流在初始投入的基础上形成正常的回报水平。

如果预期客户不会带来特定的准租金,那么审计师对于终止与该客户的关系抱无所谓的态度。因此,审计师没有经济动机隐瞒其发现的客户违规行为。在这种情况下,审计师完全独立于特定客户。正如会计行业长期以来一直认为的那样,特定客户带来的"未来经济利益"会降低审计师独立性。在其他条件不变的情况下,特定客户的专属准租金流越大,审计师报告其发现的客户违规行为的条件概率越低。

在有效资本市场上,已知客户经济利益的审计师面临进行更多虚假陈述的激励,这些激励所产生的预期成本则反映在客户的股价中。由于审计师独立性对客户(通过审计师独立性对公司价值的影响)和审计师(通过审计师收取的审计服务费用)具有潜在利益,因此双方都有动机自愿选择契约安排,以便能够获得审计师独立性带来的预期净收益。

如果代理商之间的订约是无成本的,那么审计师与客户将始终完全独立。完全独立来自在初始阶段通过谈判(零成本)达成规定详尽和执行完美的合同。换句话说,审计师和客户可以以零成本订约获得完全独立的好处。但是,现实中的订约谈判不可能是零成本的。因此,本文假定存在高昂的订约成本。

低价竞争和审计师独立性

如果订约成本极高,在未来时期比竞争对手具有比较优势的现任审计师就期望获得准租金。例如,当特定客户的启动成本很高时,现任审计师在特定客户的未来审计中享有技术优势。变更审计师的交易成本(如披露要求)也为现任审计师创造了优势。现任审计师可以将未来的审计费用设置为高于审计的可避免成本,以获取在技术和交易成本优势上的未来收益。这意味着客户与现任审计师之间的未来关系具有双边垄断性质。任何一方都可以通过终止关系强加给另一方实际成本,由此任何一方都可能从终止关系的威胁中获益——客户可能会获得诸如选择性披露等让步而审计师可能会提高审计费用。理性的客户和审计师在订立初次审计服务合约时就可预见未来的双边垄断,从而将各自的期望反映在均衡的审计费用结构中。

当现任审计师获得准租金时,审计师之间对初次聘用的竞争会导致"低价竞争"现象。在考虑合约条款时,人们可能会想到可以在初始阶段排除"低回报"以提高审计师独立性水平。事实上,这种解决方案不能减少准租金,也不能提高独立性水平。因为在科恩委员会建议的监管措施中,因果关系从预期的未来准租金指向初始阶段的"低成本",而不是相反的方向。初次审计的"低价竞争"是对未来准租金的竞争性回应且"低价竞争"不会导致未来准租金。由于初次审计费用在未来时期属于沉没成本,它们对未来准租金规模或审计师独立性没有影响。

类似地,在初始阶段回避"低成本"的合约也会进入沉没状态——在未来时期变得无关紧要,从而不会阻止现任审计师将未来审计费用提高到可避免成本之上。换句话说,这些初始合约不会影响现任审计师在未来的涨价空间。理性客户一旦认识到这一事实就不会愿意签约。虽然减少特定客户准租金的合约会提高审计师独立性,但那些仅仅在初次阶段限制"低价竞争"的合约对审计师独立性没有影响。

对当前披露监管的含义

上述逻辑框架可用于评估旨在提高审计师独立性水平的现行监管政策之效果。其中,会计监管系列公告中的 ASR-165 主要监管审计师变更,而 ASR-250 主要监管审计收费。

科恩委员会支持 ASR-165 是因为"增加对独立审计师变更的外部审查的措施可能会抑制通过威胁解雇向独立审计师施加压力的倾向"。虽然越来越多的外部审查使客户端的终止聘用威胁变得不那么有效,从而在一定程度上有助于提高审计师独立性,但科恩委员会报告的分析过于简单化了。在其他条件不变的情况下,提高变更审计师的成本会增加现任审计师对特定客户的准租金,进而降低最优的审计师独立性水平。因此,ASR-165 对审计师独立性影响的净效应是不确定的。

尽管对审计师独立性影响的净效应并不明确,但 ASR-165 对审计费用定价的影响很直接:提高审计师转换成本的规定为现任审计师带来了未来准租金。当审计师之间就新增未来准租金的权利在价格维度上进行竞争时,初次审计费用就会降低,即发生了更多的"低价竞争"。虽然 ASR-165 预计"低价竞争"会增多,但 ASR-250 试图减少"低价竞争"。因此,这两项监管规则的目标似乎不一致。

如果"低价竞争"和审计师独立性受损之间没有因果关系,那么为什么审计界与监管者会担心"低价竞争"呢?一个可能的解释是,这些团体未能认识到初次审计费用的沉没成本性质,并错误地认为对"低价竞争"实施制裁会提高审计师独立性。另一种假设是,对"低价竞争"表达担忧是企图维护审计师垄断租金的"借口"。然而从长远来看,垄断租金不太可能持续,因为创新的审计师将采用非价格竞争方式获得初次审计业务。因此,ASR-250 既不会影响客户专属准租金,也不会影响审计师独立性。

研究结论

本文构建了跨期审计费用定价模型,分析现任审计师在未来对特定客户审计中具有的高于竞争对手的成本优势。这些优势源于审计技术上的高额启动成本以及变更审计师的交易成本。当现任审计师拥有这些优势时,他们可以将未来的审计费用提至高于审计产生的可避免成本,即现任审计师可以获得客户专属准租金。

客户专属准租金对现任审计师的期望有两个影响。其一,最优的审计师独立性水平并非完全独立;其二,对现任审计师准租金财产权的竞争迫使审计师在竞争初次审计服务时采取低价竞争模式。

监管机构和审计师声称,低价竞争会创造捆绑于客户的未来经济利益,进而损害审计师独立性。与这些观点相反,本文认为,低价竞争是对未来准租金预期的竞争性反应,本身不会损害审计师独立性,试图限制低价竞争而不改变客户专属准租金流的监管规则预计不会影响审计师独立性。

交流区

本文为探讨审计师独立性、低价竞争和披露监管规则之间的关系,构建了跨期审计费用定价模型,其主要结论为:审计师转换成本允许审计师针对持续性的审计服务收取的准租金导致审计费用被低估,低价竞争不会损害审计师独立性。本文的发现为后续关于审计报告质量的研究提供了证据(Carey 和 Simnett,2006;DeFond 和 Zhang,2014)。本文的模型反映了审计师减少错报的能力是审计师发现重大错报和调整或报告错报的函数,为审计师优势、审计师规模与审计错报的相关研究提供了参考(Dechow 等,2010)。

文献59 审计师的非审计服务收费与盈余管理

经典文献:Richard M. Frankel[1], Marilyn F. Johnson[2], Karen K. Nelson[3]. The Relation between Auditors' Fees for Nonaudit Services and Earnings Management. *The Accounting Review*, 2002, 77(s-1): 71-105.

机构:[1]Massachusetts Institute of Technology;[2]Michigan State University;[3]Stanford University

被引:总计2 354次,年均120.72次

文献概述:孙俊勤

研究概述:本文研究了审计师的收费与盈余管理及费用披露当日的市场反应之间的关系。基于股东投票说明书中的数据,本文实证检验并发现非审计服务收费与较小的盈余增长及操控性应计正相关,而审计收费与盈余管理负相关。本文同时发现非审计服务收费与披露当日股价变动负相关,尽管其经济效应较小。

核心概念:审计师独立性 审计师的收费 盈余管理 操控性应计

文献背景

本文为审计师的收费和盈余管理的关系、审计师的收费和披露当日股价变动的关系提供了经验证据。本研究出于对审计师提供非审计服务对财务报告可靠性影响的担忧。这也是美国证券交易委员会在2000年11月修订审计师独立性准则的原因,该准则要求公司在股东投票说明书中披露审计收费和非审计服务收费。

提供非审计服务可以加强审计师和客户的经济关联,由此会增大审计师屈服于客户压力的可能性,包括允许客户进行盈余管理;但是,提供非审计服务也能够促使审计师更注重声誉,其更不可能损害自身声誉来满足任何客户的需求。本文通过管理层干预来验证上述竞争性假设。本文采用盈余管理的常规衡量指标作为不可观测的管理层盈余干预的代理变量,即利用刚好达到或超过盈余基准操纵和操控性应计来检验非审计服务是否与盈余管理相关。

近年来担忧审计师独立性受到为客户提供非审计服务的影响的声音不断在市场上回响,审计收费也可能产生同样的捆绑效应或声誉效应。在此背景下,本文探讨非审计服务收费及审计收费与盈余管理、股价变动的关系。披露审计师非审计服务收费能够使投资者了解财务报告质量,包括盈余管理状况。如果投资者认为提供非审计服务会损害审计师的公正性并要求对财务报告可靠性下降进行补偿,那么当公司披露非预期的非审计服务收费时,其股价会下跌。但是如果投资者相信提供非审计服务可以促使会计师事务所更重视声誉,进而提高财务报告的可靠性,那么当公司披露非预期的非审计服务收费时,其股价会上升。本文检验非审计服务收费与披露当日股价变动的关系来验证这一竞争性假设。

2000年11月,美国证券交易委员会发布修订的审计师独立性准则,规定独立性应包括心理上的认知公正并不带有偏见。该准则利用两个条件检验审计师是否独立:第一,审计师的心理状态,即实质性独立,但心理状态是无法观测的;第二,表面上的独立性。该准则同时要求公司在股东投票说明书中披露近年来的审计费用,这一披露规定主要是为了给投资者提供有用的信息,以便其审查非审计服务收费是否损害审计师独立性。

理论基础与研究假设

审计师的收费和盈余管理

Simunic(1984)和Beck等(1988)针对审计服务和非审计服务构建模型,认为同一审计师提供审计服务及非审计服务可以通过知识溢出效应节约成本,而审计师会由此与客户形成经济捆绑。当审计师担心丢失非审计服务收入时,其更不可能公正地对待管理层的会计选择。

提供非审计服务产生的经济捆绑效应存在不一致的实证结果。Simunic(1984)认为非审计服务购买与审计收费正相关,可以解释为同时购买审计服务及非审计服务会因知识溢出效应而产生经济捆绑。但是,Palmrose(1986)和Davis等(1993)认为可能是潜在的经济因素导致公司同时产生对审计服务和非审计服务的需求。Abdel-khalik(1990)发现审计收费和非审计服务收费之间不存在内在联系。Beck等(1998)发现经济捆绑效应与审计师任期相关,当客户从审计师处购买非审计服务时,审计师任期较长。Parkash和Venable(1993)、Firth(1997)分别以美国和英国的上市公司为样本,发现高代理成本的公司倾向于从审计师处购买相对少量的非审计服务以避免损害审计师独立性。与代理观认为的审计师故意偏袒相反,行为观认为是审计师心理上的无意识造成偏袒。Beeler和Hunton(2001)发现当会计师事务所依赖审计师关系来实现未来经济寻租时,审计师更可能偏向客户。他们用实验证据表明,当审计师合伙人想从提供非审计服务中获得经济寻租时,其更可能假定客户是持续经营的并缩短原本计划的审计时长。

有观点认为审计师的公正性不会因接受委托为客户提供非审计服务而妥协。Arrunada(1999)建立相关模型,认为给客户提供非审计服务会增强会计师事务所对声誉的重视,会约束审计师的偏袒行为,因为满足一个客户的需求所获得的好处远小于其他客户看重的独立性所带来的收益。Dopuch 等(2001)证明,提供非审计服务可以增强审计师独立性进而提升会计师事务所声誉。

因为存在竞争性假设及不统一的实证证据,本文提出以下无具体方向的假设:

假设 1 为客户提供非审计服务与盈余管理无关。

以往的研究也讨论与审计收费相关的动机效应。例如,DeAngelo(1981)、Magee 和 Tseng(1990)认为与审计收费相关的经济寻租会在审计师和客户之间产生经济捆绑效应,因而增大审计师允许客户进行盈余管理的可能性。但是,高审计收费也会促使会计师事务所更重视声誉,使得审计师更加不允许客户的盈余管理行为。于是,本文提出以下无具体方向的假设:

假设 2 审计师为客户提供审计服务与盈余管理无关。

股票市场对审计师的收费的反应

相关理论阐明股票价格和审计收费披露存在关系。如果投资者认为非审计服务会有损审计师的公正性并降低财务报告的可靠性,股票价格就会下跌。Firth(1990)观测到当英国贸易部门批评审计师的工作时,被审计公司的市场价值就会下降。这与当财务报告的可靠性降低时股票市场产生负向反应的观点一致。但是,如果投资者认为非审计服务会增强审计师对声誉的重视程度,进而提高财务报告的可靠性,那么当公司披露非审计服务收费时,其股票价格会上涨。于是,本文提出以下无具体方向的假设:

假设 3 股票市场反应与非审计服务收费披露无关。

假设 4 股票市场反应与审计收费披露无关。

样本选择

本文选取 2001 年 2 月 5 日至 2001 年 6 月 5 日的 4 701 份股东投票说明书为初始样本。考虑到审计师变更会对审计收费产生影响,本文的研究样本剔除此类公司;此外还剔除金融行业及未在股东投票说明书中披露审计费用的样本,最终得到 3 074 个样本。

实证方法与模型构建

Hansen 和 Watts(1997)、Reynolds 和 Francis(2000)认为审计收费和非审计服务收费会产生相似的动机效应,因此本文分别实证分析审计收费和非审计服务收费对盈余管理的影响。

本文使用两种常见的盈余质量衡量指标:盈余基准操纵及操控性应计。对于与审计相关的收费,本文使用非审计服务收费占比(FEERATIO)、非审计服务收费内部排名(RAN-

KNON)、审计收费内部排名Ⅰ(RANKAUD)、审计收费内部排名Ⅱ(RANKTOT)四个衡量指标,并建立以下模型探讨审计师的收费与盈余质量的关系:

$$Y = \beta_1 \text{FEEVAR} + \text{Controls} + \varepsilon \tag{1}$$

其中,被解释变量盈余质量(Y)分别为:①a 盈余基准操纵 SURPRISE,若公司达到及超过分析师预测取值为1,否则取值为0;①b 盈余基准操纵 INCREASE,若公司报告的盈余比上年略有增长取值为1,否则取值为0;②a 操控性应计 ABSDACC,修正 Jones 模型残差的绝对值;②b 操控性应计 DACC+,向上盈余操纵(DACC>0)的 Jones 模型残差;②c 操控性应计 DACC-,向下盈余操纵(DACC<0)的 Jones 模型残差绝对值。解释变量 FEEVAR 分别为非审计服务收费占比(FEERATIO)、非审计服务收费内部排名(RANKNON)、审计收费内部排名Ⅰ(RANKAUD)、审计收费内部排名Ⅱ(RANKTOT)。

实证检验结果显示,非审计服务收费占比(FEERATIO)及非审计服务收费内部排名(RANKNON)与 SURPRISE、ABSDACC 及 DACC+正相关,与 DACC-负相关,而与 INCREASE 不相关。这基本证明非审计服务收费产生了经济捆绑效应,对审计师公正性产生了负面影响,进而降低了客户盈余质量。而审计收费内部排名Ⅰ(RANKAUD)与 SURPRISE、IN-CREASE、ABSDACC 及 DACC+负相关,与 DACC-正相关。这基本证明审计收费的声誉效应能够提升客户盈余质量。本文在稳健性检验中进一步分析不同会计师事务所的差异,发现上述效应主要存在于安永(EY)、毕马威(KPMG)及普华永道(PWC)等会计师事务所。

本文采用事件法检验审计师的收费披露的市场反应。本文将披露审计师的收费当日作为事件日,以事件日[-100,30]作为窗口期计算股票超常收益(ARET)。实证结果表明非审计服务收费占比(FEERATIO)及非审计服务收费内部排名(RANKNON)与股票超常收益负相关,未发现审计收费内部排名Ⅰ(RANKAUD)与股票超常收益相关,但发现审计收费内部排名Ⅱ(RANKTOT)与股票超常收益负相关。总体上,实证结果验证了非审计服务收费不被投资者看好,进而导致了股票价格下跌。

| 研究结论与创新 |

本文提供了审计师的收费与盈余质量、披露日市场反应之间关系的经验证据。本文发现非审计服务收费与小幅盈余增长、操控性应计绝对值、向上盈余操纵及向下盈余操纵正相关,而审计收费则与盈余质量负相关。本文还发现非审计服务收费与披露当日股价变动负相关。本研究对有关审计师动机的实验证据(Beeler 和 Hunton,2001)及调查(Nelson 等,2001)提供了有益的补充。

| 局限性与展望 |

虽然本文用两种不同的服务收费作为审计师与客户间契约引发审计师动机的代理变量,并假定审计收费及非审计服务收费会影响盈余管理和股价,但是无法提供审计师行为改变的直接证据。

未来研究可以考虑其他审计师动机的经济后果,例如审计意见、盈余重述或者财务欺诈等能够提供关于非审计服务对财务报表影响的更加全面的理解。同时,本文只研究了披露审计师的收费第一年的数据,随着可获得数据的增加,未来可研究审计收费及非审计服务收费的变化对审计师动机及财务报告质量的影响。

交流区

过高的审计收费一直被质疑为一种审计意见购买行为。审计定价越高反而对提高审计质量起到负向作用,但同时可能意味着更多的审计程序可以提供更高的审计质量。本文首次关注非审计服务收费与审计质量的关系,后续 Ashbaugh 等(2003)用不同方式衡量审计质量但未得到显著结果,并质疑本文的研究设计。Lim 和 Tan(2008)认为非审计服务收费并不是进一步加剧审计意见购买行为,而是拥有行业专长审计师的知识溢出效应,进而发现非审计服务收费与审计质量正相关。审计意见购买与审计收费的关系可能有待后续研究运用准自然实验进一步加以验证。

文献 60　非审计服务收费会损害审计师独立性吗?来自持续经营审计意见的证据

经典文献: Mark L. DeFond,[1] K. Raghunandan,[2] K. R. Subramanyam.[1] Do Non-Audit Service Fees Impair Auditor Independence? Evidence from Going Concern Audit Opinions. *Journal of Accounting Research*, 2002, 40(4): 1247-1274.

机构: [1]University of Southern California; [2]Texas A&M International University

被引: 总计 1 915 次,年均 95.75 次

文献概述: 杨蓓

研究概述: 本文发现非审计服务收费不会损害审计师独立性,其中审计师独立性以审计师签发持续经营审计意见的概率来衡量。本文同时发现持续经营审计意见与总收费或者审计收费均无显著关系。此外,本文结果在控制未预期费用、变量间的内生性以及改变模型设计之后依然稳健。本文的研究结论与以市场为基础的动机一致,即相比于审计师因牺牲独立性而获取的预期收益,声誉损失和诉讼成本起到主导作用。

核心概念: 审计师独立性　审计收费　非审计服务收费　持续经营审计意见

文献背景

在有效的资本市场上,独立审计起到至关重要的作用。由此,哪些因素可能会对审计师独立性造成损害也受到监管机构的广泛关注。安然事件的暴发,促使美国国会颁布相关法案,禁止大部分审计师同时给审计客户提供非审计服务。监管部门对非审计服务收费的

考虑主要基于这样的假定:审计师有意愿为了维持现有客户(尤其是那些非审计服务收费更高的客户)而向客户妥协,放弃其应有的独立性。现有的关于非审计服务收费与审计师独立性关系的研究也没有得出一致的结论。上述假定存在的问题是,它忽视了审计师放弃独立性而带来的预期成本——声誉损失和诉讼成本。审计师作为资本市场中为财务报表质量提供鉴证服务的独立的、胜任的第三方,有动机在声誉损失和诉讼成本的作用下,谨慎地发表审计意见。

理论基础与研究思路

审计师在市场基础制度因素的驱动下,能够保持应有的独立性。一方面,审计师有动机保护自己的声誉不受损害(Benston,1975;Watts 和 Zimmerman,1983);另一方面,集体诉讼的威胁也使得审计师有动机保持独立性(Antle 等,1997)。

然而,市场中的一些因素会对审计师独立性造成威胁。审计师为客户提供非审计服务,一方面会使得审计师在经济上依存于客户,从而在面临管理层压力时会因害怕失去业务而难以保持独立性;另一方面,很多非审计服务的咨询性质使得审计师与管理层的立场保持一致,这会潜在影响其客观性。

现有的关于非审计服务收费是否会损害审计师独立性的研究尚未得出一致结论。审计报告对资本市场投资者具有警示作用,能够提醒投资者即将发生的持续经营问题。**审计失败**(audit failure)是指审计师未能签发持续经营审计意见,但其客户随后申请破产的情形。SAS 59 要求审计师对客户在资产负债表日后 12 个月内的持续经营能力存在重大疑虑时,应当签发持续经营审计意见。然而,当审计师独立性受到损害时,审计师报告财务报表重大错报的可能性更低,其签发非标意见的可能性也更低。

研究假设

假设 1 在其他条件不变的情况下,非审计服务收费与审计师签发持续经营审计意见的概率负相关。

假设 2 在其他条件不变的情况下,总收费与审计师签发持续经营审计意见的概率负相关。

样本选择

本文在 Edgar 数据库中搜索"审计收费"关键词,得到 2001 年 2 月 5 日至 2001 年 6 月 30 日上市公司向美国证券交易委员会提交的股东投票说明书。为了增加持续经营审计意见的样本,本文进一步将观测期拓展为 2001 年 2 月 5 日至 2001 年 10 月 31 日,初步得到有审计收费数据的 4 105 家公司,其中 160 家公司的 2000 年度财务报表收到持续经营审计意见。在与财务数据合并之后,剔除金融类公司以及更换年度截止日的公司,最终得到的样本为 2 428 家公司,其中 100 家是首次收到持续经营审计意见的公司。

与现有研究一致,本文着眼于陷入财务困境的公司,以判断审计师首次签发持续经营审计意见的概率。与 Reynolds 和 Francis(2000)的做法一致,本文定义的财务困境公司包括公司当年盈余为负数的公司或者当年经营现金流量为负数的公司。

在增加对财务困境公司的限定之后,本文可使用的样本为 1 158 家公司,其中 96 家为首次收到持续经营审计意见的公司。

实证方法与模型构建

$$\begin{aligned}OPINION =\ & \beta_0 + \beta_1(PROBANKZ) + \beta_2\log(ASSETS) + \beta_3[\log(AGE)] + \beta_4(BETA) + \\& \beta_5(RETURN) + \beta_6(VOLATILITY) + \beta_7(LEV) + \beta_8(CLEV) + \beta_9(LLOSS) + \\& \beta_{10}(INVESTMENTS) + \beta_{11}(FUTURE\ FINANCE) + \beta_{12}(BIG5) + \\& \beta_{13}(OP\ CASH\ FLOW) + \beta_{14}(REPORT\ LAG) + \beta_{15}(FEE\ RATIO) + \\& \beta_{16}[\log(TOTAL\ FEE)] + \beta_{17}[\log(AUDIT\ FEE)] + \\& \beta_{18}[\log(NON\text{-}AUDIT\ FEE)] + \varepsilon \end{aligned} \quad (1)$$

其中,OPINION,若公司收到持续经营审计意见取值为 1,否则取值为 0;PROBANKZ,Zmijewski(1984)定义的破产概率;log(ASSETS),年末总资产的自然对数;log(AGE),公司在交易所上市时间的自然对数;BETA,用市场模型估计的公司贝塔值;RETURN,当年公司股票收益率;VOLATILITY,市场模型残差的方差;LEV,年末总负债除以总资产;CLEV,当年资产负债率的变化;LLOSS,若公司上年线下项目出现亏损取值为 1,否则取值为 0;INVESTMENTS,长期投资和短期投资(包括现金及现金等价物)之和除以年末总资产;FUTURE FINANCE,若公司在下年(直到 2001 年 10 月 31 日)发行股票或债券取值为 1,否则取值为 0;BIG5,若审计师为"五大"会计师事务所取值为 1,否则取值为 0;OP CASH FLOW,经营现金流量除以年末总资产;REPORT LAG,从会计年度截止日至盈余公告日的天数;FEE RATIO,非审计服务收费占现任审计师总收费之比;log(TOTAL FEE),现任审计师总收费的自然对数;log(AUDIT FEE),现任审计师的审计收费的自然对数;log(NON-AUDIT FEE),现任审计师的非审计服务收费的自然对数。

根据本文的假设,如果非审计服务收费会损害审计师独立性,那么预期 FEE RATIO 和 log(NON-AUDIT FEE) 的回归系数为负;如果总收费会损害审计师独立性,那么预期 log(TOTAL FEE) 及其构成项目 log(AUDIT FEE)、log(NON-AUDIT FEE) 的回归系数均为负。回归结果表明,上述变量的回归系数均不显著。

稳健性检验

控制期望的审计收费

考虑到损害审计师独立性的不是审计收费或非审计服务收费本身,而是收费中未预期的部分。因此,先估计出期望的审计收费(非审计服务收费),再用模型残差衡量未预期审计收费(未预期非审计服务收费),然后代入模型(1),替代原来的收费相关变量。重复回归后发现,这些变量的回归系数依然不显著。

控制内生性

由于审计师对陷入财务困境的公司签发持续经营审计意见的概率更高、收取的风险溢价更高、会执行更多的审计程序,因此审计收费更高。陷入财务困境的公司也会为了改善财务状况而寻求更多的咨询服务,从而导致非审计服务收费更高。

本文借鉴 Nelson 和 Olsen(1978)的方法,采用两阶段结构模型重复检验过程。具体而言,针对三个内生变量 OPINION、log(AUDIT FEE)和 log(NON-AUDIT FEE),分别设定其中一个变量是另外两个变量的函数进行回归,再利用在第一阶段得到的估计值进行结构模型回归,发现这些变量的回归系数依然不显著。这表明本文关于审计收费与非审计服务收费会损害审计质量的假设没有得到支持。

替换样本

初始样本为首次收到持续经营审计意见的财务困境公司。放松相关限定之后,得到以下不同样本:

(1)多次收到持续经营审计意见的财务困境公司,用一个哑变量控制以前年度收到的持续经营审计意见。

(2)首次收到持续经营审计意见的全部可得的公司,不限于财务困境公司。

(3)多次收到持续经营审计意见的全部可得的公司,用一个哑变量控制以前年度收到的持续经营审计意见。

结果发现收费相关变量的回归系数依然不显著,这表明本文结果对样本选择标准不敏感。

替换被解释变量

改变被解释变量(审计师独立性)的度量方法。具体地,度量审计师持续经营审计意见的事后错误等于持续经营审计意见的指示变量减去客户破产哑变量(若客户在未来12个月内申请破产取值为1,否则取值为0)。因此,这个变量有三个值(-1,0,1),分别表示第二类错误(即审计师错误地签发了清洁的审计意见)、审计师签发了恰当的审计意见、第一类错误(即审计师错误地签发了持续经营审计意见)。

回归结果发现收费相关变量的回归系数依然不显著。这表明在改变被解释变量的度量方式之后,本文的回归结果依然稳健。

| 研究结论与创新 |

本文发现非审计服务收费与审计师签发持续经营审计意见不存在显著关系,而且审计收费与审计师签发持续经营审计意见也不存在显著关系。尽管监管机构顾虑过高的审计收费和非审计服务收费会造成审计师对客户的经济依存性,从而损害审计师独立性,但是本文的研究结果表明,以市场为基础的动机(例如声誉损失和诉讼成本)对审计师的影响更大。

> **交流区**
>
> 本文用持续经营审计意见衡量审计质量,检验非审计服务是否会损害审计质量,发现尽管非审计服务收费会深化审计师与客户之间的经济依存关系,但是在法律成本(如诉讼成本)和声誉损失的约束下,审计师不一定会向客户妥协独立性。后续文献进一步丰富了审计质量的分析框架,从审计投入、审计流程、会计师事务所、审计行业与审计市场、制度因素、审计经济后果六方面构建了审计质量研究的分析框架(Francis,2011),从审计师与客户的经济与社会关系(Ye 等,2011)、审计师的行业专长(Lim 和 Tan,2008)等角度分析了非审计服务收费对审计质量的影响,并采用了盈余管理程度、财务报表重述、盈余反应系数、权益资本成本等多种指标衡量审计质量,从而更全面地检验了非审计服务对审计质量的影响(Frankel 等,2002;Lim 和 Tan, 2008;Khurana 和 Raman,2006)。

【主题结语】

本章关注了与审计收费相关的研究文献,体现了学者们从理论和经验证据上做出的重大贡献。本章选取了四篇经典文献加以赏析。Simunic(1980)是研究审计费用、提出审计费用定价模型的开山之作,研究者构建了审计费用定价模型,使我们能够更好地理解审计师与被审计单位之间的关系,通过问卷调查得到相关数据并进行实证分析,发现审计费用或收费的影响因素具体为:公司规模、被纳入合并报表的子公司数目、外币资产占比、应收账款占比及存货占比正向影响审计费用或收费,而过去两年发生过亏损、被出具非标审计意见也会正向影响审计费用或收费,未发现净利润、审计任期对审计费用或收费具有显著影响。每一位学习并研究审计的学者都应当仔细研读并掌握 Simunic(1980)提出的经典理论。审计收费与审计质量的关系一直是热点话题,DeAngelo(1981)建立了跨期审计定价模型,分析现任审计师在未来对特定客户审计中具有的高于竞争对手的成本优势。非审计服务收费对审计师独立性是否有影响也是经久不衰的话题,Frankel 等(2002)实证检验并发现非审计服务收费与小幅盈余增长及操控性应计正相关,而审计收费与盈余管理负相关,同时非审计服务收费与披露当日股价变动负相关。然而,DeFond 等(2002)证实了非审计服务收费与审计师签发持续经营审计意见不存在显著关系,审计收费与审计师签发持续经营审计意见也不存在显著关系。在未来,学者们既要学习领悟并延续经典研究的精华,也要积极努力探索审计定价的多元研究价值。

【推荐阅读】

1. Ashbaugh H, LaFond R, Mayhew B W. Do Non-Audit Services Compromise Auditor Independence? Further Evidence[J]. *The Accounting Review*, 2003, 78(3): 611-639.
2. Francis J R. A Framework for Understanding and Researching Audit Quality[J]. *Auditing: A Journal of Practice and Theory*, 2011, 30(2): 125-152.
3. Frankel R M, Johnson M F, Nelson K K. The Relation between Auditors' Fees for Nonaudit Services and Earnings Management[J]. *The Accounting Review*, 2002, 77(1): 71-105.
4. Fung S Y K, Gul F A, Krishnan J. City-Level Auditor Industry Specialization, Economies of Scale, and Audit Pricing[J]. *The Accounting Review*, 2012, 87(4): 1281-1307.
5. Hay D C, Knechel W R, Wong N. Audit Fees: A Meta-Analysis of the Effect of Supply and Demand Attributes[J]. *Contemporary Accounting Research*, 2006, 23(1): 141-191.
6. Khurana I K, Raman K K. Do Investors Care about the Auditor's Economic Dependence on the Client[J]. *Contemporary Accounting Research*, 2006, 23(4): 977-1016.
7. Kim J B, Liu X, Zheng L. The Impact of Mandatory IFRS Adoption on Audit Fees: Theory and Evidence[J]. *The Accounting Review*, 2012, 87(6): 2061-2094.
8. Lim C, Tan H. Non-Audit Service Fees and Audit Quality: The Impact of Auditor Specialization[J]. *Journal of Accounting Research*, 2008, 46(1): 199-246.
9. Myers J N, Myers L A, Omer T C. Exploring the Term of the Auditor-Client Relationship and the Quality of Earnings: A Case for Mandatory Auditor Rotation[J]. *The Accounting Review*, 2003, 78(3): 779-799.
10. Ye P, Carson E, Simnett R. Threats to Auditor Independence: The Impact of Relationship and Economic Bonds[J]. *Auditing: A Journal of Practice and Theory*, 2011, 30(1): 121-148.
11. 蔡春,谢柳芳,马可哪呐.高管审计背景、盈余管理与异常审计收费[J].《会计研究》,2015(3):72-78+95.
12. 蔡吉甫.公司治理、审计风险与审计费用关系研究[J].《审计研究》,2007(5):65-71.
13. 刘启亮,李蕙,赵超,等.媒体负面报道、诉讼风险与审计费用[J].《会计研究》,2014(6):81-88+97.
14. 潘克勤.公司治理、审计风险与审计定价——基于 $CCGI^{NK}$ 的经验证据[J].《南开管理评论》,2008(1):106-112.
15. 漆江娜,陈慧霖,张阳.事务所规模·品牌·价格与审计质量——国际"四大"中国审计市场收费与质量研究[J].《审计研究》,2004(6):59-65.
16. 宋衍蘅,殷德全.会计师事务所变更、审计收费与审计质量——来自变更会计师事务所的上市公司的证据[J].《审计研究》,2005(2):72-77.
17. 伍利娜.盈余管理对审计费用影响分析——来自中国上市公司首次审计费用披露的证据[J].《会计研究》,2003(12):39-44.
18. 张俊瑞,余思佳,程子健.大股东股权质押会影响审计师决策吗?基于审计费用与审计意见的证据[J].《审计研究》,2017(3):65-73.

第 11 章

审计师独立性

文献 61 审计师的品牌声誉与行业专长

经典文献：Allen T. Craswell,[1] Jere R. Francis,[2] Stephen L. Taylor.[1] Auditor Brand Name Reputations and Industry Specializations. *Journal of Accounting and Economics*, 1995, 20(3): 297-322.

机构：[1] University of Sydney；[2] University of Missouri

被引：总计 2 259 次，年均 83.67 次

文献概述：杨蓓

研究概述："八大"会计师事务所的品牌声誉和行业专长的形成成本很高，由此会带来高额审计收费。本文以澳大利亚 1 484 家上市公司为样本，对"八大"会计师事务所的审计收费溢价进行估计。平均来看，与没有行业专长的"八大"会计师事务所相比，有行业专长的"八大"会计师事务所可以获得 34% 的收费溢价。与"非八大"会计师事务所相比，有品牌声誉的"八大"会计师事务所的审计收费溢价约为 30%。这一结果支持审计师的行业专长是"八大"会计师事务所高质量审计需求的解释维度之一的观点，也为"八大"会计师事务所内部存在的产品质量差异提供了基础。

核心概念：审计师品牌声誉　行业专长　审计师选择

文献背景

现有研究表明，国际"六大"（之前是"八大"）会计师事务所的审计收费更高。根据代理理论，随着代理成本的增加，对高质量审计的需求会提高——管理层会主动选择高质量的审计师，从而形成**约束效应**（bonding effect），或者迫于外部股东或债权人施加的压力而选择高质量的审计师，从而形成**监督机制**（monitoring mechanism）。审计师能够为信息使用者提供关于财务报告可信度的保证。

现有研究表明，公司层面的横截面变化会影响代理成本。公司因素和行业因素共同导致对审计师质量的需求存在差异。对行业专长的需求驱动审计师进行投资，以获取关于行业的专门知识，并获得行业基础客户群体。除了关于全部审计客户的一般性知识，审计师专有的行业知识也是审计师专长的组成部分。

理论基础与研究思路

现有研究大多基于审计师是否"八大"会计师事务所区分审计质量的高低。本文从另一个维度考虑审计质量——"八大"会计师事务所内部的行业专长,从而检验有行业专长"八大"会计师事务所的审计收费是否会系统性地高于无行业专长"八大"会计师事务所。通常,审计师不断地发展专有的行业技能和高于一般审计师水平的专长,以获取行业专家的声誉,他们的投资应该获得回报。

研究假设

假设1 在无行业专长审计师的行业中,"八大"会计师事务所将比"非八大"会计师事务所的审计收费更高。

假设2 在有行业专长审计师的行业中,无行业专长"八大"会计师事务所将比"非八大"会计师事务所的审计收费更高。

假设3 在有行业专长审计师的行业中,有行业专长"八大"会计师事务所将比无行业专长"八大"会计师事务所的审计收费更高。

样本选择

本文从"谁来审计澳大利亚"(Who Audits Australia)(Craswell,1988)报告中选取1987年的审计收费数据,用来预测审计收费模型,其他数据通过手工收集得到。在剔除85个无效样本之后,最终样本由1 484家上市公司组成。

实证方法与模型构建

基于现有的澳大利亚审计收费研究(Francis,1984;Francis 和 Stokes,1986),本文选用横截面的审计收费回归模型检验假设:

$$\text{LAF} = b_0 + b_1\text{LTA} + b_2\text{Sub} + b_3\text{Current} + b_4\text{Quick} + b_5\text{DE} + b_6\text{ROI} + b_7\text{Foreign} + b_8\text{Opin} + b_9\text{YE} + b_{10}\text{Loss} + b_{11}\text{Auditor} + \varepsilon \tag{1}$$

其中,LAF 为总审计收费的自然对数;LTA 为总资产的自然对数;Sub 为子公司数量的平方根;Current 为流动资产占总资产的比例;Quick 为流动资产减去存货之差与流动负债之比;DE 为长期负债与总资产之比;ROI 为息税前利润与总资产之比;Foreign 为海外子公司的占比;Opin 为哑变量,若收到无保留审计意见取值为1,否则取值为0;YE 为哑变量,若会计年末位于6月30日之外取值为1,否则取值为0;Loss 为哑变量,若过去三年亏损取值为1,否则取值为0;Auditor 为哑变量,若审计师是"八大"会计师事务所或者行业专长审计师取值为1,否则取值为0。Auditor 有两种取值方式:在检验"八大"审计师的品牌溢价(假设1和假设2)时,Auditor 是"八大"会计师事务所对"非八大"会计师事务所;在检验行业专长(假设3)时,Auditor 是有行业专长"八大"会计师事务所对无行业专长"八大"会计师事务所。

稳健性检验

市场竞争程度

将品牌声誉或者行业专长作为审计收费溢价的解释是基于这样的假定:审计市场是竞争性的。目前被广泛接受的观点是:审计市场对小公司而言是竞争性的,因为存在大量的提供者;但是对于大公司而言,"八大"会计师事务所的主导地位引发关于市场竞争程度的疑问(Simunic,1980)。

在澳大利亚,这个问题不严重。总体来看,"八大"会计师事务所的市场份额仅为58%,而且客户公司规模也不是特别大。就本文的1 484个样本而言,公司规模(总资产)介于10.7万—703亿澳元。在742家较大型公司中,"八大"会计师事务所的市场份额为64%;在742家较小型公司中,"八大"会计师事务所的市场份额为52%。由此可以看出,"八大"会计师事务所的市场份额很难占统治地位。

模型参数与公司规模

现有的关于审计收费的研究表明,模型参数对公司规模是敏感的。这个潜在的问题可以使用Chow检验加以解决(Chow,1960)。本文分别对审计师品牌声誉、审计师行业专长进行分析并发现,那些处于有行业专长审计师的行业中的大公司存在"八大"会计师事务所行业专长溢价,但是无行业专长"八大"会计师事务所不存在品牌溢价;那些处于有行业专长审计师的行业的较小公司存在"八大"会计师事务所品牌溢价,但不存在行业专长溢价。

单个"八大"会计师事务所与行业专长

为了检验结果是否由某一个或多个"八大"会计师事务所所驱动,本文每次剔除一个"八大"会计师事务所,重新估计模型,结果基本一致。这表明本文的发现不是由某一个或者多个会计师事务所的特性所驱动的。

审计风险

本文的审计收费模型中的控制变量旨在控制被审计单位规模、审计复杂度、审计师—客户风险分担的影响(Francis,1984;Simunic,1980),但是行业专长溢价可能仅仅代表未被审计收费模型捕捉到的与风险相关的收费溢价。换言之,对有行业专长审计师的9个行业中的公司实施审计,风险将系统性地变高。如果该风险并未被控制变量完全捕捉,那么可能存在遗漏变量问题。

采矿业/石油行业的公司与制造业企业相比,风险更高。为此,本文将采矿业/石油行业的公司与制造业企业相区分,再次重复检验过程并发现,审计师行业专长变量依然显著。基于此,没有理由相信行业专长溢价是由未被审计收费模型控制的潜在审计风险差异所造成的。

审计收费与非审计服务收费

Simunic(1984)、Palmrose(1986)及 Davis 等(1993)发现,审计收费与非审计服务收费存在正向关系。品牌溢价或者行业专长溢价可能由非审计服务收费驱动,但模型并未控制该变量。

本文用两种方法重复检验过程。第一,被解释变量被重新定义为全部审计收入(审计收费与非审计服务收费);第二,在原有模型中加入非审计服务收费的自然对数。结果表明,审计收费溢价并没有受到非审计服务收费的影响。

行业专长的不同定义

由于使用 Craswell 和 Taylor(1991)的 10%市场份额标准存在任意性,本文以 20%作为更高的市场份额标准,检验结果对 10%的标准是否敏感,发现本文的结果对于行业专长的定义是敏感的。

行业专家

按照 Craswell 和 Taylor(1991)的方法,只要其审计数量达到 3 家公司,审计师就可以被视为行业专家:10%的市场份额乘以行业最低要求的 30 家公司。这是一个较低的数量标准以确保审计师是行业专家。本文进一步分析数据并发现,20 个行业专家审计师的平均(中位数)审计数量为 10.2(6.5),范围介于 3 和 31 之间。

行业专家数量的较高值聚集于五个行业,因此在这些行业中重复主回归过程,发现结果是稳健的。

研究结论与创新

本文的目的是使用审计收费模型实证检验作为行业专家以及有品牌效应的"八大"会计师事务所声誉的存在性。代理理论/契约理论被用来解释对高收费的、存在质量差异的"八大"审计师的经济需求。本文认为,行业专长能提高"八大"会计师事务所的声誉(行业内),但会要求该会计师事务所拥有超越一般技术的专门技术。在专门技术上的额外投资会使得会计师事务所要求正向回报,导致审计收费溢价。本文的实证结果表明,基于澳大利亚公司的大样本,支持关于"八大"会计师事务所存在审计收费溢价的推论,而且该溢价与审计师的品牌声誉、行业专长有关。

局限性与展望

第一,审计师行业专长的定义有一定的随意性。本文采用 10%的市场份额标准界定行业专长,结果对变量定义是敏感的。

第二,审计师行业专长在某些行业存在,但在另一些行业不存在。

第三,行业内一些公司与行业专长审计师签约,另一些公司却不这么做。

> **交流区**
>
> 本文检验了审计师的品牌声誉、行业专长与审计收费的关系。后续的深化研究包括:进一步检验公司特征、高管持股对审计需求的影响(Shan 等,2019);进一步细分审计师的行业专长,以检验其对盈余管理的影响(Reichelt 和 Wang,2010);检验关键审计事项是否会影响投资者感到的审计质量在"四大"会计师事务所和"非四大"会计师事务所之间存在差异(Moroney 等,2021);将研究范围拓展到新兴市场,检验制度因素对审计质量的影响(Fan 和 Wong,2005;Ke 等,2015)。

文献 62　审计师变更与操控性应计

经典文献:Mark L. DeFond, K. R. Subramanyam. Auditor Changes and Discretionary Accruals. *Journal of Accounting and Economics*, 1998, 25(1): 35–67.

机构:University of Southern California

被引:总计 1 393 次,年均 58.04 次

文献概述:刘慧

研究概述:在审计师变更的样本公司中,本文发现在前任审计师最后一年任期中会出现减少收入的操控性应计,但是在继任审计师第一年任期中减少收入的操控性应计不显著。此外,减少收入的操控性应计集中于预计会有更大诉讼风险的公司。这些研究结果与审计师可能会基于诉讼风险的考量而倾向于保守的会计选择一致;同时,管理人员会解雇现任审计师以期找到更合适的继任审计师。但是,本文不能排除将财务困境作为检验结果的潜在替代解释的可能性。

核心概念:审计师稳健性　审计师—客户分歧　审计师变更　操控性应计　诉讼风险

文献背景

经审计的财务报表是管理层与现任审计师谈判的最终结果(Antle 和 Nalebuff,1991;Dye,1991)。虽然大多数审计师与客户谈判预计会以友好的妥协而告终,但 Dye(1991)发现谈判中涉及的一些分歧会导致审计师变更。尽管仅有一小部分变更审计师的公司会披露审计师与公司之间存在分歧,但已有研究显示审计师和客户倾向于规避披露(Smith 和 Nichols,1982;DeFond 和 Jiambalvo,1993)。规避披露审计师与审计客户之间分歧的一个诱因是,这种披露会导致股价下跌(Smith 和 Nichols,1982)。

当审计师坚持采用保守的会计选择使得公司盈余减少、低于管理层预期时,审计师与客户之间就更可能发生分歧(Antle 和 Nalebuff,1991;DeFond 和 Jiambalvo,1993)。而审计师采用保守会计选择的动机是避免因审计失败而引起的诉讼风险(Magee 和 Tseng,1990)。Lys 和 Watts(1994)发现,当客户拥有更多调增盈余的总应计时,客户更有可能被起诉。同样,Pierre 和 Anderson(1984)指出审计师经常因允许收入多报而被起诉,没有发现审计师

因允许收入低估而被起诉的情况。

上述研究表明,审计师变更是由前任审计师更倾向于保守的会计选择使得客户收入减少引发的,并且审计师保守主义的一个可能诱因是客户诉讼风险。因此,公司期望的继任审计师可能愿意采取相比前任更激进的立场进行风险评估(Magee 和 Tseng,1990;Balachandran 和 Ramakrishnan,1987;Simunic 和 Stein,1990)。

理论基础、研究思路与研究假设

审计师变更受到监管者和学术界的极大关注。监管者一直担心审计师变更会受到被审计公司管理层机会主义的推动。尽管存在这种担忧,但学术研究很少或根本没有证据表明管理层机会主义主导了审计师变更。本文给出审计师变更的一种解释。具体而言,本文的实证检验表明,审计师变更是由审计师对保守会计选择的偏好所激发的,而可能引起审计师倾向于保守会计选择的因素是客户诉讼风险。这是因为保守的会计选择有可能保护审计师避免未来诉讼以及由此产生的潜在损害。如果管理层认为现任审计师的会计选择偏好相比于平均水平更保守,管理层就有动机解聘现任审计师,并希望找到更合适的继任审计师。上述论点引出三个实证研究方向:第一,如果前任审计师更喜欢保守的会计选择,那么在前任审计师最后一年任期会有减少审计客户公司收入的操控性应计;第二,如果诉讼风险激发了审计师保守的会计选择偏好,那么在有可能对审计师构成最大诉讼风险威胁的审计客户公司中减少收入的操控性应计更明显;第三,如果管理层认为现任审计师的会计选择比平均水平更保守,那么预计在继任审计师第一年任期减少收入的操控性应计比上年的更少。本文检验发生审计师变更样本公司的操控性应计以探索这些影响。

首先,如果上述论点成立,那么意味着继任审计师比前任审计师的会计选择更不保守;其次,如果审计师的保守主义是对客户诉讼风险的反应,那么减少收入的操控性应计和客户公司之间的关联有可能对审计师构成诉讼风险威胁;最后,如果管理层的期望是合理的,那么预计继任审计师在会计选择偏好方面的保守水平平均较低。本文实证检验,在继任审计师第一年任期操控性应计的负面影响小于其在前任审计师最后一年任期;进一步分析操控性应计和预计会影响客户诉讼风险的因素的变化以及审计师变更样本公司的操控性应计,以揭示这些可能的影响。

样本选择

由于美国在 1989 年实施了新修订的审计师变更(8K 文件)披露规定(SEC,1988),本文选择 1990—1993 年的样本为研究对象。审计师变更根据 Compustat 数据库中审计师代码发生变化来确定,剔除金融行业的公司,因为操控性应计的估计对这些公司来说是有问题的。为了防止重复分析,所选样本只包括至少在两年内发生前任审计师变更的公司,同时需要充足的数据以便对前任审计师卸任前两年及继任审计师上任第一年的公司的操控性应计进行估计。本文通过筛选过程产生 514 个审计师变更样本,与以往研究一致,排除操控性应计的绝对值超过上年资产 200% 的观测值(DeFond 和 Park,1997),最终得到 503 个审计师变更样本。

实证方法与模型构建

本文运用 DeFond 和 Jiambalvo(1994) 使用的 Jones(1991) 模型估计操控性应计。该方法根据收入和固定资产的变化估算正常的应计利润,进而衡量操控性应计,然后对审计师变更公司的前任审计师过去两年任期的操控性应计和继任审计师第一年任期的操控性应计进行单变量分析,并在进一步控制财务业绩后再次进行单变量分析。

本文推测,前任审计师倾向于选择减少收入的操控性应计可能是为了避免诉讼风险。基于此,本文对操控性应计进行以下检验:(1)由前任审计师签发的审计报告类型;(2)前任审计师和继任审计师是否为"六大"会计师事务所;(3)关于审计师辞职和审计师—客户分歧的 8K 文件披露。

此外,为了检验结果的稳健性,本文采用了 Johnson 和 Lys(1990) 中的变量、管理层变更以及重组费用进行多元回归分析;考虑到 Jones 模型存在一定的测量问题,本文进一步测试了离散的会计方法选择,收集了 Jones 模型有效性的确凿证据。

研究结论与创新

本文分析了 1990—1993 年审计师变更的 503 家样本公司的操控性应计。本文发现,在前任审计师最后一年任期有减少收入的操控性应计,但在控制财务困境后,这种操控性应计在继任审计师第一年任期不再显著。本文还发现,高诉讼风险的公司倾向于报告相对较大的负操控性应计;出于对诉讼风险的担忧,现任审计师的保守会计选择偏好是引发审计师变更的重要因素。然而,虽然本文的研究结果在控制财务业绩后的几项测试中表现稳健,也得到具体会计选择证据的支持,但无法彻底排除财务困境因素对研究结果的影响。

本文提供了关于会计选择在审计师变更决策中的作用的实证证据。与理论一致,本文的检验结果表明,审计师和管理层之间关于公认会计准则适当应用的不同信念会激发审计师变更(Dye,1991;Antle 和 Nalebuff,1991)。本文还提供了有关应计利润与审计师诉讼之间关系的证据(Lys 和 Watts,1994)。具体而言,本文的发现与诉讼风险问题一致,审计师迫使管理者采用保守的会计选择,最终触发审计师被解聘。

本文将外部审计师描述为对管理层自由裁量权的约束,这种定义为盈余管理文献做出了贡献。与大多数专注于管理层激励的盈余管理研究形成对比,本文的研究框架指出,财务报告利润(或盈余)是管理层和审计师偏好共同作用的结果。

交流区

本文发现,审计师变更是由审计师对保守会计选择的偏好所激发的,而客户诉讼风险正是可能引起审计师倾向于选择保守会计选择的因素,因为保守的会计选择有可能保护审计师避免未来诉讼以及由此产生的潜在损害。本文的研究证实了会计选择能够在审计师变更决策中发挥作用,对实践中会计准则的制定和适用性有较强的理论指导意义;同时,本文的研究框架为盈余管理研究提供了新视角。

文献 63 "六大"会计师事务所在报告应计项目可靠中的作用

经典文献：Jere R. Francis,[1] Edward L. Maydew,[2] Charles Sparks.[3] The Role of Big 6 Auditors in the Credible Reporting of Accruals. *Auditing*: *A Journal of Practice and Theory*, 1999, 18(2): 17-34.

机构：[1] University of Missouri-Columbia；[2] University of North Carolina；[3] University of Alaska Fairbanks

被引：总计 2 098 次，年均 91.22 次

文献概述：马晨

研究概述：本文检验了选择"六大"会计师事务所是否与公司自身的应计水平有关。客观上，由于高应计的公司为激进或机会主义的盈余管理提供了较大空间，其有动机聘请"六大"会计师事务所提供担保来表明报告盈余是可靠的。本文选取1975—1994年在纳斯达克上市的公司为样本，发现自身可能产生应计的公司更倾向于选择"六大"会计师事务所。尽管"六大"会计师事务所审计公司的总应计水平较高，但其操控性应计水平更低。本文的发现说明"六大"会计师事务所会抑制报告应计的激进程度与潜在的机会主义行为。

核心概念："六大"会计师事务所　审计师选择　操控性应计

文献背景

本文关注的财务报告特性有三个。第一，会计盈余很重要，能够体现在契约约束条款中，并向投资者提供与价值相关的信息，便于投资者利用盈余信息做出投资决策；第二，在会计盈余的组成要素中，应计部分比经营活动现金流更有助于发挥会计盈余的上述作用（Dechow，1994；Subramanyam，1996）；第三，外部人不能直接观察到真实盈余，能观察到的只是管理层报告的盈余，这为管理层机会主义行为提供了可能。为了避免被外部投资者误解进行了盈余管理，自身更可能产生应计的公司管理层有动机聘请高质量的审计师以起到外部监督的作用。本文围绕两个问题展开研究：(1)高应计的公司是否更可能选择"六大"会计师事务所；(2)"六大"会计师事务所能否抑制财务报告中的激进盈余管理行为与机会主义行为。

本文的观点与审计师降低代理成本的假说一致（Jensen 和 Meckling，1976），甚至部分公司会进一步选择审计质量更高的"六大"会计师事务所作为审计师以缓解代理问题（Craswell 等，1995；Defond，1992；Francis 和 Wilson，1988）。需要注意的是，盈余管理不一定意味着机会主义行为。Healy 和 Palepu（1993，1995）认为，自愿性信息披露可以被当作管理层传递公司未来前景信息的方式。Subramanyam（1996）扩展了 Healy 和 Palepu（1993，1995）的观点，发现无论是操控性应计盈余还是非操控性应计盈余均与公司价值正相关，因而应计盈余也可被视为管理层传递公司未来前景信息的手段。然而，如果外部投资者怀疑公司管理层使用应计项目进行机会主义行为以获取个人利益，应计盈余所传递信息的价值就会下

降。为了确保可靠性,报告的应计盈余必须遵循公认会计准则(GAAP),并接受外部审计师的修正。如同 Dye 和 Verrechia(1995)所指出的,如果自利的管理层选择通过会计程序来增加自身利益,美化公司业绩而不考虑实际情况,这种代理问题就会使得应计盈余带来的潜在价值荡然无存。

研究假设

自身更可能产生应计盈余的公司存在较大的盈余不确定性,其有动机聘请"六大"会计师事务所来传递盈余是可靠的信息。

假设 1　应计盈余产生概率越高的公司,越可能聘请"六大"会计师事务所。

假设 1 关注的是公司选择"六大"会计师事务所的动机,假设 2 则关注公司聘请"六大"会计师事务所能否起到应有的作用。在以往的研究中,操控性应计盈余通常被用来衡量盈余管理程度。从定义上看,操控性应计难以被预期,更可能是机会主义会计行为的产物。如果"六大"会计师事务所有能力限制激进的盈余管理行为,那么其客户的操控性应计应当较低。尽管聘请"六大"会计师事务所的公司可能被认为有更高的总应计,但不影响这些公司的操控性应计较低。基于此,本文提出假设 2:

假设 2　选择"六大"会计师事务所的公司,其操控性应计低于选择"非六大"会计师事务所的公司。

样本选择

由于"六大"会计师事务所的客户囊括了 90% 的纽约证券交易所和美国证券交易所的上市公司,本文将样本限定为在纳斯达克上市的公司,因为"六大"会计师事务所的客户在纳斯达克的市场份额没有明显优势,有利于研究的展开。最终样本应满足以下条件:(1)数据在 1975—1994 年没有缺失;(2)销售额大于 0;(3)在纳斯达克上市。总样本为 74 390 个,但具体的检验观测值会少一些,随不同分析所需数据的可获得性而有所差异。

实证方法与模型构建

针对假设 1,本文采用 Logit 回归模型作为审计师选择模型,被解释变量为公司是否聘请"六大"会计师事务所(AUDITOR),解释变量为公司层面的经营周期(CYCLE)和资本密集度(CAPINT),控制变量为公司规模(SIZE)、资产负债率(LEV)、成长机会(P/E)、是否发行新股(ISSUE)、财务困境(LOSS)以及是否属于受管制行业(REG)。本文通过公司层面的经营周期(CYCLE)和资本密集度(CAPINT)检验假设 1。与预期一致,经营周期(CYCLE)和资本密集度(CAPINT)与是否聘请"六大"会计师事务所(AUDITOR)之间的回归系数均显著为正,说明自身更可能产生应计的公司聘请"六大"会计师事务所的概率更大。由此,假设 1 得到验证。此外,本文还区分短期应计和长期应计,分组回归结果与基础检验结果保持一致。为了确保结果不受公司规模的影响,本文还按照销售收入的中位数进行分组回归,分组回归结果也与之前保持一致。

针对假设 2,本文采用"六大"会计师事务所与"非六大"会计师事务所的组间均值差异检验进行验证,即两组样本在操控性应计方面是否存在显著差异。其中,操控性应计(DA)等于总应计减去非操控性应计。与预期一致,本文发现"六大"会计师事务所审计的公司的操控性应计的绝对值小于"非六大"会计师事务所审计的公司。由于管理层可能会向上或向下操纵盈余,本文还区分操控性应计分别为正向和负向的情形。结果表明,无论是正向操控性应计还是负向操控性应计,"六大"会计师事务所审计的公司的操控性应计均低于"非六大"会计师事务所审计的公司。

| 进一步分析和检验 |

针对假设 2 的检验使用的数据是所有公司一年度观测值。需要注意的是,公司会自主选择聘请"六大"会计师事务所或者"非六大"会计师事务所,假设 2 有可能是这些公司在应计上就存在差异而不是由会计师事务所选择所造成。这一测量误差可能会导致内生性问题,因此在计算应计项目的估计值时,应当区分"六大"会计师事务所与"非六大"会计师事务所审计的公司并分别进行分析。结果表明样本经限定后更具可比性,也印证了"六大"会计师事务所审计的公司的操控性应计程度较低。

本文还采用修正 Jones 模型重新估计操控性应计,所有的结果与之前保持一致。

本文进一步将会计师事务所区分为"六大"会计师事务所、第二梯队的会计师事务所、其他类型的会计师事务所。结果表明,"六大"会计师事务所的操控性应计程度最高,第二梯队的会计师事务所次之,其他类型的会计师事务所最低。

| 研究结论与创新 |

本文选取 1975—1994 年在纳斯达克上市的公司为样本,在控制公司规模、资产负债率、成长机会、是否发行新股、财务困境、是否属于受管制行业后,发现总应计盈余更多的公司倾向于聘请"六大"会计师事务所进行审计。尽管"六大"会计师事务所审计的公司的总应计程度较高,但本文发现其操控性应计程度较低。这一发现说明聘请"六大"会计师事务所能够约束和限制激进的财务报告行为。本文的创新在于发现审计师对财务报告质量具有提升作用,以及"六大"会计师事务所在缓解应计盈余管理上的作用。本文还深化了对审计师选择的经济学含义以及对"六大"会计师事务所审计需求的理解,并且证实了"六大"会计师事务所能够提供高质量的审计。

| 局限性与展望 |

(1)操控性应计程度只是衡量审计质量的一个方面,未考虑诸如会计错报、持续经营等因素的影响。

(2)《萨班斯-奥克斯利法案》实施之后,本文的结论是否继续适用?有没有其他理论能给予支持?

> **交流区**
>
> 本研究本质上还是属于会计师事务所规模和审计质量的范畴(DeAngelo,1981),具体为关注"六大"会计师事务所能否提升审计质量。此外,本文还发现自身更可能产生应计的公司倾向于选择"六大"会计师事务所,呈现一种利用会计师事务所选择传递信号的行为。这一理念和发现为后续研究提供了新的视角,即企业利用大规模会计师事务所选择决策向资本市场传递高会计信息质量的信号(Fang等,2017)。

文献64 非审计服务是否损害审计师独立性:进一步的证据

经典文献: H. Ashbaugh, R. LaFond, B. Mayhew. Do Nonaudit Services Compromise Auditor Independence? Further Evidence. *The Accounting Review*, 2003, 78(2): 611-639.

机构: University of Wisconsin

被引: 总计2 113次,年均111.21次

文献概述: 刘慧

研究概述: 本文挑战了Frankel等(2002)(简称FJN)的研究结果。本文将操控性应计按公司业绩进行调整后,发现操控性应计的检验结果与FJN的研究结果不同,盈余基准的检验结果与FJN的发现也不一致,并没有发现分析师预测与审计收费在统计上存在显著的相关关系。操控性应计的市场反应检验结果也与FJN不同。总之,本文表明FJN的研究结论对研究设计选择很敏感,并未发现系统性证据支持FJN的研究结论——审计师为促进客户购买更多的非审计服务而违背审计师独立性的原则。

核心概念: 审计师独立性 有偏误的财务报告 操控性应计 非审计服务

文献背景

自20世纪90年代开始,审计业务中日渐增多的非审计服务收费引起了美国证券交易委员会的担忧,会计师事务所提供非审计服务增加了其客户支付的费用,从而提高了审计师对客户的经济依赖程度,美国证券交易委员会担心非审计服务的增长会影响会计师事务所的独立性。已有研究证实,会计师事务所与客户的经济关联降低了审计师独立性(DeAngelo,1981;Beck等,1988;Magee和Tseng,1990),但是对于如何衡量二者间经济关联存在分歧。关于非审计服务是否会降低审计师独立性的研究大多使用非审计服务收费与总审计费用之比(即费用比率)作为审计师—客户经济关联的衡量标准。然而当客户的总审计费用对会计师事务所来说并不重要时,费用比率并不能反映审计客户对事务所的经济重要性。FJN利用会计师事务所收取的总审计费用与有偏误的财务报告这两种测量方式——客户公司的操控性应计和公司达到盈余基准的可能性,据此推断审计师独立性。

FJN 还利用事件研究法观察审计费用的披露是否会引起市场反应。FJN 认为,较之审计费用,审计客户支付的非审计服务收费更高将影响审计师独立性。但是 Chung 和 Kallapur (2003) 发现其审计收费指标与用修正 Jones 模型衡量的操控性应计的绝对值之间没有关联。

理论基础与研究思路

监管者、财务报告使用者及研究人员都担心审计师可能会给予高审计收费客户更大的财务报告操纵空间,从而削弱审计师独立性,对此进行相关的理论与实证研究是十分必要的。本文是一篇针对 Frankel 等(2002)(简称 FJN)的"辩论式"实证研究,同样是探究非审计服务收费与审计师独立性之间的关系。本文进行与 FJN 研究相同的三组实证检验来探究 FJN 的研究结果对研究设计选择的敏感性。本文质疑 FJN 研究的出发点可以用一个例子说明:样本中两家公司的非审计服务收费与总审计费用之比(费用比率)均为 73%,但是一家公司报告总审计费用为 7.1 万美元,另一家公司报告总审计费用为 570 万美元。根据各自的费用比率,两家公司都被视为对审计师独立性存在威胁,然而实际上只有后者对审计师具有重要的经济意义。相较于 FJN 的一概而论,本文认为总审计费用(审计收费和非审计服务收费的总和)而非费用比率是衡量审计师对客户的经济依赖程度更合适的标准,但是本文的实证检验也包含费用比率分析,从而可以提供对 FJN 结果的完整评价。

研究设计

区别于常规的实证研究,本文并未直接给出研究假设,主要是"复制"FJN 的研究。第一,与 FJN 相同,检验估计的操控性应计与审计收费之间的关系,以揭示有关非审计服务的提供是否与盈余管理相关的证据;第二,依次进行操控性应计检验、盈余基准检验、市场反应检验,即进行与 FJN 相同的三组实证检验以探究 FJN 结果对研究设计选择的敏感性。

样本选择

本文从 2001 年 11 月和 12 月在 EDGAR 或 Global Access 上获得的 4 959 家公司的审计费用数据,删除 761 家金融公司和 1 028 家缺失必要财务数据的公司,最终得到 3 170 个样本。本文的关键研究变量是审计师收取的费用,包括审计收费与非审计服务收费。在实证检验中,本文设置的相关变量如下:审计收费为 AUDIT、非审计服务收费为 NONAUDIT、总审计费用为 TOTAL;费用比率为 FEERATIO,等于非审计服务收费除以总审计费用。

实证方法与模型构建

操控性应计与总审计费用的关系

已有研究表明,操控性应计的估计与公司业绩相关(Dechow 等,1995;Kasznik,1999;Kothari 等,2002)。本文采用两种替代方法研究 FJN 的操控性应计的稳健性:在估计操控性应计时控制公司的业绩水平。

第一种测量方式是:经投资组合业绩调整后的当前操控性应计(PADCA),即通过投资组合技术控制公司业绩。第二种测量方式是:用于估计操控性应计的回归模型中包含公司业绩变量以调整公司业绩(REDCA)。这两项指标都侧重于当前的应计项目,因为研究表明管理层对当前的应计项目拥有最大的自由裁量权(Becker 等,1998)。

基于操控性应计变量的设置,本文使用 OLS 回归模型检验操控性应计与总审计费用的关系:

$$DCA\_PA = \alpha + \beta_1 FEE + \beta_2 BIG5 + \beta_3 L1ACCRUAL + \beta_4 \ln(MVE) + \beta_5 MERGER + \beta_6 FINANCING + \beta_7 LEVERAGE + \beta_8 MB + \beta_9 LITIGATION + \beta_{10} INST\_HOLDING + \beta_{11} LOSS + \beta_{12} CFO + \varepsilon \quad (1)$$

其中,DCA_PA 为控制公司业绩水平的当前操控性应计,即本文设置的 PADCA 与 REDCA;FEE 为费用比率 FEERATIO,或者总审计费用 TOTAL 的自然对数、审计收费 AUDIT 的自然对数、非审计服务收费 NONAUDIT 的自然对数;BIG5 为排名前五的会计师事务所;L1ACCRUAL 为当前应计总额,等于特殊项目前的净收入(Compustat 数据项目 123)加上折旧和摊销(Compustat 数据项目 125)减去经营现金流量(Compustat 数据项目 308),按年初总资产计算;ln(MVE)为公司市场价值的自然对数;MERGER 为虚拟变量,若样本公司参与并购或收购取值为 1,否则取值为 0;FINANCING 为虚拟变量,若 MERGER 不等于 1 且已发行股票数量增加至少 10%,或者长期债务增加至少 20%,或者该公司于 2000 年首次出现在 CRSP 月度股票收益数据库中,取值为 1,否则取值为 0;LEVERAGE 为公司的总资产减去权益账面价值再除以总资产;MB 为公司的市场价值除以账面价值;LITIGATION 为虚拟变量,若样本公司处于高诉讼风险行业取值为 1,否则取值为 0;INST_HOLDING 为机构投资者在 2000 年的持股比例;LOSS 为虚拟变量,若公司在 2000 年净亏损取值为 1,否则取值为 0;CFO 为经营活动现金流量。

盈余基准测试

FJN 检验了盈余基准与审计收费的关系,以进一步揭示提供非审计服务是否与盈余管理相关。FJN 实证检验了审计收费与公司报告小幅盈余增长的可能性(INCREASE)以及公司达到或超过分析师盈余预测的可能性(SURPRISE)的关系,其设置的 Logit 回归模型如下:

$$BENCHMARK = \omega_0 + \omega_1 FEE + \omega_2 LITIGATION + \omega_3 MB + \omega_4 \ln MVE + \omega_5 INST\_HOLDING + \omega_6 LOSS + \omega_7 PACDA + \varepsilon \quad (2)$$

其中,BENCHMARK 为 INCREASE 或 SURPRISE;INCREASE 为虚拟变量,若公司 2000 年净收入和 1999 年净收入(Compustat 数据项目 172)之间的差异(按年度 MVE 开始计算)落在区间[0.00,0.02]取值为 1,否则取值为 0;SURPRISE 为虚拟变量,若公司达到或超过分析师盈余预测取值为 1,否则取值为 0。其他变量的定义同前。

市场反应测试

FJN 计算 1 天、2 天和 3 天窗口期的累计超常收益(ARET)以调查市场对首次披露审计收费和非审计收费的反应。本文对此有两点疑虑:其一,在计算公司超常收益时,本文发现超常收益幅度在经济上是微不足道的;其二,公司需要在代理声明中进行大量披露。因此,在不控制代理声明中包含的其他信息的情况下,检验费用指标和超常收益之间的关系可能得出有关市场是否对审计收费披露做出反应的不正确推论。

研究结论

FJN 的研究表明非审计服务收费与有偏误的财务报告指标正相关。本文复制 FJN 的实证分析过程以检验 FJN 的结果是否对研究设计选择敏感。本文的结果与 FJN 的结果之间的主要差异为:首先,本文发现当使用公司业绩来调整操控性应计时,操控性应计与任何审计收费指标都没有关系;其次,在盈余基准测试中,本文发现费用比率与公司业绩超出分析师预测的可能性之间没有关系;最后,本文未发现市场对非审计服务收费相对于总审计费用产生反应的证据。

交流区

本文有关操控性应计的研究结果扩展了已有的关于估计操控性应计的文献。本文的结果表明,在评估管理者的自由裁量权时,控制公司业绩非常重要,这为后续的相关研究奠定了重要的基础。本文基于经验数据指出,当测量误差与测试变量相关时,操控性应计中的测量误差可能导致错误的判断,从而为操控性应计的测量提供了重要启示。

文献 65 审计师—客户关系与盈余质量的探索:为审计师强制轮换提供参考

经典文献: James N. Myers,[1] Linda A. Myers,[1] Thomas C. Omer.[2] Exploring the Term of the Auditor-Client Relationship and the Quality of Earnings: A Case for Mandatory Auditor Rotation. *The Accounting Review*, 2003, 78(3): 779-799.

机构: [1]University of Illinois at Urbana-Champaign; [2]University of Illinois at Chicago

被引: 总计 2 210 次,年均 119.45 次

文献概述: 孙俊勤

研究概述: 由于较长的审计师任期可能损害盈余质量,学术界呼吁对"审计师强制轮换"进行探讨。本文提供了审计师①任期与盈余质量关系的经验证据,其中盈余质量的代理变量分别采用操控性应计及当期应计。在控制公司上市年数、规模、成长性、现金流量、审计师类型以及行业和年份固定效应后,回归结果显示审计师任期越长,公司盈余质量越

---

① 本文涉及的审计师均指会计师事务所层面,特殊说明除外。——编者注

高。本文的研究发现表明在现行会计制度下,较长的审计师任期可以约束管理层操纵财务报告的不端行为。

核心概念: 审计师任期 盈余质量 审计质量 审计师强制轮换

文献背景

盈余质量及财务报告质量一直是立法机构、监管部门及财务报告使用者关心的热点议题。近年来的事件(主要指发生于 2001 年的安然事件[①])使公众更加关注盈余质量和审计质量。出于较长的审计师任期可能会导致审计师与管理层在财务报告上合谋的考虑,大量的美国联邦及州立法提案要求针对审计师和客户关系限制审计师的最长任期。虽然 2002 年的《萨班斯-奥克斯利法案》没有明确要求审计师强制轮换,但是美国总审计长(the Comptroller General of the United States)要求完善审计师强制轮换的相关研究。

审计师强制轮换的支持者认为,低质量的盈余质量与较长的审计师任期密切相关;而会计学者认为,由于新任审计师在执业开始阶段更加依赖于客户的估计及陈述,强制轮换会增加审计初始阶段成本及审计失败风险。随着时间的推移,审计师逐渐掌握公司的特有信息,从而能够更好地理解公司业务并降低对管理层估计的依赖。同样,被审计公司管理层也反对审计师强制轮换,认为变更审计师要付出代价。管理层坚信,原有的经验充足的审计师能够更好地理解公司特有业务,对新任审计师是否具备行业专长或能否投入足够的努力表示怀疑。

本文试图提供关于现行的自愿轮换是否存在缺陷的经验证据,说明推行审计师强制轮换的必要性。支持推行审计师强制轮换主要源于较长的审计师任期会损害审计师独立性的观点,因此探究审计师任期与盈余质量的关系至关重要。借鉴前人研究,本文使用会计应计作为盈余质量的代理变量,具体使用操控性应计及当期应计进行实证检验。

理论基础、研究思路和研究假设

支持审计师强制轮换的观点

审计师强制轮换的支持者主要担忧审计师独立性问题,认为审计质量会随着审计师任期的延长而下降。Mautz 和 Sharaf(1961)认为,由于审计师对客户评价的客观性会随着时间而改变,因而审计师和客户的长期关系对审计师独立性有巨大影响。审计师独立性的下降会导致审计师支持客户激进的会计选择(比如打会计准则"擦边球"),无法发现客户的实质性欺诈行为或错报,最终导致审计失败。随着安然审计失败事件的曝光,美国参众两院提出诸多关于限制审计师任期及审计师强制轮换的议案,期望借此提升财务报告质量和保护投资者权益。

---

① 结合文章发表年份推断。——编者注

反对审计师强制轮换的观点

审计师强制轮换的反对者认为强制轮换会导致审计成本提升,且新任审计师对公司特质风险缺乏足够的认识,增加了审计失败的可能性。这一观点与以往研究一致,即新客户的审计失败概率更高,新审计业务的诉讼风险更大。注册会计师协会也提供了关于审计师任期和审计质量关系的进一步证据,发现会计师事务所在任期的第一年或第二年审计失败的概率是其他时间的三倍之多。会计专业人士也认为在早期审计阶段中,客户不确定性特质会提高审计失败的可能性。

会计应计和审计质量的关系

以往研究发现,富有信息含量的极端事件(如证券交易委员会处罚、非标审计意见)并不能够广泛地代表审计质量。尽管通过极端审计失败案例研究审计师任期和审计质量的关系很重要,然而更加普适的审计师强制轮换研究更具参考价值。将盈余质量和审计质量相联系,有助于研究前述二者的普适性关系。大量研究已表明会计应计衡量指标和审计质量存在相关关系,其中审计质量的代理变量包括审计师被诉、非标审计意见、审计失败及审计师谨慎性。基于已有研究,本文认为高质量审计有利于减少管理层的极端财务报告行为,且会计应计指标可以用来识别上述行为。会计应计衡量被广泛地应用于盈余管理、盈余质量与应计行为关系的研究。早期研究使用总应计变化来衡量管理层操纵,而后期研究主要使用修正 Jones 模型。盈余质量及盈余管理的相关文献表明较高的会计应计可靠性存疑,这与审计质量文献一致。参考以往研究,本文使用管理层操纵财务报告最有代表性的会计应计指标——操控性应计和当期应计来衡量审计质量。

综上所述,本文提出以下竞争性假设:

假设 1(支持审计师强制轮换) 审计质量随着审计师任期的延长而下降。
假设 2(反对审计师强制轮换) 审计质量随着审计师任期的延长而上升。

样本选择

本文选取 1988—2000 年美国上市公司一年度观测值作为初始样本;审计师任期使用公司持续聘请同一家会计师事务所的年限,因会计师事务所合并引起的审计师变更仍视为前任审计师的延续。为更具可比性,在剔除审计师与客户关系不足五年的样本后,最终得到 42 302 个公司一年度观测值。

实证方法与模型构建

本文使用当期应计(Current Accruals)和操控性应计(Discretionary Accruals,修正 Jones 模型的残差)两种会计应计作为审计质量的衡量指标,具体计算式如下:

$$\text{Current Accruals} = (\Delta CA - \Delta Cash) - (\Delta CL - \Delta STD) \tag{1}$$

其中,ΔCA 为流动资产的变动,等于当期期末流动资产减去上期期末流动资产;$\Delta Cash$ 为现金及其等价物的变动,等于当期期末现金及其等价物减去上期期末现金及其等价物;

ΔCL 为流动负债的变动,等于当期期末流动负债减去上期期末流动负债;ΔSTD 为 1 年内到期长期负债的变动,等于当期期末 1 年内到期的长期负债减去上期期末 1 年内到期的长期负债。

$$\text{Discretionary Accruals} = \text{Accruals} - \beta_0 + \beta_1 \Delta \text{Revenue} + \beta_2 \text{PPE} \tag{2}$$

其中,Accruals 为折旧后利润减去经营活动净现金流;ΔRevenue 为销售收入的变动,等于当期销售收入减去上期销售收入;PPE 为固定资产净额。

本文在研究审计师任期和会计应计的关系时,建立如下模型:

$$AQ = \beta_0 + \beta_1 \text{Tenure} + \beta_2 \text{Age} + \beta_3 \text{Size} + \beta_4 \text{IndustryGrowth} + \beta_5 \text{CashFlow} + \beta_6 \text{AuditorType} + \beta_{7-69} \text{Industry} + \beta_{1988-1999} \text{Year} + \varepsilon \tag{3}$$

其中,AQ 为审计质量,使用当期应计或操控性应计的原值、绝对值、正值及负值除以平均总资产进行衡量;Tenure 为同一审计师连续审计该公司的年数;Age 为公司上市年数;Size 为总资产的自然对数;IndustryGrowth 为行业收入增长,等于当年行业总销售收入除以上年行业总销售收入;CashFlow 为现金流,等于经营活动净现金流量除以平均总资产;AuditorType 为审计师类型,若属于"十大"会计师事务所取值为 1,否则取值为 0;Industry 为行业哑变量;Year 为年份哑变量。

本文主要关注变量 Tenure 的系数的符号。若支持审计师强制轮换的观点成立,则本文预期变量 Tenure 的系数显著为正(表示较长的审计师任期会增加会计应计,从而损害审计师独立性);若反对审计师强制轮换的观点成立,则本文预期变量 Tenure 的系数显著为负(表示较长任期的审计师对管理层财务报告决策有约束作用)。

研究结果显示较长任期的审计师会减少会计应计,无论利润上升或下降,都有助于抑制管理层的应计盈余管理。本文的发现表明审计师任期不会影响审计师独立性,反而有助于审计质量的提升,从侧面说明审计师强制轮换的非必要性。

稳健性检验

首先,为检验审计师行业专长是否影响审计师任期与盈余质量的关系,本文用行业专长哑变量与审计师任期交乘,回归结果显示审计师是否有行业专长与审计师任期的交乘项不显著。这一结果说明即便有行业专长也无法弥补审计任期较短所带来的经验不足,可见审计师在早期审计阶段中对上市公司的不了解是影响审计质量的重要因素。

其次,为排除审计师变更时间段内某些特征导致现有结果的可能性,本文剔除前任审计师任期最后一年的观测值,回归结果仍然稳健。

再次,在不剔除审计师任期不足 5 年(审计师快速变更)的样本后,回归结果依然稳健。最后,本文使用截尾回归再次检验,结果与预期基本一致。

研究结论与创新

本文检验了审计师任期和审计质量的关系,发现审计师任期与会计应计显著负相关,说明如果审计师和客户关系进一步加深(即审计师任期更长),审计师对公司应计盈余管理具有更大的约束作用。本文为监管者、会计专业人士及财务报告使用者提供了经验证据,有助于他们考量审计师强制轮换的收益及成本。具体来说,本文表明在现行制度下,审计师任期延长不会降低审计质量及盈余质量。如果因为审计师任期较长会损害审计质量及盈余质量而呼吁实施审计师强制轮换,那么人们应当对此建议持否定意见。基于此,本文的主要贡献在于,反驳了审计师强制轮换支持者所认为的现行自愿轮换存在瑕疵(即审计师任期延长会损害审计师独立性)的观点,同时也首次研究了审计师任期和盈余质量的相关关系。

局限性与展望

首先,本文不能说明强制企业保留同一审计师能够提升盈余质量及审计质量;相反,Johnson 和 Lys(1990)的研究表明允许审计师变更会提升审计质量,因为企业可以借此选择更优秀的审计师。在这种情况下,强制要求企业保留无法提供优质服务的审计师会导致审计质量下降。其次,没有证据表明审计师强制轮换会提升或损害审计质量,本文只是说明在现行审计师自愿轮换下,审计质量没有随审计师任期的延长而下降。最后,本文未考虑所有情形下的盈余管理,也未考虑管理层的盈余管理动机,后续研究可以深入探讨审计师任期与财务报告质量的关系。比如,财务报表重述是否随审计师任期而变化[①];审计师任期是否影响管理层以避免债务合同违约、亏损、盈余下降以及未达到分析师预测而进行的盈余管理。

交流区

本文的背景主要基于安然事件以及安达信会计师事务所的轰然倒塌,导致资本市场对会计师事务所的独立性(即审计师独立性)提出强烈质疑。美国证券交易委员会随即出台了相关的法律法规,如《萨班斯-奥克斯利法案》。同时实务界及学术界也对会计师事务所强制轮换进行了一系列讨论,如 Johnson 等(2002)发现与本文类似的结论:会计师事务所因为对上市公司不熟悉,审计质量显著较低;而随着审计师任期增长,审计质量没有显著变化,表明会计师事务所强制轮换可能反而会降低审计质量。在 2011—2013 年期间,美国证券交易委员会多次提出或撤销对会计师事务所进行强制轮换的法案。股票市场也对这些法案做出了一系列反应,即对支持会计师事务所强制轮换的法案做出了负向反应,而对反对会计师事务所强制轮换的法案做出了正向反应(Reid 和 Carcello,2016)。这一发现表明审计师较长的任期更受资本市场的欢迎,与本文结论一致。

---

① 此问题在以下文章中得到解决,参见 Patterson E R, Smith J R, Tiras S L. The Effects of Auditor Tenure on Fraud and Its Detection[J]. *The Accounting Review*, 2019, 94(5):297-318.

文献66　审计委员会特征与财务报表重述

经典文献：Lawrence J. Abbott,[1] Susan Parker,[2] Gary F. Peters.[3] Audit Committee Characteristics and Restatements. *Auditing*: *A Journal of Practice and Theory*, 2004, 23(1): 69-87.

机构：[1] University of Memphis；[2] Santa Clara University；[3] University of Arkansas

被引：总计2 294次，年均127.44次

文献概述：李继元

研究概述：本文探讨了**蓝带委员会**(Blue Ribbon Committee, BRC)识别的提高公司审计委员会有效性的委员会特征对**财务报表重述**(financial restatement)可能性的影响。本文检验了1991—1999年88家发生财务报表重述(不包含舞弊)的公司，以及有相似的规模、上市交易所、行业和审计师类型的配对控制组公司。研究发现审计委员会的独立性和活动水平(审计委员会勤勉度的代理变量)与财务报表重述的发生呈现显著的负相关关系。本文也证明了至少有一名财务专家的审计委员会与财务报表重述的发生具有显著负相关关系。为了检验结果的稳健性，本文考察了44家舞弊和非舞弊公司样本，得到了与上述研究相似的发现。本文强调了BRC的建议作为加强审计委员会在财务报告过程中发挥检查和监督作用的重要性。

核心概念：蓝带委员会(BRC)　审计委员会　公司治理　财务报表重述

文献背景

Eilifsen和Messier(2000)识别了经审计的财务报告发生重述必须满足的四个条件。第一，重大错报(material misstatement)是由某些固有风险导致的，例如管理层激进的会计政策、对会计准则的错误运用、人事问题等；第二，公司内部控制既未防范也没有发现错报；第三，外部审计师未能发现错报且财务报告已公布；第四，错报是在财务报告公布之后被发现的，且若被视为重大错误则需要纠正、重述、重新发布之前的财务报告。

学术界目前对财务报表重述的实证研究相对较少(Palmrose等, 2001; Kinney等, 2003)。这个领域最早的研究来自Kinney和McDaniel(1989)，他们检验了1976—1985年的第四季度对前一季度未经审计的财务报告进行重述的73家"错报"公司，发现这些公司规模更小、盈利能力更差、增长更缓慢，同时有着更高的负债率和更严重的不确定性。DeFond和Jiambalvo(1991)研究了在1977—1988年对已审计的年度财务报告进行重述的41家公司，发现盈余差错与经理人因财务状况恶化对经济激励的反应相一致。DeFond和Jiambalvo(1991)也发现财务报表重述公司更有可能设置审计委员会。但现有研究并未检验审计委员会特征对财务报表重述发生率的影响。

Abbott等(2000)检验了审计委员会特征是否影响审计委员会有效履行职责。他们用包含审计委员会独立性和活动水平的复合变量作为审计委员会有效性的替代变量，发现完全由外部人员组成且每年至少召开两次会议的审计委员会与公司舞弊行为负相关。

Beasley等(2000)延续上述研究思路,分别检验了审计委员会构成和活动的影响。他们将研究限定在三个行业,发现相比于非舞弊公司,舞弊公司中完全由外部人员组成的(会议活动更不频繁的)审计委员会更少。

理论基础与研究思路

BRC建议主要关注影响"重大灰色地带"的审计委员会机制。在"重大灰色地带",自由裁量权和主观判断会影响财务报告的质量。本文从这些建议着手,提取一系列的审计委员会特征进行实证检验。

独立性

BRC的第一个和第二个建议提出董事独立性的定义及其对审计委员会独立性的要求。BRC认为独立董事更能客观地评价管理层的会计处理、内部控制和财务报告实践的适当性。BRC将独立性定义为不包含现任和前任员工、管理层亲属、领取公司薪酬的人员(不包含董事薪酬)。同时,BRC建议将过去五年中公司向其支付或从其获得大笔款项的任何营利性商业组织的合伙人、控股股东或执行董事排除在外,还建议将薪酬委员会连锁董事排除在外。在第二个建议中,BRC提出所有市值超过2亿美元的上市公司都应该设置完全由独立董事组成的审计委员会。

审计委员会规模和专家

BRC指出审计委员会所面临的会计和财务事项的复杂性值得投入大量的董事人力资源。因此,BRC的第三个建议要求公司(除了规模较小的公司)审计委员会中至少有三名董事掌握一定的财务知识,同时至少有一名董事拥有会计或相关财务管理专业知识。

其他的BRC建议

样本年限和数据可得性使得直接处理所有的BRC建议难以实现。因此,本文通过观测审计委员会**会议频率**(meeting frequency)来间接地探究审计委员会的尽责程度。

研究假设

独立的审计委员会,通过加强监督,能够在两方面降低财务报表重述的可能性。第一,当内部审计直接向不包含现任和前任管理层的审计委员会报告时,其职能的独立性和有效性会进一步增强。同时,独立性允许内部审计师在公司内更客观地审计和评价报告个体,因为内部审计的独立性是降低错报程度的最重要特征。第二,独立的审计委员会可能要求更大的外部审计范围以避免财务报表重述,从而提高外部审计师发现错报的可能性。

审计委员会规模和专业性能够降低财务报表重述的可能性。审计委员会规模的扩大意味着其在组织中地位的提高和权力的扩大,这会提高内部审计的地位,减少来自管理层的成本控制压力,有利于审计委员会实行更多的内部控制程序以防止错报。同时,拥有财务专长的审计委员会成员更能理解内部审计程序和会计事务,确保内部控制系统的有效性,从而降低错报及重述的发生率。

审计委员会经常举行会议能减少财务报表重述的发生。经常性的会议能够帮助审计委员会成员及时了解企业会计和审计中存在的问题并及时采取措施加以解决,日常审计可以减轻年末审计的时间压力,降低因未发现错报而导致财务报表重述发生的概率。

综上所述,本文提出以下假设:

假设1 完全由独立董事构成的审计委员会与更低的财务报表重述发生率相关。

假设2 至少含有三名董事的审计委员会与更低的财务报表重述发生率相关。

假设3 至少含有一名有财务专业知识董事的审计委员会与更低的财务报表重述发生率相关。

假设4 经常举行会议的审计委员会与财务报表重述发生率负相关。

样本选择

研究者搜索1991年1月1日至1999年12月31日在《华尔街日报》《巴伦周刊》《道琼斯公司档案警报》《道琼斯商业新闻》《道琼斯通讯社》《美通社》等报刊上文章的引言或标题里出现的"重述"词汇,形成发布财务报表重述公司的初始研究样本。进一步地,本文将样本限定为美国本土公司且财务报表重述是由非日常事件造成的,例如并购、资产剥离、与税务相关的变动、会计准则的修订,或者在首次公开发行股票的公告声明中包含的财务报表重述。最终,本文的研究样本包含88家公司。

实证方法与模型构建

本文将每家样本公司与同一交易所的一家控制组公司进行匹配,控制组公司的市值在发生舞弊或错报前一年占样本公司市值的30%以内。同时,本文也按照"五大"("六大")或"非五大"("非六大")会计师事务所进行匹配。在满足上述条件的控制组公司内按照相同的行业四位数代码进行选择,在未能找到对应的行业四位数代码时,本文按照三位数或两位数代码进行匹配,以确保识别的控制组公司在1991年到2003年2月期间没有发生财务报表重述。

本文构建的回归模型如下:

$$\begin{aligned}RESTATEMENT = & \alpha + \beta_1 INDEP + \beta_2 MINSIZE + \beta_3 EXPERT + \beta_4 MINMEET + \beta_5 BLOCK + \\ & \beta_6 BOARDSIZE + \beta_7 \%OUTSIDER + \beta_8 OUTOWN + \beta_9 AGEPUB + \\ & \beta_{10} TROUBLE + \beta_{11} FINANCE + \beta_{12} GROWTH + \beta_{13} CEOCHAIR + \\ & \beta_{14} MGROWN + \beta_{15} FOUNDER + \varepsilon \end{aligned} \quad (1)$$

其中,被解释变量RESTATEMENT指公司是否发生了财务报表重述,若存在财务报表重述行为取值为1,否则取值为0。本研究的检验变量按照BRC建议:①INDEP,若审计委员会完全由独立董事构成取值为1,否则取值为0;②MINSIZE,若审计委员会至少由三名董事构成取值为1,否则取值为0;③EXPERT,若审计委员会至少有一名董事为(或曾经是)注册会计师、投资银行家或风险资本家,其担任财务总监或主会长或担任负有财务责任的高级管理职位（如总经理、总裁、执行副总裁、高级副总裁、副总裁）取值为1，否则取值为0；④会议频率变量MINMEET，若审计委员会在第一个错报年度至少开会四次取值为1，否则取值为0。本文把控制变量分为三大类：监管机制、管理层激励和管理层特征。

监管机制方面主要包括：BLOCK指持股5%及以上的非管理层股东持有的已发行普通股的累计百分比；BOARDSIZE指董事成员数量；%OUTSIDER指董事会外部董事占比；OUTOWN指外部董事持有的已发行普通股的累计百分比。

管理层激励方面包括：AGEPUB指公司普通股公开上市交易的时长；TROUBLE指公司是否处于财务困境，用错报前一年的Z-Score衡量；FINANCE指有无额外融资需求；GROWTH指错报前两年平均总资产增长率。其中，融资需求的计算式为：

$$FINANCE = (Operating\ Cashflow_t - Average\ Capital\ Expenditures_{(t-3)-(t-1)})/Current\ Assets_{t-1}$$

中文表达式为：

$$融资需求 = (经营现金流 - 平均资本支出)/流动资产$$

若上述指标小于-0.5，则认为公司有融资需求，FINANCE取值为1；否则，FINANCE取值为0。

管理层特征方面包括：CEOCHAIR指总经理与董事长两职合一；MGROWN指在董事会任职的管理层持有股权的累计百分比；FOUNDER指总经理和/或董事会主席为公司创始人。

稳健性检验

本文利用舞弊公司样本对假设进行验证，识别出1991—1999年期间的44家舞弊公司，并按照规模、上市交易所、行业、审计师类型匹配非舞弊公司。运用上述回归模型，将被解释变量替换为是否发生舞弊并重新进行实证检验。

敏感性分析解决以下三个主要问题：样本选择、替换测试变量定义和潜在的遗漏变量。样本选择方面，本文检验了控制组样本中存在未被发现财务报表重述的可能性。自2003年2月起，控制组样本中并没有发生任何财务报表重述。第二个样本选择问题是考虑公司规模的影响。由于BRC针对审计委员会独立性提出的建议排除了规模较小（市值小于2亿美元）的公司，对这些遗漏的小规模公司进行检验，研究结果基本没有发生变化。

替换测试变量定义方面，本文检验了不同水平的审计委员会规模和会议频率。例如，对变量MINMEET进行五种定义，即每年开会次数分别大于等于1、2、3、5、6。

潜在的遗漏变量方面，本文考察了其他董事会相关特征，包括外部董事平均任期、外部董事担任董事职务的数目、非员工董事占比以及外部董事是否在董事会占大多数；同时，增加了衡量股东投票说明书是否披露内部审计职能存在的变量；此外，增加了其他与财务报表重述发生率相关的变量，如财务杠杆。

研究结论与创新

本文研究发现审计委员会的独立性和活动水平（委员会是否每年举行四次以上会议）与财务报表重述的发生呈现显著的负相关关系，同时还发现含有至少一名财务专家的审计委员会与财务报表重述的发生具有显著的负相关关系。本文的实证结果支持了 BRC 关于审计委员会独立性、专家成员和会议频率的观点。

研究审计委员会特征对财务报表重述的影响对政策制定者、学者和实践者都有着重要的意义。现有研究对财务报表重述的发生、特征和原因的考察很有限。对于财务报表重述研究,允许用不同于舞弊的环境背景来探究审计委员会影响内部和外部审计有效性的能力。本文也为审计委员会财务专家成员对财务报表重述的影响提供了直接的证据。

| 局限性与展望 |

本文有以下几点局限:第一,本文期望能够给政策制定者提供其感兴趣的实时信息,但是使用了样本公司的历史数据来检验假设;第二,历史数据问题使得本文只能采用零碎的方法来评估部分建议的效力,但 BRC 报告强调这些建议应当被整体采用;第三,本文使用的会议频率只是审计委员会活动的一个方面,指标的设定比较粗糙。

最后一个可能的局限与财务报告过程的第四个条件有关。没有一个控制系统或外部审计师能够百分百地阻止或发现错报。因此,如果重大错报在之后的年度审计中被发现并已通告审计委员会,有效的审计委员会就更可能要求进行财务报表重述。为了检验这个推测,本文认为研究人员不仅要观测已发生的财务报表重述和相应的审计委员会特征,还要观测错报已向审计委员会报告但没有财务报表重述公布的情形。这为未来的研究提供了一条有趣的路径。

交流区

本文是审计委员会特征与财务报表重述关系的经典之作。一方面,本文从 BRC 建议着手,提取了一系列的审计委员会特征,构建了较为完整的审计委员会实证研究框架,为后续审计委员会有效性的经济后果研究奠定了基础;另一方面,本文对财务报表重述的影响因素进行了全面的梳理,建立了回归模型,为后续研究提供了借鉴和参考。

文献 67 新兴市场上外部审计师是否发挥公司治理作用?来自东亚的证据

经典文献:Joseph P. H. Fan, T. J. Wong. Do External Auditors Perform a Corporate Governance Role in Emerging Markets? Evidence from East Asia. *Journal of Accounting Research*, 2005, 43(1): 35-72.

机构:The Chinese University of Hong Kong

被引:总计 1 476 次,年均 86.82 次

文献概述:杨蓓

研究概述:在新兴市场上,控股股东与中小股东之间的代理冲突难以通过常规的公司

治理机制(如董事会、并购)来缓解。本文检验了外部独立审计是否被用作监督机制或者**约束机制**(bonding mechanism)以缓解代理问题。本文使用8个东亚经济体的样本,发现代理问题越严重的公司,越可能选择"五大"会计师事务所;该结果在那些频繁进行股权融资的公司中更为凸显。与此一致,那些聘请"五大"会计师事务所的公司会承受较小的由代理冲突带来的股价折价。总之,研究结果表明"五大"会计师事务所在新兴市场上发挥着公司治理作用。

核心概念:公司治理 审计师 东亚 投票权 现金流权

文献背景

新兴市场上市公司的一个显著特点就是所有权高度集中。在产权保护较弱的环境下,所有权集中被视为一种便利交易的制度安排。然而,所有权高度集中会产生代理问题。紧密控制会带来堑壕效应,这使得控股股东从事自利行为而不惧内部来自董事会、外部来自并购市场的挑战。这种堑壕效应会给控股股东及其公司带来一定的成本,即外部投资者会预期到这一问题从而对股价打折(Claessens 等,2002;La Porta 等,2002),并使公司未来权益融资难度增加。

在集中的所有权结构下,控股股东可能会出于监督机制或者约束机制而约束自身对中小股东"敲竹杠"的能力,从而缓解代理冲突(Jensen 和 Meckling,1976)。一般来说,当以下情况出现时,能够观测到监督行为或者约束行为:(1)有效的监督机制是可得的;(2)施加这些机制的收益(表现为代理成本的降低、资本成本的降低)大于使用这些机制的成本(为实施这些机制所要付出的溢价以及任何因治理约束而丧失的收益)。

理论基础、研究思路与研究假设

当所有权结构集中到能够使股东获得对公司的绝对控制权时,控股股东有权决定利润的分配,有时还会剥夺中小股东分享利润或收益的权利。控股股东通过金字塔股权结构、交叉持股等方式,在保持较低持股比例的情况下,对公司保持杠杆控制,从而进一步加剧代理冲突。

本文选取8个东亚经济体的公司为样本,检验是否更高的代理冲突会使得它们更多地选择"五大"会计师事务所。"五大"会计师事务所享有国际声誉,而且通常被视为独立性更强。如果"五大"会计师事务所能够提供更高质量的审计服务,那么对其服务的需求会随着代理问题的加剧而提升。

本文使用第一大股东的控制权(投票权)和所有权(现金流权)作为堑壕效应与利益协同效应的代理变量。随着控制权增大,第一大股东侵占中小股东利益的能力得到增强;随着所有权减小,第一大股东财富与公司绩效间关系的紧密度下降。因此,第一大股东利益与中小股东利益的一致性下降。基于此,本文提出五个假设:

假设1 公司决定是否聘请"五大"会计师事务所与嵌入所有权结构的代理问题正相关。

假设2 公司决定聘请"五大"会计师事务所与代理问题之间的正向关系随着公司对权益融资需求的增加而增强。

假设3 与"非五大"会计师事务所相比,"五大"会计师事务所的客户因所有权结构而产生的代理问题所导致的股价折价更小。

假设4 审计收费与嵌入公司所有权结构的代理问题呈正向关系。

假设5 对于那些嵌入公司所有权结构的代理问题更加严重的公司而言,其盈利状况越差,越可能收到审计师签发的非标审计意见。

样本选择

本文数据来自 Worldscope 数据库,样本选自 8 个东亚经济体,分别为中国的香港和台湾,以及印度尼西亚、马来西亚、菲律宾、新加坡、韩国、泰国。样本期间为 1994—1996 年。不选择 1994 年之前是因为很多公司的数据有缺失,不选择 1996 年之后是因为 1997 年发生了亚洲经济危机。最终样本包含 3 672 个公司—年度观测值。

实证方法与模型构建

本文分别使用回归模型对相关问题进行检验。

(1) 检验审计师选择是否受代理成本的影响的模型为:

$$\text{AUDITOR}_{it} = a_0 + a_1 \text{SIZE}_{it} + a_2 \text{LEV}_{it} + a_3 \text{ROA}_{it} + a_4 \text{CROSS}_i + a_5 V_i + a_6 C_i + \text{fixed effects} + u_{it} \quad (1)$$

对公司 i 来说:AUDITOR_{it} 为哑变量,若第 t 年审计师是"五大"会计师事务所取值为 1,否则取值为 0;SIZE_i 为第 t 年年末普通股市值的自然对数;LEV_{it} 为第 t 年年末长期负债与总资产的比值;ROA_{it} 为第 t 年年末资产收益率;CROSS_i 为哑变量,若公司 1996 年年末发行美国存托凭证(American Depositary Receipts, ADRs)或者有普通股股票在北美(或欧洲)股票交易市场交易取值为 1,否则取值为 0;V_i 为公司第一大股东拥有的投票权比例;C_i 为公司第一大股东拥有的现金流权比例;fixed effects 为哑变量,控制行业、经济体、年份固定效应。

(2) 检验审计师选择是否会影响公司价值的模型为:

$$\text{MB}_{it} = a_0 + a_1 \text{PAUDITOR}_{it} + a_2 V_i + a_3 C_i + a_4 \text{PAUDITOR}_{it} \times V_i + a_5 \text{PAUDITOR}_{it} \times C_i + a_6 \text{OPOS}_{it} + a_7 \text{CAPXS}_{it} + a_8 \text{CSALES}_{it} + a_9 \text{SIZE}_{it} + \text{fixed effects} + u_{it} \quad (2)$$

对公司 i 来说:MB_{it} 为第 t 年年末普通股市值加上负债账面价值再除以总资产;PAUDITOR_{it} 为第 t 年年末审计师是"五大"会计师事务所的估计概率,基于本文的审计师选择模型而预测;V_i 为公司第一大股东拥有的投票权比例;C_i 为公司第一大股东拥有的现金流权比例;OPOS_{it} 为第 t 年的经营利润除以销售收入;CAPXS_{it} 为第 t 年的资本性支出除以销售收入;CSALES_{it} 为第 t 年的销售增长率;SIZE_{it} 为第 t 年年末总资产的自然对数;fixed effects 为哑变量,控制行业、经济体、年份固定效应。

(3) 检验审计收费与审计意见是否会受到代理成本的影响的模型有两个。

审计收费模型为:

$$\text{FEE}_{it} = b_0 + b_1 \text{SIZE}_{it} + b_2 \text{ROA}_{it} + b_3 \text{LEV}_{it} + b_4 \text{AR}_{it} + b_5 \text{INV}_{it} + b_6 V_i + b_7 C_i + \text{fixed effects} + u_{it} \quad (3)$$

对公司 i 来说:FEE_{it} 为第 t 年全部审计收费的自然对数;AR_{it} 为第 t 年年末应收账款占总资产的比例;INV_{it} 为第 t 年年末存货占总资产的比例;fixed effects 为哑变量,控制行业、经济体、年份固定效应;其他变量如前所述。

审计意见模型为:

$$OPINION_{it} = b_0 + b_1 SIZE_{it} + b_2 ROA_{it} + b_3 LEV_{it} + b_4 AR_{it} + b_5 INV_{it} + b_6 DV_i + b_7 DVC_i + b_8 DV_i \times ROA_{it} + b_9 DVC_i \times ROA_{it} + \text{fixed effects} + u_{it} \quad (4)$$

对于公司 i:$OPINION_{it}$ 为哑变量,若审计意见为非标审计意见取值为 1,否则取值为 0;DV_i 为哑变量,若控制权 $V_i \geq 30\%$ 取值为 1,否则取值为 0;DVC_i 为哑变量,若终极控制人的控制权超过其所有权($V_i > C_i$)取值为 1,否则取值为 0;其他变量如前所述。

稳健性检验

本文进一步做了以下稳健性检验:第一,在审计师选择模型中,对所有变量进行排序,考虑到所有权结构带来的内生性问题,使用两阶段模型重新回归。根据控制权与现金流量权的分离度将样本分为三组,分别为控制权与现金流量权不分离($V=C$)、控制权与现金流量权分离度低($0<V-C<20\%$)、控制权与现金流量权分离度高($V-C \geq 20\%$),分别进行回归,再按年份、经济体分别进行回归。第二,在检验审计师选择对公司价值的影响时,根据投票权的大小,将按样本 V 是否大于 30% 分成高控制权组和低控制权组,分别进行回归。第三,在检验审计收费时,对变量进行排序并重新回归。另外,采用两阶段模型,使用工具变量衡量 V 和 C。第四,在检验审计意见时,删除印度尼西亚的样本,重新回归,因为 1994—1996 年印度尼西亚没有非标审计意见;删除泰国样本,重新回归,因为泰国 1995—1996 年非标审计意见更多;删除重复收到非标审计意见的样本,重新回归;对变量进行排序并重新回归。

研究结论与创新

本文以新兴市场为背景,将公司所有权结构与外部审计相联系,为控股股东与中小股东的代理冲突如何影响审计师选择、审计收费和审计意见提供了证据。本文发现,东亚地区公司控制权高度集中,受到严重的代理问题的影响,与代理问题较小的公司相比,更可能选择"五大"会计师事务所进行审计。与高质量审计提升外部投资者信心的观点一致,本文发现审计师相关特征与所有权结构之间的关系在公司融资频繁的样本中更加显著。本文还发现选择"五大"会计师事务所能够在一定程度上削弱代理问题带来的股价折价问题。"五大"会计师事务所在审计定价和签发审计意见时会考虑被审计单位的代理问题。具体而言,当控股股东利益与中小股东利益不一致时,审计师会收取溢价;当有严重代理问题的公司的业绩更差时,审计师更可能签发非标审计意见。上述发现表明,审计师发挥着公司治理作用,能够缓解新兴市场上的代理问题。

> **交流区**
>
> 本文的研究结果表明,外部审计作为一种重要的外部治理机制,能够缓解新兴市场中控股股东与中小股东之间的代理问题,影响市场参与者感知的审计质量(DeFond 和 Zhang,2014;Knechel 等,2013)以及股价同步性(Gul 等,2010)。

文献 68 产权性质、制度环境与审计师选择:来自中国的经验证据

经典文献:Qian Wang,[1] T. J. Wong,[1] Lijun Xia.[2] State Ownership, the Institutional Environment, and Auditor Choice: Evidence from China. *Journal of Accounting and Economics*, 2008, 46(1): 112-134.

机构:[1]The Chinese University of Hong Kong;[2]Shanghai University of Finance and Economics

被引:总计 1 231 次,年均 87.92 次

文献概述:刘慧

研究概述:本文发现,与非国有企业相比,由省、市、县级政府控制的地方国有企业更有可能聘请同一地区的小型会计师事务所(即小型本地会计师事务所)。在制度欠完善地区,由中央政府控制的中央国有企业也存在这种趋势。然而,随着制度的演变,地方国有企业和中央国有企业聘请本地小型会计师事务所的趋势正在减弱。这种审计师选择模式很可能是由于国有企业对大型或非本地会计师事务所的需求不足,或者是由于小型本地事务所拥有得天独厚的本地知识及其与国有企业的合谋动机。

核心概念:审计师选择 产权性质 政治制度 经济转型期

文献背景

地方国有企业和中央国有企业聘请小型本地会计师事务所而非"十大"或非本地会计师事务所的一个原因是这些国有企业享有优惠待遇,不仅仅是在投入要素和产品市场上(McMillan,1997;Chang 和 Wang,1994;Li,1996;Qian,1995),在资本市场中也是如此(Brandt 和 Li,2003)。资本市场监管机构出于对国有上市公司的政治目标而非经济目标的考虑,将上市特权扩展到地方国有企业和中央国有企业并给予优惠待遇。同样,国有银行也会基于政治、社会或税收驱动因素而在贷款时给予地方国有企业和中央国有企业优惠待遇(Brandt 和 Li,2003)。这些国有企业的外部股东对"十大"会计师事务所或非本地会计师事务所的需求也低于非国有企业,因为国有企业能获得来自政府的政治和财政支持。政府官员有动力协助地方国有企业和中央国有企业(Kornai,1993;Qian,1994),因为国有企业的成功上市能够为所在地区带来更多的资源,增加政府官员的政治资本,增加他们晋升的机

会（Li 和 Zhou,2005）。政府或国有银行对地方国有企业和中央国有企业的优惠待遇可能会降低国有企业对声誉良好（可能是大型的或非本地的）会计师事务所的需求。

理论基础与研究思路

考虑到中国政府参与商业活动以及中国市场化水平和法治水平在不同地区存在较大的差异,本文研究了国家所有权程度、市场化水平和法律制度建设以及政府对会计师事务所的控制程度等制度特征如何影响中国上市公司的审计师选择决策。中国近些年进行了三次审计市场改革,其中值得注意的是:（1）1995 年开始采用国际审计标准;（2）1998 年使会计师事务所与政府控制分离;（3）2000 年促进小型会计师事务所兼并。然而,"十大"会计师事务所的市场份额（意味着可能提供更好的审计质量和更独立的审计）一直在下降（DeFond 等,1999）。事实上,2003 年 54%的中国上市公司聘请了小型（"非十大"）和来自同一地区的会计师事务所,只有 25%的中国上市公司聘请了"十大"会计师事务所。本文旨在解决以下问题:为什么中国上市公司倾向于选择小型本地会计师事务所？中国上市公司如何选择会计师事务所？这些问题的答案在于中国审计市场的政治和经济制度。本文认为三个制度因素影响中国上市公司的会计师事务所选择决策:（1）企业股权结构中的国家所有权程度;（2）市场化和法律制度的发展水平;（3）政府对会计师事务所的控制程度。

研究假设

假设 1 较之非国有企业,地方政府和中央政府控制的国有企业更有可能聘请小型本地会计师事务所。

为了进一步了解制度如何影响公司的会计师事务所选择决策,本文进一步探索地区制度因素对审计师选择的影响。自 1978 年以来,从中央政府到地方政府的财政分权使得中国各地的市场化和制度质量产生了巨大的异质性（Qian 和 Xu,1993;Huang,1996;Qian 和 Weingast,1997;Jin 等,2005）,由此引出以下假设:

假设 2 在地方政府参与商业活动以及市场化程度和法治水平较低的地区,非国有企业与地方或中央国有企业之间选择小型本地会计师事务所倾向的差异性较大。

样本选择

为了检验假设,本文收集了 1993—2003 年中国所有上市公司的会计师事务所选择和审计意见的数据。有关公司背景、事务所特征、审计意见和审计费用的信息来自公司年度报告或在中国三家证券报纸（《中国证券报》《上海证券报》《证券时报》）之一发布的年度报告摘要,财务数据主要来自 CSMAR 数据库。

实证检验

本文将会计师事务所样本分为小型会计师事务所与"十大"会计师事务所。参照 DeFond 等（1999）的做法,如果会计师事务所不是位于审计总资产排名前十,就将其归类为小型会计师事务所。本文还区分本地会计师事务所与非本地会计师事务所：若会计师事务所与被审计上市公司位于同一省份，则认为上市公司聘请了本地会计师事务所（根据签字审计师进行判断）。进一步地，本文将样本按所有权分为三个类别：（1）非国有企业，其终极所有者为非政府单位，如企业家、乡镇和村以及外国公司；（2）地方国有企业，为地方政府（如国有资产管理局和财政局）所控制；（3）中央国有企业，为中央政府（如财政部和中央工业企业管理委员会）所拥有。如果有两种或更多类型的所有者控制上市公司，本文就会根据拥有最大比例所有权的所有者身份对公司所有权类型进行分类。

为了检验假设1，本文设置一个虚拟变量：会计师事务所是否为小型本地会计师事务所，并用以下三组变量进行回归：（1）两个所有权类型变量，地方国有企业和中央国有企业；（2）三个制度指数变量，即信贷市场指数、政府分权指数和法律环境指数；（3）公司特征和财务控制变量。参照 Francis 和 Wilson（1988）、DeFond 等（1999）的研究，本文选取与会计师事务所选择有关的公司特征和财务控制变量；本文还控制业绩增长和股票发行，以控制公司资本需求对审计需求的影响。

为了检验假设2，即政府所有权对会计师事务所选择的影响是否随着制度环境的差异而变化，本文将两个所有权类型（地方国有企业和中央国有企业）和三个制度指数之间的交乘项添加到回归模型中。

进一步的分析还分别进行了四次单独的回归：（1）审计意见回归；（2）审计费用回归；（3）北京地区中央国有企业的会计师事务所选择回归；（4）估值效应回归。

| 研究结论 |

本文分析了政治和经济制度如何影响中国企业的会计师事务所（审计师）选择决策。本文以1993—2003年的上市公司为样本，发现地方国有企业比非国有企业更有可能聘请小型本地会计师事务所。除了地方国有企业，本文发现中央国有企业比非国有企业更有可能在制度欠完善地区聘请小型本地会计师事务所，但在制度较完善的地区，随着时间的推移，地方国有企业和中央国有企业聘请小型本地会计师事务所的趋势明显减弱。

进一步的分析表明，地方国有企业和中央国有企业聘请小型本地会计师事务所的倾向与假设是一致的。由于在发生财务困境时可优先获得资本或政府救助，地方国有企业和中央国有企业对"十大"或非本地会计师事务所的需求较少。地方国有企业和中央国有企业聘请小型本地会计师事务所的倾向性也可以通过合谋动机或本地会计师事务所得天独厚地拥有本地知识来加以解释。

| 局限性 |

第一，客户公司的所有权类型和会计师事务所选择很可能是制度因素内生决定的；第二，虽然改变所有权类型样本可以潜在地缓解内生性问题，但所有权或控制权的转换也可以内生地确定，从而影响本文的分析推论；第三，地方国有企业或中央国有企业选择小型本地会计师事务所与审计意见、审计费用和账面市值比（即财务因素）内生相关，后续研究应解决这一问题。

交流区

本文在多个方面为审计文献做出了贡献。国际学术期刊发表的审计问题研究主要关注欧美等发达国家,本文的关注对象则是具有不同政治制度环境的中国,探讨了国家所有权与会计师事务所选择之间的联系,扩展了主要关注美国公司代理成本问题的会计师事务所选择研究(Palmrose,1984;Simunic 和 Stein,1987;Francis 和 Wilson,1988;DeFond,1992)。此外,本文还考察了会计师事务所所在地的两个特征——地方知识优势和地方政府影响力,使用会计师事务所所在地衡量审计师的行业专业化和客户依赖性(Craswell 等,1995;Reynolds 和 Francis,2001),扩展了先前的研究。本文扩展了 Francis 等(2003)、Choi 和 Wong(2007)的研究,首次证明了法律制度之外的政治和经济制度也会影响市场对审计师的需求。

【主题结语】

审计师独立性是开展审计业务的基础,直接影响到审计质量的高低,本章关注审计师独立性的相关研究文献,学者们从理论和经验证据上都做出了重大的贡献。本章回顾了八篇经典文献,发现会计师事务所通过品牌声誉机制强化了审计师独立性,比如 Craswell 等(1995)实证发现"八大"会计师事务所的审计收费溢价与品牌、行业专长有关。经典文献对审计师独立性与审计质量的研究较为深刻,DeFond 和 Subramanyam(1998)指出,由于对诉讼风险的担忧,现任审计师的保守会计选择偏好是解释审计师变更的重要因素。非审计服务收费是否会影响审计师独立性进而影响审计质量,相关文献对此并未形成一致结论。Ashbaugh 等(2003)挑战了 Frankel 等(2002)的研究结论,认为审计师并未因客户购买更多的非审计服务而违背独立性要求。审计师任期是否会影响审计师独立性也一直被广泛讨论,Myers 等(2003)检验了审计师任期和审计质量的关系,发现审计师任期与会计应计显著负相关,说明当审计师和客户关系进一步加深(审计师任期更长)时,审计师对公司应计盈余管理具有更大的约束作用。未来有关审计师独立性的研究应结合审计质量、会计师事务所选择、审计收费、盈余管理等相关问题。

【推荐阅读】

1. Beasley M S, Carcello J V, Hermanson D R, et al. Fraudulent Financial Reporting: Consideration of Industry Traits and Corporate Governance Mechanisms[J]. *Accounting Horizons*, 2000, 14(4): 441-454.
2. Choi J H, Wong T J. Auditors' Governance Functions and Legal Environments: An International Investigation[J]. *Contemporary Accounting Research*, 2007, 24(1): 13-46.
3. DeFond M L, Jiambalvo J. Debt Covenant Violation and Manipulation of Accruals[J]. *Journal of Accounting and Economics*, 1994, 17(1-2): 145-176.

4. DeFond M L, Jiambalvo J. Incidence and Circumstances of Accounting Errors[J]. *The Accounting Review*, 1991, 66(3): 643-655.

5. Eilifsen A, Jr. Messier W F. The Incidence and Detection of Misstatements: A Review and Integration of Archival Research[J]. *Journal of Accounting Literature*, 2000, 19: 1-43.

6. Fang J, Pittman J, Zhang Y, et al. Auditor Choice and Its Implications for Group-Affiliated Firms[J]. *Contemporary Accounting Research*, 2017, 34(1): 39-82.

7. Gul F A, Kim J B, Qiu A A. Ownership Concentration, Foreign Shareholding, Audit Quality, and Stock Price Synchronicity: Evidence from China[J]. *Journal of Financial Economics*, 2010, 95(3): 425-442.

8. Johnson V E, Khurana I K, Reynolds J K. Audit-Firm Tenure and the Quality of Financial Reports[J]. *Contemporary Accounting Research*, 2002, 19(4): 637-660.

9. Ke B, Lennox C S, Xin Q Q. The Effect of China's Weak Institutional Environment on the Quality of Big 4 Audits[J]. *The Accounting Review*, 2015, 90(4): 1591-1619.

10. Jr. Kinney W R, McDaniel L S. Characteristics of Firms Correcting Previously Reported Quarterly Earnings[J]. *Journal of Accounting and Economics*, 1989, 11(1): 71-93.

11. Knechel W R, Krishnan G V, Pevzner M, et al. Audit Quality: Insights from the Academic Literature[J]. *Auditing: A Journal of Practice and Theory*, 2013, 32(1): 385-421.

12. Lys T, Watts R L. Lawsuits Against Auditors[J]. *Journal of Accounting Research*, 1994, 32: 65-93.

13. Magee R P, Tseng M C. Audit Pricing and Independence[J]. *The Accounting Review*, 1990, 65(2): 315-336.

14. Moroney R, Phang S Y, Xiao X. When Do Investors Value Key Audit Matters[J]. *European Accounting Review*, 2021, 30(1): 63-82.

15. Reichelt K J, Wang D C. National and Office-Specific Measures of Auditor Industry Expertise and Effects on Audit Quality[J]. *Journal of Accounting Research*, 2010, 48(3): 647-686.

16. Reid C, Carcello J V. Investor Reaction to the Prospect of Mandatory Audit Firm Rotation[J]. *The Accounting Review*, 2016, 92(1): 183-211.

17. Simunic D A, Stein M T. Audit Risk in A Client Portfolio Context[J]. *Contemporary Accounting Research*, 1990, 6(2): 329-343.

18. 陈信元,夏立军.审计任期与审计质量:来自中国证券市场的经验证据[J].《会计研究》,2006(1):44-53+93-94.

19. 李爽,吴溪.审计失败与证券审计市场监管——基于中国证监会处罚公告的思考[J].《会计研究》,2002(2):28-36.

20. 刘星,陈丽蓉,刘斌,等.非审计服务影响注册会计师独立性吗?来自中国证券市场的经验数据[J].《会计研究》,2006(7):30-38+93.

21. 陆建桥.后安然时代的会计与审计——评美国《2002年萨班斯-奥克斯利法案》及其对会计、审计发展的影响[J].《会计研究》,2002(10):33-42+65.

22. 王跃堂,陈世敏.脱钩改制对审计独立性影响的实证研究[J].《审计研究》,2001(3):2-9.

第 4 篇

财务管理

开卷寄语

本篇主要从"筹资与资本结构""投资与运营""盈余与估值""预测与其他"四个方面介绍财务管理方面的经典文献,它们也是企业财务管理的主要活动。其中,第 12 章"筹资与资本结构"选取了六篇经典文献,分别探讨了信息披露对权益资本成本、债务资本成本的影响,信息披露质量、财务信息与非财务信息的披露对资本成本的影响等。第 13 章"投资与运营"选取了九篇经典文献,主要探讨了企业持有现金的动机和价值,以及 CEO 过度自信对企业投资行为的影响。第 14 章"盈余与估值"选取了四篇经典文献,主要探讨了股票市场价值与会计数字的关系,为人们概念化会计信息的有用性和价值相关性提供了基准。第 15 章"预测与其他"选取了二篇经典文献,主要探讨了传统的比率分析对企业破产的预测效力和公司信息披露政策对分析师盈余预测的影响。本篇内容有助于学生以最大化企业价值为目标,对现实的财务(如融资、投资、估值等)问题进行认真分析,培养解决实际问题的能力,磨炼发现现实问题的眼光,增强保护投资者利益的责任意识,树立长期投资理念。

第12章

筹资与资本结构

文献69 信息披露水平和权益资本成本

经典文献：Christine A. Botosan. Disclosure Level and the Cost of Equity Capital. *The Accounting Review*, 1997, 72(32): 323-349.

机构：University of Washington

被引：总计6 257次，年均250.28次

文献概述：刘彬

研究概述：在财务报告领域，信息披露水平对权益资本成本的影响是一个相当有趣且重要的问题。然而，信息披露水平与权益资本成本的关系尚不明确，并且两者关系很难量化。本文将权益资本成本与市场贝塔、公司规模和信息披露水平进行回归，检验信息披露水平与权益资本成本的关系。其中，信息披露水平的度量是基于122个制造业（具体为机械制造行业）公司1990年度报告中的自愿披露信息数量。对于分析师跟踪水平较低的公司来说，信息披露水平越高，其权益资本成本越低。在控制市场贝塔和公司规模后，信息披露水平每变动1个单位，公司权益资本成本变动约28个基点。对于分析师跟踪水平较高的公司来说，本文没有发现信息披露水平与权益资本成本存在相关关系。这可能是因为分析师在信息交流过程中扮演了重要角色，使得本文的信息披露水平度量效果有限，不能作为公司整体信息披露水平的有效度量方式。

核心概念：自愿披露 权益资本成本 信息披露策略

文献背景

企业信息披露水平的提升给企业带来的好处一直是一个有争议的问题。几类资产定价模型表明信息披露水平的提升能够降低权益资本成本，但几乎没有实证证据支持这一观点。证据的缺乏引发了一场关于信息披露水平提升所带来好处的持续讨论。例如，美国注册会计师协会财务报告执行委员会（AICPA Financial Reporting Executive Committee）认为，信息披露水平提升的一个重要好处就是降低权益资本成本；相反，美国财务经理人协会（American Association of Financial Managers）认为，信息披露水平提升将增大股价波动性，从

而增加风险并导致更高的权益资本成本。

支持信息披露水平与权益资本成本负相关的理论研究主要有两类：一类研究（Demsetz，1968；Copeland 和 Galai，1983；Glosten 和 Milgrom，1985；Amihud 和 Mendelson，1986；Diamond 和 Verrecchia，1991）认为信息披露水平的提升会增大股票市场流动性，降低交易成本或者增加市场对公司股票的需求，由此降低权益资本成本；另一类研究（Klein 和 Bawa，1976；Barry 和 Brown，1985；Coles 和 Loewenstein，1988）认为信息披露水平的提升会减小投资者实际回报的估计风险，即信息披露水平越低，实际回报的不确定性越高。

尽管已有的实证研究倾向于支持信息披露水平与权益资本成本存在负向关系，但并没有直接的证据证明这一观点。先前的研究只是验证了信息披露水平对预期与权益资本成本正相关的变量的影响，并没有直接检验信息披露水平对权益资本成本的影响。先前的研究采用这种间接检验方法的主要原因是很难合理度量权益资本成本。利用 Ohlson（1995）等提出的基于会计的估值模型，本文对权益资本成本进行了合理度量。

理论基础与研究思路

本文基于信息不对称理论和信号传递理论，认为公司披露私有信息能够降低投资者与管理层之间的信息不对称程度，从而缓解投资者的逆向选择行为，使得公司股价的买卖价差更小，股价传递出的低风险信号最终导致投资者愿意接受更低的权益投资收益率或回报率，对公司来说即为更低的权益资本成本。本文根据这些理论基础，认为公司的信息披露有利于降低自身的权益资本成本。

第一，构建了独特的信息披露指数和权益资本成本的度量方式，对相关变量进行了准确度量；第二，利用了制造业公司1990年的财务数据进行实证分析，分别检验了信息披露水平与权益资本成本之间的关系以及分析师跟踪水平对两者关系的调节作用。

研究假设与样本选择

Amihud 和 Mendelson（1986）认为更大的买卖价差会导致企业权益资本成本增加，因为投资者要求补偿由此增加的交易成本。通过披露私有信息，企业能够降低股票买卖价差中的逆向选择风险，从而降低权益资本成本。Diamond 和 Verrecchia（1991）发现充分的信息披露能够降低股票交易释放的信息含量，从而减弱交易行为中不利价格的影响，因此投资者更愿意购买此类公司的股票。这一现象增加了投资者对此类公司股票的需求，提升了公司股价，提高了股票流动性，最终降低了公司的权益资本成本。此外，还有研究认为信息披露水平的提升能够降低不可分散风险，从而降低企业的权益资本成本（Klein 和 Bawa，1976；Barry 和 Brown，1985；Coles 和 Loewenstein，1988）。基于此，本文提出假设1：

假设1 企业的权益资本成本与其信息披露水平存在负向关系。

对于分析师跟踪水平较高的公司，本文以年度报告中的自愿披露信息数量度量信息披露水平可能存在缺陷，因为这一度量指标并不能很好地反映整体信息披露水平。在这种情形下，分析师扮演了重要的信息交流角色。然而，对于分析师跟踪水平较低的公司，年度报

告在信息交流中扮演着更为重要的角色,公司的信息披露水平与权益资本成本的负向关系可能更为凸显。基于此,本文提出假设2:

假设2 相对于分析师跟踪水平较低的公司,分析师跟踪水平较高公司的权益资本成本与信息披露水平的关系更不显著。

因为公司的信息披露政策在相当长一段时间内不会发生改变,本文选择一年的数据进行分析。具体来说,本文选择1990年的会计年度数据进行分析。此外,由于不同的行业有着截然不同的信息披露模式,本文只选择一个行业进行分析。具体而言,本文选择机械制造行业的公司作为样本,因为机械制造行业信息披露水平差异较大且公司数量较多。另外,本文还剔除缺少CRSP相关数据以及未能提供年度报告等不满足研究要求的观测值。由此,本文的最终样本包括122个观测值。

实证方法与模型构建

信息披露指数的构建

对于信息披露指数的构建,本文主要基于年度报告提供的信息,因为年度报告所反映的信息披露水平与企业信息披露水平正相关(Lang 和 Lundholm,1993),并且年度报告是分析师做分析所依据的最重要的资料之一(Knutson,1992)。本文主要基于年度报告中的自愿披露信息数量生成信息披露指数(DSCORE)。具体来说,本文的信息披露指数(DSCORE)主要反映五类自愿披露信息:背景信息、历史信息摘要、重要的非财务比率、预测信息、管理层讨论与分析。

$$\mathrm{DSCORE}_j = \sum_{i=1}^{5} \mathrm{SCORE}_{ij} \tag{1}$$

每个样本公司的信息披露指数DSCORE_j为样本公司每类自愿披露信息SCORE得分的加总。

权益资本成本的度量

以往研究中对权益资本成本的度量有许多方法,包括实际收益率或回报率、资本资产定价模型以及经增长率和股利调整的盈余市价比等。然而,由于这些度量方法不准确或者本研究不满足其使用条件等,本文无法使用之前的度量方法,从而提出一种新的权益资本成本度量方法。具体而言,本文使用的权益资本成本是以下方程对r的求解:

$$P_t = b_t + \sum_{\tau=1}^{T} (1+r)^{-\tau} E_t[x_{t+\tau} - r b_{t+\tau-1}] + (1+r)^{-T} E_t(P_T - b_T) \tag{2}$$

本文将T设置为4,求解方程(2)得到4个封闭解,其中3个解不符合要求(2个解未定义,1个解不符合现实情况),只有1个解可用作本文权益资本成本的度量值。

$$r_{E/BV,i} = g_i \begin{pmatrix} p_t, E_t(p_{t+4}), b_t, E_t(b_{t+1}), E_t(b_{t+2}), E_t(b_{t+3}), \\ E_t(b_{t+4}), E_t(x_{t+1}), E_t(x_{t+2}), E_t(x_{t+3}), E_t(x_{t+4}) \end{pmatrix} \tag{3}$$

其中,$r_{E/BV,i}$为算子$i(i=1,4)$的权益资本成本;$g_i(\cdot)$为算子$i(i=1,4)$的函数;p_t为t时刻的股价;$E_t(\cdot)$为算子的期望值;b_t为t时刻的账面价值;x_t为第t年的盈余。

回归模型

验证假设 1 的回归模型如下：

$$r_{E/BV,i} = \gamma_0 + \gamma_1 \text{BETA}_i + \gamma_2 \text{DRANK}_i + \gamma_3 \text{MVAL}_i + \varepsilon_i \tag{4}$$

其中，$r_{E/BV,i}$ 为公司 i 的权益资本成本；BETA_i 为公司 i 的市场风险，即市场贝塔；DRANK_i 为公司 i 信息披露得分的比例排名，信息披露得分越高，DRANK 越大；MVAL_i 为公司 i 在 1990 年年末的权益市场价值。

验证假设 2 的回归模型如下：

$$r_{E/BV,i} = \gamma_0 + \gamma_1 \text{DU}_i + \gamma_2 \text{BETA}_i + \gamma_3 \text{DRANK}_i + \gamma_4 \text{DRANK}_i \times \text{DU}_i + \gamma_5 \text{MVAL}_i + \varepsilon_i \tag{5}$$

其中，DU_i 为虚拟变量，若分析师数量小于或等于样本中位数取值为 1，否则取值为 0；其他变量的定义同回归模型 (4)。

稳健性检验

单类信息披露分析

本文进一步分析究竟是哪种类别的自愿披露信息降低了权益资本成本。具体来说，本文将按信息披露指数划分的五类自愿披露信息分别进行回归，分析单类信息披露与权益资本成本的关系。

考虑分析师跟踪和《华尔街日报》文章数量

本文使用分析师跟踪的比例排名和《华尔街日报》文章数量的比例排名作为信息披露的代理变量，添加到验证假设 2 的模型 (5) 中；本文还在五类信息披露变量（即稳健性检验 1）的基础上加上这里的两个变量进行分析，检验结果没有改变。本文还用分析师跟踪变量替代 DU_i 重新进行回归，检验结果依然不变。

研究结论与创新

本文为信息披露水平与权益资本成本之间的关系提供了直接证据。对于分析师跟踪水平较低的公司来说，更高的信息披露水平使得权益资本成本更低，但是这一关系在分析师跟踪水平较高的公司中不显著。本文还发现不同类别的信息披露对权益资本成本有着不同的影响。例如，对于分析跟踪水平较低的公司来说，预测信息和重要的非财务信息（即非财务比率）的披露对权益资本成本有着重要影响；而对于分析师跟踪水平较高的公司来说，历史汇总信息的披露对权益资本成本有着重要影响。

本文提出了估计权益资本成本、信息披露水平的新方法。

局限性与展望

本文的分析和研究结论仅仅基于一个行业一年的数据，对其他行业或者不同期间可能并不具有普适性。未来的研究可以考虑采用本文所使用的方法和技术对不同行业、不同期间的数据进行分析，以拓宽本文研究结论的适用范围。

> **交流区**
>
> 关于信息披露水平与权益资本成本的关系,实务界对此有着不同的看法,理论界的研究也只是从模型推导的角度论证两者的负向关系,仍然缺乏充分、有力的实证证据加以证实。本文从实证角度证实了信息披露水平与权益资本成本间的负向关系,为实务界和理论界提供了更为一致的证据。此外,本文构建的信息披露指数和权益资本成本度量方法也具有一定的创新性,为后续研究企业信息披露水平和权益资本成本提供了独特的度量方式。

文献 70 公司信息披露质量与债务资本成本

经典文献:Partha Sengupta. Corporate Disclosure Quality and the Cost of Debt. *The Accounting Review*, 1998, 73 (4): 459-474.

机构:University of Hawaii at Manoa

被引:总计 2 341 次,年均 97.54 次

文献概述:陈怡欣

研究概述:本文提供的证据表明,信息披露质量较高的公司会享有较低的债券发行成本。这一发现说明,及时且细致的信息披露会降低债权人和承销商对公司违约风险的预测,从而降低公司的债务资本成本。此外,当市场对公司价值判断存在较高的不确定性(以股票收益率的标准差表示)时,上述结果更加显著。由于债务融资是上市公司外部融资的重要来源,本文的实证结果对于理解公司信息披露动机及其经济后果具有重要意义。

核心概念:信息披露质量 债务资本成本 风险补偿 信息不对称

文献背景

本文对信息披露与债务资本成本的关系进行了研究。关于债务融资成本决定因素的文献通常认为公司违约风险与债务资本成本存在负相关关系。基于此观点,本文认为贷款方和承销商在预估公司违约风险时一般会考虑公司的信息披露政策,进而分析信息披露质量与债务资本成本的关系。标准普尔(1982)的一些看法支持了该观点,认为会计信息质量是建立企业债券发行评级制度应考量的重要因素。这种做法表明,持续、及时进行信息披露的公司被认为隐瞒对自身不利信息的可能性较小,因此这些公司提供风险补偿的可能性较小。一些研究对上述观点给予了支持。例如,Welker(1995)发现分析师预测信息披露能够降低公司权益资本成本。Botosan(1997)发现,公司信息披露程度与分析师跟踪水平较低公司的权益资本成本存在负相关关系,但对分析师跟踪水平较高公司的影响不显著。

有关企业行为的研究通常表明,管理层比外部人员拥有更充分的关于公司过去及未来业绩的信息。即使管理层通过多种途径对外释放大量信息(例如,发布年度和季度报告、发表新闻稿等),这些信息也只能提供有关公司当前或未来短期内的业绩信号。在考虑是否向这些公司投入资金时,个人投资者和金融机构会根据已有信息评估公司的违约风险,承销商同样会将违约风险评估纳入收费项。本文证明了信息披露质量与债务资本成本相关,从而扩展了对信息披露质量经济后果的研究。虽然之前的研究尚未涉及这方面,但这个问题十分重要,因为债务融资是美国上市公司外部融资的主要工具。例如,1992年,相较于通过普通股和不可转换优先股发行而获得的筹资额(约9 320亿美元),上市公司通过投资级债券发行筹集了约27 640亿美元(不包括抵押贷款、政府支持债券、可转换债券和垃圾债券)。

研究假设与样本选择

公司隐瞒对自身不利的信息可能是导致公司被判定有违约风险的重要因素,这种可能性越大(由贷款方和承销商评估),投资者向公司索要的风险溢价就越高。为了评估公司隐瞒不利信息的可能性,贷款方和承销商可以查看公司过去披露的信息,一般有三种重要的评估方式:查看年度、季度报告的详细程度和清晰度,分析师与高管进行讨论的便捷性,新闻稿件的发布频率。在这三个方面评分持续较高的公司可取得好口碑并被认为披露及时性较强。因此,贷款方和承销商判定这些公司隐瞒不利信息程度较低,从而向公司索要较低的风险补偿。基于此,本文提出第一个假设:

假设1 公司发行债务的增量成本与其信息披露质量成反比。

本文认为贷款方和承销商是否依赖公司信息披露质量取决于市场条件。在公司未来存在高度市场不确定(表现为股票收益波动性)的情况下,用于估算违约风险的传统比率(如杠杆和盈利能力指标)可能会更大程度地降低违约风险。本文认为贷款方和承销商在计量违约风险时可能会更多地依赖公司信息披露质量。基于此,本文提出第二个假设:

假设2 对于具有高(低)市场不确定性特征的公司,信息披露质量与债务发行增量成本的关系更强(弱)。

本文以1987—1991年有信息披露评分的非金融公司为研究样本,为了使各行业的评分具有可比性,将单个企业评分转换为行业总评分的百分比,并剔除没有提供总评分的部分行业,得到符合要求的532家公司,总计1 704个公司—年度观测样本。为了度量信息披露质量(DISC),研究者将每家公司信息披露评分取连续三年平均值($t, t-1, t-2$),从而获得公司当年和过去的信息披露评估结果。在此过程中,删除了没有连续三年披露信息的公司,保留了725个观测样本(311家公司,即披露样本)。接下来,将披露样本与穆迪债券调查和投资交易商文摘所选取的债券发行信息进行匹配,同时将$DISC_t$(总评分在$t、t-1、t-2$期间的平均值)与$t+1$期间的第一个债务问题(即假设1)相匹配。剔除相关年份没有债务问题的公司,最终获得226个观测样本和143个公司债券到期收益率信息。仔细研究后发现,随着时间的推移,发行人特征(LSIZE、DE、MARGIN等)和公司信息披露质量(DISC)之间保持着稳定状态。

实证方法与模型构建

为了分析信息披露质量对公司债务资本成本(COD)的影响,本文使用以下模型进行实证检验:

$$COD_{t+1} = f(DISC_t, Control\ Variables) \tag{1}$$

被解释变量

本文采用两种方法衡量被解释变量COD_{t+1}:

(1) YIELD 为公司在第 $t+1$ 年首次发行债券的到期收益率。这表示有效利率相当于本金现值与贷款方支付的利息的加总。

(2) ICOST 为公司在第 $t+1$ 年首次发行债券的实际利息成本。这表示本金和利息支付现值的有效利率等于公司收到扣除承销商折扣后的金额。

ICOST 根据公司收到的实际金额计算借贷的有效增量成本,它不仅包括债券持有人和承销商收取的风险溢价,还包括 YIELD。YIELD 指标记录了债券持有人收取的风险溢价,这是公司债务资本成本的最大组成部分。如果债券持有人和承销商都利用信息披露质量评估公司违约风险,那么本文预计 DISC 与债务资本成本的两个衡量指标都存在负相关关系,但 DISC 与 ICOST(与 YIELD 相比)的关联性可能更强。

解释变量

DICS:披露信息质量。衡量公司整体信息披露质量的指标来自金融分析师联合会的企业信息委员会年度报告,目前由金融分析师联合会(FAF)的分支机构——美国投资管理与研究协会(Association of Investment Management and Research, AIMR)出版,每年都会提供基于样本公司一个财政年度内的总信息披露结果进行的总结性评估。研究者查阅公司的年度报告、季度报告、代理声明、其他公告信息(如新闻稿件)以及以会议形式或回复分析师查询等方式直接向分析师披露的信息,对公司的信息披露状况进行评估。经过分析师的评估,每家公司将会得到一个分数(一般不超过 100 分)。本文的信息披露质量(DISC)指标值为公司连续三年($t, t-1, t-2$)信息披露总评分的平均值。

控制变量

控制变量的选择基于对之前公司债券和市政债券的评级与收益率的调查。一些研究(Fisher,1959;Jaffee,1975;Sorensen,1979;Boardman 和 McEnally,1981;Kidwell 等,1984;Wilson 和 Howard,1984;Fung 和 Rudd,1986;Lamy 和 Thompson,1988)通常根据发行人特征(如违约风险)、发行特征(如债券规模、期限和债券性质)和宏观经济条件(如市场利率、经济周期阶段等)解释债券发行成本。基于这些研究,本文选择以下控制变量:发行人特征、发行特征和市场条件。因此,本文的回归模型为:

$$COD = \alpha_0 + \alpha_1 DISC + \alpha_2 DE + \alpha_3 MARGIN + \alpha_4 TIMES + \alpha_5 LASSET +$$
$$\alpha_6 STDRETN + \alpha_7 LSIZE + \alpha_8 LMATUR + \alpha_9 CALL + \alpha_{10} CONVERT +$$
$$\alpha_{11} SUBORD + \alpha_{12} TBILL + \alpha_{13} BC + \varepsilon \qquad (2)$$

其中,COD 为 YIELD 或 ICOST;DE 为负债与普通股市值之比;MARGIN 为息税前利润与销售额之比;TIMES 为息税前利润与利息之和除以利息费用;LASSET 为总资产的自然对数;STDRETN 为股票收益率的日均标准差;CALL 为债券首次赎回年数除以剩余到期年数;LSIZE 为债券发行规模的自然对数;LMATUR 为债券到期年数的自然对数;CONVERT 为虚拟变量,若为可转换债券取值为 1,否则取值为 0;SUBORD 为虚拟变量,若为次级债取值为 1,否则取值为 0。

研究结论与创新

本文验证了企业整体信息披露质量与两种借贷增量成本指标(债券到期收益率和发行人的实际利息成本)存在显著的负相关关系。这表明贷款方和承销商在估计违约风险时会考虑公司的信息披露质量。金融分析师判定信息披露及时、详细且清晰的公司被认为违约风险较低,可以享有较低的贷款成本。分析结果还表明,当公司的不确定性较高时,市场对信息披露的依赖程度也会随之提高。这些结果表明,信息披露质量产生的增量成本不仅仅局限于权益资本成本。债券到期收益率和实际利息成本的信息披露效应提示研究人员在考察信息披露质量时,除了关注整体信息披露质量与股票收益的关系,还应分析信息披露质量的组成部分。

局限性与展望

本文在衡量信息披露质量时使用分析师的评分,但未对信息类型进行区分。伴随着非财务信息重要性的提高,未来研究可在此基础上进一步思考:财务信息和非财务信息的披露质量在影响企业融资成本上是否有相同的权重?具体而言,非财务信息中的哪一类信息更受信息使用者重视?对这些问题的思考有助于产生新的研究设想。

交流区

信息披露与资本成本是会计学研究的核心话题之一,本文从债务资本成本视角,对信息披露的经济后果进行了探讨,开启了信息披露与信贷决策研究的序幕,对信息披露和债务资本成本等话题感兴趣的研究者应深入学习本篇文献。后续研究在本文的理论基础上,进一步探讨了信息披露的经济后果以及资本成本的影响因素(Grahan 等,2005;Francis 等,2005;Bushee 和 Noe,2000;Francis 等,2008;Richardson 和 Welker,2001),取得了一系列影响深远的研究成果。

文献 71　信息披露水平和预期权益资本成本的再检验

经典文献: Christine A. Botosan, Marlene A. Plumlee. A Reexamination of Disclosure Level and the Expected Cost of Equity Capital. *Journal of Accounting Research*, 2002, 40(1): 21-40.

机构: University of Utah

被引: 总计 2 249 次, 年均 112.45 次

文献概述: 刘彬

研究概述: 本文采用经典的股利折现模型度量权益资本成本, 检验年度报告披露水平、及时性披露水平及投资者关系活动与权益资本成本之间的关系。本文发现, 权益资本成本随着年度报告披露水平的提高而下降, 但随着及时性披露水平的提高而上升。后者与传统理论的推断是相反的, 但与管理层声称更多的及时性披露会增大股价波动性进而导致权益资本成本上升的逻辑相一致。本文没有发现投资者关系活动与权益资本成本存在相关关系, 但发现汇聚不同的披露类型会导致信息丢失, 未能包括所有披露类型的回归分析可能产生遗漏相关变量的估计偏误进而得出错误的结论。

核心概念: 信息披露　权益资本成本　及时性披露

文献背景

本文探索了三种类型的信息披露(年度报告、季度报告或其他公告、投资者关系活动)与企业权益资本成本的关系。与预期一致, 本文发现权益资本成本随着年度报告披露水平的提高而下降, 其中披露水平最高的公司比披露水平最低的公司的权益资本成本低 0.7 个百分点。相反, 更多的及时性信息披露(如季度报告)会导致权益资本成本上升。从数据上看, 季度报告和其他公告披露最多公司比披露最少公司的权益资本成本平均高 1.3 个百分点。最后, 本文并没有发现权益资本成本与投资者关系活动之间的关系。

Botosan(1997)采用单年度、单行业的年度报告数据, 证明在分析师跟踪水平较低的情形下权益资本成本与自愿性信息披露水平存在负向关系, 但没有发现在分析师跟踪水平较高的情形下这一关系存在的证据。本文使用一个更大规模的样本, 发现有着更多分析师跟踪的公司依然会从较高的年度报告披露水平中获益——享有更低的权益资本成本。此外, 本文还解决了 Botosan(1997)遗留的两个问题。一个问题是, 信息披露类型重要吗? 本文的研究结果表明信息披露类型是相当关键的, 因为不同的信息披露类型会导致信息披露水平与权益资本成本存在不同的关系(如负向关系、正向关系, 甚至是没有关系)。另一个问题是, Botosan(1997)的研究结论能否推广到更一般的情形, 而不是局限于 1990 年或者机械制造行业? 本文的分析拓展了 Botosan(1997)针对低分析师跟踪情形下的研究结论, 采用 43 个不同行业、11 年的样本数据, 依然发现权益资本成本与年度报告披露水平存在负向关系。

理论基础与研究思路

基于信息不对称理论,本文认为信息披露减轻了管理层与投资者的信息不对称程度,降低了投资者的逆向选择风险,从而减少了公司股票的买卖价差,最终降低了公司的权益资本成本;基于交易成本理论,本文认为更高水平的信息披露增强了股票的市场流动性,减少了公司股票的交易成本,从而降低了公司的权益资本成本。

本文使用 1986—1996 年共 11 年 3 618 个样本的混合横截面数据,首先分析了总体信息披露水平与权益资本成本之间的关系,然后进一步将总体信息披露水平分为年度报告披露水平、其他报告披露水平和投资者关系活动披露水平三类,分别探究了这三类披露水平对权益资本成本的影响。

研究假设与样本选择

大量的实证研究论证了权益资本成本与信息披露之间的关系。例如,Frankel 等(1995)发现能够接触到资本市场的公司管理层一般会更频繁地提供盈余预测信息。Welker(1995)发现信息披露与相对买卖价差存在负向关系。Botosan(1997)还发现低分析师跟踪公司的权益资本成本与信息披露水平存在负向关系。Healy 等(1999)从类似角度分析信息披露的影响,认为信息披露水平的提高会提升公司股票收益率、机构投资者持股比例、分析师跟踪水平以及股票流动性。

上述文献论证权益资本成本与信息披露水平的负向关系主要依赖两类理论研究的思路:第一类研究认为更高水平的信息披露提高了股票流动性,进而减少了交易成本或者增加了市场对公司股票的需求,最终降低了企业的权益资本成本;第二类研究认为更高水平的信息披露减少了投资者对资产收益或收益分布的评估风险,因而投资者降低了必要的投资回报要求。根据上述分析,本文提出以下研究假设:

假设 公司的权益资本成本与信息披露水平存在负相关关系。

首先,本文选取包含在 1986—1996 年美国投资管理与研究协会(AIMR)报告中的 4 705 个样本公司;其次,本文要求样本公司被 Value Line 跟踪,因为需要用 Value Line 的相关预测计算预期权益资本成本,这使得样本量减少 23%;最后,本文要求计算权益资本成本的所有数据都是可用的,最终得到 3 618 个样本观测值。

实证方法与模型构建

权益资本成本的度量

本文用经典的股利折现模型的简化形式度量每个样本公司的权益资本成本,具体来说,权益资本成本 r 的计算式为:

$$P_t = \sum_{\tau=1}^{4} (1+r)^{-\tau} E_t(d_{t+\tau}) + (1+r)^{-4} P_4 \tag{1}$$

其中,P_t 是时间 t 的股票价格,r 是预期权益资本成本,$E_t(\cdot)$ 是期望值的运算符,d_t 是年度 t 的每股股利。

回归方法及模型

本文主要采用 OLS 回归检验假设,模型主要使用以下几类变量:预期权益资本成本(r)、市场风险(BETA)、市场价值的自然对数(LMVAL)、披露水平的比例排名(RDSCR)。具体模型如下:

$$r_{it} = \gamma_0 + \gamma_1 \text{BETA}_{it} + \gamma_2 \text{LMVAL}_{it} + \gamma_3 \text{RDSCR}_{it} + \varepsilon_{it} \quad (2)$$

其中,RDSCR 并不是真正的回归变量,在后续具体的回归中,RDSCR 由总体信息披露水平的比例排名(RTSCR)、年度报告披露水平的比例排名(RANLSCR)、季度报告或其他公告披露水平的比例排名(ROPBSCR)、投资者关系活动披露水平的比例排名(RINVSCR)四个具体的信息披露水平变量所替代。

稳健性检验

在主回归中,本文对信息披露水平的度量都是基于披露排名数据,而不是披露评分,因为投资管理与研究协会披露评分本身就是一种序数度量方式。相反,权益资本成本(r)、市场风险(BETA)及市场价值的自然对数(LMVAL)均采用基数度量方式,以一种非排名形式内含在回归模型中。因此,本文将这类基数度量方式的数据转换为排名数据,然后再进行回归分析。结果发现,数据转换之后的回归模型解释效力更低,年度报告披露水平对权益资本成本的影响虽然依然为负,但在统计上已不再显著。本文认为这可能是由于排名数据丢失了一些重要信息,导致先前的部分结果不再显著。

此外,本文在主回归模型的基础上增加了两个先前研究认为可能与权益资本成本相关的变量,分别是账面市值比(book-to-market,B/M)和价格动量(PrMOM,即当年 1 月至 6 月的股票收益率)。结果显示,本文的研究结论并没有受到影响。

研究结论与创新

本文分析了总体信息披露水平与权益资本成本的关系,与预期不同的是,结果显示更高的总体信息披露水平并没有导致更低的权益资本成本。可是,本文发现信息披露水平和权益资本成本间关系随着信息披露类型的不同而不同。具体地,年度报告披露水平的提高会导致权益资本成本降低,季度报告或其他公告披露水平的提高(本质上是更及时的信息披露)会导致权益资本成本上升,投资者关系活动披露并不会影响权益资本成本。

对于及时性披露水平会导致权益资本成本上升的推论,本文认为可能是由于更及时的信息披露会导致更大幅度的股价波动,从而提高融资成本。这一点与以往的理论研究者的观点有所不同,本文认为这两类冲突的观点有各自的价值。

本文在 Botosan(1997)的基础上,拓展了样本的跨期和行业范围,不再局限于单年度、单行业的样本公司;本文还从信息披露类型的视角分析了不同类型的信息披露对权益资本成本的影响。

| 展望 |

本文认为未来的研究可以探索权益资本成本和及时性披露水平正向关系的内在逻辑，以充分解释这一正向关系的来源。

| 交流区 |

本文是针对 Botosan(1997)的研究而进行的更深入的探索。这类深化研究从以下两方面体现：一方面，不再局限于单年度、单行业的数据，研究结论的普适性大大增强；另一方面，对信息披露做了更为细致的区分，而不只是笼统地将信息披露水平整合为一个指标。这样细致的区分发现了与传统观点不一致的地方——及时性披露水平的提高反而会导致权益资本成本上升。本文的研究为企业信息披露与权益资本成本间关系的后续研究提供了新的视角。

文献72 权益资本成本与盈余属性

经典文献：Jennifer Francis,[1] Ryan LaFond,[2] Per Olsson,[1] Katherine Schipper.[3] Costs of Equity and Earnings Attributes. *The Accounting Review*, 2004(4)：967-1010.

机构：[1]Duke University；[2]University of Wisconsin；[3]Financial Accounting Standards Board

被引：总计 3 546 次，年均 197.00 次

文献概述：苏洋

研究概述：本文检验了权益资本成本与七个盈余属性指标（应计质量、盈余持续性、盈余可预测性、盈余平滑性、价值相关性、价值及时性、价值稳健性）之间的关系。本文将前四个指标归为会计类，因为这些指标的度量仅基于会计数据；本文将后三个指标归为市场类，因为这些指标的构建基于市场数据与会计数据之间的关系。基于理论模型，本文预期信息质量与权益资本成本正相关；分别检验每个盈余属性并发现，整体而言，单个盈余属性最差的公司相对于该盈余属性较好的公司有着更高的权益资本成本。会计类指标特别是应计质量对权益资本成本的影响最大。这些结果在控制固有特征因素（公司规模、现金流、销售波动性、亏损率、经营周期、无形资产使用/强度、资本强度）和替换权益资本成本度量指标后依旧稳健。

核心概念：权益资本成本 盈余属性 应计质量 盈余持续性 盈余可预测性 盈余平滑性 价值相关性 价值及时性 价值稳健性

| 文献背景 |

本文以权益资本成本作为投资者决策的替代指标，探讨会计盈余属性与投资者资源配置决策的关系。本文基于已有文献和会计实务界重视的盈余特征选取七个盈余属性指标，

并试图分析这些指标与权益资本成本的关系,探究哪些指标对权益资本成本的影响最大。部分文献基于不同模型分析了公司特质信息与权益资本成本的关系(Hara,2003;Leuz 和 Verrecchia,2004),比如不完整信息模型(Merton,1987)、流动性模型(Diamond 和 Verrecchia,1991)和信息不对称模型(Admati,1985),发现信息风险会对权益资本成本产生一定的影响(Easley 等,2002)。还有一些文献基于会计估计过程中的不确定因素分析盈余属性与信息风险的关系。由于盈余波动与很多盈余属性(如盈余平滑性、现金流波动性)相关(Dechow 和 Dichev,2002),本文实证检验了盈余波动对权益资本成本的影响。

理论基础与研究思路

盈余信息作为主要的公司特质信息(Biddle,1995),在公司估值过程中受到投资者较多的关注。由于公司特质信息风险在有效市场上会被定价进而影响权益资本成本,而会计盈余属性的质量又代表着信息风险水平(应计质量与信息风险的关系最强,盈余持续性与信息风险的关系较直接,盈余可预测性、盈余平滑性与信息风险的关系则不如前者直接),因此盈余属性质量较高的企业的资本成本相对较低。本文比较不同盈余属性指标对权益资本成本的影响程度,据此判断其对资本市场投资者的影响。此外,本文还研究了不同盈余属性指标的条件效应,以判断各指标对权益资本成本是否有特定的影响。值得注意的是,由于已有研究发现公司特质等固有特征会对资本成本产生影响,本文分别考察管理层操控性因素与固有特征因素对资本成本的影响。

研究假设

假设1 会计类盈余属性指标(应计质量、盈余持续性、盈余可预测性、盈余平滑性)会对权益资本成本产生影响。

假设2 市场类盈余属性指标(价值相关性、价值及时性、价值稳健性)会对权益资本成本产生影响。

假设3 盈余波动性会对权益资本成本产生影响。

样本选择

本文选取 1975—2001 年纽约证券交易所(NYSE)和美国证券交易所(AMEX)的非金融类上市公司为样本,数据主要来自 Compustat 年度工业研究数据库,月度股票收益率数据来自 CRSP 数据库。

实证方法与模型构建

本文构建以下盈余属性度量指标:

(1)应计质量为公司当期应计项目对滞后一期、当期、下一期现金流回归所得残差的标准差;

(2)盈余持续性为公司年度盈余 AR(1)模型①回归的负斜率;

(3)盈余可预测性为公司年度盈余 AR(1)模型回归的残差的标准差;

(4)盈余平滑性为公司盈余标准差与现金流标准差的比值;

(5)价值相关性为公司股票收益率与盈余回归的负调整可决系数;

(6)价值及时性为年度盈余与股票收益模型回归所得的负调整可决系数;

(7)价值稳健性为年度盈余与股票收益模型回归所得的坏消息回归系数与好消息回归系数的比值。

本文构建权益资本成本度量指标(CofC)如下:

$$(1+CofC)^4 = \frac{TP}{P} + \frac{DIV \times \frac{(1+CofC)^4 - (1+g)^4}{CofC - g}}{P}$$

其中,TP 为股票价格,DIV 为预期股利,g 为股利预期增长率,P 为 9 天前的股票价格。此外,本文还进行了横截面检验和稳健性检验。

研究结论与创新

本文选取七个盈余属性——应计质量、盈余持续性、盈余可预测性、盈余平滑性、价值相关性、价值及时性与价值稳健性,探究各指标对投资者资源配置决策的影响(即权益资本成本的变化)。本文发现,除了盈余可预测性与价值稳健性,其余盈余属性对权益资本成本的影响显著。基于条件效应的实证结果,在控制相关因素后,会计类盈余属性指标对权益资本成本的影响要大于市场类盈余属性指标对权益资本成本的影响。考虑各盈余属性指标对权益资本成本的单独影响,会计类盈余属性指标中应计质量、盈余持续性和盈余平滑性对权益资本成本的影响最大,市场类盈余属性指标中价值相关性对权益资本成本的影响最大。在改变实证方法、资本成本度量指标后,研究结论依旧稳健。

交流区

本文研究结果对投资者、研究者、准则制定者和企业管理者具有理论与应用意义。对投资者而言,研究结果有助于投资者分析估值折现率、改善投资决策与识别可比公司;对于研究者而言,研究结果意味着对会计类盈余属性指标的关注更有助于优化投资者的资源配置决策;对于准则制定者而言,研究结果有助于重新评判关于价值相关性降低、会计盈余稳健性提升等研究对准则制定的影响;对于企业管理者而言,研究结果有助于剖析资本成本的影响因素。

---

① AR(1)模型即一阶自回归模型。——编者注

文献 73　会计信息、披露与资本成本

经典文献：Richard Lambert[1], Christian Leuz[2], Robert E. Verrecchia[1]. Accounting Information, Disclosure, and the Cost of Capital. *Journal of Accounting Research*, 2007, 45(2): 385-420.

机构：[1]University of Pennsylvania；[2]University of Chicago

被引：总计 3 071 次，年均 204.73 次

文献概述：刘彬

研究概述：不考虑风险分散的影响，本文检验了会计信息是否以及如何对企业资本成本产生影响。本文构建了一个与资本资产定价模型（CAPM）一致的模型，明确允许多家公司之间的现金流相关，证明了会计信息质量确实能够直接及间接影响企业的资本成本。直接影响的存在是因为高质量的信息披露影响了本企业现金流与其他企业现金流的评估协方差（即风险），而这一风险是不可分散的；间接影响的存在是因为高质量的信息披露影响了企业的真实投资决策，而这类真实投资决策可能会改变企业未来现金流与该现金流和市场其他企业现金流之和协方差之间的比率。本文发现这类直接影响或间接影响可能存在两个方向，也推导出信息质量使资本成本下降所需要的条件。

核心概念：会计信息　信息披露　资本成本

文献背景及意义

会计信息与企业资本成本的关系是会计研究领域最为基础的问题。虽然许多会计准则制定者经常提到高质量的会计信息有利于降低企业的资本成本（Levitt，1998；Foster，2003），但是并没有相关理论研究去证实两者的相关性。除此之外，人们对于会计信息如何影响企业资本成本也是不清楚的，本文针对这些问题进行分析。

本文以资本资产定价模型为基础，通过增加信息结构变量来研究会计信息对资本成本的影响，发现会计信息通过两种方式影响资本成本：一是直接影响，虽然会计信息并不影响现金流本身，但是会影响市场参与者对企业未来现金流的判断，从而直接影响资本成本；二是间接影响，高质量的会计信息会影响企业的真实投资决策，而这类真实投资决策又反过来影响企业的预期价值以及该企业现金流与市场其他企业现金流之和的协方差。

本文将资本成本定义为公司股票预期收益率。本研究有以下几方面的贡献：第一，本文对前人的风险估计研究进行了拓展和一般化。本文发现信息质量直接影响企业的资本成本，这表明企业信息质量的提高确确实实影响了市场的不可分散风险。从这点来说，本文为分析企业信息质量或信息披露与资本成本之间关系的实证研究（如 Botosan，1997；Francis 等，2004；Core 等，2006）提供了理论指导。第二，本文发现信息质量与资本成本存在直接关系，而不是通过市场流动性产生作用。以往的许多研究基于市场流动性和逆向选择风险，发现信息披露与资本成本存在间接关系（Diamond 和 Verrecchia，1991；Easley 和 O'Hara，2004）。第三，本文发现会计信息质量对企业的真实投资决策产生间接影响，反过

来影响企业的资本成本。以往虽有研究关注会计信息对真实投资决策的影响,但并没有分析其对企业资本成本或者不可分散风险的影响。

| 模型与资本成本 |

本文以 CAPM 为基础构建以下模型:

$$E(\widetilde{R}_f \mid \Phi) = R_f + [E(\widetilde{R}_M \mid \Phi) - R_f]\beta_j$$
$$= R_f + \frac{E(\widetilde{R}_M \mid \Phi) - R_f}{\mathrm{Var}(\widetilde{R}_M \mid \Phi)}[\mathrm{Cov}(\widetilde{R}_j, \widetilde{R}_m \mid \Phi)] \quad (1)$$

其中,$E(\widetilde{R}_f \mid \Phi)$ 为股票预期收益率,即本文关注的资本成本;R_j 为公司 j 的股票收益率;Φ 为市场参与者可利用的信息;R_f 为无风险利率,$E(\widetilde{R}_m)$ 为预期市场收益率;β_j 为公司 j 的贝塔系数。

通过推导变形,公司 j 资本成本的计算式为:

$$E(\widetilde{R}_f \mid \Phi) = \frac{E(\widetilde{V}_j \mid \Phi) - P_j}{P_j} = \frac{R_f E(\widetilde{V}_j \mid \Phi) + \frac{1}{N_\tau}[\mathrm{Cov}(\widetilde{V}_j, \sum_{k=1}^{J} \widetilde{V}_k \mid \Phi)]}{E(\widetilde{V}_j \mid \Phi) - \frac{1}{N_\tau}[\mathrm{Cov}(\widetilde{V}_j, \sum_{k=1}^{J} \widetilde{V}_k \mid \Phi)]} \quad (2)$$

进一步假定 $\mathrm{Cov}(\widetilde{V}_j, \sum_{k=1}^{J} \widetilde{V}_k \mid \Phi) \neq 0$,式(2)变为:

$$E(\widetilde{R}_j \mid \Phi) = \frac{R_f H(\Phi) + 1}{H(\Phi) - 1} \quad (3)$$

其中,

$$H(\Phi) = \frac{E(\widetilde{V}_j \mid \Phi)}{\frac{1}{N_\tau}\mathrm{Cov}(\widetilde{V}_j, \sum_{k=1}^{J} \widetilde{V}_k \mid \Phi)}$$

其中,N_τ 为市场总体风险容忍度,P_j 为期初股票价格,V_j 为期末现金流水平。

根据模型推导结果,本文提出以下命题:

命题 1 (1) 当预期现金流和股票价格的符号相同(不同)时,企业资本成本随着无风险利率的上升而上升(下降);(2) 当预期现金流与该现金流和市场现金流协方差的符号相同(不同)时,企业资本成本随着市场风险容忍度的提高而下降(上升);(3) 当企业预期现金流和市场现金流之和的协方差为正(负)时,企业资本成本随着企业预期现金流的增加而下降(上升);(4) 当企业预期现金流为正(负)时,企业资本成本随着企业预期现金流和市场现金流之和的协方差的增大而上升(下降)。

| 信息质量对资本成本的直接影响 |

为了分析信息质量对资本成本的直接影响,本文在原模型的基础上增加一个信息结构变量。

首先,本文分析会计信息通过作用于企业现金流方差对自身资本成本的影响,发现高质量的信息降低了企业现金流的方差,进而降低了企业的资本成本。

其次,本文探讨会计信息通过本企业现金流的与其他企业现金流的协方差对自身资本成本的影响,发现一般情况下更高质量的信息使得本企业现金流与其他企业现金流的协方差趋近于0,进而降低企业的资本成本。具体来说,本文提出以下命题:

命题2 以企业 j 现金流信息为条件,企业 j 和企业 k 的条件现金流协方差随着企业 j 信息精确度的提高而逐渐从企业 j 和企业 k 的无条件现金流协方差变为0。

$$\text{Cov}(\widetilde{V}_j, \widetilde{V}_k \mid Z_j) = \text{Cov}(\widetilde{V}_j, \widetilde{V}_k) \frac{\text{Var}(\widetilde{\varepsilon}_j)}{\text{Var}(\widetilde{Z}_j)} \tag{4}$$

其中,Z_j 是企业 j 的现金流信息,ε_j 是信息噪声或者信息度量误差。

最后,本文分析强制性信息披露对资本成本的影响,发现强制性信息披露对资本成本的影响与其对企业贝塔系数的影响是不同的。这一观点要求研究人员在分析强制性信息披露对资本成本的影响时,要跳出同时检测贝塔系数的固有思维。

信息质量对资本成本的间接影响

本文还考察了会计信息质量和信息披露机制如何通过影响企业的真实投资决策进而间接影响企业资本成本。这类真实投资决策能够影响企业的预期现金流以及该现金流与市场其他企业现金流之和的协方差,从而影响企业资本成本。为了预测会计信息对企业资本成本的间接影响,本文要论证两个方面的内容:一是会计信息与真实投资决策之间的关系;二是这类真实投资决策对企业未来现金流分布的影响。本文用两个简单的例子说明这些问题:一是会计信息影响了企业从投资者那里侵占的现金数量;二是会计信息改变了管理层的投资决策。

以往的许多研究认为企业管理层会侵占股东的利益,而更好的财务报告质量及公司治理水平能够抑制管理层的利益侵占行为,从而提升企业价值。根据这类代理问题对企业资本成本的影响,本文提出以下命题:

命题3 更高质量的会计信息减少了管理层侵占企业现金流的行为,从而使得企业资本成本逐渐接近无风险利率。如果管理层不会侵占企业现金流,会计信息对企业资本成本就不会产生影响;否则,会计信息质量的改善会使得资本成本逐渐接近无风险利率。

从会计信息影响管理层真实投资决策的视角,本文分析了会计信息如何影响企业的投资决策,进而影响资本成本。本文认为会计信息质量影响市场指导企业进行资本配置决策的能力,从而改变企业未来现金流状况。当企业与管理层之间存在代理问题时,企业会计信息质量的高低也会影响这类代理问题,进一步改变企业生产与投资决策的平衡。关于会计信息如何通过真实投资决策影响企业资本成本,本文提出以下命题:

命题4 在一个既定的会计信息制度和真实投资决策下,μ 表示预期现金流,σ 表示企业现金流与市场其他企业现金流的协方差,μ' 表示随着 σ 变化而变化的 μ 变化量,σ 变化对企业资本成本的整体影响与 $(\frac{\mu}{\sigma} - \mu')$ 具有相同的符号。

研究结论与局限性

本文研究了会计信息披露对资本成本的影响,发现会计信息质量确实会对企业资本成本产生直接影响和间接影响。直接影响是指会计信息通过影响市场参与者对企业未来现金流的预期而对资本成本产生影响,间接影响是指会计信息通过改变企业的真实投资决策来影响企业未来现金流的分布进而影响资本成本。

有必要谨慎解释本文的研究结论。首先,本文讨论的会计信息质量对资本成本的直接影响和间接影响与资本资产定价模型的推导结果是完全一致的;其次,实证研究人员在解释信息质量的间接影响时应当注意,本文是对某个具体公司的分析,然而实证研究经常使用大量公司的横截面数据,得出的结论可能有所不同;最后,本文只是简单分析了强制性信息披露或者会计政策对企业资本成本的影响。基于本文模型的检验结果,强制性信息披露质量的提升一般会降低企业的资本成本,但是这类披露规则可能对本企业与其他企业现金流的协方差产生不同的影响,因而强制性信息披露质量提升所带来的资本成本下降幅度可能是不一样的。

交流区

本文在资本资产定价模型的基础上发展了基于信息披露质量的资本成本模型,从直接效应和间接效应两个视角分析了会计信息对资本成本的影响。本文为分析会计信息及其披露与资本成本之间关系的实证研究提供了理论依据,从理论模型层面论证了信息质量与资本成本存在直接关系。此外,本文发现会计信息质量对企业的真实投资决策会产生间接影响,并反过来影响企业资本成本,为后续相关研究提供了新的分析视角。

文献74 非财务信息的自愿披露与权益资本成本:基于企业社会责任报告的首次发布

经典文献:Dan S. Dhaliwal,[1,2] Oliver Zhen Li,[1] Albert Tsang,[3] Yong George Yang.[3] Voluntary Nonfinancial Disclosure and the Cost of Equity Capital: The Initiation of Corporate Social Responsibility Reporting. *The Accounting Review*, 2011, 86(1): 59-100.

机构:[1]The University of Arizona;[2]Korea University;[3]The Chinese University of Hong Kong

被引:总计3 452次,年均313.82次

文献概述:危雁麟

研究概述:本文研究了**企业社会责任**(corporate social responsibility,CSR)活动的首次自愿性信息披露能否从降低**权益资本成本**(cost of equity capital)方面为企业带来潜在收益。本文发现,上年度权益资本成本高的公司更倾向于在本年度披露企业社会责任信息,且履

行社会责任较好的公司在信息披露后会出现权益资本成本下降的现象。进一步地,这些公司在披露信息后更能引起**专注型机构投资者**(dedicated institutional investors)和分析师的关注,且分析师对其的预测偏误显著减少、分歧度显著下降。在再融资方面,本文发现相比于未披露公司,积极披露履行社会责任信息的公司不仅更有可能发起股权再融资,而且能获得更高额度。本文的研究结果表明,公司能够充分利用企业社会责任信息披露获取权益融资利得。

核心概念:企业社会责任　资本成本　自愿性信息披露　非财务信息

文献背景

近年来,越来越多的公司开始披露自身的社会责任活动。作为一种自愿披露行为,学术界开始探索企业披露社会责任信息的动机。本文认为,降低权益资本成本可能是企业自愿披露社会责任信息的动因之一。虽然影响企业社会责任信息披露的因素较多,但权益资本成本是企业财务融资与日常决策中的关键因素,对企业的发展十分重要。同时,以往文献也表明信息披露有助于降低公司的资本成本。

在关于信息披露与公司资本成本的研究中,多数文献聚焦于财务信息披露,且一致认为财务信息披露质量与公司资本成本显著负相关。更大规模的信息披露能够促进投资者意识到公司的存在并参与持股,从而扩大投资者范围,进而提高风险分散程度并降低资本成本。另外,高质量信息或公司私有信息的披露能够降低本公司现金流与其他公司现金流之间的协方差,从而降低公司的贝塔值(即风险)和权益资本成本。类似地,充分的信息披露能够降低管理者和投资者间以及不同投资者间的信息不对称程度,当信息披露不够充分且部分投资者的信息获取水平优于其他人时,处于信息劣势的投资者出于对自身利益的保护,其交易意愿将减弱,由此导致的非流动性将提高买卖价差和交易成本,促使产生更高的融资费率和权益资本成本。

虽然也有研究涉足非财务信息披露对权益资本成本的影响,例如 Richardson 和 Welker (2001)关注公司社会责任信息披露对权益资本成本的影响,但是本文在方法、研究视角等多个方面与相关文献存在差异。

理论基础、研究思路与研究假设

财务信息披露与资本成本关系的机制分析同样适用于与价值相关的非财务信息披露。此前不仅有大量研究提出 CSR 信息具有价值相关性,企业社会责任活动还可通过其他非披露式渠道影响企业绩效和价值,进一步证明了这一观点。例如,自愿性社会责任活动可以帮助企业避免受政府管制并由此降低合规成本;富有社会责任的公司能够吸引关注社会问题的消费者,从而带来更高的销售额和良好的财务绩效;关注社会活动的投资者在持有社会责任感强的企业的股票时也愿意支付一定的溢价。一些 CSR 项目可直接为企业带来正向现金流。例如,有关保护环境和提高员工福利的活动能够降低潜在违约风险和污染治理成本,有助于提高员工士气,进而提高生产效率。这些观点表明 CSR 信息披露有助于缓解信息不对称程度,降低影响公司价值的不确定性,由此可以减少权益资本成本。

然而,财务信息披露的资本成本效应并不能够等价地应用于非财务信息披露,因为独立的 CSR 报告目前得到的监管指引极为有限,导致 CSR 信息披露不具备可比性且存在潜在的信用问题和机会主义行为。由于自愿性 CSR 信息披露的有用性受到质疑,其能否降低公司权益资本成本成为亟待实证检验的问题。

除了 CSR 信息披露,投资者还可通过第三方机构获得公司 CSR 绩效评级的相关信息,而且这些评级信息可能会直接影响权益资本成本。但对于投资者而言,仅仅凭借评级信息是不足以充分评估公司的 CSR 绩效的,此时详细的 CSR 信息披露能够提供一定的额外信息。同时,自愿性 CSR 信息披露行为反映出公司对承担社会责任的信心,为投资者传递了积极的信号;即使在 CSR 绩效不佳的情况下,公司也可通过披露行为进行解释。因此,CSR 信息披露能够提供 CSR 绩效评级之外的增量信息。

一些公司也会在年报或者提交 SEC 的文件中披露履行社会责任的活动信息,但公司自愿编制并发表的独立 CSR 报告,体现了公司在提高长期绩效和风险管理的信息透明度方面付出的努力。更重要的是,相比于年报和 10K 报告所提供的 CSR 信息,独立 CSR 报告更为综合且包含更多的细节。因此,独立 CSR 报告可能会为投资者评估公司的长期持续发展能力提供更多的有用信息。

本文的第一个假设认为,公司发布 CSR 报告是为了降低权益资本成本。Frankel 等(1995)发现公司提高自愿性信息披露程度以期在未来获得更低的资本成本,说明资本成本较高的公司有动机提高信息披露水平。Sletten(2008)发现股票价格下降会促使管理层披露更多的信息,印证了股价下跌所引发的权益资本成本的提升可能是信息披露的诱因。

本文检验同期的 CSR 信息披露和权益资本成本之间的关系可能会存在内生性与自选择问题。一方面,如果公司为了降低权益资本成本而披露 CSR 信息,那么 CSR 信息披露和权益资本成本之间应当存在正相关关系;另一方面,如果 CSR 信息披露能够降低权益资本成本,那么二者之间应当存在负相关关系。因此,同期的 CSR 信息披露和权益资本成本之间的关系较为模糊。为了解决这一问题,本文采用**领先-滞后法**(lead-lag approach)并提出以下假设:

假设 1 企业披露社会责任活动的可能性与其上年度的权益资本成本正相关。

如果 CSR 信息披露能够在第三方发布的 CSR 评级或其他信息渠道(如年报或 10K 报告)传递的 CSR 信息基础上提供额外信息,那么 CSR 信息披露会导致更低的权益资本成本。由此,本文提出以下假设:

假设 2 企业社会责任信息披露会使企业之后的权益资本成本降低。

如果 CSR 信息披露是为了降低权益资本成本,那么企业在披露 CSR 信息之后更可能以低廉的成本进行融资,并谋求更大的融资额。由此,本文还检验以下推论:

推论 企业在披露 CSR 信息之后是否会寻求外部融资。

| 样本选择 |

CSR 信息披露政策具有黏性,本文主要关注企业首次发布的 CSR 独立报告,并从多个来源收集所需样本,包括:①Corporate Social Responsibility Newswire;②Corporate Register.com;

③公开网络信息;④公司官方网站。由于本文需要控制 CSR 绩效(以 KLD 社会责任绩效评级得分衡量)的影响,因此所选样本要求在 KLD STATS 和 Compustat 数据库均有数据。

实证方法与模型构建

假设 1 的检验

实证方法:Logistic 回归法。

模型设计:主回归分析。被解释变量为 $\log[\text{prob}(DISCI_{i,t})/(1-\text{prob}(DISCI_{i,t}))]$,衡量首次发布 CSR 报告相对于未发布 CSR 报告的概率。其中,变量 $DISCI_{i,t}$ 为虚拟变量,若公司 i 在年度 t 首次发布独立 CSR 报告取值为 1,否则取值为 0。解释变量为 $COC_{i,t-1}$,即公司 i 在首次发布独立 CSR 报告的年度 t 之前一年的权益资本成本,取 Gebhardt 等(2001)、Claus 和 Thomas(2001)以及 Easton(2004)的 COC 计算结果的平均值。

控制变量如下:①企业 CSR 绩效指标 $PERFORM_{i,t-1}$,以 CSR 强度的 KLD 总评分表示。②公司规模 $SIZE_{i,t-1}$,即年初普通股市值的自然对数。这是因为控制规模能够捕捉促使公司发布 CSR 报告的各种因素,如公众压力和财务资源。③诉讼风险 $LITIGATION_{i,t-1}$,即公司是否处于高违约行业(SIC 行业代码包括 2833—2836、3570—3577、3600—3674、5200—5961 和 7370)的虚拟变量,是取值为 1,否取值为 0。这是因为承受高诉讼风险的公司很有可能进行自愿性信息披露以降低潜在的诉讼风险。④财务绩效 $ROA_{i,t-1}$,即总资产收益率。这是因为财务绩效较好的企业可能拥有更多资源来开展企业社会责任活动和编制企业社会责任报告。⑤行业竞争度 $COMPETITION_{i,t-1}$,行业赫芬达尔指数乘以-1。赫芬达尔指数为行业内规模最大 50 家公司销售额的平方之和(以 SIC 行业二级代码为准,行业内不足 50 家公司时按全部公司计算)。这是因为产品市场竞争产生的专有成本会削弱披露动机。⑥企业财务活动 $FIN_{i,t-1}$,以普通股和优先股的售出额减去普通股和优先股的买入额之差再加上长期债务发行额减去长期债务偿还额之差,用于评估公司年度内相对于年初的总资产所筹集的债务或股本金额。⑦成长机会 $TOBIN_{i,t-1}$,由 TobinQ 值表示,即普通股的市场价值加上优先股的账面价值、长期债务和流动负债的账面价值的和,再除以总资产的账面价值。这是因为处于扩张期的企业会受到更多的财务约束,用于企业社会责任活动和信息披露的资源更少;然而,成长型公司的信息不对称程度更高,可能会促使基金经理披露更多信息以吸引潜在投资者;二者的净效应在事前是未知的。⑧负债率 $LEV_{i,t-1}$,即总负债与总资产的比值。这是因为债务机制会起到监督作用,债权人会要求更好的信息披露。⑨全球业务情况 $GLOBAL_{i,t-1}$,企业是否报告了境外收入的虚拟变量,是取值为 1,否取值为 0。这是因为关注全球业务拓展的企业,尤其是那些在新兴市场运营的企业将面临更大的社会绩效压力,更有可能披露企业社会责任。⑩流动性 $LIQUIDITY_{i,t-1}$,即年末时全年交易股数与流通股股数的比值。这是因为管理层有动机提高公司股票的流动性,以便发行股票或出售从期权或其他薪酬激励计划中获得的公司股份,而提高信息透明度和向投资者提供更多信息是提高流动性的一种方式。⑪盈余质量 $ABS\_EM_{i,t-1}$,基于 Dechow 等(1995)提出的修正

Jones 模型计算得到的异常应计；管理层业绩预告 $CIG_{i,t-1}$，企业年内是否发布过管理层业绩预告的虚拟变量，是取值为 1，否取值为 0。这是因为信息披露与信息披露政策和财务透明度有关。⑫控制年度固定效应和行业固定效应。

根据假设 1 内容，本文预期上期权益资本成本与本期发布 CSR 报告的概率具有正向关系，即解释变量与被解释变量显著正相关。

假设 2 的检验

实证方法：OLS 回归法和 Logistic 回归法。

模型设计：主回归分析和机制分析。

（1）主回归分析。被解释变量为 $\Delta\%COC_{i,t+1}$，衡量公司 i 在年度 t 到年度 $t+1$ 的权益成本变动百分数。解释变量为 $DISCI_{i,t}$，变量解释如前文所述。

控制变量如下：①本文认为预期收益率与企业规模负相关、与账面市值比正相关，因此引入 $\Delta SIZE_{i,t}$ 和 $\Delta MB_{i,t}$ 作为控制变量。$\Delta SIZE_{i,t}$ 为年度 $t-1$ 到年度 t 的股票市值变化，其中变量 SIZE 定义如前文所述；$\Delta MB_{i,t}$ 为年度 $t-1$ 到年度 t 的账面市值比变化，其中变量 MB 为股票市值除以股票账面价值。②系统风险 $\Delta BETA_{i,t}$，基于 CRSP 数据库每年的日度数据进行市场收益模型回归得到的贝塔值。③长期增长率 $\Delta LTG_{i,t}$，即滞后二年的 EPS（每股收益或盈余）预测一致性与滞后一年的 EPS 预测一致性之差再除以滞后一年的 EPS 预测一致性。这是因为 Gebhardt 等（2001）等发现股权资本成本与长期增长率正相关。④分析师预测离差 $\Delta LNDISP_{i,t}$，分析师 EPS 预测值标准差的对数除以分析师预测一致性。这是因为分析师预测离差与权益资本隐含成本负相关（Gebhardt 等，2001）。⑤杠杆率 $\Delta LEV_{i,t}$，定义如前文所述。这是因为杠杆率提升将增加权益资本成本。⑥控制年度固定效应和行业固定效应。⑦本模型中所有变量的变动均为年度 $t-1$ 到年度 t 的变动值。

根据假设 2 内容，本文认为披露 CSR 报告将会降低企业的权益资本成本，即解释变量与被解释变量显著负相关。

进一步地，本文认为投资者只会在企业社会责任绩效水平处于行业上游时对企业披露 CSR 报告感兴趣，以避免企业仅出于改善对外形象的目的进行 CSR 信息披露。基于此，本文在主回归模型的基础上定义虚拟变量 $HIPERFORM_{i,t}$，若公司 i 在年度 t 的 CSR 绩效评分高于行业中位数取值为 1，否则取值为 0，并将其作为调节变量加入此后的所有模型。同时，本文认为企业高 CSR 绩效将会削弱披露 CSR 报告对降低企业权益资本成本的作用，即 CSR 绩效与 CSR 信息披露交乘项的系数显著为负。

（2）机制分析。本文分别从机构投资者持股、分析师预测和再融资三个视角进行机制分析。

一是机构投资者持股。Shleifer 和 Vishny（1986）认为投资者拥有大量股权和高度成熟能够减轻代理成本问题以及管理层与股东之间的信息不对称程度，这种影响将导致权益资本成本降低。基于此，本文设计了相应的模型。

被解释变量为 $\Delta INST_{i,t+1}$，衡量机构投资者（含专注型、短期型或准指数型）对公司 i 持股比例的变动。解释变量为 $DISCI_{i,t}$，调节变量为 $HIPERFORM_{i,t}$，变量解释如前文所述。

控制变量如下：①$MRET_{i,t}$，年度的经市场调整买入—持有股票收益率。②流动性$TVOL_{i,t}$，月度平均交易额除以总流通股数。③$\Delta MV_{i,t}$，年度$t-1$到年度t股票市值的对数变动。④公司风险$IRISK_{i,t}$，用日度股票收益率计算的市场收益模型残差的标准差的对数变换；除此之外，还使用$BETA_{i,t}$、$\Delta LEV_{i,t}$与$IRISK_{i,t}$共同衡量公司风险的不同方面，定义如前文所述。⑤公司基本面变动，因为基本面因素能够影响机构投资者的投资决策。其中，$\Delta DP_{i,t}$为股利和股票市值比值的变动，$\Delta EP_{i,t}$为未付特殊项目前的利润和股票市值比值的变动，$\Delta SGR_{i,t}$为年销售额变化百分数的变动，$\Delta MB_{i,t}$的定义如前文所述。⑥企业声誉$\Delta RATE_{i,t}$，标准普尔股票评级（取值分别为$9=A+,8=A,7=A-,6=B+,5=B,4=B-,3=C,2=D,1=$未评级），这是因为机构投资者偏好声誉好的公司。⑦股票的发行和回购会影响机构投资者跟踪水平和公司的信息披露政策，选取$\Delta SHRS_{i,t}$作为替代变量，其中SHRS指流通股股数的对数变换。⑧控制年度固定效应和行业固定效应。⑨本模型中所有变动均为年度t到年度$t+1$的变动值。

本文认为企业披露CSR报告将会提高机构投资者的持股水平，因此解释变量与被解释变量显著正相关。企业的高CSR绩效将会加强披露CSR报告对提高机构投资者持股水平的作用，即CSR绩效与CSR信息披露交乘项的系数显著为正。

二是分析师预测。本文认为分析师跟踪数量的增加、预测准确度的上升与预测离差的下降都会潜在地导致权益资本成本下降。本文从三个方面检验这一问题，具体模型（Ali等，2007）如下：

第一，本文研究了当公司首次发布CSR报告时分析师是否变得更愿意跟踪这家公司，并据此建立了实证模型。被解释变量为$\Delta COVERAGE_{i,t+1}$，即年度$t+1$前12个月内发布关于公司i的年度盈余预测报告的分析师跟踪数量的月平均数相对于年度t前12个月对应的平均数的变动（数据来自IBES数据库）。解释变量为$DISCI_{i,t}$，调节变量为$HIPERFORM_{i,t}$，变量定义如前文所述。控制变量如下：①$\Delta SIZE_{i,t}$，定义如前文所述。这是因为规模更大的公司有更多的潜在经纪业务和投资银行业务能够提供给分析师经纪公司，这一特点会影响分析师的行为。②$\Delta INVPRICE_{i,t}$，年度$t-1$到年度t股票价格的倒数的变动，代表经纪佣金率。③$\Delta STDROE_{i,t}$，年度$t-1$到年度t变量STDROE的变动，且STDROE为以往四个季度ROE的标准差；$\Delta RETVAR_{i,t}$，年度$t-1$到年度t变量RETVAR的变动，且RETVAR为年末前200天的日股票收益率的方差。这是因为基于收益可变性更高的股票私有信息的预期交易收益更大，分析师更有可能跟踪这些公司。④信息不对称程度$\Delta RD_{i,t}$，年度$t-1$到年度t研发支出的变动。这是因为分析师有更强的动机跟踪信息不对称程度更高的公司。⑤企业盈利能力$\Delta ROA_{i,t}$，年度$t-1$到年度t变量ROA的变动，ROA定义如前文所述。⑥企业盈余预测难度$\Delta CORR_{i,t}$，年度$t-1$到年度t变量CORR的变动，CORR为前四个季度的ROE和年度股票收益率的盈余—收益Pearson相关系数。

本文认为披露CSR报告将提高分析师跟踪数量，即解释变量与被解释变量显著正相关。企业CSR绩效将会削弱披露CSR报告对提高分析师跟踪数量的作用，即CSR绩效与CSR信息披露交乘项的系数显著为负。

第二，本文研究了公司首次发布CSR报告能否提高分析师预测准确度。

第三,本文研究了分析师获得 CSR 报告后其预测偏差是否会下降。

据此,本文建立了相应的实证模型。被解释变量分别为 $\Delta|FE|_{i,t+1}$ 和 $\Delta DISP_{i,t+1}$,其中 $\Delta|FE|_{i,t+1}$ 为年度 $t+1$ 前 12 个月内关于公司 i 的分析师预测偏差月均值的绝对值,分析师预测偏差为实际年盈余减去平均预测盈余之差除以年初股票价格;$\Delta DISP_{i,t+1}$ 为年度 $t+1$ 前 12 个月内分析师发布的公司 i 的年度预测盈余的平均标准差除以年初股票价格。解释变量为 $DISCI_{i,t}$,调节变量为 $HIPERFORM_{i,t}$,变量定义如前文所述。控制变量如下:①即将发布的盈余信息的规模 $\Delta ACHEPS_{i,t}$,年度 $t-1$ 到年度 t 变量 EPS 的变动(Ali 等,2007)。②$\Delta SIZE_{i,t}$、$\Delta STDROE_{i,t}$、$\Delta RD_{i,t}$、$\Delta ROA_{i,t}$ 和 $\Delta CORR_{i,t}$ 等,其使用思路及变量解释如前文所述。

本文认为披露 CSR 报告将会提高分析师预测准确度,即解释变量与被解释变量 $\Delta|FE|_{i,t+1}$ 显著正相关。企业 CSR 绩效将会削弱披露 CSR 报告对提高分析师预测准确度的作用,即 CSR 绩效与 CSR 信息披露交乘项的系数显著为负。此外,披露 CSR 报告将会降低分析师预测偏差,即解释变量与被解释变量 $\Delta DISP_{i,t+1}$ 显著负相关。企业 CSR 绩效将会削弱披露 CSR 报告对降低分析师预测偏差的作用,即 CSR 绩效与 CSR 信息披露交乘项的系数显著为负。

三是再融资。预期有外部融资需求的企业更有可能主动披露企业社会责任信息,以期获得成本更低的资本,因此本文认为首次 CSR 报告披露后将产生更多的股票发行。为了研究这一问题,本文从两个方面进行检验,具体模型如下:

被解释变量分别为:① $\log[prob(SEO_{i,t+T})/(1-prob(SEO_{i,t+T}))]$,衡量进行再融资相对于未进行再融资的概率,$SEO_{i,t+T}$ 为虚拟变量,若公司 i 在年度 t 发布独立 CSR 报告后 T 年内($T=1$ 或 2)进行再融资取值为 1,否则取值为 0。②$ISSUE_{i,t+T}$,公司 i 在年度 t 发布独立 CSR 报告后 T 年内($T=1$ 或 2)的再融资额(数据来自 SDC)。解释变量为 $DISCI_{i,t}$,变量定义如前文所述。

控制变量如下:①由于公司将选择股票被高估的时间发行股票(Stein,1995),本文引入变量 $MB_{i,t}$,变量定义如前文所述。②公司成长机会 $CAPITAL_{i,t}$,公司 i 在年度 t 的资本性支出。这是因为成长型公司的资本需求更大。③考虑到融资约束、内部资金储备和债务融资,融资性股票发行的可能性取决于公司面临的融资约束的程度。④企业在选择融资方案时可能遵循特定的优先顺序,在发行股票之前优先依赖于内部资金储备和债务融资(Myers 和 Majluf,1984),本文使用现金流 $CASH_{i,t}$、股利支付率(即现金股利)$PAYOUT_{i,t}$ 和 $ROA_{i,t}$ 加以控制,变量定义如前文所述。⑤管理层和投资者间的共识程度 $LNDISP_{i,t}$,分析师预测标准差除以分析师预测一致性之商的对数。这是因为当管理层和投资者间的共识程度较高时,公司更可能发行股票。⑥公司规模 $LNSALES_{i,t}$,总销售额的对数。⑦财务活动 $FIN_{i,t}$,变量定义如前文所述。

本文认为披露 CSR 报告将会提高进行再融资的概率,即解释变量与被解释变量 $\log[prob(SEO_{i,t+T})/(1-prob(SEO_{i,t+T}))]$ 显著正相关。此外,披露 CSR 报告将提高再融资额,即解释变量与被解释变量 $ISSUE_{i,t+T}$ 显著负相关。

稳健性检验

其他 CSR 信息披露指标

(1) $DISC_{i,t}$:不局限于首次 CSR 报告,重新定义为若公司 i 在年度 t 发布独立 CSR 报告取值为 1,否则取值为 0。在这一变量的设计中,本文将公司 i 在年度 t 发布 CSR 报告,在年度 $t-2$ 或之后曾发布 CSR 报告但在年度 $t-1$ 未发布 CSR 报告的情况也取值为 1。检验结果与前文一致。

(2) $DISCN_{i,t}$:若公司 i 在年度 t 零星地发布 CSR 报告取值为 1,否则取值为 0。检验结果与前文一致,但效果较弱。

重新测量权益资本成本

本文使用 Gebhardt 等(2001)、Claus 和 Thomas(2001)及 Easton(2004)的 COC 计算方法所得的结果分别重新测量权益资本成本,检验结果与前文一致。

规避 CSR 绩效与 CSR 信息披露之间的相关性

本文采用以下方法规避 CSR 绩效(KLD 评分结果)与 CSR 信息披露之间的相关性:(1)计算 KLD 评分时剔除公司治理维度,因为这一维度可能包含信息透明度情况;(2)分别使用 KLD 中 CSR 各维度绩效评分进行检验;(3)根据经行业调整 KLD 中的 CSR 绩效评分,将同年度、同行业内披露 CSR 信息公司与未披露 CSR 信息公司进行匹配,以此为样本使用假设 2 主回归中的第一个模型进行检验。检验结果均保持不变。

其他企业 CSR 绩效指标

本文还使用其他指标反映企业 CSR 绩效:(1)DJSJ:若样本为道琼斯可持续性指数成分股取值为 1,否则取值为 0;(2)CRO:若样本为"百强企业公民"上榜企业取值为 1,否则取值为 0。上述两个指标与 KLD 绩效指标的相关系数分别为 30% 和 23%,检验结果与前文相似。

研究结论与创新

本文发现权益资本成本越高的公司越有可能发布独立 CSR 报告,且企业社会责任绩效越好的公司在发布 CSR 报告后其权益资本成本越低。进一步地,这些公司在发布 CSR 报告后,其专注型机构投资者持股比例越高、分析师跟踪数量越多,且分析师预测偏差和分歧度会明显降低。公司能够认识到信息披露行为对降低权益资本成本的作用,因此会在信息披露后两年内增发股票,并获得更高的再融资额。

本文的主要创新在于将自愿性信息披露行为的研究视角从财务信息扩展至非财务信息,并创新性地关注企业独立 CSR 信息披露报告对权益资本成本的影响。但本文在以下方面仍存在局限性:(1)模型主要控制了以往自愿性信息披露研究中提及的控制变量,但 CSR 信息披露的特殊性较强,现有模型可能遗漏 CSR 信息披露行为的重要影响因素;(2)由于研究者的信息搜索能力有限,可能遗漏部分企业的 CSR 信息披露情况,使研究结论存在一定的噪声;(3)KLD 评分并未囊括 CSR 信息披露报告的所有细节,因此本文可能会遗漏 CSR 报告的部分重要特点;(4)CSR 信息披露行为可能与企业其他类型的披露决策密切相关,尽管本文试图加以控制,但仍可能有所遗漏;(5)KLD 评分质量仍有待提升。

交流区

随着市场不断发展变革,企业中的价值相关性信息披露早已不局限于财务信息,非财务信息的披露尤其是自愿性信息披露已经受到学术界越来越多的关注,本文提及的社会责任自愿性信息披露就是其中重要的研究视角。本文不仅分析了自愿性社会责任信息披露对权益资本成本的影响,还深入探讨了这一效应的形成机制,并围绕企业的再融资表现考察了权益资本成本降低效应下的经济后果,同时也考虑了企业社会责任(CSR)报告的特征(如是否为首次发布 CSR 报告),实证检验过程严谨,具有较高的参考价值。此外,本文在文献回顾的基础上提出了几点展望:(1)除权益资本成本外,还可探讨 CSR 信息披露行为对债务资本成本的影响;(2)不同法律环境、制度背景下上述效应的表现可能存在不同,因此跨国研究更有利于人们理解 CSR 信息披露的作用;(3)CSR 报告的信息含量对投资者决策的影响也值得探讨。此后,诸多中外学者在这些问题上不断开展研究并取得了一定成果,围绕社会责任信息披露主题有了更多的发现,例如 Matsumura 等(2014)、段钊等(2017)、田利辉和王可第(2017)、张继勋等(2019)、张秀敏等(2019)等文献。

【主题结语】

本章选取了筹资与资本结构领域的六篇经典文献,整理了有关信息披露对资本成本的影响的主流观点。

首先,信息披露能够降低资本成本。从权益资本成本的角度看,主流观点认为信息披露能够降低投资者与公司之间的信息不对称程度,缓解投资者的逆向选择问题,从而降低权益资本成本。从债务资本成本的角度看,主流观点认为债权人通过查看公司过去披露的信息来判断公司的违约风险,同时债权人认为信息披露水平较高的公司隐瞒不利信息的倾向性较弱,因而向这类公司收取较低的风险补偿,即信息披露能够降低债务资本成本。

其次,信息披露质量也会影响资本成本。具体而言,信息披露质量会对企业的资本成本产生直接影响和间接影响。直接影响是指会计信息通过影响市场参与者对企业未来现金流的预期而对资本成本产生影响,间接影响是指会计信息通过改变企业的真实投资决策来影响企业未来现金流的分布进而影响资本成本。

最后,信息披露对资本成本的作用机制适用于财务信息披露和非财务信息披露。例如,自愿性社会责任信息披露行为可以帮助企业避免政府管制并由此降低合规成本,而富有社会责任的公司能够吸引关注社会问题的消费者,从而带来超额的销售额和良好的财务绩效,而关注社会活动的投资者也愿意为社会责任感强的企业支付溢价。

信息披露是公司利益相关者获取信息的重要手段,也是投资者做出投资决策的主要依据,因而信息披露是影响资本成本的重要因素。信息披露一直是会计学研究的核心主题,除了本章介绍的经典文献,学者们已经就这一主题展开了一系列的深入探讨。未来围绕该主题的研究,应当更多地关注新型市场关系(如社会网络)对信息披露与资本成本间关系的影响、新型信息披露内容(如数据资产)对资本成本的影响以及信息披露的监管问题。

【推荐阅读】

1. Ali A, Chen T Y, Radhakrishnan S. Corporate Disclosures by Family Firms[J]. *Journal of Accounting and Economics*, 2007, 44(1): 238-286.
2. Barry C B, Brown S J. Differential Information and Security Market Equilibrium[J]. *Journal of Financial and Quantitative Analysis*, 1985, 20(4): 407-422.
3. Bushee B J, Noe C F. Corporate Disclosure Practices, Institutional Investors, and Stock Return Volatility[J]. *Journal of Accounting Research*, 2000, 38(3): 171-202.
4. Claus J, Thomas J. Equity Premia as Low as Three Percent? Evidence from Analysts' Earnings Forecasts for Domestic and International Stock Markets[J]. *The Journal of Finance*, 2001, 56(5): 1629-1666.
5. Coles J L, Loewenstein U. Equilibrium Pricing and Portfolio Composition in the Presence of Uncertain Parameters[J]. *Journal of Financial Economics*, 1988, 22(2): 279-303.
6. Copeland T E, Galai D. Information Effects on the Bid-ask Spread[J]. *The Journal of Finance*, 1983, 38(5): 1457-1469.
7. Dhaliwal D S, Radhakrishnan S, Tsang A, et al. Nonfinancial Disclosure and Analyst Forecast Accuracy: International Evidence on Corporate Social Responsibility Disclosure[J]. *The Accounting Review*, 2012, 87(3): 723-759.
8. Diamond D W, Verrecchia R E. Disclosure, Liquidity, and the Cost of Capital[J]. *The Journal of Finance*, 1991, 46(4): 1325-1359.
9. Easton P D. PE Ratios, PEG Ratios, and Estimating the Implied Expected Rate of Return on Equity Capital[J]. *The Accounting Review*, 2004, 79(1): 73-95.
10. Gebhardt W R, Lee C M C, Swaminathan B. Toward an Implied Cost of Capital[J]. *Journal of Accounting Research*, 2001, 39(1): 135-176.
11. Graham J R, Harvey C R, Rajgopal S. The Economic Implications of Corporate Financial Reporting[J]. *Journal of Accounting and Economics*, 2005, 40(1-3): 3-73.
12. Healy P M, Hutton A P, Palepu K G. Stock Performance and Intermediation Changes Surrounding Sustained Increases in Disclosure[J]. *Contemporary Accounting Research*, 1999, 16(3): 485-520.
13. Klein R W, Bawa V S. The Effect of Estimation Risk on Optimal Portfolio Choice[J]. *Journal of Financial Economics*, 1976, 3(3): 215-231.
14. Matsumura E M, Prakash R, Vera-Muñoz S C. Firm-Value Effects of Carbon Emissions and Carbon Disclosures[J]. *The Accounting Review*, 2014, 89(2): 695-724.

15. Richardson A J, Welker M. Social Disclosure, Financial Disclosure and the Cost of Equity Capital[J]. *Accounting, Organizations and Society*, 2001, 26(7-8): 597-616.
16. Shleifer A, Vishny R W. Large Shareholders and Corporate Control[J]. *Journal of Political Economy*, 1986, 94(3): 461-488.
17. Shuili D, Yu K. Do Corporate Social Responsibility Reports Convey Value Relevant Information? Evidence from Report Readability and Tone[J]. *Journal of Business Ethics*, 2021, 172(2): 253-274.
18. Sletten E. The Effect of Stock Price on Discretionary Disclosure[J]. *Review of Accounting Studies*, 2012, 17(1): 96-133.
19. Welker M. Disclosure Policy, Information Asymmetry, and Liquidity in Equity Markets[J]. *Contemporary Accounting Research*, 1995, 11(2): 801-827.
20. 段钊,何雅娟,钟原.企业社会责任信息披露是否客观——基于文本挖掘的我国上市公司实证研究[J].《南开管理评论》,2017(4):62-72.
21. 田利辉,王可第.社会责任信息披露的"掩饰效应"和上市公司崩盘风险——来自中国股票市场的DID-PSM分析[J].《管理世界》,2017(11):146-157.
22. 汪炜,蒋高峰.信息披露、透明度与资本成本[J].《经济研究》,2004(7):107-114.
23. 张继勋,蔡闫东,倪古强.社会责任披露语调、财务信息诚信与投资者感知———一项实验研究[J].《南开管理评论》,2019(1):206-212+224.
24. 张秀敏,杨连星,高云霞,等.什么影响了社会责任报告中修辞语言的运用[J].《会计研究》,2019(6):20-26.

第13章

投资与运营

文献75　自由现金流的代理成本、公司财务和收购

经典文献：Michael C. Jensen. Agency Costs of Free Cash Flow, Corporate Finance, and Takeovers. *The American Economic Review*, 1986, 76(2)：323-329.
机构：Harvard Business School, University of Rochester
被引：总计36 104次，年均975.78次
文献概述：苏坤
研究概述：本文首次提出自由现金流概念以及解决自由现金流的代理成本的方法。公司产生的大量自由现金流有可能被投资于低收益项目或被浪费，导致代理成本的产生。而向股东支付现金会减少管理层所控制的资源，从而削减管理层权力，降低代理成本。债务也可以成为股利的有效替代以减少管理层可自由支配的现金，进而降低自由现金流的代理成本。
核心概念：代理成本　内部控制系统　净现值　自由现金流

| 文献背景 |

　　20世纪60—80年代，美国石油行业经历了从繁荣到衰退的转折，这是自由现金流理论最直接的历史背景。20世纪60年代，美国石油行业出现了繁荣景象，产生了大量自由现金流，管理层利用累积的现金进行了广泛的投资活动。管理层与股东利益发生冲突，直接导致1975—1985年的投资活动大量失败，股价持续下跌。为研究这一现象，本文首次提出自由现金流概念以及解决自由现金流的代理成本的方法。

| 理论基础 |

　　随着企业所有权与经营权的分离，管理层作为股东的代理人，与股东存在一定的利益冲突。分析这种冲突的代理理论已成为经济学文献的重要组成部分。代理理论认为，向股东支付现金会使管理层和股东发生严重的冲突，但这种冲突很少受到关注。向股东支付现金会减少管理层所控制的资源，从而削减了管理层权力，使公司在融资时更可能招致资本市场的监控（Rozeff, 1982；Easterbrook, 1984）。内部融资项目避免了这种监控，也避免了资

金可能无法获得或只能以高成本获得的可能性。

公司管理层有动机使公司规模超过最优水平,因为公司的成长可以增加管理层控制下的资源,使得管理层权力得以增强。此外,公司的成长也会增加管理层薪酬,因为薪酬变化往往与销售额增长正相关(Murphy,1985)。公司倾向于通过晋升而不是奖金来激励中层管理者,为了提供这种基于晋升的奖励系统所需要的新职位,组织对成长具有强烈的偏好(Baker,1986)。

产品市场和要素市场的竞争往往会促使价格达到最低平均成本。因此,管理层必须激励组织提高效率,从而提高生存概率。然而,在涉及大量经济租金或准租金的新型活动中,产品市场和要素市场的规范作用往往较弱。在这种情况下,公司内部控制系统和外部市场监控的作用就尤为重要。能够产生大量经济租金或准租金的活动是产生大量自由现金流的典型活动。

自由现金流是指满足所有以当前资本成本贴现的净现值为正的项目后的超额现金流。当公司产生大量自由现金流时,管理层和股东在支付政策上的利益冲突尤其严重。问题的关键在于,如何激励管理层吐出现金,而不是将现金以低于资本成本的价格进行投资,或者将其浪费在组织效率低下的项目上。

| 主要研究内容 |

本文的代理理论解释了以下问题:债务如何降低自由现金流的代理成本?债务如何替代股利?为什么"多元化"投资比同行业收购扩张更容易产生损失?为什么广播和烟草行业的多元化收购活动的影响因素与石油行业相似?为什么竞标者和一些目标公司在收购前的表现往往异常良好?

债务作用

债务的代理成本已被广泛讨论,但债务在激励管理层和提高组织效率方面的作用往往被忽视。

拥有大量自由现金流的管理层可以选择分配股利或回购股票,从而支付现金,否则自由现金流将被投资于低收益项目或被浪费。这使得管理层能控制未来自由现金流的使用,他们可以承诺"永久性"增加股利而支付未来的现金流。但是,这种承诺很脆弱,因为未来股利可能会减少。资本市场通过大幅降低股票价格来惩罚股利减少的事实,与自由现金流会产生代理成本的现象是一致的。

债务可以成为股利的有效替代而减少自由现金流,但这一观点在公司财务文献中没有得到普遍认可。管理层发行债券并可转换为股票,而非以简单地增加股利的方式承诺支付未来的现金流。在这种情况下,管理层如果不按时偿还债务或利息,债权人就会将企业告上破产法庭。债务通过减少管理层可自由支配的现金流,降低了自由现金流的代理成本。债务的这种控制效应是资本结构的潜在决定因素。

发行债券以回购股票也能够激励管理层克服正常削减自由现金流的组织抵抗力,而不能按时偿还债务的威胁也是激励组织更有效的一种动力。同时,以债务或现金回购股票还具有税收优势(利息支付免税,回购股票的收益部分相当于卖方股票的税基,不需要征税)。

提高杠杆率也会产生成本。随着杠杆率的增大,债务代理成本(包括破产成本)上升。最佳债务权益比是企业价值最大化的平衡点,即在此处债务的边际成本正好抵销债务的边际收益。

以现金或者负债回购股票,可以增加对股东的现金流支付,减少管理层控制的自由现金流,降低管理层将自由现金投资于低收益项目甚至亏损项目的风险。债务的控制功能对产生大量现金流但发展潜力差的公司十分重要,同时对于必须实施收缩战略的公司显得尤为重要,但对于高收益投资项目但自由现金流较少、增长快速的公司则不那么重要。

财务重组

资本结构的自由现金流理论有助于解释先前令人费解的财务重组效果。本文在 Smith(1985,1986)的基础上,总结了十几项关于改变资本结构的交易公告与股票价格变化关系的研究,以此为背景探讨财务重组所涉及的自由现金流的代理成本。大多数增加杠杆的交易会导致普通股价格显著上涨,如回购股票、将债务转换为普通股、将优先股转换为普通股等。而大多数降杠杆的交易会导致股票价格显著下跌,如出售普通股、将普通股转换为债务、将普通股转换为优先股。与此一致的是,自由现金流理论预测,股票价格将随着向股东临时支付股利(或承诺这样做)而上升,随着股利支付的减少或者新融资(或承诺未来减少股利支付)而下跌。

私有化交易和杠杆收购

私有化交易和**杠杆收购**(leverage buyout,LBO)所具有的许多优势似乎是由债务的控制功能所致。这些交易创造了一种新的组织形式,由于在控制自由现金流的代理成本方面具有优势,因此能够以公开交易形式成功竞争股权(Grimm,1985)。

理想的杠杆收购候选对象通常是拥有稳定经营历史和大量自由现金流(即低增长前景和高现金流产生潜力)的大公司或部门——这种情形下的自由现金流的代理成本可能很高。杠杆收购交易通常以高负债融资,10∶1 的债务权益比并不罕见。此外,杠杆交易中使用等份融资显示出对激励、利益冲突和破产成本的敏感性。

等份融资是指将不同类型证券(包括债券、优先股、普通股)进行打包组合的一种融资方式,不同类型的证券几乎以相等的比例组合,它限制了证券持有人之间的利益冲突,也限制了破产成本。由于等份融资中各级债权人的权利、风险相同,在重组索赔情形下,高级债权人和初级债权人没有利益冲突。对于等份融资持有人来说,这是将资金从一个口袋转移到另一个口袋的问题。因此,公司无须破产,重组可以自动、快速完成,而且与破产程序相比,费用更少、中断的可能性更小。

石油行业举例

自 1973 年以来,能源市场剧烈变化,同时导致石油行业的自由现金流大幅增加,行业规模大幅收缩。在这种环境下,自由现金流的代理成本很高,收购市场在减少自由现金流方面发挥了关键作用。石油行业产能过剩、利润高,资源的平均生产率提高的同时边际生产率下降。价格上涨产生了大量自由现金流,与代理成本一致,管理层并不会向股东支付更多的股利,而是会增加其他支出(比如研发支出),或者进行多元化收购重组、投资收益低的项目而浪费了资金,尽管这些项目的收益可能低于资本成本。而多元化重组失败的原因主要有两部分:一是缺乏相应行业的管理专业知识;二是运气不好,所选择行业的发展已经停滞或者衰退,面临崩溃。

行业收缩要求取消或推迟许多正在进行和计划中的项目,这对相关人员的职业生涯构成了威胁。在衰退行业,行业内的合并将创造价值,而行业外的合并更可能是低收益甚至负收益的项目。石油、食品、林木、广播等都属于产能过剩、需求下降的行业,这类行业会产生大量现金流,但增长机会很少,因此它们是杠杆收购很好的候选对象。例如石油行业的公司合并将导致公司负债大幅增加,由于向股东支付了大量现金,在勘探开发上减少了超额支出,从而提高了效率。

实证结果

自由现金流理论预测,收购既是管理层和股东利益冲突的证据,也是解决问题的方法。收购使管理层使用现金而不是向股东支付现金。因此,拥有大量现金流的公司管理层更可能进行低收益甚至价值受损的合并。多元化收购通常具有这些特征,但这类收购的好处可能是它所涉及的资源浪费低于管理层直接将现金投资于低收益项目。

与相关数据资料一致,自由现金流理论预测许多收购者在收购前往往会有非常好的绩效表现,从而为收购提供充足的自由现金流。目标公司分为两类:一类是并购前管理不善、表现不佳的公司;另一类是表现出色、自由现金流多但拒绝向股东支付股利的公司。两类公司似乎都存在,未来可以进行更细致的分析。

大量的数据支持有关自由现金流的代理成本的推论,但对此没有形成一致的解释,也没有发现与理论不符的数据。自由现金流增加会导致代理成本增加,管理层在自由现金流增加时也不会向股东付出更多的现金,即使在债务、重组、收购情境下也基本保持一致。

局限性

自由现金流理论预测,利用现金和债务融资进行的收购比通过股票交易进行的收购将实现更大的收益。股票收购可能与增长机会和自由现金流短缺有关,这是未来可以讨论的一个话题。

在金融重组方面时,与简单杠杆变动规则不同的例外情境是目标回购以及出售债务与优先股,这些都与价格异常下跌有关。目标回购价格的下跌似乎是缘于收购的可能性减小。相关文献还指出价值变动幅度与承诺担保、未来现金流支付等正相关,但并未对此进行深入的研究。

许多收购者在收购前往往会有非常好的绩效表现,从而为收购产生自由现金流。目标公司分为两种类型,后续研究可以对此进行更细致的分析。

在研究方法上,本文采用文献回顾法,主要是直接利用以往文献的数据,但现实情况是否一致、是否发生变化、是否产生影响,忽略这些问题使得本文结论具有一定的局限性。

交流区

本文首先提出自由现金流的代理成本的概念,并且不同于以往代理理论的研究,本文直接关注管理层与股东间的矛盾——是否向股东支付现金股利这一具体事项,主要研究自由现金流的代理成本,并将相关推论实际应用于重组、收购情境,研究对象更为具体。本文也是代理理论的开山之作,后续大量有关代理理论的文献均是在此基础上进行的拓展性研究。

文献 76 市场有效性、长期收益与行为金融

经典文献:Eugene F. Fama. Market Efficiency, Long-Term Returns, and Behavioral Finance. *Journal of Financial Economics*,1998,49(3):283-306.

机构:University of Chicago

被引:总计 7 898 次,年均 329.08 次

文献概述:李宏宇

研究概述:**市场有效性**(market efficiency)经受住了股票**长期回报异象**[1](long-term return anomalies)的挑战。与有效市场假说相符,市场异象是偶然的结果,市场对信息的**过度反应**(over-reaction)与**反应不足**(under-reaction)均普遍存在,事件前超常收益率在事件后延续与在事件后反转一样频繁。最重要的是,与市场有效性预测一致,明显的异象可能是由研究方法带来的,大多数长期回报异象往往随着方法的合理改进而消失。

核心概念:市场有效性 长期回报异象 行为金融

文献背景

Fama 等(1969)引入的**事件研究法**(event studies)为探讨股票价格如何对信息做出反应提供了有用工具。许多研究都集中于日期明确的事件前后短期窗口(几天内)的收益,这样做的一个优点是由于日预期收益接近于 0,因此**预期收益模型**(expected return model)对超常收益率的推断没有太大影响。

在短期收益窗口的研究中,均假设价格对事件反应的任何滞后都是短暂的。不断发展的文献对这一假设提出挑战,认为股票价格会随着信息的变化而缓慢调整,必须从长期的

---

[1] 本文中"收益"和"回报"的含义相同。"长期回报异象"是习惯用语,本文予以保留,除此之外沿用本书的统一用词"收益"。——编者注

角度考察股票收益才能全面了解市场失灵。

近期许多关于股票长期收益的研究表明市场失灵,特别是对信息的长期反应不足或过度反应。现在是时候从整体上评判是否应该放弃市场有效假说了——本文的答案是坚决否定的,原因有二。其一,一个有效的市场上会发生各种事件,这些事件分别表明价格对信息反应过度;但同时在一个有效的市场中,明显的反应不足和过度反应的发生一样频繁。其二,也是更重要的,如果长期回报异象太明显而不能归因于偶然性,那么过度反应和反应不足之间的平均分布对市场有效性而言是一场惨胜。然而本文又发现,长期回报异象是否存在对方法很敏感。当暴露于不同的预期(正常)收益模型或使用不同的统计方法衡量时,长期回报异象往往变得边缘化甚至消失。因此,即使逐一查看具体单个事件,大多数长期回报异象也可以合理地归因于偶然性。

理论基础与研究思路

有关长期回报异象研究的发展整体上存在一个问题,即很少测试市场有效性的具体替代方案。相反,另一种假设则是模糊的——认为市场失灵,但这令人无法接受。像所有的模型一样,市场有效性(价格完全反映可用信息)是对价格形成的不完整描述。然而,遵循标准的科学规则,市场有效性只能被更具体的价格形成模型替代,而这一模型本身可能会被实证检验拒绝。由于有关市场异象的文献还没有明确市场有效性的具体替代方案,本文认为合理的替代方案必须在过度反应或反应不足之间进行选择。

DeBondt 和 Thaler(1985)似乎认为,对过去信息的过度反应是基于行为决策理论(Kahneman 和 Tversky,1982)得出的普遍预测。因此,人们将过度反应视为行为金融而非市场效率的观点。最近的一些事件研究也发现了事件后的长期超常收益,表明市场对事件反应不足。本文首先考虑了 Barberis 等(1996)和 Daniel 等(1997)提出的行为模型——**BSV 模型**(BSV model)和 **DHS 模型**(DHS model),这两种模型解释了投资者的判断偏差如何对某些事件产生过度反应而对另一些事件反应不足。BSV 模型认为人们在进行投资决策时存在两种判断偏差:一是**选择性偏差**(representativeness bias),即人们过于重视近期数据的变化,而忽视产生这些数据的总体特征;二是**保守型偏差**(conservatism bias),即在面对新证据时,预测模型的修正过于缓慢。DHS 模型与 BSV 模型具有不同的行为基础,前者认为市场上存在知情的投资者和不知情的投资者。不知情的投资者不受判断偏差的影响,但股票价格由知情的投资者所决定,由此产生**过度自信**(overconfidence)和**自我归因偏差**(biased self-attribution)。上述两种模型都可解释过度反应和反应不足,并提出可拒绝的假设,在解释特定异象方面能够很好地发挥作用,但对其他异象的解释效力很差。问题在于,这两种模型都预测了事件后收益率的反转以响应事件前的长期超常收益率。实际上,事件后收益率的延续与反转平均分布,与 BSV 和 DHS 两种行为模型相比,该结果更符合市场有效的推论。

实证方法与模型构建

Fama(1970)强调,市场有效性必须与预期(正常)收益模型同时测试。但是,有效性检验总是受到**坏模型问题**(bad-model problems)的影响。坏模型问题有两种类型:(1)任何资产定价模型仅仅是基于特定假设的模型,不能完整地描述预期收益;(2)即使是真模型,任何取样期都会产生相对于模型预测的系统性偏离,即平均收益率中的样本特定模式是偶然因素导致的。如果事件样本在平均收益率中偏向样本特定模式,那么即便使用可靠的资产定价模型进行风险调整,也可能产生虚假异象。

限制坏模型问题的一种方法是绕过正式的资产定价模型而使用公司特定的预期收益模型。与正式的资产定价模型不同,市场模型和比较时期法可得出特定公司的预期收益估计值。这些方法可用于研究股票价格对公司特定事件(如股票分割、收购等)的反应,但不能像规模效应(Banz,1981)那样识别平均收益的横截面异象。估计超常收益率的另一种方法是使用资产定价模型估计预期收益。关于长期超常收益率的早期研究使用资本资产定价模型来估计长期超常收益率,近期的一些研究使用 Fama 和 French(1993)的三因素模型。但是,正如所有资产定价模型一样,资本资产定价模型和 Fama-French 三因素模型也不是有关市场平均收益的完整描述。总之,坏模型问题是不可避免的,在检验长期收益时更加严重。不同的预期收益模型对长期超常收益率的估计不同,模型的合理变形通常会导致异象消失。本文认为,当这种情况发生时,异象不足以反对市场有效假说。

关于长期收益度量方式的选择,本文认为从理论和统计上考虑均应该使用累计超常收益(CAR)或者平均超常收益(AAR),而非买入并持有超常收益(BHAR)。

稳健性检验

现在需要对具体单个事件的长期回报异象进行研究,这些事件包括**首次发行股票和增发股票**(IPOs 和 SEOs)、**并购**(mergers)、**股票分割**(stock splits)、**自我认购与股票回购**(self-tenders and share repurchases)、**交易所挂牌**(exchange listings)、**股利发放与股利停发**(dividend initiations and omissions)、**分拆**(spin offs)和**代理权之争**(proxy contests)。本文发现,在首次发行股票、增发股票、自我认购、股票回购和股利发放的事件研究中,市场异象通常会随着超常收益率估计方法的合理改进而消失,这表明该异象处于不稳定状态。此外,对市场异象的怀疑是建立在发现这些异象的原始研究发表后进行复刻和稳健性检验的结果。

其他长期回报异象在经济上或统计上是微不足道的,且有些异象经不起样本外的复刻检验。每当检验价值加权股票收益时,市场异象显著弱化,并且通常在统计上变得不可靠。这至少表明异象在很大程度上局限于小市值公司。在资产定价模型的检验中,小市值公司常常产生问题,因此在检验市场有效性对长期收益的影响时应首先考虑是否源于小市值公司带来的坏模型问题。

哪些异象是无可置疑的? Ball 和 Brown(1968)首次报告的盈余公告后漂移现象(PEAD)已经通过稳健性检验,包括基于近期数据的测试(Bernard 和 Thomas,1990;Chan 等,1996)。尽管如此,小市值公司的异象还是更加严重。收益的短期延续(Jegadeesh 和 Titman,1993)仍是未解之谜,需要进一步加以检验。

研究结论与创新

最近的金融文献似乎产生了许多关于长期回报异象的研究,但仔细审阅相关文献后发现,没有证据表明应该放弃有效市场假说。与有效市场假说的推论一致,异象是偶然的结果,股票价格对信息的过度反应与反应不足均很频繁,事件前超常收益率在事件后延续与在事件后反转一样频繁。最重要的是,长期回报异象是脆弱的,往往随着度量方式的合理改进而消失。

交流区

本文是有效市场假说提出者 Fama 应对有效市场假说反对者的一篇回击之作,其研究结论进一步支持了有效市场假说,在股票市场有效性的研究中具有重要地位。

文献 77　企业现金持有的决定因素与启示

经典文献:Tim Opler,[1] Lee Pinkowitz,[1] René Stulz,[1] Rohan Williamson.[2] The Determinants and Implications of Corporate Cash Holdings. *Journal of Financial Economics*, 1999, 52(1): 3-46.

机构:[1]The Ohio State University; [2]Georgetown University

被引:总计 5 142 次,年均 218.81 次

文献概述:宋晓悦

研究概述:本文研究了 1971—1994 年美国上市公司持有现金和有价证券的原因并分析从中得到的启示。在时间序列和横截面测试中,本文发现,有证据支持现金持有的静态权衡理论,特别是有高增长机会和持有高风险现金流的企业将持有较多的现金。资本市场进入程度最大的公司,如大公司和信用评级较高的公司,倾向于持有较少的现金。然而,本文同时发现,有证据支持经营较好的公司倾向于持有高于最大化股东财富均衡点的现金量,没有充分证据支持超额现金持有会影响资本支出、收购支出和股利分配。企业出现超额现金持有大幅变动的原因是发生了经营亏损。

核心概念:现金持有　超额现金持有　静态权衡理论　融资优序理论　融资层次理论

文献背景

克莱斯勒公司(Chrysler Corporation)承诺返还超额现金的股份协议引发了对最佳现金持有量的思考。以股东财富最大化为目标的管理层应该将公司的现金持有量保持在边际收益等于边际成本的水平上。持有流动资产主要有两个优势:一是公司节约了筹集资金的交易成本且不需要清算资产用来支付款项;二是如果没有其他资金来源或融资成本过高,

那么公司可以使用流动资产支持运营活动和投资活动。Keynesian(1934)将第一个优势描述为持有现金的**交易成本动机**(transaction cost motive),将第二个优势描述为**预防性动机**(precautionary motive)。

关注现金持有成本与收益的**权衡理论**(trade-off theory)从股东财富最大化的角度回答了企业是否持有过多现金;然而,管理层和股东对流动资产的成本和收益看法不一,**代理理论**(agency theory)将公司不依据股东财富最大化来持有现金解释为管理层对现金的偏好,认为持有更多流动资产是管理层的预防性动机所产生的代理成本。另一种反对现金持有权衡模型的观点是现金没有最佳持有量,认为公司增加一美元现金的同时增加了一美元的债务——两者没有什么区别。因此,即使企业存在最优资本结构也应该是净债务的最优数额。同样的道理适用于**融资优序理论**(pecking order theory)或**融资层次理论**(financing hierarchy theory),内部资源的变化是现金持有量变化的驱动力,但企业利用内部资源积累现金抑或偿还债务是无差别的。

本文分三个步骤进行检验。第一步检验现金持有量变化的简单动态模型,以评判**静态权衡**(static trade-off)和**融资层次**(financing hierarchy)观点。本文发现静态权衡理论做出了重要的预测,并得到了经验证据的支持。第二步检验静态权衡理论中最佳现金持有量的影响因素是否成立,同时发现一些公司持有比静态权衡模型预测更多的现金。第三步详细考察这些公司,探讨超额现金持有是如何产生的以及超额现金对企业行为的影响。本文发现超额现金是通过累积内部资金获得的,然而持有超额现金的公司在新项目投资和收购上的支出比未持有超额现金的公司只相对多了一点。

理论与假设

本文选择四种相关理论探讨现金持有的影响因素。

交易成本模型

Keynesian(1936)认为现金交易动机源于将现金替代品转换为现金的成本。假设金融和实物资产是有成本的,缺乏流动资产的公司必须在资本市场上筹集资金、清算现有资产、减少股利支付和投资等;然而,无论是通过出售资产还是利用资本市场筹集资金,其成本都很高。因此对于给定数量的净债务,存在一个最佳的现金持有量。

图1显示了流动资产短缺的边际成本线和流动资产持有的边际成本线,最佳流动资产持有量出现在两条线的交点位置。对于给定数量的流动资产,短缺的成本增加或者短缺的概率上升,都会使边际成本曲线向右平移,并增加企业持有的流动资产。在这一前提假设下,流动资产短缺的边际成本与流动资产持有量之间的关系受到以下因素的影响:筹集外部资金的交易成本,通过出售资产、削减股利和重新谈判融资的成本,投资机会,套期保值工具的成本,现金循环周期,现金流不确定性,规模不经济。

持有流动资产也是有成本的,其被称为流动性溢价。流动资产的利息收入在公司层面和创造收入之时被两次征税而增加了持有流动资产的成本,持有流动资产的成本随着公司边际税率的增大而增加。

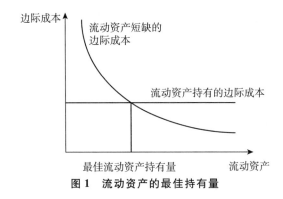

图 1　流动资产的最佳持有量

综上，**交易成本模型**(transaction costs model)意味着流动资产随以下因素而增加：①现金流不确定性；②现金循环周期。流动资产随以下因素而减少：①利率和期限结构斜率；②债务融资成本；③可出售资产的减少量；④对冲成本；⑤股利支付规模。

信息不对称、债务代理成本和流动资产持有

信息不对称加大了筹集外部资金的难度，随着出售的证券对信息更加敏感以及信息不对称的影响更加凸显，筹集外部资金的成本将会上升。企业研发投入决策中，信息不对称的重要性较高，由此预计研发支出较高的公司将持有更多的流动资产。

股东利益与债权人利益不同将产生债务代理成本。由于代理成本的存在，高杠杆公司筹集额外资金既困难且成本高。为了避免因外部融资成本过高而放弃有价值的项目，较多投资机会（较高市值账面比）的公司将持有更多的流动资产。

管理裁量权的代理成本

管理裁量权(managerial discretion) 代理成本存在的情况下，管理层可能以牺牲股东利益为代价持有现金以实现自利的目标。首先，管理层持有过多现金可能仅仅是为了规避风险；其次，管理层可能会积累现金，期望拥有更大的灵活性以追求自己的目标；最后，管理层可能会因为不希望向股东支付股利而积累现金，把资金留在公司。

本文设定：①外部股东高度分散的公司；②大型公司；③负债水平较低的公司；④依赖反收购章程修正案而不受市场控制的公司更可能持有超额现金。管理层持股使其利益与股东利益一致，但也使其更加规避风险，由此预期现金持有量会随着管理层持股水平的提升而增加。

融资层次理论

假设没有最佳现金持有量，公司可以在任何资金不足的情况下以较低的成本发行证券来筹集资金。公司可能拥有一个最优的净债务水平，此时同时拥有高现金和高债务还是低现金和低债务，对公司来说是无关紧要的问题。

融资层次理论和静态权衡理论对于某些指标的预测既存在一致也存在差异。融资层次理论认为，支付更多股利的公司应该持有更少的现金，投资更多的公司应该拥有更少的内部资源，积累更少的现金。然而静态权衡理论认为，资本支出越多公司的流动资产越多，

研发投资同理。融资层次理论认为,规模较大公司的经营可能更成功,应该拥有更多的现金;静态权衡理论则认为,流动资产具有规模经济效应,预期公司规模对现金持有量具有负向的影响。

样本选择

本文使用 Compustat 数据库中 1952—1994 年的数据进行实证检验。流动资产持有量以现金和有价证券占总资产(扣除现金和有价证券部分)的比例计算。其他变量包括投资机会、行业管制、公司规模、杠杆水平、股利、现金流、现金流风险、融资压力、代理成本、流动资产替代物、业务多元化和衍生工具的使用。

图 2 展示了大规模公司和小规模公司的现金占资产比例的中位数。小规模公司(A组)1950—1960 年的现金持有量持续下降,原因可能是公司在第二次世界大战结束时累积了很多的现金剩余,也可能是现金管理技术的改进。1960 年代以来,大、小规模公司现金持有水平均没有太大变动。

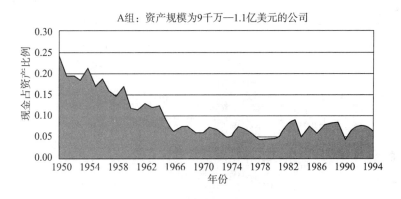

图 2　现金持有量的分布

实证方法与模型构建

本文首先检验公司是否设定了现金持有目标水平,若存在则对线性回归模型进行估计。接下来检验超额现金持有是否影响资本支出和超额现金的用途。

第一步检验现金持有量是否回归均值,使用一阶自相关模型:$\Delta(Cash/Assets)_t = \alpha + \beta\Delta(Cash/Assets)_{t-1} + \varepsilon_t$。模型的自回归系数 β 的分布(见图3)显示,现金持有量存在回归均值的趋势,初步印证了存在现金持有目标水平。第二步辨别静态权衡理论和融资层次理论的解释效力。本文设定**目标调整模型**(target adjustment model),发现第 $t+1$ 年现金持有量变化与第 t 年年末实际现金持有量和目标现金持有量的差值相关。回归结果表明经过三种方法调整后的目标调整模型均得到了支持,证实了静态权衡理论的解释效力。当经营较好(即现金流量赤字变小或为负)时,公司有不断累积现金的倾向,由此融资层次理论也得到了支持。

单变量检验发现,公司规模、研发支出、资本支出变化趋势等因素支持静态权衡理论,投资机会、现金流变化趋势等因素支持静态权衡理论和融资层次理论。回归分析研究了流动性水平的影响因素,发现投资机会、现金流、股利支付等因素支持静态权衡理论和融资层次理论,公司规模、资本支出、研发支出、营运资本和行业波动等因素更支持静态权衡理论,负债率(即杠杆水平)等因素支持融资层次理论。考虑内生性问题:在剔除相关变量之后,变量的符号和显著性均未发生改变,这表明结果稳健;在考虑现金持有持续性的问题之后,资本支出变量的系数不再显著,其他变量的符号和显著性均未发生改变。

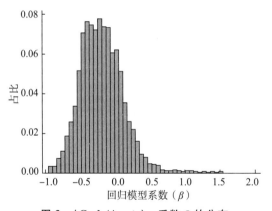

图3 $(Cash/Assets)_{t-1}$ 系数 β 的分布

本文进一步只使用1994年的样本,利用此前的解释变量及1994年可用的其他解释变量进行横截面回归,增加公司治理、衍生工具的使用、反收购修正案等因素,检验现金持有的影响因素。结果显示,债务评级支持静态权衡理论;管理层持股比例低于5%时管理层持股与现金持有量正相关,管理层持股比例高于5%时现金持有量不会进一步增加,这与管理层因成为股东而更加厌恶风险的逻辑一致;现金持有与衍生工具的使用是相互补充而不是相互替代的关系。

为了检验超额现金持有是否影响支出,本文使用横截面数据识别第 $t+1$ 年支出是否与第 t 年超额现金持有相关。高市值账面比(即高投资机会)公司和低市值账面比公司的资本支出都随超额现金持有量而增长;对于不同公司超额现金持有水平来说,高市值账面比公司比低市值账面比公司的资本支出更多,但是在不同超额现金持有水平之间没有差异。收购支出随着超额现金持有量的增加而增加。高市值账面比公司的股利支付与超额现金持有无关,但低市值账面比公司的股利支付与超额现金持有有关。一系列的分析表明,低市值账面比公司对超额现金持有更加敏感。接下来,本文检验超额现金持有与企业投资的关系:无论是否有很好的投资机会,超额现金持有均会导致企业投资增加,但负超额现金减少投资的作用大于正超额现金增加投资的作用——这可以被视为信贷紧缩的证据。总体而言,企业支出超额现金的可能性依然较小。

本文还检验了超额现金持有是否为一种持续存在的行为,结果证实了超额现金持有具有持续性。在基期超额现金持有最高的公司,在其后五年比超额现金持有最低的公司支出更多,但资本支出和收购支出的系数波动较小。超额现金持有在两年内出现较大波动,资本支出、收购支出及股利支付没有显著波动,这表明公司超额现金多用于弥补经营亏损。

研究结论与创新

本文发现的证据支持目标调整模型,表现良好公司累积的现金比静态权衡理论预期的要多;而静态权衡理论认为管理层将最大化股东财富。本文的结果表明,拥有更大成长机会的公司、从事较高风险活动的公司和小规模公司比其他公司持有更多的现金。资本市场进入程度最大的公司(如大规模公司和较高信用评级公司)往往持有较少的现金。企业持有流动资产是为了确保在现金流无法支持投资需求以及外部资金成本相对高时企业能够维持投资。本文的分析为以下观点提供了有限的支持:正向超额现金持有导致企业的投资或收购支出大幅增加,同时企业向股东支付的股利也随之增加。然而,在这两种情形下,将超额现金用于投资和收购的倾向都相当有限。

本文发现的证据与管理层在有机会的情况下倾向于积累超额现金的观点是一致的。这种行为可能是出于持有现金的预防性动机。持有超额现金公司的资金流动赤字(即净现金流出)对现金持有量变化的影响更大。然而,本文利用1994年的横截面数据,并没有成功地证明代理成本对现金持有有重要影响。

局限性与展望

本文的研究结果表明,关于企业持有过多现金的原因以及这种做法的成本还需要做更多的检验。当一家公司陷入困境时,过剩的现金(即超额现金)是否可以让管理层避免做出必要的改变,将公司的现金全部用于弥补亏损——这一问题值得进一步研究。如果这种行为属实,那么管理层不会像股东那样担忧累积过多的现金。

本文的结果为静态权衡理论提供了支持;但同时,提高债务成本的因素也是使现金持有变得更有利的因素。在本文的分析中,现金持有的决定因素与债务成本的决定因素密切相关,有必要从理论和经验两方面找出现金持有和债务在多大程度上可以解释同一个问题。

> **交流区**
>
> 本文是研究企业现金持有的奠基之作,从交易成本理论、信息不对称与债务代理成本理论、管理裁量权理论、融资层次理论这四个主要的理论视角,全面深入地探讨了企业持有现金的原因,并实证检验了影响企业超额现金持有的因素。本文的研究思路和研究结论为后续进一步探讨现金持有影响因素(Bates 等,2009)、现金持有价值(Dittmar 和 Mahrt-Smith,2007;Faulkender 和 Wang,2006)打下了基础。

文献 78 盈余意外、增长预期和股票收益,不要让"盈余鱼雷"击沉你的投资组合

经典文献: Douglas J. Skinner, Richard G. Sloan. Earnings Surprises, Growth Expectations, and Stock Returns or Don't Let an Earnings Torpedo Sink Your Portfolio. *Review of Accounting Studies*, 2002, 7(2): 289-312.

机构: University of Michigan Business School

被引: 总计 2 352 次,年均 117.60 次

文献概述: 李宏宇

研究概述: 本文提供了新证据,表明相对于**价值型股票**(value stock),**成长型股票**(growth stock)的低收益率是市场对股票未来收益表现存在**预期偏差**(expectational errors)的结果,且成长型股票对**盈余意外**(earnings surprises)的反应表现出不对称。研究表明,尽管成长型股票存在负向盈余意外的可能性至少与存在正向盈余意外的可能性相同,但它们对负向盈余意外表现出大幅不对称的负向价格反应。在控制这种不对称的价格反应后,本文没有发现其他证据表明成长型股票与价值型股票之间存在收益差异。本文的研究结论是:成长型股票的收益率较低是由过度乐观的预期偏差造成的,这种预期偏差将通过随后的负向盈余意外予以纠正。

核心概念: 盈余意外　预期偏差　价值型股票　成长型股票

文献背景

众所周知,在投资组合形成后的五年里,成长型股票(或魅力股)的实际股票收益率相较于其他类型股票的历史表现欠佳。本文证明这种现象可以通过成长型股票对负向盈余意外表现出的**不对称反应**(asymmetric response)事实来加以解释。本文首先证明了成长型股票公布的负向盈余意外至少与正向盈余意外一样多。因此,理性预期意味着负向盈余意外的负预期收益并不大于正向盈余意外的正预期收益。相反,有研究发现负向盈余意外实现的平均负收益显著大于正向盈余意外实现的平均正收益。在控制成长型股票对负向盈

余意外的不对称反应后,本文发现目前还没有证据表明成长型股票与其他类型股票之间存在**股票收益**(stock returns)差异。

简言之,本文提供了迄今为止最令人信服的证据,即成长型股票的低收益与其未来收益表现的预期偏差直接相关。

理论基础与研究思路

现有研究对成长型股票收益低的解释主要有三种。第一,投资者对成长型股票的前景抱有过于乐观的预期,若这些预期未能实现则会导致随后的股票收益率较低(Lakonishok 等,1994);第二,成长型股票风险较小(Fama 和 French,1992);第三,长期超常收益计量方法上的问题造成成长型股票低收益的假象(Fama,1998;Kothari 等,1999)。本文提供的证据与第一种解释一致,与第二种解释和第三种解释不一致。

La Porta 等(1997)和 Bernard 等(1997)研究了成长型股票和其他类型股票之间的收益差异是否集中于盈余公告日前后,但结果是微弱且不确定的。本文考虑了盈余意外的符号,同时结合市场对**盈余信息**(earnings news)预告的价格反应,采用了更有力的测试方法,为上述研究提供了证据支持。具体而言,根据增长/价值特征对公司一季度样本进行分类,跟踪接下来 20 个季度的股票收益率和盈余意外特征,并且采用与先前研究相似的方法来衡量增长/价值绩效,重点关注**市账比**(market-to-book ratio,MB),用季末流通股市场价值除以季末普通股账面价值进行衡量。同时,本文还以**市盈率**(price-to-earnings ratio,PE)和 IBES(数据库)中分析师预测的长期盈余增长中位数作为增长的衡量指标。

研究假设与样本选择

本文的主要目的是检验以下假设:

假设 成长型股票的低收益是由投资者的预期偏差造成的。

根据先前的研究,本文使用市账比作为增长的主要衡量指标(Lakonishok 等,1994)。对于过去增长率很高或预期未来短期增长率很高的股票,投资者对其未来长期销售和收益增长的预期往往过于乐观,从而形成较高的**定价乘数**(pricing multiples),如较高的市账比。随着时间的推移,后续的盈余公告显示这些定价乘数所反映的乐观预期是不可持续的,从而导致股价表现不佳。检验预期偏差假设的关键是确定公告事项,告知投资者其预期过于乐观,然后表明股价表现不佳主要集中在这些事项上。本文的研究设计基于如下前提:投资者为了应对负向盈余意外,会向下修正对成长型股票的过度乐观预期。这个前提导致两个推论:其一,成长型股票对负向盈余意外表现出大幅的不对称负收益;其二,成长型股票和其他类型股票之间的整体收益差异将在出现负向盈余意外的期间产生。本文的最后一个推论是:成长型股票和价值型股票的收益差异将集中在负向盈余信息公告日前后。

本文的季度盈余预测从 IBES 历史数据库获得,样本区间为 1984—1996 年,包含季度盈余、已实现季度盈余和股票价格的非缺失数据共 139 027 个观测值。本文使用 IBES 数据库提供的在本财政季度最后一个月做出的普遍预测,由于 IBES 数据库收集前半月的预测数据并在月中左右发布,因此这些预测数据不包含季度最后一个月中旬之后发布的盈余预告中的信息。由于本文要求样本公司在 Compustat 中有所需数据以计算增长/价值绩效,以及在 CRSP 中有至少一个季度的股票日收益率数据,因此最终得到 103 274 个公司—季度观测值。

实证方法与模型构建

本文使用回归分析对上述推论进行统计检验。首先,通过回归分析成长型投资组合成分股的股票收益率与盈余意外的符号和幅度的关系,并进一步考虑增长变量与相关解释变量之间的相互作用。上述回归不允许对负向盈余意外做出不对称反应,由此使用回归模型(1)考察市场对负向盈余意外的不对称反应:

$$R_{it\tau} = \alpha + \beta_1 \text{Growth}_{it} + \beta_2 \text{Good}_{it\tau} + \beta_3 \text{Bad}_{it\tau} + \beta_4 (\text{Good}_{it\tau} \times \text{Growth}_{it}) + \beta_5 (\text{Bad}_{it\tau} \times \text{Growth}_{it}) + \varepsilon_{it\tau} \quad (1)$$

其中,i 表示公司;t 表示成长型投资组合分配的季度;τ 表示接下来要追踪每个增长指标对应的盈余和盈余意外的 20 个季度;Growth_{it} 为第 t 季度公司 i 的增长五分位数(0=低增长五分位数……4=高增长五分位数);$R_{it\tau}$ 为公司 i 在第 $t+\tau$ 季度公告日的超常股票收益率;$\text{Good}_{it\tau}$ 为哑变量,若公司 i 的季度结果显示盈余意外在第 $t+\tau$ 季度为正取值为 1,否则取值为 0;$\text{Bad}_{it\tau}$ 为哑变量,若公司 i 的季度结果显示盈余意外在第 $t+\tau$ 季度为负取值为 1,否则取值为 0。

本文还估计了如下形式的回归:

$$R_{it\tau} = \alpha + \beta_1 \text{Growth}_{it} + \beta_2 \text{Good}_{it\tau} + \beta_3 \text{Bad}_{it\tau} + \beta_4 \text{FE}_{it\tau} + \beta_5 (\text{Good}_{it\tau} \times \text{Growth}_{it} \times \text{FE}_{it\tau}) + \beta_5 (\text{Bad}_{it\tau} \times \text{Growth}_{it} \times \text{FE}_{it\tau}) + \varepsilon_{it\tau} \quad (2)$$

其中,$\text{FE}_{it\tau}$ 是预测偏差,定义为公司 i 在第 $t+\tau$ 季度的已实现每股盈余减去相应的分析师预测的每股盈余;其他变量定义如前所述。如果投资者对成长型股票的负向盈余意外的符号和幅度都做出不对称反应,那么模型(2)是合适的;如果不对称反应是由盈余意外的符号而非幅度引起的,那么模型(1)更适合。研究结果表明,模型(1)比模型(2)能更好地解释价值型股票与成长型股票的收益差异现象,这与即使与分析师盈余预测相差不多也会导致成长型股票的股价大幅下跌这种观点一致。

稳健性检验

截至目前,所有检验均使用市账比作为增长的衡量指标。前期研究发现其他衡量增长的指标对未来股票收益同样具有预测能力,最常见的两个指标是市盈率(Lakonishok 等,1994)和分析师对长期收益增长的预测(Dechow 和 Sloan,1997;La Porta,1996)。本文使用这些替代的增长指标进行基本回归分析以证明本文研究结果对所使用的特定增长指标并不敏感。结果表明,使用市账比(MB)、市盈率(PE)和**分析师预测的长期增长**(analyst forecasts of long-term-growth,LTG)进行回归都得到了一致的结果,明确了成长型股票对负向盈余意外的显著不对称反应,并证实了 MB、PE 和 LTG 的收益差异都产生于发生负向盈余意外的公司一季度样本中。

研究结论与创新

首先,本文证明成长型股票对负向盈余意外表现出大幅的不对称负向价格反应,并表明这种对负向盈余意外的不对称反应能够解释成长型股票与价值型股票之间的收益差异;其次,本文发现成长型股票的低迷表现集中在季度盈余公告发布前的 31 天内,此时大多数与盈余相关的信息已发布;最后,本文发现在盈余公告日观测到的收益差异相对较小,这很可能是因为成长型公司的管理层倾向于预先公布负向盈余意外(Skinner,1997;Soffer 等,2000)。

本文为预期偏差假说在解释成长型股票的低收益方面提供了有力支持,对资本市场研究的其他领域也产生了影响。第一,本文扩展了以往关于盈余与收益之间非线性关系的证据(Hayn,1995;Freeman 和 Tse,1992)。第二,本文对管理层的财务报告编制与披露策略具有启示作用。如果成长型公司的管理层意识到公司股价在报告盈余不如意时会大幅下调,他们就可能有动机去调整报告盈余或者调整分析师的盈余预测以避免出现负向盈余意外(Bartov 等,2002;Matsumoto,2002)。本文发现的证据对理解管理层为何做出此行为提供了一个分析框架。

交流区

本文解释了成长型股票与价值型股票的收益差异,发现未能达到盈余基准的成长型股票在盈余公告日会遭受巨大的负向价格反应,对后续的管理层自愿性信息披露(Graham 等,2005)、公司盈余管理(Cheng 和 Warfield,2005;Roychowdhury,2006;Cohen 和 Zarowin,2010)、投资者心理(Hirshleifer,2001)等领域的研究具有一定的启示。

文献 79 现金的现金流敏感性

经典文献:Heitor Almeida,[1] Murillo Campello,[2] Michael S. Weisbach.[2] The Cash Flow Sensitivity of Cash. *The Journal of Finance*, 2004, 59(4): 1777-1804.

机构:[1] New York University; [2] University of Illinois

被引:总计 4 199 次,年均 233.28 次

文献概述:董南雁

研究概述:本文就公司对流动性的需求构建模型,并就融资约束对公司政策的影响进行检验。融资约束的影响可表现为公司从现金流中留存现金的倾向——现金的现金流敏感性。本文假设受约束公司应该有正的现金的现金流敏感性,而无约束公司的现金储备不

应与现金流量系统相关。本文使用 1971—2000 年的制造业公司大样本,实证估计现金的现金流敏感性,并为推论找到了有力的支持性证据。

核心概念：融资约束　现金政策　现金持有　现金的现金流敏感性

文献背景

有关公司融资的两个重要研究领域是融资约束对公司行为的影响以及公司进行融资的管理方式。虽然有关这两个问题的研究经常是单独分立的,但基本上是相互关联的。当公司面临融资摩擦时,流动性管理可能成为公司融资政策的关键。本文认为融资约束与公司对流动性的需求之间的联系有助于确定融资约束是否公司融资行为的重要决定因素。本文首先提出了一个公司流动性需求的模型,正式表达了凯恩斯直觉。其中,预计未来融资受约束的公司会通过留存现金来应对潜在的限制性因素。尽管如此,持有现金的代价仍然高昂,因为更高的现金储备水平需要减少当前有价值的投资。因此,融资受约束公司选择最佳现金持有政策来平衡当前投资和未来投资的盈利能力;而融资不受约束公司不会过度使用现金,但也不会面临现金持有成本,即公司的现金政策是不确定的。

融资受约束公司和融资不受约束公司所隐含的现金政策的明显差异使得实证检验融资约束对公司融资政策的影响成为可能。研究模型表明,融资约束应该与公司从现金流入中留存现金的倾向(即现金的现金流敏感性)相关;特别是,融资不受约束公司不应该表现出系统性的现金储备倾向,而融资受约束公司应该具有正向的现金的现金流敏感性。因此,现金的现金流敏感性提供了实证上可行的衡量融资约束程度的指标。

研究思路与主要发现

本文使用 1971—2000 年的制造业大样本探讨现金的现金流敏感性,使用已有文献提出的五种分类方法将样本划分为不受约束和受约束的子样本,进而估计不同子样本公司的敏感度,五种分类依据分别为:股利支付政策、资产规模、债券评级、商业票据评级,以及 Kaplan 和 Zingales(1997)提出的 KZ 指数。本文发现,在前四种分类方案中,不受约束公司的现金的现金流敏感性接近于 0 且与 0 没有统计上的差异,而受约束公司的现金的现金流敏感性为 0 且与 0 存在显著差异。由于 KZ 指数的分类标准与其他四种分类标准大多负相关,对于使用 KZ 指数的现金的现金流敏感性,本文得出相反的检验结果。

研究贡献

虽然本文研究了融资约束对公司政策的影响,如固定资产投资、营运资本及库存需求等,但没有明确考虑融资约束与公司流动性需求之间的关系。最近的一些实证研究分析了现金储备以及与现金持有量增加相关的横截面因素,侧重于企业间现金持有水平的差异,而本文研究现金持有对现金流敏感性的差异及其受融资约束影响的程度。之所以这样做,是因为本文的理论有更清晰的预测,而且是首次利用现金的现金流敏感性这一概念处理公司流动性问题。

使用现金的现金流敏感性检验融资约束可以避免与投资的现金流敏感性文献相关的一些问题。由于现金是一种金融（而非实物）变量，因此很难说现金流对于现金政策的解释效力可归因于现金预测未来商业状况（投资需求）的能力。对于融资不受约束公司，现金持有的变化既不取决于当前的现金流，也不取决于未来的投资机会，因此在没有融资约束的情况下，人们应该预期现金政策不会发生系统性的变化。在探讨融资约束的影响时，现金持有的现金流敏感性比投资的现金流敏感性所能提供的证据更有力且更清晰。

研究结论与展望

本文模拟了融资约束与公司流动性需求之间的关系，并提出了融资约束对公司政策影响的实证预测。因为只有投资受资本市场不完善约束的公司才能管理流动性以实现价值最大化，所以融资约束可以通过公司现金的现金流敏感性来获得。使用现金的现金流敏感性检验融资约束避免了一些批评，这些批评一直困扰着使用投资的现金流敏感性对融资约束的解释（Gomes，2001；Alti，2003）。

衡量融资约束对公司行为或政策的影响已成为有关公司融资的有挑战性的问题。本文的分析表明，现金的现金流敏感性是一个理论上合理且实证上有用的变量，未来的研究人员会发现本文的测试策略是研究融资约束可能发挥作用的有效工具，检验诸如内部资本市场的效率（Lamont，1997；Shin 和 Stulz，1998）、代理关系对公司政策的影响（Hadlock，1998）以及管理特征对公司行为的影响（Malmendier 和 Tate，2003）等问题。

交流区

本文通过现金的现金流敏感性来衡量融资约束对公司融资政策的影响效果。研究表明融资受约束公司出于预防目的而留存现金；公司只有在资金紧张和面临未来投资不足的风险时，才会从现金流中留存现金。虽然只将融资约束与财务变量相关联，但本文有助于建立融资摩擦与公司实际政策之间的联系（Almeida 和 Campello，2007）。此外，本文还为现金流敏感性的测量以及融资受约束公司的识别提供了方法上的参考与证据上的支持（Hadlock 和 Pierce，2010；Dittmar 和 Mahrt-Smith，2007）。

文献 80　CEO 过度自信与企业投资

经典文献：Ulrike Malmendier[1]，Geoffrey Tate[2]. CEO Overconfidence and Corporate Investment. *The Journal of Finance*，2005，60(6)：2661-2700.

机构：[1]Stanford University；[2]University of Pennsylvania

被引：总计 4 783 次，年均 273.31 次

文献概述：苏坤

研究概述：管理层过度自信会导致企业投资异化。过度自信的管理层会高估投资项目

收益或回报,认为外部筹资成本过高。因此,当拥有充足的自有资金时,他们会过度投资;当需要向外部筹资时,他们会削减投资。本文使用福布斯全球企业500强的CEO个人投资组合以及公司投资决策面板数据检验过度自信假说。将那些一直未能降低个人对公司特定风险敞口的CEO归类为过度自信CEO,并发现过度自信CEO的投资的现金流敏感性更强,尤其是股权依赖型公司的CEO。

核心概念:过度自信　企业投资决策　信息不对称　自由现金流

文献背景

对投资异化的传统解释有两种,分别是管理层与股东的利益分配错位(Jensen和Meckling,1976;Jensen,1986)、企业与投资者的信息不对称(Myers和Majluf,1984)。这两种情况均会导致投资对现金流更敏感。由于外部融资会限制企业投资,此时现金的流入会使管理层为自身利益而增加投资。于是,Fazzari等(1988)用经验证据证实在控制投资机会后的投资的现金流敏感性的存在性和稳健性。虽然大多数文献将投资的现金流敏感性与资本市场的不完美联系起来,但这种解释仍然有争议(Kaplan,1997;Zingales,2000;Fazzari等,2000)。

过度自信理论建立在社会心理学文献上,当人们评估自己所拥有的相对技能时,他们往往会认为自己处于平均水平之上(Larwood和Whittaker,1977;Svenson,1981;Alicke,1985),而且这种效应可以延伸到经济政策制定实验(Camerer和Lovallo,1999)。Miller和Ross(1975)也提到,由于每个人都期望自己能够获得成功,他们更可能将好的结果归因于自身的行为,而将坏的结果归因于运气。Larwood和Whittaker(1977)、Kidd(1970)、Moore(1977)等人在各自的研究中提到,高管们似乎特别容易表现出过度自信。Weinstein(1980)、Alicke(1985)研究发现,引发过度自信的因素无外乎以下三种:对控制能力的幻想、对良好结果的过分承诺、评价标准过于抽象使得很难比较不同个体的表现。一位亲自挑选投资项目的CEO很可能相信自己能够控制投资项目的结果,并低估失败概率(March和Shapira,1987;Langer,1975)。Heaton(2002)研究显示,公司投资中常见的异化现象可能是管理者高估投资收益或回报的结果。

综上所述,本文通过对以往研究成果的分析,梳理出投资者行为与公司现金流的关系以及导致管理者过度自信的原因和影响,为进一步研究管理者过度自信与企业投资的关系打下良好基础。

理论基础与研究思路

本文对管理者过度自信与企业投资的关系进行了深入研究。本文基于社会心理学文献涉及的**优于平均效应**(better-than-average),即人们在评估自己的相关技能时,倾向于夸大聪明才智而非自认为处于平均水平(Larwood和Whittaker,1977;Svenson,1981;Alicke,1985),从人们有限理性的角度研究管理者的投资行为。

本文体现了从分析、模型构建到实证检验的研究思路,全文分为七个部分。第一部分提出了一个简单的模型,用于预测因管理者过度自信而引起的正向的投资的现金流敏感性;第二部分介绍了实证分析所使用的数据;第三部分描述了过度自信衡量方法的构建以及替代解释的相关讨论;第四部分提供了过度自信促进投资的现金流敏感性的实证分析;第五部分提供了 CEO 过度自信在股权依赖型企业里有更加显著效果的实证分析;第六部分评价了过度自信以及其他可观测的 CEO 特征的影响的稳健性;第七部分为研究结论。

| 研究假设 |

基于社会心理学文献中的优于平均效应,本文认为过度自信的 CEO 会高估投资项目的收益或回报水平。如果有足够的内部资金用于投资并且没有受到资本市场或公司相关管理制度的约束,过度自信的 CEO 就会倾向于过度投资;然而,如果没有足够的内部资金,过度自信的 CEO 就更不愿意发行新股,因为他们认为公司股票价值被市场低估了。额外的现金流为过度自信的 CEO 提供了一个机会,使投资更接近期望水平。在此基础上,本文提出第一个假设:

假设 1 过度自信的 CEO 比非过度自信的 CEO 具有更强的投资的现金流敏感度。

由于 CEO 的激励薪酬主要来自大量股票和期权,其人力资本价值与公司业绩密切相关,因此他们不能通过卖空公司股票来交易期权或对冲风险。本文认为,如果一家公司有充足的现金或未利用的债务能力来资助 CEO 开展所有投资项目,现金流就可能不会影响其投资水平;如果公司必须进入股市进行额外融资,过度自信就会对投资的现金流敏感性产生影响。由此,本文提出第二个假设:

假设 2 在股权依赖型公司中,过度自信的 CEO 具有更强的投资的现金流敏感性。

| 样本选择 |

本文使用 1980—1994 年美国 477 家大型上市公司为样本,同时样本公司应至少四次出现在《福布斯》杂志编制的 1984—1994 年美国最大型公司名单中。由于数据包含一些严重的离群值(例如,观察资本归一化现金流可以看到,现金流偏离标准差的离群值超过 50),为确保这些异常值不会对结论造成影响,本文对变量的现金流样本在 1% 的水平上进行缩尾处理。合并现金流等数据后损失了 140 个样本,最终得到了 337 家公司的数据。

为了检验 CEO 个人账户与公司账户间的交易关系,本文从 Compustat 数据库进行了数据补充;同时,通过美国邓白氏公司(Dun & Bradstreet)以及《美国金融及产业名人录》(Who's Who in America)对 CEO 的择业史及教育背景等信息进行了补充。

| 实证方法与模型构建 |

本文使用福布斯全球企业 500 强的 CEO 个人投资组合以及公司投资决策的面板数据检验过度自信假设,先建立一个衡量过度自信的实证模型,然后实证分析两个假设。

本文的实证检验过程主要包括以下三个步骤:

(1)从一个简单的企业投资决策模型中得出在过度自信情形下,投资的现金流敏感性是最强的预测因子。随后,利用 CEO 个人投资组合数据,构建三个过度自信的测度变量:Holder 67、Longholder 和 Net Buyer。确定行权期内 CEO 应行权的最小基准价格百分数,然后判断"CEO 是否较基准的行权时间推迟行权,CEO 是否持有距到期前一年的期权,是否习惯性地在样本期前五年买入公司股票",只要符合其中一种就可确定 CEO 过度自信。

(2)列举上述三种测度变量的其他解释(内部信息、传递信号、风险承受力、税收等),运用多元回归模型检验行为的持续性,并使用相对收益率排除这些可能影响因果关系的解释。

(3)分别使用 Holder 67、Longholder 和 Net Buyer 作为过度自信的测度变量,通过投资对现金流、过度自信以及过度自信与现金流的交互作用进行回归分析,得出相应结论。

为考察过度自信的 CEO 具有更强的投资的现金流敏感性,本文使用的回归模型为:

$$I_{it} = \beta_1 + \beta_2 Q_{it-1} + \beta_3 C_{it} + \beta_4 X'_{it} + \beta_5 \Delta_{it} + \beta_6 C_{it'} Q_{it-1} + \beta_7 C_{it} X'_{it} + \beta_8 C_{it} \Delta_{it} + \varepsilon_{it} \tag{1}$$

其中,C 表示现金流;Q 表示年初资产市场价值/资产账面价值;X 表示回归所使用的一系列控制变量,通常包括公司治理、股票所有权以及既得期权总数;Δ 表示过度自信变量;I 表示投资。

回归分析的主要结果为:Holder 67 和现金流的交乘项在至少 5% 的统计水平上显著为正。

为控制行业效应对投资的现金流敏感性的影响,本文在分析中加入行业固定效应与现金流的交乘项以消除所有的横截面变化;考虑到自相关性和异方差,本文还使用两种不同的方式估计模型。其一,使用 OLS 回归,以便回归结果可以与早期的文献进行比较;其二,重新计算企业聚类标准误,从而有效消除自相关性。

| 研究结论与创新 |

本文的主要目的是建立管理者过度自信与企业投资决策间的关系。本文构建了一个理论模型,提出了两个假设,随后选取数据并确定了关键变量的量化方法,最后通过回归分析验证了假设并进行了稳健性分析,得出的结论如下:

(1)过度自信的管理者与投资的现金流敏感性之间存在很强的正相关性,即过度自信的 CEO 相比非过度自信的 CEO 具有更强的投资的现金流敏感性。

(2)在股权依赖型公司中,过度自信的 CEO 具有更强的投资的现金流敏感性。

这些结论对激励实践和组织设计都有重要启示。具体来说,常用的激励措施(如股权和期权)不太能够降低管理者过度自信的不利影响。因此,董事会可能需要采取替代性的治理措施(如债务机制)约束过度自信的 CEO。本文除了开创性地提出过度自信这一概念,还创新性地建立了一套衡量过度自信的标准。

| 局限性与展望 |

本文基于 CEO 有限理性的视角,运用实证方法探讨 CEO 过度自信对企业投资行为的影响。虽然本文证明了过度自信的 CEO 具有更强的投资的现金流敏感性,但仍存在以下

局限:其一,尽管本文使用 CEO 行权时间、期权持有、买入股票等标准对 CEO 过度自信进行衡量,但在实际情境下,影响过度自信的因素众多,而且企业外部环境必然也会影响 CEO 的心理状态,因此本文对 CEO 过度自信的衡量方法可能存在一定的局限性。其二,CEO 除过度自信外,还很有可能存在其他心理偏差,而且不同心理偏差间也可能相互影响,从而对 CEO 决策造成影响。今后的研究应从 CEO 过度自信的形成机制和影响因素入手,深入探讨 CEO 过度自信的衡量方法及其替代变量。

交流区

本文是有关管理者心理偏差领域的奠基之作。此前,学者们对过度自信有着各种各样的描述。Roll(1986)最先对此进行研究,提出"狂妄自大"(hubris)假说;Heaton(2002)则将其表述为"乐观"(optimism)。本文首次提出过度自信概念并进行研究,此后关于过度自信的一系列研究在本文献的基础上逐步发展。

文献 81 作为价值决定因素的预期每股收益和每股收益增长

经典文献:James A. Ohlson,[1] Beate E. Juettner-Nauroth.[2] Expected EPS and EPS Growth as Determinants of Value. *Review of Accounting Studies*, 2005, 10(2): 349-365.

机构:[1]Arizona State University;[2]Johannes Gutenberg-University

被引:总计 1 595 次,年均 93.82 次

文献概述:张龙

研究概述:本文建立了一个公司股价与下年预期每股收益(预期 EPS)、EPS 短期增长、EPS 长期增长以及权益资本成本之间关系的简化模型(即 OJN 模型)。模型假设每股股利(DPS)的现值决定价格,与教科书收录的标准法(戈登模型)形成了鲜明的对比。标准法假设预期每股收益增长率与(实际)每股收益增长率相等,并使用固定的增长率和派息率。虽然常数增长模型可被视作一种特殊情形,但本文的分析遵循更普遍的原则,包括股利政策的不相关性。本文的另一个关键做法是将估值方程倒置,将资本成本表示为每股股利与股价之比以及预期每股收益增长率两种衡量方式的函数。这个表达式使方程式"资本成本=DPS 收益率+预期 EPS 增长率"得以一般化。

核心概念:股票估值 预期每股收益 每股收益增长 股利政策

文献背景

在实际的股票估值中,一个核心的原则是关注公司的短期预期每股收益及其随后的增长。在股票市场上赚钱,归根结底就是投资者期望在给定的风险水平下以"尽可能低的成

本"购买未来收益。作为一个均衡的结果,当年股价与下年每股收益的比率(P_0/EPS_1)越大的公司应该有相对越高的预期每股收益增长率。为了处理预期每股收益增长率与P_0/EPS_1之间关系的问题,本文引入预期每股股利(DPS)。预期 DPS 被引入的原因有两个:其一,预期 DPS 序列是最终的价值来源;其二,预期每股收益(EPS)和预期每股股利(DPS)序列只有相互关联才有经济意义。传统上处理这些问题的方法是假定每股收益和每股股利存在固定的关系,并且以相同的速度增长。这些假设足以推导出一个 P_0/EPS_1 值,该值随着经济增长而增长,但几乎无法区分每股收益和预期每股股利。

本文重新考虑下期每股收益和每股收益增长与公司当期股价的关系,对股利政策未设置人为限制。在每股收益增长方面,模型包括短期增长指标和长期增长指标。与传统观点一致的是,OJN 模型显示如果两个增长指标中的一个增大,P_0/EPS_1 将会上升。这些特征都独立于公司(未来)的股利政策。事实上,OJN 模型基于这样一个假设前提:当前价格不依赖于经典 MM 框架(Modiglian-Miller 理论)下的股利政策。OJN 模型显示当前价格如何依赖于下期每股收益及其随后的增长,这是由两项独立于股利政策的每股收益增长衡量指标得出的结果。

OJN 模型的构建是从预期 DPS 的现值决定价格这一标准概念开始的,然后建立一种基本的代数机制,用来推导剩余收益估值(RIV)。这里使用的方法非常类似,用 RIV 中第 t 期账面价值替换第 $t+1$ 期资本化每股收益。因此,该模型以资本化的下期每股收益作为价值的第一个组成部分,将资本化预期 EPS 变动的现值(经 DPS 调整)作为价值的第二个组成部分,然后将两者相加。

本文进一步将预期 EPS 未来随时间变化的行为参数化(根据 DPS 调整)。参数化背后的思想是基于预期 EPS(经 DPS 调整)序列的增长模拟一个平滑衰减过程,作为未来时期的函数,使用下期 EPS、短期 EPS 增长率、长期 EPS 增长率和资本成本的函数确定价值。

OJN 模型的出发点是假设累计预期 DPS 的现值决定价格。如前所述,这个问题的核心取决于 EPS 序列经股利政策调整后的增长率,但可以合理预期演化的假设会得出更清晰、更简洁的见解。

模型基本参数

模型基本参数如下:P_0 为第 0 期股价,DPS_t 为第 t 期预期每股股利,EPS_t 为第 t 期每股收益,$r \equiv R-1$ 为资本成本(折现率)。

模型的出发点是预期每股股利的现值决定股票价格。

假设 1 $\quad P_0 = \sum_{t=1}^{\infty} R^{-t} \text{DPS}_t \quad\quad\quad\quad\quad\quad\quad\quad\quad\quad\quad\quad (1)$

其中,$R>1$,是一个固定参数。

根据 Ohlson(1998,2000)的思想,本文引入一个预期 EPS 序列。第一步考虑以下代数方程:

$$0 = y_0 + R^{-1}(y_1 - R y_0) + R^{-2}(y_2 - R y_1) + \cdots \quad\quad (2)$$

其中,$\{y_t\}_{t=0}^{\infty}$ 可以是任何满足 $T \to \infty$ 时 $R^{-T} y_T \to 0$ 的数列。方程(2)可以简化为:

$$y_0 + \sum_{t=1}^{T} R^{-t}(y_t - R y_{t-1}) = R^{-T} y_T$$

将方程（1）与方程（2）相加可得：

$$P_0 = y_0 + \sum_{t=1}^{\infty} R^{-t}(y_t + \mathrm{DPS}_t - R y_{t-1}) \tag{3}$$

考虑 DPS 折现的形式 $y_0 = \mathrm{EPS}_1/r$ 以及 $y_t = \mathrm{EPS}_{t+1}/r$。可以将 y_0 替换为 EPS_1/r，其含义是估值始于下期预期 EPS 的折现。这时要考虑的问题就是如何看待 P_0 与 EPS_1/r 的差值所产生的溢价。很明显，这个溢价应当与第一个会计年度之后的预期 EPS 增长有关。为了将这部分增长体现在模型中，方程（3）可以改写为：

$$P_0 = \frac{\mathrm{EPS}_1}{r} + \sum_{t=1}^{\infty} R^{-t} z_t \tag{4}$$

其中，

$$z_t = \frac{1}{r}(\mathrm{EPS}_{t+1} + r \times \mathrm{DPS}_t - R \times \mathrm{EPS}_t)$$

z_t 数列的现值解释了 P_0 与 EPS_1/r 的差值所产生的溢价，现在的问题是如何解释 z_t 或 rz_t。从广义上说，可以将 rz_t 看作 $[t, t+1]$ 期间的业绩，因为 $rz_t = \mathrm{EPS}_{t+1} - (R \times \mathrm{EPS}_t - r \times \mathrm{DPS}_t)$，而 $(R \times \mathrm{EPS}_t - r \times \mathrm{DPS}_t)$ 是 $[t, t+1]$ 期间的预期 EPS 的基准。在 $(R \times \mathrm{EPS}_t - r \times \mathrm{DPS}_t)$ 中，$r \times \mathrm{DPS}_t$ 是必要的，因为 EPS_{t+1} 取决于第 t 期的预期收益留存。因此，将正常盈利业绩定义为 $z_t = 0$ 时的情形，对未来所有时期正常盈利业绩的预期将导致 P_0 与 EPS_1/r 的差值产生的溢价为 0。

现在考虑如何使 z_t 与股利政策无关，如果 $[t+1, t+\tau]$ 期间的 DPS_t 序列是固定的，那么当且仅当 $\partial \mathrm{EPS}_{t+\tau}/\partial \mathrm{DPS}_t = -rR^{\tau-1}$ 时，$z_{t+\tau}/\partial \mathrm{DPS}_t = 0$。$\partial \mathrm{EPS}_{t+\tau}/\partial \mathrm{DPS}_t = -rR^{\tau-1}$ 的经济学含义是如果当期投资减少 1 美元，下期收益将减少 r 美元，第三期收益将减少 rR 美元，以此类推。

关于 z_t 序列的假设和估值方程

假设 2 序列 $\{z_t\}_{t=1}^{\infty}$ 满足 $z_{t+1} = \gamma z_t$，其中 $1 \leq \gamma < R$，$z_1 > 0$，那么 $\gamma < R$ 确保了数列 $\sum_{t=1}^{\infty} R^{-t} z_t$ 的收敛性。 $\tag{5}$

应该强调的是，常数 γ 是独立于股利政策的；否则，将很难解释随后的结果。

假设 1 和假设 2 暗示：

$$P_0 = \frac{\mathrm{EPS}_1}{r} + \frac{z_1}{R - \gamma} \tag{6}$$

其中，$z_1 \equiv r^{-1}(\mathrm{EPS}_2 + r \times \mathrm{DPS}_1 - R \times \mathrm{EPS}_1)$

此时，假设 $\mathrm{EPS}_1 > 0$，那么第二期相对于第一期的增长率可以表示为：

$$\widehat{g_2} \equiv \frac{\mathrm{EPS}_2 + r \times \mathrm{DPS}_1}{\mathrm{EPS}_1} - 1 - r \equiv \%\Delta\mathrm{EPS}_2 + r\frac{\mathrm{DPS}_1}{\mathrm{EPS}_1} - r = g_2 - r$$

由于 $\partial \mathrm{EPS}_1/\partial \mathrm{DPS}_1 = 0$ 且 $\partial \mathrm{EPS}_2/\partial \mathrm{DPS}_1 = -r$，$\widehat{g_2} = g_2 - r$，那么当 $\widehat{g_2} = 0$ 时 $z_1 = 0$。

根据 $\widehat{g_2}$ 的定义有：

$$z_1 = \text{EPS}_1 \frac{\widehat{g_2}}{r}$$

方程(6)可以改写为：

$$\frac{P_0}{\text{EPS}_1} = \frac{1}{r}\left(1 + \frac{\widehat{g_2}}{R - \gamma}\right) = \frac{1}{r} \times \frac{g_2 - (\gamma - 1)}{r - (\gamma - 1)} \quad (7)$$

其中，
$$\widehat{g_2} \equiv \%\Delta\text{EPS}_2 + \frac{r \times \text{DPS}_1}{\text{EPS}_1} - r = g_2 - r$$

为了说明方程(7)，引入常数增长模型。在常数增长模型中，EPS_t 和 DPS_t 以相同的比率增长，即 $\text{EPS}_{t+1} = G \times \text{EPS}_t$，$\text{DPS}_{t+1} = G \times \text{DPS}_t$，$1 \leq G < R$。也就是说，存在一个派息比率 k，满足 $\text{DPS}_t = k \times \text{EPS}_t$，其中 $0 < k \leq 1$。

假如满足假设2，如果 z_t 的每一部分以比率 $(G-1)$ 增长，那么 $z_t = G \times z_{t-1}$，其中 $G = \gamma$。

由于 $rz_t = \text{EPS}_{t+1} - R \times \text{EPS}_t + r \times \text{DPS}_t = (G - R + rk) \times \text{EPS}_t$，有 $\widehat{g_2} = G - R + rk$。因此方程(7)等价于

$$\frac{P_0}{\text{ESP}_1} = \frac{1}{r}\left(1 + \frac{G - R + rk}{R - G}\right) = \frac{k}{R - G} \quad (8)$$

这就是人们熟知的常数增长模型的解。因此，本文的模型包含常数增长模型。

然而，不能想当然地认为 EPS 的增长完全独立于公司的股利政策。由此要解决的问题仍然是：当参数 γ 与股利政策无关时，如何描述其作用和含义。

| 参数 γ |

当 $\gamma = 1$ 时，可以得到：

$$P_0 - \frac{\text{EPS}_1}{r} = E_0[P_T] - \frac{\text{EPS}_{T+1}}{r} \quad (9)$$

方程(9)表明后续所有区间的溢价是相同的。同时有：

$$P_0 = \frac{\text{EPS}_1}{r} \times \frac{g_2}{r} \quad (10)$$

g_2 是经参数 r 调整前的增长率，方程(10)显示利用 $\frac{g_2}{r}$ 对超过 r 的增长部分所做的调整。

整理方程(10)可以得到 $r = \sqrt{\frac{\text{ESP}_1}{P_0} \times g_2}$。当 $\gamma > 1$ 时，可以得到：

$$\left(E_0[P_T] - \frac{\text{EPS}_{T+1}}{r}\right) - \left(P_0 - \frac{\text{EPS}_1}{r}\right) = z_1 - \gamma(\gamma^T - 1) \quad (11)$$

方程(11)即假定第 T 期的溢价增长为 γ^T。

假设支付固定股利，派息率为 $k = \text{DPS}_t/\text{EPS}_t$，那么 EPS 增长率为 $r(1-k)$，由此有 $\gamma - 1 = r(1-k)$，即 $k = (R-\gamma)/r$。当 $k \geq (R-\gamma)/r$ 时，根据假设2，可以得到当 $t \to \infty$ 时有 $\frac{\text{EPS}_t}{\text{EPS}_{t-1}} \to \gamma$，

即 $\lim\limits_{t \to \infty} \dfrac{\text{EPS}_{t+1}}{\text{EPS}_t} = \gamma$。

| 研究结论 |

EPS 增长率包含短期增长率和长期增长率。本文中的短期增长率(第二期相对于第一期的增长)用 g_2 来衡量,长期增长率(渐进增长)用 $(\text{EPS}_{t+1}-\text{EPS}_t)/\text{EPS}_t$ 来衡量:

$$g_2 = \frac{\text{EPS}_2 - \text{EPS}_1}{\text{EPS}_1} + r \times \frac{\text{DPS}_1}{\text{EPS}_1} \tag{12}$$

$$\frac{\text{EPS}_{t+1} - \text{EPS}_t}{\text{EPS}_t} = g_{t+1} - r \times \frac{\text{DPS}_t}{\text{EPS}_t} \tag{13}$$

本文的结论为:资本成本=DPS 收益率+预期 EPS 增长率。

| 局限性与展望 |

本文的主要结论仅基于假设 2 推导得出。因此,OJN 模型的有效性取决于假设 2 的经验有效性。这种有效性很难评估,因为假设 2 处理的是预期情形而非历史情形。

交流区

本文提出了 OJN 模型,相比于剩余收益模型,本文模型在估值时不需要进行账面价值预测。正如本文的结论所示,资本成本=DPS 收益率+预期 EPS 增长率,运用 OJN 模型进行估值的本质是将超出正常收益(必要回报率)的溢价加总到资本成本中。

文献 82 谁做出并购决策?CEO 过度自信及其市场反应

经典文献:Ulrike Malmendier[1], Geoffrey Tate[2]. Who Makes Acquisitions? CEO Overconfidence and the Market's Reaction. *Journal of Financial Economics*, 2008, 89(1): 20-43.

机构:[1]University of California at Berkely; [2]University of California at Los Angeles

被引:总计 3 583 次,年均 255.93 次

文献概述:陈子昂

研究概述:CEO 过度自信有助于解释并购决策吗?过度自信 CEO 通常会高估自己的经营能力,因此他们往往会接受较高的收购报价,并且其参与的收购更有可能有损公司利益。这种效应在 CEO 能够控制企业内部资金的情形下最强。本文用 CEO 对公司的个人过度投资及其媒体形象作为 CEO 过度自信的代理变量,发现过度自信 CEO 参与并购活动的可能性比非过度自信 CEO 高 65%。当 CEO 参与的是与企业多元化经营相关的合并且不需要外部融资时,这种效应最强。过度自信 CEO 所参与的合并公告的市场反应(-90 个

基点)明显比非过度自信 CEO 相应的市场反应(-12 个基点)更为负面。对此,本文考虑了一些替代解释,包括内部信息、信号理论和风险容忍。

核心概念: 并购决策　CEO 过度自信　市场反应　期权行权

文献背景

过去几十年,美国公司在超过 12 000 起并购案中支付了超过 3.4 万亿美元的费用。如果 CEO 代表的是股东利益,那么这些并购应该能够增加股东价值。然而,收购方股东 1980—2001 年在并购案中的损失超过 2 200 亿美元(Moller 等,2005)。虽然并购对收购方和被收购方的影响理论上应该是积极的,但实际上并购往往会使收购方产生亏损。企业 CEO 过度自信长久以来被视作失败并购的解释之一。过度自信的经济学含义与代理理论更接近(Jensen,1986,1988)。"帝国建造"动机与过度自信一样,会对股东利益造成损害,这种情况在企业内部资源充裕的情形下会更加严重(Harford,1999)。与传统的"帝国建造"动机不同,过度自信 CEO 认为自己的行为符合股东利益,他们也愿意对企业进行个人投资。因此,过度并购的原因可能是代理问题,也可能是 CEO 过度自信。

研究假设

过度自信的管理者高估了自己创造价值的能力,从而高估了自己能为公司带来的收益或回报水平和并购收益。对并购收益的过高估计导致 CEO 的并购意愿过高。同时,对并购价值的高估产生了(管理者认为的)更高的融资成本——债权人要求更高的借款利息、潜在投资者要求更低的股票发行价格,他们的要求都不符合 CEO 期望的未来收益所带来的回报,结果 CEO 可能因感知到太高的融资成本而放弃本来能够创造价值的并购。因此,这两种假设使得过度自信 CEO 的并购频率具有不确定性。当不需要通过外部融资进行并购时,过度自信 CEO 毫无疑问会进行更多的并购。

CEO 的过度自信对公司价值的减损表现在两个方面:(1)过度自信 CEO 在从事并购活动时,会因对合并收益的错误感知而支付超出目标公司价值的对价;(2)当一些价值创造型合并所需融资的成本过高时,过度自信 CEO 会放弃可增加价值的合并。

过度自信 CEO 认为自己代表股东利益,并且欢迎私人投资自己所在的公司。

假设 1　在有大量内部资源的公司,过度自信 CEO 相比非过度自信 CEO 更可能从事并购活动。

假设 2　如果过度自信 CEO 相比理性 CEO 从事更多的并购活动,那么过度自信 CEO 开展并购所创造的平均价值要低于理性 CEO 并购所创造的平均价值。

样本选择

本文使用 477 家美国上市公司 1980—1994 年的样本,样本公司在此期间至少四次出现在《福布斯》杂志列出的美国最大公司名单中。本文构建了三个指标,将 CEO 分为推迟行权者和及时行权者。

（1）Longholder：CEO 在任期中至少有一次持有期权至到期。

（2）Pre-/Post-Longholder：Longholder 的两个虚拟变量。Post-Longholder 表示若 CEO 首次持有期权至到期取值为 1，否则取值为 0；若 Pre-Longhodler 是 Longholder 中不属于 Post-Longholder 的部分取值为 1，否则取值为 0。

（3）Holder 67：放宽 CEO 必须持有期权至到期的要求。在授权日后当期权行权期还余五年时，股价相比授权日已经增长 67% 但 CEO 没有行权，本文将这种情况定义为 1；一旦 CEO 推迟行权被划分为 Holder 67 这类期权，在剩余的样本年内维持这一分类。这一限制条件使得原有的 3 911 个观测值只余 1 667 个，相比 Post-Longholder 这一划分标准有更多 CEO 符合条件被保留。

实证方法与模型构建

本文的实证分析将 CEO 的个人投资组合与公司决策联系起来，检验现金充裕公司中将自身充分暴露在公司风险敞口的 CEO 是否更贪婪以及他们的并购是否会创造更少的平均价值。本文使用以下模型检验假设 1：

$$\Pr\{Y_{it} = 1 \mid O_{it}, X_{it}\} = G(\beta_1 + \beta_2 O_{it} + X'_{it}B) \tag{1}$$

其中，O 是过度自信的代理变量；Y 是二值变量，当 CEO 在特定的公司年度进行至少一次并购竞标并成功时取值为 1，否则取值为 0；G 表示 Logistic 分布。原假设为过度自信代理变量的系数 β_2 等于 0。本文发现 Longholder-CEO 更倾向于进行多元化并购，而较少进行行业内并购，这一发现在现金充裕公司和现金不充裕公司中都得到验证。本文还加入其他控制变量（如 CEO 能力和现金储备可得性）做进一步验证。总之，本文发现 CEO 推迟行权和过度并购总是在现金充裕的公司中发生并伴随多元化并购效应。

当过度自信 CEO 参与更多的并购时，其并购质量会低于平均水平。本文发现，非过度自信 CEO 用现金参与并购会有正向市场反应，用股票参与并购会有负向市场反应；过度自信 CEO 参与并购的市场反应均为负向。在控制公司特征和 CEO 特征后，本文使用以下模型检验过度自信对累计超常收益的负面影响是否依然存在：

$$CAR_i = \gamma_1 + \gamma_2 O_i + X'_i G + \varepsilon_i \tag{2}$$

其中，O 是过度自信的代理变量；控制变量 X 包括并购报价的市场反应的标准预测值——关联性（行业内并购的指示变量）和现金融资，还包括股票和期权所有权和公司治理（董事会规模）变量。模型（2）中还加入年度效应以控制并购报价的市场反应的时间趋势以及过度自信 CEO 与非过度自信 CEO 的报价在不同并购潮中的潜在聚集情况。

本文选取《华尔街日报》《纽约时报》《商业周刊》《金融时报》《经济学人》五种报纸对 CEO 的报道构建"confident"（自信）变量和"cautious"（谨慎）变量。若从第 1 期到第 $t-1$ 期对 CEO "confident" 的报道次数大于对 CEO "cautious" 的报道次数，则第 t 期 CEO 的 TOTAL-confident 取值为 1，否则取值为 0。

替代性解释

税收和股利

CEO 推迟期权行权的可能原因是延迟确认盈余的税收支付,从而实现个人收入的税收递延。同样,CEO 也可能加速行权获得相关股份的股利支付。如果公司不太可能给并购者支付股利,股利支付的时间序列变化就可能与推迟行权的并购决策相关。在将股利支付作为额外控制变量之后,回归结果依旧稳健。

董事会压力及公司治理

董事会压力可以解释推迟行权和推迟并购决定。董事会向 CEO 施压让其持有价内期权是向市场释放信号表明公司的并购交易是高质量的。如果这一信号有效,市场就会更喜欢持有期权的 CEO 而不是行权的 CEO。本文的发现推翻了这一观点。有两种可能性依然存在:董事会对持有期权信号的价值有错误的认识;期权持有确实具有正向信号价值,如果 CEO 行使选择权,市场反应就会更加负面。目前尚没有证据可以直接解决这些问题。本文的数据显示,随着时间的推移,董事会的组成将是非常稳定的,包含固定效应的检验模型在很大程度上控制了董事会影响的差异。更一般地说,它消除了公司治理中任何未指明的公司层面变化的影响。

公司的历史业绩及市场缺乏效率

一方面,如果公司良好的历史业绩反映了良好的机会,近期股价上涨公司的 CEO 就可能会持有期权并参与并购;另一方面,如果公司良好的历史业绩导致低效率市场的高估,CEO 就可能会高估目标公司的(实际)资产交易价格(Shleifer 和 Vishny,2003;Dong 等,2006)。此外,如果期权操作向市场传递了负面信号,CEO 就可能会延迟行使期权以获得"泡沫交易"的好处,或者可能希望避免"突然出现"泡沫。为了排除这种可能性,本文检验并购频率是否与公司历史业绩相关以及控制这种效应是否会减小相关系数。大多数情况下,滞后的收益(即市场反应)和并购存在正相关关系,但推迟行权的系数不会受到实质性影响。在控制 Fama-French 的 48 个行业分组的固定效应以及行业与年度交乘项的固定效应后,本文结果依旧稳健。

CEO 偏好(风险容忍和惰性)

一些 CEO 可能比恒定相对风险规避效用模型指出的更具风险承受能力,或者在禁止交易或卖空的情况下设法对冲期权的风险。这些 CEO 也可能推迟期权行权并且不愿承担像并购这样的风险项目。一般而言,在不考虑其他摩擦的情况下,风险中性 CEO 总是以最优投资规则要求自己,市场在其并购中标后应该产生正向反应。然而,本文的发现与之相反,风险容忍只产生于:(1)持有期权的 CEO 是风险偏好的;(2)其他因素导致价值损毁的并购,并且风险规避程度较低的 CEO 会受到影响。上述替代性解释并不能说明 CEO 更不喜欢股权融资这一现象,也不能说明 CEO 更倾向于进行多元化并购这一现象。

推迟行权也可能源于管理者的惰性(O'Donoghue 和 Rabin,2001)。然而,统计数据显示有超过 68% 的 Longholder 在期权即将到期的两年内对个人投资组合进行其他操作,这说明惰性不能解释 Longholder 增加并购频率这一现象。

CEO 信仰(内部人交易和信号)

CEO 推迟期权行权可能是因为他们相信所持有股票的表现会很强劲,他们个人想从股票的升值中获利。这种观点可能正确也可能错误。本文通过多项检验推翻了内部人交易和信号效应假说,即内部信息和信号都无法解释推迟行权与更多并购决策的关系。

研究结论与创新

本文分析了过度自信对 CEO 并购决策的影响。过度自信并不必然导致公司进行更多的并购,这往往是由于 CEO 对自身公司价值的低估和对并购目标公司未来价值的高估。当公司拥有丰富的内部资源时,过度自信的 CEO 更有可能进行低质量的并购。

本文用两种方法度量过度自信。其一,CEO 的个人投资组合被用来捕捉他们所展示的信念;其二,用媒体新闻报道衡量外界对 CEO 的看法。实证分析证实了本文有关过度自信的假设。

本文的主要贡献在于直接度量了 CEO 的过度自信并且表明这些 CEO 在并购过程中损害了股东利益。本研究还使用档案数据,补充了与个人过度自信相关的实验和心理学研究。

本文结果也对契约实践和组织设计有一定的启示。有关 CEO 过度自信的研究补充了公司代理问题的相关文献。有"帝国建造"偏好的 CEO 会故意无视股东利益,而过度自信 CEO 自认为正在最大化股东价值。因此,标准激励合同不太可能纠正 CEO 的次优决策。然而,过度自信可以通过资本结构来加以约束。另外,独立董事在项目评估和选择上应当发挥更加积极的作用以平衡过度自信 CEO 的决策偏差。

交流区

本文巧妙地设计了过度自信 CEO 的代理变量,并指出了 CEO 的过度自信对公司并购决策的影响。Malmendier 和 Tate 作为研究高管个人特征的专家,在此领域发表了多篇重量级文章,为研究"过度自信"奠定了基础。此后,高管个人特征作为公司治理或者企业创新等的关键影响因素被广为研究。

文献 83　为什么美国企业会比过去持有更多的现金

经典文献：Thomas W. Bates,[1] Kathleen M. Kahle,[2] Rene M. Stulz.[3] Why Do U.S. Firms Hold So Much More Cash than They Used to? *The Journal of Finance*, 2009, 64(5)：1985-2021.

机构：[1] Arizona State University；[2] University of Georgia；[3] The Ohio State University

被引：总计 3 541 次,年均 272.38 次

文献概述：白雪莲

研究概述：1980—2006 年,美国工业企业现金与资产之比的平均水平提高了一倍多。该指标增长的一个重要经济表现为：在样本截止时点,平均来看公司持有的现金可以清偿其全部债务。**现金比率**(cash ratios)上升是因为公司的现金流风险变得更大,公司持有更少的存货和应收账款,并且越来越多地进行研发活动。虽然在解释现金比率上升方面,**现金持有**(cash holdings)的预防性动机起着重要作用,但本文并没有发现**代理冲突**(agency conflicts)会导致现金比率上升的一致性证据。

核心概念：现金持有　现金比率　预防性动机　代理冲突

文献背景

经济和金融领域的文献已经明确了企业持有现金的四种动机。一是**交易性动机**(transaction motive),基于金融领域的经典模型(Baumol,1952；Miller 和 Orr,1966),我们知道一家公司持有现金的最佳水平与其将非现金资产变现用于支付的交易成本相关。由于交易存在规模经济效应,因此大公司持有较少的现金(Mulligan,1997)。二是**预防性动机**(precautionary motive),企业持有现金以更好地应对资本市场产生的负面冲击。Weisbach(2004)通过模型推导得出,存在融资约束的公司更偏好现金而非现金流,但不存在融资约束的公司不会如此。Han 和 Qiu(2007)发现,1998—2002 年,融资受约束公司的现金持有量会随着现金流的波动而增加。Acharya 等(2007)发现,当营业收入与投资机会之间的相关性较弱时,公司会选择积累现金而非减少债务。三是**税收动机**(tax motive)。Foley 等(2007)发现,从外国获得收入而必须纳税的美国公司会持有更高水平的现金,因此跨国公司更有可能积累现金。四是**代理动机**(agency motive)。Jensen(1986)指出,当公司投资机会不佳时,善于采取堑壕行为的管理层宁愿留存现金而不是增加股利支付。Dittmar 等(2003)基于多国数据的检验结果表明,在代理问题较严重的国家,公司会持有更多的现金。Dittmar 和 Mahrt-Smith(2007)及 Pinkowitz 等(2006)发现,内外部股东之间的代理问题越严重,现金持有的价值越低。Dittmar 和 Mahrt-Smith(2007)及 Harford 等(2008)提供的证据表明,善于采取堑壕行为的管理层更有可能持有过量的现金,但很快就会花掉这些现金。

理论基础与研究思路

由于公司和金融中介在处理交易上越来越高效,其持有现金的交易动机越来越弱。衍生品市场的发展及其预测和控制作用的提升表明,在其他条件相同的情形下,投资者对现金持有的预防性需求较小。然而,鉴于**特质风险**(idiosyncratic risk)长期增长(Campbell 等,2001),Irvine 和 Pontiff(2008)发现特质风险的提高反映了现金流波动性的增大,由此公司对现金持有的预防性需求更大。Brown 和 Kapadia(2007)的研究表明,新上市公司的特质风险更高且具有持续性。本文预测,一般情况下新上市公司或即将上市公司的现金持有水平更高。正如 Foley 等(2007)所述,在本文样本期间,美国跨国公司为了延迟纳税会选择推迟收回从外国取得的收入,从而外国子公司可能会持有更高水平的现金量。如果 Jensen(1986)的自由现金流理论能够阐释现金比率上升的原因,那么大部分现金持有的增加将发生在那些富有**自由现金流**(free cash flow)且管理者为持有现金而承受较小压力的公司中。而自由现金流充裕的公司通常是成长机会较少且托宾 Q 值较小的公司。利用 Gompers(2003)的堑壕指数,本文预测在管理层资历更深的公司中,现金比率上升更高。大量文献研究了现金持有的价值,比如有研究发现美国治理较差公司的现金持有价值较低(Dittmar 和 Mahrt-Smith,2007)。如果代理理论能够很好地解释现金持有的动机,那么本文样本期间的现金持有价值将会下降。

样本选择

本文样本期间为 1980—2006 年,数据来自 WRDS、CRSP 及 Compustat 数据库。这些数据既包括在样本期间任意时点被记录在 Compustat 数据库中的至今依然存在的公司,也包括目前已不存在的公司,保留在给定年份里总资产为正且销售收入为正的公司。本文剔除金融类公司样本,因为这些公司持有现金可能是为了满足资本金要求,而不是出于本研究的动因;本文还剔除公用事业类公司样本,因为这些公司的现金持有受到监管者的控制;本文将样本限定为在美国注册的公司。

实证方法与模型构建

首先,本文采用描述性统计方法以及基于年度变量作为解释变量的 OLS 回归,检验样本区间内现金比率和债务水平的变化趋势,并发现样本区间内现金持有量呈现上升趋势,而债务水平的回归系数显著为负。

其次,本文采用类似的方法,分别检验在不同类别(包括不同规模、是否为 IPO、是否发放股利、净利润是否为负、现金流波动性不同的行业、不同的上市年份、是否为高科技企业等)的公司中,现金比率的变化趋势是否存在差异。这些检验结果符合预防性动机,而不支持代理动机。

再次,本文运用 OPSW 模型(Opler 等,1999)检验公司特征对现金比率的影响,以及二者关系随着年份推移而发生的变化。本文选取市账比、公司规模、现金流与总资产之比、净营运资本与总资产之比等作为解释变量,回归中对各变量异常值进行了缩尾处理,在公司和年度层面进行了聚类处理,并同时汇报了 OLS 模型及 Change 模型的回归结果。随后,本文利用 **Fama-MacBeth 回归**(Fama-MacBeth regression)对上述模型加以改进,并限定于某些具体的公司特征,检验公司特征变化对现金持有的影响。

最后,本文运用三种常规检验分析代理问题对现金持有水平的影响。一是以 GIM 指数(Gompers 等,2003)作为管理层盘踞程度的测量指标,采用描述性统计检验不同 GIM 水平组的现金持有变化趋势;二是利用 Pinkowitz 和 French(1998)的市场价值模型,检验现金持有市场价值的变化;三是将持有超额现金的公司视为代理问题较严重的公司,检验这类公司在随后时间内的现金持有水平的变化。基于上述三方面的检验结果,判断代理问题对现金持有水平及其变化的影响。

稳健性检验

在公司特征与现金持有关系的回归模型中,为了检验截距项及斜率是否会随着年份推移而发生变化,本文首先在回归模型中加入 1990 年和 2000 年的识别变量进行分析,然后对 1980 年的样本以及其余样本分别进行 Fama-MacBeth 回归分析,最后采用不同层面的固定效应模型做进一步检验。此外,本文还对风险度量指标的敏感性进行了测试,更换了一系列公司特征变量的测量指标(如用净营运资本与净资产之比替换净营运资本与总资产之比),在模型中加入从外国取得的收入与总资产之比,剔除财务杠杆、净营运资本与总资产之比等变量,回归结果依然稳健。

研究结论与创新

本文发现,1980—2006 年美国公司的现金(持有)比率急剧攀升,且主要集中在不发放股利、IPO 不久、特质风险波动较大行业的公司中。实证结果表明,现金比率上升的主要原因是库存下降、现金流风险提升、资本支出减少以及研发支出增加。这些证据表明,现金比率的上升虽然是急剧的,但在很大程度上可以通过样本期间内公司特征的变化来解释,而不可以通过公司特征与现金持有之间关系的变化来解释。这些数据与现有证据一致,表明持有现金的预防性动机是现金需求的关键因素。尽管衍生品市场已经很成熟,但企业依然面临许多无法对冲或不愿对冲的风险,需要持有现金以应对风险。

局限性与展望

本文模型没有解释现金持有的横截面变化,某些结果可能与公司因代理问题而持有过量现金的假设一致,但代理问题无法解释全部结果。特别是没有证据表明,管理层采取更多堑壕行为公司的现金比率上升得更明显。本文还发现,样本期间内美国公司的净债务大幅减少。如果将现金简单地看作债务的负数,那么应使用净债务来衡量杠杆。在这种情况下,金融文献中普遍使用的杠杆衡量指标忽略了美国公司净债务的惊人变化。因此,今后在评估公司财务状况和资本结构决策时,应考虑现金比率上升这一变化带来的影响。

> **交流区**
>
> 本文深入探析美国工业企业1980—2006年现金持有水平翻番现象的原因,指出预防性动机是这一阶段美国工业企业持有现金的主要动机,具体是由企业库存下降、现金流风险提升、资本支出减少以及研发支出增加等所导致。这些研究成果对于剖析企业现金持有动机、探究企业投资行为与现金持有关系等后续研究提供了理论支撑及经验证据(Duchin等,2010;Fresard,2010;Brown和Petersen,2011)。

【主题结语】

本章介绍了投资与运营领域的九篇经典文献,可以归纳为两类话题:一是企业持有现金的动机和价值;二是CEO过度自信对企业投资行为的影响。

企业持有现金主要有两个好处:一是企业节约了筹集资金的交易成本且不需要清算资产以支付相关款项;二是在没有其他资金来源或融资成本过高的情形下,企业可以使用流动资产支持其经营活动和投资活动。凯恩斯(Keynesian,1934,1936)将第一个好处描述为持有现金的交易成本动机,将第二个好处描述为预防性动机。而企业持有现金的主要成本是减少当前有价值投资的机会成本,因此企业应当选择最佳现金持有政策。然而,由于代理问题的存在,企业往往会持有超出理想机会成本水平的现金量,这就催生出现金持有价值问题。

在企业投资活动中,CEO个人特征发挥着至关重要的作用。过度自信CEO认为本公司的价值被市场低估、外部融资成本较高,因而更倾向于使用内部资金进行投资活动。同时,过度自信CEO往往会高估投资项目的收益或回报水平,如果有足够的内部资金用于投资,他们就会倾向于过度投资。CEO的过度自信同样会对企业现金持有行为产生影响,从而对企业投资活动产生影响。过度投资会损害股东利益,因而有必要设计有效的公司治理机制来平衡CEO的过度自信对投资活动的不利影响。

CEO个人特征、企业现金持有行为和企业投资活动都是会计学研究的重要主题,除了本章介绍的经典文献,学者们已经就这一主题展开了深入的探讨。未来这一主题的研究可以更多地关注如何平衡CEO个人特征对企业融资、企业投资行为的影响。

【推荐阅读】

1. Almeida H, Campello M. Financial Constraints, Asset Tangibility, and Corporate Investment[J]. *The Review of Financial Studies*, 2007, 20(5): 1429-1460.
2. Baker M P, Wurgler J A. Market Timing and Capital Structure[J]. *The Journal of Finance*, 2002, 57(1):1-32.
3. Barberis N, Shleifer A, Vishny R. A Model of Investor Sentiment[J]. *Journal of Financial Economics*, 1998, 49(3): 307-343.
4. Bernard V L, Thomas J K. Evidence that Stock Prices Do Not Fully Reflect the Implications of Current Earnings for Future Earnings[J]. *Journal of Accounting and Economics*, 1990, 13(4): 305-340.

5. Brown J R, Petersen B C. Cash Holdings and R&D Smoothing[J]. *Journal of Corporate Finance*, 2011, 17(3): 694-709.

6. Cheng B, Ioannou I, Serafeim G. Corporate Social Responsibility and Access to Finance[J]. *Strategic Management Journal*, 2014, 35(1): 1-23.

7. Cohen D A, Zarowin P. Accrual-based and Real Earnings Management Activities around Seasoned Equity Offerings[J]. *Journal of Accounting and Economics*, 2010, 50(1): 2-19.

8. Duchin R, Ozbas O, Sensoy B A. Costly External Finance, Corporate Investment, and the Subprime Mortgage Credit Crisis[J]. *Journal of Financial Economics*, 2010, 97(3): 418-435.

9. Easterbrook F H. Two Agency-Cost Explanation of Dividends[J]. *American Economic Review*, 1984, 74(4): 650-659.

10. Fama E F. Efficient Capital Markets: A Review of Theory and Empirical Work[J]. *The Journal of Finance*, 1970, 25(2): 383-423.

11. Faulkender M, Wang R. Corporate Financial Policy and the Value of Cash[J]. *The Journal of Finance*, 2006, 61(4): 1957-1990.

12. Fresard L. Financial Strength and Product Market Behavior: The Real Effects of Corporate Cash Holdings[J]. *The Journal of Finance*, 2010, 65(3): 1097-1122.

13. Graham J R, Harvey C R, Puri M. Managerial Attitudes and Corporate Actions[J]. *Journal of Financial Economics*, 2013, 109(1): 103-121.

14. Hadlock C J, Pierce J R. New Evidence on Measuring Financial Constraints: Moving beyond the KZ Index[J]. *The Review of Financial Studies*, 2010, 23(5): 1909-1940.

15. Harford J, Mansi S A, Maxwell W F. Corporate Governance and Firm Cash Holdings in the US[J]. *Journal of Financial Economics*, 2008, 87(3): 535-555.

16. Hirshleifer D. Investor Psychology and Asset Pricing[J]. *The Journal of Finance*, 2001, 56(4): 1533-1597.

17. Hirshleifer D, Low A. Are Overconfident CEOs Better Innovators[J]. *The Journal of Finance*, 2012, 67(4): 1457-1498.

18. Jegadeesh N, Titman S. Returns to Buying Winners and Selling Losers: Implications for Stock Market Efficiency[J]. *The Journal of Finance*, 1993, 48(1): 65-91.

19. Lins K V, Servaes H, Tufano P. What Drives Corporate Liquidity? An International Survey of Cash Holdings and Lines of Credit[J]. *Journal of Financial Economics*, 2010, 98(1): 160-176.

20. Malmendier U, Tate G, Yan J. Overconfidence and Early-Life Experiences: The Effect of Managerial Traits on Corporate Financial Policies[J]. *The Journal of Finance*, 2011, 66(5): 1687-1733.

21. Rozeff M. Growth, Beta and Agency Costs as Determinants of Dividend Payout Ratios[J]. *Journal of Financial Research*, 1982, 5(3): 249-259.

22. Tse S Y, Yaansah R A. An Analysis of Historical and Future-Oriented Information in Accounting-Based Security Valuation Models[J]. *Contemporary Accounting Research*, 1999, 16(2): 347-380.

23. Zhang X J. Conservative Accounting and Equity Valuation[J]. *Journal of Accounting and Economics*, 2000, 29(1): 125-149.

24. 连玉君,彭方平,苏治.融资约束与流动性管理行为[J].《金融研究》,2010(10):158-171.

25. 王彦超.融资约束、现金持有与过度投资[J].《金融研究》,2009(7):121-133.

26. 辛清泉,林斌,王彦超.政府控制、经理薪酬与资本投资[J].《经济研究》,2007(8):110-122.

27. 俞红海,徐龙炳,陈百助.终极控股股东控制权与自由现金流过度投资[J].《经济研究》,2010(8):103-114.

28. 祝继高,陆正飞.货币政策、企业成长与现金持有水平变化[J].《管理世界》,2009(3):152-158+188.

第 14 章

盈余与估值

文献 84 股价未能充分反映当期盈余对未来盈余的影响的相关证据

经典文献：Victor L. Bernard,[1] Jacob K. Thomas.[2] Evidence That Stock Prices do not Fully Reflect the Implications of Current Earnings for Future Earnings. *Journal of Accounting and Economics*, 1990, 13(4): 305-340.

机构：[1]University of Michigan；[2]Columbia University

被引：总计 2 628 次，年均 82.13 次

文献概述：张龙

研究概述：本文发现股价未能充分反映当期盈余对未来盈余的影响。具体来说，基于第 t 季度盈余，可预测第 $t+1$ 季度至第 $t+4$ 季度盈余公告前后三天内的价格反应。更令人惊讶的是，三天内价格反应的方向和强度与盈余自相关结构相关，似乎股价未能反映出每个公司的盈余序列不同于季节性随机游走的强度。

核心概念：股价　当期盈余　未来盈余

文献背景

根据 Ball 和 Brown（1968）、Joy 等（1977）等人的研究结果，预计超常收益（即市场反应）可以基于当期公布的盈余预测得出。Bernard 和 Thomas（1989）发现，当期盈余公告后的市场股价波动有相当大的一部分被"推迟"到下一季度盈余公告之后。换句话说，如果一家公司宣布第 t 季度盈余为正值（负值），在发布第 $t+1$ 季度盈余后，市场仍然会对该公司第 t 季度盈余表现出正向（负向）反应。学者们多次试图将这种"盈余公告后股价漂移"解释为研究设计缺陷，但都未能完全解释这一异常现象。

本文研究股价未能充分反映当期盈余对未来盈余影响的可能性。具体地说，本文假设股价未能充分反映当期盈余在多大程度上偏离股价的季节性随机游走规律。所谓季节性随机游走，是指预期盈余取决于上年相关季度的盈余。本文假设，股票市场价格有可能被季节性随机游走部分解释。

已有文献证明第 t 季度非预期盈余与第 $t+1$ 季度盈余公告后股价漂移存在正相关关系。本文发现,第 t 季度非预期盈余与第 $t+4$ 季度盈余公告前后的超常收益存在正相关关系。

相关文献与假设建立

已有研究表明,季度盈余的季节性差异是相互关联的。这种关联性包括两部分:其一,季节性差异之间存在正相关关系,这种正相关关系在相邻季度最为强烈,且在前三个滞后期内仍然为正。因此,第 t 季度盈余变化(相对于上年可比季度)之后,第 $t+1$ 季度、第 $t+2$ 季度和第 $t+3$ 季度相同符号的盈余变化会逐渐变小。其二,相隔四个季度的季节性差异之间存在负相关关系。表1给出了本文研究样本的汇总统计数据,从中可以看出,前三个滞后期的自相关性为正但呈下降趋势,第四个滞后期的自相关性为负。

表1 季节性差异盈余的自相关性

滞后期	1	2	3	4	5	6	7	8
	季节性差异盈余的自相关性分布(企业层面)							
均值	0.34	0.19	0.06	−0.24	−0.08	−0.07	−0.07	−0.06
25%分位数	0.14	0.05	−0.10	−0.46	−0.26	−0.24	−0.24	−0.25
中位数	0.36	0.18	0.06	−0.29	−0.09	−0.08	−0.06	−0.06
75%分位数	0.57	0.35	0.21	−0.07	0.08	0.08	0.09	0.11
	37个行业的自相关性分布							
正向自相关的数目	37	37	35	0	5	8	6	7
25%分位数	0.29	0.14	0.00	−0.29	−0.13	−0.12	−0.12	−0.10
均值	0.35	0.19	0.07	−0.24	−0.09	−0.08	−0.08	−0.08
75%分位数	0.38	0.22	0.09	−0.18	−0.04	−0.01	−0.04	−0.03
	按规模分类的自相关性(企业分类层面)							
小规模(规模最小4个行业)	0.28	0.14	0.03	−0.29	−0.09	−0.08	−0.08	−0.08
中等规模	0.31	0.19	0.07	−0.23	−0.07	−0.08	−0.06	−0.04
大规模(规模最大3个行业)	0.36	0.20	0.06	−0.20	−0.09	−0.05	−0.06	−0.06

该模式普遍存在于各行业和各种规模的公司中。表2比较了**季节性差异盈余**(seasonally differenced earnings,SDE)与**标准化非预期盈余**(standardized unexpected earnings,SUE)的自相关关系。SUE等于实际盈余减去基于趋势的季节性随机游走的预期盈余,即盈余的季节性非趋势差异除以盈余的季节性非趋势差异的标准差。从表2可以得出,SUE的自相关模式(SUEs)与讨论过的季节性差异盈余的自相关模式(SDEs)相似,而 SUE 十分位数的自相关模式(SUE deciles)表明 SUE 十分位数具有与 SUE 非常相似的时间序列性质。

表 2　季节性差异盈余与标准化非预期盈余的自相关性

滞后期	1	2	3	4	5	6	7	8
SDEs	0.34	0.19	0.06	−0.24	−0.08	−0.07	−0.07	−0.06
SUEs	0.40	0.22	0.06	−0.21	−0.10	−0.09	−0.09	−0.08
SUE deciles	0.41	0.23	0.07	−0.18	−0.09	−0.09	−0.09	−0.08

本文认为反映在股价上的预期盈余可能具有基于趋势的季节性随机游走特征。假设第 t 季度的预期盈余由第 $t-4$ 季度的盈余决定,即

$$E^M[Q_t] = \delta + Q_{t-4} \tag{1}$$

那么当盈余 Q_t 公布时,市场认为非预期盈余是 $Q_t - E^M[Q_t]$。假设盈余反应系数为 λ,那么由此产生的超常收益为:

$$\mathrm{AR}_t = \lambda(Q_t - E^M[Q_t]) = \lambda(Q_t - Q_{t-4} - \delta) \tag{2}$$

超常收益反映的是当前盈余的非趋势季节性差异。因此,超常收益应该与过去的非趋势季节性差异盈余相关,就像当前的非趋势季节性差异盈余与过去的非趋势季节性差异盈余相关一样。基于此,本文提出假设 1:

假设 1　如果股价反映的是趋势的季节性随机游走所描述的预期盈余,那么第 t 季度盈余公告时的超常收益与第 $t-1$ 季度、第 $t-2$ 季度和第 $t-3$ 季度盈余的非趋势的季节性差异之间应该存在正相关但递减的关系。因此,第 t 季度盈余公告的超常收益与第 $t-4$ 季度盈余的非趋势的季节性差异之间存在负相关关系。

基于之前的研究,本文假设描述盈余的时间序列过程最准确的单变量是由 Brown 和 Rozeff(1979)模型提供的,该模型经修正加入一个趋势项:

$$Q_t = \delta + Q_{t-4} + \varphi(Q_{t-1} - Q_{t-5}) + \theta \varepsilon_{t-4} + \varepsilon_t \tag{3}$$

其中,ε_t 是第 t 期盈余冲击的白噪声,$\varphi > 0$,θ 为负值以保证季节性差异盈余的四阶自相关为负。

Brown-Rozeff 模型所隐含的预期盈余为:如果 Brown-Rozeff 模型能够很好地描述盈余的时间序列过程,但是嵌入股价的预期盈余仍然遵循趋势季节性随机游走规律,将式(2)中的超常收益分解为不可预测部分 $Q_t - E[Q_t]$ 以及可预测部分 $E[Q_t] - E^M[Q_t]$:

$$E[Q_t] = \delta + Q_{t-4} + \varphi(Q_{t-1} - Q_{t-5}) + \theta \varepsilon_{t-4} \tag{4}$$

根据 Brown-Rozeff 模型,由式(1)、(3)、(4)可得:

$$\mathrm{AR}_t = \lambda(Q_t - E^M[Q_t]) = \lambda(Q_t - E[Q_t]) + \lambda(E[Q_t] - E^M[Q_t]) \tag{5}$$

$$\mathrm{AR}_t = \lambda \varepsilon_t + \lambda \varphi(Q_{t-1} - Q_{t-5}) + \lambda \theta \varepsilon_{t-4} \tag{6}$$

由于 $Q_t - Q_{t-5}$ 可以用前期冲击表示,式(6)也可改写为:

$$\mathrm{AR}_t = \lambda \varepsilon_t + \lambda \varphi \varepsilon_{t-1} + \lambda \varphi^2 \varepsilon_{t-2} + \lambda \varphi^3 \varepsilon_{t-3} + \lambda(\theta + \varphi^4) \varepsilon_{t-4} + \lambda v \tag{7}$$

其中,v 是第 $t-4$ 季度之前各季度盈余冲击的线性组合。基于式(6)和式(7),本文提出假设 2:

假设 2　如果价格反映的预期盈余能被趋势的季节性随机游走规律解释,Brown-Rozeff 模型[即式(3)]能够最好地描述盈余的单变量时间序列过程,那么第 t 季度超常

收益与第 $t-1$ 季度季节性差异盈余的偏相关系数应该为正,与式(6)中第 $t-4$ 季度盈余冲击之间的偏相关系数为负;或者,第 t 季度超常收益与第 $t-1$ 季度、第 $t-2$ 季度、第 $t-3$ 季度盈余冲击之间的偏相关系数为正但呈下降趋势,与式(7)中第 $t-4$ 季度盈余冲击之间的偏相关系数为负。

| 实证结果与分析 |

本文样本包含 2 649 家公司 1974—1986 年期间的 96 087 起公告的预期盈余,数据来自 CRSP 数据库和 Compustat 数据库。

为了检验假设 1,本文基于公司当季度公告盈余的 SUE 十等分,形成 10 个投资组合。如果假设 1 是正确的,那么当季度盈余与接下来三个季度中的每个季度公告盈余都正相关(相关性程度不断下降),而与第四个季度公告盈余负相关。回归结果如表 3 所示,正如预测的那样,第 t 季度盈余公告的超常收益与第 $t-1$ 季度、第 $t-2$ 季度和第 $t-3$ 季度盈余的非趋势的季节性差异之间应该存在正相关但递减的关系,第 t 季度盈余公告的超常收益与第 $t-4$ 季度盈余的非趋势的季节性差异之间存在负相关关系。

表 3 根据当季度盈余预测的市场对未来盈余公告的反应

Portfolio held (based on SUE decile of quarter t)	Holding period (relative to announcement for quarter $t+k$)	$t+1$	$t+2$	$t+3$	$t+4$	$t+5$	$t+6$	$t+7$	$t+8$
10(good news)	Three-day[−2,0]	0.76	0.44	0.13	−0.22	−0.05	−0.04	0.01	−0.04
		(13.21)	(8.05)	(2.21)	(−4.11)	(−0.85)	(−0.76)	(0.21)	(−0.66)
1(bad news)	Three-day[−2,0]	−0.56	−0.26	0.09	0.43	0.26	0.19	0.16	0.34
		(−8.04)	(−4.16)	(0.13)	(6.82)	(4.10)	(2.99)	(2.43)	(5.22)
Long in 10/ short in 1	Three-day[−2,0]	1.32	0.70	0.04	−0.66	−0.31	−0.23	−0.15	−0.38
		(14.63)	(8.46)	(0.45)	(−7.86)	(−3.68)	(−2.73)	(−1.70)	(−4.44)
	Alternative t-test	(7.40)	(5.56)	(1.63)	(−3.38)	(−2.53)	(−2.01)	(−0.89)	(−1.73)

为了检验假设 2,基于式(6)和式(7)估计以下回归模型:

$$AR_{j,t} = b_0 + b_1(Q_{j,t-1} - Q_{j,t-5}) + b_4 e_{j,t-4} + \mu_{j,t} \quad (8)$$

$$AR_{j,t} = b_0 + b_1 e_{j,t-1} + b_2 e_{j,t-2} + b_3 e_{j,t-3} + b_4 e_{j,t-4} + v_{j,t} \quad (9)$$

其中,$e_{j,t-k}$ 是式(6)和式(7)中 $\varepsilon_{j,t-k}$ 的期望值。

由于超常收益(AR)的回归系数总是可以解释为相关回归变量为 1、其余回归变量为 0 的投资组合的超常收益,因此模型(8)中的 b_1-b_4 可以被看作零投资组合的超常收益,其中 $Q_{t-1}-Q_{t-5}$ 为 1,e_{t-4} 为 −1。模型(9)中的 $b_1+b_2+b_3-b_4$ 可以被看作零投资组合的超常收益,其中 e_{t-1}、e_{t-2} 和 e_{t-3} 为 1,e_{t-4} 为 −1。模型(8)和模型(9)的回归结果如表 4 所示,所隐含的超常收益分别为模型(8)的 b_1-b_4 和模型(9)的 $b_1+b_2+b_3-b_4$。模型(8)和模型(9)系数的符号和相对大小也符合期望,调整后的 R^2 较小表明基于先前公告的盈余信息,股票收益率的方差只有一小部分是可预测的。

表 4 对盈余公告市场反应和盈余信息关系的回归检验

回归模型	持有期	b_1	b_2	b_3	b_4	Adj. R^2	隐含的组合超额收益
		(t 统计量和替代 t 检验)					
模型(8) (N=75 653)	第 t 季度的 3 天公告窗口[−2,0]	1.30 (20.59) (12.22)			−0.84 (−13.29) (−6.06)	0.7%	2.14%
模型(9) (N=75 045)	第 t 季度的 3 天公告窗口[−2,0]	0.98 (15.66) (9.14)	0.62 (9.89) (14.43)	0.28 (4.44) (2.83)	−0.71 (−11.41) (−9.04)	0.7%	2.59%
模型(8) (N=75 443)	上次公告日至第 t 季度公告日(平均 63 天)	6.24 (34.40) (9.41)			−2.44 (−13.41) (−9.64)	1.6%	8.68%
模型(9) (N=74 837)	上次公告日至第 t 季度公告日(平均 63 天)	5.38 (29.99) (6.56)	1.46 (8.10) (3.22)	0.53 (2.94) (0.18)	−8.68 (−5.32)	1.4%	8.93%

研究结论

本文发现的证据与股价未能充分反映当期盈余对未来盈余的影响这一观点相符。具体来说就是,基于第 t 季度盈余可预测第 t+1 季度至第 t+4 季度的盈余公告三天内的价格反应。季节性差异之间存在正相关关系,这种正相关关系在相邻季度中最为强烈,第 t 季度盈余变化(相对于上年可比季度)之后,第 t+1 季度、第 t+2 季度和第 t+3 季度相同符号的盈余变化会逐渐变小,而第 t+4 季度盈余与第 t 季度盈余呈负相关关系。这种模式普遍存在于各行业和各种规模的公司中。

交流区

本文有两个主要贡献:其一,本文将后续盈余公告的股价反应信号和强度与盈余的历史自相关结构联系起来,这种联系可能有助于确定盈余公告后股价漂移的原因;其二,本文在一定程度上反驳了盈余公告后股价漂移可能是由估计预期股票收益方法的缺陷所致的观点。

本文首次将股价和公司基本面(即公司盈余)之间差异的消除与预先规定的信息事件(即盈余公告)联系起来,验证了市场有效异常的根源在于信息未能完全融入股价。

文献 85 股权估值中的盈余、账面价值与股利

经典文献:James A. Ohlson. Earnings, Book Values, and Dividends in Equity Valuation. *Contemporary Accounting Research*, 1995, 11(2): 661-687.

机构:Columbia University

被引:总计 8 512 次,年均 315.26 次

文献概述:李继元

研究概述:本文建立并分析了一个企业市场价值模型,将企业市场价值与当期和未来的盈余、账面价值和股利关联起来。两个所有者权益会计结构为该模型提供了基础:**净盈余关系**(clean surplus relation)和股利会减少当期账面价值但不影响当期盈余。本文的模型满足许多特性,为人们概念化市场价值与会计数据和其他信息之间的关系提供了有用的基准。

核心概念:账面价值 股利 净盈余关系

| 文献背景 |

会计赋予所有者权益变动表一项重要的综合功能。所有者权益变动表包括了资产负债表和损益表中的关键项目——账面价值和盈余,其形式体现为账面价值的变化等于盈余减去股利。这种关系被称为净盈余关系,因为正如所述,所有与股利无关的资产/负债的变化都必须通过损益表得以体现。会计理论认同这种方案,而没有将其与用户对会计数据的认知联系起来。然而,价值(净)存量与价值的创造和分配相协调这一基本思想,在股权估值的背景下提出一个基本问题:是否可以设计出一种基于净盈余关系的公司价值理论以确定盈余、账面价值和股利三者的不同作用?

| 基本理论与研究思路 |

本文的分析基于价值等于预期股利的现值的假定,继而根据净盈余关系,用现值方程中的盈余/账面价值代替股利。鉴于会计数据符合随机游走分布的假定会产生一个多期的不确定性模型,盈余和账面价值是互补关系的价值指标。具体来说,估值函数的核心是将价值表示为①资本化的当期盈余(经股利调整)和②当期账面价值的加权平均值。模型的极端参数化产生①或②作为唯一的价值指标。Ohlson(1991)研究了这两种情况。在最基本的层面上,本文将先前的分析归纳为"纯"价值流量模型和"纯"价值存量模型的凸组合。这种组合具有概念上的意义,因为它通过净盈余关系将两个关键指标纳入估值模型。

| 研究假设 |

估值模型的三个简单假设为:

(1) **风险中性**(risk neutrality),即贴现率等于无风险利率。

(2) 所有者权益会计,即会计数据和股利满足净盈余关系,股利减少账面价值但不影

响当期盈余。

（3）线性模型构成异常盈余的随机时间序列。

估值模型经过发展，引入额外三个假设为：

（1）企业市场价值等于**预期股利的现值**(present value of expected dividends, PVED)。

$$P_t = \sum_{\tau=1}^{\infty} R_f^{-\tau} E_t[d_{t+\tau}] \qquad \text{(PVED)}$$

其中，P_t 为第 t 期市场价值，R_f 为无风险利率加 1，d_t 为第 t 期支付的股利，$E_t[\cdot]$ 为以第 t 期信息为条件的期望值运算符。

PVED 模型认为企业价值依赖于会计数据，因为会计数据影响预期股利的现值的评估。本文还开发了一个相对通用的模型，在这个模型中，除当期股利外企业价值还取决于盈余和账面价值。

（2）净盈余关系如下：

$$y_{t-1} = y_t + d_t - x_t \qquad (1)$$

$$\partial y_t / \partial d_t = -1 \qquad (2)$$

$$\partial x_t / \partial d_t = 0 \qquad (3)$$

其中，x_t 为 $(t-1, t)$ 期间的盈余，y_t 为第 t 期账面价值，d_t 为第 t 期支付的股利。

（3）异常盈余时间序列满足随机过程：

$$x_{\tau+1}^{\alpha} = \omega\, x_t^{\alpha} + v_t + \varepsilon_{1\tau+1} \qquad (4)$$

$$\tilde{v}_{\tau+1} = \phantom{\omega x_t^{\alpha}} + \gamma v_t + \varepsilon_{2\tau+1} \qquad (5)$$

其中，x_t^a 为异常盈余；v_t 为异常盈余以外的其他信息；$\varepsilon_{1\tau}$ 和 $\varepsilon_{2\tau}$ 为干扰项，其均值为 0，即 $\tilde{\varepsilon}_{kt+\tau}$ 的期望值为 0，$k=1,2$，$\tau \geq 1$；ω、γ 为固定值且小于 1。

| 市场价值的表达式 |

将上述关系式结合，可得到以下关系式：

$$P_t = y_t + \alpha_1 x_t^{\alpha} + \alpha_2 v_t \qquad (6)$$

同时，

$$\alpha_1 = \omega / (R_f - \omega) \geq 0$$

$$\alpha_2 = R_f / (R_f - \omega)(R_f - \gamma) > 0$$

其中，P_t 为第 t 期市场价值；y_t 为第 t 期账面价值；x_t^a 为异常盈余；v_t 为异常盈余以外的其他信息；R_f 为无风险利率加 1；ω、γ 为固定值且小于 1。

从式（6）可知，市场价值等于账面价值加上当期盈利能力（用异常盈余衡量）再加上其他信息的价值（用来修正对未来盈利能力的预测）。

| 模型的其他特征 |

特征 1

$$\partial E_t[\tilde{x}_{t+1}] / \partial d_t = -(R_f - 1)$$

其中，$\tilde{x}_{t+1}$ 为 $(t, t+1)$ 期间的盈余；d_t 为第 t 期支付的股利；R_f 为无风险利率加 1；$E_t[\cdot]$ 是以

第 t 期信息为条件的期望值运算符。

特征 1 表明,股利支付会减少下期的预期盈余,减少的比率即无风险利率 R_f-1。考虑到**权责发生制会计**(accrual accounting)的性质和零净现值运营活动的可用性,特征 1 是有意义的:公司可以通过增加借款来增加股利,但这种借款会在以后的期间产生利息支出。权责发生制会计使利息支出只取决于借款额和利率;偿债(即现金流出)时间表对下一期间的利息支出没有影响。因此,特征 1 是从权责发生制会计的角度考察预期盈余。

特征 2

$$\partial E_t[\tilde{x}_{t+2} + \tilde{x}_{t+1} + \tilde{d}_{t+1}(R_f - 1)]/\partial d_t = -(R_f^2 - 1)$$

其中,$\tilde{x}_{t+2}$ 为 $(t+1, t+2)$ 期间的盈余;$\tilde{x}_{t+1}$ 为 $(t, t+1)$ 期间的盈余;$\tilde{d}_{t+1}$ 为第 $t+1$ 期支付的股利;R_f 为无风险利率加 1;d_t 为第 t 期支付的股利;$E_t[\cdot]$ 为以第 t 期信息为条件的期望值运算符。

特征 2 显示了盈余加总的重要性。也就是说,为了评估股利对未来预期盈余的(边际)效应,必须考虑所有的可能盈余。

特征 3

$$\partial P_t / \partial d_t = -1$$

其中,P_t 为第 t 期的市场价值;d_t 为第 t 期支付的股利。

特征 3 模型满足股利支付不相关理论,即用第 t 期额外的 1 美元股利简单替代第 t 期 1 美元的市场价值。

特征 4

(a) 当 $\tau \to \infty$ 时,$E_t[\widetilde{P}_{t+\tau} - \tilde{y}_{t+\tau}] \to 0$

(b) 当 $\tau \to \infty$ 时,$E_t[\widetilde{P}_{t+\tau} + \tilde{d}_{t+\tau} - \varphi x_{t+\tau}] \to 0$

其中,$\widetilde{P}_{t+\tau}$ 为第 $(t+\tau)$ 期市场价值;$\tilde{y}_{t+\tau}$ 为第 $(t+\tau)$ 期账面价值;$\tilde{d}_{t+\tau}$ 为第 $(t+\tau)$ 期支付的股利;$x_{t+\tau}$ 为 $(t+\tau-1, t+\tau)$ 期间的盈余;$E_t[\cdot]$ 为以第 t 期信息为条件的期望值运算符。

账面价值是价值的"粗略"估计,将 x_t^a 和 v_t 作为账面价值的"纠正"信息来增加企业价值。由于动态函数的参数满足 $0 \leq \omega, \gamma < 1$,长期来看,$x_t^a$ 和 v_t 平均为 0。本文将这种特征称为账面价值的无偏会计估计。

特征 5

定义:

$$V_t^T \equiv E_t \left[\sum_{\tau=1}^{T} \tilde{x}_{t+\tau} + \sum_{\tau=1}^{T} (R_f^{T-\tau} - 1) \tilde{d}_{t+\tau} \right] / (R_f^T - 1)$$

那么:

(a) 当 $T \to \infty$ 时,$V_t^T \to P_t$

(b) $V_t^T - P_t$ 不依赖于股利政策

其中,$\tilde{x}_{t+\tau}$ 为 $(t+\tau-1, t+\tau)$ 期间的盈余;R_f 为无风险利率加 1;$\tilde{d}_{t+\tau}$ 为第 $(t+\tau)$ 期支付的股利;P_t 为第 t 期市场价值。

特征 5 将关注点从异常盈余转移到正常盈余,并且使用盈余加总值而非贴现值。结果与特征 2 有很多共同之处,即 V_t^T 依赖于 $(t, t+T)$ 期间会计价值增值的预期流量。

特征 6

定义:

$$W_t^T \equiv R_f^{-T} E_t \left[\widetilde{y}_{t+T} + \sum_{\tau=1}^{T} R_f^{T-\tau} \widetilde{d}_{t+\tau} \right]$$

那么:

(a) 当 $T \to \infty$ 时,$W_t^T \to P_t$

(b) $W_t^T - P_t$ 不依赖于股利政策

其中,R_f 为无风险利率加 1;$\widetilde{y}_{t+T}$ 为第 $(t+T)$ 期账面价值;$\widetilde{d}_{t+\tau}$ 为第 $(t+\tau)$ 期支付的股利;P_t 为第 t 期市场价值。

特征 6 关注第 $(t+T)$ 期会计价值的预期存量,将价值解释为第 $(t+T)$ 期账面价值加上因支付股利而累积在个人账户的价值。特征 6 的股利调整与特征 5 相似,区别在于前者代表存量,后者代表流量。估计偏误 $W_t^T - P_t$ 在 T 趋于无穷大时趋近于 0,且股利政策不影响 W_t^T 的评估以及误差的估计。

特征 7

如果对于所有的 $\tau \geq 1$ 都有 $x_{t+\tau} = d_{t+\tau}$,那么:

$$\text{当 } \tau \to \infty, E_t[\widetilde{x}_{t+\tau}] = (R_f - 1) y_t$$

其中,$x_{t+\tau}$ 为 $(t+\tau-1, t+\tau)$ 期间的盈余;$d_{t+\tau}$ 为第 $(t+\tau)$ 期支付的股利;R_f 为无风险利率加 1;y_t 为第 t 期账面价值。

从长期来看,如果股利总是等于盈余,不考虑由留存收益(或股本)变动导致的盈余和账面价值的增长,那么当前账面价值单独决定预期盈余。另外,特征 7 的模型规定了一个平均账面收益率,如果股利等于盈余,该收益率就等于折现因子。

推导出异常盈余动态的假设

假定下一期盈余的预测基于以下线性模型:

$$E_t[\widetilde{x}_{t+1}] = \theta_1 x_t + \theta_2 y_t + \theta_3 d_t + v_t$$

进一步假定:

(a) $y_t = y_{t+1} + d_{t+1} - x_{t+1}$,且 $\partial y_t / \partial d_t = -1, \partial x_t / \partial d_t = 0$

(b) $\partial E_t \left[\widetilde{x}_{t+2} + \widetilde{x}_{t+1} + \widetilde{d}_{t+1}(R_f - 1) \right] / \partial d_t = -(R_f^2 - 1)$

(c) $E_t[\widetilde{v}_{t+1}] = \gamma v_t$,且 $\partial v_t / \partial d_t = 0$

其中,x_t 为 $(t-1, t)$ 期间的盈余;y_t 为第 t 期账面价值;d_t 为第 t 期支付的股利;v_t 为异常盈余以外的其他信息;R_f 为无风险利率加 1;γ 为固定值且小于 1。

以上假定是对会计数据和其他信息的随机游走分布较为宽泛的限制。如果进一步设定以下条件,完整的价值模型就形成了。

（1）市场价值等于预期股利的现值。

（2）基本的会计架构：满足净盈余关系，股利减少账面价值但不影响当期盈余；对预期盈余的股利支付限制反映盈余加总值。

（3）其他价值相关信息的反映不依赖当期或未来的股利。

| 考虑风险的度量改进 |

前文分析基于风险中性论，将无风险利率作为折现因子。将风险考虑进股利的时间序列可能有三种方法，这里简要讨论各自的优缺点。

（1）最直接的方法就是用风险调整因子 ρ 替换折现因子 R_f，其中 $\rho = R_f$ + 风险溢价（risk premium）。公司的资本成本或期望市场收益率决定了参数 ρ。例如，资本资产定价模型（CAPM）指出，$\rho = R_f + \beta \times$（市场组合期望收益率 $- R_f$）。这种修正在分析和技术层面显然都是可行的。

CAPM 的风险概念在实证模型的应用或评估方面已经足够。通常情况下，投资者可以通过公司的估计贝塔值和股票市场的风险溢价推断 ρ。在实际投资分析中，投资者也可以利用此概念。这种方法简单，在实践中很有用，但缺乏理论吸引力，没有考虑风险从哪里产生。

（2）完整的估值理论将所有的风险调整确定为经济固有风险的函数。现代金融理论提供了一个普适的框架，这种相对抽象的方法依赖于用广义测度理论代替定义 $E_t[\cdot]$ 所需的概率结构。但是，这种方法的成本比较高。

（3）作为第三种方法，投资者可以将一些结构性因素添加到 $E_t^*[\cdot]$ 的一般框架中，例如 Garman 和 Ohlson（1980）的模型。他们建立了基于干扰项和隐含定价系统的相关关系的模型，预期市场收益率在反映信息变量 (x_t^a, v_t) 以及股利序列中的风险时是内生的。这种方法的理论和实证有用性仍有待讨论，该模型的一个明显缺陷是没有考虑杠杆的作用。一个令人满意的会计数据和市场风险模型应该分离经营风险与财务风险。

| 研究结论与创新 |

在基本层面，当前文献利用了两个简单的想法。其一，可以利用净盈余关系将价值分析从 PVED 转移到账面价值加上预期异常盈余的现值；其二，异常盈余满足（修正的）自回归过程的假设确保了分析的简约性。将这两个想法结合，由此产生对预期异常盈余的现值的封闭式评估，在不违反 PVED 规则的情况下，可以得到与价值和会计数据相关的基本表达式。本文进一步关注第三个更微妙的想法，通俗地表达为"股利是从账面价值中支付，而不是从当期盈余中支付"。这一假设产生了模型的关键特征，即预期异常盈余序列既不取决于当期股利也不取决于未来的股利政策。因为股利在同等金额的基础上会降低账面价值，但不影响预期异常盈余序列，所以股利在同等金额的基础上会降低市场价值。

总体而言，本文为会计文献提供了一个基本模型，可以用来概念化价值与三个会计指标（盈余、账面价值和股利）的关系。

> **交 流 区**
>
> 本文是股权估值的开山之作,首创性地将企业市场价值与会计数据相关联,构建了股权估值模型,并逐一分析了盈余、账面价值和股利这三个指标发挥的不同作用。这为人们概念化市场价值与会计数据和其他信息之间的关系提供了有用的基准,并为后续研究提供了崭新的视角。此后,数不胜数的企业估值研究均借鉴本文提出的模型和理论框架。

文献 86 操控性应计的定价

经典文献:K. R. Subramanyam. The Pricing of Discretionary Accruals. *Journal of Accounting and Economics*, 1996, 22(1-3): 249-281.

机构: University of Southern California

被引:总计 2 767 次,年均 106.42 次

文献概述:王良辉

研究概述:本文考察了股票市场价格是否考虑了操控性应计。研究表明,平均而言,市场对操控性应计进行定价。这一证据源于两个可能的原因:(1)管理层的自由裁量权提高了盈余反映经济价值的能力;(2)操控性应计是机会主义和价值不相关的,但由低效市场定价。进一步的证据与第一种解释一致。有证据表明盈余平滑行为的存在,而且该行为有助于提升盈余的持续性和可预测性。还有证据表明,操控性应计可以预测未来的盈利能力和股利变化。本文还进行了多项敏感性检验,发现操控性应计代理变量中的测量误差是对结果的另一种解释。

核心概念:资本市场定价　盈余管理　操控性应计

文献背景

在短时间内,现金流存在计量的及时性和时间匹配等问题,使得应计利润比现金流更能反映公司的实际运营情况(Dechow,1994)。然而,美国公认会计准则(GAAP)给予管理层较大的操作空间,应计利润受到自由裁量权的影响。管理层的自由裁量权可以使盈余信息更充分,因为管理层可以加入私有信息(Watts 和 Zimmerman,1986;Holthausen,1990;Healy 和 Palepu,1993)。另外,管理层利益和股东利益的不一致也会导致机会主义的盈余操纵行为(Watts 和 Zimmerman,1986;Healy 和 Palepu,1993)。相较于现金流,应计项目具有更高的信息含量(Bowen 等,1987),因此以应计项目为基础的盈余是衡量企业业绩更好的方式。已经有广泛的研究关注会计计量方式的选择(Watts 和 Zimmerman,1990),然而研

究会计选择和盈余定价之间关系的文献还较为少见。例如,Warfield 等(1995)研究了应计操纵动机与盈余信息含量的负相关性,Hunt 等(1995)报告了价格—盈余系数和盈余平滑水平之间的正向关系。还有一些文献讨论了特定的操控性应计的定价。例如,DeAngelo 和 Skinner(1993)、Dechow(1994)指出在剔除某些项目后,盈余能更好地反映股票价格。另有文献研究商业银行债务损失披露中操控性部分的定价(Walhen,1994;Beaver 和 Engel,1996)。

理论基础与研究思路

本文实证检验了操控性应计的定价。关于这个问题的证据可以提高人们对资本市场处理会计信息方式的理解,也可以提供对操控性应计的性质和**操控性会计选择**(discretional accounting choice)的经济激励的见解。本文的实证分析是针对 1973—1993 年 21 135 个公司一年度样本进行的,囊括 2 808 家上市公司。本文使用 Jones(1991)模型的横截面变化将总应计划分为操控性(discretional)和非操控性(non-discretional)两个组成部分,以获取可选择的应计利润(或盈余)。有证据表明,在假设的条件下,Jones 模型正确地将应计利润分解为操控性和非操控性两部分,操控性应计由市场定价。盈余与净利润、非操控性利润和经营现金流之间的单变量回归表明,净利润在系数值和解释力方面均优于非直接利润。虽然净利润比经营现金流的表现更好(结果与 Dechow(1994)一致),但这种改进的很大一部分归因于可自由支配(即操控性)组成部分。此外,多元回归分析表明,净利润的操控性部分具有超出非操控性组成部分的增量信息。操控性应计利润的定价是市场定价机制和操控性应计利润的性质的联合检验结果。因此,操控性应计利润的定价与两种可选的(不一定是相互排斥的)情形一致。在第一种情形下,市场是有效的并为操控性组成部分定价,因为市场提高了盈余反映公司经济价值的能力。在这种假设下,管理者通过盈余平滑或传递有关未来盈利能力的私有信息来改善盈余的价值相关性,这些信息未反映在历史成本会计数据中。在第二种情形下,操控性应计利润会扭曲盈余,这可能是源于机会主义的盈余管理。在这种情形下,操控性应计利润的定价是错误定价的证据,即股票市场的功能是固化盈余(Hand,1989;Sloan,1995)。

样本选择

本文的样本包括 1992 年在 CRSP 数据库和 Compustat 数据库中有必要数据的所有公司一年份观测值,金融类公司(SIC 代码为 6000—6999)和年末发生变化的观测值不包括在内。受制于某些测试的性质,样本仅限于那些在所有必要变量上有至少连续五年数据的公司,可用样本包含 21 631 个公司一年份观测值。经营现金流、操控性应计利润或非操控性应计利润及其各自均值相差超过 3 个标准差的观测值将被删除,这导致 496 个观测值(2.5%的样本)丢失,最终样本减少到 21 135 个公司一年份观测值,代表 1973—1993 年的 2 808 个公司。然而,即使样本包含异常值,结果也没有发生本质变化。

实证方法与模型构建

本文使用横截面 Jones 模型（DeFond 和 Jimbalvo,1994）定义应计总额、非操控性应计、操控性应计。

使用横截面 Jones 模型而非时间序列模型的原因如下：首先,横截面模型能生成更大的样本。使用横截面 Jones 模型可获得 21 135 个有效观测值,使用时间序列模型只有 7 345 个公司一年份观测值满足样本选择标准。其次,横截面模型的观察频次要高得多,提高了估计的精确度。横截面模型的中位数为 31,而时间序列模型的中位数仅为 10。再次,时间序列模型的估计期长达 10 年。由于涉及漫长的期间和数据的非平稳性,时间序列模型可能被错误设定。最后,使用时间序列模型会降低测试的效度。本文为此将价格和企业的经营现金流（OCF）、非操控性应计（NDNI）和净利润（NI）进行重复回归。

研究结论与创新

本研究表明,运用 Jones 模型计算得出的操控性应计是市场定价的结果。这个结果可能源于市场的无效性,导致操控性应计被定价。但进一步的研究发现,操控性应计之所以被定价,是因为它具有额外的信息含量。本文发现,非操控性应计可以更好地反映企业的基本价值,是管理层用来平滑净利润、提高盈余持续性和可预测性的手段。正因为如此,本文的结论对于会计学术和实践领域具有重要启示。本文的发现与以往认为操控性应计会降低盈余价值相关性的文献不一致。显然,虽然机会主义的盈余管理是存在的,但不能肯定这种行为是普遍存在的。市场会对操控性应计进行定价,因为这也是盈余管理的一个潜在动因。本文的结论为持续已久的"一致化/弹性化"会计制度的争论提供了启示,虽然有效的契约化会计准则能够提供一致化优势（Watts 和 Zimmerman,1990）,但提升管理层的自由裁量权以增加盈余的信息含量是支持弹性化会计制度的一大证据。

局限性与展望

本文以横截面 Jones 模型为基础测量非操控性应计,已有文献发现衡量非操控性应计的方法很多,但结果存在较大差异,因此本文还应当使用多种测度方法以提高实证结果的可靠性。此外,本文通过验证非操控性应计能够提升信息含量从而获得信息定价,得出市场定价源于额外信息含量的结论。这是一种间接验证方式,之后的研究可以直接检验市场定价并非由市场的非效率化所决定的价格。

交流区

本文是研究操控性应计的市场定价的创新之作。在此之前,已有文献发现市场会对会计盈余做出反应（Ball 和 Brown,1968）,然而尚未有文献探讨市场是否会对会计盈余的组成部分（即操控性盈余）做出反应。此外,Xie(2001)进一步发现,市场不仅对操控性应计定价,而且对操控性应计的估值过高。

文献 87　股价是否完全反映应计项目和现金流中关于未来盈余的信息

经典文献: Richard G. Sloan. Do Stock Prices Fully Reflect Information in Accruals and Cash Flows about Future Earnings. *The Accounting Review*, 1996(3): 289-315.

机构: University of Pennsylvania

被引: 总计 6 711 次, 年均 258.11 次

文献概述: 苏洋

研究概述: 本文探究了股价是否反映了包含在当期应计项目和现金流中的有关未来盈余的信息, 当期盈余的持续性程度取决于现金流与应计项目在当期盈余中的相对重要程度。但是,研究发现股价反映了投资者对盈余的关注, 但没有充分反映当期盈余中应计项目和现金流包含的信息, 直到这些信息影响到未来盈余。

核心概念: 会计应计项目　现金流　未来盈余

文献背景

关于财务报表分析的研究提倡检验当期盈余包含的应计项目和现金流以预测未来盈余。本文检验了股票价格是否包含当期盈余、应计项目和现金流中有关未来现金流的信息。相比于现金流, 应计项目具有较低的持续性, 关注盈余总额的投资者往往不能区分这一差异, 进而引发错误定价, 较高的应计水平往往代表着较低的未来超额收益。本文丰富了相关领域的研究: (1)以往文献多关注预测未来盈余的模型, 本文基于会计程序的特征, 从报表分析的视角解析会计盈余的组成部分; (2)以往文献多假设盈余具有随机游走特征(Ou 和 Penman, 1989; Bernard 和 Thomas, 1990), 但并未进一步区分会计盈余的组成; (3)本文在一定程度上构建了盈余预测和股票收益预测的内在关系。

理论基础与研究思路

相对于应计项目,现金流更不容易被操纵,而权责发生制会计系统由于受到依赖于应计项目、递延项目、分摊项目和其他需要估计事项的影响, 其被操纵的可能性比现金流更大, 准确性也就更低(Bernstein, 1993)。这也是分析师更倾向于将现金流当作净利润的参考指标的原因。很多分析师认为现金流与净利润的相对比例越高, 盈余的质量越高。公司净利润较高但现金流较低, 也许意味着其采用的收入确认标准与费用应计标准高度不可信。基于简单预测模型, 投资者并不区分应计项目与现金流(Hand, 1990; Bloomfield 和 Libby, 1995), 只关注盈余总额的投资者会低估现金流较高和应计项目较低企业的价值, 直到实现未来盈余时才会予以修正, 进而形成套利机会。

研究假设与样本选择

假设 1　应计项目比例越高,现金流项目比例越低,盈余持续性越低。

假设 2a　包含在股价中的预期盈余信息并没有完全反映出应计项目持续性较低、现金流持续性较高的属性。

假设 2b　买入高现金流公司股票、卖出高应计公司股票的套利投资策略可以获得超额收益。

假设 2c　假设 2b 中的超额收益集中于未来盈余公告日前后。

本文选取 1962—1991 年在纽约证券交易所(NYSE)和美国证券交易所(AMEX)上市的公司为样本,剔除银行、保险等金融类公司,数据主要来自 Compustat 工业研究数据库,共得到 40 679 个公司—年份观测值。

实证方法与模型构建

应计项目和现金流的计算式为:

$$\text{Accruals} = (\Delta CA - \Delta Cash) - (\Delta CL - \Delta STD - \Delta TP) - Dep \tag{1}$$

$$\text{Earnings} = \frac{\text{持续经营}}{\text{总资产平均值}} \tag{2}$$

$$\text{Accruals Component} = \frac{\text{应计项目}}{\text{总资产平均值}} \tag{3}$$

$$\text{Cash Flow Component} = \frac{\text{持续经营} - \text{应计项目}}{\text{总资产平均值}} \tag{4}$$

$$\text{Earnings}_t = \alpha + \beta \times \text{Earnings}_{t-1} + \varepsilon \tag{5}$$

其中,Accruals 为当期应计,ΔCA 为当期流动资产的变化,$\Delta Cash$ 为当期现金的变化,ΔCL 为当期流动负债的变化,ΔSTD 为当期债务(包含流动负债)的变化,ΔTP 为当期应付所得税的变化,Dep 为当期折旧和摊销费用,Earnings 为当期盈余,Accruals Component 为应计组成部分,Cash Flow Component 为现金流组成部分。此外,本文还以盈余持续性回归模型中的 β 系数作为盈余持续性的替代,以买入—持有收益率作为超额收益的度量指标,按应计项目比例将样本排序分组,从而分析套利策略与超额收益的关系。

研究结论

本文发现,盈余持续性依赖于应计项目和现金流的相对大小。但是,投资者往往不能准确区分两种盈余组成部分的特性。股票价格并没有充分反映应计项目和现金流中关于未来盈余的信息,盈余持续性随着盈余中应计项目比例的增大而降低,随着盈余中现金流比例的增大而提高。买入相对较高现金流公司的股票并卖出相对较高应计公司的股票的交易策略能够获得正向超额收益,且集中于未来盈余公告日前后。

> **交流区**
>
> 本文分析了股票价格是否完全反映了包含在应计项目与现金流中有关未来盈余的信息。盈余持续性取决于现金流与应计项目的相对比例,但投资者似乎只关注盈余总额,并没有有效区分盈余的组成。本文检验结果显示,股价反应结果与传统市场有效性假说并不一致,股价并没有对所有公开信息做出有效反应。然而,由于信息获取成本和信息加工成本的存在,本文提出的套利策略及其结果并不能说明投资者是非理性的或者投资者未利用潜在的盈利机会。本文提出的研究方法有助于检验会计盈余中应计项目引起的较低盈余持续性与盈余管理的相关性,研究结论也为投资者进行财务报表分析提供了一定的理论基础。

【主题结语】

本章围绕盈余与估值这一主题,选取了四篇经典文献,探讨了股票市场价值与会计数据的关系,为概念化会计信息有用性和价值相关性提供了基准。Ohlson(1995)基于理论推导和模型构建,分析盈余、账面价值、股利与企业市场价值的关系,发现市场价值等于账面价值加上超额收益和其他信息的价值,股利支付会减少账面价值但不影响预期盈余。Subramanyam(1996)和Sloan(1996)采用实证检验的方法,探讨应计项目和现金流对股票市场价格的影响,发现市场会对操控性应计进行定价,操控性应计能够预测企业未来的盈利能力和股利变化;股价并没有充分反映当期盈余中的应计项目和现金流所包含的信息。围绕盈余与估值主题,一方面,未来研究可以细分盈余的组成,深入剖析不同细分项目对股票价格的影响;另一方面,研究人员可以探讨其他会计信息对企业价值的影响。

【推荐阅读】

1. Dechow P M. Accounting Earnings and Cash Flows as Measures of Firm Performance: The Role of Accounting Accruals[J]. *Journal of Accounting and Economics*, 1994, 18(1): 3-42.
2. Garman M B, Ohlson J A. Information and the Sequential Valuation of Assets in Arbitrage-Free Economies[J]. *Journal of Accounting Research*, 1980, 18(2): 420-440.
3. Kothari S P, Ramanna K, Skinner D J. Implications for GAAP from an Analysis of Positive Research in Accounting[J]. *Journal of Accounting and Economics*, 2010, 50(2-3): 246-286.
4. Miller M H, Modigliani F. Dividend Policy, Growth, and the Valuation of Shares[J]. *The Journal of Business*, 1961, 34(4): 411-433.
5. Ohlson J A. A Synthesis of Security Valuation Theory and the Role of Dividends, Cash Flows, and Earnings[J]. *Contemporary Accounting Research*, 1990, 6(2): 648-676.
6. Ohlson J A. The Theory of Value and Earnings, and an Introduction to the Ball-Brown Analysis[J]. *Contemporary Accounting Research*, 1991, 8(1): 1-19.

7. Richardson S A, Sloan R G, Soliman M T, et al. Accrual Reliability, Earnings Persistence and Stock Prices[J]. *Journal of Accounting and Economics*, 2005, 39(3): 437-485.
8. Watts R L, Zimmerman J L. Positive Accounting Theory: A Ten-Year Perspective[J]. *The Accounting Review*, 1990, 65(1): 131-156.
9. 陈信元,陈冬华,朱红军.净资产、剩余收益与市场定价:会计信息的价值相关性[J].《金融研究》,2002(4):59-70.
10. 程小可,卿小权,佟岩.基于会计信息的权益估值研究:线性信息动态过程视野[J].《会计研究》,2008(2):23-30+95.
11. 李增泉,叶青,贺卉.企业关联、信息透明度与股价特征[J].《会计研究》,2011(1):44-51+95.
12. 李志生,陈晨,林秉旋.卖空机制提高了中国股票市场的定价效率吗?基于自然实验的证据[J].《经济研究》,2015(4):165-177.
13. 谢德仁,郑登津,崔宸瑜.控股股东股权质押是潜在的"地雷"吗?基于股价崩盘风险视角的研究[J].《管理世界》,2016(5):128-140+188.

第 15 章

预测与其他

文献 88 财务比率、判别分析与企业破产预测

经典文献：Edward I. Altman. Financial Ratios, Discriminant Analysis and the Prediction of Corporate Bankruptcy. *The Journal of Finance*, 1968, 23(4): 589-609.

机构：New York University

被引：总计 22 508 次, 年均 416.81 次

文献概述：张志超

研究概述：学者们似乎正在逐步淘汰评估企业业绩所使用的比率分析技术。理论研究者降低了实践者广泛使用的经验法则的有用性,如公司的财务比率对比分析。既然对比率分析相关性的不认同来自学术界许多受尊敬的专家,这是否意味着比率分析仅限于"螺母和螺栓"的世界?或者,这种方法的意义是否被不吸引人的外表掩盖,因而受到不公正的限制?人们能否弥合传统的比率分析与近年来在学术界中流行的更严格的统计技术之间的差距,而不是割断二者的联系?本文试图评价比率分析作为一种分析技术的质量,预测企业破产就是一个例子。具体而言,本文在破产预测的背景下研究一组财务和经济比率,采用多重判别分析方法,所使用的数据仅限于制造业企业。

核心概念：财务比率分析 企业破产 公司业绩 多重判别分析 商业信用评估

文献背景

企业经营困难和财务困难的检测是特别容易受到财务比率分析影响的课题。在确定企业业绩量化指标之前,中介机构的建立是为了提供一种定性信息来评估特定组织的信用价值。20 世纪 30 年代,有两项关于商业失败征兆的综合研究广为人知。其中一项研究和后来的几项研究得出的结论为：失败公司的财务比率表现出明显不同,比持续经营实体更具测量性。另一项研究关注的是那些在履行固定偿债义务方面遇到困难的大规模公司的财务比率。最近的一项研究涉及破产预测背景下的财务比率分析,比较破产公司和匹配的非破产公司的一系列财务比率。公司失败前五年的可观测证据被认为是有决定性作用的,因此比率分析可用于预测失败。

上述研究表明,财务比率作为破产预测指标具有一定的潜力。一般来说,衡量盈利能力、流动性和偿债能力的比率是最重要的指标,但其重要性的顺序尚不清楚,因为几乎每项研究都引用了不同的财务比率作为即将出现问题的有效表征。

理论基础

前述几项研究专门分析公司陷入财务困境之前的状况,尽管这些工作对特定衡量指标的表现和趋势做出了重要的概括,但在理论和实践上,其结果在评估企业潜在破产可能性方面的适用性仍受到怀疑。这些方法本质上是单变量的,强调的是即将出现的问题的个别信号。在这种背景下进行的比率分析容易受到错误解释的影响,可能会造成混淆。例如,盈利能力和/或偿债能力较差的公司可能被视为处于潜在破产状态;然而,由于公司的流动性高于平均水平,其破产的可能性并不严重。就几家公司的相对业绩而言,其潜在的模糊性是显而易见的。任何单变量分析固有缺陷的症结就在于此。因此,对于引用先前研究的适当扩展就是建立在已有发现的基础上,将一些衡量指标组合成一个有意义的预测模型。在这样做时,比率分析作为一种分析技术的亮点将得到强调而非被忽视。现在的问题是,在检测破产可能性时,哪些财务比率最重要,这些财务比率应该被赋予多大的权重以及如何客观地确定权重。

研究思路

本文选择**多重判别分析**(multiple discriminant analysis,MDA)作为适用的统计技术。虽然不像回归分析那么流行,但是自20世纪30年代首次推出以来,MDA已被广泛应用于各个学科。早些年,MDA主要应用于生物学和行为科学领域。近年来,MDA已成功应用于金融领域,如消费者信用评估和投资分类。例如,Walter(1959)利用一个MDA模型对高市盈率和低市盈率公司进行分类,而Smith(1965)在划分公司标准投资类别时也使用MDA技术。MDA是一种统计技术,根据观测值的个体特征将其分为若干先验分组。MDA主要用于对定性形式的被解释变量问题(如男性或女性、破产或非破产)进行分类和/或预测。因此,第一步是建立明确的组分类标准。原始组的数目可以是两个或更多。分组建立后,为组中的对象收集数据,然后运用MDA技术导出这些特征的线性组合和"最佳"区分组。如果一个特定的对象(如一家公司)在分析中具有可以对所有公司进行量化的特征(如财务比率),MDA就能够确定一组判别系数。将这些系数应用于实际比率时存在一个基准,能够将观测值分类到互斥分组中的一组。MDA技术的优点是考虑到相关公司共同特性的整体轮廓以及这些特性之间的相互作用,而单变量分析只能一次用一个衡量指标测试分组。

研究模型

本文的初始样本(第一组样本)由66家公司组成,每组33家公司。破产集团是指在1946—1965年期间根据《美国国家破产法》提出破产申请的制造业企业。这些公司的平均资产规模为640万美元,范围为70万—2 590万美元。由于存在行业和规模差异,这一群体并不是完全同质的,本文仔细地挑选了非破产公司。第二组样本由一对使用随机分层技术选择的制造业企业组成。这些公司按行业和规模进行分层,资产规模限制在1万—2 500万美元区间。直至1966年,第二组仍有7家公司。此外,所收集的数据与为破产公司编制的数据来自同一年度,初始样本的测试数据来自其破产前一个报告期的财务报表。一个重要的问题是确定要抽样的资产规模组。从初始样本中剔除小规模公司(总资产不到100万美元)和超大规模公司,大规模公司的破产发生率相当罕见,而完整、综合数据的缺乏无法体现小规模公司的代表性。一个经常争论的观点是,本质上看,财务比率具有统计学上的规模缩减效应,因此大量的规模效应已被消除。在有限规模范围内选择第一组样本公司是不可行的,而随机选择第二组样本公司似乎也是不明智的。因此,对初始样本的后续测试不使用资产规模作为分层的标准。在定义第一组并选择公司后,收集样本的资产负债表和损益表数据。由于以往研究发现的许多变量是企业问题的重要指标,本文编制了一份包含22个潜在有用变量(财务比率)的清单以供评估。这些变量分为五个标准比率类别,包括流动性、盈利能力、杠杆水平、偿债能力和运营能力。这些比率是根据它们在文献中的受欢迎程度、与研究主题的潜在相关性以及本文提出的一些"新"比率来选择的。从最初的变量列表中,选择五个变量作为企业破产预测的最佳指标。为了得出变量的最终轮廓,采用以下程序做分析:(1)观察各替代函数的统计显著性,包括确定每个函数对每个被解释变量的相对贡献度;(2)评估相关变量之间的关系;(3)观察各个变量的预测准确度;(4)考虑分析师的判断。

最终建立的变量曲线不包含最显著的变量,其中22个初始变量是独立测量的,这不一定能改进先前描述的传统单变量分析。整个变量匹配过程的贡献度能够被评估,并且这个过程本质上是迭代的,没有关于所得判别函数最优的说法。然而,函数通过计算机大量运行分析不同财务比率的备选方案中得以优化,最终的判别函数为:

$$Z = 0.012 X_1 + 0.014 X_2 + 0.033 X_3 + 0.006 X_4 + 0.999 X_5$$

其中,X_1=营运资本/总资产,X_2=留存收益/总资产,X_3=息税前利润/总资产,X_4=权益市值/债务总额账面价值,X_5=销售额/总资产,Z为总指数。

研究结论与创新

本文旨在评价财务比率分析的分析质量。有人认为,传统的财务比率分析由于所呈现的方式相对简单,在学术研究中已不再是重要的分析技术。为了评估比率分析技术潜在的严密性,本文结合一组财务比率对企业破产预测问题进行判别分析。判别理论认为,如果在多变量框架内分析财务比率,其统计意义将大于常用的比率排序比较技术。本文的结果验证了这一观点,在初始样本中,94%的公司证明了判别比率模型在预测破产方面是极其准确的,破产和非破产公司中95%的公司被分配到对应的实际分组中。此外,为了验证模型的可靠性,引入的针对第二组样本的判别函数也是准确的。对破产前个别财务比率变化的测试证实了该模型的结论,即破产预测在实际破产前两年准确度高,随后第二年后准确度迅速降低。这项研究的局限性在于,被调查公司都是股票公开流通的制造业企业,可以获得全面的财务数据(包括市场价格报价),未来研究可以将分析对象扩展到资产规模相对较小公司和非公司实体,这些组织失败的发生率高于大规模公司。

本文提出多重判别分析模型在实践和理论上的应用。前者包括商业信用评估、内部控制程序和投资指南。这些应用固有的假设是:通过比率指标检测到的恶化迹象可以被清楚地观察到,有助于采取有利可图的行动。一个潜在的重要理论研究领域是关于有效投资组合选择的概念化,目前在这方面的限制之一是对这些证券以及平衡投资组合和避免下行风险所需的投资政策类型的现实呈现。理想的方法是投资组合中包含那些与其他证券存在负协方差的证券。然而,即使有这样的证券存在,它们也不太可能轻易地被找到。如果引入一种方法,拒绝有高下行风险的证券或将其纳入卖空范围,问题就变得更容易解决。多重判别分析模型似乎有可能解决这个问题,但仍需要进一步验证。

交流区

作为财务比率分析的早期实证文献之一,本文评价了不同比率分析技术的分析质量,并引入了多重判别分析框架,证明了多重判别分析模型具有相对更高的预测准确度。本文为后续财务比率分析的相关实证研究提供了理论基础(Dichev,1998;Officer,2007)。

文献 89　公司信息披露政策与分析师行为

经典文献:Mark H. Lang,[1] Russell J. Lundholm.[2] Corporate Disclosure Policy and Analyst Behavior. *The Accounting Review*, 1996, 71(4): 467-492.

机构:[1]University of North Carolina;[2]University of Michigan

被引:总计 4 110 次,年均 158.08 次

文献概述:余思佳

研究概述:本文研究了公司信息披露情况与分析师跟踪及分析师盈余预测之间的关系。利用 1985—1989 年 FAF(Financial Analysts Federation,金融分析师联合会)报告的数据,本文发现信息披露的信息含量较高公司得到更多的分析师跟踪,分析师盈余预测的准确度更高,分析师之间盈余预测的分歧度更小,同时分析师对盈余预测修正的波动性也更小。这些实证结果促进了人们对资本市场中分析师角色的理解。进一步研究说明,公司提高信息披露水平可以获得更多投资者的关注、减少预测风险、降低信息不对称程度,这些益处都有助于公司降低资本成本。

核心概念:证券分析师　裁量性信息披露　分析师预测　资本市场

文献背景

证券分析师作为资本市场的重要组成,通过发布盈余预测、推荐股票等向资本市场的各方参与者提供信息。上市公司披露的信息是分析师的重要信息来源。虽然监管部门对

上市公司的信息披露提出了基本要求，但公司在信息披露的时间、方式及程度上仍存在巨大的自由裁量空间。本文研究公司信息披露政策对分析师行为的影响。虽然已有大量文献关注分析师如何选择所跟踪的公司，但多数是基于公司本身的特征，如公司规模、盈余波动性、机构持股等，缺乏对公司信息披露政策的讨论。虽有部分研究关注了公司信息披露与分析师盈余预测特征之间的关系，但大多基于对某类信息披露程度的衡量，如管理层盈余预测（Baginski 和 Hassel，1990；Jennings，1987；Williams，1996；Waymire，1986）、媒体信息披露（Kross 等，1990）等。在以上文献的基础上，本文所采用的 FAF 报告（Report of the FAF Corporate Information Committee，金融分析师联合会公司信息委员会报告）比较综合地衡量了公司信息披露中许多难以量化的部分，弥补了之前文献的不足，全面考察了公司信息披露的信息含量与分析师行为之间的关系。

理论基础和研究假设

本文从两个方面考察分析师行为：一是分析师对所跟踪公司的选择，用提供特定公司盈余预测的分析师人数作为衡量指标；二是分析师所发布的盈余预测的特征，具体包括分析师的**预测准确度**（forecast accuracy）、**预测分歧度**（forecast dispersion）和**预测修正波动性**（forecast revision volatility）。

关于分析师跟踪特定公司的决策的影响因素，可以从需求与供给两个方面加以分析。从供给方面，一方面，如果分析师跟踪某公司的成本降低，那么分析师对该公司的信息供给可能增加；另一方面，如果分析师通过公司信息披露获取信息的成本相较从其他渠道获取信息的成本更低，那么公司增加信息披露会降低分析师获取公司信息的成本，从而增加分析师对公司信息的供给，跟踪该公司的分析师人数将会增多。从需求方面，一方面，如果分析师提供给市场的信息是通过将公司的信息进行综合分析评价，从而在公司披露信息的基础上增加了增量价值的信息，即发挥信息中介的作用，那么公司披露更多的信息会扩大市场对分析师分析该公司信息的需求；另一方面，如果分析师提供的信息与公司披露的信息之间存在相互替代的关系，即分析师是除公司之外的另一类信息提供者，那么公司增加信息披露会减少市场对分析师所提供信息的需求。综上所述，公司增加信息披露会对分析师预测信息的供给产生正向影响，而对市场对分析师预测信息的需求的影响存在不确定性。最终某公司存在多少分析师跟踪是供给与需求的均衡结果，目前无法判断公司信息披露的信息含量对跟踪公司的分析师人数的净影响。由此，本文提出假设 1：

假设 1　分析师跟踪人数与公司信息披露的信息含量不相关。

关于公司信息披露的信息含量与分析师盈余预测相关特征之间的关系，需要针对三个不同特征逐一进行分析。第一，公司信息披露如何影响分析师盈余预测之间的分歧度。这一关系取决于分析师之间不同的盈余预测是源于初始信息的不同还是预测方法的不同。初始信息主要是指分析师掌握的信息是通过公开渠道还是私人渠道获得，预测方法是指分析师在预测时如何看待从不同渠道获得的信息。如果分析师采用同样的方法进行预测，当公司公开信息的信息含量增加时，分析师将更多地依靠公开信息而非私有信息，那么分析师预测之间的分歧度将减小。如果分析师预测之间的差异源于不同的预测方法，即在处公开信息和私有信息时分配的权重不同,那么公司披露更多的公开信息可能会加大分析师预测之间的分歧度。因此,公司信息披露程度对分析师预测分歧度的影响是不确定的。由此,本文提出假设2:

假设2 分析师盈余预测之间的分歧度与公司信息披露的信息含量不相关。

第二,公司披露信息的信息含量对分析师预测准确度的影响相对比较直接。如果公司披露了更多与未来盈余有关的信息,那么随着公司信息披露程度的提高,分析师盈余预测的准确度也将提高。即使公司披露的更多信息与盈余不相关,其也不会对分析师预测的准确度产生负面影响。由此,本文提出假设3:

假设3 分析师盈余预测的准确度与公司信息披露的信息含量正相关。

第三,公司信息披露对分析师预测修正的影响应当从信息披露的及时性角度加以分析。对公司未来盈余有影响的信息,公司可以选择即时披露或者一段时间后将所有信息一次性披露,这两种披露时机选择方式在信息披露及时性方面的差异会对分析师盈余预测的修正产生不同的影响,后者将会造成更极端的分析师预测修正。及时的信息披露的价值就在于其减少了信息对投资者和分析师预测的影响范围,可以在一定程度上避免信息披露对市场产生大幅影响,降低市场的波动性。分析师在财务报告公告日之前发布的预测修正的波动性将随着公司信息披露政策的完善而减小。由此,本文提出假设4:

假设4 分析师盈余预测修正波动性与公司信息披露水平负相关。

综上所述,本文通过理论分析对公司信息披露政策对分析师盈余预测的准确度及预测修正波动性的影响提出了明确的预测,以备后续实证检验加以验证;而公司信息披露政策对分析师跟踪人数及分析师预测分歧度的影响存在很多不确定因素,需要通过实证检验确定具体的影响机制。

实证方法与实证结果

本文选择1985—1989年FAF年度报告所涵盖的公司为研究样本。FAF是由杰出的分析师组成的行业委员会,其对公司的年度报告、季度报告及其他公告和投资者关系等方面的信息披露(包括信息披露内容及披露及时性)进行评价打分。对每家公司来说,包括对信息披露的总体评分,以及对不同信息披露内容的评分,具体分为:定期报告、其他公告和投资者关系。FAF年度报告涵盖来自27个行业的460家公司。与样本公司相关的分析师预测数据则从I/B/E/S数据库获得。

本文的主要解释变量是公司信息披露的信息含量,由FAF报告评分来衡量,包括对信息披露的总体评分以及对年度报告、其他公告和投资者关系三部分信息披露的评分。本文要检验的四个被解释变量分别为:(1)分析师跟踪,用提供特定公司年度盈余预测的分析师人数来衡量;(2)分析师预测分歧度,用所有分析师对特定公司当年度发布的盈余预测的标准差除以股价来衡量;(3)分析师预测准确度,用分析师预测盈余与实际盈余之差的绝对值除以股价并乘以-1来衡量;(4)分析师预测修正波动性,用在同一财政年度每月预测中位数和上月实际值的差额的标准差再除以年初股价来衡量。

确定了解释变量与被解释变量之后,为了确切检验信息披露水平与分析师行为的关系,需要在回归模型中添加相关的控制变量。根据已有研究,本文控制了公司规模(财政年度年初的公司市值)、公司盈利能力波动性(公司前10年净资产收益率的标准差)、会计盈余与收益的相关程度(公司过去10年间盈余与股票收益率的相关性)、盈余意外(当年盈余与上年盈余的差值的绝对值除以年初股价)以及新预测比例(当月预测修正数和当月新预测数再除以当月总预测数,取12个月的平均值)。由于无法对变量之间的关系形式做出准确的预测,本文对所有变量进行一定的形式转换。将每个变量在行业年度内进行排序,然后进行(序数-1)/(总公司数-1)的转换,从而将所有变量转换为取值在[0,1]的变量。取值为0表示在该年度、该行业中排名最低,取值为1表示在该年度、该行业中排名最高。

通过相关性分析,本文初步检验了各变量之间的关系。进一步通过多元回归分析,本文对假设逐一进行验证。回归结果显示,FAF报告评分与分析师跟踪人数显著正相关。为了确定不同内容信息披露的作用,本文将FAF报告中对不同部分信息披露的评分分别代入回归模型,结果显示其他公告及投资者关系的评分与分析师跟踪人数显著正相关,年度报告评分与分析师跟踪人数的关系不显著。这说明公司信息披露的信息含量可能已经充分体现在前两者的评分中,因而年度报告的信息含量没有显示出增量价值。将被解释变量设定为其他三个预测特征变量,回归结果显示,FAF报告的总体评分与分析师预测分歧度显著负相关、与分析师预测准确度显著正相关、与分析师预测修正波动性显著负相关。

研究结论、贡献与局限性

本文提供的实证证据显示在控制既定变量的情况下,公司在本行业中信息披露的信息含量越高,会吸引越多的分析师跟踪,同时分析师预测分歧度越小,分析师预测准确度越高,分析师预测修正波动性越小。本文的发现说明公司披露的信息是分析师的基本信息来源,分析师所提供的信息与公司披露信息之间并非相互替代的关系。公司信息披露对分析师行为的影响在一定程度上反映了投资者对公司信息披露的态度,本文从这一角度得到了进一步支持公司信息披露有助于降低资本成本的证据。

本文的主要贡献在于从分析师行为的角度证明了公司信息披露的有效性,即公司可以通过披露更多的信息来获得更多投资者的关注,提高分析师预测准确度,从而降低信息不对称程度以降低资本成本。当然,与许多早期的文献相似,本文在实证方法上同样存在一定的局限性:第一,在变量的衡量上,本文公司信息披露水平的衡量指标采用的是分析师对公司信息披露的评分,这一指标缺乏客观性;第二,公司信息披露与分析师行为间关系存在严重的内生性问题,本文的稳健性检验并没有非常有效地缓解内生性问题。

交流区

本文是较早研究公司信息披露与分析师行为间关系的经典文献,为后续关于这一主题的研究奠定了一定的基础并提供了诸多启示。本文所使用的衡量分析师行为不同维度的各变量也不断被后续研究分析师行为的研究采用(Zhang,2006;Behn 等,2008;Tan 等,2011)。

【主题结语】

本章选取了两篇代表性文献,介绍了财务管理领域与预测相关的两类研究主题。一类研究主题从企业自身出发,探讨预测企业业绩的技术方法。Altman(1968)以企业破产预测为研究背景,采用多重判别分析的统计方法,试图对比率分析技术的分析质量进行评价,发现传统的比率分析技术仍然具有较高的预测效力。这一研究结论引发了学者的思考:能否弥合传统的分析方法与近年来在学术界流行的更严密的统计技术之间的差距?如何更好地对企业业绩进行预测?

另一类研究主题以企业外部第三方为主体,探讨以分析师为代表的信息中介的预测行为。Lang 和 Lundholm(1996)发现公司信息披露政策对分析师盈余预测的准确度、分歧度和预测修正波动性有显著影响。分析师的盈余预测依赖于企业信息的披露水平和披露方式。未来研究可以基于这一思路展开讨论,挖掘更多影响分析师预测的因素。

【推荐阅读】

1. Behn B K, Choi J H, Kang T. Audit Quality and Properties of Analyst Earnings Forecasts[J]. *The Accounting Review*, 2008, 83(02): 327-349.
2. Dichev I D. Is the Risk of Bankruptcy a Systematic Risk[J]. *The Journal of Finance*, 1998, 53(3): 1131-1147.
3. Officer M S. The Price of Corporate Liquidity: Acquisition Discounts for Unlisted Targets[J]. *Journal of Financial Economics*, 2007, 83(3): 571-598.
4. Tan H, Wang S, Welker M. Analyst Following and Forecast Accuracy after Mandated IFRS Adoptions[J]. *Journal of Accounting Research*, 2011, 49(5): 1307-1357.
5. Zhang F. Information Uncertainty and Analyst Forecast Behavior[J]. *Contemporary Accounting Research*, 2006, 23(2): 565-590.
6. 方军雄.我国上市公司信息披露透明度与证券分析师预测[J].《金融研究》,2007(6):136-148.
7. 宋剑峰.净资产倍率、市盈率与公司的成长性——来自中国股市的经验证据[J].《经济研究》,2000(8):36-45.
8. 王雄元,李岩琼,肖忞.年报风险信息披露有助于提高分析师预测准确度吗[J].《会计研究》,2017(10):37-43+96.
9. 吴世农,卢贤义.我国上市公司财务困境的预测模型研究[J].《经济研究》,2001(6):46-55+96.
10. 周开国,应千伟,陈晓娴.媒体关注度、分析师关注度与盈余预测准确度[J].《金融研究》,2014(2):139-152.

第 5 篇

公司治理与交叉研究

开卷寄语

Smith(1937)、Jensen 和 Meckling(1976)提出企业所有权与控制权(或经营权)分离会导致管理层代理问题——管理层以牺牲股东价值最大化为代价追求个人私利。自此,公司治理领域的研究开始探讨公司治理机制能否抑制管理层机会主义行为并进而影响企业运营和企业价值。Akerlof(1970)指出,信息不对称问题会损害资本市场的资源配置效率,信息不对称的存在也会增加代理成本。因而,公司信息披露成为会计领域广受关注的问题之一。第 16 章选取的经典文献从公司内部治理和外部治理的角度,研究了董事会特征、审计委员会特征、财务报告内部控制质量、反收购条款和机构投资者持股等机制对财务报告舞弊、盈余质量、研发投入、现金持有价值和公司价值的影响;第 17 章选取的经典文献从不同角度关注公司信息披露问题,研究了公司信息披露的动机、影响因素及经济后果,同时也总结了财务报告与公司治理之间的关系。

有效的公司治理机制是现代企业持续健康运行的基石,也是维护投资者等利益相关者权益的重要保障。近年来逐渐兴起的对企业社会责任以及环境、社会和公司治理(environmental, social and governance, ESG)的评级和投资也凸显了公司治理的重要性。高质量的信息披露是提高资本市场资源配置效率必不可少的条件,因而从多角度探讨公司信息披露问题对我国资本市场的高质量发展具有重要意义。

第16章

公司治理

文献90 公司治理与现金持有价值

经典文献：Amy Dittmar,[1] Jan Mahrt-Smith.[2] Corporate Governance and the Value of Cash Holdings. *Journal of Financial Economics*, 2007, 83(3)：599-634.

机构：[1]University of Michigan；[2]University of Toronto

被引：总计 2 483 次，年均 165.53 次

文献概述：许硕磊

研究概述：本文通过比较治理机制不完善公司和治理机制良好公司的现金持有价值与使用情况，探讨公司治理如何影响公司价值。本文研究表明，公司治理通过现金积累这一路径对企业价值产生重要影响。在治理机制不完善的公司中，1 美元现金的价值仅为 0.42—0.88 美元；在治理机制良好的公司中，1 美元现金的价值翻倍。治理机制不完善的公司会更迅速地挥霍现金，进而显著降低经营业绩。但如果公司治理机制良好，那么持有大量现金对未来经营业绩的负面效应将被抵消。

核心概念：现金持有　公司治理　股权结构　反收购条款　管理层防御

文献背景

Jensen 和 Meckling(1976)提出的委托代理理论表明，如果任由管理层自行其是，那么公司资源将被大量浪费。亚当·斯密(Smith,1937)也指出，由于所有权与控制权相分离，管理层在管理公司事务时或多或少会存在疏忽和浪费。本文关注一项特定的资产——现金，考察这种疏忽和浪费可能造成的价值破坏，以及良好的公司治理如何有助于防止这种损害。

2003 年，所有现金和有价证券的总和约占美国大型上市公司资产总和的 13%，相较于 1990 年(5%)大幅增长。同年，美国上市公司持有的现金总额约占美国当年 GDP 的 10%。对企业来说，尽管持有一定量的现金能够为日常运营提供资金支持，并为因投资活动而进行的外部融资提供一定缓冲，但如果管理层低效使用这些流动资源，持有过多现金就会产生负面影响。换言之，如果 1 美元现金被浪费了，那么它的实际价值将不到 1 美元。由于

良好的公司治理是股东防止管理层低效使用公司资源的一种保护机制,进而引出的一个重要问题:公司治理如何影响现金储备的价值和最终用途?

理论基础与研究思路

本文关注现金主要有以下三个原因:其一,管理层可以不受监督地自由使用现金;其二,公司持有大量现金并不断增加现金储备,使现金在公司财富中的占比较大;其三,尽管公司治理水平变化较小,但现金持有量在各年间存在较大差异。公司层面现金持有量的差异为检验公司治理对现金持有价值和用途的影响提供了有利条件。

为确定公司治理对现金价值的影响,本文采用了两种方法。第一,遵循Faulkender和Wang(2005)的方法,本文检验了现金持有变动对公司市场价值的影响。结果是惊人的:在控制其他因素后,本文发现在治理机制不完善的公司中,每增加1美元的现金的真实价值只有0.42—0.88美元,而良好的治理机制能使这一价值翻倍。第二,本文估计了公司超过其运营和投资所需现金储备的价值,这些超额现金多由管理层自主决定如何使用,最有可能被浪费。本文同样发现治理不完善公司的超额现金的价值只是治理良好公司的超额现金价值的一半左右。

接着,本文更直接地检验治理不完善的公司是否浪费现金储备,发现治理良好公司的现金资源更易留存,而治理不完善公司则会更快速地消耗现金。事实上,公司治理对企业的现金积累方式的影响相对较小,但对企业如何花费现金有显著影响。更重要的是,本文发现拥有较多超额现金和治理机制不完善的公司的经营业绩相对较差,这是因为当公司治理机制不完善时,超额现金的过度消耗会降低企业的会计业绩。如果公司治理完善,那么超额现金对经营业绩的负面影响将被抵消。这些结果表明,不管是管理层因代理问题将超额现金投入低回报项目,还是超额现金通过降低成本、提高利润、密切监督员工行为和公司运营或者采取其他提升利润的措施以减小管理层压力,超额现金都会导致企业业绩不佳,而良好的公司治理会扭转这种负面影响。

在整个分析过程中,本文利用两种公司治理机制来衡量投资者监督:大型机构投资者和基于反收购条款而产生的管理层防御。关注上述公司治理机制的原因是:二者都会影响管理层有效使用超额现金的能力。

样本选择

本文的研究样本包括1990—2003年数据齐全的美国上市公司。受数据可得性所限(Gompers等,2003),样本期从1990年开始。与先前文献一致,由于流动性较难评估以及公司治理会受到监管制度的影响,本文剔除金融行业和公用事业部门的上市公司,最终样本包括1 952家公司的13 095个公司—年度观测值。为排除异常值的影响,本文对公司层面的比率变量进行1%和99%的缩尾处理。

实证方法与模型构建

公司治理衡量

本文采用多种方式衡量公司内部和外部治理机制,包括因反收购条款而产生的管理层防御程度以及是否存在大股东监督。

管理层防御程度采用两种方式衡量。一是 Gompers 等(2003)提出的公司治理指数,衡量公司章程及其所在州法律条款中关于反收购条款的数量。反收购条款数量越多意味着公司治理越不完善。二是利用 Bebchuk 等(2005)的指数替代上述公司治理指数。两种指数基于相同的原始数据,但第二种指数仅使用研究者认为对公司价值影响最大的相关规定。

本文同样采用两种方式衡量大股东监督。一是所有持股比例超过 5% 的机构投资者的持股比例之和,数值越大意味着监督越强、公司治理越好。二是更换机构投资者类型,利用持有公司股份的共同养老基金持股比例之和来替代。

本文将公司治理定义为二元虚拟变量,并按百分位将样本分为三组:管理层防御指数最低和机构投资者数量最高的一组赋值为 1(公司治理最完善),管理层防御指数最高和机构投资者数量最低的一组赋值为 0(公司治理不完善),并剔除中间组。

主要回归模型

本文的被解释变量为超额收益率,解释变量为公司现金变动(除以期初权益价值进行标准化)以及现金变动与公司治理变量的交乘项,回归模型为:

$$r_{i,t} - R_{i,t}^B = \gamma_0 + \gamma_1 \frac{\Delta C_{i,t}}{M_{i,t-1}} + \gamma_2 \frac{\Delta E_{i,t}}{M_{i,t-1}} + \gamma_3 \frac{\Delta NA_{i,t}}{M_{i,t-1}} + \gamma_4 \frac{\Delta RD_{i,t}}{M_{i,t-1}} + \gamma_5 \frac{\Delta I_{i,t}}{M_{i,t-1}} + \gamma_6 \frac{\Delta D_{i,t}}{M_{i,t-1}} + \gamma_7 \frac{C_{i,t-1}}{M_{i,t-1}} + \gamma_8 L_{i,t} + \gamma_9 \frac{NF_{i,t}}{M_{i,t-1}} + \gamma_{10} \frac{C_{i,t}}{M_{i,t-1}} \times \frac{\Delta C_{i,t}}{M_{i,t-1}} + \gamma_{11} L_{i,t} \times \frac{\Delta C_{i,t}}{M_{i,t-1}} + \gamma_{12} GOV_{i,t} \times \frac{\Delta C_{i,t}}{M_{i,t-1}} + \varepsilon_{i,t} \qquad (1)$$

其中,ΔX 为变量 X 从第 $t-1$ 年到第 t 年的变化程度;$r_{i,t}$ 为第 t 年的股票收益率;$R_{i,t}^B$ 为 Fama 和 French(2003)计算的经公司规模和市盈率调整的基准收益率;$M_{i,t}$ 为第 t 年的公司市场价值,等于股价乘以股票数量;$C_{i,t}$ 为第 t 年的现金及现金等价物;$E_{i,t}$ 为第 t 年的息税前利润;$NA_{i,t}$ 为第 t 年的净资产;$RD_{i,t}$ 为第 t 年的研发费用;$I_{i,t}$ 为第 t 年的利息费用;$D_{i,t}$ 为第 t 年的股利;$L_{i,t}$ 为第 t 年的财务杠杆,$L_{i,t} = Debt_{i,t}/(Debt_{i,t} + M_{i,t})$,其中 $Debt_{i,t}$ 为第 t 年的长期债务与短期债务之和;$NF_{i,t}$ 为第 t 年新获得的融资额,等于新的权益融资额与新的债务融资额之和;$GOV_{i,t}$ 为公司治理变量。本文利用现金变动与公司治理变量的交乘项衡量公司治理的作用。通常情况下,在控制盈利能力、投资和融资变化等因素后,公司现金增加 1 美元预期会引起公司市场价值上升 1 美元。本文预期如果公司治理机制不完善(良好),公司现金的增加会导致公司市场价值下降(增长)。换言之,本文预期现金变动与公司治理机制交乘项的系数为正。

本文进一步检验公司治理对超额现金持有的影响以考察公司治理机制的价值效应。超额现金定义为公司所持有的非运营或投资所需的现金资源。由于现金总量并不能验证管理层不太可能浪费日常运营所需现金资源的事实，同时 Jensen(1986)认为缺乏监督的管理层会浪费自由现金流，因此本文将研究范畴拓展到超额现金持有与公司价值的相关性以及公司治理对现金持有价值效应的影响。本文发现，公司治理有效提升了公司超额现金持有的价值。

在上述检验之后，本文考察公司治理对超额现金的使用，进一步探究公司治理对现金持有价值的影响。首先，本文检验了公司治理对公司超额现金使用的影响。在控制行业内超额现金变动的平均值后，以第 t 期至第 $t+1$ 期的超额现金变动为被解释变量，本文发现公司治理显著影响公司对超额现金的浪费，特别是治理不完善的公司会花费更多的现金。其次，作为对比，本文同时检验了公司治理对现金积累的影响。以第 $t-1$ 期至第 t 期的超额现金变动为解释变量，本文发现公司治理对现金积累并未产生显著影响。最后，出于价值因素的考虑，本文认为消耗现金并不一定是不好的决策，这取决于公司如何使用这些资源。为考察消耗现金究竟是改善还是恶化公司业绩，本文对使用超额现金的子样本的经营业绩进行检验。

$$ROA_{i,t} = \delta_0 + \delta_1 \frac{XCash_{i,t-1}}{NA_{i,t-1}} + \delta_2 GOV_{i,t-1} + \delta_3 \frac{XCash_{i,t-1}}{NA_{i,t-1}} \times GOV_{i,t-1} + \delta_4 \text{Ln}(NA_{i,t}) + \delta_5 \frac{PPE_{i,t}}{NA_{i,t}} + \delta_6 ROA_{i,t-1} + Year + Firm + \varepsilon_{i,t} \quad (2)$$

其中，$ROA_{i,t}$ 为营业收入除以净资产再减去行业平均 ROA；$NA_{i,t}$ 为第 t 年的净资产；$PPE_{i,t}$ 为第 t 年的固定资产；$XCash_{i,t-1}$ 为第 $t-1$ 年的现金总额减去超额现金；$GOV_{i,t-1}$ 为第 $t-1$ 年的公司治理变量。本文预期超额现金与公司治理交乘项的系数为正，即在第 $t-1$ 期同时持有 1 美元超额现金的公司中，相较于治理机制良好的公司，治理机制不完善的公司使用超额现金会导致较低的 ROA。

| 稳健性检验 |

为确保研究结果的稳健性，本文依据 Fama 和 French(1998)的研究，以市盈率估计的现金持有总量和超额现金持有价值为第二种研究方法。研究步骤与上述回归分析类似：模型(1)左侧的变量替换为企业的市盈率，模型(1)右侧的变量为增加(超额)现金与公司治理的交乘项。

| 研究结论与创新 |

Jensen(1986)认为如果管理层不受监督，就会浪费企业的自由现金流。本文将这一论点扩展到企业现金储备，并提供了公司治理影响超额现金价值的经验证据。本文发现，如果公司治理机制不完善，现金持有价值就会显著降低。同时，治理机制良好的公司会留存多余的资源，而治理机制不完善的公司会迅速地将超额现金储备消耗在回报较低的投资项目上。简而言之，治理机制不完善的公司会过度消耗现金资源，从而损害企业价值。

本文的研究发现有助于理解公司治理机制和现金政策。已有大量文献表明公司治理能够提升企业价值,但治理机制提升企业价值的路径并未受到广泛关注。换句话说,公司治理如何起作用呢?本文提供了一个新见解:公司治理通过提升现金持有的利用效率来提高企业价值。同时,本文揭示了公司治理对现金政策的作用,研究结果表明相对于现金积累,公司治理对现金使用的影响更大。这意味着公司治理对经营投资决策(如何使用现金)的影响大于融资决策(积累多少现金)。本文并未检验公司持有现金的所有原因,更关注的是治理机制不完善公司持有超额现金的成本。一个关于现金政策的启示是:如果公司治理机制完善,那么其是否持有超额现金的决策可能并不重要。

交流区

公司金融领域自 Jensen(1986)的研究开始,一直关注代理冲突对公司现金政策的影响,认为公司内部资金是管理层和股东产生冲突的核心。本文延续这一理论思维,发现公司治理机制提升了现金持有的价值;同时,公司治理机制影响了公司的经营投资决策。已有研究认为公司治理机制不完善的公司会通过低价收购来快速消耗现金储备(Harford,1999;Harford 等,2008),本文控制公司收购水平之后,发现低价收购并不是代理问题影响公司现金使用决策进而影响公司价值的唯一途径。

文献 91　董事会规模较小公司的市场价值较高

经典文献:David Yermack. Higher Market Valuation of Companies with a Small Board of Directors. *Journal of Financial Economics*,1996,40(2):185-211.

机构:New York University

被引:总计 9 768 次,年均 368.60 次

文献概述:宋晓悦

研究概述:本文提出的证据与小规模董事会更有效的观点相一致。用托宾 Q 值代表市场价值,本文发现 1984—1991 年 452 家美国大型工业企业的样本中,董事会规模与公司价值存在负相关关系,这一结果对公司规模、行业、内部股权结构、增长机会和其他公司治理结构的众多控制变量都具有很强的稳健性。董事会规模较小公司在财务比率方面的表现也更好,并从薪酬和解雇威胁方面提供了更强的 CEO 业绩激励。

核心概念:董事会规模　董事会结构　公司治理　公司价值

文献背景

越来越多的实证研究检验了公司治理体系的结构和有效性之间的关系,一个重要的观点是高管的决策会受到薪酬、并购威胁、董事会监督和其他机制的影响。本文评估了限制

董事会规模以提高公司治理有效性的假设,并发现了在美国公司中公司价值与董事会规模存在反比关系的证据。

一些证据表明,缩减董事会规模已成为机构投资者、持不同意见的董事以及蓄意收购者首要考虑的内容。Kini 等(1995)提出的证据表明,在收购中标后公司董事会规模会缩小。在通用汽车(General Moters)、国际商业机器(IBM)、西方石油(Occidental Petroleum)、斯科特造纸(Scott Paper)、格雷斯(Grace)、时代华纳(Time Warner)和西屋电气(Westinghouse Electric)等知名公司开展的公司治理改革中出现了规模较小的董事会,这一变化在很大程度上是由机构投资者促成的。

观察 1984—1991 年期间的 452 家美国大型上市公司样本,本文发现以托宾 Q 值为表征的公司市场价值与董事会规模负相关。这种关联既出现在公司之间的横截面分析中,也出现在个体公司内部的时间序列分析中。董事会规模与公司价值之间的负相关关系随着董事会规模的扩大而减弱,这意味着当董事会由小型规模变为中型规模时会产生增量成本。例如,当董事会成员从 6 名增加到 12 名时,公司价值的损失等于董事会成员从 12 名增加到 24 名时的价值损失。

| 理论基础 |

近年来,对董事会改革的批评和建议激增。Monks 和 Minow(1995)以董事会监督可以提高管理层决策质量为前提,对这类文献进行了综述。许多评论人士提出,董事会中应配置相当比重的外部董事、董事应持有公司大量股票、CEO 拟定董事会议程和任命新董事的权力应受到约束、CEO 绩效评估应定期进行。如上文所述,限制董事会规模已出现在一些改革议程上,而且 Lipton 和 Lorsch(1992)、Jensen(1993)认为董事会规模应予以优先考虑。

Lipton 和 Lorsch(1992)、Jensen(1993)以及其他小规模董事会的倡导者认为,董事会规模对公司治理的影响独立于董事会的其他属性。他们的观点是:借鉴组织行为学的研究,当工作团队规模变大时生产率将受损。根据 Jensen(1993)所言,"……随着团队规模的扩大,其成员的效率会降低,因为协调和流程问题抵消了拥有更多员工所带来的优势。"

关于董事会规模重要性的实证研究很少。Holthausen 和 Larcker(1993a)认为,董事会规模是影响高管薪酬和公司业绩的一系列可能变量之一,其研究结果表明董事会规模与 CEO 薪酬存在正相关关系。而 Holthausen 和 Larcker(1993b)未能找到董事会规模与公司业绩存在关联的一致证据。

在研究董事会规模时,一个显而易见的问题是,董事人数可能是由其他变量内生形成的,比如公司规模、公司业绩或 CEO 偏好。因此,在提出公司价值与董事会规模负相关的主要发现后,本文还探讨了其他可能的解释。

| 样本选择 |

本文的分析使用由《福布斯》杂志对美国 500 家最大上市公司年度排名得出的公司组成的面板数据,排名基于销售额、总资产、市场价值和净利润。本文的样本选择规则要求每家公司在 1984—1991 年的 8 年时间里,至少 4 年时间有资格进入福布斯榜单,每家公司在

此期间拥有连续 4 个或 4 个以上财政年度的股票价格和财务报表数据。4 年期的要求是为了平衡两个抽样问题：第一，保证每家公司有多个观测值，以便使用面板数据计量方法；第二，允许公司随时进入和退出面板，限制偏差的产生。剔除公用事业类和金融类公司，最终获得包含 452 家公司、8 年期的 3 438 个观测值。

实证方法与模型构建

本文的主要假设是公司价值取决于董事会的监督和决策质量，董事会规模是决定其绩效的重要因素。本文构建了公司价值和董事会规模之间关系的一个简单模型，沿袭了相关研究的方法，如 Mørck 等（1988）、Hermalin 和 Weisbach（1991）以及 Lang 和 Stulz（1994），将一组解释变量对托宾 Q 估计值（等于资产的市场价值除以资产的重置成本）进行回归，还控制了公司规模、行业、董事会构成和过去公司业绩等变量。在给出主要结果之后，本文进一步测试了各种替代解释的稳健性，并评估了替代理论能否解释所观察到的董事会规模与公司价值之间的反向关系。

为了研究董事会规模是否与公司价值显著相关，本文使用托宾 Q 作为被解释变量，董事会规模作为众多解释变量之一，进行最小二乘回归。除了董事会规模，回归中还控制了其他变量，包括盈利能力、公司规模、未来投资机会、多元化程度、董事会持股水平、外部董事比例，这些控制变量会直接影响托宾 Q 或董事会的激励和监督能力。

最小二乘模型和固定效应模型的回归结果都证明公司价值与董事会规模显著负相关，这与随着董事人数的增加，协调、沟通和决策问题会损害董事会绩效的解释一致。此外，董事会规模所隐含的凸关系表明，随着董事会规模的扩大，成本以递减的速度累积。

以上的结果也可以解释为小规模董事会可能有助于提高公司业绩，或者公司可能会根据过去业绩调整董事会规模。本文运用**最大似然泊松模型**（maximum-likelihood Poisson model）估计每年离任和新任董事的数量，估计过去业绩和董事会规模的改变来检验二者的因果关系，没有发现董事会规模的扩大或缩小会受到公司业绩的影响。与前人的研究一致，本文发现当公司业绩不好时会有更多的董事被更换，但董事会总体规模没有变化。使用滞后一期的董事会规模作为工具变量，对董事会规模与公司价值的关系是否可以归因于过去业绩导致董事会规模调整进行额外的检验，结果与之前无变化；使用滞后多期的董事会规模，发现董事会规模三年的滞后值与托宾 Q 值存在显著的相关性，而托宾 Q 滞后值与董事会规模不存在相关关系。这表明是董事会过去的规模影响公司当前价值，而非过去的业绩影响董事会当前规模的选择。

稳健性检验

为了排除其他可能的解释，将未来投资机会的代理变量由资本支出/销售收入分别替换为研发支出/销售收入、折旧费/销售收入、市盈率和股票收益率的波动性，关键变量（董事会规模）的系数几乎没有发生变化；在改变公司规模的代理变量后，董事会规模的系数依然负向显著；小规模董事会的监督通常更积极，在添加非 CEO 董事长、非 CEO 总裁和持股 5%董事的虚拟变量后，董事会规模的系数依然显著。

为了考察所有权结构的关联性,在原模型中加入 CEO 是否属于公司创始人家族的虚拟变量,发现该变量负向显著,说明创始人家族放弃控制权会提高公司价值;公司年龄也可能与所有权结构密切相关,因为随着时间的推移,公司可能会被更广泛持有,引入每家公司成立以来的年数重新回归,结果显示董事会规模估计值几乎没有变化。

关于小规模董事会表现的进一步证据反映在公司经营业绩模式、CEO 更替、高管薪酬以及股东对董事会规模变化的反应等方面。分析结果表明,关键财务比率与董事会规模负相关,CEO 的激励(来自薪酬和解雇威胁)也随着董事会规模的扩大而减弱。本文还列举以下发现:6 家因公司治理而宣布大幅缩减董事会规模的样本公司在公告日前后都实现了正向超额收益,而 4 家宣布大幅扩张董事会规模的平行样本公司实现了负向超额收益。

研究结论与创新

本文评估了最近法律和金融文献中关于缩减公司董事会规模的建议。Lipton 和 Lorsch(1992)、Jensen(1993)批评了大规模董事会的表现,指出沟通和决策无效的问题降低了这些群体的工作效率。本文找到了与此一致的证据。本文对 452 家大型上市公司 1984—1991 年的数据进行回归分析,发现董事会规模与公司价值存在负相关关系,而且这种关系似乎呈凸形。这表明最大的损失部分发生在董事会从小规模到中等规模转变的过程中。基本回归结果在控制公司规模、增长机会、公司治理替代变量和所有权结构等因素后仍具有很强的稳健性,没有证据支持公司会因过去业绩而改变董事会规模的推论。

一系列支持性证据与董事会规模与公司价值存在负相关关系的主要发现一致。随着董事会规模的扩大,与盈利能力和运营效率相关的财务比率似乎在不断减小,董事会通过薪酬和解雇威胁提供的 CEO 业绩激励作用有所减弱。宣布大幅缩减董事会规模的样本公司在公告日前后实现了可观的超额收益,而宣布大幅扩张董事会规模的公司则正好相反。

交流区

本文是研究董事会结构的早期文献,实证检验了董事会规模的重要性,为后续关注董事会结构的公司治理类研究,如董事会成员构成(Hermalin 和 Weisbach,1998;Boone 等,2007)、董事会独立性(Knyazeva 等,2013;Ryan 和 Wiggins,2004)、董事会成员特征(Anderson 等,2004)奠定了基础。

文献 92 董事会构成与财务报表舞弊间关系的实证分析

经典文献:Mark S. Beasley. An Empirical Analysis of the Relation between the Board of Director Composition and Financial Statement Fraud. *The Accounting Review*, 1996, 71(4):443-465.

机构:North Carolina State University

被引：总计 6 414 次，年均 246.69 次

文献概述：宋晓悦

研究概述：本文实证检验了外部成员在董事会中的占比越大则财务报表舞弊的可能性越小的推测。75 家舞弊公司和 75 家非舞弊公司的 Logit 回归分析结果表明，非舞弊公司的董事会中外部成员占比明显高于舞弊公司，而审计委员会的存在并不会显著影响财务报表舞弊的可能性。此外，随着外部董事对公司股份的增加、董事会外部董事任期的延长以及外部董事担任其他公司董事人数的减少，财务报表舞弊的可能性降低。

核心概念：审计委员会　董事会构成　公司治理　财务报表舞弊

文献背景

董事会是企业最高的内部控制机构，负责监督高管的行为。Fama 和 Jensen(1983)认为，**外部董事**(outside directors)更有动机执行监督活动并且不会与高管串通攫取股东财富，所以外部董事可以增强董事会监督管理层在两权分离下代理行为的能力。由于外部成员在董事会中的代表程度存在很大差异(Baysinger 和 Butler,1985)，本文通过董事会构成的变化实证检验外部董事减少财务报表舞弊的作用。现有的实证研究提供了董事会构成(包括外部董事)的重要性的证据，聘用外部董事可以监督管理层的代理过程并减少其参与财务报表舞弊的行为。虽然这些研究支持董事会构成与董事会代理成本有关，但没有在财务报表舞弊的背景下考察董事会构成。

本文检验了这样一个推测：有财务报表舞弊行为公司的董事会外部人员比例低于无财务报表舞弊行为公司的相应比例。外部董事被定义为所有**非雇员董事**(non-employee directors)。本文采用 Logit 横截面回归分析的研究方法，考察 75 家舞弊公司和 75 家非舞弊公司的董事会构成差异，这些公司在规模、行业、上市交易所和上市时间上都是相似的。更重要的是，回归分析控制了管理层进行财务报表舞弊的动机差异，以及使管理层能够凌驾于董事会监督而实施舞弊的条件。

理论基础与研究假设

董事会的一项重要功能是尽量减少现代公司所有权和控制权分离下所产生的成本(Fama 和 Jensen,1983)。董事会从公司股东那里获得内部控制和其他决策权。这种委托之所以会发生，是因为股东通常持有大量不同公司的股票以分散风险(Fama,1980)。这样的股权分散性会引发**搭便车问题**(free-rider problem)，个人股东没有足够的动机投入资源来确保管理层为股东利益而行事。

Fama 和 Jensen(1983)认为，股东将内部控制的责任委托给董事会，使得董事会成为公司决策控制的顶层。虽然董事会将大部分决策管理职能和许多决策控制职能委托给管理层，但保留对管理层的终极控制权。董事会负责在公司内部建立适当的控制制度，并监督管理层遵守这一制度。

然而，除非董事会限制高级管理人员个人的决策自由裁量权，否则这种委托代理制度

在决策控制方面是无效的。Williamson(1984)指出,由于管理人员处于全职地位和拥有内部人知情权,他们具有巨大的信息优势,因此董事会很容易成为管理层的工具,从而会牺牲股东的利益。高层管理人员对董事会的控制可能导致两者合谋转移股东财富(Fama,1980)。因此,公司董事会通常包括外部成员,他们在内部管理人员产生分歧时充当仲裁人,并批准涉及严重代理问题的决策(Fama 和 Jensen,1983)。

会计监管者和规则制定者经常讨论董事会作为防止财务报表舞弊的内部控制机制的重要性。美国注册会计师协会(AICPA)1993 年和 1994 年在《**反舞弊财务报告全国委员会报告**》(Report of the National Commission on Fraudulent Financial Reporting)中分别提出"特别报告:会计行业面临的问题"(Special Report:Issues Confronting the Accounting Profession)和"加强独立审计师的专业性"(Strengthening the Professionalism of the Independent Auditor),呼吁改变董事会构成以加强董事会的独立性,减少财务报表舞弊的发生。在银行业危机之后,联邦存款保险公司(FDIC)实施新的审计委员会构成要求,某些受保大型存款机构必须引入具备银行业或金融专业知识的独立董事。

Fama(1980)、Fama 和 Jensen(1983)关于董事会构成的理论和实证研究以及对董事会改革的各种建议都表明,外部董事比例越高,董事会监督管理层的有效性就越强。由此,本文提出以下假设:

假设 1 存在财务报表舞弊的公司,其董事会中外部成员比例低于不存在财务报表舞弊的公司。

假设 1 是基于外部董事的定义,包括所有非雇员董事,符合**全国性证券交易所**(national stock exchanges)的要求。然而,一些公司治理研究者指出,**内部董事**(inside director)和外部董事之间的传统区别可能无法解释外部董事和他们所服务公司之间的实际与潜在的利益冲突。这些研究者通常将外部董事分为两类:独立董事和灰色董事。**独立董事**(independent director)是指与公司没有任何关联的外部董事,但与董事会成员的关联除外。相比之下,**灰色董事**(grey director)是指与公司有某种非董事会关联的外部董事。由于灰色董事与管理层存在其他关联,他们可能成为违反董事会独立性的潜在来源。

Fama(1980)、Fama 和 Jensen(1983)关于董事会构成的理论预测,独立董事比例越高,董事会监督管理层的有效性越强。由此,本文提出以下假设:

假设 2 存在财务报表舞弊的公司,其董事会中独立董事比例低于不存在财务报表舞弊的公司。

董事会通常将监督财务报告的责任委托给审计委员会(AICPA,1987,1988,1993;SAS,No.53)。Pincus 等(1989)指出,审计委员会通过提供关于公司财务报表及其他财务信息的更详细的知识和理解,增强董事会作为管理控制机构的能力。审计委员会的存在意味着更高的监督质量,并且对减少财务报表舞弊的可能性产生重大影响。由此,本文提出以下假设:

假设 3 发生财务报表舞弊公司的董事会比未发生财务报表舞弊公司的董事会设立审计委员会的可能性更低。

样本选择

本研究使用 150 家上市公司的数据检验假设。150 家公司中的 75 家在 1980—1991 年期间被报道过财务报表舞弊,代表"舞弊公司",将每家舞弊公司与一家"非舞弊公司"进行匹配,创建一个包括 75 家舞弊公司和 75 家非舞弊公司的样本集。

对舞弊事件的识别依据会计及审计实施公告(AAER)和《华尔街日报》索引(WSJ Index),对照组按照公司规模、行业、上市交易所和上市时间匹配,以保证舞弊公司和非舞弊公司在发生财务报表舞弊的可能性上是相似的。

实证方法与模型构建

被解释变量 FRAUD 是二分变量,可以使用 Logit 回归(Stone 和 Rasp,1991)进行检验。在所有公开上市公司中,发生财务报表舞弊公司的真实比例(如本文定义的)很可能低于 50%。因此,本文采用 1∶1 匹配而非随机抽样方法。

本文采用 Logit 横截面回归模型,检验董事会构成与财务报表舞弊事件之间的关系:

$$FRAUD_t = \alpha + \beta_1 \%OUTSIDE + \beta_2 GROWTH_t + \beta_3 TROUBLE_t + \beta_4 AGEPUB_t + \beta_5 MGTOWNBD_t + \beta_6 CEOTENURE_t + \beta_7 BOSS + \beta_8 BLOCKHLD_t + \varepsilon_t \quad (1)$$

本文的关键变量为%OUTSIDE,表示外部董事占董事会成员总数的百分比。本文使用的外部董事定义与证券交易所使用的一致,即将所有目前未在公司任职的董事视为外部董事,并将所有现有员工视为内部董事,即**管理董事**(management directors)。

Logit 模型中还包含由 Loebbecke 等(1989)识别的与动机和条件相关的七个控制变量,因为它们被发现会影响董事会构成。GROWTH 控制了舞弊公司和非舞弊公司之间增长程度的差异,TROUBLE 控制舞弊公司和非舞弊公司之间财务健康程度的差异,AGEPUB 控制公司普通股在公开市场交易时长的差异,MGTOWNBD 控制由担任董事的高级管理人员持有的公司普通股的差异,CEOTENURE 和 BOSS 分别控制首席执行官影响董事会构成的能力和董事会对财务报表舞弊的监督能力,BLOCKHLD 控制持股比例至少为 5%的非管理层股票持有程度的差异。

检验假设 2 时将模型中的%OUTSIDE(外部董事占董事会成员总数的百分比)替换为%GRYBOARD 和%INDBOARD。%GRYBOARD 表示灰色董事占董事会成员总数的百分比,%INDBOARD 表示独立董事占董事会成员总数的百分比。

为了检验假设 3,本文将虚拟变量 AUDCOMM 添加到 Logit 模型。若样本公司在舞弊发生前一年设有审计委员会,则 AUDCOMM 取值为 1,否则取值为 0。鉴于非舞弊公司拥有审计委员会的比例比舞弊公司更高,审计委员会的存在可能会使董事会构成偏向于与假设 1 一致的方向。为了检验审计委员会的存在与董事会构成的交互作用是否会影响财务报表舞弊发生的可能性,Logit 模型中也加入 AUDCOMM×%OUTSIDE 交乘项。

假设 1 和假设 2 均得到支持,但假设 3 的检验结果与假设不一致,即审计委员会的存在对财务报表舞弊发生的可能性没有显著影响。这可能是受样本限制,也可能是舞弊公司与非舞弊公司的审计委员会在召开会议的次数上没有差异。

稳健性检验

除了非舞弊公司的董事会拥有更多的外部董事,在非舞弊公司董事会中担任外部董事的某些个人特征也有助于降低财务报表舞弊发生的可能性。以往担任董事的经验和监督管理层的激励措施可能会影响外部董事在董事会中的表现。本文引入外部董事的三个个人特征,以获得关于外部董事的特定特征如何影响财务报表舞弊发生的可能性的额外知识。这三个特征分别为 OUTOWNBD(外部董事持有公司普通股的累计比例)、OUTTENURE(董事会中外部董事的平均任期)、DIRECTSHIP(外部董事中担任其他公司董事的平均人数)。

OUTOWNBD 的回归系数显著为负,表明随着外部董事持有公司普通股的比例增大,财务报表舞弊发生的可能性降低。这证实了外部董事对公司所有权的提升可以增强外部董事监督管理层的功能,防止企业发生财务报表舞弊。OUTTENURE 的回归系数显著为负,表明随着外部董事在董事会中任职年限的加长,企业发生财务报表舞弊的可能性降低。这说明多年的任职增强了外部董事有效监督管理层的能力,进而防止财务报表舞弊的发生。DIRECTSHIP 的回归系数显著为正,这表明舞弊公司的外部董事在其他公司担任董事职务的数量越多,企业发生财务报表舞弊的可能性越大。这一结果证实了舞弊公司外部董事的兼职董事席位分散了外部董事的监督功能。

除了外部董事的这三个特征,补充的 Logit 分析还研究了董事会规模是否会显著影响财务报表舞弊发生的可能性。补充分析回归中加入了变量 BOARDSZ,以确定董事会规模是否对财务报表舞弊发生的可能性有显著影响。BOARDSZ 的回归系数显著为正,表明随着董事会规模的扩大,财务报表舞弊发生的可能性增加。这一结果与 Jensen(1993)的观点一致,即较小规模的董事会相比较大规模的董事会提供了更强的控制功能。

研究结论与创新

本文的实证结果验证了以下预测:发生财务报表舞弊公司的董事会中外部董事的比例低于未发生财务报表舞弊的公司。Logit 模型控制公司重要特征的横截面差异,发现将外部成员纳入董事会在提高董事会监督管理层、防止财务报表舞弊发生方面的有效性。研究结果还表明,在降低财务报表舞弊发生的可能性方面,董事会的构成比审计委员会的设立更为重要。补充分析还表明,不仅董事会构成对财务报表舞弊发生的可能性有显著影响,董事会规模和特定外部董事特征也会影响财务报表舞弊发生的可能性。

局限性与展望

尽管本文报告的结果印证了对董事会构成的建议,但仍有必要做进一步的研究。目前关于董事会程序,特别是不同级别的董事会成员如何影响董事会决策的信息很少。了解外部董事对董事会活动施加控制的过程,包括讨论问题的性质、向董事会提交的建议以及召开正式会议和非正式会议(如电话会议)的频率,将有助于充实现有的知识。此外,鉴于本文的研究结果不支持审计委员会能有效预防财务报表舞弊的发生,需要开展额外的研究以增进对审计委员会如何有效履行财务报告监督职责的了解。尽管本文的补充分析强调了有助于降低财务报表舞弊发生可能性的特定的外部董事特征,但针对其他的董事个体特征(如个性、管理风格和其他行为特征的差异)的额外研究可能也是有必要的。

交流区

本文通过梳理文献,详尽地展示了委托代理问题产生的原因,分析了提高董事会独立性的必要性,并进一步实证检验了董事会独立性与财务报表舞弊的负向关系,印证了董事会构成的公司治理效果。作为早期的文献,本文的研究设计严谨,研究思路为后续研究打下了基础,如关于董事特征(Fich 和 Shivdasani,2006;Ferris 等,2003;Anderson 等,2004)、审计委员会的治理后果(Klein,2002;Krishnan,2005)等。

文献 93　机构投资者对短视研发投资行为的影响

经典文献: Brian J. Bushee. The Influence of Institutional Investors on Myopic R&D Investment Behavior. *The Accounting Review*, 1998, 73(3): 305-333.

机构: Harvard University

被引: 总计 4 614 次,年均 192.25 次

文献概述: 李宏宇

研究概述: 本文研究了机构投资者究竟是会增强还是会减弱管理层削减研发投资以实现短期**盈余目标**(earnings goals)的动机。许多学者认为机构投资者的频繁交易、对短期利益的追逐等都会加剧公司管理层的短视投资行为;其他学者则认为成熟机构投资者的大量持股,将迫使管理层注重公司长期价值而非**短期盈余**(short-term earnings)。本文考察机构投资者是否会影响那些通过削减研发投入来扭转盈余下降的公司的研发支出,以检验上述两种对立的观点。研究结果表明,当机构投资者持股比例较高时,管理层不太可能通过削减研发投入来扭转盈余下降的趋势。这意味着成熟的机构投资者在减弱短视行为的动机方面通常发挥着监督作用。然而,高持股比例的机构投资者拥有高投资组合周转率并从事动量交易,极大地增加了管理层通过削减研发投入来扭转盈余下降趋势的可能性。这些研究结果表明,当机构持股比例较高时,机构投资者的高换手率和动量交易会激发管理层的短视投资行为;否则,机构投资者持股可以减弱管理层进行短视投资行为的动机。

核心概念: 机构投资者　研究与开发或研发(R&D)　管理层短视　盈余管理

文献背景

短视投资行为(myopic investment behavior)或称**管理层短视**(managerial myopic),是指为实现短期目标而对研发、广告以及员工培训等长期无形项目的投资不足(Porter,1992)。

美国在研发方面的投入滞后引发了市场对管理层短视的关注,且先前的研究提供的一些证据表明了管理层会利用研发实现盈余目标(Jacobs,1991;Dechow 和 Sloan,1991)。美国会计准则要求研发支出立即完全费用化,批评者认为这种会计处理方法会产生管理层短视问题,因为美国资本市场关注的短期性会给管理层施压,导致他们牺牲研发投入来维持短期业绩的增长(Drucker,1986;Jacobs,1991;Porter,1992)。

机构投资者过度关注短期发展,导致管理层担心业绩表现过差将引发机构投资者大量抛售所持有的股票,造成公司股票价值短期内被低估(Graves 和 Waddock,1990;Jacobs,1991;Porter,1992)。还有人认为,成熟机构投资者的大量持股,能够监督和约束管理层,以确保管理层以长期价值最大化为目标而非实现短期盈余目标做出研发投资决策(Monks 和 Minow,1995;Dobrzynski,1993)。本文考察机构投资者是增强了还是减弱了管理层削减研发投入以实现短期盈余目标的动机,检验上述两种对立的观点。

在公司所有权与研发投资关系的研究中,早期研究通过检验研发强度与机构投资者持股水平的横截面关系来测试系统性的研发投资不足。尽管现有证据在很大程度上支持研发强度与机构投资者持股水平正相关(Graves,1988;Baysinger 等,1991;Hansen 和 Hill,1991;Wahal 和 McConnell,1997),但也有证据不支持这一关系。针对管理层在维持研发投入和实现盈余目标之间的权衡,本文通过测试特定时期的研发投资不足来扩展上述研究。

理论基础与研究思路

短视投资行为是一种盈余管理手段,最可能发生在管理层对实现盈余目标和保持研发投资进行权衡之时。因此,本文选用研发支出前的盈余低于上年水平但可以通过减少研发投入来扭转的公司作为样本,在控制其他减少研发投入的动机的同时,测试这些公司的机构投资者持股水平是否会影响管理层削减研发投入以扭转预期盈余下降趋势的可能性。

没有证据表明机构投资者持股作为一个整体会助长短视投资行为,但也不能排除特定的机构投资者持股可能会增强管理层短视动机这种可能性。本文根据过去的投资行为对机构投资者进行分组,检验看重短期(长期)投资的机构是否会助长(减少)短视投资行为。

本文对研发支出决定因素模型进行了拓展,并根据过去的投资组合行为(如交易频率、差异水平)对机构投资者进行分组研究。相比于早期研究中常用的按机构类型(如养老基金、开放式基金)的分组方式,本文创建了更多的同质机构群体,有利于进行更加丰富的预测。

研究假设与样本选择

有人认为,与个人投资者相比,机构投资者创造了一个短期目标导向型的环境,鼓励管理层通过减少投资来操纵盈余。由此,本文提出以下假设:

假设1 在其他条件相同的情况下,公司中机构投资者持股比例越高,管理层削减研发投入以实现短期盈余目标的可能性越大。

成熟机构投资者的持股表现引致一种对立的推测,即与个人投资者相比,机构投资者扮演着监督者的角色,减弱了管理层为实现当前盈余目标而牺牲研发投资的动机。由此,

本文提出以下假设:

假设 2 在其他条件相同的情况下,公司中机构投资者持股比例越高,管理层削减研发投入以实现短期盈余目标的可能性越小。

本文根据机构投资者行为的具体特征,将其划分为**短期持有型**(transient)机构投资者、**指数化**(quasi-indexer)机构投资者和**成熟型**(dedicated)机构投资者。短视投资行为的压力来自短期持有型机构投资者,他们持有许多公司的少量股权,频繁地进行股票买卖交易。这些机构投资者关注短期收益,最可能卖出业绩较差公司的股票,从而会增强管理层的短视动机(Porter,1992)。由此,本文提出以下假设:

假设 3 在其他条件相同的情况下,如果一家公司的机构持股主要由短期持有型机构投资者组成,那么其管理层更有可能削减研发投入以实现短期盈余目标。

相比之下,成熟型机构投资者减轻了管理层进行短视投资行为的压力。因为成熟型机构投资者的大量长期持股只集中于少数几家公司,可以通过激励来监督管理层,并依靠盈余以外的信息评估管理层的表现(Porter,1992)。由此,本文提出以下假设:

假设 4 在其他条件相同的情况下,如果一家公司的机构持股主要由成熟型机构投资者组成,那么其管理层不太可能削减研发投入以实现短期盈余目标。

受机构持股数据和计算投资组合特征需要两年数据的可得性限制,本文选取 1983—1994 年所有能提供完整数据的公司一年份观测值作为样本。机构持股数据来自密歇根大学 Spectrum 数据库,其他变量数据均来自 Compustat 数据库。本文剔除了以下样本:(1)当年或上年研发支出数据缺失的样本;(2)研发支出与销售额的比率小于 1% 的样本,即研发不是影响盈余的重要因素;(3)行业内(四位数 SIC 代码)可以用来计算行业研发强度的其他公司少于三家的样本;(4)计算解释变量所需的数据缺失或等于 0 的样本;(5)Spectrum 数据库中查询不到机构持股数据的样本。最终符合选取条件的样本数为 13 994 个。

实证方法与模型构建

为了测试管理层是否通过削减研发投入来实现盈余目标,假设管理层将上年每股收益作为盈余目标,根据研发支出前的税前盈余变化与前期研发水平的关系将样本划分为三个子样本,即小幅下降分组(small decrease,SD)、上升分组(increase,IN)和大幅下降分组(large decrease,LD),分别测试各组的短视投资行为。

本文选取虚拟变量 CUTRD 作为管理层短视投资行为的衡量指标,若公司研发投入相对于上年减少 CUTRD 取值为 1,否则取值为 0。为检验假设 1,建立以下 Logit 模型对 CUTRD 进行回归:

$$\text{Prob}(\text{CUTRD}_1 = 1) = F(\alpha + \beta_1 \text{PCRD}_1 + \beta_2 \text{CIRD}_1 + \beta_3 \text{CGDP}_1 + \beta_4 \text{TOBQ}_1 + \beta_5 \text{CCAPX}_1 + \beta_6 \text{CSALES}_1 + \beta_7 \text{SIZE}_1 + \beta_8 \text{DIST}_1 + \beta_9 \text{LEV}_1 + \beta_{10} \text{FCF}_1 + \beta_{11} \text{PIH}_1)$$

(1)

其中,PCRD 为上年公司研发支出的变动;CIRD 为根据四位数 SIC 代码定义的行业研发支出与销售额的比率的变化;CGDP 为国内生产总值变动;TOBQ 为托宾 Q 值;CCAPX 为资本支出变动;CSALES 为销售额变动;SIZE 为权益的市场价值;DIST 为盈余目标相对于上年研发支出的差异,定义为研发支出前的税前盈余变化除以上年研发支出;LEV 为财务杠杆;FCF 为自由现金流量;PIH 为机构持股比例。

为检验假设 2,本文将样本缩减为机构持股至少 5% 的公司以确保机构持股可能对管理层行为产生影响。若公司的机构持股被不同类型机构投资者(Transient、Quasi-Indexer 和 Dedicated)控制,对应的指标变量(DQ5)取值为 1,否则取值为 0;再将该变量添加到模型(1)中,形成模型(2):

$$\begin{aligned}\text{Prob}(CUTRD_1 = 1) = F[&\alpha + \beta_1 PCRD_1 + \beta_2 CIRD_1 + \beta_3 CGDP_1 + \beta_4 TOBQ_1 + \beta_5 CCAPX_1 \\&+ \beta_6 CSALES_1 + \beta_7 SIZE_1 + \beta_8 DIST_1 + \beta_9 LEV_1 + \beta_{10} FCF_1 \\&+ \beta_{11} PIH_1 + \beta_{12} DQ5(Transient)_1 + \beta_{13} DQ5(Quasi\text{-}Indexer)_1 \\&+ \beta_{14} DQ5(Dedicated)_1]\end{aligned} \quad (2)$$

稳健性检验

机构持股与 SD 分组中削减研发投入决策存在负相关关系的另一种可能解释为:机构投资者投资于那些即使盈余小幅下降时也不太可能削减研发投入的公司是因为该公司过去曾出现在 SD 分组中。为测试这种可能性,本文检验公司是否在 SD 分组中重复出现,结果表明这一关系并不是由公司重复出现在 SD 分组中所造成的。由于机构持股与分析师跟踪水平正相关,另一种可能的解释为:有大量分析师跟踪的公司,其管理层不太可能削减研发投入。本文增加了公司的分析师跟踪数量作为控制变量,发现 SD 分组中 PIH 的系数在 1% 的统计水平上显著,而在其他分组中不显著。

同时,本文增加额外变量控制公司间削减研发支出的潜在差异、盈余管理的其他动机,检验结果表明加入这些变量并不影响 PIH 的显著性。最后,本文将机构持股的同期变化和未来变化作为独立变量重新进行回归,发现这些变量的系数在 SD 分组中并不显著,这表明管理层削减或增加研发投入并不会影响机构的持股行为。

研究结论与创新

本文的研究结果表明,当机构投资者持股比例较高时,管理层不太可能削减研发投入以扭转盈余下降的趋势,因为成熟机构投资者的大量持股能够监督和约束管理层,确保管理层以长期价值最大化为目标而非实现短期盈余目标进行研发投资决策。然而,短期持有型机构投资者的高持股比例显著增大了管理层削减研发投入以增加盈余的可能性。

本文聚焦于削减研发投入以扭转盈余下降这一特定情境,根据投资行为特征对机构投资者进行分类,提供了美国机构投资行为导致短视投资问题的大样本横截面证据。在此过程中,本文提出一种基于过去投资行为特征划分机构投资者的新方法,这同样适用于其他情况。最后,不同的机构投资者构成影响管理层决策这一研究结果推进了更活跃的关于投资目标与投资者关系的进一步研究。

局限性与展望

管理层操纵研发投入以达到盈余目标的过程尚未被广泛理解,难以用公开数据加以证明。这一限制导致公司间削减研发投入的差异难以被控制,最终很难辨别管理层是永久削减研发投入还是短期减少研发投入或延迟研发投资项目。本文试图通过加入控制变量来克服这一限制,但要完全理解管理层短视行为的机制,还需要进行更详细的小样本研究。

> **交流区**
>
> 本文首先以机构投资者作为一个整体,研究其与管理层短视研发投资行为的关系;然后根据机构投资者过去投资行为的特征,将其归类并进行分组测试。这种研究设计拓宽了盈余管理和机构投资者的研究视角,具有重要的现实意义。

文献94 审计委员会、董事会特征与盈余管理

经典文献:April Klein. Audit Committee, Board of Director Characteristics, and Earnings Management. *Journal of Accounting and Economics*, 2002, 33(3): 375-400.

机构:New York University

被引:总计6 463次,年均323.15次

文献概述:王鹏

研究概述:本文研究了审计委员会及董事会特征是否会影响企业盈余管理行为。研究发现,审计委员会及董事会的独立性均与异常应计负相关,即审计委员会及董事会独立性的降低往往伴随着异常应计的增加。无论是董事会还是审计委员会,当其成员由少数外部董事组成时,上述结果更为明显。本文指出,独立于CEO的董事会结构能够更有效地监督公司的财务报告程序。

核心概念:盈余管理 公司治理 审计委员会 董事会 异常应计

文献背景

审计委员会肩负着监督公司财务报告程序的重任。在评估公司财务报告、审计流程和内部控制时,审计委员会承担着联结公司外部审计师和内部财务经理的作用。现有文献主要关注审计委员会在阻止虚假会计报告中的作用,如防止管理层或外部审计师渎职。然而,学者认为内部管理层和外部审计师在企业应用会计准则的理解上存在差异,而这种差异会导致两种结果,即外部审计师被解聘或协商一致的财务报告被发布。产生这种结果的根源在于诉讼风险差异使得审计师和管理层对财务报告风险所持态度存在差异。因此,审计委员会扮演着外部审计师和内部管理者之间沟通者的角色。审计工作通过审计委员会的沟通与协调使外部审计师和内部管理层的意见实现均衡,最后降低异常应计的规模,即降低盈余管理程度。

财务报告质量领域的研究还关注公司治理质量的影响,已有文献指出董事会独立性提

升了治理效率和企业绩效,能够有效减小虚假财务报告的发生概率。虚假财务报告源于信息不对称和管理层的自利行为,有文献发现管理层持股是防止虚假财务报告发生的重要机制。许多学者指出,管理层持股比例增大会提高企业绩效、降低异常应计规模;但是,也有学者得出相反的结论。因此,如何降低盈余管理水平、提升财务报告质量成为学者关注的热点问题。

理论基础与研究思路

传统委托代理理论指出,在所有权与经营权分离的情形下,管理层通过财务报告程序管理或操纵盈余。完善公司治理机制、监督财务报告编制程序成为解决上述问题的关键。审计委员会及董事会作为公司治理机制之一,对提升盈余质量具有重要作用。独立性能够保证审计委员会更好地履行职责,减少管理层的盈余管理行为,纽约证券交易所(NYSE)和纳斯达克(NASDAQ)均在多份监管文件中强调应确保审计委员会保持较强或者完全的独立性。这源于审计委员会能够主动承担起监管企业财务会计程序的责任,架起沟通管理层和外部审计师的桥梁。同时,董事会特别是独立董事肩负着公司决策、监督和建议的重要使命,其独立性的强弱也会影响管理层行为。除此之外,管理层盈余管理动机受委托代理冲突严重程度的影响,而管理层持股会减缓这种冲突与矛盾,有效抑制盈余管理行为。然而,监管部门关于审计委员会独立性的要求引发了值得思考的问题:审计委员会完全的独立性(100%由外部董事担任)能否真的起到有效监督作用?保持较多数的外部董事能否使董事会独立性更有效地发挥作用?基于上述分析,本文主要研究董事会和审计委员会的独立性强弱及管理层盈余管理动机对企业盈余管理行为的影响。

研究假设与样本选择

本文根据理论分析与文献梳理,提出以下假设:

假设1 审计委员会独立性与管理层盈余管理行为负相关。

假设2 审计委员会独立性与管理层盈余管理行为负相关。

假设3 管理层盈余管理行为与董事会审计委员会中影响较大的外部董事(持股至少为5%)参与程度负相关。

假设4 管理层持股与管理层盈余管理行为间的关系尚不确定。

本文选择1992年3月31日和1993年3月31日在标准普尔500(S&P 500)名单内且在1991年7月1日至1993年6月30日召开年度股东大会的所有公司一年度观测值作为初始样本,并按以下标准对样本进行筛选:(1)剔除28家注册地不在美国的公司;(2)因为很难定义金融业上市公司的应计和异常应计,剔除53家银行及36家保险公司;(3)剔除缺失审计委员会信息的公司一年度样本;(4)删除Compustat数据库或者CRSP数据库中的数据缺失样本;(5)剔除异常应计绝对值极端的样本。本文最终得到692个公司一年度观测值作为研究样本。

实证方法与模型构建

本文主要采用多元线性回归分析审计委员会、董事会的特征和盈余管理行为间的关系。盈余管理行为的测度成为本文实证研究过程的重要内容,也是本文的主要贡献。本文认为传统盈余管理模型忽略了重要变量,由此重新构建盈余管理测度模型,采用配对组合方法计算**经调整异常应计**(adjusted abnormal accruals)。

首先,本文沿用 Jones 模型(Jones,1991)计算特定年份、行业的企业的总应计(ACCR):

$$\frac{\text{ACCR}_{jk,t}}{\text{TA}_{jk,t-1}} = \alpha_{j,t} \frac{1}{\text{TA}_{jk,t-1}} + \beta_{j,t} \frac{\Delta \text{REV}_{jk,t}}{\text{TA}_{jk,t-1}} + \gamma_{j,t} \frac{\text{PPE}_{jk,t}}{\text{TA}_{jk,t-1}} + \varepsilon_{jk,t} \quad (1)$$

其中,$\text{ACCR}_{jk,t}$ 是行业 j 公司 k 第 t 年的总应计,$\text{TA}_{jk,t-1}$ 是行业 j 公司 k 第 t 年年初总资产,$\Delta \text{REV}_{jk,t}$ 是行业 j 公司 k 第 t 年销售净额的变化,$\text{PPE}_{jk,t}$ 是行业 j 公司 k 第 t 年有形固定资产净值。

然后,本文计算未经调整应计利润(AAC):

$$\text{AAC}_{ij,t} = \frac{\text{ACCR}_{ij,t}}{\text{TA}_{ij,t-1}} \times \left(\alpha_{j,t} \frac{1}{\text{TA}_{ij,t-1}} + \beta_{j,t} \frac{\Delta \text{REV}_{ij,t}}{\text{TA}_{ij,t-1}} + \gamma_{j,t} \frac{\text{PPE}_{ij,t}}{\text{TA}_{ij,t}} \right) \quad (2)$$

最后,本文采用配对组合方法计算经调整异常应计利润绝对值(AAAC):等于未经调整应计利润(AAC)的绝对值减去配对组合样本的未经调整应计利润中值的绝对值。

$$\text{AAAC}_{ij,t,p} = \text{Abs}(\text{AAC}_{ij,t,p}) - \text{Median Abs}(\text{AAC})_{t,p} \quad (3)$$

根据构建的盈余管理测度模型,采用单变量分析方法检验公司治理各变量与盈余管理行为的关系,构建以下多元回归模型:

$$\begin{aligned}\text{AAAC} = & \alpha + \beta_1 \text{Bd51\%} + \beta_2 \%\text{Out} + \beta_3 \text{Aud100\%} + \beta_4 \text{Aud51\%} + \beta_5 \%\text{Audout} + \\& \beta_6 5\%\text{Block} + \beta_7 \%\text{CEO} + \beta_8 \text{MV/BV} + \beta_9 \text{Abs}(\text{DNI}) + \\& \beta_{10} \text{Neg.NI} + \beta_{11} \text{Debt} + \beta_{12} \text{Log}(\text{Assets}) + \varepsilon \end{aligned} \quad (4)$$

其中,Bd51% 为虚拟变量,若公司董事会外部董事比例为多数(超过 51%)取值为 1,否则取值为 0;%Out 为公司董事会中外部董事比例;Aud100% 为虚拟变量,若审计委员会完全由外部董事担任取值为 1,否则取值为 0;Aud51% 为虚拟变量,若审计委员会中外部董事比例为多数(超过 51%)取值为 1,否则取值为 0;%Audout 为审计委员会中外部成员比例;5%Block 为虚拟变量,若审计委员会中存在持有股份超过 5% 的外部股东取值为 1,否则取值为 0;%CEO 为 CEO 持有普通股的比例;MV/BV 为市账比;Abs(DNI) 为公司的可分配净利润;Neg.NI 为公司净利润是否为负的指示值;Debt 为公司负债;Log(Assets) 为公司账面资产的对数。

本文进一步检验董事会构成及审计委员构成的变化对异常应计变化的影响。伴随董事会及审计委员独立性的提升,异常应计下降,盈余管理行为被抑制。本文以 1993 年经调整应计利润减去 1992 年经调整应计利润的差值测度异常应计的变化,以 1993 年董事会及审计委员会中外部董事比例减去 1992 年相应比例后的差值测度董事会及审计委员会独立性的变化,通过组(样本)间检验和回归分析,发现董事会和审计委员会独立性的提升会降低异常应计,审计委员会由完全独立转向相对独立会引起经调整异常应计增加。

稳健性检验

为了保证研究结果的有效性,本文进一步做如下分析:

(1)采用修正 Jones 模型测度盈余管理水平;

(2)为了避免 Jones 模型估算的异常应计符号的计量误差问题,本文使用三种配对组合方法,用异常应计的中值调整当期与前期的异常应计;

(3)将原删除的相关变量纳入单变量回归模型并检验其与异常应计的关系;

(4)用 CEO 是否为提名委员会成员或薪酬委员会成员测度董事会独立性。

相关分析数据表明研究结果未发生变化。

研究结论与创新

本文发现董事会和审计委员会独立性与异常应计负相关;当董事会或者审计委员会中独立董事(即外部董事)比例为多数(超过 51%)时,这一结果尤为显著。与新的监管要求相反,并无证据表明完全独立(全部由外部董事构成)的审计委员会与盈余管理行为存在关联。进一步分析发现,当董事会或审计委员会从多数外部董事构成转变为少数外部董事构成时,操控性异常应计显著增加,即企业盈余管理行为增加。

本文的主要贡献在于拓展了异常应计测度模型。本文控制了以前年度应计反转以及利润增长模式对操控性应计的影响,解决了可能的计量误差。

交流区

审计委员会旨在帮助董事会履行监督财务信息质量、审计质量以及内部控制等职责。本文极为详尽地梳理了审计委员会及董事会各层面特征以证实审计委员会、董事会在提高财务报告信息质量中的关键作用,极为明晰地确认了独立董事在公司治理中的关键作用,这是基于英美制度背景下缓解股东与管理层间委托代理冲突的重要机制。在制度建设层面,美国《萨班斯-奥克斯利法案》通过立法的方式进一步强化了审计委员会在治理企业违规中的作用,特别强调了审计委员会中的财务专家必须由独立董事担任。后续研究董事会特征或审计委员会特征的文献大多以 Klein(2002)的研究范式或测度方法为基础,本文截至 2022 年 6 000 多篇文献的引用率反映其在公司治理综述类文献中的重要影响。随后的二十多年,关注董事会或审计委员会特征的相关主题持续成为热点,无非就是解决本文提出的公司治理这一内部控制系统对管理层行为的影响,特别是 Karamanou 和 Vafeas(2005)、Larcker 等(2007)等都证实了 Klein(2002)关于审计委员会和董事会对盈余质量与财务报告质量具有重要作用的论断。本文未来仍将是公司治理研究重要的经典参考之一。

文献 95　财务报告内部控制缺陷的决定因素

经典文献：Jeffrey Doyle,[1] Weili Ge,[2] Sarah McVay.[3] Determinants of Weaknesses in Internal Control over Financial Reporting. *Journal of Accounting and Economics*, 2007, 44(1-2): 193-223.

机构：[1] Utah State University；[2] University of Washington；[3] New York University

被引：总计 1 991 次，年均 132.73 次

文献概述：董南雁

研究概述：本文分析了 2002 年 8 月至 2005 年 8 月披露重大缺陷的 779 家公司的内部控制缺陷的决定因素。本文发现，这些公司往往规模较小、较年轻、财务状况较差、财务报告更为复杂、增长迅速或正在进行重组。内部控制问题较严重的公司往往规模较小、较年轻且财务状况较差；而内部控制问题不那么严重、存在特定会计问题的公司的财务状况良好，但往往具有复杂、多样且迅速变化的运营状况。本文还发现，内部控制缺陷的决定因素随着引发重大缺陷的具体原因而变化，与每家公司面临自己独特内部控制挑战的观点相符。

核心概念：内部控制质量　重大缺陷　公司治理

文献背景

内部控制方面的重大缺陷被定义为：极有可能导致年度或中期财务报表重大错报但无法被预防或发现的显著缺陷或者显著缺陷的组合（PCAOB，2004）。本文的样本为 2002 年 8 月至 2005 年 8 月基于 2002 年《萨班斯-奥克斯利法案》第 302 条和第 404 条披露财务报告内部控制重大缺陷的公司。根据第 302 条的规定，在美国证券交易委员会（SEC）注册的高管们被要求保证他们已经评估公司财务报告内部控制的有效性。管理层一旦发现公司内部控制存在重大缺陷，就不能报告其控制是有效的，且必须披露已发现的内部控制重大缺陷。第 404 条规定，每一份年度报告都应包含管理层对财务报告发布者内部控制结构和程序的有效性的评估，且须经注册会计师鉴证。

尽管在《萨班斯-奥克斯利法案》颁布之前，公司就被要求维持恰当的内部控制系统，但只有当审计师发生变更时，公司才被要求公开披露内部控制系统的缺陷（SEC，1988）。虽然之前的研究对这种有限披露进行了研究（Krishnan，2005），但缺少在新修订《萨班斯-奥克斯利法案》背景下关于公司内部控制质量的证据。

理论基础与研究思路

以往关于内部控制质量决定因素的研究所提供的指导有限，本文的研究可看作探索性的、研究内部控制质量决定因素的首试之作。先前的研究假设公司规模可能是高质量内部控制的第一个决定因素（Kinney 和 McDaniel，1989；DeFond 和 Jiambalvo，1991）。直观地说，

大公司的财务报告流程可能更完备,并且更有可能拥有足够数量的员工,从而可以确保恰当的职责分离。更大规模的公司在开发和实施内部控制制度时,也更有可能享受规模经济带来的助益;更大规模的公司往往投入更多的资源用于内部审计或咨询,从而有助于形成强有力的内部控制。

流程和程序的另一个可能的决定因素是公司年龄。公司越老(即成立年限越长),管理层越有可能通过内部控制程序"解决问题"。因此,本文期望老公司的内部控制缺陷较少。

内部控制缺陷的第三个决定因素是公司的财务状况。表现不佳的公司可能无法在内部控制系统上投入足够的时间或资金。良好的内部控制需要财务资源和管理时间,而这可能不是那些只关心持续经营的公司优先考虑的事项。

一家从事更复杂的交易和开展更多样化经营的公司对内部控制的需求将会更高,由此预计公司的业务复杂性将成为内部控制产生缺陷的第四个决定因素。本文用三个指标指代业务复杂性:一是与公司相关的特殊目的实体数量的对数;二是业务部门和地域部门数量之和的对数;三是外汇调整事项(DeFond 等,2002;Bushman 等,2004)。

内部控制缺陷的第五个可能的决定因素是快速增长。一个快速增长的公司可能会脱离现有的内部控制系统,并且可能需要时间来建立新的内部控制流程(Kinney 和 McDaniel,1989,1991)。本文预计快速增长与内部控制缺陷正相关。

同样,本文预计重组中的公司将有相对较多的内部控制缺陷。第一,重组常常导致部门精简、有经验的员工流失,以及在重组期间和重组之后的经营混乱,由此内部控制系统必须升级更新以适应新的组织结构;第二,重组通常涉及许多困难的应计项目估计和调整事项,而人员不足和会计估计过多可能导致更多的内部控制缺陷。本文预计随着企业重组支出的增加,内部控制重大缺陷将更加普遍。

公司治理对企业内部控制质量会起到一定作用。本文运用 Brown 和 Caylor(2006)提出的方法衡量公司治理,该方法使用由 51 个因素组成的综合指标,包括 8 个公司治理类别因素,分别是审计、董事会、章程、董事教育、执行董事和董事薪酬、所有权、改进实践、公司状态。

样本选择

数据和样本选择

本文汇总了自 2003 年 11 月起每个月的 Compliance Week 披露信息,获得了 877 个单独的披露数据。研究者选取了将内部控制问题归类为重大缺陷(即最严重的内部控制缺陷)的公司,排除了 239 个非重大缺陷的披露,并剔除了 97 个重复披露。为了补充样本,研究者还在 EDGAR 数据库中搜索了 2002 年 8 月至 2005 年 8 月的 10K 报告,并用关键词"重大缺陷"发现了另外 429 家有重大缺陷的公司,总共确定了 970 家在 2002 年 8 月至 2005 年至少披露过一项重大缺陷的公司。接着,研究者从 Compustat 数据库中取得样本公司 2003 年度的财务数据,剔除 191 家没有足够财务数据的公司,最终得到的样本包含 779 家的重大缺陷公司。

控制组样本来自 Compustat 数据库中收录有 2003 年度市值和盈余数据的所有公司,且这些公司在重大缺陷样本中没有特殊项目,也没有在 Compliance Week 上披露重大缺陷。以整个非重大缺陷群体而非匹配样本作为控制组,以避免选择性样本偏差——这会导致参数和概率估计的偏差(Palepu,1986)。

重大缺陷分类

尽管本文关注的是最严重的内部控制问题——重大缺陷,但这些内部控制披露在缺陷的严重性和根本导因方面存在很大差异。因此,本文根据从 SEC 文件中发现的每项重大缺陷的描述来划分样本,有两种分类方案:一种是基于内部控制问题的严重性;另一种是基于内部控制问题产生的原因。

本文的第一种分类方案遵循债券评级公司穆迪(Moody)提出的判断逻辑来认定重大缺陷是否严重。穆迪认为重大缺陷可分为两类:一是与对特定账户余额或交易流程的控制有关的重大缺陷;二是公司层面的重大缺陷,其与更宏观层面的控制有关,比如控制环境或整体财务报告流程。

本文的第二种分类方案是基于公司描述的重大缺陷产生的原因,设置了三类重大缺陷:人员配置、复杂性和一般性。一家公司可以有多种缺陷类型。常见的人员配置问题包括"职责划分不充分""合格人员和资源不足""缺少全职 CFO"等。复杂性问题包括"难以解释和应用复杂的会计准则"或"与套期保值和衍生品相关的会计准则"等。一般性问题通常与收入确认规则不完备或期末报告流程控制缺陷有关。

实证方法与模型构建

单变量和多变量检验

本文采用 T 检验和 Wilcoxon 秩和检验对有重大缺陷公司和控制组公司间的差异进行单侧测试。将披露财务报告内部控制重大缺陷的可能性作为企业特征的函数,构建以下逻辑回归模型:

$$\text{Prob}(MW) = f(\beta_0 + \beta_1 \text{SIZE} + \beta_2 \text{FIRMAGE} + \beta_3 \text{FINANCIALHEALTH} + \beta_4 \text{COMPLEXITY} + \beta_5 \text{RAPIDGROWTH} + \beta_6 \text{RESTRUCTURING} + \beta_7 \text{GOVERNANCE} + \sum_{k=1}^{K} \gamma_k \text{INDUSTRY}) \tag{1}$$

其中,MW 是一个指标变量,当企业披露内部控制存在重大缺陷时取值为 1,否则取值为 0;SIZE 表示公司规模;FIRMAGE 表示公司年龄,即公司成立年限;FINANCIALHEALTH 表示公司财务健康度;COMPLEXITY 表示公司财务报告复杂性;RAPIDGROWTH 表示公司快速增长率;RESTRUCTURING 表示公司重组费用;GOVERNANCE 为公司治理评分;INDUSTRY 为行业固定效应的控制变量。

重大缺陷类型分析

本文采用单变量和多变量检验方法,对不同重大缺陷类型的影响因素进行分析。T 检验和 Wilcoxon 秩和检验的单变量组间差异测试发现,报告公司层面缺陷的公司的业务复杂性更低、增长速度更慢;报告交易层面缺陷的公司往往更成熟也更复杂、与并购相关的增长更高;两组样本在重组成本和治理质量方面的差异在统计上均不显著。

人员配置问题在规模较小、成立年限较短、财务状况较差且处于较高增长阶段的公司中更显著;披露与复杂性相关缺陷公司的规模最大、成立年限最长、亏损发生率最低、业务最多样化、收购水平最高、极端销售增长率最低以及公司治理质量最高;存在一般性重大缺陷公司的治理状况在三组中最差。

本文使用替代的被解释变量重新估计了逻辑回归方程(1),替代的被解释变量分别为具体会计问题、公司层面的因素,以及人员配置、复杂性和一般性。多元回归检验将每组公司与初始的 Compustat 中控制组公司进行比较,而不采用单变量检验方法与其他组进行比较。

多元回归结果表明,公司年龄和财务健康是更普遍的公司层面重大缺陷的重要预测因素;而境外业务和快速增长是具体会计问题的重要预测因素;虽然导因不同,但分散化经营会同时促成这两类缺陷的产生。

规模较小、较年轻和财务状况较差的公司可能缺乏资源来维持足够的人员在岗或培训,尤其在公司增长迅速或拥有跨国业务时;与一般公司相比,存在与复杂性相关问题的公司规模较小、财务状况较差、业务和地理分布更加多样化,更有可能正在进行重组;有一般性重大缺陷的公司,除了破产风险和并购价值,其他因素的单侧检验 p 值均在统计上显著。总的来说,重大缺陷的决定因素来自所揭示的重大缺陷类型。有交易层面缺陷公司的业务似乎更加多样化和复杂化,并且正在发生重大变化。公司层面问题更严重的公司往往更年轻,其财务状况也更差。有关人员配置的内部控制问题在规模较小、财务状况较差的公司中更普遍。内部控制缺陷可归类为公司层面问题的公司,可能有更多样化和更复杂的业务,并且正经历着剧烈的变化。

财务报表重述

PCAOB 发布的审计准则表明,财务报表重述是"表明财务报告的内部控制存在重大缺陷的强有力的指标"。本文的目的是研究内部控制缺陷本身的决定因素,而不是其导致的财务报表重述。作为敏感性分析,本文剔除那些公告与重大缺陷披露相关的财务报表重述或在重大缺陷披露后一年内发生财务报表重述的公司。这些非财务报表重述公司的结果与基础回归结果相似。

| 研究结论与创新 |

根据 2002 年 8 月至 2005 年 8 月《萨班斯-奥克斯利法案》第 302 条和第 404 条的规定,本文选取更广泛的强制披露重大缺陷的样本,探讨内部控制重大缺陷的决定因素。本文发现,规模较小、财务状况较差、业务更复杂、增长迅速或重组中的公司更有可能产生内部控制方面的重大缺陷。这些发现与企业在资源缺乏、会计问题复杂和商业环境快速变化下所面临的财务报告控制困难是一致的。本文还记录了这些决定因素基于披露的重

大缺陷的不同类型及强度差异,对今后研究内部控制缺陷的市场反应及其影响具有参考价值。

本文的一个潜在限制是数据收集和测试的时间很短。在新修订的《萨班斯-奥克斯利法案》体制下,实施前几年与未来管理层和审计人员更熟悉内部控制的实施、评估和报告过程的时期相比,我们很难确定所披露的重大缺陷的区别。虽然本文试图全面收集2002年8月至2005年8月披露的重大缺陷,但一些公司仍有可能没有被发现或披露其重大缺陷,从而产生样本识别不足的偏差,由此可能会对本文的结果产生影响。例如,判断企业内部控制是否存在重大缺陷的重要性界限在样本企业之间可能存在差异。未来的研究可以尝试对这种重要性决策进行建模(Messier等,2005)。

交流区

本文探索了《萨班斯-奥克斯利法案》颁布后公司内部控制重大缺陷产生的决定因素。模型构建方面,本文与Doyle等(2007)共同为重大缺陷相关研究提供了模型支持;理论方面,本文的研究结果表明规模较小、财务状况较差、业务更复杂、增长迅速或重组中的公司更可能存在内部控制缺陷。这一发现被后续盈余与财务报告质量相关文献引用(Dechow等,2010)。本文对于内部控制重大缺陷的两种划分方法以及不同缺陷下对应的公司特征的发现,为后续的研究提供了证据(Chychyla等,2019)。

文献96 应计质量与财务报告内部控制

经典文献:Jeffrey T. Doyle,[1] Weili Ge,[2] Sarah McVay.[3] Accruals Quality and Internal Control over Financial Reporting. *The Accounting Review*, 2007, 82(5): 1141-1170.

机构:[1] Utah State University;[2] University of Washington;[3] University of Utah

被引:总计1 815次,年均121.00次

文献概述:白雪莲

研究概述:本文选取2002年8月至2005年11月至少披露一次内部控制重大缺陷的705家样本公司,检验应计质量与内部控制的关系,并发现这些缺陷通常与以非现金流形式实现的应计利润的估计误差相关。此外,本文发现较弱的内部控制与较差的应计质量之间的相关性是由披露的公司层面内部控制缺陷引起的,而且这种情况可能更难以审计;在更具可审计性、存在账户层面缺陷的样本中,本文没有发现这种关系。本文使用四种应计质量度量指标得出的结果相似,这四种指标分别为操控性应计、平均应计质量、财务报表重述以及盈余持续性。在控制公司特征(即应计的估计难度、已知的重大缺陷决定因素、自选择偏差修正)的影响后,本文结果依然稳健。

核心概念:盈余质量 应计质量 内部控制 重大缺陷

文献背景

财务报告内部控制被定义为"为财务报告的可靠性提供合理保证的过程……"(PCAOB, 2004)。根据定义,良好的内部控制应该可以生成更可靠的财务信息。内部控制旨在防止或发现财务报表错报或欺诈。然而,现有文献提供的关于内部控制质量与会计信息质量之间关系的经验证据十分有限,一个主要原因是缺乏内部控制数据。一般来说,内部控制很难被直接观察或检验(Kinney, 2000)。先前关于盈余质量的研究通常与应计质量相关(Dechow 和 Schrand, 2004)。应计质量差的原因有两个:一是管理层可能通过盈余管理操纵应计利润;二是很难预测不确定的未来或者没有足够的控制措施捕捉到错误,从而在应计估计中产生无意的错误。现有文献已经研究了这两种作用。在盈余管理方面,管理层已被证明利用"操控性应计"管理各种情境下的收益,如在发行股票之前(Rangan, 1998;Teoh 等, 1998)。至于无意的错误,Dechow 和 Dichev(2002)指出应计和盈余质量不仅与管理层机会主义有关,还与公司的某些特征(如更长的营运周期)相关。总的来说,具有某些特定特征的公司(如样本期间的亏损年度占比较高、销售和现金流量波动较大、总资产较少、经营周期较长的公司)的应计质量较差。

理论基础与研究假设

本文预计内部控制缺陷将导致应计质量下降。根据定义,内部控制缺陷有可能导致应计估计偏误并影响财务报告质量。这些可能的错误可能是有意的(盈余管理)也可能是无意的(估计能力差)。对于内部控制较弱的公司,由于无法限制(例如,通过职权分离)管理层进行盈余管理,从而导致产生操控性应计利润的可能性更大。如果内部控制缺陷导致较难估计的应计项目出现更多的估计偏误(例如,不能确保正确计算估计值)以及更多的程序错误(例如,不能进行适当的对账和审查),那么有可能导致非故意错误的发生率更高。基于此,本文提出第一个假设:

假设1 内部控制重大缺陷与应计质量负相关。

穆迪债券评级公司认为重大缺陷有两种类型。账户层面的重大缺陷是与特定账户余额或交易流程控制相关的,这种类型的重大缺陷是"可审计的",不一定能够对财务报表可靠性产生严重影响。公司层面的重大缺陷涉及更基本的问题,例如控制环境或整体财务报告流程,审计师可能无法有效地加以"审计"。穆迪表示,公司层面的重大缺陷不仅会影响管理层编制财务报告的能力,还会影响其控制业务的能力(Doss 和 Jonas, 2004)。基于此,本文提出第二个假设:

假设2 相比于账户层面的内部控制重大缺陷,公司层面的内部控制重大缺陷与应计质量的负相关关系更强。

样本选择

自2002年8月以来,内部控制重大缺陷才在美国证券交易委员会(SEC)的文件中被广泛披露。为了收集样本,研究者在10Kwizard.com(10K、10Q 和 8K 文件)上搜索2002年

8月1日至2005年10月31日出现"重大缺陷"关键词的公司,得到此期间至少披露一次重大缺陷的公司1 210个和6 431个对照组公司。若母公司和子公司都向SEC提交并报告相同的重大缺陷,则仅母公司进入样本池;从样本中剔除通过Compliance Week网站资料确定的公司,因为这些公司虽然存在缺陷,但未达到重大缺陷程度。本文按以下标准剔除无效样本:Compustat数据库未收录的样本公司164个;相关材料缺失的样本公司79个(对照组公司1 163个);259个(1 974个)重大缺陷(对照组)样本公司因没有足够的数据计算应计质量而被剔除;3个重大缺陷公司(14个对照组公司)被剔除,因为这些公司在应计质量测算期间进行了重大合并。最终得到705个(3 280个)重大缺陷(对照组)不存在应计质量数据缺失的公司样本;进一步剔除内部控制变量数据不可得的样本公司(对照组公司)60个(337个)后,得到用于多元回归分析的645个(2 943个)重大缺陷(对照组)观测值。

实证方法与模型构建

本文首先将重大缺陷划分为公司层面的重大缺陷及账户层面的重大缺陷。若一家公司既有公司层面的重大缺陷又有账户层面的重大缺陷,则将其视为公司层面的重大缺陷;若一家公司披露了至少三项账户层面的重大缺陷,则也将其视为公司层面的重大缺陷。本文利用Dechow和Dichev(2002)提出的并被McNichols(2002)和Francis等(2005)改进的应计估计偏误作为应计质量的主要度量指标。为了进一步验证本文的结果并提高与其他盈利质量研究的可比性,本文还选取了其他四种盈余/应计质量的度量指标,分别是操控性应计(Becker等,1998;Kothari等,2005)、应计质量(Dechow和Dichev,2002)、财务报表重述以及盈余持续性(Dechow和Dichev,2002;Schipper和Vincent,2003)。考虑到很难确定内部控制重大缺陷发生的时间,一般而言,这些公司的重大缺陷即使不是在成立之初就存在也已经存在了几年,因此本文基于此前7年(1996—2002年)的数据度量应计质量。本文在回归模型中加入亏损年度占比、销售波动性、现金流波动性、总资产、经营周期五个可能影响应计质量的公司特征变量。此外,先前研究发现存在重大缺陷的公司趋向于表现出利润水平较低、规模较小、上市时长较短、业务更复杂、增长更快、进行重组(Krishnan,2005;Ge和McVay,2005;Ashbaugh-Skaife等,2007;Doyle等,2007)等特征,而这些因素很可能对应计质量产生直接影响,因此本文在主回归中也控制这些因素。

稳健性检验

本文采用两种方法控制自选择问题。一是两阶段回归,在第一阶段估计公司被选为重大缺陷公司的可能性,计算逆米尔斯比率,并将这一比率加入主回归模型以控制自选择问题。二是基于第一阶段估计的概率构建一组配对样本,采用倾向得分匹配法解决自选择问题。由于审计师类型及审计师变更被证明与内部控制缺陷相关,也会对应计质量产生影响,因此本文构建了 B_1gN(公司由普通会计师事务所审计的年数比例)、Large Auditor(公司由大型会计师事务所审计的年数比例)及 Auditor Change(公司发生审计师变更的年数比例)三个指标进行稳健性检验。考虑到审计委员会可能对内部控制及盈余管理产生影响,本文在模型中加入审计委员会哑变量。上述一系列稳健性检验表明,内部控制重大缺陷与应计质量的关系依然存在且显著。

研究结论与创新

本文研究了应计质量与内部控制质量的关系,发现财务报告内部控制薄弱的公司通常具有较低的应计质量。进一步研究发现:其一,存在公司层面重大缺陷的公司具有较低的应计质量;其二,根据302条款(与404条款相比)披露的重大缺陷与较低的应计质量的相关性更强。本文的创新性表现在两个方面:一是拓展了有关盈余质量或应计质量的研究。本文的研究结果为支持内部控制与应计质量相关的观点提供了经验证据,同时也拓展了这一基础问题的研究范畴,包括检验了公司层面和账户层面的重大缺陷,区分了302条款与404条款的披露规则等。二是提供了《萨班斯-奥克斯利法案》302条款和404条款有效性的经验证据。

局限性与展望

本文具有一定的局限性:第一,本文依赖于重大缺陷的披露来表征内部控制问题的实际存在,由此可能导致样本选择的系统性偏误;第二,本文假设重大缺陷已存在多年,并基于1996—2002年的数据计算应计质量,然而实际上很难确定公司内部控制缺陷的存在时间,即这一假设可能并不正确;第三,本文基于已有研究的模型度量应计质量,然而度量方法会受到某些限制并且可能存在噪声。尽管存在上述局限性,但本文的研究结果对监管机构、审计师、管理层和学者都具有一定的启示意义。

交流区

一直以来,盈余质量/应计质量相关研究都是会计领域的重要话题。本文分析并检验了内部控制与应计质量的关系,发现存在内部控制重大缺陷的公司的应计质量更差。这一发现不仅拓展了盈余质量/应计质量的相关研究,是对这一基础研究问题的重要补充(Dechow等,2010),而且引起了学者对内部控制及其重大缺陷等相关问题的关注(Doyle等,2007;Ashbaugh-Skaife等,2007)。

【主题结语】

公司治理在公司理财、企业管理和会计领域一直是比较重要的话题,本章选取了引用率较高的七篇代表性文献,希望读者能从中"窥一斑而知全豹",得以快速地了解公司治理文献的研究主题、研究方法和重要发现。

公司治理机制主要涉及反映整体治理状况的代理变量(如反收购条款和公司治理指数

等),以及具体的公司治理机制,包括:(1)股东结构,如大股东持股、机构投资者持股、股权集中度、股东积极主义等;(2)董事会特征,如董事会规模、外部董事比例和独立董事比例等;(3)其他因素,如管理层激励、产品市场竞争等。

公司治理研究遵循传统的多元回归实证分析,检验各类治理机制能否有效抑制管理层的机会主义、短视、安于现状、浪费、挪用企业资源以及盲目扩张建立"个人帝国"等动机,使管理层行为符合股东利益最大化目标,从而达到减少盈余管理行为以及提高财务报告质量、研发投入、管理层薪酬业绩敏感性和现金持有价值等积极后果,并最终提高企业价值。

公司治理研究的发展主要集中在三个方面。一是关于解释变量(公司治理机制)的研究创新。例如,近些年受到较多关注的管理层个人特征、管理团队特征和股东积极主义等对企业活动与公司价值的影响。二是关于被解释变量的研究创新。例如,随着经济社会的变化,企业社会责任、环境保护等议题受到越来越多的关注,以及金融危机爆发引起的股价崩盘风险等企业信息环境新维度的刻画,促使越来越多的研究关注传统的公司治理机制是否对新型企业活动和股票市场特征具有积极影响。还有一部分公司治理研究来自方法的创新,主要是为了解决内生性问题,例如使用外生事件作为样本和采用断点回归方法等。

【推荐阅读】

1. Anderson R C, Mansi S A, Reeb D M. Board Characteristics, Accounting Report Integrity, and the Cost of Debt[J]. *Journal of Accounting and Economics*, 2004, 37(3): 315-342.
2. Ashbaugh-Skaife H, Collins D W, Kinney Jr W R, et al. The Effect of SOX Internal Control Deficiencies and Their Remediation on Accrual Quality[J]. *The Accounting Review*, 2008, 83(1): 217-250.
3. Ashbaugh-Skaife H, Collins D W, Kinney Jr W R. The Discovery and Reporting of Internal Control Deficiencies Prior to SOX-Mandated Audits[J]. *Journal of Accounting and Economics*, 2007, 44(1-2): 166-192.
4. Boone A L, Field L C, Karpoff J M, et al. The Determinants of Corporate Board Size and Composition: An Empirical Analysis[J]. *Journal of Financial Economics*, 2007, 85(1): 66-101.
5. Chychyla R, Leone A J, Minutti-Meza M. Complexity of Financial Reporting Standards and Accounting Expertise[J]. *Journal of Accounting and Economics*, 2019, 67(1): 226-253.
6. Fama E F, French K R. Taxes, Financing Decisions, and Firm Value[J]. *The Journal of Finance*. 1998, 53(3): 819-843.
7. Ferris S P, Jagannathan M, Pritchard A C. Too Busy to Mind the Business? Monitoring by Directors with Multiple Board Appointments[J]. *The Journal of Finance*, 2003, 58(3): 1087-1111.
8. Fich E M, Shivdasani A. Are Busy Boards Effective Monitors[J]. *The Journal of Finance*, 2006, 61(2): 689-724.
9. Harford J. Corporate Cash Reserves and Acquisitions[J]. *The Journal of Finance*, 1999, 54(6): 1969-1997.
10. Hartzell J C, Starks L T. Institutional Investors and Executive Compensation[J]. *The Journal of Finance*, 2003, 58(6): 2351-2374.
11. Hermalin B E, Weisbach M S. Endogenously Chosen Boards of Directors and Their Monitoring of the CEO[J]. *American Economic Review*, 1998, 88(1): 96-118.
12. Hermalin B E, Weisbach M S. The Effects of Board Composition and Direct Incentives on Firm Performance[J]. *Financial Management*, 1991, 20(4): 101-112.

13. Jensen M C. Agency Costs of Free Cash Flow, Corporate Finance, and Takeovers[J]. *American Economic Review*, 1986, 76(2): 323-329.
14. Karamanou I, Vafeas N. The Association between Corporate Boards, Audit Committees, and Management Earning Forecasts: An Empirical Analysis[J]. *Journal of Accounting Research*, 2005, 43(3): 453-486.
15. Knyazeva A, Knyazeva D, Masulis R W. The Supply of Corporate Directors and Board Independence[J]. *The Review of Financial Studies*, 2013, 26(6): 1561-1605.
16. Krishnan J. Audit Committee Quality and Internal Control: An Empirical Analysis[J]. *The Accounting Review*, 2005, 80(2): 649-675.
17. Larcker D F, Richardson S A, Tuna I. Corporate Governance, Accounting Outcomes, and Organizational Performance[J]. *The Accounting Review*, 2007, 82(4): 963-1008.
18. Leuz C, Wysocki P. The Economics of Disclosure and Financial Reporting Regulation: Evidence and Suggestions for Future Research[J]. *Journal of Accounting Research*, 2016, 54(2): 525-622.
19. Ryan Jr H E, Wiggins III R A. Who is in Whose Pocket? Director Compensation, Board Independence, and Barriers to Effective Monitoring[J]. *Journal of Financial Economics*, 2004, 73(3): 497-524.
20. 白重恩,刘俏,陆洲,等.中国上市公司治理结构的实证研究[J].《经济研究》,2005(2):81-91.
21. 何卫东,张嘉颖.所有权结构、资本结构、董事会治理与公司价值[J].《南开管理评论》,2002(2):17-20+52.
22. 黄张凯,徐信忠,岳云霞.中国上市公司董事会结构分析[J].《管理世界》,2006(11):128-134.
23. 李维安,李汉军.股权结构、高管持股与公司绩效——来自民营上市公司的证据[J].《南开管理评论》,2006(10):4-10.
24. 申明浩.治理结构对家族股东隧道行为的影响分析[J].《经济研究》,2008(6):135-144.
25. 孙永祥,黄祖辉.上市公司的股权结构与绩效[J].《经济研究》,1999(12):23-30+39.
26. 谢志华,张庆龙,袁蓉丽.董事会结构与决策效率[J].《会计研究》,2011(1):31-37.
27. 徐晓东,陈小悦.第一大股东对公司治理、企业业绩的影响分析[J].《经济研究》,2003(2):64-74+93.
28. 于忠泊,田高良,齐保垒,等.媒体关注的公司治理机制——基于盈余管理视角的考察[J].《管理世界》,2011(9):127-140.
29. 张维迎.所有制、治理结构及委托—代理关系——兼评崔之元和周其仁的一些观点[J].《经济研究》,1996(9):3-15+53.
30. 祝继高,王春飞.大股东能有效控制管理层吗?基于国美电器控制权争夺的案例研究[J].《管理世界》,2012(4):138-152+158.

第 17 章

交叉研究

文献 97　公司为什么自愿披露坏消息

经典文献：Douglas J. Skinner. Why Firms Voluntarily Disclose Bad News? *Journal of Accounting Research*, 1994, 32(1): 38-60.
机构：University of Chicago
被引：总计 3 235 次，年均 115.54 次
文献概述：余思佳
研究概述：本文探讨管理层自愿披露坏消息的动机，认为管理层可能会出于诉讼成本和声誉成本的考虑而提前主动披露公司的坏消息，以防止坏消息披露引起股价的大幅下跌。本文的实证结果支持这一观点，发现相对于其他信息，管理层更有可能提前披露蕴含巨额负非预期盈余的坏信息。好消息的披露一般采用对年度每股收益进行点估计预测或区间估计预测的形式，而坏消息的披露一般采用对当前季度盈余进行定性描述的形式；股价对坏消息的反应更大。这些实证证据支持了管理层存在自愿披露公司信息的动机。
核心概念：自愿性信息披露　诉讼成本　声誉成本　管理层盈余预测

文献背景

信息披露一直是会计研究领域的重要主题，管理层自愿披露信息的动机更是受关注的重点。许多理论研究对管理层披露信息的动机进行了分析。有研究认为管理层更有可能选择自愿披露好消息，也有研究认为管理层可能会为阻挡竞争者的进入而披露坏消息。管理层盈余预测作为自愿性信息披露的重要部分而受到学者的关注，许多实证研究发现管理层会在公司经营情况较好时期披露好消息的盈余预测，也有研究发现好消息和坏消息在盈余预测中都有可能存在。本文正是在这样的背景下探讨管理层会在怎样的环境下自愿披露坏消息。

理论基础与研究思路

要分析管理层为什么会自愿披露坏消息，首先要厘清管理层进行信息披露决策时所面临的成本与收益。管理层在选择是否自愿披露信息时面对的是一个不对称的损失函数，即

当公司出现投资者预期外较大的负面盈余信息时,管理层要承担巨额成本。一是诉讼成本,当股价被巨大的负面盈余信息影响而大幅下跌时,投资者可能会起诉管理层,认为管理层隐瞒公司坏消息,未能及时披露公司信息;二是声誉成本,一旦管理层形成隐瞒坏消息的坏名声,就会负向影响投资者、分析师及其他市场参与者对公司的看法。为了防止公司盈余公告致使股价大幅下跌,管理层有动机提前披露较大的负非预期盈余信息,借此降低公司负面信息可能带来的诉讼成本和声誉成本。一旦管理层提前自愿披露坏消息,投资者对管理层隐瞒坏消息的指控就很难成立;管理层也不会获得刻意隐瞒对公司负面信息的评价,从而导致其声誉受损。

之前的研究认为,公司发布的年度 EPS(每股收益)预测一般采用点估计或区间估计形式,并且通常只传递了少量信息或好消息。将研究样本限制于年度 EPS 预测,忽视了自愿性信息披露的一个重要子集,即季度盈余报告涉及的定性披露。因此,本文的第一个假设是:

假设 1 坏消息与季度盈余关系更密切,而与年度盈余关系较弱,好消息则正好相反。

由于诉讼成本及声誉成本的存在,为了避免或减少盈余公告时股价大幅下跌,管理层有动机提前披露坏消息,而每季度都要披露盈余公告,管理层提前自愿披露的坏消息可能已经涵盖季度盈余公告中的相关信息。基于此,本文的第二个假设是:

假设 2 与其他类型的盈余信息相比,季度盈余公告中较大的负非预期盈余信息被事先自愿披露的可能性更高。

管理层提前自愿披露坏消息的主要动机是缓解股价在盈余公告时的大幅下跌。基于此,本文的第三个假设是:

假设 3 股价对自愿披露坏消息的反应的绝对值大于对自愿披露好消息的反应的绝对值。

实证方法与实证结果

本文随机选择了 93 家纳斯达克通过 NMS(National Market System)交易的公司在 1981—1990 年的自愿性信息披露作为研究对象,包括所有与年度盈余或季度盈余有关的定量信息与定性信息,最终获得 374 个与盈余相关的自愿性信息披露观测值,其中 94 个观测值既涉及年度盈余又涉及季度盈余。由简单的描述性统计可知,自愿性信息披露的频率在不同公司之间存在较大差异。本文对这些观测值进行分类统计,发现其中 46% 的信息披露只与季度盈余有关,而这些样本在之前的研究中常被忽视。除了占较大比例的盈余点估计预测或区间估计预测信息,被之前研究忽略的定量信息也占到 22%。将这些信息所蕴含的盈余预测与投资者预期做对比,从而将信息披露划分为好消息、坏消息和其他,从中可以看出公司既会自愿披露好消息,也会自愿披露坏消息。在本文的研究样本中,坏消息的数量超过好消息的数量。

首先,本文采用描述性统计和单变量分析对假设 1 进行了检验。将信息披露分为好消息和坏消息两类,通过卡方检验考察盈余预测信息的方向与预测区间和预测形式是否有关。70%的年度自愿性信息披露传递的是好消息,而67%的季度自愿性信息披露传递的是坏消息。卡方检验结果显示,盈余预测信息的方向与预测区间显著相关。好消息中有超过50%的信息采取点估计预测或区间估计预测的形式,而坏消息中仅26%的信息采取点估计预测或区间估计预测的形式。卡方检验结果也说明,盈余预测信息的方向与预测形式显著相关。

其次,为了验证管理层是否会提前自愿披露较大的负非预期盈余,本文采用随机游走模型确定市场对季度盈余的预期,用季度盈余的变化除以盈余公告前60天的股价来衡量非预期盈余,并进一步将其分为好消息、中性消息和坏消息。研究样本中有292个盈余公告存在提前自愿披露与之相关信息的情况。通过对这些样本的统计分析,发现中性消息和好消息被提前披露的可能性显著低于坏信息。为了进一步验证结果的可靠性,本文还以是否获得提前披露的信息作为被解释变量进行Logit回归并获得一致的结果。

最后,本文对比在自愿披露后2天内的股票超额收益,检验市场对好消息和坏消息的反应程度是否相同,结果显示市场对坏消息的反应程度显著高于好消息。本文还进一步检验如果盈余相关信息被提前披露,那么当公告季度盈余时,市场对坏消息和好消息的反应是否存在差异,结果显示此时市场对好消息和坏消息的反应程度没有显著差异。这支持了管理层为了规避诉讼风险而提前披露坏消息的假说。

为确保结论的可靠性,本文还进行了一系列稳健性检验。首先,排除8K报告对结果的影响;其次,排除自愿性信息披露存在极端情况的公司对结果的影响;最后,将盈余预测替换为管理层的盈余预测修正并重复检验过程。

研究结论、贡献与局限性

本文通过实证研究发现:相对于其他信息,管理层更有可能提前披露巨大的负非预期盈余的坏信息。好消息的披露一般采用对年度每股收益进行点估计预测或区间估计预测的形式,而坏消息的披露一般采用对当前季度盈余进行定性描述的形式;股价对坏消息的反应更大。这些实证证据支持了管理层存在自愿披露公司信息的动机:一方面,当公司业绩较好时,管理层可能会通过自愿性信息披露与其他公司相区分;另一方面,当公司业绩较差时,管理层可能会出于诉讼成本和声誉成本的考虑而提前披露坏消息。

本文的主要贡献在于:探讨了管理层披露坏信息的动机,并提供了实证证据说明管理层确实会出于防止股价大幅下跌的动机而提前披露坏信息。这一结论在当时的研究中具有开创性的意义。虽然本文为诉讼成本和声誉成本的存在提供了实证支持,但还无法明确地区分这两类成本。虽然本文提供了许多实证证据,但也存在早期文献的一些共同问题:实证检验方法相对简单,描述性统计和单变量分析占比较大。虽然本文在前人研究的基础上拓宽了自愿性信息披露的研究范围,但基本上只关注了与盈余有关的自愿性信息披露。后续研究应进一步扩展自愿性信息披露的研究范围及研究角度,关注公司自愿披露的其他信息,如与市场份额相关的信息。同时,公司信息披露面对的不仅仅是投资者,还有其他竞争者,多角度地分析公司的各类自愿性信息披露可能会得到更多有趣的发现。

> **交流区**
>
> 本文开创性地提出了管理层自愿披露坏消息的动机,并提供了相关的支持性实证证据。公司管理层的自愿性信息披露动机是会计信息披露研究的重要主题之一,本文为管理层信息披露动机中的诉讼成本和声誉成本提供了有力的证据支持,同时也为后续关于管理层披露坏消息的研究奠定了基础(Matsumoto,2002;Kothari 等,2009)。

文献 98 分析师对企业信息披露评级的横截面决定因素

经典文献:Mark Lang[1], Russell J. Lundholm[2]. Cross-Sectional Determinants of Analyst Ratings of Corporate Disclosures. *Journal of Accounting Research*,1993,31(2):246-271.

机构:[1]Stanford University;[2]University of Michigan

被引:总计 3 961 次,年均 136.59 次

文献概述:危雁麟

研究概述:本文运用金融分析师联合会(FAF)对企业信息披露的评级数据,考察分析师对企业信息披露评级的决定因素。本文基于逆向选择、交易成本和诉讼成本等影响企业信息披露决策的主要动机,通过理论分析和文献综述,提出业绩变量、结构变量和发行变量等三类影响分析师对企业信息披露评级的决定因素。据此,本文利用横截面数据,并在总评分的基础上划分年度报告、其他公告、投资者关系及相关方面的公告等信息披露类型的具体评分,分别进行实证检验。研究发现,业绩较好、规模较大、股票年收益与盈余关系较弱或正在发行股票的企业会进行更多的信息披露,而业绩变化与信息披露行为的关系较弱。此外,结论还表明公司特征与信息披露的关系因信息披露类型而异,不同信息披露类型不仅对各因素的总体敏感度不同,各类型信息披露在所有因素中的敏感度侧重也存在差异。分析师对企业信息披露评级打分的决定因素以及不同信息披露类型所关注的不同方面,能够从侧面反映有效的信息披露应具备的基本特征,为企业完善自身信息披露决策、市场参与者监督企业完善信息披露行为、降低信息不对称程度具有启示意义。

核心概念:分析师评级　信息披露　业绩变量　结构变量　发行变量

文献背景

本文主要围绕分析师对企业信息披露评级的影响因素进行研究。从企业信息披露角度来说,已有研究分析了企业**自愿性信息披露**(voluntary disclosure)决策的主要动机,包括克服**逆向选择**(adverse selection)、降低市场交易成本和防止股价对盈余公告的大幅负面反应以降低预期**诉讼成本**(legal cost)等,并基于此获得关于企业特征与其信息披露行为之间

关系的一系列推论，包括企业业绩、克服投资者与管理层在私有信息获取方面的不对称问题、法律约束、资本市场进入意愿和披露成本等。

目前关于信息披露的实证研究主要集中于管理层业绩预告，且普遍发现规模较大、收益波动性较小以及正在发行股票的公司发布业绩预告的频率更高。关于管理层业绩预告与企业盈余和股票价格之间关系的证据是混合在一起的。虽然发布在财经媒体上的管理层业绩预告是具体且可度量的，但它仅仅代表企业信息披露的一种类型。与之相反，美国金融分析师联合会（FAF）提供了对包含量化形式和非量化形式的更全面信息披露的综合评价。FAF 评级是基于分析师的观念，而他们恰好是信息披露文件的主要使用者。但是，FAF 数据的一个缺陷在于，它们是基于分析师的观念进行评级，而非对实际信息披露的直接度量。利用 Imhoff(1992)的调查数据和 FAF 报告的总体信息披露评分，Imhoff 和 Thomas(1989)发现高分析师评分的公司倾向于使用更保守的会计处理方法并获得更高的 FAF 信息披露评分，但只有盈利能力是唯一同时与保守会计处理方法和信息披露评分都存在关联的变量。

理论基础、研究思路与研究假设

由于企业信息披露决策受到多种因素的影响，本文基于一系列理论和实证文献的研究结果而非某个特定模型来构建实证分析框架。具体来说，本文考虑了六大解释变量，并为了便于分析将其分为三类。**业绩变量**（performance variables），包括股票收益和分析师预测偏差；**结构变量**（structural variables），包括企业规模、业绩变化和股票年收益与盈余的相关系数；**发行变量**（offer variable），即企业发行股票的积极程度。业绩变量都有具体的时间周期，代表了管理层拥有信息优先获取权且在周期内很可能成为信息披露目标。结构变量衡量的是众所周知且随时间推移保持相对稳定的企业特征。因为股票发行有具体周期，但是发行股票的企业一般重复着相同活动，并且股票发行对企业而言是一个选择变量，故而将发行变量单独作为一组。本文提到的相关变量的理论基础和文献梳理见表 1。

基于对理论和实证文献的梳理分析，本文提出以下研究假设：

假设 股票收益、分析师预测偏差、企业规模、业绩变化、股票年收益—盈余相关系数和企业在证券市场上的活动是分析师对企业信息披露评级打分的决定因素。

样本选择

本文关于分析师对公司信息披露行为的看法的数据摘自 1985—1989 年的 FAF 报告。本文选取的样本主要涉及服务业、制造业、金融业、交通业和开采业等，数据类型主要为横截面数据，样本涉及的企业数量为 751 个。由于不同行业、不同企业所获评分或排序的情况不尽相同，样本的组成也存在差异且取决于分析所使用的关于企业信息披露的总体评分和单个信息披露类型评分提及的企业名单。

表 1 文献梳理归纳

变量类型	具体观点	详细分析 / 相关证据
企业业绩与信息披露的关系	正相关	**理论分析：** （1）企业业绩较好相比业绩较差时更有意愿提供信息。这是 SEC 审查及交易所上市指南的基本理念。然而，虽然法律规定和上市协议能够减轻企业对好消息的过度强调，但是管理层仍然可能会选择性地披露信息 （2）自愿性信息披露的理论模型也表明，逆向选择问题也促使企业业绩与信息披露行为正相关。一般说来，考虑到信息披露成本，企业在业绩超过临界值之后会进行信息披露，未超过则不会 **实证结论：** 部分关于管理层业绩预告的文献（例如 Lev 和 Penman，1990）认为，当企业相有较为理想的盈余业绩时将会更频繁地进行信息披露，且业绩预告通常会带来正向收益
	无关	**理论分析：** 信息披露的另一个动机是降低交易成本。Diamond（1985）发现，企业能够在市场观测到业绩情况前提交信息披露文件，从而削弱相关者谋求私有信息的动机。也有文献认为企业可能会发布预告以降低承担法律责任的可能性。已有研究认为，管理层业绩预告可能并且假设披露频率的高低与获取私有信息的潜在收益正相关。在这些模型中，企业信息披露行为与企业业绩无关，因为企业已经提前承诺了信息披露政策 **实证结论：** 部分文献（例如 Ajinkya 和 Gift，1984）认为，企业发布好坏消息的可能性和发布坏消息预告的可能性相同
	负相关	**理论分析：** 一些负面信息（尤其是负盈余信息）可能会被自愿披露以降低股价大幅下跌的可能性来降低预期诉讼成本 **实证结论：** 相关研究发现，发布盈余坏消息与预期盈余估计的企业相比披露好消息的负向斜率回归所得（具有极高概率即将被管理层无法控制的发布者披露的信息或作为审计结果的信息）负公告期内披露坏消息
	其他	（1）McNichols（1988）根据股票收益与盈余公告前披露好消息，并在盈余公告期内披露坏消息 （2）Pastena 和 Ronen（1979）对比硬信息（硬信息的补充），发现相比于消极信息，企业倾向于更早地公布积极信息，并且释放的软信息的硬信息通常为积极消息，而释放的软信息通常为积极信息

（续表）

变量类型	与企业信息披露的关系	具体观点	详细分析	相关证据
企业规模	随着企业规模的扩大,单位预期信息披露成本将不断下降,信息披露频率随着公司规模的扩大而增加	信息披露成本存在固定水平,在此基础上随着企业规模的扩大,企业信息披露成本将下降,这表明信息披露频率随着公司规模的扩大而增加	**理论分析:** (1) 随着企业规模的扩大,企业信息披露的编制成本将下降。这主要是基于FASB和SEC在制定强制性信息披露规则时对企业规模的多重考虑。此外,小公司的信息披露成本较高是因为新媒体更关注和发布大公司的故事,且分析师也更愿意参加大公司召开的会议 (2) 企业规模越大,相关谋求公司私有信息的动机越强。这说明交易私有信息的收益更高,企业将增加信息披露以削弱谋求私有信息的动机 (3) 企业面临的诉讼对价值的破坏程度是企业规模的函数。规模越大,企业越有意愿增加信息披露以规避诉讼风险,从而避免其对企业价值的损害 **实证结论:** (1) 相比于小公司,大公司将会在财经媒体上发布更多的业绩预告(Cox,1985;Lev和Penman,1990) (2) 相比于小公司,大公司业绩预告在发布前被吸收入股价的盈余信息比例更大。这说明企业规模的扩大将促使企业自身提供的以及市场上关于该企业的信息量均有所增加(Freeman,1987)
企业业绩变化	若企业业绩和管理层和投资者之间是信息不对称程度的替代变量,则企业业绩变化与信息披露行为正相关	正相关	**理论分析:** (1) 如果管理层拥有业绩信息的先获取权,那么相对于过去业绩的变化情况能够衡量业绩的不可预测性,即潜在的信息不对称程度。信息不对称程度越大,逆向选择问题越严重,当投资者与管理层之间存在信息不对称时,信息披露会增加;反之亦然。有证据表明,管理层发布业绩讨论和分析与市场观点之间的偏差(Ajinkya和Gift,1984)进一步的调查表明,管理层发布业绩讨论的一个普遍动机是纠正管理层观点与市场观点之间的偏差。特别地,证券欺诈案件中的损害赔偿通常基于股价变动而计算,因为其能够影响个股在法律责任方面的脆弱性。因此,股价波动性较大的公司可能会增加信息披露,以减小股价一次性大幅变动的可能性,从而避免因未及时披露信息而引起的诉讼 **实证分析:** 以往实证检验主要关注盈余波动性与管理层业绩预告频率的关系。Cox(1985)等提出盈余波动性越小的企业有可能发	
		其他	布业绩预告,但Lev和Penman(1990)则发现盈余波动性与信息披露频率并无关联	

（续表）

变量类型	与企业信息披露的关系	具体观点	详细分析 相关证据
股票收益与盈余的相关性是信息不对称程度的替代变量	股票收益与盈余的相关性	负相关	**理论分析：**股票收益与盈余的相关性越高，强制性信息披露能够捕捉的企业价值相关信息越少，由此信息不对称程度依然很高
		正相关	**理论分析：**根据已有研究关于交易成本的假设，高相关性表明盈余与股票收益高度相关，从而引发获取私有信息的动机。在这个假定下，高相关性的企业将更多地进行信息披露以削弱市场参与者获取私有信息的动机
股票发行	企业有动机在发行股票前增加信息披露，但会受到一定的限制	理论上正相关	**理论分析：**（1）吸引新资本的需求是管理层发布业绩预告的重要动机。具体来说，管理层越看重最大化企业当前价值，他们在发行股票前披露积极信息的动机越强。另外，由于信息不对称程度可能会导致股票发行被视为企业价值的负面信号，因此管理层可能会披露更多的信息以降低信息不对称程度（Myers 和 Majluf，1984）；同时，更多的信息披露扩大了潜在投资者群体并由此提高了均衡价格（Fishman 和 Hagerty，1989） （2）"申请前阶段"的研究表明，股票发行 SEC 对注册文件提交期间实施的约束，部分抵消了企业在发行股票前增加信息披露的动机。在这一阶段，企业能够信息披露（尤其是关于新项目和观点）披露受到了限制，但是依旧可以进行常规信息披露（包括非结构化信息），继续回应经营查询要求和披露实际的业务发展情况 **实证分析：** 管理层业绩预告与股票发行关系的相关研究发现，股票发行企业更可能发布业绩预告。例如，Ruland 等（1990）发现管理层业绩预告频率在发行股票前会提高

实证方法与模型构建

实证方法

本文采用两种分析方法:一是全样本回归(full regression);二是秩回归(rank regression),即对解释变量和被解释变量计算对应秩,进而对秩转换后的数据进行 OLS 回归。

本文主要变量如表 2 所示。

表 2 主要变量

变量类型	变量名称	变量解释
被解释变量	分析师评分	总评分:FAF 报告中对同一行业内各企业信息披露质量的总体评分
		分类评分:FAF 报告中对同一行业内各企业某一披露类型下信息披露质量的评分,具体类型为:(1)年度公开信息;(2)季度和其他类型公开信息;(3)与投资者关系相关信息及其他相关方面。具体评分数据为相应披露类型评分除以分配给这一类型的评分数量的商,以百分比表示
解释变量（业绩变量）	超额收益	经市场调整股票年收益率
	非预期盈余	以分析师预测偏差表示,会计年度期初分析师预测价格的中位数除以股票价格
解释变量（结构变量）	企业规模	年初流通股市值
	经市场调整股票年收益率的标准差	过去 10 年经市场调整股票年收益率的标准差
	收益—盈余相关系数	过去 10 年经市场调整年收益率与年盈余水平的相关系数
解释变量（发行变量）	股票发行	(1)关于企业信息披露的总体评分和单个信息披露类型评分提及的企业名单;(2)企业在证券市场上的活动,即在当前或未来两年有债券或股票发行的公司一年度虚拟变量

模型构建

$$\text{Percentage of Points} = \beta_0 + \beta_1 \text{Market Value} + \beta_2 \text{Return/Earnings Correlation} + \beta_3 \text{STD} + \beta_4 \text{Deviation from Analyst Forecast} + \beta_5 \text{Market/Adjusted Stock Return} + \beta_6 \text{Offering} + \varepsilon \quad (1)$$

其中,Percentage of Points 分别为总评分变量以及年度报告、其他公告和投资者关系及相关方面的公告三个分类信息披露评分变量;Market Value 为公司股票市值,表示企业规模;Return/Earnings Correlation 表示收益—盈余相关系数;STD 表示经市场调整股票年收益率的标准差;Deviation from Analyst Forecast 为分析师预测偏差,表示非预期盈余;Market/Adjusted Stock Return 为经市场调整股票年收益率,表示超额收益;Offering 表示企业是否在当期或未来两年有债券或股票发行,是取值为 1,否取值为 0。同时,Deviation from Analyst Forecast 变量的滞后一期、当期和向前一期数据以及 Market/Adjusted Stock Return 变量的滞后一期和当期数据,分别作为分析师预测偏差和经市场调整股票年收益率的替代变量加入模型(1)进行回归检验。所有变量都通过减去相应年份的行业均值的方式进行行业调整。

稳健性检验

本文对每个样本企业只保留一个观测值:重新估计回归并令每个样本企业只出现一次。对每个样本企业对应的解释变量和被解释变量取均值,并针对在 FAF 样本中的任何一年或之后两年提交注册文件的企业建立"平均"股票发行子样本,重新进行全样本回归和降秩回归检验,所得结果与之前检验结果相似。

研究结论与创新

本文研究企业选择自愿性信息披露的决定因素并发现,业绩较好(尤其是在股票收益方面表现较好)、规模较大、年股票收益与盈余关系较弱或正在发行股票的企业会进行更多的信息披露;股票收益变化率与信息披露行为的关系较弱,但在控制其他影响因素后这一关系更为明显。关于企业业绩、年收益—盈余相关性与信息披露行为关系的结论与逆向选择假设一致。此外,企业特征与信息披露之间的关系因信息披露类型而异。本文发现,投资者关系及相关方面的公告评分总体上对业绩变量最为敏感,而年度报告和其他公告评分对结构变量与发行变量最为敏感。这一结果符合投资者关系及相关方面的公告在管理上更谨慎、更具短期灵活性而年度报告和其他公告更严谨、更刻板的观点。

交流区

虽然本文利用的是分析师对企业信息披露的评分,但着眼点主要是企业的信息披露决策而非分析师行为。本文较为全面地概括了企业信息披露决策和市场反应的影响路径,并据此筛选出影响企业信息披露质量的潜在决定因素,为信息披露质量相关研究奠定了扎实的理论基础。目前,国内外研究不断从各个角度探究企业信息披露质量的影响因素,关注的信息披露类型也日趋多样化,例如罗炜和朱春艳(2010)、Chiu 和 Wang(2015)、Gao 等(2016)、李岩琼和姚颐(2020)。进一步地,随着资本市场的日益发展和研究方法的不断改进,中外学者关注的信息披露类型从财务信息逐步向非财务信息、文本信息等过渡。本文使用 FAF 报告中的数据反映企业信息披露情况,这一数据是基于分析师对企业信息披露的主观判断评分所形成的,并非直接基于信息披露本身,因此在使用这类数据进行实证研究时必须考虑其中存在的风险。已有文献对企业信息披露质量的理解越来越全面、越来越深入,并在变量衡量层面提出了较多的设想(Chen 等,2015;阮睿等,2021)。

文献 99　信息披露持续加强下的股价表现及中介变化

经典文献：Paul M. Healy, Amy P. Hutton, Krishna G. Palepu. Stock Performance and Intermediation Changes Surrounding Sustained Increases in Disclosure. *Contemporary Accounting Research*, 1999, 16(3): 485–520.

机构：Harvard University

被引：总计 2 719 次，年均 123.59 次

文献概述：景兴涛

研究概述：本文检验与 97 家分析师评级上升的公司相关的资本市场因素的变化，探讨公司能否从自愿性信息披露中获益。随着披露评级的提高，公司股票收益率、机构投资者持股、分析师跟踪和股票流动性也随之增大。在控制同期盈余表现和其他诸如风险、成长性和公司规模等潜在影响因素后，研究结果依然成立。虽然因果关系尚不明确，但上述结果与披露模型的预测一致，即加强信息披露将导致投资者向上修正股票估值、提高股票的流动性并增强机构投资者和分析师对股票的兴趣。

核心概念：自愿性信息披露　分析师评级　分析师跟踪　机构投资者持股

文献背景

基于信息披露规则，扩大披露范围对公司有两点潜在好处：其一，加强信息披露能够帮助投资者修正对公司的错误估值；其二，加强信息披露能够增强机构投资者对公司的兴趣并提高公司股票的流动性。然而，也有观点质疑自愿性信息披露所带来的好处。考虑到管理层和外部所有者潜在的利益冲突，投资者未必相信自愿性信息披露的可靠性。部分管理者认为加强信息披露会向竞争对手透露有价值的信息并且增加公司的法律成本，由此会损害股东利益（Verrecchia，1983，1990；Darrough 和 Stoughton，1990；Wagehofer，1990；Gigler，1994；Newman 和 Sansing，1993；Francis 等，1993；Skinner，1994，1997；Healy 和 Palepu，1995）。因此，公司加强自愿性信息披露能否提升股价并由此吸引证券市场的信息中介成为一个有趣的实证问题。

大量早期的实证研究检验了公司自愿性信息披露的影响因素和经济后果。Lang 和 Lundholm（1993，1996）的横截面研究设计使用 AIMR（美国投资管理与研究协会）排名，检验了分析师对公司信息披露年度排名的影响因素，以及排名数据对分析师跟踪和分析师盈余预测特征的影响。Lang 和 Lundholm（1993）发现分析师评级与公司盈余表现正相关，并且在当前及未来期间发行股票的公司将获得更高的分析师评级。Lang 和 Lundholm（1996）发现加强自愿性信息披露的公司获得了更多的分析师跟踪、较小的分析师预测偏差以及较小的预测修正波动性。Botosan（1997）检验了 1990 年机械行业公司的信息披露情况，构建了这些公司的信息披露指数，并提供了信息披露政策对资本成本而非股票流动性产生影响的证据。Welker（1995）研究了 AIMR 披露评级和公司股票买卖价差间的横截面关系，发现

二者显著负相关。

在基于信息披露模型进行预测方面：其一，Verrecchia（1983，1990）、Healy 和 Palepu（1993）及 Skinner（1994）的研究表明，在可信的情况下，加强信息披露可以减少公司股价的错误估值；其二，有研究表明加强信息披露会影响公司股票在资本市场上的中介作用（Barry 和 Brown，1984，1985；Merton，1987；Diamond 和 Verrecchia，1991；Kim 和 Verrecchia，1994）。

| 理论基础与研究思路 |

本文基于时间序列分析考察信息披露持续加强的公司的股价是否提升、是否吸引资本市场中介，具体表现为股票流动性是否提高、机构持股和分析师跟踪是否增加。由于对股价表现和资本市场中介的决定因素了解甚少，横截面分析结果容易受到遗漏变量的影响。在分析主体不变的条件下，本文控制了这些潜在影响。此外，通过筛选在信息披露方面做出持续大幅改进的样本公司，本文提高了资本市场中介检验的效力，并降低了信息披露代理变量（即分析师对公司信息披露的年度评级）的潜在影响。

这种方法的一个潜在问题在于：本文使用分析师对信息披露评级的提升作为信息披露加强的代理变量，然而评级可能并非为公司披露策略所驱动，而是由一些无关的因素所驱动，比如公司业绩或分析师与管理层的个人关系。为解决此问题，本文提供了分析师评级变化是否反映了公司披露实际变化的证据。利用 AIMR 报告中的定性分析和子类别评级数据，本文记录了导致分析师提升样本公司评级的特定信息披露变化。这些变化包括改进分部披露，在年度和季度报告中更深入地讨论经营情况、财务业绩和公司前景，在财务概况手册中发布补充信息，以及通过增加分析师接触公司高层、额外参加公司会议和汇报的数量以提升投资者关系。在可能的情况下，本文使用样本公司披露的文件来证实这些变化。

本文还检验了两个信息披露模型的实证预测，发现了样本公司在披露加强年份的股价表现显著改善。在单变量测试中，本文还提供了样本公司在机构投资者持股、分析师跟踪和股票流动性方面有所增长的证据，以及在事件期间投资者不确定性降低的证据。如果样本公司在事件期间表现出强劲的盈余表现，那么加强信息披露可能只是因为管理层想要宣扬这一事实。股价和市场中介的变化而非披露策略的改变也可以归因于这一现象。因此，本文进行了多元分析以控制盈余表现和其他影响股票收益及资本市场中介的因素，如风险和公司规模。本文通过检验加强信息披露伴随着资本市场增加对信息的使用，提供了关于管理层选择加强信息披露时机的间接证据。

| 样本选择 |

本文根据 1980—1991 年 AIMR 报告，选取在信息披露质量方面取得巨大且持续改进的样本公司，这些公司是通过分析师对公司信息披露质量的评级来确定的。本文选用 1978—1991 年 AIMR 评级的全部时间序列数据，涵盖 38 个行业的 1 044 家公司。对数据的筛选过程如下：

（1）舍弃相对增长较大但绝对增长较小的公司，将样本限制在那些拥有不少于 5 家公

司的行业;

（2）本文还要求每个行业的数据在 1978—1991 年至少覆盖 8 个完整年度,以保证时间序列检测的进行。

在上述两个限制条件下,本文共筛选出 23 个行业的 595 家公司。为了将拥有不同公司数量的行业标准化,本文计算了 1978—1991 年各公司、各年度的相对行业排名(RIR_{it})。

$$RIR_{it} = \frac{N_{it} - Rank_{it}}{N_{it} - 1} \times 100 \tag{1}$$

其中,N_{it} 指在年份 t 内、行业 i 中分析师给予评分的公司数量;$Rank_{it}$ 指在年份 t 内公司 i 在行业内的评分。

为了确定一家公司的相对行业排名是否持续提升,本文使用 1978—1990 年评级数据计算平均相对排名变动(CARR)。对于每家公司,本文确定了 1980—1990 年平均相对排名提升最大的年份,然后根据这一数据对公司进行行业排名。样本包括 97 家公司,排名变动幅度最大不超过 30%。

$$CARR_{it} = \frac{1}{3}\sum_{\tau=t}^{t+2} RIR_{i\tau} - \frac{1}{2}\sum_{\tau=t-1}^{t-2} RIR_{i\tau}$$

其中,
$$t = 1980—1990 \tag{2}$$

为了检验最终样本和事件年份对样本选择标准的敏感性,本文测试了加强信息披露的公司及年份是否随机分布于各个行业及时间段。

实证方法与模型构建

在单变量分析部分,本文讨论了各个假设,进行了单变量预测并总结了检验结果的局限性。本文首先从数据库中收集各年度股票收益率的数据。经行业调整收益率等于样本公司原始收益率减去 AIMR 同行业、同年度非样本公司收益率中位数的差值。本文使用 T 检验和 Wilcoxon 符号秩检验来测试在事件年度[-2,2]时间段内各年股票收益率的中位数和平均值是否为 0;还使用相同方法比较事件前[1,2]年以及加强信息披露后[0,2]年的样本的股票收益率的平均值和中位数是否显著增长。

本文使用会计年度末的分析师盈余预测数据和预测数据的标准差分别指代分析师跟踪和分析师评价意见的分散度。为了评估股票流动性的变化,本文收集了美国证券市场研究所数据库中的股票买卖价差数据,上述数据经行业调整后的数值等于样本公司原始数据减去 AIMR 同行业、同年度非样本公司的中位数。接着,为了检验加强信息披露的公司是否公布了积极的业绩信息,本文收集了样本公司在[-2,2]年内经行业调整盈余水平和盈余变化数据。

在多元分析部分,本文对每个相关变量均进行多元 Logistic 估计以控制潜在的混杂因素。除了机构投资者持股经市场调整,模型中所有的解释变量和被解释变量都是经行业调整的数据。在每个多元模型中,本文都加入一个虚拟变量(Dif),其若处于加强信息披露的[0,2]年内取值为 1,否则取值为 0。

首先,本文讨论了股票收益模型(RET_{it})。股票收益模型包括股利(D_{it})、标准盈余水平（E_{it}）和标准盈余变动（ΔE_{it}）。本文控制了以下三个变量：3 年期的销售增长率（SG_{it}）、贝塔系数（B_{it}）及总资产的对数（S_{it}），具体模型为：

$$RET_{it} = \beta_0 + \beta_1 D_{it} + \beta_2 E_{it} + \beta_3 \Delta E_{it} + \beta_4 D_{it} \times SG_{it} + \beta_5 E_{it} \times SG_{it} + \beta_6 \Delta E_{it} \times SG_{it} + \beta_7 B_{it} + \beta_8 S_{it} + \varepsilon_{it} \quad (3)$$

其次，本文讨论了经市场调整机构持股增长模型（$\Delta INST_{it}$）。经市场调整机构持股增长模型包括股利（D_{it}）、标准盈余水平（E_{it}）和标准盈余变动（ΔE_{it}）以控制盈余业绩。此外，本文还控制了股票收益（RET_{it}）、公司规模（S_{it}）和销售增长率（SG_{it}），模型为：

$$\Delta INST_{it} = \eta_0 + \eta_1 D_{it} + \eta_2 E_{it} + \eta_3 \Delta E_{it} + \eta_4 S_{it} + \eta_5 RET_{it} + \eta_6 SG_{it} + \varphi_{it} \quad (4)$$

接下来，本文讨论了股票买卖价差模型（$SPEARD_{it}$）。股票买卖价差模型控制的解释变量包括交易量（$VOLUME_{it}$）、公司规模（S_{it}）及股价（$PRICE_{it}$），模型为：

$$SPEARD_{it} = \delta_0 + \delta_1 D_{it} + \delta_2 S_{it} + \delta_3 VOLUME_{it} + \delta_4 PRICE_{it} + u_{it} \quad (5)$$

紧接着，本文讨论了分析师跟踪模型。本文使用经行业调整分析师跟踪进行参数多元检验的结果不显著，但依然使用多元 Logistic 模型以便更好地理解先前记录的中位数变化的影响因素。被解释变量 $Pr(COV_{it}>0)$ 表示经行业调整分析师跟踪为正的概率，控制变量包括标准盈余的水平和变动、股票收益、公司规模及销售增长率，具体模型为：

$$Pr(COV_{it} > 0) = \alpha_0 + \alpha_1 D_{it} + \alpha_2 E_{it} + \alpha_3 \Delta E_{it} + \alpha_4 RET_{it} + \alpha_5 S_{it} + \alpha_6 SG_{it} + \xi_{it} \quad (6)$$

最后，本文讨论了分析师预测分散度模型。若分析师预测分散度高于 AIMR 行业中位数，则二分被解释变量 $Pr(FDISP_{it}>0)$ 取值为 1，否则取值 0。除了标准盈余水平（E_{it}）和标准盈余变动（ΔE_{it}），本模型还包括三个控制变量，分别为总资产的对数（S_{it}）、贝塔系数（B_{it}）及销售增长率（SG_{it}），具体的 Logistic 回归模型为：

$$Pr(FDISP_{it} > 0) = \lambda_0 + \lambda_1 D_{it} + \lambda_2 E_{it} + \lambda_3 \Delta E_{it} + \lambda_4 S_{it} + \lambda_5 B_{it} + \lambda_6 SG_{it} + \upsilon_{it} \quad (7)$$

对于管理层选择加强信息披露时机这一问题，本文考虑了两个潜在的理由，分别是管理层预期在短期内进行外部融资以及管理层持有即将到期的股票期权。在这两项事由下，股价低估对管理层而言是代价高昂的。在事件窗口[-2,2]年中，本文研究了公司的融资模式以及管理层的股票薪酬并提供了间接证据。

为了检验样本公司加强信息披露是否伴随着公开募股，本文从证券数据公司（SDC）的数据库中收集了在 SEC 注册发行的所有新证券的数据，包括样本公司在事件窗口[-2,2]年所有新证券的发行频率及其美元价值。

为了检验样本公司加强信息披露与管理层持有期权的关系，本文收集了 1981—1993 年《福布斯》杂志薪酬调查中样本公司 CEO 行使股票期权"已实现"的年收益率数据。作为对比，本文还收集了 97 家没有加强信息披露公司的 CEO 薪酬数据，并控制这些公司按行业、销售收入和年份与样本公司匹配。

研究结论与创新

本文的证据表明，对于样本公司而言，加强自愿性信息披露伴随着股票收益率、机构投资者持股、分析师跟踪及股票流动性的增大。这些结果在控制了盈余水平、公司规模和风险等重要变量的同期变化后依然成立。在单变量分析中，本文提供了关于信息披露政策变化与分析师预测分散度下降有关,然而这一影响微小且在多元 Logistic 分析中不显著。本文的证据表明,信息披露的持续加强与外部融资(包括债务融资和股权融资)的增长是一致的。

局限性与展望

本文提出一个关于信息披露的尚未得到解决的问题,缩小信息披露范围的结果是否与加强信息披露的结果相对称?研究者试图从理论和实证两方面寻找原因。理论上看,缩小信息披露范围可能是管理层为了隐瞒业绩不佳的事实。此外,研究者指出应该谨慎使用 AIMR 评级数据测试信息披露范围的缩小,因为 AIMR 试图用"胡萝卜"而非"大棒"来加强公司信息披露。

除了信息披露,企业还可以通过诸如股票回购、变更所有权和改变公司融资政策等机制促使投资者修正错误估值。未来的研究可以就公司何时以及为什么使用信息披露而非其他手段修正估值给出更好的解释。

交流区

在对上市公司自愿性信息披露影响因素的众多研究中,本文重点揭示股价变化与企业选择自愿性信息披露的相关性并发现:在披露改善当年,样本公司的股价平均提高 7%;披露改善次年,股价提高 8%;在披露增加当年及随后 3 年,样本公司机构投资者持股数平均增长 12%—24%,并受到更多证券分析师的关注,股票流动性得以增强,投资者的收益不确定性降低。

文献 100　财务会计信息与公司治理

经典文献:Robert M. Bushman,[1] Abbie J. Smith.[2] Financial Accounting Information and Corporate Governance. *Journal of Accounting and Economics*, 2001, 32(1-3): 257-333.

机构:[1] University of North Carolina;[2] University of Chicago

被引:总计 3 553 次,年均 169.19 次

文献概述:许硕磊

研究概述:本文回顾了有关公开发布的财务会计信息在公司治理中的作用,并提出了进一步的研究建议。首先,本文探讨财务信息应用于管理层薪酬计划的后果,并探索未来的研究方向;然后,本文建议将财务会计信息扩展应用于更广泛的公司治理机制;最后,本文建议进行跨国研究,以便通过财务会计信息在公司治理中的作用,更直接地研究财务会计信息对经济绩效的影响。

核心概念:财务会计信息　公司治理　代理　道德风险　管理层薪酬

文献背景

财务会计信息是公司会计系统与外部报告制度的产物,它是公开披露并经审计的、用于衡量上市公司财务状况和业绩的量化数据。财务会计信息为公司治理机制提供了直接信息投入,并通过包含在股价中的信息向公司治理机制提供了间接信息投入。会计领域公司治理研究的一个基本目的是提供经验证据以证实财务会计信息在多大程度上缓解了因管理层与外部投资者利益不一致而产生的代理问题,促进稀缺的人力资源和资本资源的有效流动。本文认为,公司治理研究对于全面了解财务会计信息对经济资源配置和利用的影响非常重要。

会计领域的公司治理研究集中关注财务会计信息在管理层激励契约中的作用。对管理层薪酬的关注源于薪酬契约在美国上市公司中的广泛使用,因披露要求而公开的管理层薪酬数据,以及委托代理理论模型提供的绩效与管理层最优契约间的可检验假设。

理论基础与研究思路

本文对现有财务会计信息的治理作用的研究进行了评价,并提出了基于经济学原理的新实证分析框架。本文将财务会计信息的治理作用定义为:促进公司有效治理机制的财务会计数据。

首先,本文回顾和评述了会计领域有关薪酬激励的现有文献,包括检验会计信息在管理层更替中所起作用的研究。这部分的讨论形成了该领域的理论框架,并对相关实证研究进行了评述,回顾了相关历史文献,追溯了薪酬研究在会计领域的经济根源,探讨了会计数据应用于管理层薪酬计划的普遍性及发展趋势,并对未来的薪酬研究提出了建议。除了管理层薪酬计划这一特定的公司治理机制,学者们同样研究了会计信息在其他治理机制中的作用。回顾这些治理机制研究并不在本文的研究范围内,但本文提供了此类研究的范例,并提出了研究建议。这些建议包括应当更全面地探究财务会计信息在不同公司治理机制中的作用、考虑不同治理机制间的相互作用和会计信息的局限性对治理机制的影响。上述文献回顾表明,财务会计信息会影响企业经济资源的配置和利用。

其次,本文回顾了有关会计信息对企业绩效影响的实证研究。这部分的回顾首先探究了财务会计信息影响公司投资、生产率和价值的三条路径:其一,会计信息能够帮助管理层和投资者识别投资项目的优劣(项目识别);其二,会计信息的公司治理作用可以约束管理层引导资源流向优质项目(治理作用);其三,会计信息有助于降低管理层与投资者之间的信息不对称程度(逆向选择)。这部分的回顾涉及四个问题:第一,会计信息通过上述三条路径的总体影响效应;第二,会计信息对企业绩效的影响,特别是通过公司治理机制路径对企业绩效的影响;第三,会计信息的经济效应是否随其他因素的变化而发生变化,这些因素包括审计制度、通信网络、分析师跟踪、权益融资的重要性、法律环境及其他制度机制、经营战略、政治关联及人力资本;第四,会计信息的治理作用是否会因不同会计制度而发生变化。

财务会计制度和企业绩效存在显著的跨国差异,因此跨国场景为研究上述问题提供了有利的研究内容。此外,不同国家间的投资者保护、通信网络及其他制度因素的差异为研究财务会计信息的经济效应随不同因素变化提供了有利条件。

最后,本文回顾公司治理与会计领域其他研究间的关系,并认为未来研究应当关注公司治理中对会计信息的应用与资本市场间的联系,这对全面了解会计信息对企业绩效的影响具有重要意义。同时,本文认为上述有关会计信息影响路径和制度因素差异的讨论能够产生一系列有关资本市场的研究机会。

实证方法与模型构建

财务会计信息对企业绩效的影响

为了全方面检验财务会计信息对企业绩效的影响,本文建议未来研究应当采用经济学文献常用的跨国回归模型:

$$EP_k = 常数项 + \beta_1 ACCTG\_QUAL_k + \sum_{i=2}^{n}(\beta_i X_{ik}) + \varepsilon_k \tag{1}$$

模型(1)的被解释变量为国家 k 的经济绩效总量(EP_k);$ACCTG\_QUAL_k$ 表示国家 k 的会计信息质量;$X_{ik}(i=2,n)$ 表示其他国家层面影响经济绩效效应的控制变量;β_1 反映包括降低资本成本在内的所有会计信息的经济效应。

财务会计信息影响企业绩效的路径

本文建议从行业角度设计代理成本的替代变量。美国上市公司拥有较完善的治理机制,这为研究行业间的公司治理效应提供了研究场景。例如,美国上市公司管理层薪酬激励的风险效应存在行业间差异。因此,管理层薪酬激励强度可以用行业 j 的代理成本来衡量。

$$ECON\_PERF_{jk} = 常数项 + \beta_{1\cdots m} Country + \beta_{m=1\cdots n} Industry +$$
$$\beta_{n+1}(AGENCY\_CONFLICT_j + ACCTG\_QUAL_k) + \varepsilon_{jk} \tag{2}$$

其中,$ECON\_PERF_{jk}$ 表示国家 k 的不同行业 j 的经济绩效;$AGENCY\_CONFLICT_j$ 表示行业 j 的内在代理成本;$ACCTG\_QUAL_k$ 表示国家 k 的会计信息质量;斜率 β_{n+1} 为行业 j 的代理冲突程度与国家 k 的会计信息质量的交乘项系数,反映在控制行业(Industry)和国家(Country)固定效应后,高质量会计信息通过治理路径对企业绩效的影响。

影响财务会计信息经济效应的因素

本文建议利用会计信息质量与给定制度因素的交乘项检验其对经济绩效的影响:

$$EP_k = 常数项 + \beta_1 ACC\_QUAL_k + \beta_2 FACTOR_k +$$
$$\beta_3 ACCTG\_QUAL_k \times FACTOR_k + \sum_{i=4}^{n}(\beta_i X_{ik}) + \varepsilon_k \tag{3}$$

其中,EP_k 表示国家 k 的经济绩效;$ACCTG\_QUAL_k$ 表示国家 k 的会计信息质量;$FACTOR_k$ 表示与财务会计信息交乘的制度因素;X_{ik} 表示其他国家层面影响经济绩效的控制变量;交

乘项的系数 β_3 表示给定制度因素增加 1 个单位,会计信息质量对经济绩效作用的增加幅度。

研究结论与创新

本文回顾和评述了会计信息在管理层薪酬契约中的作用。通过回顾,本文发现在经典的委托代理理论框架下,学者关于会计信息与风险激励之间关系的研究结论并不一致。这一发现说明未来应该进一步参考其他的理论模型来综合理解这个问题。除此之外,本文讨论了有关管理层薪酬业绩敏感性变化的经验证据,管理层薪酬业绩敏感性会随会计盈余信息含量程度、对其他绩效指标的倾向得分、股利计划依赖盈余的程度而变化。

基于对会计信息在不同治理机制中的作用和会计信息经济效应的研究的回顾,本文提出了关于未来研究的两个方向:第一,探索会计信息在除薪酬契约以外的公司治理机制和不同交叉治理机制中的作用,以及会计信息的局限性对公司治理机制的影响;第二,检验会计信息对企业绩效的直接影响。本文认为后续实证研究应当关注以下四个方面:其一,会计信息能否影响企业绩效,若这种效应存在则其影响程度如何;其二,除治理效应外,会计信息对企业绩效的其他影响路径;其三,会计信息对企业绩效的作用是否会受其他因素的影响,例如审计制度、投资者保护或其他制度机制;其四,特定类型披露、中期报告频率、信息披露会计准则对企业绩效的影响。本文期望从提高企业绩效的角度,为区分财务会计信息质量高低提供新的研究视角。

因为财务会计制度和企业经济绩效存在显著的国际差异,跨国研究为探索有关会计信息对企业绩效的影响提供了有利的研究场景。此外,法律、政治环境等制度因素的国际差异也使学者得以探索会计信息的经济效应如何随其他因素的变化而变化。

本文还探究了会计信息的治理作用与其他会计实证研究之间的关系。本文认为,公司治理与资本市场对于会计信息的使用方式之间的联系有助于人们更全面地理解会计信息的经济效应。不管是研究假设还是实证研究设计方面,本文有关未来研究的建议并不完整,也不确定上述建议是否经得起审视。在当前阶段,本文希望上述建议和想法能够促进会计研究者思索关于会计信息对经济效率的作用的新的可能性。

交流区

本文的文献回顾主要集中于公司治理研究的两个领域:其一,财务会计信息对管理层薪酬契约的影响;其二,基于跨国场景下财务报告与公司治理的差异,提出未来研究的可行框架。但本文存在三点局限。首先,本文提出的研究框架对会计信息作用的分析局限于宏观层面;其次,本文对于会计学者在公司治理研究领域的贡献缺乏评述;最后,本文对除管理层薪酬契约外的其他治理机制的讨论较为粗略(Sloan,2001)。

【主题结语】

本章选取的四篇文献均围绕公司信息披露展开。信息披露一直是会计研究的核心问题,然而,公司披露信息的动机是什么?信息披露质量如何?信息披露会带来哪些后果?这些问题长期以来都受到学术界与实务界的持续关注。本章文献分别将分析师行为、公司诉讼风险、声誉机制及公司治理等因素与信息披露结合起来,在信息披露动机、信息披露影响因素、信息披露经济后果等方面取得了重要发现。

Skinner(1994)创新性地发现公司自愿披露坏消息的相关动机,为后续有关信息披露动机的研究奠定了坚实基础。Lang 和 Lundholm(1993)则在公司信息披露的相关动机的基础上,实证检验了哪些因素会对信息披露质量产生显著影响。Healy 等(1999)实证检验了公司能够从自愿性信息披露中获得哪些好处。以上三篇文献均为早期研究信息披露的经典之作,主要运用典型的单变量分析与多元回归的方法,研究方法相对比较简单,还存在主观性过强、实证分析较粗糙的局限性。但它们所探讨的问题、所提供的理论思路和实证证据均为后续研究打下了重要基础,不断被后续研究引用和借鉴。

Bushman 和 Smith(2001)是一篇经典的文献综述类文章,并且在评述现有研究的基础上构建了财务会计信息在公司治理中发挥作用的相关理论框架和实证研究框架,是每一位会计研究者都应该学习并能够从中获得对会计信息与公司治理关系的系统性认知的经典之作。

【推荐阅读】

1. Ajinkya B B, Gift M J. Corporate Managers' Earnings Forecasts and Symmetrical Adjustments of Market Expectations[J]. *Journal of Accounting Research*, 1984, 22(2): 425-444.
2. Alford A, Jones J, Leftwich R, et al. The Relative Informativeness of Accounting Disclosures in Different Countries[J]. *Journal of Accounting Research*, 1993, 31(3): 183-223.
3. Antle R, Smith A. An Empirical Investigation of the Relative Performance Evaluation of Corporate Executives[J]. *Journal of Accounting Research*. 1986, 24(1): 1-39.
4. Chen S, Miao B, Shevlin T. A New Measure of Disclosure Quality: The Level of Disaggregation of Accounting Data in Annual Reports[J]. *Journal of Accounting Research*, 2015, 53(5): 1017-1054.
5. Chiu T K, Wang Y H. Determinants of Social Disclosure Quality in Taiwan: An Application of Stakeholder Theory[J]. *Journal of Business Ethics*, 2015, 129(2): 379-398.
6. Cox C T. Further Evidence on the Representativeness of Management Earnings Forecasts[J]. *The Accounting Review*, 1985, 60(4): 692-701.
7. DeAngelo L E. Managerial Competition, Information Costs and Corporate Governance: The Use of Accounting Performance Measures in Proxy Contests[J]. *Journal of Accounting and Economic*. 1988, 10(1): 3-36.
8. Dechow P M, Huson M R, Sloan R G. The Effect of Restructuring Charges on Executives' Cash Compensation[J]. *The Accounting Review*. 1994, 69(1): 138-156.
9. Diamond D W. Optimal Release of Information by Firms[J]. *The Journal of Finance*, 1985, 40(4): 1071-1094.

10. Fishman M J, Hagerty K M. Disclosure Decisions by Firms and the Competition for Price Efficiency[J]. *The Journal of Finance*, 1989, 44(3): 633-646.

11. Freeman R N. The Association Between Accounting Earnings and Security Returns for Large and Small Firms[J]. *Journal of Accounting and Economics*, 1987, 9(2): 195-228.

12. Gao F, Dong Y, Ni C, et al. Determinants and Economic Consequences of Non-Financial Disclosure Quality[J]. *European Accounting Review*, 2016, 25(2): 287-317.

13. Imhoff Jr. E A. The Relation between Perceived Accounting Quality and Economic Characteristics of the Firm[J]. *Journal of Accounting and Public Policy*, 1992, 11(2): 97-118.

14. Lev B, Penman S H. Voluntary Forecast Disclosure, Nondisclosure, and Stock Prices[J]. *Journal of Accounting Research*, 1990, 28(1): 49-76.

15. McNichols M. A Comparison of the Skewness of Stock Return Distributions at Earnings and Non-Earnings Announcement Dates[J]. *Journal of Accounting and Economics*, 1988, 10(3): 239-273.

16. Myers S C, Majluf N S. Corporate Financing and Investment Decisions When Firms Have Information That Investors Do Not Have[J]. *Journal of Financial Economics*, 1984, 13(2): 187-221.

17. Pastena V, Ronen J. Some Hypotheses on the Pattern of Management's Informal Disclosures[J]. *Journal of Accounting Research*, 1979, 17(2): 550-564.

18. Ruland W, Tung S, George N E. Factors Associated with the Disclosure of Managers' Forecasts[J]. *The Accounting Review*, 1990, 65(3): 710-721.

19. Sloan R G. Financial Accounting and Corporate Governance: A Discussion[J]. *Journal of Accounting and Economics*. 2001, 32(1-3): 335-347.

20. 李岩琼,姚颐.研发文本信息:真的多说无益吗?基于分析师预测的文本分析[J].《会计研究》,2020(2):26-42.

21. 罗炜,朱春艳.代理成本与公司自愿性披露[J].《经济研究》,2010(10):143-155.

22. 阮睿,孙宇辰,唐悦,等.资本市场开放能否提高企业信息披露质量?基于"沪港通"和年报文本挖掘的分析[J].《金融研究》,2021(2):188-206.

23. 王艳艳,于李胜.股权结构与择时披露[J].《南开管理评论》,2011(5):118-128.

24. 许言,邓玉婷,陈钦源,等.高管任期与公司坏消息的隐藏[J].《金融研究》,2017(12):174-190.

数字资源

词汇索引

为方便读者理解并使用,本部分列示了重要专业术语的中英文对照及其主要涉及的文献,可扫码下载。

被引备考

被引说明:本书文献的被引统计截止日期为 2022 年 10 月 1 日,被引年数按照 2022 减去发表年份计算,年均被引频次＝被引频次总计/被引年数。有需要的读者可扫码下载。

文献作者任职机构索引

本书选取的百篇经典文献,涵盖了财务会计、管理会计、审计、财务管理、公司治理与交叉研究等诸多方面,这些经典文献由世界多所声望斐然学府的知名学者造就,并且在相关领域产生了巨大影响。本索引记录了作者发表论文时署名的任职机构(机构按照英文字母顺序排列),有需要的读者可扫码下载。

文献发表期刊统计

经典的文献往往来自权威的学术期刊,百篇文献的出处足以勾画相关领域顶级期刊的轮廓,有需要的读者可扫码下载。